형법연구 X

동아대학교 법학전문대학원 명예교수 허일태

publishing and culture
피앤씨미디어

서문

통상적인 아프리카인이라면 그들의 마음 속에는 '우분투(Ubuntu)' 정신이 넘쳐난다고 한다. '우분투'란 "당신이 있기에 내가 있다."라는 뜻이다. 이 말인즉슨 "상대를 배려하여 나와 함께 상생함으로써 나도 상대로부터 존중받고 배려받을 수 있다."라는 상호간 상생의 정신을 의미한다.

젊은 시절의 넬슨 만델라(Nelson Rolihlahla Mandela)는 백인이 지배하던 남아프리카공화국에서 흑인에 대한 백인들의 차별적 통치에 저항했다는 이유로 종신형을 선고받았다. 이 때문에 그는 27년이라는 오랜 기간 수감생활을 해야만 했다. 차별에 대한 그의 투쟁은 열광적인 지지를 받았다. 이에 힘입어 그는 당시 남아프리카공화국 수반이었던 '클레르크(Klerk)'[1])의 백인 정부와 끈질긴 협상 끝에 아파르트헤이트(Apartheid: 인종격리정책)를 1993년 종결시켰다.

만델라는 1994년 4월 27일, 남아프리카공화국 최초로 흑인 참여의 자유로운 총선거에 의하여 대통령이 되었다. 그는 백인들에게 복수하지 않고, 오히려 그들과 상호 상생의 길을 택했다. 그의 이러한 '우분투' 정신 때문에 남아공은 백인의 통치가 끝나고 흑인들이 집권했음에도 다른 아프리카 국가와는 달리 백인에 대하여 노골적인 차별 정책을 시도하지 않았다.

우리 국민도 '우분투' 정신과 꽤 닮아 있는 '정(情)'이라는 정서를 달고 산다. 여기서 '정'이란 한마디로 정의하기 어렵지만, 타인을 배려하며 함께 어울리고 상생하는 정서나 마음가짐으로 풀이할 수 있다. 이러한 '정'의 문화가 넘쳐나는 우리나라에서 성숙한 국민이라면 누구나 자신의 통찰력으로 사회적 행위규범을 올바르

1) 1989년 남아프리카공화국의 대통령이 된 플레데릭 빌렘 데 클레르크(Frederik Willem de Klerk)는 백인과 흑인을 분리하는 정책인 아파르트헤이트를 완화한 인물이다. 종신형으로 감옥에 있던 만델라를 비롯해 다른 흑인 지도자를 석방하고, 인종 격리 및 차별 정책을 철폐하는 일에 앞장선 단체인 아프리카민족회의를 합법화하는 등 민주화를 위해 노력했다.

게 파악할 수 있고, 상대방 역시 사회적 행위규범에 따른다는 믿음을 갖게 된다. 우리는 이러한 믿음에 근거하여 건강한 사회 형성을 위해 사회적 행위규범에 어울리는 중한 책무를 짊어지고, 이를 이행하는 것이 도리라고 여긴다.

이러한 이유로 우리나라에서 보통의 인간은, 사회적으로 요구되는 행위준칙을 거스르지 않는다. 그래서 그런지 우리 사회에는 좀도둑이나 절도가 비교적 흔하지 않은 편이다. 심지어 다액의 현금이 들어있는 지갑조차도 다중이 모인 자리에 아무렇지 않게 탁자 위에 올려놓아도 손을 대는 사람은 거의 없다. 이러한 의미에서 우리는 건강한 사회를 형성할 책무에 충실한 국민이라고 말할 수 있다. 즉 우리나라 국민은 비교적 자신의 행위를 사회적 규범의 틀 내에서 적절히 조종해 나가며, 타인과 상생하고 건전한 사회 형성을 위해 각자에게 어울리는 책무를 지닌 인격체임을 자부한다.

사회에 대한 이러한 책무의 부담은 우리 모두, 즉 인간을 존엄의 대상으로 삼아야 할 이유에서 비롯된다. 국가는 존엄한 인간에게 기본권을 충분히 누릴 수 있도록 보장해야 하고, 각 개인은 타인의 기본권을 침해하지 않은 한, 자기의 개인적 능력을 충분히 발휘할 수 있으며, 국가는 각 개인의 본질적 인권을 제한하거나 박탈해서는 안 된다는 원칙이 도출된다.

형벌은 장래의 잠재적 범죄를 예방하기 위한 수단으로서의 운명을 지녔기에, 형벌을 받게 되는 수형자에게 참기 어려운 고통을 줄 뿐만 아니라, 그에게 전과자라는 낙인을 안기는 역기능도 적지 않다. 이러한 역기능을 최소화하기 위해 사회방위가 힘들 때 형벌은 최후수단으로써 사용되어야 한다. 따라서 형법은 여백과 관용의 정신에 의해 지배되어야 한다.

이러한 사상의 바탕 아래 『형법연구 X』에서는 건강한 사회 형성을 위해 무엇을, 어떻게 할 것인지에 관해, 특히 다음의 주제를 깊이 고민하게 되었다. 형법상 행위개념은 행위주체의 범위에 관한 문제이자, 사안을 장악하고 지배할 수 있는 인간의 주체적 능력을 전제로 삼는다. 이에 착안하여 서술된 "형법상 행위개념에 관한 상념"을 비롯하여 모든 범죄는 행위반가치와 결과반가치가 결합한 불법성을 본질적 내용으로 삼고 있음에 반해 위법성은 그러한 불법성의 수준이 사회적으로 용납할 수 없을 정도여서 처벌할 만한 수준의 불법성을 뜻한다는 "범죄행위의 불법성과 위법성"을 쓰게 되었고, 술에 취한 사람은 육체만 취하지 않고 정신도 취한다는 점에서 형이상학적 자유의사란 개념은 형법에 적합하지 않으며, 인간의 의사능력은 지각과 인식의 과정을 거쳐 개념화하는 등 점진적으로 발전해 나간다는 점을 논증한 "자유의사와 책임"을 다루게 되었다. 또한 법률의 착오에 해당하는 "위법성 조각사유의 전제사실에 관한 착오"는 사안에 따라 형법 제20조 사회상규에 의하여 처벌이 조각될 수 있으며, 이에 따라 법률의 착오가 언제나 책임만을 조각할 수 있다는 전제는 틀릴 수 있음을 지적했다. 그리고 신의칙의 원칙이나 사회상규 혹은 조리가 형법상 부진정부작위범의 경우 보증인적 작위의무를 발생하게 한다는 학계나 판례의 견해가 잘못임을 지적하는 "부진정부작위범에서 작위의무의 발생 근거와 한계" 등을 포함하여 "형벌의 존재 근거와 내용", "죄형법정주의와 형법의 해석", "헌법상 사형제도 폐지의 정당성", "형법총칙과 각칙의 관계", "횡령죄의 주체와 부동산 명의수탁자의 지위", "독일, 일본 그리고 한국의 형법상 재산 관련 범죄의 특성", "피고인에게 불리한 판례의 변경과 소급효 금지원칙", "친족상도례의 개정방안에 관한 연구" 등 모두 23편을 서술했다.

이들 연구에 새로운 인식과 발상의 전환을 하게 도움을 준 서울대학교 법학전문대학원 신동운 명예교수와 김신 전 대법관에게 깊은 감사를 전한다. 아울러 다양한 주제에 관해 깊은 토론으로 논문의 완성도를 높여 주었을 뿐만 아니라 필자가 썼던 논문 대다수를 꼼꼼하게 읽고 수정해 준 부산과학기술대학교 이덕인 교수에게 고마움을 갚을 길이 없다. 그의 탁월한 법학 실력이 언젠가 빛을 발할 것으로 확신한다. 인하대학교 법학전문대학원 최준혁 교수와 서울대학교 법학전문대학원 고명수 교수도 필자의 글을 읽고, 문제점을 지적해 준 데에 깊이 감사드린다. 필자가 저술한 다수의 책을 출판해 준 박노일 선생님께도 역시 고마움을 담아 인사를 전하고 싶다.

2025년 6월 1일

세계일주 크루즈 여행 중, 대서양의 카나리아 제도에 입항을 앞두고.

허일태

차례

제1편 논문 등

제 2 편 중화민국(대만) 형법총칙

제 3 편 경력과 학문 세계

제 1 편

논문 등

제1장

나의 삶과 학문 세계

- 2024년 한국형사법학회 인터뷰 -

진행: 연세대학교 법학전문대학원 교수 한상훈(한국형사법학회 회장)
대담자: 동아대학교 법학전문대학원 명예교수 허일태

질문 1. 교수님의 학창 시절은 어떠했으며, 형사법 교수가 되려는 계기는 무엇인지?

(1) 학창 시절

나는 누구이며, 무엇을 할 수 있는 능력을 지니고, 어디로 향하여 어떤 방식으로 살아야 올바른 삶인지를 묻기 시작한 때가 초등학교 4학년 시절이었다. 이러한 의문의 동기는 초등학교 4학년 도덕 교과서에 실린 석가모니의 말씀 중 다음의 구절을 읽고서였다: “꽃은 피면 쉬이 지고, 사람은 나면 이슥고 죽는다.” 즉 사람이 나면 누구나 반드시 죽는다는 사실을 그때 처음으로 알게 된 것이다.

“사람은 이슥고 죽는다”라는 구절에서 나도 언젠가 반드시 죽게 될 존재라는 점을 절실히 깨닫게 되자, 오늘 하루를 허투루 보낼 수 없음을 분명히 자각하게 되었다. 내가 언젠가 반드시 죽을 수밖에 없는 존재라는 사실의 깨달음은 장래 어떻게 살아야 할 것인지에 관한 대답을 찾게 했다. 그래서 언젠가 죽을 수밖에 없는 인생이기에 죽음을 수시로 인식하고, 그렇게 함으로써 현재를 붙들고 최선을 다하기로 결심했다.

어떻게 살아야 할 것인지에 관해 대답을 찾는 데에는 그리 시간이 오래 걸리지 않았다. 특히 해답의 실마리를 제공한 마음의 친구 최병선의 질문이 결정적이었다. "우리가 죽을 인생이라면 어떻게 살아야 하는지?" 이 질문을 듣고서 다음과 같이 결심했다. '어제' 죽어갔던 분들이 그토록 살고 싶었던 '오늘'을 치열하게 살아가면서 건강한 사회의 형성을 위해 마중물의 역할을 하는 것에 인생의 목표를 두기로 했다. 그리고 건강한 사회는 누구나 인간적 삶을 제대로 누릴 환경을 갖추고, 정의가 살아서 숨 쉬는 곳이어야 한다고 생각했다. 이를 위해 한편으로 권력에 아부하지 않고 고달프더라도 양심에 비추어 정당하면서 공정한 태도를 준수하고 행동하고자 했다. 다른 한편으로는 내가 매월 벌어들인 급여에서 30% 내외를 어렵고 힘든 사람들을 위하여 쓰는데 인색하지 않으려 했다. 배우고 싶어도 돈이 없어서 학업을 포기할 수밖에 없는 분들이나 병원에서 치료하면 살 수 있음에도 그 치료를 포기할 수밖에 없는 소외자들, 그리고 돈으로 인해 사기꾼이 되어야 할 처지에 놓인 사람들에게 소액이지만 도와주려고 했고 최대한 이를 실천하려 했었다.

한편 어린 시절, 수산(水産)을 가업으로 삼았던 우리 집은 출어 준비가 시작되는 봄철이면 선원들과 그 식구들로 문전성시를 이루었다. 사람들로 북적거렸고, 점심과 저녁때엔 선원들의 가족까지 함께 식사하는 일이 일상이었다. 그래서 그런지 동네 사람들은 우리 집 식구들에게 대부분 공손했고, 심지어 어린 나에게도 다정다감하게 대접해 주었다. 특히 우리 배 선원들과 그 가족들은 더욱 그랬다.

세상은 언제나 그렇게 고정불변인 줄 알았지만, 중학교 2학년이었던 1963년 가을에, 부친의 사업 실패로 집안이 쫄딱 망했다. 파산의 여파로 부모님은 몸져 누우셨다. 둘째 형님은 군에 입대했고, 그토록 공부를 하고 싶어했던 셋째 형님은 어느새 뱃사람이 되어버렸다. 큰 형님 역시 고향을 멀리 떠나 집에 없었다.

당시 담임이셨던 이강년 선생님의 도움으로 그래도 나는 중학교를 그럭저럭 졸업할 수 있었다. 더 배우고 싶은 꿈을 이루기 위해 고등학교에 진학하고 싶었지만, 가족의 배고픔을 해결하기 위해 포기할 수밖에 없었다. 집에는 부모님과 형수님 그리고 여러 명의 어린 조카들이 남았다. 가족의 생존을 위해 돈을 벌어야 했다. 배고픔을 극복하는 것이 절실했기에. 1965년 봄이 찾아올 무렵, 나로도(羅老島) 갯가에 흙벽돌집을 짓고 그곳에서 뱃사람을 상대로 간단한 일용품과 삼학 소주를 소매로 장사했다. 그런 장사꾼의 생활을 3년 6개월 동안 지속했다.

이 기간 섬마을에 비친 달의 위치와 생김새에 따라 조석(潮汐) 현상이 일어나고, 바닷물 흐름의 세기가 날마다 달라짐을 직접 눈으로 보았다. 어선의 출어(出漁)와 귀항(歸港) 시기가 이에 따라 결정된다는 것도 그때 알게 되었다. 물살이 센 보름 무렵에 출어하고, 비교적 완만한 그믐 무렵에 귀항했기 때문이다. 바람의 강도에 따라 출렁이는 바다로 둘러싸인 나로도에서 해와 달 그리고 바람과 파도의 섭리(攝理)를 눈여겨보며, 자연의 현상을 몸소 체득하면서 그렇게 유년 시절을 보냈다. 물론 앎에 대한 갈증을 해소하고자 동네에 돌아다니고 있던 책들은 닥치는 데로 읽고 이해하려 노력했다.

술꾼들은 술을 마시다가 이런저런 인생 경험담을 들려주곤 했다. 그러다가 거나하게 취하게 되면 입이 거칠어지는 것이 십상이었다. 가슴이 미어지는 얘기도 듣고 있어야만 했던 때가 어디 한두 번이었겠는가? 술장사하는 동안 도움의 손길을 주는 사람은 별로 없었다. 그보다는 "사람 위에 사람 있고, 사람 아래 사람 있는 현실"을 절감했다. 그래서 맹세했다. "사람 위에 군림하려는 인간 군상의 행태를 타파하는 데 힘쓰고, 도움의 손길이 절실한 분들에게 돕는 역할을 충실히 수행하겠다! 그러기 위해 나의 주변 사람들에게 그들 자신의 능력을 최대한 꽃피울 수 있도록 배려함과 동시에 불의에 가세하지 않으며, 정의가 실현되는 건강한 사회 형성을 위해 힘을 다하겠노라!"

아는 선배가 고등학교를 졸업하지 않고도 대학교에 입학할 수 있다고 알려주었다. 그때가 1968년 봄이었다. 2개월하고도 보름 동안을 준비해서 1968년 6월 '대학 입학 자격 검정고시'에 합격했다. 그해 가을 처음으로 실시한 '대학 입학 예비고사'에 합격하고, 그렇게도 그립던 학문에 대한 열망을 채워줄 대학의 문으로 들어섰다.

검정고시를 준비할 때부터 하루 1,000분씩 책상에 앉아 있었던 탓인지, 대학에 입학하기도 전에 허리에 문제가 생기고 말았다. 그래도 억지로 앉아 공부했다. 은평구 불광동의 어느 부잣집에서 가정교사 생활하면서. 1학년 말에 '사법예비시험'에 합격하여 공부에 매진하려고 했으나, 2학년 초에 부친의 와병(臥病)으로 병시중을 위해 귀향하게 되었다. 그러나 그해 7월 19일에 부친이 돌아가셨다. 그 슬픔은 한없이 컸다. 소고기나 돼지고기 등 일체 육류를 끊었다. 그런 슬픔의 상황에서 계절학기를 이용하여 2학년 1학기의 학점을 모두 이수했다. 2학년 말에는 행정고시 1차에 합격했다. 허리의 디스크는 더욱 악화되었다.

책상에 앉아서 공부하기가 몹시 불편했다. 그런 상태로 대학을 겨우 졸업했다. 이러한 건강상 이유로 방위병으로 국방의무를 이행하게 되어서 1974년 봄부터 나로도 면사무소에서 병역의무를 시작했다. 허리디스크는 군 복무 중에도 나아지지 않았다. 군통합병원에 입원하여 3개월가량 치료받았으나, 끝내 완치되지 않았다. 입원하는 동안 나의 인생을 어떤 방향으로 설계할 것인지를 두고 진지하게 고민했다. 비교적 이른 시일에 '사법예비시험'을 비롯해 행정고시 1차 시험에 합격했음에도, 책상에 앉아서 집중적으로 공부함이 사실상 어렵게 되었음을 인정할 수밖에 없게 되었다. 그런 생각에 도달하자 곧바로 고시 합격의 꿈을 포기했다. 다만 누워 있으면 통증도 없다는 점에 착안하여 초등학교 4학년 때 결심했던 인생의 목표인 세상의 이치를 제대로 깨달아서 세상에 도움이 될 만한 조그마한 역할, 학생들을 가르치고, 권력에 빌붙지 않는, 옳고 바른 것을 행동으로 옮기는 사람, 급여의 30% 이상을 세상 사람들을 위해 사용하는 인간으로 남고 싶었다.

앉아 있기조차 힘든 상태에서 부산대학교 대학원 석사과정을 밟게 되었다. 허리의 통증은 대학원 다니면서 시작한 운동 덕분인지 다소나마 완화되어 갔다. 대학원에서는 마음의 친구 이종률을 만나게 되었다. 그는 말이 많았지만 어렵고 힘든 이들을 위한 나름의 철학이 맘에 들었기 때문이다. 석사과정은 1978년 2월 끝냈다. 그 후 독일 유학 준비를 위해 서울 강남(압구정동 현대아파트 단지)의 학원에서 수학과 영어 강사로 돈을 벌면서 독일문화원에서 독일어 강의를 들었다.

(2) 형사법 교수가 되려고 했던 계기

법학 교육의 핵심적 내용인 '자유와 평등 그리고 정의'는 거의 모든 교과서에서 반복적으로 그 중요성을 강조한다. 그러나 평소 이들 용어를 즐겨 부르짖었던 법학자들이나 법조인의 상당수가 5 · 16 군사쿠데타로 정권을 잡은 독재정권에 부역하는 모습을 목격했다. 특히 '인혁당재건위 사건'이라는 독재정권의 잔인한 고문에 의해 무고한 8명의 희생자에 대한 법조인들의 사법살인을 알게 되면서 '법조인들의 사법왜곡행위'의 방지를 평생의 연구과제로 삼았다. '반인륜적 행위인 사법살인'을 국가와 법의 이름으로 저질렀던 우리나라 사법부의 만행에 깊은 분노를 느끼면서 다시는 그런 만행이 벌어지지 않도록 방지하기 위한 해법을 찾기 위해 독일 유학을 떠났다.

유학 동안에는 그간 한국에서 벌어졌거나 벌어지고 있는 법조인들의 사법살인을 어떻게 하면 방지할 수 있을지 모색하면서 어떠한 제도적 장치를 마련해야 방지하거나 제한할 수 있는지를 알고자 노력했다. 그래서 사법살인뿐만 아니라 사법왜곡을 방지하기 위해 법치국가원칙에 관한 사상적 깊이를 더하고, 정의가 물 흐르듯 실현되는 그런 사회 형성과 이를 뒷받침할 수 있는 제도개선을 위한 대책강구에 힘썼다. 그런 노력의 결과 한편으로 사법왜곡이나 사법살인을 방지하기 위한 해결책으로서 판 · 검사의 사법왜곡행위에 대한 처벌의 불가피성과 다른 한편으로는 사형제도의 폐지가 사법살인 방지를 위한 핵심적이고 결정적인 수단이라는 점을 확신했다. 그래서 박사학위논문 주제도 국가공권력에 의한 사법살인을 방지하기 위한 대책을 마련하는 데에 두었다. 즉 '무고한 시민에 대한 검찰의 부당한 소추(Die Verfolgung Unschuldiger, §344 StGB)'를 왜 처벌해야 하는지를 논문의 주제로 삼았다. 1984년 7월, 그 주제로 박사학위를 취득하고, 귀국하여 사법살인과 사법왜곡을 방지하기 위해서는 사형제도의 폐지와 사법왜곡행위에 대한 처벌법규를 두어야 한다는 주장을 제시하면서 사형폐지 운동에 적극적으로 참여했다.

질문 2. 교수로서 학생들을 교육하고 지도하면서 중점을 두었던 사항은?

특별한 수업 준비 없이 수업에 들어갔다. 아니, 수업 준비가 별로 필요하지 않았다. 해당 수업 시간에 들어가기 직전에 그날 수업의 핵심적 내용이 담긴 중요 사례를 잠시 생각하고, 수업의 목표는 수강생이 오늘 수업을 통해서 10년이 지난 어느 날에도 해당 사례와 유사한 상황에 당면했을 때 어떻게 처신해야 정당한지를 몸소 실현할 수 있도록 하려는데 두었다.

예컨대 행위론은 다음과 같이 전개했다. 우선 교과적 사례를 예로 들었다. "한 여인이 남편의 서울 출장으로 홀로 남아 새근새근 옆에서 잠들고 있는 어린애 옆에서 연애소설을 보던 중, 전기회선이 끊겨 전등이 꺼졌다. 읽고 있던 소설이 재미가 있어서 머리맡에 둔 촛불을 켜고 읽던 중 깜빡 잠이 들어버렸다. 그녀가 숨이 막혀 겨우 잠에서 깨어났더니, 잠자는 동안 무의식으로 촛불을 건드려 넘어지면서 이불이 타고 방안에 화재가 발생했다. 불행히도 그 어린애는 의식을 회복하지 못했지만, 부인은 간신히 목숨을 건졌다."

학생들에게 그녀는 형법상 행위를 실행했는지, 실행했다면 어떤 상황이 형법상 행위로 파악될 수 있는 것인지, 형법상 행위론은 순수 존재론적으로 파악될 수 있는지, 그녀는 처벌될 만한 형법상 행위를 범했는지, 형법상 행위는 행위주체와 상관관계가 있는지 없는지, 우리가 정범에 대해 '사안을 장악하고 조정할 수 있는 자'로 국한한다면 형법상 행위도 그런 정범의 행위능력을 전제로 하는 것은 아닌지 등을 물었다.

가끔은 수업을 재판 형식으로 진행하기도 하고, 혹은 일부 학생이 다른 학생들 앞에서 특정 부분에 관해 수업을 진행하기도 했다. 무엇을 외우려고 하는 것보다 스스로 체험하고 해결 방안을 주체적으로 찾을 수 있도록 노력하면 할수록 기억에 오래 남고, 배웠던 부분을 더욱 잘 장악하고 파악할 수 있다고 믿었기 때문이다.

형사법 수업의 핵심은 "헌법과 헌법정신의 강조, 법치국가원칙에 관한 철저한 이해와 엄격한 죄형법정주의와 적법절차의 실현 그리고 형법의 단편성, 최후수단성, 무죄추정, 의심스러울 때 피고인의 이익으로" 등에 중점을 두었다.

질문 3. 학자로서 관심을 가졌던 분야나 연구 주제에 대하여

(1) 학문으로서 형법학에 관한 기본 입장

형법학은 규범학이자 가치학이므로 공정을 문제 삼는다. 그래서 실체적 진실 여부를 따지는 것에서 끝나지 않고, 실체적 진실의 기반을 전제로 공정과 정의의 기준으로 평가한다. 법학은 신학일 수 없다. 왜냐면 신학에 관한 것이라면 하나님의 말씀 자체가 언제나 진리이자 정의이기에 그 말씀을 무조건 믿어야 하지만, 법학은 진리를 기초로 한 정의의 영역에 속하므로 무조건 믿을 수 없으며, 무엇이 진실이고 정의인지 끝까지 물어봐야 하기 때문이다. 게다가 형법학은 사회의 안전과 평화의 달성을 위한 최후의 수단이다. 도구는 잘못 사용하면 위험하므로 이를 억제할 수 있는 제도적 장치로써 자유 · 민주사회에서 보편적으로 애용하고 있는 '법치국가원칙'의 준수가 불가결하다.

법치국가원칙이란 "인간존엄의 핵심적 내용인 자유 · 평등과 정의를 실현하기 위해 국가생활에서 지켜야 할 행동 지침을 법으로 마련하고, 국가권력을 이에 입각하여 형성 · 집행하려는 인간사회의 기본원리"를 말한다. 이러한 법치국가원칙의 이념적 기초는 생활환경의 정의로운 조정과 형성을 통하여 국가생활에서 불가피하게 야기되는 권력 현상을 권력분립으로 분산하고 이와 함께 합법성과 정당성에 기초한 법률로 순화시켜 인간의 존엄성을 확보하려는 데에 있다. 즉 국민의 기본권은 국가에 대한 국민의 방어권을 뜻할 뿐만 아니라, 국가가 개인의 생명권 등 보편적 가치 질서를 구현하고, 이를 보장하기 위한 국가의 적극적 형성 내지 조정의무를 의미한다.

이를 다시 요약하면 다음과 같다.

① 인간의 정신은 육체를 통하여 차츰 성숙하여 가는 것이지, 육체에 갑자기 스며들지 않는다. 성년이 되어가면서 자기의 행동을 주체적으로 행사하고, 행위 결과에 대한 의미를 온전히 이해할 때 비로소 인간은 자신의 범법행위에 대한 행위 주체가 될 수 있다(이 때문에 형법은 14세가 되지 아니한 자의 행위는 벌하지 않는다고 형법 제9조에서 명시하고 있다).

② 인간은 사회적 책무를 지닌 주체적 존재로서 사회적으로 중대한 일탈행위로 인한 책무 위반에 대한 책임을 져야 하고, 우리의 삶을 인간답게 누릴 수 있도록 정의로운 국가와 사회문화의 형성과 발전에 결정적으로 기여해야 하며, 건전한 사회발전을 위해 자신의 능력에 어울리는 행동을 해야 할 책무가 있는 인격체이다(형법 제9조, 제10조 및 제11조: 성숙한 인간만이 온전하게 형벌을 감수할 수 있음을 명시하고 있음).

③ 이러한 인격체로서 사회적 책무를 지니고, 위반 시에는 벌칙을 받아야 하는 인간은 국가로부터 이에 대한 보답으로 존엄성을 보장받아야 한다. 이러한 이유로 우리 헌법은 재외국민까지 보호해야 할 의무를 진다(헌법 제2조 제2항).

④ 인간의 존엄성은 양도나 포기할 수 없는 불가침적 권리이며, 인간의 생명과 육체의 본질적 내용이 보장되는 경우에만 존재 의미가 있다. 그러므로 인간의 생명권과 신체에 대한 불가침권은 인간존엄의 핵심일 수밖에 없고, 사형제도는 폐지되어야 마땅하다.

⑤ 기본권의 주체로서 인간은 생존의 역사성과 사회성에서 결코 유리될 수 없다. 사회 속에 사는 인간은 공동생활을 책임 있게 형성해야 할 사명을 간직한 인격체이다. 그러므로 개개인이 갖는 사회 관련성은 사회구조와 조화를 위해 기본권의 일정한 한계를 가질 수밖에 없게 한다(헌법 제37조 제2항 전단).

⑥ 형법상 행위란 자신의 태도나 행동을 목적적으로 조종할 수 있는 인간이 사회적으로 회피했어야 할 위험을 침해하거나 야기하는 인격적 태도이다. 이를 다른 말로 표현하자면 목적적 행위지배를 할 수 있는 행위자가 행위 시에 회피할 수 있었던 위험을 자초하거나 야기하게 한 일체의 인격적 활동을 형법상 행위로 파악한다.

⑦ 형벌의 주된 목적은 복수에 의한 악순환의 연결고리를 끊고, 더 이상의 복수가 가능하지 않게 하는 데 있다. 국가가 법률로 일정한 행위유형을 금지했음에도 불구하고 이를 무시하고 위반한 자에 대해서는 복수에 비례하는 실질적 고통을 그 행위자에게 적법절차를 통해 되갚아 주는 것이 형벌이다. 따라서 형벌의 일차적 목적은 응보일 수 없고, 예방에 있음은 물론이다. 그럼에도 국내의 유

명학자들은 이론적 근거도 없이 응보가 형벌의 일차적 목적이라고 큰소리친다.

⑧ 국가공권력은 현재 진행되고 있는 위난의 현장에 즉시 달려가서 해당 피해자를 곧바로 구조해 줄 가능성이 거의 없다. 이와 같은 긴급한 상황이라면 국가는 범죄피해자에게 자력구제의 방식인 정당방위나 긴급피난 등을 상당성이 담보되는 한도 내에서 행사할 수 있도록 허용해 주어야 한다. 이러한 긴급행위는 국가의 시혜적 혜택으로 볼 수 없고 천부적인 인권에 속하므로 정당방위 등 긴급행위에 대한 윤리적 제한은 삼가야 한다.

⑨ 형사법은 죄형법정주의 원칙에 따라 법익보호 임무와 인권보장 임무를 주된 목적으로 한다. 민사법은 소유권 보장, 사적 자치와 거래 안정 등을 통해 재산권의 효용을 극대화하고, 재산권의 공정한 배분을 일차적 목적으로 삼고 있다. 이처럼 두 영역의 법이념과 제재의 수단은 서로 다르므로 이들 법률영역의 상이성과 독자성을 인정해야 한다. 예컨대 '의심스러울 때는 피고인의 이익'이라는 형사법의 원칙을 민사법의 영역에도 동일 적용할 수 없기 때문이다.

⑩ 모든 법해석은 법문의 일상적인 의미나 법률적 언어 관행을 사용하여 법문의 의미 파악부터 시작해야 한다. 그러나 형벌 법규가 일반 국민에 대해 무엇이 금지되어 있는가를 항상 명확히 보여줄 수 없고, 형법은 문자로 형식화된 죽어 있는 조문의 집합에 불과한 것으로만 볼 수 없다. 법률해석자는 법률해석 시에 법문에만 집착하여 문언의 일상적 의미 파악에 국한되어서는 안 된다. 법률의 입법취지, 보호기능과 그 법률의 객관적 의미와 목적을 비롯해 형법의 성격에 마땅한 독자적 개념을 인정할 수 있어야 한다. 때로는 법률의 흠결 내지 법률이 불비된 경우라도 허용되는 해석에 의해 보완될 필요성도 없지 않다. 예컨대 입법의 불비가 입법자의 편집상 과오에 기인한 경우 이를 일정한 요건 아래에서 보정할 수 있어야 한다.

⑪ 위법성조각사유의 전제사실에 관한 착오는 일종의 법률의 착오이며, 그런 착오도 형법 제20조 사회상규에 의해 위법성이 조각될 수 있다. 따라서 우리 형법상 법률의 착오는 책임을 조각하는 경우뿐만 아니라 사안에 따라 위법성을 조각할 수 있다.

⑫ 형법 제34조 제1항의 간접정범은 '공범형 간접정범' 혹은 '공범형 정범'이라고 불러도 무방해 보인다. 왜냐면 형법 제34조 제1항의 간접정범은 법정형 이하로 형을 감경할 수 있다는 점에서 순수한 정범으로 규정되어 있지 않음은 분명하며, 공범적 성격을 적지 않게 지녔으나 순수한 공범 형식이라고 해석하기도 쉽지 않고, 지극히 독자적인 '공범형 정범'이기 때문이다.

⑬ 불능미수를 처벌하려는 취지는 금지규범을 통하여 보호하고자 하는 법익에 대한 침해 위험성으로 연결될 수 있는 구성요건적 행위를 실행했다면, 그런 실행행위가 일반인의 관점에서 보아 보호법익을 침해할 만한 위험한 것으로 판단되었다고 보기 때문이다.

⑭ 형법의 해석은 체계적이어야 한다. 첫째로 구성요건에서 다루어야 할 문제는 범죄를 구성하는 행위 사실에 관한 것이고, 그것의 위법성에 관한 평가는 사회상규 등 정당행위에 속한 것인지를 평가하는 단계에서 논해야 한다. 이러한 이유로 예컨대 배임죄의 성립 여부에서 경영상의 판단은 배임죄의 고의 영역에 해당할 수 없다. 이를 더 자세히 설명하자면 배임죄의 고의는 배임죄의 구성요건 요소에 대한 인식이나 의욕에 관한 것이지, 범죄의 불법성을 제한하려는 가치판단의 문제가 아니기에, 경영상의 판단 원칙은 가치판단에 속하는 영역이라는 점에서 구성요건의 단계에서 검토할 기준일 수 없다. 즉 경영상의 판단 원칙은 기업경영에서 수반되는 기업의 일상적인 '업무'로 인정될 만한 것인지, 아니면 형법 제20조에서 명시한 '기타 사회상규에 해당할 수 있느냐'의 여부에 의해 위법성 문제로 판단해야 마땅하다. 그럼에도 영미법의 영향을 받은 학자들뿐만 아니라 법원 역시 고의 성립 여부 문제로 다루는 우를 범하고 있다.

⑮ 특정한 신분자만이 범할 수 있는 범죄의 행위 주체를 확대하는 것은 바람직하지 않다. 따라서 형법 제33조 본문은 엄격하게 해석되어야 한다. 왜냐면 형법은 보장기능 확보를 위하여 확장적 공범이론을 토대로 제정되었으며, 편집상 과오로 제정된 형법 제33조 본문은 비신분자에게 신분관계의 확장적 기능을 통하여 정범 적격의 지위를 예외적으로 인정하는 모순을 품고 있기 때문이다. 게다가 형법 제33조 본문은 비신분자에게 정범 적격의 지위를 인정하고 있지만,

그렇다고 신분관계의 지위를 부여하거나 창설하지 않는다. 그러므로 신분적격을 갖지 않은 비공무원이 형법 제33조 본문에 근거하여 신분관계로 성립된 공무원의 뇌물수수죄에 가공한 행위로 형법 제30조의 공동정범을 무제한으로 인정하는 것은 삼가야 한다. 이는 형법 제33조 본문의 입법경위를 살펴본다면 더욱 그렇다. 왜하면 1953년 국회 의결을 거쳐 성안된 형법 제33조 본문은 비신분범에 대한 정범가능성을 인정하지 않았지만, 법률로 공포될 때 편집상의 과오로 정범가능성을 포함했기 때문이다. 따라서 형법 제129조 제1항의 뇌물수수죄에 관하여 비공무원이 공무원과 공동정범으로 인정되려면, 비공무원은 공무원의 직무에 관하여 뇌물을 수수하는 불법행위에서 해당 공무원과 서로 일체가 되어야 하므로, 비공무원은 공무원과 함께 그 직무에 관하여 뇌물의 수수를 일체가 되어 요구해야 한다.

⑯ 우리나라 판례는 부진정부작위범의 행위 주체를 신의성실의 원칙, 사회상규나 조리(條理)에 의하여 인정할 수 있음을 천명하고 있는바, 이러한 판례의 태도는 잘못되었다. 그 이유는 다음과 같다. a. 신의성실의 원칙은 권리의 행사와 의무의 이행에 관한 것이고, 권리의 행사와 의무의 이행은 행위자가 누구든 따지지 않고, 권리와 의무에 따른 행위 자체를 문제 삼는다. 왜냐면 민법 제2조에 의하면 행위자의 권리 의무 행사는 신의성실의 원칙에 따라야 하는바, 이 원칙에 걸맞은 권리 의무의 행사란 누가 그렇게 행사했는지 여부를 따지지 않고, 행사자의 행위가 그 원칙에 부합했느냐 여부를 결정하는 데 사용되기 때문이다. 즉 신의성실의 원칙은 행위의 정당성 여부를 결정하는 평가 기준으로 작용하는 것이지, 누가 행위자가 되어야 하는지를 결정하는 요소가 아니다. 그래서 상호사적 자치가 지배하는 계약 등의 관계 속에 동참하고 있는 한쪽의 참여자는 다른 쪽의 참여자에게 오해를 불식시켜줄 법적인 설명의무나 고지의무의 부담은 신의성실의 원칙의 위배 여부로 무조건 결정될 수 없다. 그런데도 판례는 신의성실의 원칙을 근거로 예컨대 거짓말이 기망행위가 되는지 등을 판단하고, 다시금 기망행위 등이 신의성실의 원칙을 중하게 반하기 때문에 작위의무를 부담한다고 판시한다. 판례처럼 신의성실의 원칙을 중하게 반한 기망행위자는 다시

금 보증인적 지위를 가지게 된다고 인정한다면, 신의성실의 원칙은 이중적 기능을 가진다고 해야 하는데, 판례의 이러한 태도는 형법해석상 용납될 수 없다. 왜냐면 이러한 입장은 전형적인 사법적극주의의 태도이자 죄형법정주의에 어긋나며 처벌의 범위가 지나치게 확대될 수 있기 때문이다. b. 판례가 사회상규에 의한 작위의무의 인정은 형법 제20조에서 명시한 '사회상규'의 개념과 서로 모순된다. 형법 제20조의 사회상규 개념은 위법성을 조각하는 정당행위의 일종으로 파악하고 있음에 반해, 판례에서 판시하고 있는 '사회상규'의 개념은 부진정부작위범의 행위주체를 인정하는 근거로써 사용되고 있기 때문이다. 형법상의 전문용어는 획일적으로 사용되어야 한다는 점에서 대상판결에서 실행행위의 정당성 여부를 판단하는 데 사용되는 사회상규 개념을 부진정부작위범의 작위의무 근거로 삼고 있는 태도는 부정되어야 마땅하다. c. 조리에 의한 형법상의 작위의무를 인정하게 되면, 사회 윤리적으로 마땅히 이행하여야 할 행위를 이행하지 않았다고 해서 처벌될 수 있게 되는데, 이는 대명률의 '불응위율'과 다를 바 없게 된다. 이는 우리가 그렇게도 죄형법정주의를 철저히 준수하라는 당위명령을 철저히 무시하는 꼴이다. 판례가 부진정부작위범의 보증인적 지위를 신의성실의 원칙이나 사회상규 또는 조리에 근거하면 할수록 일종의 신분범적 성격을 가진 부진정부작위범의 범위를 무한정 확대하게 된다는 점에서 죄형법정주의에 반하며, 시정되어야 마땅한 것이다.

⑰ 사법적극주의는 성문법이 발달하지 않은 '영미법계 국가'에서 법해석과 판결에 있어서 법문언에만 그치지 않고 정치적 목표나 사회정의 실현 등을 염두에 둔 적극적 법형성을 강조하는 태도를 말한다. 성문법주의와 죄형법정주의를 헌법상 원칙으로 삼고 있는 우리나라에서 이러한 주장은 반헌법적이다. 국민의 인권 보장을 담보하기 위해서는 죄형법정주의의 원칙이 철저히 준수되어야 하는 마당에 사법적극주의를 표방한 것은 사법권이 입법부의 입법형성권까지 침해한다는 점에서 결코 용납될 수 없다.

(2) 자유의사와 책임의 문제

오늘날 법은 통상적으로 우리가 지킬 수 있는 것을 요청하고, 지킬 수 없는 것을 요청하지 않는다. 지켜야만 할 준칙을 준수하지 아니하여 사회나 개인에게 중대한 법익침해를 야기한 자에만 책임을 묻는다. 이러한 책임을 묻기 위해 의사자유를 부르짖는 비결정론자들은 인간에게 보편적 행위 자유가 있다고 전제하며, 의사의 자유를 인정한다. 그러나 비결정론자의 이러한 결론은 상식적이지 않다. 다음과 같은 이유 때문이다.

① 모든 생명체는 자신의 주변에서 얻은 에너지를 이용하여 자신을 복제 내지 재생산한다. 여기에는 유전자를 복제하고 보관하며, 후손에게 물려주는 역할이 포함된다. 이러한 과정을 실현하려면 살아남아야 하고, 또한 유전자를 물려줄 정도로 오랫동안 생존하여 살아남기 위해 수많은 동물은 주변 환경에 대응할 수 있는 다양한 활동의 능력을 지닌다. 인간만이 주변 환경에 대응할 수 있는 행위능력을 갖고 있다는 주장은 억측이다. 큰 다랑어가 작은 정어리를 잡아먹으려 할 경우조차도 나름대로 최적의 작전을 구사하려 하지, 무조건 입만 크게 벌리고 있는 것은 아니기 때문이다.

② 활동 능력과 이에 따른 행위 자유는 살아있는 생명체에서 유래한다. 생명이 없는 물질은 자유가 존재할 수 없다. 생명을 복제하고 보존하며 물려주기 위한 일련의 과정에서 생명체의 신경세포는 그때마다 무수히 많은 반응을 하며, 행위를 한다. 행위의 실행 중에 오직 신경세포가 인과적 과정이나 유전자의 프로그램에 따른다고만 생각하는 것은 지나치게 인간 중심적인 오만이다. 사자나 호랑이도 잡아먹을 작은 동물을 습격할 때 그들 상호 간에 협력과 분업을 하는 것을 볼 수 있다. 이런 동물에게는 오직 필연적이고 본능적인 행태만이 가능하기에 그런 분업과 협업을 할 수 있다는 억지 주장은 눈으로 확인하고 있으면서도 부정하는 인지부조화의 극치이다.

③ 인간의 의사나 인지는 살아있는 생명체에서 유래된 것이다. 생명체를 구성하고 있는 핵심인 인간의 육체에서 비로소 의식이나 인식이 발현되는 것이지, 이와 관계없는 인간 마음의 존재가 안주할 장소는 어디란 말인가. 마음이 생명

체인 육체를 떠나는 것이 불가능함에도 그것이 가능하다는 사고방식은 상상력의 산물일 뿐, 안주할 수 없는 학문일 수 없다.

④ 술을 엄청나게 마셔서 취하게 되었을 때, 육체만 취하고 인간의 의사인 정신은 그것과 전혀 관계가 없다는 주장은 억지 논리의 전형이다.

⑤ 인간의 유전자 구조에서 FOXP2라는 유전자가 돌연변이를 일으켜 인간에게 말할 수 있는 능력을 주었을 뿐만 아니라, 인간에 고유하게 내재한 NOVA1 유전자 돌연변이로 인해 복합적인 언어능력을 발전시켰다. 이에 더하여 인간의 구강구조가 언어적 소리를 낼 수 있도록 발달하게 되었다. 이러한 복합적 요소로 인간은 내용이 깃든 말을 자유롭게 할 수 있게 됨으로써 우리 인간은 뒷담화를 가능하게 하고, 상상의 세계를 여행할 수 있게 했다.

⑥ 즉 인간의 정신은 우리의 생명체인 육체에서 나오지만, 그렇다고 단순한 인과관계 과정의 산물일 수 없고, 신체적 감각에 근거한 지각의 파동을 통해 사물이나 관계의 대상에 대한 인상을 터득하고 감정을 느끼며, 기억하고 이를 언어적 표현으로 번역할 수 있게 됨과 동시에 상상의 나래와 지혜의 빛을 담은 마음의 총체적 활동이다. 따라서 인간은 신체와 환경의 영향을 받지 않고서, 오직 순수한 의사의 자유를 향유한다고 볼 수 없다. 오히려 인간은 생명력 유지와 번식을 위해 주변 환경이나 사회적 문제에 대응하고, 사건이나 사물을 변별할 수 있도록 애초부터 구조화되어 있는 존재이다.

⑦ 이러한 상상력으로부터 신화가 창조되고, 신용경제가 활성화되었다. 이는 다시금 국가질서, 특히 법질서를 형성하게 했다. 왜냐면 법질서는 인간이 인간다운 삶을 영위하기 위한 강력한 도구이기 때문이다. 인간다운 삶은 정의 사회에서 가능하기에 이를 구축하기 위해 자유와 평등 그리고 정의감의 요청이 불가피하게 되었다. 이를 위해 자유와 평등 그리고 정의라는 사회적 요청은 인간에게 인위적 본성으로 거듭나도록 끊임없이 교육하고 훈련할 때 비로소 문화로 격상할 수 있다.

만일 인간의 의사가 자유롭다면 예컨대 유교문화권이나 기독교 문화권 혹은 공산주의 체제에 살더라도 그 문화권에서의 삶에 익숙해지는 현실을 부정할 수 있는 인간이 적지 않을 수도 있어야 옳을 것이다. 그러나 현실은 이와 정반대가 아닌가.

⑧ 의사의 자유론은 도킨스(Clinton Richard Dawkins)의 '밈(meme)의 이론'에도 배치된다. 우리가 무의식 중에 남을 모방하는 일은 아주 친숙한 사실이다. 예컨대 어린아이가 자기의 모국어를 배우게 되는 것은 모방 때문이다. 동일한 한국인이라도 지역에 따른 특유의 사투리가 존재하는 것 역시 우리의 현실임을 부정할 수 없다. 이러한 현상은 언어뿐만 아니라 종교, 민족, 사상이나 신념 등 헤아릴 수 없는 많은 곳에서도 찾아볼 수 있다. 그럴 수 있는 이유는 인간의 마음 역시 생물 복제의 핵심인 유전자처럼 타인에게 유전되고 진화되면서 세대로 전파되면서 이어지고 있기 때문이다.

이처럼 세대를 이어가면서 문화를 복제하여 보존하며 전파하고 있는 이러한 현실은 누구도 쉽게 부정하기 어렵다. 그럼에도 인간의 의사는 환경이나 문화로부터 영향을 받지 않고 전적으로 자유롭다고 전제해야 한다고 우리는 끝까지 우길 수 있을까. 특정한 이미지로 형성된 인간의 상상력에 의해 구축된 사회는 그 속에서 태어난 인간을 특정한 방식으로 길들어지게 하고, 특정한 규범의식을 갖게 하며, 특정한 질서를 존중하고 있는 것을 우리는 도처에서 쉽게 확인할 수 있기 때문이다.

⑨ 형법 제9조에 따르면 "14세 되지 아니한 자는 벌하지 아니한다."고 명시하고, 형법 제10조를 심신장애인이라는 표지 아래 "① 심신장애로 인하여 사물을 변별할 능력이 없거나 의사를 결정할 능력이 없는 자의 행위는 벌하지 않는다. ② 심신장애로 인하여 전항의 능력이 미약한 자의 행위는 형을 감경할 수 있다."라고 기술되어 있다. 이들 조문에서 명시한 문언의 의미는 다음과 같이 해석하여도 크게 틀리지 않을 것이다. 즉 인간의 의사능력이나 책임능력은 점진적으로 발전하는 것이며, 그런 능력은 성숙한 인간에게 국한하여 전적인 책임능력을 부여하며, 심히 부족하거나 다소 미약한 경우에는 벌하지 않거나 혹은 형을 감경하여 줄 수 있을 뿐이다. 그러므로 이들 규정의 그 어디에도 인간의 범법행위에 대해 책임을 지우기 위해서 인간의 자유의사가 전제되어 있어야 함

을 요구하고 있지는 않다. 책임을 전제하기 위해 불가피하게 의사의 자유가 요구된다는 설명은 부자연스럽다.

⑩ 성숙한 시민이라면 자유와 평등이 토대가 되는 정의 사회를 구현하기 위해 형법이라는 사회적 규범을 준수해야 하고, 이에 위반될 때 그에 따른 응분의 책임을 전제하는 것이야말로 형법 제9조와 제10조의 진정한 의미일 것이다.

⑪ 형법 제30조가 명시하는 정범의 개념에 관해 우리나라 학자들 대부분 행위지배설을 취한다. 여기서 '행위지배'의 의미는 록신(Claus Roxin)의 견해에 따라 "구성요건 합치적 사건 진행과정의 장악"을 뜻한다. 여기에는 다시금 의사지배는 행위지배가 가능함을 인정한다.

이 행위지배설은 기본적으로 벨첼(Hans Welzel)의 목적적 행위개념을 차용한 것이다. 벨첼에 따르면, 행위주체가 되기 위해서 인간은 자신의 목표나 목적 달성 실현에 걸맞은 행위를 할 수 있는 존재이며, 이것은 모든 고의범죄를 범하는 기본행위로 파악했다. 록신은 벨첼의 이와 같은 행위개념에 터 잡아 정범의 주체가 되기 위한 조건으로서 행위지배설을 주장한다.

모든 범죄의 행위주체가 정범으로 처벌되기 위해서는 행위지배와 아울러 규범에 대한 합목적적으로 행동할 수 있음을 전제한다. 이것이 의미하는 바는 인간은 금지규범이나 요구규범에 관해 합목적적으로 준수할 수 있는 능력의 향유를 전제한다. 이러한 능력이 전제되기에 형사책임을 부담하는 것이지, 인간에게 의사의 자유가 전제되어야 비로소 책임을 지게 될 수 있다는 비결정론자들의 주장은 합리적이지 않다.

(3) 형법상 행위개념

형법상 행위개념은 존재론적으로만 규명되어야 한다는 전제는 잘못된 것이다. 행위개념 자체가 이미 형법상으로 의미를 지닌 행위이어야 한다면, 형법상 의미있는 행위는 규범적 차원에서만 제대로 이해될 수 있기 때문이다. 예를 들어 보자. 형법상 폭행의 개념은 타인에 대한 구타나 때리는 등의 태도인데, 우리는 물건을 폭행한다고 하지 않으며, 심지어 동물에 대한 구타나 때리는 행위도 이를 폭행이라고 부르지 않는다. 이러한 면에서 폭행이라는 행위는 순수 존재론적 개념일 수 없으며, 일정한 무력의 사용과 함께 인간이라는 피해자를 대상에 한정하여 사용되는 형법적 개념이다. 명예를 훼손하는 행위 역시 타인의 인격을 언어적으로 비방하는 방식이기에, 비방의 언어가 아닌, 일상의 통상적 언어도 존재론적으로 형법상 행위개념에 속한다고 하는 주장은 형법상 행위개념을 희화할 뿐이다. 형법상 행위개념을 무조건 존재론적으로 파악할 수 있다는 사고방식은 잘못된 것이다. 더구나 인격을 갖지 않은 동물에 대한 언어에 의한 비방적 행위도 형법상 행위개념에 속한다고 할 수 없다.

이처럼 인격을 갖춘 타인에 대한 무력의 행사나 비방적 언어의 사용은 사회적으로 금지되는 행위라는 점에서 폭행이나 명예를 훼손하는 언어는 규범적 성질을 배제하고 순수하게 존재론적으로 설명할 수 없다. 더구나 이러한 행위가 부진정부작위범의 부작위 방식으로 실현될 수 있다는 것은 모든 형법학자가 인정한다. 부작위의 개념은 규범적 차원이지, 존재론적으로 아무런 흔적이 없지 않은가. 따라서 형법상 행위개념은 규범적 관점을 벗어날 수 없다.

그럼에도 형법상 행위개념은 전 구성요건적 차원에서 순수하게 존재론적으로 규명할 수 있다는 학설이 다수설이다. 이러한 주장은 작위뿐만 아니라 부작위도 행위의 실체가 구체적으로 존재한다는 것인데, 이는 진실이 아니지 않는가? 학문은 솔직해야 한다. 어떤 주장이 앞뒤가 모순일 때 그런 주장은 버리는 것이 상책이다.

형법상 행위개념은 범죄를 범할 수 있는 행위자의 행위능력을 전제하고 있다. 왜냐면 형법상 행위는 행위자의 행위능력을 완전하게 배제하고서 생각할 수 없는 개념이기 때문이다. 그러므로 형법상 행위 주체가 인정되기 위해서는 형법상 행위능력을 지녀야 하며, 행위능력자의 형법상 의미를 지닌 행위가 다름이 아닌 형법상 행위이다.

형법상 행위 주체는 정범의 자격을 가진 자다. 정범이란 범죄적 사안을 장악하고 주도적으로 범죄를 실현하거나 할 수 있는 자를 말한다. 그렇다면 형법상 행위가 성립하기 위해서는 (형법상 금지되는) 사안의 내용을 실현하거나 실현할 수 있는 인간의 태도나 행태라고 부를 수 있다.

이러한 점들을 종합적으로 검토해 볼 때 형법상 행위개념은 다음과 같이 정의할 수 있다. 즉 "자신의 태도나 행동을 목적적으로 조종할 수 있는 인간이 사회적으로 볼 때, 회피했어야 할 위험을 창출하거나 창출할 수 있는 인격적 태도를 형법상 행위이다." 이를 다른 말로 표현하면 목적적 행위지배를 할 수 있는 행위자가 행위 시에 회피할 수 있었고 그래서 회피했어야 할 위험을 자초하거나 야기케 한 일체의 인격적 활동을 형법상 의미 있는 행위라고 해야 한다. 왜냐면 성숙한 인간이라면 제한된 범위 내이긴 하지만 사물의 인과 과정을 조종하고 지배하여 작품을 형성하는 탁월한 능력을 지녔을 뿐만 아니라, 그 작품 활동 과정에서 야기된 위험을 예상하고 그것을 회피하는 능력까지도 겸비하고 있기 때문이다.

인간은 이러한 능력을 바탕으로 그의 과학적 지식에 기초하여 자신의 활동을 지배하거나 조절함으로써 우리의 문화 형성에 기여하는 작품 활동을 할 수 있는 유일한 존재이며, 사회적으로 봐서 이득이 되는 작품 활동뿐만 아니라, 악영향을 끼치는 활동도 가능한 이중적 존재이기도 하다. 그렇기에 인간은 우리의 문화를 계승하고 창달하는 데 사회적으로 부정적인 영향을 줄 수 있는 사회침해적 행동을 회피할 수 있는 능력을 품고 있고, 또한 그러한 침해적 행동을 회피해야 할 책무도 지고 있다. 이와 같은 책무에 근거하여 공동생활에 위험이 되는 행동을 피할 수 있었음에도 위험을 창출한 자에 관해서는 사회방위를 위해 불가피한 경우에 국한하여 최후의 수단인 형법적 대응을 곧바로 하게 된다.

형법은 바로 이러한 인간의 활동 능력과 사회적 책무를 전제로 하여 사회방위를 위해 불가피한 경우에 개입하는 것이다. 즉 우리 형법이 전제하고 있는 인간상은 과학적 지식에 기초하여 일정한 목표를 세워 그 목표를 실행할 수 있을 뿐만 아니라, 그러한 목표의 실행으로 야기되는 부수적인 제반 사정까지 일정한 범위에서 예견하여 그것을 회피할 수 있는 능력자이며, 더 나아가서 자기의 활동 범주에서 빚어진 결과에 대하여 사회적 책무를 부담하는 인격자이다.

그렇기에 형법상의 의미 있는 행위를 할 수 있는 능력자는 인간 모두가 포함되는 것이 아니라 목적적 행위지배가 가능한 인격 있는 행위능력자로 국한해야 한다. 이러한 능력자에는 자기가 목적하는 바를 실현할 수 있을 뿐만 아니라, 그 행위로 부수되는 제 사정을 참작할 수 있는 능력이 있으면 족하고, 그 행위가 사회적으로 어떠한 의미를 갖는지 알 수 있는 능력을 요구하지 않는다. 그런 점에서 자기의 행위가 법적으로 위법한지 여부를 인식할 수 있고, 그에 따라 적법한 행위를 할 수 있는 책임능력과 구별된다. 대법원도 책임능력을 '사물의 시비선악을 변별할 능력이나 인식하는 바에 따라 행동할 능력이 없어 그 행위의 위법성을 의식하지 못하고 또는 이에 따라 행위를 할 수 없는 상태'에 있는 것임을 명확히 하고 있다.

그러나 형법상 행위가 성립되기 위해서는 '행위능력' 있는 자의 행위가 필수적으로 요청되지만, 행위능력이 자기의 행위를 목적적으로 지배할 수 있는 능력을 말하는 것이라 해서, 형법상 행위개념이 목적적 행위론처럼 목적적 활동이라고 할 수는 없다. 왜냐면 형법상 '행위능력'은 자기 자신의 결정 의사에 근거하여 인과적 과정을 지배하거나 조종하는 능력을 말하는 데 반해서, 형법상 '행위'는 그런 능력을 지닌 자가 현실 세계에서 회피했어야 할 위험을 야기하는 인격적 태도를 말하는 것이기 때문이다. 그러므로 반드시 행위능력자의 목적적 조종에 의한 작품 형성행위만이 형법상의 의미 있는 행위로 되는 것이 아니라, 그런 능력자가 무의식적 실수로 위험을 창출하는 경우 때로는 그 위험을 회피해야 할 사회적 책무 때문에 형법상의 행위로 보아야 할 필요가 있다. 따라서 그런 위험을 일반적으로 회피할 수 있었던 행위능력자에는 사회평화를 위해 사회적으로 중요한 이익침해를 방지해야 할 의무가 부여될 수 있으며, 그러한 의무를 지고 있는 자가 법적으로 준수했어야 할 책무를 다하지 않아 보호해야 할 이익을 침해 내지 침해할 수 있는 경우에야 비로소 형법상 개입의 기초가 되는 형법상의 행위가 존재한다고 해야 말할 수 있다. 이러한 관점에서 형법상 행위는 결코 형법상 행위주체와 분리될 수 없으며, 상호 밀접하게 연결되어 있는 것이다.

그 결과 형법상 행위론의 실익은 도대체 누가 형법상 행위능력을 가졌느냐에 달려 있다. 필자의 입장에 따른다면 사회적 일탈 사안을 장악할 수 없는 자는 그의 행위가 비록 사회적으로 중요할지라도 형법상 행위자의 행위가 아니다. 절대적 폭력이나 법인의 행위 또한 형법상 행위일 수 없고, 주체적으로 활동할 수 없는 어린아이뿐만 아니라 무의식에 빠지는 자도 형법상 행위를 범할 수 없다고 해야 한다. 이와 별개의 문제로 주체적으로 활동할 수 있는 자가 마땅히 준수해야 할 책무나 의무의 이행을 태만함으로써 형법상 행위를 범할 수 있음은 물론이다.

(4) 범죄행위 불법성의 본질과 위법성과 관계

행위의 불법성은 행위자가 단순히 이행했어야 할 행위의무에 대한 위반만으로 성립되는 것이 아니다. 어느 행위가 범죄구성요건에 해당할 만한 최소한의 불법성을 가지려면, 한편으로 이행해야 할 행위의무의 위반과 다른 한편으로는 보호해야 할 법익의 침해 혹은 침해위험이 전제되어야 하기 때문이다. 범죄행위는 이러한 두 가지 관점, 즉 침해자의 입장에서 그가 이행했어야 할 행위의무 위반과 피해자의 입장에서 피해당한 범죄피해나 법익침해로 구성되어 있다. 따라서 보호해야 할 법익에 대한 침해행위와 이행해야 할 행위의무 위반은 비록 하나의 동일한 행위를 그 대상으로 하지만, 법익침해의 측면과 이행해야 할 행위의무 위반은 서로 성격을 달리하며, 그 관점도 다르다. 그러므로 이행해야 할 행위의무 위반의 내용은 행위반가치를 형성하는 행위자의 인격적인 내적 행위 문제이고, 법익침해의 내용은 결과반가치를 형성하는 피해 정도라는 외부적이라는 점이다. 이런 면에서 모든 불법행위는 법익침해와 행위의무 위반이라는 두 가지 관점이 동시에 평가되어야 한다. 즉 처벌될 만한 범죄행위는 그 행위가 행위의무를 위반한 행위반가치적이면서도 보호법익을 침해하는 결과반가치로서의 성격을 함께 갖추어야 한다는 결론에 이른다.

따라서 형법상 불법행위는 어느 행위자가 이행해야 할 특정 행위의무를 위반한 행위이자, 그의 행위가 보호해야 할 법익에 대한 침해를 야기하는 위험의 정도와 수준에 내재한다. 이러한 이유로 범죄행위의 불법성은 행위반가치와 결과반가치가 상호 밀접하게 결합한 관계 속에서 드러난다. 이에 따라 '범죄의 음모나 예비'가 형법이론상 형사처벌의 대상 행위로 인정되려면, 범죄의 음모나 예비가 행위반가치와 결과반가치의 양자를 수반하는 불법성을 가질 수 있어야만 함은 물론이다. 그렇다면 범죄의 예비적 측면은 최소한의 결과반가치적 차원을 내포하고 있지만, 반명에 범죄의 음모는 그런 면이 현실적으로 불가능하다는 점에서 처벌해야 할 범죄의 불법성을 갖출 수 없는 것이다. 단순한 음모를 처벌함은 일종의 사상형벌에 불과하며, 마땅히 극복해야 한다.

'범죄행위의 불법성'은 이처럼 형법상 금지된 구성요건적 침해행위로서 회피했어야 할 법익침해나 법익의 위태(危殆)를 일으키는 일체의 반가치적 행위의 성질을 말한다. 구성요건적 침해행위의 성질이 법질서 전체의 관점에서 볼 때 사회상규에 의해서도 용납할 수 없을 정도에 이르게 되었다면 그 불법성은 '위법성'을 가졌다고 평가받는다. 그러므로 어떤 행위의 위법성이 존재하기 위해서는 범죄행위의 불법 정도가 법률로 금지한 위법의 수준뿐만 아니라 적어도 사회상규에 반할 정도에 도달했다는 평가가 내려진 경우이다. 구성요건에 해당하는 행위 자체는 형법적으로 금지하고 있는 행위유형에 속하므로, 이러한 종류의 행위는 불법하다는 부정적 가치판단을 넘어서 위법성이 자연스럽게 추정된다. 이 때문에 어느 행위가 위법성에 해당하지 아니한다는 평가를 받기 위해서는 그 행위가 위법성을 극복할 수 있는 정당화 요소를 가질 때이다. 즉 이런 정당화 요소인 정당방위나 긴급피난, 자구행위, 피해자의 승낙에 의하거나 혹은 사회상규에 반하지 않을 정도의 불법성 수준에 그쳐야 한다.

형법상 모든 구성요건은 시민의 사회생활에서 누려야 할 본질적으로 중요한 특정 법익을 보호하기 위하여 명시된 '금지된 행위들의 종류와 방법'을 실질적이고 대상적으로 기술하는 내용이며, 형법상 금지규범의 구체화이다. 그러므로 '형법상 법익'은 구성요건, 즉 금지규범을 통하여 보호된다. 어떤 금지규범도 특정한 법익 보호를 전제한다. 그래서 예를 들면 살인죄의 경우 단순히 "어떤 생물체도 죽여서는 아니 된다."라고 말하지 않고 "사람을 살인하지 말라"고 주문한다. 이처럼 모든 금지규범은 특정한 법익침해를 지향하는 행위를 금지한다.

그 결과 금지규범에 내재한 이행해야 할 행위 의무(예컨대 살인행위 금지의무)도 그것이 준수될 때, 비로소 법익 보호가 달성될 수 있다.

(5) 사회상규

우리 형법은 제20조부터 제24조까지 위법성 조각 사유를 명시하고 있다. 이는 이들 규정의 요건에 해당하는 행위가 비록 범죄의 불법성을 지니더라도 처벌할 만한 위법성을 갖지 아니한다는 점을 의미한다. 특히 형법 제20조 후단에서 기술하고 있는 '사회상규에 위배되지 아니한 행위'를 정당행위로 간주한다. 여기서 '사회상규'란 '사회통념이나 사회 윤리적 차원에서 일반적으로 허용되고 용납되는 관행'으로서 어느 범법행위가 형법의 최후수단성에 비추어봤을 때 처벌할 정도의 위법성이 결여된 것(위법성조각)을 제시한다.

이러한 사회상규에 의한 위법성 조각 원리는 법령이나 업무 등으로 인한 모든 정당행위를 포섭하는 상위개념으로 이해될 수 없지만, 법령에 근거한 업무행위를 비롯하여 정당방위나 긴급피난 등의 요건을 살짝 충족하지 못한 행위일지라도 사회상규로 받아들일 수준의 행위라면 보충성의 원리로서 위법성이 조각될 수 있음을 의미한다.

물론 사회상규의 위배 여부에 관한 기준은 사법 담당자에게 자의적 해석을 가져다줄 수 있다는 점에서 대법원도 이를 제한하고자 행위 목적의 정당성을 비롯하여 행위 방법의 상당성, 법익 간의 균형성 및 침해행위의 보충성을 요구하고 있다. 이러한 이유로 '사회상규에 위배되지 아니하는 행위'가 법해석자의 필요에 따라 넓은 의미와 좁은 의미로 해석될 수 있다는 전제에서 '사회상규에 위배되지 아니하는 행위'의 의미는 지나친 추상성을 가진다는 학계의 비판이 있다.

이러한 비판이 전혀 무용한 것은 아니다. 그러나 이러한 식의 비판을 하기 이전에 구성요건의 해당성의 여부를 판단하는 데 있어서 사회적 상당성이란 독일 이론을 직수입하여 남용하고 있는 태도부터 고쳐야 한다. 왜냐면 '사회상규'에 관해 실정법상 규정을 두고 있음에도, 이 개념의 추상성과 이로 인한 왜곡 가능성을 강도 높게 비판하는 학계의 태도는 구성요건 해당성의 판단에 실정법 규정에도 없는 사회 상당성의 기준을 무비판적으로 수용하는 자세부터 곧바로 잡아야 하기 때문이다. 더구나 우리 형법은 독일이나 일본처럼 형식주의의 형법에서 출발하고 있다. 따라서 아무리 사소한 폭행조차 형법상 폭행죄의 구성요건에 해당할 수 있도록 구조화 되어 있다. 이와 같은 문제에 관해 독일은 우리 형법 제20조의 사회상규에 관한 규정이 없기에 이론적으로 구성요건에서부터 다소의 가치판단을 도입할 수밖에 없었다.

형법상 가치평가의 문제란 존재의 문제일 수 없고 공정과 정의로운 형법사상을 관철하는 규범의 문제이며, 더구나 죄형법정주의에 철저해야 할 형법은 규범을 이론보다 우선함이 원칙이다. 다만 어떤 규범이 헌법상 위헌성을 품고 있는 경우를 제외하고.

또한 유개념으로서의 '사회상규에 위배되지 아니하는 행위'를 종개념으로서의 '사회상규에 위배되지 아니하는 행위'로 부당하게 사용할 수 있다는 주장 역시 옳지 않다. 왜냐면 사회상규의 개념은 위법성 조각사유의 일반적 원리가 아니고, 단지 보충적 원리로서 성격을 가지기 때문이다. 더구나 형법 제20조의 "사회상규에 위배되지 아니하는 행위"의 개념은 오직 하나의 기준일 뿐이지, 광의와 협의의 기준이 따로 있지도 않다.

따라서 이것을 정리하면 다음과 같다. 첫째로 형법 제20조에서 말하는 '사회상규에 위배되지 아니하는 행위'의 법적 성격은 모든 위법성조각사유의 유일한 일반적인 기준이 아니다. 그 이유는 '사회상규에 위배되지 아니하는 행위'를 법령이나 업무로 인한 행위 또는 정당방위나 긴급피난의 해당성을 포괄하는 위법성을 조각하는 일반적이고 통일적인 기준이 될 수 없기 때문이다.

둘째로 '사회상규에 위배되지 아니하는 행위'는 법질서의 전체적인 기준에 근거해서 직접으로 판단할 수 있는 기능을 가진 것이 아니라, 전체 법질서의 배후정신에 비추어 볼 때 사회생활상 광범위하게 허용된 관행이나 행위 양식에 속하느냐로 판단되는 기준이다. 그러나 이와 같은 기준은 매우 불명확하므로 이를 합리적으로 제한할 수 있기 위해 다음과 같은 세 가지 점을 충분히 고려해야 할 필요가 있다.

1) 그 행위가 사회생활상 이미 광범위하게 인정된 관행이거나 관행으로 보편화되거나 될 수 있는 행위 양식에 속하여 사회적으로 용납될 수 있어야 한다.

2) 참작할 만한 행위 목적과 행위 수단 그리고 침해행위의 경미성 및 그 행위의 보충성 등에 비추어 볼 때 불법성이 사소하거나 무시할 수 있는 정도여야 한다.

3) 형벌은 인간이 참기 힘든 고통을 본질적으로 수반하기 때문에 형법은 관용주의와 보충성을 불가결한 근본이념에 구속받아야 한다. 형벌은 사회방위를 위한 최후의 수단이기에 사소한 불법성에 대해서는 굳이 형벌로 대응해야 할 정당성이 없는 것이다.

셋째로 형법 제20조의 '사회상규에 위배되지 아니하는 행위'는 형법 제21조 이하의 개별적 위법성조각사유를 모두 포함할 수 있는 일반개념이라고 할 수 없다. 왜냐면 형법 제21조 이하의 개별적 위법성조각사유는 각각 성립요건의 내용과 정도 그리고 인정 범위를 달리하므로, '사회상규에 위배되지 아니하는 행위'에 의해 위법성이 조각될 수 있는 침해의 정도와 범위가 동일할 수 없으며, 경우에 따라 그보다 심할 수도 있기 때문이다.

넷째로 '사회상규에 위배되지 아니하는 행위'의 허용범위는 개별적 위법성조각사유로 인정될 수 없는 부분을 보충적으로 조정하는 성질을 갖는다.

우리가 형법 제20조의 '사회상규에 위배되지 아니하는 행위'의 개념을 위와 같이 이해한다면, 대법원의 판결 중에는 다소 문제점을 찾아볼 수 있다. 예컨대 대법원은 "피고인의 범행은 … 불법 체포·구금으로 인한 신체에 대한 현재의 부당한 침해에서 벗어나기 위한 행위로서 그 행위에 이른 경위와 그 목적 및 수단, 행위자의 의사 등 제반 사정에 비추어 위법성이 결여된 행위라고 볼 것이다. 그렇다면 원심판결에는 정당방위 또는 정당행위에 관한 법리를 오해하여 판결에 영향을 미친 위법이 있다고 할 것이다."고 판시했고, 또한 "임신의 지속이 모체의 건강을 해칠 우려가 현저할뿐더러 기형아나 불구아를 출산할 가능성마저도 없지 않다는 판단하에서 부득이 취하게 된 산부인과 의사의 낙태수술행위는 정당행위 혹은 긴급피난에 해당하여 위법성이 없는 경우에 해당된다."라고 설시했다.

이런 판례들을 살펴보면, 대법원은 개별적인 위법성조각사유로 판단되는 사례들조차도 '사회상규에 위배되지 아니하는 행위'에 해당할 수 있다는 사고방식을 취하고 있다. 즉 대법원은 행위자의 행위가 개별적 위법성조각사유에 해당할 수 있는 행위유형에 속하면, 그에 따라 개별적인 위법성조각사유에 의해 처리할 뿐만 아니라, 또한 '사회상규에 위배되지 아니하는 행위'에 포섭되기 때문에 일반적인 위법성조각사유에 해당할 수 있다는 사고를 보여준다. 그러나 대법원의 이러한 입장은 오해의 소지가 크다. 왜냐면 '사회상규에 위배되지 아니하는 행위'는 보편적이고 일반적 위법성조각사유라고 이해하게 됨으로써, 형법 제21조 이하의 개별적 위법성조각사유에 해당하는 문제까지 해결할 수 있는 기준으로 보게 되어, 그 결과 개별적 위법성조각사유의 검토는 중복된 작업이므로 불필요하다는 결론을 야기할 수 있기 때문이다.

(6) 형법 제33조(공범과 신분) 규정의 문제

형법제정을 위한 정부의 초안은 공범과 신분에 관해 다음과 같이 규정했다. "신분관계로 인하여 성립될 범죄를 교사 또는 방조한 행위는 신분관계 없는 자에게도 전(前) 2조(교사범, 종범)의 규정을 적용한다. 단, 신분관계로 인하여 형의 경중이 있는 경우에는 중한 형으로 처벌하지 않는다."

이 정부초안의 규정은 국회에서 원안대로 통과되었다. 따라서 제정형법 제33조는 정부초안처럼 명시되었어야 옳았다. 1953년 7월 9일 제정형법에 관해 국회는 제3독회를 생략하고, 자구정리를 위해 법제사법위원회에 넘길 것을 결의했다.

이 결의에 근거하여 자구정리의 권한을 가진 법제사법위원회가 국회에서 통과된 제정형법은 그에만 그치지 않았다. 법제사법위원회는 월권하여 공범과 신분에 관한 제33조의 적용 범위를 본질적으로 확장했다. 즉 "신분관계로 인하여 성립될 범죄에 가공(加功)한 행위는 신분관계가 없는 자에게도 전(前) 3조(공동정범, 교사범과 종범)의 규정을 적용한다. 단, 신분관계로 인하여 형의 경중이 있는 경우에는 중한 형으로 벌하지 아니한다."고 개정함으로써 비신분자가 정범이 될 수 있는 길을 열어놓았다. 그 결과 법제사법위원회의 월권행위로 국회에서 통과된 형법 제33조의 규정은 이처럼 교사자나 방조범의 경우에만 신분범의 영역에 속한다고 결단했음에도 국회 통과 이후 자구정리 단계(?)에서 공동정범의 영역까지 신분이 없는 자도 정범으로 처벌될 수 있도록 처벌의 범위를 확장했다.[1] 국회의 동의도 없이. 그렇다면 자구정리는 어디까지에만 그쳐야지 그것을 넘어서 처벌의 범위를 확대하는 것은 국회의 입법형성권 영역을 침해한 것이다. 그런데 문제는 그렇게 잘못 수정된 형법 제33조의 조문을 포함한 형법전은 1953년 9월 23일 대통령에 의해 제정형법으로 공포되었다. 법률 의 공포를 통해 형법 제33조의 문언에 대한 치유는 가능하게 되었을까.

치유는 원칙적으로 불가능한 것이다. 왜냐면 권력분립은 견제와 균형을 통한 자유 · 민주주의의 실현에서 핵심적 요소이고, 국회에서 제정된 법률은 행정부가 자의로 수정해서 공포할 수 없기 때문이다. 법조 실무와 형법학계 대부분은 이를 명백하게 하지 않았고, 그래서 형법 제33조의 잘못된 입법 경위에 대해 의문을 제기하지 않았다.[2]

2020년 형법 일부 개정에 의하여 형법 제33조 본문은 조문의 평이화라는 관점에서 "신분이 있어야 성립되는 범죄에 신분 없는 사람이 가담한 경우에는 그 신분 없는 사람에게도 제30조부터 제32조까지의 규정을 적용한다."라는 형태로 변경되었다. 이러한 변경에도 불구하고 형법 제33조의 내용은 본질적으로 달라지지 않았다. 형법 제33조의 제정 경위와 관련하여 아무런 문제의식이 없었기 때문이다.

형법 제33조가 지금까지 유효하게 적용된다고 하더라도 그런 잘못된 입법은 치유된 것으로 무조건 간주할 수 있을까. 무시하기는 어렵다고 하더라도 비신분자를 정범으로 확대하는 형법 제33조의 적용은 가급적 제한적으로 해석함이

---

1) '형법제정자료집'을 편찬하여 '형법제정사'를 밝히는 데에 큰 업적을 남긴 신동운 교수는 형법 제33조의 연혁에 관한 설명에서 그렇게 추론된다고 보았다. 특히 정부초안 제30조 제2항의 규정인 "범죄를 목적으로 한 단체의 조직자, 가입자 및 지도의 임무에 있는 자는 전항과 같다(정범으로 처벌한다)."와 제3항인 "전항을 적용할 죄는 각 본조에 정한다."는 규정이 법제사법위원회의 수정안에 의해 국회심의 과정에서 삭제되었고, 이로 인해 공동정범의 성립영역이 축소되었다. 이를 보충하기 위해 신분범의 경우에도 정범이 될 수 있도록 보충한 것으로 보았다. 설득력 있는 의견이다. 이에 관해서는 신동운, 형법총론 제15판, 법문사, 2023, 755쪽 참조.

2) 신동운, 앞의 책, 754쪽 참조.

마땅한 태도로 보인다. 이렇게 잘못 규정된 형법 제33조는 그 적용에 있어서 신중했어야 함에도 신분 없는 자의 정범 확장을 제한하려는 학계나 실무계의 시도가 거의 없다. 예외적으로 신동운 교수는 이 점을 명확히 인식하여 "형법 제33조 본문은 제한적으로 신중하게 적용해야 한다."[3]고 밝힌 바 있다.

따라서 형법 제33조의 규정은 신분의 개념을 가급적이면 제한적으로 해석함으로써 처벌의 범위를 제한해야 한다. 따라서 신분의 개념은 행위자 요소, 특수성과 계속성을 모두 갖출 때 비로소 인정된다고 해석함이 바람직하다. 이렇게 해석하는 것이 잘못 규정된 형법 제33조로 인해 약화된 형법의 보장적 기능을 다소라도 강화시킬 수 있기 때문이다.

그런데도 판례는 형법 제33조를 적극적으로 활용할 뿐만 아니라 확대해석하고 있다. 예컨대 "공무원인 A가 재벌총수 B와 면담하면서 C의 딸에게 경주용 말을 사달라고 요청했고, B는 그렇게 하는 것이 자신에게 도움이 된다고 판단해서 C의 딸에게 말을 사주었다."는 사안에 관해 판례는 비공무원 C를 A와 경제공동체라는 부실한 논리로 공무원의 신분자로 변모시켰다. 참 대단한 법조계의 논리이다. 게다가 본 사안은 형법 제130조의 제3자 뇌물제공죄를 문제 삼았어야 함에도 '부정한 청탁'에 관해 입증할 자신이 없었는지, 검찰은 형법 제129조의 뇌물수수죄로 기소하고, 대법원조차 덩달아 뇌물수수죄가 성립된다고 판시했다.[4]

1992년 법무부의 형법개정안(제34조 제1항 본문: 공범과 신분) 뿐만 아니라 2011년 법무부의 형법(총칙)일부개정법률안(제35조 제1항 본문: 공범과 신분)에서도 현행 형법 제33조의 본문은 그대로 유지되었다. 판례처럼 비신분자를 신분범으로 얼마든지 악용할 수 있음에도. 종래처럼 여전히 신분이 없는 자도 정범으로 인정될 수 있다고 명시해 두고 있기 때문이다. 다만 신분 없는 자의 형은 감경할 수 있다고 명시함으로써 약간의 진전이 있을 뿐이다. 이것을 형법학자와 법조실무자가 몰라서 그랬을까. 아니면 알면서 그랬을까.

---

3) 신동운, 앞의 책, 756쪽 참조.

4) 대법원 2019. 8. 29. 선고 2018도2738 전원합의체 판결. 이에 대한 비판적 검토로는 필자의 "형법연구IX", 제13장 비신분자와 뇌물수수죄 공동정범 성립 여부, 280쪽 이하 참조.

(7) 형벌의 목적과 이로부터 파생된 원칙

국가는 개인적 삶을 영위하는 데에 불가피한 생명, 신체, 재물, 재산상 이익이나 가치 등에 대한 침해행위를 범죄로 규정한다. 그리고 이들에 대한 심각한 침해행위를 철저히 예방하기 위해서 인간이 참기 어려운 정도의 형벌을 부과할 수 있도록 하고 있다. 따라서 형벌은 복수의 악순환에 대한 연결고리를 끊고, 더 이상의 복수를 예방하는 데 있으므로 형벌의 일차적 목적은 형벌을 통하여 더 이상 복수의 실행을 방지하는 데 있다(형법의 범죄 예방 목적).

일정한 행위유형을 국가가 법률로 금지했음에도 불구하고 이를 무시하고 위법행위를 감행한 자에 대해서는 복수에 버금갈 정도의 실질적 고통을 그 범법행위자에게 되돌려 주도록 하는 것이 다름 아닌 형벌인 것이다. 어떤 범행에 대해서도 이러한 형벌에 의해 한편으로 처벌의 대상임을 국민에게 각인시키고, 다른 한편으로는 잠재적 범법행위를 미리 예방할 수 있게 된다.

국가는 형벌권을 행사할 수 있는 유일한 주체이지만, 국가공권력은 현재 진행되고 있는 급박한 범행이나 위난의 현장에 즉시 달려가서 피해자를 곧바로 도와줄 수 없다. 그럼에도 국가만이 범죄에 대한 퇴치권(退治權)을 행사할 수 있다면 피해자는 돌이킬 수 없는 위험에 직면하게 된다. 이와 같은 긴급한 상황이라면 국가는 범죄의 피해자에게 복수에 버금가는 자력구제 방식인 정당방위나 긴급피난 등을 행사할 수 있도록 허용해 주어야 한다.

이러한 정당방위 등에 관해 윤리적으로 제한할 수 있는지 여부는 논란을 낳는다. 정당방위의 행사를 윤리적 이유에서 제한하는 것이 정당할까. 일부 학자들은 윤리적 제한을 가할 수 있다고 본다. 이러한 입장은 정당방위가 인간의 천부적인 자연권에 속한다고 할 수 없고, 국가의 시혜적 혜택이라는 관점에 서 있을 때 가능하다. 그러나 정당방위권의 부여가 국가의 시혜적 혜택이라는 입장에는 동의하기 어렵다.

그 이유는 다음과 같다. 형벌권은 본래 사적 복수의 대안으로서 후천적으로 탄생한 것이다. 게다가 국가형벌권은 언제, 어디서 전면적으로 모든 사적 복수를 금지할 만한 법익 보호의 방위 능력이 없다. 개개인이 범법자로부터 부당한 범행에 급박하게 노출되었을 때, 국가공권력은 그 피해자를 위해 공권력 차원에서 침해 즉시 방위할 수 있을까. 아니 그럴 수 없다. 바로 이 지점에서 각 개인은 국가를 대신하여 이들 위험을 회피할 수 있도록 정당방위나 긴급피난을 행사할 수 있어야 한다. 따라서 정당방위의 권한은 국가의 시혜적 혜택의 산물일 수 없고, 오히려 천부적인 자연권의 일종으로 이해되어야 한다. 따라서 국가는 개인에게 부여한 정당방위를 윤리적 이유로 제한하지 말아야 할 것이다.

또한 중대한 범법행위에 의한 법익침해의 피해자는 그런 피해에 대한 예방의 책무를 지닌 국가로부터 충분한 보상을 받을 수 있어야 한다. 왜냐면 국민 개개인이 사적 복수의 대신으로 형벌권을 국가에 이전 또는 위임했기에 범죄의 피해자에게 피해의 실질적 보장은 형벌권을 갖게 된 국가의 책무에 해당하기 때문이다.

국내에서 발간된 대부분의 형법 교과서를 보면 형벌의 제1차적 목적이 무엇인지를 물으면서 범죄의 예방에 있다거나 혹은 범죄를 범했기 때문에 그에 대한 응답으로써 책임에 있다고들 한다. 그러나 무엇 때문에 그것이 제1차적이어야 하는지에 관해 자세히 언급한 경우는 드물다. 형벌이란 사적 복수로 야기되는 사회 혼란의 악순환에 대한 꼬리를 자르기 위한 것이며, 중요한 법익침해행위에 대해 복수에 버금가는 엄중한 고통을 부과하는 국가권력의 행사이다. 그러므로 형벌은 복수를 대신하여 법익침해행위를 예방하도록 함으로써 사회방위를 하려는 목적을 가지므로 형벌의 제1차적 목적은 범죄예방에 두어야 한다.

물론 가해자가 형벌로 금지하는 법규범의 침해, 즉 범죄를 저질렀다면 그 가해자에 대해서는 사적 복수에 버금갈 정도의 고통을 수반하는 벌칙을 가해야 한다. 이 경우 그것은 사적 복수와는 전적으로 다른 형태인 죄형법정주의와 적법절차에 따른, 즉 사전에 범행으로 명시되고, 이에 걸맞은 처벌을 규정한 죄형법정주의와 적법절차에 따라 부과하고 집행해야 한다. 다시 말해 형벌은 복수에 상응하는 고통을 반드시 수반해야 할 필요성은 없지만, 책임주의에 걸맞은 고통의 부과, 다시 말해 형벌은 가해자가 피해자에 대한 범행의 책임 내지 그런 범행에 대한 비난가능성의 정도와 비례해야 한다. 그리고 책임의 개별화와 성향의 다양성이 인정되고 있는 오늘날에는 행위자의 재범을 예방하고 사회복귀에 최적화된 처벌의 필요성이 요구된다. 다만 이러한 경우라도 행위자 책임의 범주를 벗어나는 형벌의 부과가 부당함은 물론이다. 따라서 책임주의에 따른 형벌의 부과는 형벌의 제2차적 목적이다.

(8) 사형제도의 위헌성

① 헌법재판소에 따르면 "헌법 제110조 제4항은 법률에 근거하여 사형이 형벌로서 규정되고 그 형벌조항의 적용으로 사형이 선고될 수 있음을 전제로 하여, 사형을 선고한 경우에는 비상계엄 하의 군사재판이라도 단심으로 할 수 없고 사법절차를 통한 불복이 보장되어야 한다는 취지의 규정으로, 우리 헌법은 문언의 해석상 사형제도를 간접적으로나마 인정하고 있다."고 설시한 바 있다.

헌법재판소의 이러한 입장은 법률, 특히 형법의 해석법칙에 어긋난다. 우리는 켈젠(Hans Kelsen)이 주장한 규범의 단계적 지위설에 익숙하며, 헌법재판소를 포함하여 법학자 역시 그러한 규범론에 따르고 있다. 이에 의하면 하위법은 상위법에 근거해야 하고 또한 그것에 저촉되지 않는 범위 내에서 불가피한 사회적 질서를 규율해야 한다는 것이다. 그렇다면 어떤 법률의 합헌성 문제는 상위법인 헌법을 하위법에 근거하거나 전제해서는 안 되며, 그런 전제를 삼가야 한다.

헌법 제110조 제4항 단서 규정의 존재근거는 하위법인 형법 제41조가 형벌로서 사형제도를 두고 있음을 전제로 하고 있다. 이 헌법 규정은 형법 제41조에서 사형이라는 형벌을 두지 않거나 비상사태 아래의 군사재판에서도 사형의 형벌을 선고할 사안이 없으면 무용지물이 된다. 이것이 의미하는 바는 하위법인 형법이 상위법인 헌법 규정의 존립 근거가 됨을 보여주는 것이다. 따라서 사형제도의 합헌성을 하위법인 형법에서 찾고 있는 헌법재판소의 결정은 자가당착이 아닐 수 없다.

② 헌법 제37조 제2항 단서는 "(기본적 인권을) 제한하는 경우 자유와 권리의 본질적인 내용을 침해할 수 없다."라고 명시하고 있다. 여기서 기본적 인권의 본질적 내용은 인간이라는 생명체이다. 인간의 육체에 깃든 생명을 기초로 기

본적 인권이 구성되거나 형성되기 때문이다. 예컨대 손발에 대한 절단형이 신체 자유에 대한 본질적 침해이기 때문에 용납할 수 없다고 한다면, 인간의 생명은 손발의 범위를 넘어선 신체 전부에 대한 침해이므로 더욱 용납될 수 없다고 함이 논리적이다.

③ 현대 국가는 동일한 형식의 복수로서 형벌 제도를 두고 있지 않다. 반인륜적 살인범에게조차도 마찬가지다. 복수는 복수를 낳고, 사회불안을 가중시킨다. 복수로서의 형벌은 이미 극복된 구시대의 사상이다.

④ 국가는 개인과 같은 감정적 존재가 아닌, 윤리적이고 이성적 존재이다. 국민을 상대로 거짓말을 해서도 안 되고 감정적으로 대응해서도 안 된다. 국가가 국민에게 절도하지 말라고 명령하면서 다른 한편으로 국민의 재산을 절취하는 것은 용납될 수 없는 일이다. 그러므로 국가가 국민에게 사람을 죽이지 말라고 명령하면서 국가 스스로 사람을 살인하는 사형제도를 유지하는 것은 모순의 극치이다.

⑤ 우리나라는 유럽연합(EU)과 인도된 범인에 대해서는 사형을 집행할 수 없도록 하는 등의 내용을 담은 범죄인인도조약을 2009년 체결했고, 2011년 국회가 이를 비준했다. 이 때문에 EU에서 우리나라로 인도된 범인이 설령 흉악범죄를 범했어도 사형을 집행할 수 없다. 이러한 상황에서 한국에서 범죄를 저지르거나 일본 혹은 미국 등에서 인도된 반인륜적 흉악범에 대해 사형집행을 하는 것은 '법 앞의 평등권'을 천명한 헌법에 반하게 된다.

⑧ 이 모든 이유와 더불어 사형제를 폐지해야 하는 마지막 이유는, 사형이 내포하는 위와 같은 문제점을 해소할 수 있고, 사형과 동일한 정도로 반인륜적 흉악범의 재범 소지를 영원히 차단할 수 있는 '가석방 없는 절대적 종신형'을 대안으로 삼을 수 있기 때문이다. 특히 사람을 반복적으로 여러 번 살해하고, 그 방법이 잔인하여 반인륜적이며, 재범의 개연성이 큰 자에 국한하여 가석방이 영원히 금지되는 절대적 종신형을 부과할 수 있도록 함으로써 절대적 종신형의 헌법상 위헌성을 피할 수 있다.

(9) 정상참작 감경

제정형법 제53조에는 작량감경이라는 표지 아래 다음과 같은 규정이 명시되어 있었다. “범죄의 정상에 참작할 만한 사유가 있는 때에는 작량(酌量)하여 그 형을 감경할 수 있다.” 최근 개정된 형법 제53조는 이를 ‘정상참작 감경’이라고 그 명칭을 변경했지만, 어느 정도 감경할 것인지에 관해 여전히 침묵하고 있다. 일본 형법처럼 법률상의 감경 규정을 준용한다는 규정조차 명시하고 있지 않다. 그러기에 형법 제53조의 정상참작 감경에 의한 형의 감경에 관해서는 어느 정도 감경할 것인지에 실정법상 명시적 근거가 없다. 즉 죄형법정주의에 배치된다. 앞에서는 죄형법정주의를 부르짖는 많은 사람이 법관의 재량을 넘어서 근거 없이 형벌을 난도질할 수 있는 정상참작 감경의 규정에 대해서는 왜 이토록 침묵하고 있는지 그 이유를 모르는 바는 아니다.

정상참작 규정을 인정한 일본 형법은 1908년부터 시행했으며, 천황제 국가인 당시의 일본에서는 판사나 검사도 천황의 긴팔이었기 때문에, 천황을 대신하여 국민에게 시혜적으로 형량을 감경해 줄 수 있었다. 그러나 우리나라는 국민주권주의 국가이고, 모든 권력은 국민으로부터 나오며, 사법권 역시 국민의 감시 대상이 되어야 한다. 따라서 양형을 법관의 재량으로 재단할 수 있는 형법 제53조의 규정은 많은 문제점을 안고 있다.

정상참작 감경 규정의 실무상 실익은 중형주의의 입장에서 제정된 우리 형법과 그 이후 우후죽순처럼 나타난 온갖 특별형법에 나타난 지나친 중형주의 형벌을 완화할 수 있는 장치로 애용되고 있다는 점에서 찾을 수 있다. 그렇다면 정상참작 감경의 근거를 법관의 재량에 맡기지 말고, 이를 구체화하여 재량의 여지를 줄이고, 형의 감경에 관해 형법 제55조를 준용한다고 명시해야 한다. 그렇게 해야 비로소 죄형법정주의에 어울리는 형법전이 될 수 있다.

그런데도 대부분 학자가 이 점에 관해서는 아무런 언급을 하지 않고 있다. 아니 그런 근거 규정의 마련이라는 대안의 제시도 없이 정상참작 감경 규정을 무조건 오히려 옹호하려는 실무가 출신의 교수도 눈에 띈다.

(10) 형법 개념의 독자성과 형법상 행위주체의 자격

판례는 형사법 해석에 있어서도 민사법의 원리나 해석방식을 따르는 경우가 적지 않다. 예컨대 신의성실의 원칙이나 사회상규 역시 형법상 작위의무의 근거로 이해하여 처벌의 범위를 확장하고 있다. 판례의 이러한 태도가 형법에 그대로 적용됨이 정당한지 의문스럽다. 다음과 같은 이유 때문이다.

첫째로 형법은 기본적으로 독자의 기준에 근거하여 조문을 해석해야 하므로 어떤 경우라도 형법상 전문용어나 조문은 형법의 취지와 그 기본정신에 충실한 해석을 해야 한다. 그래서 형법상의 용어가 다른 법역(특히 민법이나 행정법)에서 사용되고 있는 개념과는 다른 독자적 개념으로 사용되고 있음을 자주 본다. 예를 들면 형법상의 점유개념을 비롯해 소유권의 개념과 사람의 시기(始期)가 그렇다. 이러한 점에서 형법상 법원리나 법률개념은 민사법과 언제나 같을 수 없고, 때로는 그 고유의 성격에 따라 독자적 개념이나 성격을 갖고 있음이 분명하다.

둘째로 형법은 죄형법정주의의 원칙에 철저해야 한다. 그렇기에 형법 제1조 제1항은 "범죄의 성립과 처벌은 행위 시의 법률에 의한다."라고 명시하고 있다. 그래서 행위시법에 따르는 형법의 성격은 정적인 민법과 달리 동적이면서 현실적이다. 민법상 간접 점유는 가능하지만, 형법은 원칙적으로 간접점유를 인정하지 않는 것 역시 그 전형적인 예이다. 이처럼 형법은 동적이기에 행위주체가 실행행위 당시 어떠한 신분을 갖추고 있는지 혹은 작위의무의 부담 여부는 중요한 판단의 지점이 된다.

셋째로 사적 자치를 기반으로 하는 민법의 경우 명시적 규정은 매우 제한되어 있으며, 이를 보충하기 위해 민법 제1조는 관습법과 조리를 법원으로 인정한다. 또한 민법 제2조 제1항은 권리의 행사와 의무의 이행은 신의성실의 원칙에 따라야 한다고 천명하고 있다. 이 신의성실의 원칙은 민법상 법률행위를 지배하는 원리로서 작동하며, 권리자와 의무자가 누구인지를 불문한다. 즉 신의성실의 원칙은 당사자 사이의 계약 등 법률행위가 위배되었는지의 여부를 평가하는 기준으로 작용할 뿐이지, 누가 권리나 의무의 주체인지에 관해 평가하지 않는다.

넷째로 형법은 누가 범죄구성요건의 행위주체로 인정될 것인지에 관해 법적 규율에 따라야 한다. 이에 따라 민법상 법원으로 인정되고 있는 관습법이나 조리는 형법의 법원으로 인정될 수 없으며, 관습법이나 조리에 근거하여 형법상 행위주체를 결정하는 것은 죄형법정주의에 반한다.

다섯째로 모든 법조문은 일의적으로 해석되어야 마땅하다. 특히 형법상 법률 용어는 어떤 경우에도 상황에 따라 달리 해석될 수 없다. 죄형법정주의의 성격상 형법의 해석은 문언에 더욱 엄격해야 하기 때문이다. 형법 제20조가 명시하는 '사회상규' 개념은 "어느 행위가 비록 범죄구성요건에 해당하더라도 그 행위가 정당화될 수 있는지를 따지는 데 사용된다."라는 점에서 어느 행위의 정당화를 평가하는 개념으로 국한된다. 즉 구성요건적 행위가 정당화될 수 있느냐의 평가 기준일뿐 누구를 구성요건적 행위자로 규정하는 개념일 수 없는 것이다.

질문 4. 후학이나 국민에게 당부하고 싶은 말

형법의 존재 이유는 인간적 삶을 꽃피울 수 있도록 사회질서를 확보하고 방위하기 위해 범죄의 예방과 범죄자의 처벌(즉 형벌)을 정당화하는 데서 찾을 수 있다. 형법은 범법자에 대한 형벌의 부과를 정당화할 수 있는 공인된 법률이며, 형벌은 사회적으로 중요한 법익 침해행위에 대해 참기 어려운 인간적 고통을 가하는 수단이다. 특히 형벌의 핵심인 자유형은 거주이전의 자유 등 행위자의 기본권을 제한함으로써 한편으로 그 기간에 재범의 가능성을 원천적으로 배제하고 다른 한편으로는 자신의 범법행위에 상응하는 자기책임을 감수하게 하려는 데 있다. 그러므로 형법은 범법자에게 참기 어려운 고통을 안겨주는 특수한 강제력인 '형벌'의 정당화를 공인하는 '수단의 특수성'으로 무장한 법률이다.

형법은 이러한 형벌권을 국가에 독점시킨 '공형벌 체계'를 제도화한 것이다. 따라서 형벌은 국가의 공권력이며, 이러한 공권력은 적정한 수준에서 행사되도록 통제되어야 한다. 이를 위해 형법은 국가의 권력 행사를 법치국가원칙, 특히 죄형법정주의와 책임원칙에 철저히 구속되도록 함으로써 그 남용을 방지하기 위한 가치체계이다. 이러한 점에서 형법의 수신자는 일반 국민이지만 더욱 중요한 수신자는 오히려 국가라고 할 것이다. 그러므로 국가는 국민보다 더욱 더 법치국가원칙(특히 죄형법정주의와 책임원칙)을 철저히 준수해야 하는 책무를 부담한다.

이러한 이유로 형법상 범죄 규정은 일반 국민에게 무엇을 금지하고 있는가를 사전에 명확히 전달하고, 국민은 그것을 알거나 알 수 있을 정도이면 충분하다. 예컨대 "사람을 죽이지 말라, 그렇치 않으면 처벌된다"라는 살인죄의 규정은 살인자와 관계없는 일반 국민에게 통상적으로 "사람을 죽여서는 안 된다."라는 선언적 의미일 뿐이다. 이에 반해 국가의 이름으로 행사하는 범죄 수사와 재판의 경우 살인죄의 규정은 수사기관이나 법관에게 죄형법정주의의 원칙을 준수하여 행위자를 재단하고, 이러한 과정 또한 적법절차를 엄격하게 준수할 것을 요구받는 강제규범으로 다가간다.

국가의 형벌권 행사를 대상으로 삼고 있는 형법학은 형법의 적용 범위를 유추하거나 확장하는 데 도움을 주는 것이 아니라 오히려 이를 '억제'하기 위해 존재한다. 즉 학문으로서 형법학은 일반 국민에 대한 '형법의 적용을 가능한 제한하려는 학문'일 수밖에 없다. 이러한 관점에서 볼 때 "형벌에 관한 형사정책은 사회정책의 최후수단으로 작동되어야 하고, 형법은 형사정책의 최후수단이다."라는 원칙은 철저히 관철되어야 마땅하다. 사회방위를 위해 최후수단으로만 관여하는 형법은 여백을 가질 수밖에 없다. 형벌의 내용은 헌법상 보장되는 행위자의 기본권에 대한 실질적 침해에 해당한다는 점에서, 형벌의 사용은 최소한이자 최후의 수단으로 그쳐야 한다. 그러므로 형법의 단편성은 불가피한 것이고, 어느 행위로 인해 사회방위가 심각하게 침해되지 않은 선에서 그 행위에 대한 처벌의 여백을 남겨두어야 한다.

형법의 이러한 점은 모든 질병을 예방하고 치료하려는 의료분야와 지극히 상반된 모습이다. 그런데도 일부 형법학자들은 형법으로 모든 범죄의 원인을 뿌리째 뽑으려 하는 모습을 보인다. 질병을 일으키는 병원균의 박멸은 인간의 건강한 삶과 생명의 연장에 도움이 되며, 좋은 일임에는 틀림이 없다. 그러나 그렇다고 해서 한정된 자원으로 이 세상을 완전히 무균의 상태로 처리하는 것은 한정된 자원을 가진 국가의 가성비 면에서 바람직하지 않다. 더구나 우리 신체 내부의 대장에는 유해균과 유익균이 상존해 있는데, 유해균의 완전한 박멸은 건강에 큰 도움이 되지 않는다. 양쪽이 모두 상존하지만 유해균보다 유익균이 많음에 따라 건강에 더욱 좋아진다는 것이 정설이다. 하물며 병균조차도 완전 박멸이 불필요한 마당에 사회적 일탈행위에 대한 처벌의 사각지대를 완벽하게 없애려는 사고방식은 형법의 성격에서 볼 때 결코 받아들이기 어렵다. 그럼에도 처벌의 사각지대를 메우려는 학자들이 적지 않게 있음을 볼 수 있다. 예컨대 형법 제30조의 공동정범 규정은 고의범을 대상으로 명시하고 있음에도 불구하고 이 조문을 근거로 과실범의 공동정범을 인정하려고 애쓰는 분들이 있다. 뿐만 아니라 신의칙에 위반하여 기망행위를 한 자라면 신의칙에 위반한 사기를 인정하고 더 나아가 부진정부작위범의 경우 보증인적 지위를 갖게 된다는 사고방식이 그런 경우이다. 판례가 그렇다고 하니 그 태도를 무조건 습관적으로 따르는 것은 형법학자의 본래 모습일 수 없다.

헌법상 무죄추정과 적법절차 그리고 죄형법정주의가 제대로 실현되는 법치국가일수록 법익 보호를 위한 형법의 기능은 제대로 작동되어야 한다. 그렇게 되기 위해 형법의 단편성과 최후수단성을 고려하면 사법 적극적 형사판례에 대해 적극적으로 비판해야 하고, 비교법적 검토도 절실히 요구된다. 왜냐면 형법이라는 사회방위망의 그물코는 온갖 잔챙이마저 걸려들게 하는 아주 좁디좁은 것일 수 없어야 하기 때문이다. 그렇다고 중대한 법익을 침해하는 범법자가 빠져나갈 정도로 넓은 코의 그물이어서도 안 된다.

형사법의 입법 전통에서 볼 때 입법자는 형법의 근본원칙에 걸맞지 않게 형벌을 사회방위의 최후수단으로 이용하기보다 오히려 최초의 수단으로 사용하려는 경우가 적지 않았다. 이와 같은 마당에 형법학자의 사법 적극적인 해석론까지 가세하여 형벌을 사회방위의 일차적 수단으로 이해하려는 태도는 반드시 극복되어야 한다.

성폭력이나 음주운전 혹은 수백만 명의 사생활 정보에 대한 침해 사태를 접할 때마다 언론은 이에 관하여 사회방위와 엄벌의 필요성을 집중적으로 부각시킨다. 이러한 요청에 일부 형법학자도 곧바로 이에 호응하며 그물코를 더 촘촘하게 만들어야 한다고 소리를 높인다. 예컨대 '도로상에서 허가받지 아니한 불법 경주'는 현행 도로교통법에서 얼마든지 처벌될 수 있음에도 불법 경주의 특별한 위험성을 부각하여 이에 관한 가중처벌 규정의 필요성을 역설하는 의견이 그러한데 이는 바람직하지 않아 보인다. 왜냐면 일상적 활동에 관한 자유의 폭을 형벌에 의해 제한하면 할수록 그만큼 인권의 상실로 이어지기 때문이다.

처벌의 사각지대를 지적하면서 형법의 흠결에 대한 불안을 지나치게 큰 소리로 말하는 것은 형법학자의 책무일 수 없다. 왜냐면 형벌은 최후의 수단으로서 그 여백의 불가피성에 대한 진실을 말하고 거듭 외침이 형법학자의 임무이기 때문이다. 이러한 임무는 결코 연구실이나 강의실에만 그쳐서는 안 된다.

제2장

생명과 마음 그리고 해석학적 방법론

생명이란 "유기체가 주위에서 얻은 에너지를 이용해 자신을 재생산할 수 있게 해주는 과정들의 집합"이다.[1] 이러한 유기체가 생명체로서 계속하여 살아남기 위해서는 자연 과정들에 의해 조직된 물질에 의한 재생산과정의 집합이 끊임없이 지속하여 이어져야 한다. 유기체가 자연환경의 대응과 자신의 재생산에 필요한 에너지를 채취하여 살아남기 위해서는 외부 환경에 관한 정보를 얻고 이에 대응하기 위한 신경세포로 형성된 정보시스템의 존재가 필요하다. 유기체가 자신의 주변 환경에 관한 정보를 수집하여 그 환경에 대응할 수 있다면, 그 유기체는 살아남을 가능성이 확장되기 때문이다.

따라서 어떤 생명체도 자신의 생명을 대대로 유지·번성할 수 있도록 자신의 생명체에 관한 재생산과 안위를 담보하기 위해 주변 상황을 파악하고 대응할 필요에서 환경을 지각하고, 이에 대처할 수 있도록 진화되어 왔음은 자연스럽다. 그렇다면 외부환경에 대응하고, 주변의 에너지원을 파악하여 이용할 수 있는 일종의 정보시스템이 요구된다. 이러한 정보시스템은 외부환경의 대응과 유기체의 재생산을 위하여 그 유기체에 내재한 신경세포를 조직적으로 작동하거나 활성화하는 조직체라 말할 수 있다. 유기체는 이러한 정보시스템의 작동에

1) 여기서 "유기체가 갖는 '생명'은 헤아릴 수 없는 하나의 무엇이 아니라, 복잡하지만 헤아릴 수 있는 대단히 많은 것의 통일성 있는 작용"이다. 이에 관한 자세한 설명은 아담 제만(Adam Zeman) / 김미선 옮김, 『뇌의 초상』, 출판사 지호, 2011, 17쪽 이하 참조. 그리고 여기 주제에 실린 내용 가운데 상당 부분은 제만의 생각에 터 잡은 것이다.

근거해서 대상이나 환경에 대해 감각을 느끼고, 이러한 것이 지각될 수 있도록 구조화되어 있음이 분명하다. 그러므로 어떤 유기체도 나름의 정보시스템에 의해 환경이나 주변 상황을 파악할 수 있도록 설정되었을 것이다. 즉 이론적으로 말하자면 대상이나 환경에 관하여 다양한 감각의 집합은 유기체에 내재한 나름의 성능을 지닌 정보시스템을 통해 그것이 무엇인지를 알게 하는 지각을 갖게 하고, 지각의 조직적 조합은 인공지능에서 볼 수 있듯이 단순한 지각을 넘어서 그것의 성질이나 상황 등을 파악할 수 있는 능력인 인지를 가능케 한다. 이때 잡다한 감각의 수동적 상태 형식으로는 대상이 지각될 수 없음은 물론이다. 다시 말해 유기체가 얻게 된 지각은 감각을 통해 들어온 정보를 대충해서 받아들이지 않고, 이들 다양한 감각을 유기체에 내재한 정보시스템에 의해 능동적으로 체계화하고 정리하여 지각을 낳게 하며, 지각 역시 이와 유사한 방식으로 인식과 마음의 형성을 촉진한다.

이처럼 대상에 대한 다수의 감각이 모여서 정보시스템에 의해 지각되고, 이러한 지각의 다수가 모여 환경에 대응할 인지의 차원으로 격상되므로, 우리는 인지의 차원에서 형성된 정신적인 것이 마음에 해당한다고 할 수 있다. 그렇다면 마음은 물질과 초월적인 관계가 아닌, 자연 과정에 의해 조직된, 유기체라는 생명의 작업들로부터 출현한다고 말할 수 있다.

그럼에도 이에 관한 반론이 만만치 않다. 데카르트는 말한다. 그는 연장된 실체(res extensa: 사물)와 사유하는 실체(res cogitans)를 근본적으로 대비시켜, 즉 마음 없는 물질과 물질 없는 마음의 대립이라는 구도를 취했다. 이런 데카르트의 주장을 형법학자들 대부분은 그대로 받아들여, 인간에게 형사책임을 지우기 위해서 인간의 육체와 독립된 자유의사가 존재함을 최소한 가설로서 인정할 수 있다고 본다. 그러니까 이 이론에 문제를 제기하는 학자는 거의 없어 보인다. 이 이론은 성숙한 인간이라면 달리 행동할 수 있음에도 규범의 내용에 따르지 않고, 자신의 자유로운 의사 형성과 범행을 실행했으므로 책임을 져야 한다는 논리에 안성맞춤이기 때문이다.

그러나 앞에서 충분히 설명한 바와 같이 우리의 의식이나 마음은 지각을 통해서, 지각은 다시금 감각에 근거해서 그리고 감각은 신경세포에 의해, 신경세포는 물질로 구성되어 있다. 이때 정보전달에 관여한 것들, 예컨대 신경세포의 내부 물질인 세포핵과 세포소기관들뿐만 아니라 신경돌기나 시냅스, 이를 에워싼 화학물질, 전기적 신호 역시 모두 물질로 구성되어 있음을 부정할 수 없다. 따라서 마음과 물질은 서로 대비되거나 반대되는 것이 아니라, 앞에서 설명한 바와 같이 이들은 상호 긴밀하고 순환적인 관계임이 틀림없다. 다시 말해 마음은 물질로부터 발현하고, 물질은 마음에 의해 움직인다고 하는 점은 필요·충분하게 증명될 수 있다.

좌우간 인간이란 유기체가 살아남기 위해 주변 환경에 신경 써야 하는 일은 신경세포로 구성된 뇌를 중심으로 하는 정보시스템에 의해 이루어지고, 우리는 주로 뇌를 통한 이들 신경세포의 활동을 통해 얻게 되는 정보를 지각한다거나 인지한다고 부르며, 이러한 요소들을 통해서 인지한 상태로서 정신적인 그 무엇을 마음이라고 할 수 있다.

따라서 마음은 훈련이나 경험의 축적 등으로 성숙(成熟)될 수 있으며, 그렇기에 사리를 변별할 수 있는 마음은 인간이 태어나자마자 갑자기 그 육체에 스며든다고 할 수 없다. 그런데 자유의사란 그런 마음이 있음을 상정할 수밖에 없다. 왜냐면 자유의사가 있다고 말하는 것은 그렇게 하고픈 마음이 있음을 전제해야 하기 때문이다.

데카르트식의 자유의사론을 따른다면 3세나 9세의 어린 아이도 자유의사를 갖는다고 전제해야 한다. 그렇지 않다면 마음은 존재하는데, 자유의사는 형성되지 않았다고 하든지 혹은 자유의사가 아직 덜 성숙했다든지 해야 할 것이다. 그렇다면 형법은 이와 관련하여 14세가 되지 아니한 자에 대해 책임주체가 될 수 없는 형사미성년자로 인정하고 있는바, 그 이유가 무엇일까.

만일 우리의 마음인 의사(意思)가 육체로부터 자유로운 것이라면, 인간은 태어나자마자 자유의사를 지니고 있다고 해야 하므로 갓 태어난 아기조차 형법상 행위주체로 인정해야 한다. 이러한 점에서 형사책임을 지우기 위해 인간은 자유의사를 갖는다는 진부한 입장은 이제라도 폐기 처분해야 마땅하다.

더구나 환경을 파악하고 대응할 수 있는 핵심 시스템으로서 인간의 뇌는 중심적 역할을 담당하며, 이러한 뇌가 사물이나 대상을 지각하고 인지할 때 결정적 역할을 담당한다. 다시 말해 뇌가 이와 같은 상황의 파악과 이에 대한 대응 등의 역할을 책임지고 있을 뿐만 아니라, 신체의 통제에 깊이 관여하고 있다. 그렇다면 생명은 대략적으로 말해 번식과 대사과정을 위해 존재하듯이, 지각이나 인지도, 따라서 마음도 뇌의 작업과 뇌가 통제하는 신체의 활동을 돕기 위해 존재한다고 주장하는 것이 논리적이다.

다만 우리가 흔히 착각하는 것은 뇌의 활동이 수동적일 것이란 점이다. 즉 경험은 수동적으로 저절로 얻어진다는 잘못된 믿음이다. 그러나 이것은 틀렸다. 왜냐면 대상에 관한 지각도 그것이 인식되기 위해 우리에게 내재한 정보시스템에 의한 능동적인 활동을 요구하기 때문이다. 우리의 어떤 경험도 수동적 수용일 수 없고, 능란한 정보수집이란 점에서 능동적이다. 왜냐면 우리는 몸으로 이미 체화된 정보를 갖고서 상황에 관한 인지와 그 경험의 특색을 궁리하고, 우리가 속한 문화에 내재화된 정보를 확산하거나 보강하며, 이러한 경험을 자신의 주변 환경과 타인으로 확장하기 때문이다.

예컨대 태어날 때부터 완벽하지 못한 안구로 인해 사물을 전혀 볼 수 없는 환자에게 건강한 타인의 안구를 정확하게 이식했다고 하더라도, 수술받은 환자는 안구의 이식을 받자마자 사물을 곧바로 파악할 수 없을 것이다. 왜냐면 그는 사물의 색이나 모양 혹은 크기와 성질 등을 파악할 수 있는 정보가 자신의 뇌 속에 전혀 체화되지 않았기 때문이다. 건강한 안구를 갖고 태어난 영아조차 매일매일 시신경에서만 어마어마한 시냅스가 형성되고, 사물을 파악하고 구별하기 위해 상당 기간의 훈련이 요구된다. 다시 말해 맹인(盲人)이 안구이식을 성공적으로 받아서 건강한 안구를 가졌다고 하더라도 사물을 파악할 수 있는 충분한 시신경과 해당 시냅스의 형성 부족과 함께 사물의 형상을 파악할 수 있는 충분한 경험을 축적하지 않았기에 사물을 제대로 볼 수 없게 된다. 이것이 의미하는 바는 비록 숙달된 경험이라고 할지라도 그것은 자동으로 습득되는 것이 아니라, 우리의 정보시스템에 의한 적극적 수용이란 면을 보여준다.[2)]

이뿐만 아니다. 우리는 자주 방법일원론에 젖는 경향이 있다. 예컨대 형법상 행위론을 읽어보면, 행위주체와 아무런 관련 없이 행위 자체를 자연과학자처럼 규명하려는 모습을 자주 본다. 인과적 행위론이라든지, 사회적 행위론이 그것이다. 그러나 법학은 자연과학일 수 없고, 그래서 이러한 식의 사고방식은 지양되어야 한다. 형법상 행위론은 규범학에 속하는 것이고, 행위론의 목적은 행위주체의 범위와 능력에 관한 것이다. 즉 형법상 행위론이 규범학으로서 행위주체의 범위 한정에 필요한 것이라면, 행위개념은 행위주체와 상호 밀접한 영향을 주고받은 견지에서 해석학적 방법론으로 해결함이 타당하다.[3] 여기서 해석학적 방법론은 모든 '이해과학'의 본질적 성질을 밝혀내는 데 중요한 역할을 한다. 즉 언어의 의미를 이해하는 것은 항시 또한 우선 이해 주체가 자기 자신의 이해에 관한 것을 전제해야 한다는 것이다. 이해하는 자(Der Verstehnde)는 이해의 영역(Verstehenshorizont) 안으로 들어가기 때문에, (이해해야 할) 객체에 대하여 방법적 반성을 해야 할 뿐만 아니라, 이 방법적 반성은 (이해하는) 주체를 함께 포함해야 한다는 견해이다.

이는 막스 베버의 방법이원론을 넘어서는 것이다. 방법이원론의 경우 주체와 객체의 관계가 자연과학적일 수 없고 사회적 관계라는 점에서 방법일원론을 극복한 것은 형법학에서 큰 업적이다. 또한 행위주체의 행위는 사회적 의미가 깃든 것이란 점을 명백하게 했으며, 이로 인해 구성요건의 형성에 크게 기여했다. 다만 행위주체와 객체가 상호 간에 깊은 관계에 있음을 파악하지 못한 점은 맹점이었다.

우리는 아직도 주체와 객체를 대비하여 구분한다. 그래서 우리는 행위주체와 관계 없이 행위 자체의 객관성을 완전히 확보할 수 있다고 믿는다. 그렇지만 우리가 어떤 지식이나 사물의 이치를 알고 있다고 함은 그 앎의 주체가 주관적으로 그 앎이란 것을 형성한다. 더구나 우리는 신화와 종교 등에 의해 길들어져 특정한 사상으로 생각하고 특정한 기준에 맞춰 처신하며, 특정한 기준에 따르

---

2) 이에 관한 자세한 설명은 Zeman, 앞의 책, 257쪽부터 260쪽 참조.

3) 이에 관한 설명은 아르투어 카우프만(필자 역), 『법철학입문』, 세종출판사, 2001, 239~248쪽 참조.

도록 내재화되었다. 다시 말해 어느 주체가 어떤 다른 문화권이나 사상의 터전에서 성장했더라면, 앎의 내용 역시 달리 형성될 수 있다.[4] 그러므로 우리는 대상 자체에 관해 완전한 객관성을 확보할 수 없게 된다. 이러한 점에서 객체와 주체의 극단적 대비를 전제로 하는 현재의 형사법학계에서 진행되고 있는 행위론은 지양되어야 마땅하다.

[Life, Mind, and the Hermeneutic Methodology]

Life is “a set of processes that enables an organism to reproduce itself using energy obtained from its surroundings.” Here, the "life possessed by an organism" is not an immeasurable something, but rather the unified operation of a vast number of measurable, though complex, components.[5]

In order for such an organism to survive continuously as a living being, the set of reproductive processes driven by matter organized through natural processes must be sustained without interruption. To achieve this, the organism must obtain energy necessary for responding to the natural environment and for its own reproduction. For survival, it requires an information system composed of neurons that can gather data about the external world and respond accordingly. This is because, if an organism can collect information about its surrounding environment and respond to it, its chances of survival increase.

Therefore, it is natural that any living being has evolved to perceive its environment and respond to it, in order to ensure the reproduction and well-being of itself and its lineage. This evolutionary adaptation serves the need to understand and deal with surrounding conditions to sustain and prosper its life. Thus, a kind of information system is required one that can respond to the external environment and identify sources

4) 유발 하라리(조현욱 옮김), 『사피엔스』, 김영사, 2015, 234쪽.

5) For a more detailed explanation, refer to Adam Zeman (translated by Kim Mi-sun), Portrait of the Brain, Jiho Publishing, 2011, from page 17 onward. Much of the content presented here is based on Adam Zeman’s ideas.

of energy. This information system can be described as the organized operation or activation of neurons inherent within the organism, designed for reproduction and environmental response. It is clear that organisms are structured to sense and perceive objects or environments based on the functioning of such an information system. Hence, every organism must have been configured to perceive its surroundings through its own intrinsic information system.

In theoretical terms, the collection of various sensory inputs regarding objects or the environment enables perception through an internal information system unique to each organism. The organized combination of these perceptions allows for cognition, which goes beyond mere perception to grasp the properties and conditions of things as seen in artificial intelligence. In this regard, an object cannot be perceived in a purely passive state of miscellaneous sensory data. In other words, the perception acquired by an organism does not result from indiscriminately receiving sensory information; rather, these various sensations are actively systematized and organized by the internal information system of the organism, which leads to perception. Similarly, perception, in turn, fosters recognition and the formation of the mind in an analogous manner.

In this way, multiple sensations about an object are gathered and perceived through the information system; the accumulation of such perceptions is elevated to the level of cognition, enabling the organism to respond to its environment. At the level of cognition, the mental entity formed can be identified as the mind. Therefore, the mind does not exist in a metaphysical or immaterial relationship to matter, but rather emerges from the work of life namely, from the organism structured through natural processes.

Nevertheless, strong objections have been raised against this view. Descartes famously stated that there is a fundamental distinction between res extensa(extended substance: matter) and res cogitans(thinking substance: mind), thus positing a dualistic framework in which mindless matter and immaterial mind are opposed to one another. Most scholars of criminal law have largely accepted Descartes' claim as it is, holding that in order to hold a person criminally responsible, one must at least hypothetically acknowledge the existence of a free will independent of the human body. As a result, there seem to be very few scholars who fundamentally question this theory. This is because the theory conveniently supports the logic that a mature individual must be held accountable for violating norms by acting according to their freely formed will, even though they could have behaved otherwise.

However, as explained earlier, our consciousness or mind arises through perception, which itself is grounded in sensation, and sensation is mediated by neurons—neurons, in turn, are composed of physical matter. It is undeniable that all components involved in information transmission —such as the cell nuclei and organelles inside neurons, the axons, synapses, surrounding chemicals, and electrical signals— are all made of matter. Therefore, the mind and matter are not in opposition or fundamentally separate from each other; rather, as previously explained, they are in a tightly interdependent and reciprocal relationship. In other words, it can be sufficiently demonstrated that the mind emerges from matter, and matter is in turn activated or influenced by the mind.

In any case, even for a human being as an organism, the task of responding to the environment for survival is carried out through an information system centered on the brain, which is composed of neurons. What we call perception or cognition largely refers to the information obtained through the activity of these neurons in the brain. When such processes are refined and elevated, the resulting cognitive state may be described as the mind a mental entity.

Accordingly, the mind can mature through training or the accumulation of experience. Therefore, it is unreasonable to claim that a discerning mind suddenly inhabits a child's body at birth. Yet, the concept of free will necessarily presupposes the existence of such a mind because to speak of free will is to presuppose a willful intention or desire to act freely.

If we follow the Cartesian notion of free will, we would have to assume that even a three- or nine-year-old child possesses free will. Otherwise, we would have to argue either that the mind exists but free will has not yet formed, or that free will is still immature. This leads us to ask: why does criminal law regard those under the age of 14 as not bearing criminal responsibility—labeling them as legally incapable of forming criminal intent?

If our will (or intention) were truly independent of the body, we would have to assert that even a newborn possesses free will and thus could be held legally responsible under criminal law. From this perspective, the outdated notion that humans possess free will and are therefore responsible for their actions should finally be discarded.

Moreover, we know that the brain plays a central role as the core system that enables us to perceive and respond to our environment, and that it is decisive in the perception and cognition of objects and phenomena. In other words, the brain is not only responsible for understanding situations and responding to them, but is also deeply involved in the control of bodily functions. Therefore, just as life exists broadly for the purposes of reproduction and metabolism, it is logically consistent to argue that perception, cognition, and thus the mind, exist to support the operations of the brain and the bodily activities it controls.

However, a common misconception is that brain activity is passive—that experience arises automatically without effort. This belief is mistaken. Perception of objects, in order to be recognized, requires active engagement through an internal information system inherent to us. No experience can be purely passive; all experience is fundamentally active in the sense that it involves skilled information gathering. This is because we engage in cognitive processing and interpretation of situations using information already embodied in our bodies, expand or reinforce that information through internalized cultural knowledge, and extend our experiences to our surroundings and others.

For example, even if a person who has been blind from birth due to defective eyes receives a perfectly healthy eye transplant from a donor, the recipient will not be able to immediately perceive objects after the surgery. This is because they have not internalized the information necessary to recognize the color, shape, size, or properties of objects within their brain. Even a child born with healthy eyes forms an immense number of synapses in the optic nerves daily and requires a significant period of training to perceive and distinguish objects. In other words, even if a blind person receives a successful eye transplant, they will not be able to truly see objects if the necessary visual neural pathways and synaptic connections have not been formed, and if they have not accumulated enough perceptual experience to interpret the shapes of objects. This illustrates that even well-developed experience is not acquired automatically, but rather requires active incorporation through the internal information system.[6)]

This is not all. We are often entrenched in methodological monism. For instance, in discussions of the theory of human action in criminal law, one frequently encounters attempts to analyze action scientifically, as if by natural scientists, with little or no regard for the actor themselves. This is evident in the so-called causal theory of action or the social theory of action. However, jurisprudence cannot be equated with natural science, and such ways of thinking should be critically reconsidered. The theory of action in criminal law belongs to the domain of normativity, and its goal is to determine the scope and capability of the acting subject. Thus, if the theory of action in criminal law is a normative discipline necessary for delimiting the boundaries of agency, then the concept of action should be addressed through a hermeneutic methodology that considers the mutual influence between the acting subject and their actions.[7)]

In this context, the hermeneutic methodology plays a vital role in uncovering the essential nature of all "sciences of understanding." That is, to understand the meaning of language always requires the understanding subject to presuppose something about their own capacity for understanding. The Verstehende(the one who understands) must enter into the Verstehenshorizont(horizon of understanding), and thus must engage in methodological reflection not only about the object of understanding, but also about the subject of understanding themselves.

This goes beyond Max Weber's methodological dualism. In overcoming methodological monism —based on the understanding that the relationship between subject and object in the social sciences cannot be natural-scientific but is instead socially constituted— criminal law achieved a significant theoretical advancement. It also clearly established that human action inherently carries social meaning, thereby contributing substantially to the development of the concept of legal elements (Tatbestände). However, a blind spot remains in its failure to recognize the deep

---

6) For further explanation on this topic, see Zeman, *Portrait of the Brain*, pp. 257–260.

7) For more on this, see Arthur Kaufmann (trans. Hoh Il-tae), *Introduction to Legal Philosophy*, Sejong Publishing, 2001, pp. 239–248.

interrelationship between the acting subject and the object.

Even now, we continue to dichotomize the subject and the object. As a result, we persist in the belief that we can achieve complete objectivity in assessing actions, independently of the actor. Yet when we claim to "know" something —whether it be knowledge or the nature of an object— this knowledge is necessarily shaped subjectively by the knower. Furthermore, from almost the moment of birth, we are conditioned by myth, religion, and culture to think in certain ideological frameworks and to behave according to specific internalized standards. In other words, had a subject grown up within a different cultural or ideological context, the content of their knowledge would have been formed differently.[8)]

Therefore, we can never attain complete objectivity regarding the object itself. From this standpoint, the theory of action currently dominant in criminal law —which rests on an extreme dichotomy between object and subject— ought to be reconsidered. This is not a problem limited only to action theory; rather, it suggests that our understanding and interpretation of criminal law must always be approached through the lens of hermeneutic methodology.

8) See Yuval Noah Harari, Sapiens, translated by Cho Hyun-wook, Gimm-Young Publishers, 2015, p. 234.

제3장
제정형법의 장단점과 '있어야 할 형법의 모습'

Ⅰ. 들어가면서

우리나라가 1945년 8월 15일 일본제국주의로부터 해방되고서 신생 독립국가를 세우는데 있어서 국가 차원의 제도 정비가 최우선이었다. 왜냐면 국민의 기본권 보장에 최적화된 법치국가원칙에 입각한 국가체제를 건설하기 위해서는 견제와 균형을 통한 권력분립을 핵심적 기본원리로 삼고, 이를 기초로 인간 생활의 불가결한 요소인 자유 · 평등 · 정의를 실현케 하는 제도적 정비가 절실했기 때문이다.

이러한 요청에 부응하여 헌법이 대한민국 정부가 들어서기 이전인 1948년 7월 17일 제정 · 공포되었다. 이 헌법에 근거하여 1948년 8월 15일, 이승만 정부가 들어섰고, 같은 해, 대통령 제4호로 법전편찬위원회직제가 제정 · 공포되었다. 법률제정작업은 미군정 치하에도 추진되었으나 미완에 그쳤고, 대한민국이 수립되면서 김병로 대법원장을 위원장으로 하는 법전편찬위원회가 구성되고 이와 함께 각종의 법률초안작업이 구체화되었다.

형법의 경우 초안작업의 전 단계로 양원일 판사가 총칙, 엄상섭 검사가 각칙을 맡아 작업하던 중 불의의 사고로 양 판사가 숨졌다. 그 결과 양 판사를 대신해서 김병로 대법원장과 엄상섭 검사가 형법가안을 완성했다. 이 형법가안은 독일의 형법초안, 1908년 일본형법, 1941년 일본형법개정가안과 1949년 중화민국형법(대만형법) 등 당시의 다양한 외국 형법전을 참조했다.

김병로 위원장, 이인과 권승렬 부위원장, 최병주, 김갑수, 엄상섭 및 정윤환 위원으로 구성된 위원회에서는 형법가안에 대해 다수의 심의를 거듭하여 1949년 11월 12일, 형법초안을 완성했다. 이렇게 성립된 형법초안은 후일 정부초안으로 거듭났다.

6·25 사변으로 혼란이 극심했던 시절인 1953년, 임시수도인 부산에서 형법초안은 국회에 제출되었고, 이를 토대로 국회의 제1독회와 제2독회를 거쳤다. 제3독회는 국회 결의로 생략하고, 법사위원회에 의한 자구정리 작업을 거쳐 1953년 9월 23일, 제정형법은 형사소송법에 비해 성대하게 공포했다. 그리고 같은 해 10월 3일부터 시행하게 되었다.

제정형법은 특히 1908년 시행되고 1953년 10월 2일까지 한반도에서 적용되었던 일본형법[(구)형법]과 1941년의 일본형법개정가안 및 대만형법에서 많은 부분을 참조했다. 그러나 모방만은 아니었다. 특히 '사회상규'를 '정당행위'로 인정하는 독자적인 규정도 두었다. 아울러 현대 형법이론에 걸맞은 책임주의의 실현을 위하여 위법성의 인식이나 인식가능성 요청과 적법행위의 기대가능성을 제정형법에 명시했음은 칭찬받아 마땅하다. 물론 책임주의에 벗어난 의제공범(擬制共犯)의 규정을 총칙에서 의도적으로 배제했으면서도 각칙 제114조에서 다시금 명시했던 것처럼 이해할 수 없는 규정도 없지 않다. 물론 제정형법 제114조의 규정은 제정 당시 6·25사변 중이라는 극히 혼란스러운 사회상황에서 이를 극복하기 위한 특단의 대책으로 봐야 한다고 이해할 수 있으나, 이는 현대 형법의 원칙에 부합하지 않고, 세계적으로 부끄러운 조문임에는 틀림이 없다.

여기서 필자는 이러한 점들을 감안하여 제정형법의 장단점과 개선방안을 논하고자 한다. 또한 형사 실무자와 형법학자 대부분이 소홀히 했던 부분을 지적하고, 헌법정신에 투철한 형법의 개정 방향과 내용 및 형법 해석학의 나아갈 방향을 함께 고민해 보고자 한다.

Ⅱ. 제정형법의 장점

1. 형법 제20조의 '사회상규에 반하지 아니한 행위'

형법 제20조는 정당행위의 일종으로 '사회상규에 반하지 아니한 행위'를 명시하고 있다. 이 규정은 다른 국가의 형법에는 그 유래를 찾아볼 수 없다는 점에서 독창적이다.[1] 그런데 '사회상규에 반하지 아니한 행위'를 정당행위로 명시하고 있는 형법상 규정이 법관에게 재량의 여지를 줄 수 있다는 취지에서 이 규정을 혹평하는 학자들도 적지 않다. 이분들의 입장은 나름 이해할 만하다. 왜냐면 한편으로 우리 형사실무자, 특히 법관은 형사사법과 관련하여 삼가야 할 사법적극주의를 표방하고 있으며,[2] 이를 적극적으로 실천하기까지 하는 마당에 '사회상규에 반하지 아니한 행위'라는 표지를 이용하여 재량권의 행사를 남용할 우려가 없지 않다는 점[3]에서, 다른 한편으로는 정당행위의 일종으로 필요한 규정이라면 외국 법제에서도 유사한 규정을 두었을 것임에도 그렇지 않다는 점에서 깊은 우려를 불식할 수 없었기 때문이다. 특히 권위주의 정권 아래에서 사법부가 정치적 중립을 지키지 못했을 때 필벌(必罰)의 대상조차도 사회상규 규정을 이용하여 무죄로 선고할 수 있었음을 우리는 충분히 예상할 수 있다.

그러나 우리 속담 중에 "구더기 무서워 장 못 담글까"라는 말이 있다. 그렇다. 우리가 법관의 범죄성립 여부에 관한 잘못된 평가(예컨대 과실범의 공동정범 인

---

1) 일본에서 개정형법가안(총칙편) 제17조(정당행위)의 규정을 입안할 때 모토지(泉二)는 이를 "법령행위·업무행위 또는 공공의 질서 또는 선량한 풍속에 반하지 않는 습관에 의한 행위는 죄가 될 수 없다."고 제안했다. 이를 마키노(牧野)와의 이론적 조정과 타협에 의해 개정형법가안 제17조를 "법령에 의한 행위, 업무로 인한 행위, 기타 법률상 정당한 행위는 벌하지 아니한다."로 수정한 것이다. 우리 형법 제20조의 '사회상규' 의미가 '공공의 질서 또는 선량한 풍속에 반하지 않는 습관에 의한 행위'로 새겨도 무방하다는 점에서 모토지가 한국 형법 제20조에 끼친 영향은 적지 않다.

2) 예컨대 이회창, "사법의 적극주의-특히 기본권 보장기능과 관련하여-", 『서울대학교 법학』 제28권 제2호, 서울대학교 법학연구소, 1987, 149쪽 참조.

3) 이 점에 관련해서는 김영환("법과 도덕의 관계-특히 한국형법을 중심으로", 『법학논총』 제25집 제4호, 한양대학교 법학연구소, 2008, 5쪽 이하)과 김성돈("한국형법의 사회상규 조항의 계보와 그 입법적 의의", 『형사법연구』 제24권 제4호, 한국형사법학회, 2012, 3쪽 이하; "한국형법의 사회상규 조항의 기능과 형법학의 과제", 『성균관법학』 제24권, 성균관대학교 법학연구원, 2012, 247쪽 이하) 교수가 깊이 있게 다루고 있다.

정)뿐만 아니라 양형 재량에 큰 거부감을 가진다면, 법관 재량의 일등 공신 규정이자 어느 정도 감경할 것인지에 아무런 근거 규정도 없는 형법 제53조 정상참작감경 규정의 문제점부터 점검함이 선행되어야 할 것이다.

형법은 공산주의의 국가에서 애용하는 실질적 범죄개념에 터 잡은 것이 아니라, 형식적 범죄개념을 취하고 있다. 그렇기에 구성요건에 해당하는 모든 행위는 무조건 범죄행위로서 수사의 대상이 된다. 이에 반해 실질적 범죄개념을 채택한 국가에서는 비록 구성요건에 해당하는 행위일지라도 그 행위가 사소하고 공익이 없으면 아예 범죄(즉 구성요건해당성) 자체가 성립되지 않은 것이 된다. 현재 중국 형법이 그렇다.

실질적 범죄개념을 취하는 국가에서는 다음과 같은 문제점이 야기될 수 있다. 실질적 범죄개념에 따르게 되면, 전체 규모의 10분의1 정도 밖에 보이지 않는 빙산의 일각처럼 겉보기에는 공익이 없어 보이고 사소한 행위로 평가되지만, 실은 중대범죄에 해당하더라도 그에 관한 철저한 수사가 가능하지 않아 실체적 진실의 발견을 저해할 수 있다. 왜냐면 제대로 된 수사도 없이 공익이 없고 사안이 사소하다는 판단으로 철저한 수사의 진행을 막아버릴 수 있기 때문이다. 그렇지만 꼭 단점만 존재하지는 않는다. 실질적 범죄개념은 형법의 최후수단이라는 대의명분에 어울리며, 형법의 보충성 성격에서 본다면 장점이 있다.

형식적 범죄개념과 기소법정주의를 채택하고 있는 독일의 경우를 본다면 공익이 거의 없고 사안이 지극히 사소한 행위일지라도 기소의 제기 단계에 이르게 되기 쉽다. 이 경우 검찰은 법관과 상의하여 통상적으로 기소를 제기하지 않는다(독일). 기소편의주의를 채택한 국가에서는 검찰의 재량으로 공소를 제기하지 않을 수 있다(일본). 이와 관련하여 형식적 범죄개념을 채택한 우리 법제 아래에서는 처벌의 공익이 없고 사안이 사소한 행위라도 일단은 구성요건에 해당하는 범죄행위가 된다. 다만 수사를 통하여 사안이 사소하고 처벌의 공익이 없어 국민의 입장에서 통상적으로 허용하고 용납되는 행위로 밝혀진다면 형법 제20조의 '사회상규에 위배되지 아니하는 행위'로 평가될 수 있다. 이렇게 되면 구성요건에 해당하는 행위일지라도 사회상규에 위배되지 아니하면 이미 위법성

평가 단계에서 처벌로부터 자유롭게 된다.

"형법은 보충성의 원칙에 철저해야 하고, 형벌은 최후수단"이라고 우리는 노래한다. 자, 그렇다면 형식적 범죄개념을 채택한 우리 법제에서 형법 제20조의 '사회상규에 위배되지 아니하는 행위'라는 정당행위의 평가 기준으로 위법성 단계에서 처벌로부터 자유롭게 하는 조치는 형법의 보충성과 최후수단성의 원칙에 잘 부합된다는 점에서 보면 탁월하다.

수사단계에서 경찰은 종래 범죄행위의 사안이 경미하고, 처벌의 공익이 없을 때 형사실체법상 근거도 없이 이른바 '훈방조치'를 통해 형사처벌에서 벗아나게 했다. 훈방조치에 관한 실정법적 근거 규정이 요구되는데, 바로 '사회상규에 반하지 아니하는 행위'라는 평가 기준은 그 근거로서 작용할 수 있다.

판례는 '사회상규에 위배되지 아니하는 행위'의 평가 기준으로 독일의 공법에서 채택하고 있는 원리인 '비례성의 원칙'이라는 잣대를 들이대고 있다. 형법 교수들도 그런 견해에 대부분 동조하고, 크게 부정하는 모습을 찾아보기 어렵다. 물론 행정법 등 공법의 경우 공익성에 관련된 사안에서 '비례성의 원칙'은 유용한 평가 기준이 될 수 있다. 그러나 형법의 경우 사회상규의 위배 여부를 무조건 공익적 관점인 비례성의 원칙으로 재단할 때 피고인에 대한 인권의 본질적 침해 가능성을 배제하기 어려울 수도 있다. 따라서 '사회상규에 위배되지 않은 행위'를 평가할 때 무조건 비례성의 원칙으로만 재단할 것이 아니라 사안이 경미하고, 공익이 없거나 무의미한 경우뿐만 아니라 우리의 법문화에서 널리 용납되고 허용될 수 있는 행위라면 '사회상규에 위배되지 아니하는 행위'로 파악하더라도 무방할 것이다.

2. 형법 제16조와 법률의 착오

형법 제16조는 "자기의 행위가 법령에 의하여 죄가 되지 아니하는 것으로 오인한 행위는 그 오인에 정당한 이유가 있는 때에 한하여 벌하지 아니한다."라고 규정하고 있다.[4] 이 조문의 의미는 구성요건에 해당하는 행위가 위법한 것인지에 관해 행위자의 위법성 인식이나 인식가능성을 요구한다고 의미 부여를 할 수 있다는 점에서 이론적인 탁월성을 가졌다. 어느 행위의 위법성 인식 여부 문제는 현대의 범죄체계상 매우 중요하다. 왜냐면 오늘날 형법이론에 따르면 우리가 어떤 행위자를 비난하기 위해서는 그가 구성요건에 해당하는 행위를 범했을 뿐만 아니라, 구성요건에 해당하는 자신의 행위가 위법하다고 인식하거나 인식할 수 있어야 하고, 그 행위 시에도 적법행위의 기대가능성을 가져야 한다고 이해하기 때문이다.

형법 제16조가 왜 중요한 의미를 갖느냐 하면 현대 형법이론상 책임주의 형법을 구현하는데 있어서 핵심 내용을 담고 있으며, 제정 당시의 시점에서 볼 때 다른 국가의 형법전에서는 찾아보기 어려웠기 때문이다. 예컨대 1953년 10월 2일까지 적용되었던 일본형법[(구)형법]은 행위자에 대한 비난의 전제로서 위법성 인식이나 인식가능성을 요구하는 조문이 아예 없었다. 1941년 일본개정형법가안 제11조 제2항에서야 비로소 법률의 착오에 관한 규정을 두었다. 이 규정은 "법률을 모른 경우에 있어서 자기의 행위가 법률상 허용한 것이라고 믿은 데 대하여 상당한 이유가 있는 때에는 그 형을 면제한다."라고 명시했다. 법률의 부지에 관한 착오는 위법성을 인식하지 못함에 정당한 사유가 존재하면 위법성이 조각될 수 있는 구조였다. 그러나 불행히도 입법화되지 는 못했다. 1871년 독일형법도 법률의 착오를 알지 못했다. 독일은 1975년부터 시행된 현행 형법에 와서야 비로소 위법성의 인식이나 인식가능성이 있어야 처벌될 수 있음을 규정했다. 1949년에 제정된 대만형법(중화민국형법) 역시 범죄의 성립에서 위법성의 인식이나 인식가능성을 알지 못했다.

우리 형법제정자는 형법 제16조를 통해 위법성의 인식이나 인식가능성이 있을 때 비로소 비난할 수 있음을 명시한 것이다. 이 규정은 당시의 기준으로 볼 때 책임주의의 실천을 위한 진일보한 것이었다고 말할 수 있다. 다만 형법 제16조의 규정 중에 '법령에 의하여'라는 문구 없이 명시되었더라면 위법성의 인식

---

4) 형법 제16조의 성립 경위에 관해서는 신동운, "형법 제20조 사회상규의 성립경위", 『서울대학교 법학』 제47권 제2호, 서울대학교 법학연구소, 2006, 189쪽 이하 참조.

이나 인식가능성을 무조건 전제하게 됨으로써 법률의 부지조차도 처벌에서 자유롭게 될 수 있었다. 바로 이 때문에 형법 제16조의 법률의 착오는 한계를 보인다.

3. 형법 제12조와 적법행위의 기대가능성

형법 제12조는 “저항할 수 없는 폭력이나 자기 또는 친족의 생명, 신체에 대한 위해를 방어할 방법이 없는 협박에 의하여 강요된 행위는 벌하지 아니한다.” 라고 규정함으로써 적법행위의 기대가능성을 명시하고 있다.

이 규정은 일본형법[(구)형법]뿐만 아니라 일본의 ‘개정형법가안’에도 없으며, 1949년에 제정된 중화민국형법에도 역시 없다. 다만 1871년에 제정된 독일형법 제52조에서 강요된 행위는 적법행위의 기대가능성이 없다는 이유로 처벌할 수 없음을 명시하고 있다. 우리 형법 제12조의 내용은 독일형법 제52조 제1항과 동일하다.

따라서 형법상 범죄가 성립하기 위해서는 원칙적으로 ① 행위자의 행위가 범죄구성요건에 해당해야 하고, ② 행위자는 그 행위의 위법함을 알거나 알 수 있어야 하며, ③ 적법행위의 기대가능성이 존재해야 한다.

이러한 점에서 형법 제12조는 당대의 동북아시아에서뿐만 아니라 세계적으로 보더라도 시대적으로 앞선 규정이라고 생각한다. 아울러 적법행위의 기대가능성에 관한 규정은 형법 제12조에 그치지 않고, 형법 제21조 제3항과 제22조 제3항에서도 동일한 사상에 터 잡고 있는 것이다.

Ⅲ. 제정형법의 단점과 치명적 실수

1. 형법 제33조(공범과 신분) 규정

형법제정을 위한 정부초안은 공범과 신분에 관해 다음과 같이 규정했다. “신분관계로 인하여 성립될 범죄를 교사 또는 방조한 행위는 신분관계 없는 자에게도 전(前) 2조(교사범, 종범)의 규정을 적용한다. 단, 신분관계로 인하여 형의 경중이 있는 경우에는 중한 형으로 처벌하지 않는다."

이 정부초안의 규정은 국회에서 원안대로 통과되었다. 따라서 제정형법 제33조는 정부초안처럼 명시되었어야 옳았다. 1953년 7월 9일, 국회는 제정형법에 관해 제3독회를 생략하고, 자구정리(字句整理)를 위해 법제사법위원회에 넘길 것을 결의했다.

이 결의에 근거하여 자구정리의 권한을 가진 법제사법위원회는 국회에서 통과된 제정형법에 관해 자구정리에만 그치지 않았다. 법제사법위원회는 월권하여 공범과 신분에 관한 제33조의 적용 범위를 본질적으로 확장했다. 즉 "신분관계로 인하여 성립될 범죄에 가공(加功)한 행위는 신분관계가 없는 자에게도 전(前) 3조(공동정범, 교사범과 종범)의 규정을 적용한다. 단, 신분관계로 인하여 형의 경중이 있는 경우에는 중한 형으로 벌하지 아니한다."라고 개정함으로써 비신분자가 정범이 될 수 있는 여지를 남겨놓았다. 이처럼 법제사법위원회의 월권행위로 국회에서 통과된 형법 제33조의 규정은 교사자나 방조범의 경우에만 신분범의 영역에 속한다고 결단했음에도 국회 통과 이후 자구정리 단계(?)에서 공동정범의 영역까지 신분이 없는 자도 정범으로 처벌될 수 있도록 처벌의 범위를 확장했다.[5] 국회의 동의도 없이. 자구정리는 어디까지 자구정리에만 그쳐야지 그것을 넘어서 처벌의 범위를 확대하는 것은 국회의 입법형성권을 침해한 것이다. 그런데 문제는 그렇게 잘못 수정된 형법 제33조의 조문을 포함한 형법전은 1953년 9월 23일, 대통령에 의해 제정형법으로 공포되었다. 이로 인해 형법 제33조 조문의 경우 치유가 가능했을까. 치유는 원칙적으로 불가능한 것이다. 왜냐면 권력분립은 견제와 균형을 통한 자유·민주주의의 실현에서 핵심적

---

5) '형법제정자료집'을 편찬하여 '형법제정사'를 밝히는 데에 큰 업적을 남긴 신동운 교수는 형법 제33조의 연혁에 관한 설명에서 그렇게 추론된다고 보았다. 특히 정부초안 제30조 제2항의 규정인 "범죄를 목적으로 한 단체의 조직자, 가입자 및 지도의 임무에 있는 자는 전항과 같다(정범으로 처벌한다)."와 제3항인 "전항을 적용할 죄는 각 본조에 정한다."는 규정이 법제사법위원회의 수정안에 의해 국회심의 과정에서 삭제되었고, 이로 인해 공동정범의 성립영역이 축소되었다. 이를 보충하기 위해 신분범의 경우에도 정범이 될 수 있도록 보충한 것으로 보았다. 설득력 있는 의견이다. 이에 관해서는 신동운, 형법총론 제15판, 법문사, 2024, 755쪽 참조.

요소이고, 국회에서 제정된 법률은 행정부가 자의로 수정해서 공포할 수 없기 때문이다. 법조실무와 형법학계 대부분은 이를 명백하게 하지 않았고, 형법 제33조의 잘못된 입법 경위에 대해 의문을 가지지 않았다.[6]

2020년 형법 일부 개정에 의하여 형법 제33조 본문은 조문의 평이화라는 관점에서 "신분이 있어야 성립되는 범죄에 신분 없는 사람이 가담한 경우에는 그 신분 없는 사람에게도 제30조부터 제32조까지의 규정을 적용한다."라는 형태로 변경되었다. 이러한 변경에도 불구하고 형법 제33조의 내용은 본질적으로 달라지지 않았다. 형법 제33조의 제정 경위와 관련하여 아무런 문제의식이 없었기 때문이다.

형법 제33조가 지금까지 유효한 것으로 적용되었다고 하더라도 그런 잘못된 입법은 치유된 것으로 무조건 간주할 수 있을까. 무시하기는 어렵다고 하더라도 비신분자를 정범으로 확대하는 형법 제33조의 적용은 가급적 제한적으로 해석함이 마땅하다. 이렇게 잘못 규정된 제33조는 그 적용에 있어서 신중했어야 함에도 신분 없는 자의 정범 확장을 제한하려는 학계나 실무계의 시도가 거의 없다. 예외적으로 신동운 교수는 이 점을 명확히 지적하며 "형법 제33조 본문은 제한적으로 신중하게 적용해야 한다."[7]고 밝혔다.

따라서 형법 제33조의 규정은 신분의 개념을 가급적 좁게 해석함으로써 처벌의 범위를 제한해야 한다. 신분의 개념은 행위자 요소, 특수성과 계속성을 모두 갖출 때 비로소 인정된다고 해석하는 것이 바람직하다. 이렇게 해석해야 잘못 규정된 형법 제33조로 인해 야기되는 형법의 보장적 기능의 약화를 다소라도 강화시킬 수 있기 때문이다.

그런데도 판례는 형법 제33조를 적극적으로 활용할 뿐만 아니라 확대해석하고 있다. 예컨대 "공무원인 A가 재벌총수 B와 면담하면서 C의 딸에게 경주용 말을 사달라고 요청했고, B는 그렇게 하는 것이 자신에게 도움이 된다고 판단해서 C의 딸에게 말을 사주었다."라는 사안에서 판례는 비공무원 C를 A와 경제공동체라는 부실한 논리로 공무원의 신분자로 변모시켰다. 참 대단한 논리이다.

---

6) 신동운, 앞의 책, 754쪽 참조.
7) 신동운, 앞의 책, 756쪽 참조.

게다가 본 사안은 형법 제130조의 제3자뇌물제공죄를 문제 삼았어야 함에도 '부정한 청탁'에 관해 입증할 자신이 없었는지, 검찰은 형법 제129조의 뇌물수수죄로 기소하고, 법원조차 덩달아 뇌물수수죄가 성립된다고 판시했다.[8)]

1992년 법무부의 형법개정안(제34조 제1항 본문: 공범과 신분)뿐만 아니라 2011년 법무부의 형법(총칙)일부개정법률안(제35조 제1항 본문: 공범과 신분)에서도 현행 형법 제33조의 본문은 그대로 유지했다. 판례처럼 비신분자를 신분범으로 얼마든지 악용할 수 있음에도. 종래처럼 여전히 신분이 없는 자도 정범으로 인정될 수 있다고 명시해 두고 있기 때문이다. 다만 신분 없는 자의 형은 감경할 수 있다고 명시함으로써 약간의 진전이 있을 뿐이다. 이것을 형법학자와 법조실무가가 몰라서 그랬을까. 아니면 알면서도 그랬을까.

2. 형법 제53조 정상참작 감경

제정형법 제53조는 작량감경이라는 표지 아래 다음과 같이 명시했다. "범죄의 정상에 참작할 만한 사유가 있는 때에는 작량(酌量)하여 그 형을 감경할 수 있다." 최근 개정된 형법 제53조는 이를 '정상참작 감경'이라고 명칭을 변경했지만, 어느 정도 감경할 것인지에 관해 여전히 침묵하고 있다. 일본형법처럼 법률상의 감경 규정을 준용한다는 규정조차 명시하고 있지 않다. 그렇기에 형법 제53조의 정상참작 감경에 의한 형의 감경에 관해서는 어느 정도 감경할 것인지는 실정법상 명시적 근거가 없다. 즉 죄형법정주의에 배치된다. 앞에서는 죄형법정주의를 부르짖는 많은 이들이 법관의 재량을 넘어서 근거 없이 형벌을 난도질할 수 있는 정상참작 감경의 규정에 는 왜 이토록 침묵하고 있는지 이유를 모르는 바는 아니다.

정상참작 규정을 인정한 일본형법은 1908년, 시행되었는데, 천황제 국가인 당시 일본에서는 판사나 검사도 천황의 긴팔이었기 때문에, 천황을 대신하여 국

8) 대법원 2019. 8. 29. 선고 2018도2738 전원합의체 판결. 이에 관해 비판적 검토에 관해서는 필자의 "비신분자와 뇌물수수죄 공동정범 성립 여부", 형법연구IX, 280쪽 이하 참조.

민에게 시혜적으로 형량을 감경해 줄 수 있었다. 그러나 우리나라는 국민주권주의 국가이고, 모든 권력은 국민으로부터 나오며, 사법권 역시 국민의 감시 대상이 되어야 한다. 따라서 양형을 법관의 재량으로 재단할 수 있는 형법 제53조의 규정은 많은 문제점을 내포하고 있다.

정상참작 감경규정의 실무상 실익은 중형주의의 입장에서 제정된 우리 형법과 그 이후 우후죽순처럼 등장한 온갖 특별형법상의 지나친 형벌을 완화할 수 있는 장치로 애용되고 있다는 점에서 찾을 수 있다. 그렇다면 정상참작 감경의 근거를 법관의 재량에 맡기지 말고, 이를 구체화하여 재량의 여지를 줄이고, 형의 감경에 관해 형법 제55조를 준용한다고 명시해야 한다. 그렇게 해야 비로소 죄형법정주의에 어울리는 형법전이 될 수 있다.

그런데도 대부분의 학자들은 이 점에 관해 아무런 언급을 하지 않고 있다. 더욱이 그런 근거 규정의 마련이라는 대안의 제시도 없이 정상참작감경 규정을 무조건 옹호하려는 실무가 출신의 교수도 눈에 띈다.

3. 의제공범(擬制共犯)

1953년 제정 당시

형법 제114조(범죄단체의 조직) ① 범죄를 목적으로 하는 단체를 조직하거나 이에 가입한 자는 그 목적한 형에 정한 형(刑)으로 처단한다. 단, 형을 감경할 수 있다.

② 병역 또는 납세의 의무를 거부할 목적으로 단체를 조직하거나 이에 가입한 자는 10년 이하의 징역이나 금고 또는 5만환(萬圜) 이하의 벌금에 처한다.

현행 규정(2013년 개정)

형법 제114조(범죄단체 등의 조직) 사형, 무기 또는 장기 4년 이상의 징역에 해당하는 범죄를 목적으로 하는 단체 또는 집단으로 조직하거나 가입 또는 그 구성원으로 활동한 사람은 그 목적에 정한 죄에 정한 형으로 처벌한다. 다만 형을 감경할 수 있다.

현행 형법 제114조도 제정 당시의 규정과 본질적으로 다르지 않다. 여전히 의제공범을 인정하고 있기 때문이다. 의제공범에 관한 규정은 제정 당시부터 논란의 대상이었다. 당시 해당 조문의 검토를 위한 국회의 제2독회에서 형법 조문의 해설을 담당한 법사위원회 위원장 대리 엄상섭 의원은 다음과 같이 문제점을 적시했다. "… 근대형법에 있어서는 '형사책임 개별화의 원리'라는 것이 인식되어 가지고 있습니다. 형사책임은 다른 사람 때문에 책임을 지지 못하고 자기가 적어도 관여하고 자기가 알고 실행하고 그런 때만 책임을 져야 한다. 이러한 것이 형사책임 개별화의 원칙이라고 하는 것으로서 그런 점으로 보아서 이것을 깎자는 것입니다. 그러면 이것이 원안(原案)에 이 세계 어느 나라에도 없는 이 … 원안을 집어넣게 되느냐? 이 사실에 있어서는 원안을 만들고 있을 당시에 '여순사건(麗順事件)'[9]이 있어 자위세력 일종의 대비도 된다는 느낌이 있었던 것입니다. …아무리 생각해 보아도 근대형법 불변의 철칙으로 되어 있는 형사책임 개별화의 원칙에 위반되어서 이 형법을 내놓으면 다른 나라에서도 대한민국이 새로운 입법추세에 의해서 형법을 제정했다고 하면서 그런 것을 내 논다고 하면 아무리 해도 재미없겠다. 또 실질상 운영에서도 중대한 위험이 따른다. 그래서 이것을 삭제하자는 동의(動議)를 내놓은 것입니다."

형법을 제정할 당시 우리 사회는 '여순사건'을 겪었을 뿐만 아니라 6 · 25사변의 비극으로 극도의 혼란시기였다. 사회의 안전을 위해 개인의 인권 보장적 기능보다는 사회의 안전과 법익보호의 기능을 더욱 중시할 수밖에 없었다. 이러한 점에서 의제공범의 도입을 생각해 볼 여지가 없지 않았다. 그럼에도 엄상섭 위원은 앞에서 언급한 바와 같이 근대형법 불변의 철칙인 '형사책임 개별화 원

9) 1948년 10월 19일, 여수 주둔 국군 제14연대 병사들이 제주4 · 3사건 진압 명령을 거부하고 단독정부 수립 반대, 미군 철수를 주장하며 여수 · 순천 등 전라남도 동부 지역을 점령한 사건이다. 이 사건을 계기로 이승만 정부는 국가보안법을 제정하고 강력한 반공국가를 구축하게 되었다. 1995년부터는 한국사 교과서에서 '여수 · 순천10 · 19사건'이라고 명명했으며, 일반적으로는 '여순사건'이라고 한다.

칙'을 준수해야 한다고 역설했다.

그런데도 의제공범이 제정형법의 총칙에서는 사라졌지만 각칙의 제114조에서 되살아났다. 검찰은 이와 같은 의제공범의 규정을 빌미로 공소를 제기하고, 판례는 이에 터 잡아 의제공범에 관한 규정인 '범죄단체조직죄'에 대해 어떤 고민의 흔적도 없이 그저 적용했다.10)

엄상섭 의원이 의제공범의 부당성을 성토한 지 이제 70년의 세월이 흘렀다. 그 사이 2013년 형법 제114조의 개정을 통하여 종래 모든 "범죄를 목적으로 하는 단체를 조직하거나 가입한 자"에서 "사형, 무기 또는 장기 4년 이상의 징역에 해당하는 범죄를 목적으로 하는 단체 또는 집단을 조직하거나 가입 또는 구성원으로 활동한 사람"이라고 규정함으로써 '범죄단체구성죄'의 구성요건을 다소 제한한 부분도 있으나 확장한 부분도 있기에 본질적으로 형법 제114조의 문제점을 극복하지 못했다. 그 결과로 현행 형법에서도 여전히 제정형법 당시의 의제공범 규정과는 별반 다르지 않아 보인다.

2016년 제정된 '국민 보호와 공공안전을 위한 테러방지법(테러방지법)'은 이른바 '테러단체구성죄'를 규정하고 있는데(제17조), 그내용은 의제공범의 형식을 취하고 있다. 테러방지법은 테러의 정의를 명시하고(제2조 제1항), 그 처벌 대상을 국제연합이 지정한 태러단체로 한정한다(제2조 제2항)는 점에서 '범죄단체구성죄'보다 죄형법정주의 위반은 제한적이라고 할 수 있다. 또한 테러단체의 구성 및 가입행위를 처벌하고 있으나, 활동 자체를 처벌하는 규정을 두고 있지 않다. 테러단체의 활동 자체를 처벌하는 규정을 두지 않는 이유는 이미 다른 법에서 해당 행위를 범죄로 처벌하고 있기 때문이다. 또한 지금까지 테러방지법에 관한 판례조차도 없음은 무엇을 의미할까.

여전히 많은 형법학자는 형사책임의 개별화를 노래한다. 그래서인지 다수는 "범죄단체조직죄가 목적한 범죄의 예비 · 음모단계에 불과하다는 점을 고려하여 책임주의에 걸맞는 적정한 형벌을 규정해야 한다."라고 주장한다. 그나마 진보된 입장이다. 이에 반해 일부 학자는 형법 제114조의 규정은 "단체 또는 집단의

---

10) 대법원 1975. 9. 23. 선고 75도2321 판결; 대법원 1977. 12. 27. 선고 77도3463 판결.

조직과 결합된 특수한 위험성을 제거하는 데 있다."라는 관점에서 긍정적으로 파악한다.[11] 오직 유기천 교수만이 "형법 제114조의 규정은 구성요건이 개별화되지 않고 예비·음모적 성격의 행위를 기수범과 같은 형벌로 처벌함은 위헌"이라고 말했다. 테러방지법 역시 활동행위 자체를 독자적으로 처벌하지 않음은 이미 다른 법률에 근거하여 처벌해도 아무런 문제가 없기 때문일 것이다. 그렇다면 남은 것은 테러조직의 구성과 가입행위인데, 이는 범죄의 예비죄로도 충분히 시민의 안전을 위해 필요한 법익보호 장치가 될 수 있다고 생각한다.

형법제정 당시와 비교할 수 없을 정도로 사회적으로 평온한 오늘날, 형법 제114조의 규정과 함께 테러방지법은 죄형법정주의의 원칙을 파괴하고, 형사책임의 개별화를 철저히 무시하여 형법의 보장적 기능을 완전히 무력화시킨다는 점에서 위헌적인 악법이며, 이제라도 철폐되어야 마땅하다.

Ⅳ. 있어야 할 형법의 모습

1. 법치국가원칙과 형법

(1) 법치국가원칙과 그 실질적 내용

법치국가원칙이란 인간 존엄의 핵심적 내용인 자유·평등과 정의를 실현시키기 위해 국가 생활에서 지켜야 할 행동지침을 법으로 마련하고, 국가권력을 이에 입각하여 형성·집행하려는 인간사회의 기본원리이다. 이러한 법치국가원칙의 이념적 기초는 한편으로 생활환경의 정의로운 조정과 형성을 통하여, 다른 한편으로는 국가 생활에서 불가피하게 야기되는 권력 현상을 권력분립과 함께 합법성과 정당성에 기초한 법률로 순화시켜 인간의 존엄성을 확보하려는 데에 있다. 즉 국민의 기본권은 국가에 대한 국민의 방어권을 뜻할 뿐만 아니라 국가가 개인의 생명권 등 보편적 가치 질서를 구현하고, 이를 보장하기 위한 국가의 적극적 형성이나 조정 의무를 의미한다.

11) 예컨대 이재상·장영민·강동범, 형법각론 제10판, 박영사, 2016, 494쪽 참조.

(2) 법치국가원칙의 실천적 원리

① 법치국가원칙은 인간의 존엄과 가치를 확보하기 위해 국민의 자유·평등·정의를 국가의 조직 형태를 통해서 실현하려는 구조적 원리이다. 그렇기에 법치국가원칙은 권력 집중에서 나타나는 권력남용의 위험성을 사전에 제도적으로 방지하기 위하여 국가의 조직을 '견제와 균형의 원리'에 의해서 행사될 것을 요구한다. 따라서 사법권은 입법부의 입법형성권을 침해할 수 없고, 법창조적 해석도 허용될 수 없다. 즉 형법의 해석에 있어서 법원의 사법적극주의는 극복되어야 한다.

② 법치국가원칙은 국민의 자유·평등·정의의 투명한 실현에 두고 있다는 점에서 국가작용은 명확성, 특정성, 계산가능성과 예측가능성, 객관성, 안전성 등의 절차적·형식적 요건을 지켜야 한다.[12] 다만 국가작용의 모든 부분은 빠짐없이 세밀하게 법제화할 수 없다는 측면에서 사법적 심사의 대상이 되는 기속재량의 여지 인정을 고려해야 한다.[13]

③ 법치국가원칙은 과잉금지원칙을 준수해야 한다. 헌법재판소도 과잉금지원칙에 따라 법률의 위헌성 여부를 심판하고 있으며, 목적의 정당성, 수단의 적합성, 피해의 최소성, 법익의 균형성 등을 중요한 판단기준으로 삼고 있다.

(3) 법치국가원칙에 근거한 형법의 기본사상

헌법은 국민의 인권보장을 위한 국민적인 합의문으로서의 성격을 가지며, 법치국가원칙에 충실한 국가는 국민의 인권을 보장하고 담보해야 한다. 그러므로 국가공권력인 형벌권의 목적도 궁극적으로는 국민의 인권을 보호하는 데에 있다. 이러한 이유로 형벌의 목적은 행위자에 대한 과거의 잘못된 비행을 질책하는 데에만 그치지 않고, 행위자가 장래에 개과천선하도록 함과 동시에 사회의 평화스러운 생활 관계를 유지·형성하게 하는 데 지장을 초래하지 않아야 한다.

---

12) 특히 형사법의 경우 소급효금지의 원칙은 죄형법정주의의 원칙과 맞물려 다른 어떤 국가작용보다 더욱 철저하게 준수되어야 함은 물론이다.

13) 이에 관해서는 허영, 헌법이론과 헌법 제5판, 박영사, 2011, 268쪽 참조.

이에 따라 형법은 다음과 같은 임무를 갖고서 법치국가원칙이 구현될 수 있도록 정비되어야 한다.

① 형벌이란 인간이 참기 어려운 고통을 본질로 삼고 있다고 해서 인간존엄의 본질을 침해하는 형벌의 정도에까지 이르러서는 아니 된다.

② 형벌의 한계적 성격 때문에 이를 수단으로 삼고 있는 형법은 사회적 일탈행위 모두에 개입해서는 안 되며, 인간사회에서 용납할 수 없는 중대한 유형의 법익침해의 경우에만 최후수단으로 투입되어야 한다.

③ 가벌적인 행위는 사전에 명확하게 명시되어야 한다. 성숙한 국민이라면 누구라도 법으로 무엇을 금지하고 있는지를 명확히 파악할 수 있도록 해야 한다. 만일 그렇지 못하게 된다면 국민은 어떠한 행위가 처벌의 대상인지를 잘 몰라 국가형벌권으로부터 불안하게 된다. 우리나라의 경우 '형벌'을 부과할 수 있는 형법과 형사특별법 및 행정형벌 관련 법률들이 700개 이상이나 된다는 점에서 지나치게 많다.[14] 따라서 형사특별법과 행정형법의 남용은 자제되어야 마땅하다.

④ 형벌은 책임에 상응해야 하고, 보안처분은 행위자의 위험성과 불법성에 비례해야 한다.

⑤ 형벌은 행정벌이나 민사적 제재의 수단에 의하여 범죄억제 효과를 발휘할 수 없는 경우 최후수단으로만 사용되는 것을 원칙으로 삼아야 한다.

⑥ 법원의 양형도 양형 책정요건의 법정화로 구현되어야 한다. 범죄에 대한 법률효과로서 법관에게 광범위한 선택의 여지를 주고 있는 법정형의 규정만으로는 형벌의 죄형법정주의가 필요·충분하게 보방되지 않기 때문이다. 이러한 점에서 형법 제53조의 작량감경 규정에 구체적인 근거 규정을 명시해야 하고, 필요적 감경과 임의적 감경에는 실질적인 차이를 두도록 형법 제55조의 법률상 감경규정을 수정해야 할 것이다.

⑦ 중형주의 형벌관은 형벌감응의 효과를 떨어뜨린다는 북유럽 교정의 경험사실에 비추어 볼 때, 형벌의 감응성을 높이고, 또한 형벌의 인도주의적 관점과

---

14) 이에 관해서는 https://glaw.scourt.go.kr/wsjo/lawod/sjo130.do?prevUrl=interSrch&tabId=0&q=%%ED%-98%95%EB%B2%8C&p4=02#1637921633922 참조.

어울리도록 현재의 법정형을 근본적으로 하향 조정할 것이 요구된다.

⑧ 법관을 비롯한 검찰 등 사법권을 행사한 자가 자의적인 법적용으로 국민의 기본권을 침해한다면 이들 법관이나 검찰은 법왜곡죄(法歪曲罪)로 처벌될 수 있어야 한다.[15] 이들은 국민의 기본권을 보장해야 책무를 지고 있으므로 이들의 불법성은 일반인의 그것보다 훨씬 심각한 것이며, 결코 용납될 수 없기 때문이다.

2. 형법의 제 · 개정에 관한 국회의 입법형성권과 한계

형법의 입법형성권에 관해 헌법재판소 결정[16]에 따르면, 입법자에게 광범위한 입법재량 혹은 형성의 자유를 부여하고 있다. "어떤 범죄를 어떻게 처벌할 것인가 하는 문제, 즉 법정형의 종류와 범위의 선택은 그 범죄의 죄질과 보호법익에 대한 고려뿐만이 아니라 우리의 역사와 문화, 입법 당시의 시대적 상황, 국민 일반의 가치관 내지 법감정 그리고 범죄예방을 위한 형사정책적 측면 등 여러 가지 요소를 종합적으로 고려하여 입법자가 결정할 사항으로서 광범위한 입법재량 내지 형성의 자유가 인정되어야 할 분야이다. 따라서 어느 범죄에 대한 법정형이 그 범죄의 죄질 및 이에 대한 행위자의 책임에 비하여 지나치게 가혹한 것이어서 현저히 형벌체계상 균형을 잃고 있다거나 그 범죄에 대한 형벌 본래의 목적과 기능을 달성함에 있어 필요한 정도를 일탈했다는 등 헌법상 평등의 원칙 및 비례의 원칙 등에 명백히 위배되는 경우가 아닌 한, 쉽사리 헌법에 위반된다고 단정하여서는 아니 된다."[17]

이와 같은 헌법재판소의 입장은 일면 수긍할 수 있는 점이 없지 않으나 형법에 대한 입법형성권이 입법자의 광범위한 입법재량 혹은 형성의 자유가 인정된다는 주장에 대해서는 법치국가원칙의 관점에서 다음과 같은 비판이 가능하다.

인간의 존엄과 가치를 규정하고 있는 헌법 제10조는 국가권력의 남용으로부

15) 여기서 말하는 법왜곡죄란 왕법죄(枉法罪)와 같은 의미로 예컨대 법관이나 검사 등이 사실관계를 왜곡하거나 법규정의 해석과 적용 그리고 양형을 왜곡하여 특정 당사자를 유리하게 하거나 불리하게 하는 사법행위를 의미한다.

16) 헌법재판소 2006. 06. 29. 2006헌가7 결정.

17) 헌법재판소 2006. 06. 29. 2006헌가7 결정; 헌법재판소 2006. 4. 27. 2005헌가2 결정.

터 국민의 기본권을 보호하려는 법치국가원칙의 실현을 기본이념으로 하고 있다. 그러므로 형법에 관한 법치국가원칙의 실천원리는 범죄의 형성과 법정형을 정함에 있어서 일탈행위의 사회적 용납 및 사회방위를 위한 형벌개입의 불가피성을 따지고, 행위자의 죄질과 그에 따른 행위자의 책임 사이에 적절한 비례관계가 있어야 할 것을 요구한다. 따라서 어떤 행위를 범죄로 규정하고, 어떠한 형벌을 부과할 것인가에 대한 입법자의 입법형성권은 결코 지나치게 광범위하거나 무제한적일 수 없다. 왜냐면 어떠한 사회적 일탈행위를 범죄로 파악해야 하며, 그런 일탈행위에 대한 형벌의 종류와 내용은 헌법상 평등권조항[18]과 형법상 책임주의의 원칙에 따라 범죄행위의 불법성에 상응될 수 있도록 규정되어야 하며, 입법자라고 해서 이러한 원칙을 무시할 수 없기 때문이다.

또한 모든 범죄는 현실적으로 중대한 법익침해나 침해위험을 전제해야 한다. 법익침해의 가능성이 전혀 없는 행위유형을 무조건 형벌의 대상으로 규율하는 것도 법치국가원칙의 실천원리의 관점에서 볼 때 허용될 수 없다. ‘음모’에만 그친 행위를 처벌하고 있는 형법 제28조의 규정은 “생각만으로는 처벌될 수 없다.”라는 로마법 이래의 법원칙을 무시한 것이다.

3. 입법형성권의 한계로서 사형제도

인간의 모든 기본권 중에서 생명만큼 본질적이고 중요한 자유권은 없다. 그런데도 헌법학자와 형법학자 상당수가 사형제도를 찬성하고 있으며, 검사들도 예외가 아니다. 현직 검사 가운데 누구도 사형제도가 위헌이라는 입장을 관철하려는 사례를 찾아볼 수 없다. 이러한 사고방식을 가진 분들이 진정한 법학자이고 법률전문가인지 심히 의심스럽다. 그 이유를 세 가지만 살펴보면 다음과 같다.

① 헌법재판소에 따르면 “헌법 제110조 제4항은 법률에 의하여 사형이 형벌로서 규정되고 그 형벌조항의 적용으로 사형이 선고될 수 있음을 전제로 하여,

18) 헌법 제11조.

사형을 선고한 경우에는 '비상계엄 하'의 군사재판이라도 단심으로 할 수 없고 사법절차를 통한 불복이 보장되어야 한다는 취지의 규정으로, 우리 헌법은 문언의 해석상 사형제도를 간접적으로나마 인정하고 있다."[19]고 설시했다.

헌법재판소의 이러한 입장은 법률의 존재근거와 해석법칙에 어긋난다. 우리는 한스 켈젠의 규범의 단계적 지위를 인정하는 데 동의하고, 헌법재판소를 포함하여 법학자 역시 그러한 규범론에 따르고 있다. 이에 의하면 하위법은 상위법에 근거해야 하며 또한 그것에 저촉되지 않은 범위 내에서 불가피한 사회적 질서를 규율해야 한다는 것이다. 그렇다면 상위법은 하위법에 근거하거나 전제해서는 안 되는 것이고 삼가야 한다.

헌법 제110조 제4항 단서 규정의 존재근거는 하위법인 형법 제41조가 형벌로서 사형제도를 두고 있음을 전제로 하고 있다. 이 헌법 규정은 형법 제41조에서 사형이라는 형벌을 두지 않거나 사형제도가 폐지되거나 '비상사태 하'의 군사재판에서 사형이라는 형벌을 선고할 사안이 없으면 무용지물이 되기 때문이다. 이것은 하위법인 형법상의 사형제도가 상위법인 헌법상의 사형제도 존립 근거가 됨을 보여준다. 즉 하위법인 형법 제41조는 법정형으로서 사형을 규정하고 있고, 비상계엄 하의 군사재판에서 사형의 선고를 신중하기 위해 헌법은 제110조 제4항의 단서 규정을 두었다. 이 단서 규정을 근거로 헌법재판소는 사형제도의 합헌성을 인정하고 있는바, 이러한 논리는 하위법인 형법에 근거해서 상위법인 헌법의 사형제도 합법성을 찾는 것이 된다. 그 결과 헌법재판소에 따르면 한편에서 상위법인 헌법은 하위법인 형법에 대한 형성권의 범위와 내용을 결정할 수 있다고 말하면서도 다른 한편으로는 하위법인 형법에 근거하여 사형제도에 관한 합헌성을 인정함으로써 결과적으로 사형제도의 합헌성을 형법의 규정에서 찾고 있음을 보여준다. 다시 말해 하위법인 형법에 사형제도가 존재하므로 헌법에서도 사형제도가 위헌이 아니라는 주장이 된다. 이는 논리적 정당성도 없고 헌법과 형법의 관계를 제대로 이해하지 못한 잘못을 범하고 있다.

헌법재판소가 하위법인 형법에서의 사형제도는 상위법인 헌법에 근거하여 합

19) 헌법재판소 1996. 11. 28. 95헌바1 결정; 헌법재판소 2010. 2. 25. 2008헌가23 결정 참조.

헌성을 갖는다고 할 수 없고, 오히려 하위법인 형법에 사형제도가 현실적으로 존재하고 있고, '비상계엄 하'의 군사재판에서 사형을 선고할 때 그런 사형의 선고는 위헌이 아니라 합헌이라는 논리는 자가당착이다.

② 헌법 제37조 제2항 단서는 "(기본적 인권을) 제한하는 경우에도 자유와 권리의 본질적인 내용을 침해할 수 없다."라고 명시하고 있다. 여기서 기본적 인권의 본질적 내용은 생명이며, 이는 부인할 수 없는 사실이다. 그럼에도 사형제도에 애착을 가진 법관과 검찰은 유달리 많다. 그럴 만하다. 왜냐면 생사여탈권(生死與奪權)이라는 것은 참으로 대단하기 때문이다. 그런데 어떤 범죄자에 대해서도 손발의 절단형을 신체에 대한 본질적 침해이기에 용납할 수 없다. 법관이나 검찰도 그렇게 생각한다. 그렇다면 인간 생명의 박탈은 손발의 처단을 넘어선 신체의 전부, 즉 인간 생명에 대한 침해이므로 더욱 용납될 수 없다고 하는 것이 논리적이다.

③ 우리나라는 유럽연합(EU)에서 인도된 범인에 대해서 사형을 집행할 수 없도록 하는 등의 내용을 담은 범죄인인도조약을 2009년 체결했고, 2011년 국회가 이를 비준했다. 이 때문에 EU에서 우리나라로 인도된 범인이 흉악범죄를 범했어도 사형을 집행할 수 없다. 이러한 상황 아래 한국에서 살인범죄를 저지르거나 일본 혹은 미국 등에서 인도된 반인륜적 흉악범죄자에 대해 사형을 집행하면 '법 앞의 평등권'을 천명한 헌법에 반하는 것이 된다.

4. 죄형법정주의에 대한 무력화: 형법 제8조

"본법 총칙은 타 법령에 정한 죄에 적용한다. 단 그 법령에 특별한 규정이 있는 때에는 예외로 한다."

형법은 제1조에서 오직 법률에 근거해서만 범죄의 성립과 그에 따라 처벌할 것을 죄형법정주의로 천명하고 있다. 그런데도 제정형법은 일본형법의 전례를 무턱대고 모방한 결과,[20] 법률이 아닌 대통령의 명령이나 행정 각부의 명령조차 범죄의 성립과 처벌의 근거를 달리 설정할 수 있음을 명시하고 있다. 예컨대 대통령이나 부령에 근거해서 위법성의 인식이 결여되거나 책임능력이 없을지라도 처벌할 수 있는 길을 열어놓고 있다. 이는 죄형법정주의 원칙을 심각히 위배한 것이다. 이에 반해 일본의 경우 지방자치단체의 조례에 근거하여 형벌이 부과될 수 있다. 일본형법의 경우 법률뿐만 아니라 법령 등에 근거한 특별한 규정이 있는 때에는 처벌과 관련하여 예외로 한다는 규정은 실익이 없지 않다.

그러므로 우리 형법 제8조의 문언 가운데 '법령'이라는 용어는 '법률'로 수정해야 마땅하다. 더구나 형법총칙의 규정을 다른 '법률'이 아닌 '대통령령'이나 각부 장관의 '부령'에 근거하여 예외로 적용한다는 사례도 없지 않은가.

5. 위법성 인식의 필요성과 법률의 부지

현대 형법이론에 의하면 죄형법정주의와 책임주의가 관철된 법률에 근거할 때 비로소 처벌은 정당화될 수 있다. 실무가 역시 죄형법정주의와 책임주의를 역설한다. 그런데 책임주의가 관철되려면 행위자는 책임능력자임을 전제하고, 자신의 행위가 구성요건에 해당하고 위법하며, 나아가 적법행위의 기대가능성이 있을 것을 전제하고 있다. 그렇다면 행위자가 자신의 범법행위에 관해 합리적인 이유로 그 위법성을 전혀 인식하지 못했거나 인식할 수 없었다면 처벌할 수 없다고 할 것이다. 죄형법정주의와 책임주의에 철저한 형법전일수록 행위자가 법률의 부지로 자신의 행위에 대한 위법성을 상당한 이유로 인식하지 못했거나 인식할 수 없을 때 그는 처벌에서 제외된다고 해야 한다.

우리 형법은 이에 관해 형법 제16조에서 법률의 착오를 규율하고 있다. 이 규정은 그러나 자기의 행위가 법령에 근거하여 죄가 되지 아니하는 것으로 오인한 행위, 이른바 법률의 착오를 명시한 것이다. 그러므로 법령에 근거하지 않고, 잘 알려진 판례나 지방단체 혹은 정부 기관의 의견조회를 통해 습득하게 된 정

---

20) 중화민국형법(대만형법) 제11조 역시 일본의 영향을 받아서 우리나라와 같이 명시하고 있다.

보를 근거로 자신의 행위가 죄가 되지 않다고 오인한 경우 그 오인에 상당한 이유가 있다고 해도 법령에 근거한 것이라고 할 수 없어 처벌을 면하기 어렵다. 왜냐면 이 경우는 법률의 착오가 아니라 법률의 부지에 해당하기 때문이다.

법률의 부지는 행위자가 금지규범 자체를 모르는 경우이다. 행위자가 이런 법률의 부지에 빠졌을 때 종래 무조건 처벌되었던 이유는 다음과 같은 역사적 사실에 근거한다. 서구에서 종교가 발흥하기 시작할 당시 "종교의 고위직에 있는 자는 단순히 종교의 계율을 몰랐음을 항변할 수 없었다." 그래서 계율을 위반한 고위직은 계율을 몰랐다고 변명해도 소용이 없었다. 이와 같은 유래에 근거하여 행위자가 금지규범을 알지 못해 법률의 부지에 빠졌을 때도 처벌받게 되었던 것이다.

그러나 오늘날 형벌과 관련된 법률만 하더라도 국내에서 700개가 넘는 실정이다. 이처럼 수많은 형벌 관련 법전의 처벌 규정을 모두 알고 있는 실무가나 학자는 거의 없다고 해도 과언이 아니다. 이러한 실정에서 법률의 부지를 무조건 처벌의 대상으로 볼 수 없게 되었다. 왜냐면 성실하고 유능한 법조인조차도 법률의 모든 규정을 알 수 없는 시대에 살고 있기에, 자신이 범한 행위의 위법성을 예외 없이 인식하는 것이 불가능해졌기 때문이다. 더구나 현대 형법이론은 위법성의 인식 혹은 인식가능성이 존재해야 처벌의 전제가 성립된다는 점에 거의 동의하고 있다. 이와 같은 합리적인 근거로 법률의 부지에 빠져 위법성의 인식이 불가능한 경우 처벌을 면하게 하는 규정이 요구되었다.

따라서 현행 형법 제16조 중에서 '법령에 의하여'를 삭제하게 되면, 법률의 착오뿐만 아니라 법률의 부지도 모두 포섭할 수 있게 된다. 즉 이렇게 되면 법령에 근거하지 않았다고 하더라도 어떤 행위에 관해 판례가 무죄로 중첩적으로 판결했고, 이를 근거로 행위주체가 자신의 그와 같은 행위도 죄로 성립되지 않는다고 의심 없이 믿었다면 위법성의 인식이나 인식가능성이 없다는 이유로 불가벌이 될 수 있다. 뿐만 아니라 잘 알려진 유명 판례나 조례 혹은 관청의 처분이나 관계기관의 조회에 근거하여 죄가 성립되지 않는다고 믿는 때에도 위법성의 인식이나 인식가능성이 없다는 이유로 불가벌로 될 수 있음은 물론이다.

6. 사상형법(思想刑法)의 극복: 형법 第28조[예비 · 음모]

“범죄의 음모 또는 예비행위가 실행의 착수에 이르지 아니한 때에는 법률에 특별한 규정이 없는 한 벌하지 아니한다.”

로마시대부터 생각만으로는 처벌할 수 없다는 원칙은 문명국가에서 대부분 지켜졌다. 그런데도 우리 형법은 범죄의 음모가 실행의 착수에 이르지 아니한 때에는 법률에 특별한 규정이 있는 경우 처벌하고 있으며, 적지 않은 음모의 처벌규정을 두고 있다.

이는 두 가지 관점에서 잘못된 것이다. 첫째로 모든 범죄는 범죄의 불법성이 객관적으로뿐만 아니라 주관적으로 명백할 때 처벌의 대상이 된다. 그래서 생각만으로는 결코 처벌의 대상이 될 수 없음은 물론이다. 그런데도 우리 형법은 적지 않은 조문에서 음모만으로 처벌하고 있다. 다만 대법원은 단순 음모에만 그친 경우 처벌에서 제외하는 경향을 보여주고 있다는 점에서 그나마 정당한 것으로 보인다.

둘째로 음모만으로는 실행의 착수에 결코 도달할 수 없다. 그럼에도 형법은 범죄의 음모가 … 실행의 착수에 이르지 아니한 때에는 특별한 규정이 없는 한 벌하지 아니한다고 명시함으로써 실행의 착수에 도달할 수 없는 음모도 처벌가능한 것처럼 규정하고 있다.

7. 형법 第53조 정상참작감경 규정의 대안

법원은 형법 제53조의 정상참작규정을 근거로 종래에는 양형을 재량으로 판단했다. 이러한 태도에 반발하여 양형위원회를 구성하고, 양형기준을 작성하여 법관에게 이를 참조하도록 권유하는 실정이다. 그러나 죄형법정주의에 충실하면서도 정의롭고 적정한 양형을 산정할 수 있도록 법관에 의한 형의 정상참작감경 사유를 구체적으로 명시할 필요가 있다. 또한 범죄의 정상에 비추어 형의 감경사유가 월등해서 형의 감경이 불가피할 때 법정형의 하한 이하로 감경할 수 있도록 규율함으로써 법관의 양형재량을 축소하는 것이 바람직하다. 이를 위해 다음과 같은 요소들이 정상참작감경의 사유로 인정될 필요가 있다.

형법 제00조[정상참작감경]

① 다음과 같은 사유가 존재할 경우 정상참작감경을 할 수 있다.

1. **초범으로서 우발적 범행**

근거: 단순 초범에 그치지 않고 우발적 범행에 해당하는 경우를 요구한 것은 초범이라도 계획적 또는 의도적 범행이거나 뚜렷한 목적이나 동기에 근거한 범행이고, 더구나 앞으로도 재범가능성이 큰 범행이라면 법정형의 범위 내에서만 선고형이 양정되어야 할 것이기 때문이다.

2. **참작할 만한 동기에 의한 범행**

근거: 왜냐면 원한에 사무친 감정이나 그 밖에 참작할 만한 동기에는 감정을 추스르지 못해서 범행하는 경우가 있고, 이러한 경우 형벌도 인간적인 모습으로 다가서야 하기 때문이다.

3. **피해자의 범죄유발**

근거: 피해자에 의한 범죄유발이 크면 클수록 가해자의 범행가능성이 비례한다는 사실은 무시할 수 없는 현상임을 감안할 때 이 역시 정상참작감경에 포함시킬 필요가 있다.

4. **피해자의 처벌 불원**

근거: 이러한 경우는 다양한 모습으로 나타나지만 개인적 법익에 관해 침해당한 범죄피해자는 살인죄를 제외하고는 자기결정권에 의해 상당 부분 처분할 수 있다는 점에서, 이 역시 정상참작감경의 요소로 보아야 한다.

5. **피해회복의 진지한 노력과 회복보전조치**

근거: 왜냐면 가해자의 이와 같은 행위방식을 통해 형벌의 예방목적과 특별예방에 기여하고, 아울러 피해자에 대한 죗값을 치른다는 점에서도 의미가 있기 때문이다.

6. **자백과 수사협조**

근거: 자백과 수사협조 역시 한편으로 사법비용을 줄이는 데 도움을 주고, 다

른 한편으로는 장차 범죄를 범하지 않겠다는 의미를 준다는 점에서 이 역시 정상참작감경을 할 수 있는 지표로서 충분히 이용할 만하기 때문이다.

7. **범행에 대한 진지한 반성과 적극적 후회를 보증할 만한 조치**

근거: 가해자의 반성과 조치 역시 정상참작감경 사유로 충분하기 때문이다.

8. **강한 압박감이나 공포심 또는 복종심 등과 같은 상황에서 야기된 범행**

근거: 이와 같은 상황에서의 범행은 통상적인 일반인 역시 비슷한 방식이나 태도로 나타나기 때문이다.

9. **범행으로 인해 행위자 자신 또는 그의 인척이 중상해나 다른 중대한 불이익을 당하게 된 때**

근거: 가해자 역시 피해자 못지않은 중대한 침해를 당했다면, 이것 또한 감경할 만한 사유가 된다고 할 것이다.

10. **위법성조각사유나 책임조각사유에 버금가는 상황에서 범행**

11. **범행의 사안에 비추어 볼 때 법정형이 과도한 경우**

② 제1항에 명시된 정상참작감경사유가 중첩적으로 해당되는 경우 법정형의 하한으로 감경할 수 있다.

③ 정상참작감경을 할 때에는 형법 제00조의 필요적 감경규정을 준용한다.

Ⅴ. 마치면서: 사법적극주의의 극복

형사실무뿐만 아니라 학계에서도 사법적극주의가 팽배하고 있다. 예를 들어 보자. 배임죄는 ‘타인의 사무를 처리하는 자’를 행위주체로 삼고 있다. 그런데도 ‘타인을 위한 자기의 사무를 처리한 자’ 역시 배임죄의 행위주체로 판례가 오랫동안 인정했고, 교수들도 이에 뒤따랐다. 다행히 아주 최근에 와서야 그것이 상당 부분 극복되었지만, 아직도 ‘타인을 위한 자기의 사무를 처리한 자’ 역시 배임죄의 행위주체라고 주장하는 판례나 학자도 없지 않다.

종래의 판례와 학자들 역시 부동산명의신탁에 관련된 형사상 문제를 사법적극주의에 기반한 해석을 통하여 횡령죄 등으로 처벌할 수 있다고 적극 주장했다. 이때에도 필자는 횡령행위 처벌의 정당성은 수탁자 자신에게 보관된 신탁자의 재물에 대한 선량한 관리자로서 임무를 위배하여 불법영득하는데 국한된 것이지, 단순한 신뢰 위반에 있는 것이 아니라고 보았다.[21] 횡령죄에서 보관의 개념은 해당 물건을 맡아서 관리하고 처분가능함을 의미할 때 부동산실명법 제4조 제2항 본문에 근거하여 수탁자 명의의 소유권이전등기는 무효화 되고, 매도인이 부동산소유권을 원래대로 보유하게 된다. 이에 따라 명의수탁자는 명의신탁자와의 관계에서 명의신탁자의 재물을 맡아서 관리하는 자의 지위에 있다고 할 수 없다. 그렇기에 명의수탁자는 횡령죄에 해당할 수 없음을 밝혔다. 그 이후 판례는 태도를 바꿨다. 판례가 변하자 학설도 변했다.

요즘도 판례는 부진정부작위범의 근거로서 보증인의 지위를 신의칙의 위배에서도 인정하고 있다. 학자들도 판례의 견해에 대부분 긍정한다. 예컨대 "일반거래의 경험칙상 상대방이 그 사실을 알았더라면 당해 법률행위를 하지 않았을 것이 명백한 경우에는 신의칙에 비추어 그 사실을 고지할 법률상 의무가 인정된다"고 한다. 그래서 그것을 고지하지 않고 거래했다면 사기죄를 인정한다.[22] 다수 학자는 판례의 이런 입장을 따르는 경우가 많다. 판례의 이러한 주장에는 다음과 같은 맹점이 있다.

신의성실의 원칙은 권리의 행사와 의무의 이행에 관한 것이고, 권리의 행사와 의무의 이행은 행위자가 누구든 따지지 않고, 권리와 의무에 따른 행위 자체를 문제 삼는다. 왜냐면 민법 제2조에 의하면 행위자의 권리의무 행사는 신의성실의 원칙에 따라야 하는바, 이 원칙에 걸맞은 권리의무의 행사란 누가 그렇게 행사했는지의 여부를 따지지 않고, 행사자의 행위가 그 원칙에 부합했느냐 여부를 결정하는 데 사용되기 때문이다. 즉 신의성실의 원칙은 행위의 정당성 여부를 결정하는 평가 기준으로 작용하는 것이지, 누가 행위자가 되어야 하는지를 결정하는 요소가 아니다. 그래서 상호 사적 자치가 지배하는 계약 등의 관계 속에 동참하고 있는 한쪽의 참여자는 다른 쪽의 참여자에게 오해를 불식시켜 줄

21) 필자의 "부동산 명의신탁과 횡령죄의 성립 여부", 대법원 형사실무연구회, 2015년 12월 22일 발표.
22) 대법원 2000. 1. 28. 선고 99도2884 판결; 대법원 1998. 7. 13. 선고 93도14 판결.

법적인 설명의무나 고지의무의 부담은 신의성실의 원칙의 위배 여부로 무조건 결정될 수 없다. 그런데도 판례는 신의성실의 원칙을 근거로 예컨대 거짓말이 기망행위가 되는지 등을 판단하고, 다시금 기망행위 등이 신의성실의 원칙을 중하게 반하기 때문에 작위의무를 부담한다고 판시한다. 판례처럼 신의성실의 원칙을 중하게 반한 기망행위자는 다시금 보증인적 지위를 가지게 된다고 인정한다면, 신의성실의 원칙은 이중적 기능을 가진다고 해야 하는데, 판례의 이러한 태도는 형법해석상 용납될 수 없다. 왜냐면 이러한 입장은 전형적인 사법적극주의의 태도이자 죄형법정주의에 어긋나며 처벌의 범위가 지나치게 확대될 수 있기 때문이다.

제4장

형법상 행위개념에 관한 상념

– 행위주체와 관련된 행위론 –

Ⅰ. 형법상 행위개념의 이해

형법상 행위개념이 존재론적으로만 규명되어야 한다는 견해는 잘못된 것이다.[1)] 왜냐면 행위개념 자체가 이미 형법상으로 의미를 지닌 행위여야 한다면 형법상 의미 있는 행위는 존재론적 차원이 아닌 규범적 차원에서만 제대로 이해될 수 있기 때문이다.

예를 들어 보자. 형법상 폭행의 개념은 타인을 구타하는 것인데, 우리는 물건에 대해 폭행한다고 하지 않으며, 심지어 동물을 때리는 행위조차 이를 폭행이라 부르지 않는다. 이러한 면에서 폭행이라는 행위는 순수한 존재론적 개념일 수 없으며, 인간(피해자)을 대상에 한정하여 사용되는 형법적 개념이다. 명예훼손죄도 그렇다. 명예를 훼손하는 행위 역시 타인의 인격을 언어적으로 비방하는 방식이며, 상대의 인격을 비하하는 일상의 통상적 언어라고 할지라도 가치관계적 행위일 뿐이다.

그러니까 존재론적 행위론자는 형법상 행위개념을 전구성요건적 단계에서 논

1) 존재론적 차원에서 볼 때 '행위'가 존재해야 그것을 기초로 구성요건해당성, 위법성 책임 등의 형법적 평가를 할 수 있기에 형법상 행위개념은 존재론적으로 인정될 수 있으며, 이러한 관점에서 전구성요건적 행위개념을 인정해야 한다는 대표적 견해로는 김성돈, 형법총론 제2판, 성균관대학교 출판부, 2009, 134~135쪽 참조.

하는 것이 논리적으로 타당하다고 생각한다. 형법상 구성요건 이전의 단계에서 형법상 의미 있는 행위론은 아마도 사회적 일탈행위 정도를 예상할 수 있다. 그런데 사회적 일탈행위 역시 사회적 차원에서 볼 때 반가치적 행위이지, 존재론적 개념일 수 없다. 그럼에도 행위론을 존재론적 차원에서 이해한다는 주장은 규범학적 차원인 형법상 행위개념을 희화할 뿐이다.

그러므로 형법상 행위개념을 무조건 존재론적으로 파악할 수 있다는 사고방식은 잘못된 것이다. 더구나 인격을 갖지 않은 동물에 대한 언어에 의한 비방을 감행했다고 하더라도 그런 비방 행위를 형법상 행위개념에 속한다고 할 수 없다.

이처럼 인격을 갖춘 타인에 대한 무력의 행사나 비방적 언어의 사용은 사회적으로 금지되는 행위라는 점에서 폭행이나 명예를 훼손하는 언어는 규범적 성질을 배제하고 순수하게 존재론적으로 설명할 수 없다. 더구나 이러한 행위를 부진정부작위범의 부작위 방식으로 실현될 수 있다는 것은 모든 형법학자가 인정한다. 부작위의 개념은 규범적 차원이지, 존재론적으로는 아무런 흔적이 없지 않은가. 따라서 형법상 행위개념은 규범적 관점을 벗어날 수 없다.

그럼에도 형법상 행위개념을 전구성요건적 차원에서 순수하게 존재론적으로 규명할 수 있다는 학설이 다수설이다. 이러한 주장은 작위뿐만 아니라 부작위도 행위의 실체가 구체적으로 존재한다는 것인데, 이는 진실이 아니지 않는가. 학문은 솔직해야 한다. 어떤 주장이 앞뒤가 모순일 때는 그런 주장을 버리는 것이 상책이다.

형법상 행위개념은 범죄를 범할 수 있는 행위자의 행위능력을 전제하고 있다. 왜냐면 형법상 행위는 행위자의 행위능력을 완전하게 배제하고서 생각할 수 없는 개념이기 때문이다. 그러므로 형법상 행위 주체가 인정되기 위해서는 형법상 행위능력을 지녀야 하며, 그에 의한 형법상 의미를 지닌 행위가 다름이 아닌 형법상 행위인 것이다.

형법상 행위 주체는 정범의 자격을 가진 자이다. 정범이란 범죄의 사안을 장악하고 주도적으로 실현하거나 할 수 있는 자를 말한다. 그렇다면 형법상 행위가 성립하기 위해서는 (형법상 금지되는) 사안의 내용을 실현하거나 실현할 수 있는 인간의 태도나 행태가 있어야 한다.

이와 같은 점들을 종합적으로 검토해 볼 때 형법상 행위개념은 다음과 같이 정의할 수 있다. 즉 "자신의 태도나 행동을 목적적으로 조종할 수 있는 인간이 사회적으로 볼 때, 회피했어야 할 위험을 창출하거나 창출할 수 있는 인격적 태도를 형법상 행위이다." 이를 다른 말로 표현하면 목적적 행위지배를 할 수 있는 행위자가 행위 시에 회피할 수 있었고 그래서 회피했어야 할 위험을 자초하거나 일으킨 일체의 인격적 활동을 형법상 의미 있는 행위라고 해야 한다. 왜냐면 성숙한 인간이라면 제한된 범위 내이긴 하지만 사물의 인과 과정을 조종하고 지배하여 작품을 형성하는 탁월한 능력을 지녔을 뿐만 아니라 그 과정에서 야기된 위험을 예상하고 그것을 회피하는 능력까지도 겸비하고 있기 때문이다.

인간은 이러한 능력을 바탕으로 그의 과학적 지식에 기초하여 자신의 활동을 지배하거나 조절함으로써 우리의 문화 형성에 기여하는 활동을 할 수 있는 유일한 존재이며, 사회적으로 봐서 이득이 되는 활동뿐만 아니라, 악영향을 끼치는 활동도 가능한 이중적 존재이기도 하다. 그렇기에 인간은 우리의 문화를 계승하고 창달하는 데 사회적으로 부정적인 영향을 줄 수 있는 사회침해적 행동을 회피할 수 있는 능력을 지니고 있고, 또한 그러한 침해적 행동을 회피해야 할 책무도 지고 있다. 이와 같은 책무에 근거하여 공동생활에 위험이 되는 행동을 피할 수 있었음에도 위험을 창출한 자에 대해서는 사회방위를 위해 불가피한 경우, 최후의 수단인 형법으로 대응하게 된다.

형법은 바로 이러한 인간의 활동능력과 사회적 책무를 전제로 하여 사회방위를 위해 불가피한 경우에 개입하는 것이다. 즉 우리 형법이 전제하고 있는 인간상은 과학적 지식에 기초하여 일정한 목표를 세워 그 목표를 실행할 수 있을 뿐만 아니라, 그러한 목표의 실행으로 야기되는 부수적인 제반 사정까지 일정한 범위에서 예견하여 그것을 회피할 수 있는 능력자이며, 더 나아가서 자기의 활동 범주에서 빚어진 결과에 대하여 사회적 책무를 부담하는 인격자이다.

그렇기에 형법상의 의미 있는 행위를 할 수 있는 능력자는 인간 모두가 포함되는 것이 아니라 목적적 행위지배가 가능한 인격 있는 행위능력자로 국한해야 한다.[2] 이러한 능력자에는 자기가 목적하는 바를 실현할 수 있을 뿐만 아니라, 그 행위로 부수되는 제 사정을 참작할 수 있는 능력이 있으면 족하고, 그 행위가 사회적으로 어떠한 의미를 갖는지 알 수 있는 능력까지 요구하지 않는다. 그런 점에서 자기의 행위가 법적으로 위법한 지 여부를 인식할 수 있고, 그에 따라 적법한 행위를 할 수 있는 책임능력과 구별된다.[3] 대법원도 책임능력을 '사물의 시비선악을 변별할 능력이나 인식하는 바에 따라 행동할 능력이 없어 그 행위의 위법성을 의식하지 못하고 또는 이에 따라 행위를 할 수 없는 상태'에 있는 것임을 명확히 하고 있다.[4]

그러나 형법상 행위가 성립하려면 '행위능력' 있는 자의 행위가 필수적으로 요청되지만, 행위능력이 자기의 행위를 목적적으로 지배할 수 있는 능력을 말하는 것이라 해서, 형법상 행위개념이 목적적 행위론처럼 목적적 활동이라고 할 수는 없다. 왜냐면 형법상 '행위능력'은 자기 자신의 의사결정에 근거하여 인과적 과정을 지배하거나 조종하는 능력을 말하는 데 반해서, 형법상 '행위'는 그러한 능력을 지닌 자가 현실 세계에서 회피했어야 할 위험을 야기하는 인격적 태도를 말하는 것이기 때문이다. 그러므로 반드시 행위능력자의 목적적 조종에 의한 형성행위만이 형법상 의미 있는 행위가 되는 것이 아니라 그러한 능력자가 무의식적 실수로 위험을 창출하는 경우, 때로는 그 위험을 회피해야 할 사회적 책무 때문에 형법상 행위로 보아야 할 필요가 있다. 이러한 이유로 위험을 일반적으로 회피할 수 있었던 행위능력자에게는 사회평화를 위해 사회적으로 중요한 이익침해를 방지해야 할 의무가 부여될 수 있으며, 그러한 의무를 지

2) 종래 학자들은 모든 인간에게 행위능력이 있는 것으로 간주해서 진통이 개시된 때로부터 시작하여 맥박과 호흡 또는 뇌의 기능이 영원히 정지되어 죽음에 이를 때까지 형법상 의미 있는 행위를 할 수 있는 존재로 보았다. 그러나 그것은 지나치다. 왜냐면 인간이라고 해서 모두가 범죄라는 활동을 할 수 있는 능력을 지니지 않고, 주체적으로 활동할 수 있는 자에 국한해서만 행위능력이 있다고 보아야 한다는 점에서 주체적인 의사형성능력이나 자신의 행위를 목적적으로 조종할 수 있을 때 비로소 행위능력을 인정할 수 있다. 민법에서도 의사능력 없는 자는 행위능력이 없는 것으로 보고 있다.

3) 형법 제9조와 제10조가 행위능력이 아닌 책임능력을 규율하고 있다고 해석해야 할 이유는 다음과 같다. 형법 제9조가 14세 미만자에 대해 불가벌로 하는 것은 초등학생일지라도 자신의 행위를 주도적으로 실행할 수 있고, 심지어 범죄구성요건의 객관적 요소를 적지 않게 인식할 수 있다. 이러한 점에서 이들에게는 행위능력은 있지만, 책임능력이 없을 뿐이다. 이들은 범죄의 불법성에 대한 변별력이 없기 때문이다. 같은 맥락에서 형법 제10조도 역시 불법에 대한 시비를 할 수 있는 변별력을 문제 삼는다.

4) 대법원 1985. 5. 28, 선고 85도361 판결.

고 있는 자가 법적으로 준수했어야 할 책무를 다하지 않아 보호해야 할 이익을 침해 내지 침해할 수 있는 경우에야 비로소 형법상 개입의 기초가 되는 형법상의 행위가 존재한다고 말할 수 있다. 이런 관점에서 형법상 행위는 결코 형법상 행위주체와 분리될 수 없으며, 상호 밀접하게 연결되어 있다고 할 것이다.

그 결과 형법상 행위론의 실익은 도대체 누가 형법상 행위능력을 가졌느냐에 달려 있다. 필자는 사회적 일탈 사안을 장악할 수 없는 자가 비록 사회적으로 중요할지라도 형법상 행위자의 행위가 아니라고 생각한다. 절대적 폭력이나 법인의 행위 또한 형법상 행위일 수 없고, 주체적으로 활동할 수 없는 어린아이뿐만 아니라 무의식에 빠진 자도 형법상 행위를 할 수 없다고 해야 한다. 이와는 별개의 문제로 주체적으로 활동할 수 있는 자가 마땅히 준수해야 할 책무나 의무의 이행을 게을리함으로써 형법상 행위를 범할 수 있음은 물론이다.

형법상 행위론에 관하여 국내의 교과서는 이른바 독일에서 주장된 '사회적 행위론'을 주로 노래하고 찬양하고 있다. 여기서 사회적 행위론이란 '사회적으로 중요한 인간의 행태'이며, 모든 행위개념은 결합요소로서 기능, 근본요소로서 기능 그리고 한계요소로서 기능을 모두 갖춰야 하는데, 사회적 행위론은 이를 갖추고 있다고 주장한다.[5] 행위개념에서 필연적으로 요구되는 이 세 가지 기능은 구성요건적 행위에 해당하는 행위라면 당연히 인정될 수 있다는 점에서 실익이 없다.

사회적 행위론은 다음과 같은 문제에 직면한다.

첫째로 형법상 행위는 전구성요건적 행위를 문제 삼아야 한다고 주장하더라도 형법상 범법행위에 해당하거나 해당할 수 있는 행위를 문제 삼아야 한다. 왜냐면 범죄구성요건의 실현이나 실현될 수 있는 행위와 아무런 관련 없는 전구성요건적 행위는 비록 사회적으로 아무리 중요하더라도 형법상 무의미하기 때문이다. 부동산매매계약이나 상속 등은 사회적으로 매우 중요하지만, 계약을 맺고 상속했다고 해서 이러한 행위유형이 형법상 행위가 되지도 않고, 될 필요도 없지 않은가.

5) 특히 김성돈, 앞의 책, 134~135쪽 참조.

둘째로 우리 형법은 형식적 범죄개념을 채택하고 있다. 따라서 어떤 행위가 사회적으로 중요한 것인지 여부를 묻지 않고 형식적으로라도 구성요건에 해당할 만한 행위를 범했거나 그런 행위 자격을 가졌는지 따지도록 설계되어 있다. 구성요건에 형식적으로 해당하는 행위라면 사회적으로 중요한 가치를 가졌는지 여부, 즉 그 행위가 사회적으로 중요하지 않은 경미한 짓이고, 사회적으로 용납될 만한 행위에 불과하다면 비로소 형법 제20조의 사회상규에 의해 위법성 조각 여부가 검토될 수 있다.

셋째로 절대적 폭력은 사회적으로 중요한 인간의 행태로서 기능하고 있지만 누구도 이러한 절대적 폭력을 형법상 행위개념으로 파악하지는 않는다.

넷째로 사회적 행위론은 형법상 행위개념을 지나치게 넓게 인정하게 됨으로써 범죄수사의 범위를 쉽게 넓힐 수 있다.

사회적 행위론을 주장하는 분들은 앞에서 형법상 행위개념이 전구성요건적 개념이며, 우리 형법은 형식적 범죄개념을 취한다고 주장하면서 뒤로는 사회적으로 중요한 의미를 지닌 것만 형법상 행위의 실체를 지닌다고 말함으로써 실행행위의 구성요건해당성 이전에 가치관계적이고 실질적 범죄개념으로 치장하는 모순에 빠진다.

사회적 행위론에서는 이와 같은 모순을 극복하고자 '재조명된 사회적 행위론'을 주창하고, '인간의 의사에 의해 지배되거나 지배가능한 사회적 인간의 행태'로 수정해야 한다는 견해도 있다.[6] 그런데 수정된 사회적 행위론은 목적적 행위론과 본질적으로 동일한 입장이다. 왜냐면 목적적 행위론에 따르면 인간의 행태 중에서 얻고자 하는 목표를 계획적으로 조종하는 인간의 능력에 기초를 두고, '목적에 의해서 의식적으로 조종된 작용'을 형법상 행위개념이라고 부르는데, 이는 '인간의 (목적적) 의사에 지배되거나 지배(조종)가능한 인간의 행태'라는 점과 본질적으로 차이가 없기 때문이다. 다만 차이가 있다면 '사회적'이라는 용어 사용 여부인데, 이 '사회적'이란 용어는 있거나 없어도 행위개념을 파악하는 인자로서 그 역할은 거의 없다.

6) 김성돈, 앞의 책, 140쪽 참조.

치밀하게 정제되지 않은 잘못된 형법이론은 형법학에서 배제되어야 하며, 독일에서 주장되었다고 하여 그것들 모두가 우리 형법의 가치체계에 부합한다고 하는 사고방식은 극복되어야 마땅하다.

Ⅱ. 행위개념의 재구성 필요성

종래의 행위론 중의 일부는 형법 규범의 구성요건 해당성 여부와 관계없이 규범 이전의 행위를 문제 삼았음을 위에서 보았다. 이에 따라 형법상 행위개념은 기초기능과 한계기능을 충족하면 족하지, 굳이 목적적 행위론처럼 오직 고의행위만을 형법상 행위로 한정하는 것을 비판했다. 그러나 인과적 행위론은 가벌성 범위를 지나치게 확대할 수 있다는 점에서, 사회적 행위론은 사회적으로 중요한 척도를 기준으로 삼고 있는바, 이는 결과적으로 구성요건에 해당할 만한 중요한 사회적 일탈행위와 깊은 관련을 맺을 수밖에 없다는 점에서 비판을 피해 갈 수 없었다. 이와 같은 유형의 행위론은 형법상 해석론이나 입법론의 기초가 되기에는 별 실익을 가져다주지 않는다. 게다가 형법상 의미 있고 실익 있는 체계적합적인 행위개념으로 수용하기도 어렵다. 왜냐면 형법상 행위론은 형법상 의미를 갖는 행위론을 전제하며, 형법의 입법론이나 해석론에 실익을 줄 수 있어야 하기 때문이다.

물론 이들 행위론이 전혀 무익한 것이라고는 할 수 없다. 형법상 의미 있는 인간의 행위에 대해 다양한 고찰과 그에 대한 해명의 공로를 부인할 수 없기 때문이다. 그러나 이제까지의 행위론은 가벌적 행위와 불가벌적 비행위(非行爲)에 대한 형법상 실익 있고 체계적합적인 구별을 할 수 있는 행위개념을 제대로 제공하지 못했기에, 행위개념 부인론의 입장에 쉽게 동의할 여지를 주었다.

그러나 행위개념 부인론에는 결코 동의할 수 없다. 왜냐면 형법상 행위개념이 가벌적 행위인지, 아니면 아예 처음부터 구성요건적 행위에 적합할 수 없는 비행위인지에 대한 기준인 한계기능을 무시할 수 없다면, 이러한 한계기능의 내용을 합리적으로 담보할 수 있는 행위개념의 상위개념기능, 즉 형법상 의미 있는 가벌적 행위가 무엇인지를 정의하는 것이 불가피하게 요구하게 되는데, 행위개념 부인론은 이를 거부하기 때문이다.

형법은 수범자인 국민에 대한 행위결정규범이다. 어느 행위가 행위결정규범에 올바르게 부합하는지 혹은 부합하지 않는지의 기준은 형법상 행위개념을 설정하는 데 중요하다. 왜냐면 형법상 행위개념의 확대나 축소 여부 등으로 인간의 활동 자유에 대한 형법의 개입가능성을 그에 따라 열어두고 있기 때문이다. 이때 형법은 사회방위의 최후수단인 점을 감안해야 하며, 행위개념에 대한 통일적인 기준도 제시되는 것이 바람직하다. 이러한 점에서 볼 때 형법상 행위개념은 형법상 처벌법규의 형성과 형법해석의 경우 구체적 실익을 가져올 수 있어야 하며, 그러려면 형법상 행위는 가벌적 기준으로써 구성요건적 행위에 어울리거나 어울릴 수 있는 행위를 핵심축으로 하는 행위개념의 재구성이 불가피하다.

Ⅲ. 재구성된 행위개념

1. 정 의

형법상 행위란 자신의 태도나 행동을 목적적으로 조종할 수 있는 인간이 사회적으로 회피해야 할 위험을 야기하는 인격적 혹은 사회적 태도를 말한다. 이를 다른 말로 표현하면 목적적 행위지배를 할 수 있는 행위자가 행위 시에 회피할 수 있었고, 그래서 회피해야 할 위험을 침해한 일체의 인격적 활동이라고 할 수 있다.

2. 근 거

성숙한 인간이라면 제한된 범위 내이긴 하지만 사물의 인과과정을 조종하고 지배하여 형성하는 능력의 소유자일 뿐만 아니라, 그 과정에서 야기된 위험을 예상하고 그것을 회피하는 능력까지 겸비하고 있다. 인간은 이러한 능력을 바탕으로 과학적 지식에 기초하여 자신의 활동을 지배하거나 조절함으로써 우리의 문화 형성에 기여하는 유일한 존재이자 사회적으로 봐서 이득이 되는 활동뿐 아니라 악영향을 끼치는 활동도 가능한 이중적 존재이다. 그러므로 인간은 문화를 계승하고 창달하는데 사회적으로 부정적인 영향을 줄 수 있는 사회침해적 행동을 회피할 수 있는 능력을 향유하고, 또한 그러한 침해적 행동을 회피해야 할 책무도 지고 있다. 이와 같은 책무에 근거하여 사회적 위험을 야기하는 행동을 회피할 수 있었음에도 위험을 자초한 자에 대해 형법적 대응이 요구되는 것이다.

형법은 바로 이러한 인간의 활동 능력과 사회적 책무를 전제로 하여 사회방위를 위해 불가피한 경우에 개입한다. 즉 형법이 전제하고 있는 인간상은 과학적 지식에 기초하여 일정한 목표를 세울 수 있고, 그런 목표의 달성을 위해 실행할 수 있을 뿐만 아니라 그로 인해 야기되는 부수적인 제반 사정까지 일정한 범위에서 예견하여 그것을 회피할 수 있는 능력자이자, 자기의 활동 범주에서 빗어진 결과에 대하여 사회적 책무를 부담하는 인격자이다.

그런데 형법상 의미 있는 행위를 할 수 있는 능력자는 인간 모두가 포함되는 것이 아니라 자신의 목표를 조절하고 지배할 수 있는 목적적 행위지배가 가능한 인격 있는 행위능력자로 국한해야 한다. 이러한 능력자에 포함되기 위해서는 자기가 목적하는 바를 실현할 수 있고, 그 목적 달성을 위한 행위로 부수되는 제 사정을 참작할 수 있는 능력이 있으면 충분하다.

이러한 점에서 자신의 행위가 사회적으로 어떠한 의미를 갖는지 알 수 있는 능력을 요구하지 는 않는다. 이와 같이 형법상 행위능력은 자기의 행위가 법적으로 위법한지 여부를 인식할 수 있고, 그에 따라 적법한 행위를 할 수 있는 책임능력과 구별된다.[7] 대법원도 책임능력을 "사물의 시비선악을 변별할 능력이나 인식하는 바에 따라 행동할 능력이 없어 그 행위의 위법성을 의식하지 못하

7) 이에 관해서는 현행 형법 제10조를 토대로 한 형법개정안 제21조 제1항의 "행위의 옳고 그름을 판단할 능력"이라는 표현 참조.

고 또는 이에 따라 행위를 할 수 없는 상태"에 있는 것이라고 명백히 판시하고 있다.[8)]

형법상 행위가 성립되기 위해서는 '행위능력' 있는 자의 행위가 필수적으로 요청되지만, 행위능력이 자기의 행위를 목적적으로 지배할 수 있는 능력을 말하는 것이라 해서, 형법상의 행위개념은 반드시 목적적 행위론처럼 목적적 활동이라고 해야 할 필요성은 없다. 왜냐면 형법상 '행위능력'은 인간 자체의 의사에 근거하여 인과적 과정을 지배하거나 조종하는 활동능력을 말하는 데 반해서, 형법상 '행위'는 그런 능력을 지닌 자가 현실 세계에서 사회적으로 회피했어야 할 사회적 위험을 야기하는 인격적 태도를 말하는 것이므로, 행위능력자의 목적적 조종에 의한 형성행위만이 형법상 의미 있는 행위로 인정되는 것이 아니다. 그런 능력자가 무의식적 실수로 위험을 야기하는 경우에도 때로는 그 위험을 회피해야 할 사회적 책무 때문에 형법상 행위로 보아야 할 필요가 있다. 그러므로 그런 위험을 일반적으로 회피할 수 있었던 행위 능력자에게는 사회평화를 위해 중요한 이익침해를 방지해야 할 의무가 부여될 수 있으며, 그러한 의무를 지고 있는 자가 법적으로 이행했어야 할 도리를 다하지 않아 보호해야 할 이익을 침해하거나 침해할 수 있는 경우 비로소 형법 개입의 기초가 되는 형법상 행위가 존재한다고 해야 한다.

Ⅳ. 여 론

문채규 교수는 테니스를 잘 친다. 통상의 수준을 넘어선다. 유일한 즐거움이 학문연구와 테니스가 아닌가 생각될 정도였다. 그런 그와 2005년 가을, 경남고등학교 인근에 소재한 테니스장에서 테니스를 쳤다. 이날도 그와 테니스를 함께 치면서 평소와 달리 자주 피곤해 하는 필자에게 병원에 당장 가서 심장을 진찰받아 보라고 권유했다. 그의 말에 따라 병원에 갔더니 담당 의사 왈 지금 관

8) 대법원 1985. 5. 28, 선고 85도361 판결.

상동맥 3개 중에서 2개가 막혔으며 시술이 급하다고 했다. 문채규 교수 덕분에 곧바로 관상동맥을 시술했었기에 필자는 살 수 있었다. 그러니 그는 필자에게는 생명의 은인이다.

그는 타인에 대한 뒷담화를 한 적도 없었고, 그래서 들은 적도 없다. 게다가 남에 대한 비난이나 비판도 인내한다. 카네기(Dale Breckenridge Carnegie)의 세계적으로 유명한 저서 '인간관계론'에서 가장 강조한 부분이 타인에 대한 비난이나 뒷담화의 금지인데, 그는 그것을 알고 그랬는지 아니면 모르고 그랬는지 모르겠지만 좌우간 그랬다. 반면에 남에 대한 칭찬을 하는 데에는 인색하지 않은 분이다.

형사법의 쟁점에 관하여 끊임 없는 연구와 발표는 그의 주된 관심사이자 그의 삶에서 핵심적 요소였다. 탁월한 역량이 발휘된 수많은 연구논문을 그는 끊임없이 발표했고, 그런 훌륭한 논문들 덕분에 당시 350명이 넘는 회원을 가진 '한국형사법학회'에서 제정했던 정암학술상을 수상한 첫 번째 주인공이 되었다.

인성은 어떨까. (고)심재우 교수, 김일수 교수와 배종대 교수 이들 세 분께서 들려준 문채규의 한결 같은 인간성은 '남을 위한 헌신과 배려'였다. 필자 역시 그렇게 느꼈다. 그는 타인에게 부담되는 일은 무조건 삼갔으며, 선후배를 위해서뿐만 아니라 주변의 사람들을 위해 희생이 필요할 때면 서슴지 않고 자기 자신을 희생했다.

문채규 교수가 2024년 2월, 정년을 맞이하기 이전에 그를 위한 기념행사를 베풀고 싶다고 살며시 전한 바 있다. 2023년 12월 중순 어느 날, 문 교수의 제자가 내게 전하길 "허일태 교수가 관여하는 기념행사에는 전혀 참여할 생각이 없으니 그리 알아달라고 엄명하셨다."고 한다. 그는 그 어떤 것도 타인에게 부담 주는 일을 극도로 싫어했기 때문이다.

문 교수는 1998년 여름, 한국비교형사법학회를 창립하는 데에도 깊이 관여했다. 그는 아무런 군말 없이 학회 창립에 필요한 부분에 대해 정성껏 도와주었다. 후일 상임이사와 회장직을 역임하는 등 학회의 유지 및 발전에 큰 역할과 기여를 했다.

그런 그가 내년(2024년) 2월, 65세로 정년을 맞이한다. 이런 문 교수를 존경하는 제자들이 많다. 이들이 모여 각자 스승의 수많은 논문 가운데 한 편씩을 읽고 그 깊이를 재음미하며 그것을 담아 아담한 단행본을 편찬하기로 결정했다는 얘기를 들었다. 그래서 필자는 학회지에 실렸던 문 교수의 논문 “횡령죄의 주체와 부동산명의수탁자의 지위”를 읽고서 느낀 소회를 쓸 예정이었다. 그런데 이 논문을 읽고 나니 견해가 다른 부분도 있어서 그것을 비판적으로 검토하는 것은 동료에 대한 도리가 아니라고 느꼈다.

그래서 형법상 행위개념에 관한 논문으로 대체했다. 이 논문의 의도는 적지 않은 형법학자가 형법상 행위개념을 행위주체와 아무런 관계없이 오로지 행위 자체에서 찾으려 하고, 또한 행위개념을 순수한 존재론적 관점에서 찾아야 한다는 잘못된 믿음을 밝히는 데 있다.

형법학계의 신사이자 학문의 한 없는 깊이뿐만 아니라 격조 높은 논증 그리고 은은한 향기를 자아내는 문 교수는 동시대에 형사법에 관한 학문활동을 함께 펼쳤던 동료이자 생명의 은인이기도 하다. 이와 같은 문 교수에 대해 감사와 고마움을 표시하고자 이 논문을 바친다.

[국문요약]

형법상 행위개념은 규범적 차원을 도외시하고 존재론적으로만 규명될 수 없다. 예를 들어 명예훼손의 행위개념은 피해자를 대상으로만 형법에서 의미를 지니고, 비인격적 대상에 관해서는 적용될 수 없다. 그러므로 단순한 존재론적 행위론은 형법상 행위개념을 전구성요건적 단계에서 논하는 데 문제점이 있다. 형법상 행위개념은 부작위까지 포함하여 규범적 차원을 벗어날 수 없기 때문이다. 사회적 행위론 역시 형법상 행위개념을 지나치게 넓게 만들고, 사회적 가치와 무관해야 한다는 자신들의 주장과 모순된 점에서 비판받는다.

형법은 행위자의 행위능력을 전제로 하며, 인간은 인과적 과정을 지배하고, 위험을 예견하고 그 위험을 회피해야 할 책임을 부담하는 존재다. 이러한 점에서 형법상 행위능력자는 사회적으로 회피했어야 할 일탈행위를 조정하고 장악할 수 있는 자로 국한되어야 하며, 자신의 행위 목표를 조절하고 지배할 수 있는 능력을 지닌, 인격 있는 자로 정의된다. 사회적으로 심각한 일탈행위나 범죄를 회피할 수 있는 자만이 형법상 의미 있는 행위를 할 수 있으며, 이러한 자만이 형법의 개입 대상이 된다. 형법상 행위개념은 '사회적으로 회피해야 할 위험을 야기하는 인격적 태도'로 규정되며, 행위능력자의 위험 회피 의무라는 규범에 기반한다.

제5장

범죄행위의 불법성[1])과 위법성

Ⅰ. 범죄행위의 불법성과 위법성의 구별

'범죄행위의 불법성'은 형법상 금지된 구성요건적 침해행위로서 회피했어야 할 법익침해나 법익의 위태(危殆)를 일으키는 일체의 반가치적 행위의 성질을 말한다. 구성요건적 침해행위의 성질이 법질서 전체의 관점에서 볼 때 사회상규에 의해서도 용납할 수 없을 정도에 이르게 되었다면 그 불법성은 '위법성'을 가졌다고 평가받는다. 그러므로 어떤 행위의 위법성이 존재하기 위해서는 범죄행위의 불법 정도가 법률로 금지한 위법의 수준뿐만 아니라 적어도 사회상규에 반할 정도에 도달했다는 평가가 내려진 경우이다. 구성요건에 해당하는 행위 자체는 형법적으로 금지하고 있는 행위유형에 속하므로, 이러한 종류의 행위는 불법하다는 부정적 가치판단을 넘어서 위법성이 자연스럽게 추정된다. 이 때문에 어느 행위가 위법성에 해당하지 아니한다는 평가를 받기 위해서는 그 행위가 위법성을 극복할 수 있는 정당화 요소를 가질 때이다. 즉 정당화 요소인 정당방위나 긴급피난, 자구행위, 피해자의 승낙에 의하거나 혹은 사회상규에 반하지 않을 정도의 불법성 수준에 그쳐야 한다.

형법상 모든 구성요건은 시민의 사회생활에서 누려야 할 본질적으로 중요한

1) 범죄행위의 '불법성'에 대하여 자세한 것은 필자의 형법연구Ⅰ, 126쪽 이하 참조.

특정 법익을 보호하기 위하여 명시된 '금지된 행위들의 종류와 방법'을 실질적이고 대상적으로 기술한 내용이며, 형법상 금지규범의 구체화이다. 그러므로 '형법상 법익'은 구성요건, 즉 금지규범을 통하여 보호된다. 어떤 금지규범도 특정한 법익 보호를 전제한다. 그래서 예를 들면 살인죄의 경우 단순히 "어떤 생물체도 죽여서는 아니 된다."라고 말하지 않고 "사람을 살인하지 말라"고 주문한다. 이처럼 모든 금지규범은 특정한 법익침해를 지향하는 행위를 금지한다. 그 결과 금지규범에 내재한 이행해야 할 행위 의무(예컨대 살인행위 금지의무)도 그것이 준수될 때, 비로소 법익 보호가 달성될 수 있다.

Ⅱ. 불법성의 본질

어떤 것을 보호해야 할 의무는 그것이 보호될 만한 가치를 갖는다는 것을 전제로 한다. 그러므로 어느 것에 대해 보호해야 할 의무는 그것을 보호해야 할 가치가 상실되자마자 없어지게 된다. 즉 우리가 보호해야 할 행위 대상에 대한 가치가 크면 클수록 그만큼 그 가치의 실현을 위해 보호해야 할 의무는 더욱 커지게 된다. 여기에서 보호해야 할 의무(이행해야 할 행위 의무)와 보호해야 할 가치(법익) 사이에는 밀접한 관계가 성립한다. 즉 실행해야 할 행위의무는 우리가 보호해야 할 법익에 상호 의존한다는 점이다. 그러므로 무엇인가를 이행해야 할 가치는 법익의 보호 가치에 늘 의존한다.

처벌받을 만한 불법성을 이루는 행위, 즉 행위의 위법성이 충족되는 행위는 단순히 이행했어야 할 행위 의무 침해만으로 성립되지 않는다. 어느 행위가 형사처벌을 받을 만한 위법성을 충족시키려면 형법상 이행해야 할 행위 의무를 침해해야 할 뿐만 아니라 보호해야 할 법익을 침해하거나 침해 위험을 일으키는 행위를 실행했어야 한다.

이러한 행위는 두 가지 관점에서 파악될 수 있다. 그 하나는 행위자 본인의 내부적인 관점이고, 다른 하나는 사회적 · 외부적인 것으로 나누어 볼 수 있다. 즉 가해자의 관점에서 볼 때 행위자가 이행했어야 할 행위 의무 침해와 피해자의 관점에서 피해자가 당한 범죄로 인한 피해나 법익침해가 그것이다. 보호해야 할 법익에 대한 침해와 이행해야 할 행위 의무에 관한 침해는 하나의 동일한 행위를 그 대상으로 하고 있음에도 불구하고, 법익침해와 이행해야 할 행위 의무 침해는 성격을 달리하며, 그 관점은 서로 다르다. 즉 행위의무 침해의 대상은 행위반가치를 형성하는 행위라는 관점에서 이것은 행위자의 개인적인 내적 행위의 문제이고, 보호법익에 대한 침해행위는 피해자에 대한 결과반가치를 형성한다는 관점에서 피해자에게 피해를 야기하는 외적 실행행위이다. 모든 불법행위는 법익 침해와 행위의무 침해라는 두 가지 관점에서 파악해야 하고, 동시에 평가되어야 한다. 어느 행위가 불법성을 이루는 범법행위가 되려면 그 행위가 행위의무를 침해한 행위반가치적 행위이면서 또한 보호법익을 침해하는 결과반가치로서의 성격을 함께 지녀야 한다.

그러므로 범죄행위의 불법성에 관한 본질은 범죄행위자에 의해서 단순히 야기된 결과발생에 의해서만 성립되지 않고, 그렇다고 행위자의 준수해야 할 행위의무 침해만으로 이루어지는 것도 아니다. 범죄행위의 본질은 하나의 동일한 행위가 행해야 할 행위의무를 침해해야 할 뿐만 아니라, 보호해야 할 중요한 법익을 침해하는 데에 있다. 즉 형법상 불법행위는 어느 행위자의 준수해야 할 행위의무에 대한 침해행위이자, 보호해야 할 특정 법익의 침해를 지향하는 행위에 내재한다. 이러한 이유로 범죄행위의 불법성은 행위반가치와 결과반치가 내적으로 밀접하게 결합된 관계 속에서 나타난다. 다만 범죄의 불법성이 곧바로 범죄의 위법성을 뜻하지는 않으며, 한편으로 범죄의 불법성 정도가 약하지 않고, 다른 한편으로는 행위자의 실행행위에 녹아있는 정당화 요소 등에 의해 불법성의 수준이 사회적으로 용납될 수 없을 때 비로소 위법성을 인정하게 된다.

위법성 단계로의 평가는 형법 제20조 이하의 규정들이 역할을 함은 물론이다. 정당방위, 긴급피난, 자구행위 그리고 피해자의 승낙을 포함하여 법령에 의한 행위, 업무로 인한 행위뿐만 아니라 사회상규에 위배되지 아니한 행위의 불법성 또한 위법성으로 평가할 수 없는 핵심 요소이다.

Ⅲ. 실질적 범죄개념과 사회상규

어느 행위가 비록 구성요건에 해당하더라도 형법 제20조의 "사회상규에 위배되지 아니하는 행위"에 해당하면 위법하지 않게 된다. 예를 들어 "피해자가 갑자기 달려 나와 정당한 이유 없이 피고인의 멱살을 잡고 파출소로 가자면서 계속하여 끌어당기므로 피고인이 그와 같은 피해자의 행위를 제지하기 위하여 그의 양팔 부분의 옷자락을 잡고 밀친 행위"에 대해 판례는 "이러한 피고인의 행위는 멱살을 잡힌 데서 벗어나기 위한 소극적 저항행위에 불과하고, 그 행위에 이른 경위 등에 비추어 볼 때 사회통념상 허용될 만한 행위로 형법 제20조의 해당한다."[2]고 판시했다. 즉 판례는 밀친 행위가 비록 폭행죄의 구성요건에 해당하는 것일지더라도 위법하지 않다는 것이다.

우리가 이 판결에 나타난 사실관계를 토대로 구성요건 해당성과 위법성의 문제를 재구성해 본다면 피고인인 행위자가 피해자의 양팔 부분의 옷자락을 잡고 밀친 행위는 타인에 대한 유형력의 행사에 해당하여 형법 제260조(폭행죄)의 구성요건을 충족할 수 있고, 어느 정도의 불법성을 가졌음을 무시할 수 없다. 그러나 행위자의 그런 행위는 피해자의 부당한 침해를 벗어나기 위한 저항의 목적에 근거하고, 또한 그러한 방식의 저항행위는 일상생활에서 통상적으로 볼 수 있다. 즉 그러한 저항행위의 방법이나 수단은 통상적으로 사회생활상 적절하고 상당하다고 평가될 수 있는 것이다. 행위자의 이런 행위가 형법 제21조 이하의 개별적 위법성조각사유에 해당하는 경우를 별론으로 하더라도 형법 제20조의 "사회상규에 위배되지 아니하는 행위"에 포함될 수 있음은 물론이다.

이 사례에서 폭행죄의 구성요건에 해당하는 행위를 전혀 불법하지 않다고 말할 수는 없다. 왜냐면 형법상 불법성은 범죄구성요건에 해당하는 행위의 실현으로 성립될 수 있기 때문이다. 그러므로 제아무리 사소한 범법행위일지라도 법에 위배되면 위법하다고 평가를 받게 된다. 그런데도 판례가 위의 사례에서

2) 대법원 1990. 1. 23, 선고 89도1328 판결.

볼 수 있는 경미한 정도의 불법성은 위법하지 않다고 판단하게 된 것은 무슨 이유일까? 판례는 행위자의 그 정도 불법성을 위법성의 수준에 미치지 않았다고 보기 때문이다. 이것이 의미하는 바는 판례가 위법성 여부를 불법성의 정도로 판단하고 있음을 보여준다.

이러한 대법원의 판례가 잘못되었다고 생각되지는 않는다. 만일 형법이 순수 형식적인 범죄개념을 취하고 있다고 본다면, 경미하고 단순한 정도의 불법성에 이르는 범행에 대해서도 위법성을 인정하게 되어, 그 결과 많은 시민을 전과자로 양산할 가능성을 열어준다. 형식적 범죄개념의 이러한 난점을 극복하기 위해 형법 제20조의 "사회상규에 위배되지 아니하는 행위"라는 규정을 둔 것으로서 사회적으로 허용 내지 용납될 수 있는 행위에 대해서는 불가벌로 하고 있다는 점을 명심해야 할 것이다.

이러한 의미에서 형법은 위법성을 형식적 기준에서 판단하지 않고, 범죄의 불법성 정도를 고려하여 위법성을 판단하고 있으며, 그 판단의 근거 기준은 형법 제20조에서 말하는 "사회상규에 위배되지 아니하는 행위"에 의해서 도출된다고 해석해야 한다.

Ⅳ. 위법성의 요건에 해당할 수 없는 행위와 그 기준

1. 음모행위의 경우

음모행위를 형법상 처벌하고 있지만 이러한 행위 그 자체만으로는 범죄 불법성의 실질적 요소인 법익 침해에 대한 현실적 위험성을 초래할 수 없다. 음모행위만으로 비록 행위반가치 차원의 불법성을 인정할 수 있으나, 그렇다고 해서 음모행위 그 자체는 구성요건적 침해의 위험성과 아무런 관련이 없다. 음모행위는 범죄의 위법성 수준에 이를 수 없음은 물론이다. 게다가 음모행위의 처벌은 사상의 자유를 천명하고 있는 헌법에 반한다. 판례는 단순한 음모행위에 대한 처벌의 불가를 확인하고 있는바, 이는 헌법정신에 합당한 올바른 태도로 여겨진다.

2. 위법성 조각사유, 특히 사회상규에 반하지 아니하는 행위

형법은 정당방위, 긴급피난, 자구행위와 피해자의 승낙에 근거한 행위에 대해서 위법성을 조각한다고 명시하고 있다. 위법성 조각사유에 해당하는 행위는 비록 불법성을 지니더라도 위법하지 않게 된다. 이뿐만 아니라 형법 제20조 후단에서 기술하고 있는 사회상규에 위배되지 아니하는 행위에 의해서도 위법성이 조각된다.

그런데 사회상규에 의한 위법성 조각원리는 법령이나 업무 등으로 인한 모든 정당행위의 상위개념으로 이해할 수가 없다. 왜냐면 '사회상규에 위배되지 아니하는 행위'는 법령에 의한 정당한 행위라는 법질서의 기준에서 판단된다는 것을 의미하지 않고, 법령에 의한 기준과는 직접적인 관련을 맺지 않고도 널리 사회통념이나 사회윤리에 의해서 위법성의 여부 내지 처벌될 수 있는 불법성에 관한 판단기준으로 기능하고 있기 때문이다.

물론 사회상규 개념에 내재한 이와 같은 기준은 해석자에게 자의적 해석기준을 가져다줄 수 있다. 대법원도 그것을 제한하고자 행위 목적의 정당성을 비롯하여 행위 방법의 상당성, 법익 간의 균형성 및 침해행위의 보충성을 요구하고 있다. 바로 이러한 이유로 '사회상규에 위배되지 아니하는 행위'가 법해석자의 필요에 따라 넓은 의미와 좁은 의미로 해석될 수 있다는 전제에서 '사회상규에 위배되지 아니하는 행위'가 지나치게 추상성을 가진다는 비판은 올바르지 않다.[3] 또한 유개념으로서의 '사회상규에 위배되지 아니하는 행위'를 종개념으로서의 '사회상규에 위배되지 아니하는 행위'로 부당하게 사용할 수 있다는 주장 역시 옳지 않다. 왜냐면 사회상규의 개념은 위법성 조각사유의 일반적 원리가 아니고, 단지 보충적 원리로서 성격을 지니기 때문이다. 더구나 형법 제20조의

---

3) '사회상규에 위배되지 아니하는 행위'의 기준이 지극히 추상적이기 때문에 죄형법관주의(罪刑法官主義)를 초래할 수 있다는 주장을 견지하려면 구성요건해당성의 여부를 판단할 때 이용되고 있는 '허용된 법리'에 근거하여 사회적으로 용납될 수 있는 기준의 설정도 역시 같은 정도의 추상성 문제를 가진다는 점을 모른척해서는 안 된다. 더구나 허용된 법리는 법문에 명시되어 있는 문언도 아니고, 이론적으로 받아들어야 하는 수준에 불가할 뿐이다. 그럼에도 허용된 위험의 법리에 의한 개념의 추상성 문제는 지적하지 않고 위법성의 기준으로 사회적으로 용납될 수 있는 사회상규의 추상성을 비난하는 것은 균형을 잃은 태도이다.

“사회상규에 위배되지 아니하는 행위”의 개념은 오직 하나의 기준일 뿐이지 광의와 협의의 기준이 따로 있지도 않다.

따라서 정리하면 다음과 같다. 첫째로 형법 제20조에서 말하는 ‘사회상규에 위배되지 아니하는 행위’의 법적 성격은 모든 위법성 조각사유의 유일한 일반적 기준이 아니다. 그 이유는 ‘사회상규에 위배되지 아니하는 행위’ 이외에 법령이나 업무로 인한 행위도 법질서의 전체에 의해서 위법성을 조각하는 일반적 기준이 될 수 있기 때문이다.

둘째로 ‘사회상규에 위배되지 아니하는 행위’는 법질서의 전체적인 기준에 근거해서 직접으로 판단할 수 있는 기능을 가진 것이 아니라 전체 법질서의 배후정신에 비추어 볼 때 사회생활상 광범위하게 허용되는 관행이나 행위 양식에 속하느냐로 판단되는 기준이다. 그러나 이와 같은 기준은 매우 불명확하므로 이를 합리적으로 제한하려면 다음과 같은 세 가지 점을 충분히 고려해야 할 필요가 있다.

1) 그 행위가 사회생활상 이미 광범위하게 인정된 관행이거나 관행으로 보편화되거나 될 수 있는 행위 양식에 속하여 사회적으로 용납될 수 있어야 한다.

2) 참작할 만한 행위 목적과 행위 수단 그리고 침해행위의 경미성, 그 행위의 보충성 등에 비추어 볼 때 불법성이 사소하거나 무시할 수 있는 정도여야 한다.

3) 형벌은 인간이 참기 힘든 고통을 본질적으로 수반하기 때문에 형법은 관용주의와 보충성을 불가결한 근본이념에 구속받아야 한다.[4] 형벌은 사회방위를 위한 최후의 수단이기에 사소한 불법성에 대해서는 굳이 형벌로 대응해야 할 정당성이 없는 것이다.

셋째로 형법 제20조의 ‘사회상규에 위배되지 아니하는 행위’는 형법 제21조

---

4) 형법의 이러한 정신은 범죄구성요건에 해당한 아주 사소한 침해행위자에 대해 범죄의 불법성을 갖추었으니까 무조건 처벌될 수 있다고 할 수 없을 것이다. 사회적으로 용납할 수 있는 행위라도 그것이 구성요건에 해당했다고 해서 적용범위가 매우 엄격한 정당방위와 같은 개별적 위법성 조각사유나 법령에 의한 정당행위에 의해서만 위법성을 판단하여 처벌의 가능성을 활짝 열어놓는다면, 그것은 형법의 본질적 성격에 어울리지 않는다. 그러므로 비록 구성요건에 해당할 수 있는 행위이더라도 사회적 통념에 의해 용납될 수 있는 행위에 대해서는 위법성이 조각되는 일반적 기준이 요구된다고 할 것이다.

이하의 개별적 위법성 조각사유를 모두 포함할 수 있는 일반개념이라고 할 수 없다. 왜냐면 형법 제21조 이하의 개별적 위법성 조각사유는 각각 성립요건의 내용과 정도 그리고 인정범위를 달리하므로 '사회상규에 위배되지 아니하는 행위'에 의해 위법성이 조각될 수 있는 침해의 정도와 범위가 동일할 수 없으며, 경우에 따라 그보다 심할 수도 있기 때문이다.

넷째로 '사회상규에 위배되지 아니하는 행위'의 허용범위는 개별적 위법성 조각사유로 인정될 수 없는 부분을 보충적으로 조정하는 성질을 갖는다.

우리가 형법 제20조의 '사회상규에 위배되지 아니하는 행위'의 개념을 위와 같이 이해한다면 대법원의 판결 가운데 다소 문제점을 찾아볼 수 있다. 예컨대 "피고인의 범행은 … 불법 체포·구금으로 인한 신체에 대한 현재의 부당한 침해에서 벗어나기 위한 행위로서 그 행위에 이른 경위와 그 목적 및 수단, 행위자의 의사 등 제반 사정에 비추어 위법성이 결여된 행위라고 볼 것이다. 그렇다면 원심판결에는 정당방위 또는 정당행위에 관한 법리를 오해하여 판결에 영향을 미친 위법이 있다고 할 것이다."라고 하는 판시[5]에서, 또한 "임신의 지속이 모체의 건강을 해칠 우려가 현저할뿐더러 기형아나 불구아를 출산할 가능성마저도 없지 않다는 판단하에서 부득이 취하게 된 산부인과 의사의 낙태수술행위는 정당행위 혹은 긴급피난에 해당하여 위법성이 없는 경우에 해당된다"[6]고 설시한 부분이 그렇다.

이러한 판례들을 살펴보면 개별적인 위법성 조각사유로 판단되는 사례들조차도 대법원은 "사회상규에 위배되지 아니하는 행위"에 해당할 수 있다는 사고방식을 취하고 있다. 즉 대법원은 행위자의 행위가 개별적 위법성 조각사유에 해당할 수 있는 행위유형에 속하면, 그에 따라 개별적인 위법성 조각사유에 의해 처리할 뿐만 아니라, 또한 '사회상규에 위배되지 아니하는 행위'에 포섭되기 때문에 일반적인 위법성 조각사유에 해당할 수 있다는 사고를 보여준다.[7] 그러나 이러한 입장은 오해의 소지가 크다. 왜냐면 '사회상규에 위배되지 아니하는 행

5) 대법원 1999. 12. 28, 선고 98도138 판결.
6) 대법원 1976. 7. 13, 선고, 75도1205 판결.
7) 같은 입장으로 천진호, 앞의 논문, 166쪽 이하.

위'는 보편적이고 일반적 위법성 조각사유라고 이해하게 됨으로써, 형법 제21조 이하의 개별적 위법성 조각사유에 해당하는 문제까지 해결할 수 있는 기준으로 보게 되어, 그 결과 개별적 위법성 조각사유의 검토는 중복된 작업이므로 불필요하다는 결론에 도달할 수 있기 때문이다.

[국문요약]

범죄행위의 불법성은 형법상 금지된 구성요건적 침해행위로 회피했어야 할 법익침해나 위험을 일으키는 불법행위의 성질을 말한다. 이러한 의미의 불법성은 범죄구성요건에 해당하면 무조건 인정될 수 있음은 물론이다. 그렇다고 이와 같은 불법성이 곧바로 형법상 위법성을 뜻하지는 않는다. 어느 범법행위의 불법성이라도 형법 제20조가 명시한 '사회상규'에 의해 용납할 수 없을 정도에 도달하게 되었을 때, 그 불법성은 비로소 처벌의 전제가 되는 위법성을 지닌 것으로 평가된다. 즉 어느 행위의 불법성이 위법성을 갖는다는 평가는 그 불법성이 사회상규에 반할 정도의 수준에 도달했을 때 비로소 성립된다.

범죄의 불법성은 형법상 보호해야 할 대상이나 가치와 행위의무 사이의 긴밀한 관계를 통해 성립된다. 불법성의 본질은 단순히 행위 의무를 침해한 것에 국한되지 않고, 보호해야 할 법익이나 대상을 침해하거나 침해의 위험을 내포해야만 성립된다. 이러한 행위는 행위자의 내부적 관점과 사회적 외부적 관점에서의 평가가 필요하며, 행위의무 침해는 행위자의 내적 문제이고, 법익침해는 외적 문제이다. 즉 범죄행위의 불법성은 행위의무를 침해하며 법익을 침해하는데 있다. 이어한 범죄의 불법성 존재는 곧바로 위법성을 의미하지 않으며, 다만 정당방위, 긴급피난, 자구행위 및 피해자의 승낙을 포함한 위법성 조각사유, 즉 정당화 요소가 없거나 혹은 형법 제20조 사회상규에 근거해서도 불법성을 용납할 수 없는 경우에만 위법성이 성립된다.

위법성의 수준에 이르지 아니한, 즉 사회적으로 용납될 수 있는 불법행위를 비롯하여 처벌의 공익이 없고 범죄의 사안 자체가 경미한 경우라면 형벌의 최후수단적 성격에 비추어 볼 때 처벌에서 제외하는 것이 형법의 원칙에 부합한다. 이런 점에서 단순히 음모에 그치는 행위는 형사처벌에서 제외하는 것이 헌법정신과 형법의 원칙에 걸맞다고 생각된다.

제6장
자유의사와 책임 *

Ⅰ. 자유의사

자유의사란 개인의 천부적인 성향에 따라 선택하거나 결정하는 자발적 능력을 지칭하며, 철학적인 의미에서는 합리적인 인간이 자신의 행동을 외부적 간섭 없이 자기 스스로 달리 선택하거나 결정하는 능력을 일컫는다. 이와 같은 자유의사를 지닌 인간은 반사회적 일탈행위를 회피해야 할 사회적 책무를 짊어진다는 주장은 설득력이 있다. 그렇기에 인간이 사회생활상 회피해야 할 사회적 책무를 무시하고, 도리어 사회적으로 중요한 일탈행위를 감행했다면 그러한 위반을 회피할 수 있었음에도 그러하지 않았다는 점에서 자유의사의 존재는 비난하거나 처벌을 할 수 있는 탁월한 근거가 될 수 있었다.

이러한 이유로 수많은 법학자들은 오랫동안 인간에게 자유의사가 있음을 전제했다. "윤리적으로 성숙하고, 정신적으로 건강한 사람은 책임을 져야 한다"라는 원칙은 과학적 입증의 방식이 아닌, 사회적 실존에 있어서 부인할 수 없는 현실적 필요성[1]에서 파생되었다. 그런데 인간에게 자유의사가 있다는 입장 중에서도 "인간에게 내재한 의사(意思)는 인간의 신체나 육체로부터 자유로운 것

---

* 형법에서 "의사의 자유와 책임"에 관해서는 필자의 형법연구IX, 제3장에서 규명했으나, 이에 관해 보완이 필요해서 보완·수정한 것이다.

1) 이에 관해 Wessesl/필자(역), 독일형법총론, 세종출판사 1998, 195쪽 참조.

으로 이해해야 한다."라는 비결정론적인 자유의사 찬성론자의 입장은 유지하기 어렵다. 왜냐면 인간의 의사는 신체로 구성된 생명체에서 형성된 신경세포와 뇌의 유기적 작업을 통해서 발현되고, 생명체의 핵심은 근본적으로 물질에 속하기 때문이다. 이 점을 입증할 수 있는 증거는 필요·충분할 정도로 차고 넘친다. 두 가지 사례만 살펴보기로 하자.

첫째로, "우리가 술에 취하면 육체만 취하고, 마음은 멀쩡할 수 있는가" 결코 그럴 수 없음은 분명하다. 술로 육체가 취하면 마음의 핵심인 의사 역시 취하여 인사불성이 된다는 사실은 경험적으로 널리 알려졌기 때문이다.

둘째로, 이러한 설명으로도 납득할 수 없다면 과학의 힘을 빌려보자. 생명체는 유기물질의 생리·화학적 과정들의 집합으로 탄생하고, 인간의 의사는 그렇게 하여 탄생한 생명체에 깃들어 있는 신경세포의 작용에서 비롯되었다. 인간은 육체와 무관한 생명체 없이 독립적으로 의식이나 마음이 자생할 수 없고, 생명체가 환경에 적절하게 적응하기 위해서는 자신에게 내재된 신경세포에 의하여 정보교환을 통해야 한다. 이와 같은 신경세포 역시 물질에 의한 생리·화학적 결합으로 탄생한 것이다.

이처럼 물질로 형성된 생명체는 생명의 연장을 위해 환경 적응력을 꾀하며, 그래서 자신을 둘러싼 환경이나 세계에 대한 지식을 습득하고, 그것을 자기의 행동지침으로 사용하려고 하는 것이다. 그렇게 해야만 생명체 자신의 환경 적응력이 크게 되고, 살아남기에 유리해질 수 있다. 주변 환경에 대해 적응능력을 터득한 유기체가 생존할 가능성이 높이기에 환경친화적으로 진화 발전된 유기체가 자연스럽게 환경과 자신의 상황을 추적하는 시스템을 구축하는 것은 진화론상 자연스럽다. 따라서 생명체는 유기물질의 생리·화학적 과정들의 집합으로 탄생하듯 생명체의 의사나 마음도 조직된 생명체로부터 출현한 것으로 볼 수밖에 없다.

Ⅱ. 지각을 통한 인식의 언어 전환과 인간의 책임능력

생명체는 자신의 주변 환경에 대한 지식을 습득하고 지식의 사용 목적에 부합하는 시스템을 구축하는데, 인간에게 있어서 핵심적 시스템이 '뇌'임을 부정할 수 없다. 생명이 유기체 자신의 재생산과정인 번식과 대사과정을 위해 그 존재가 불가피하듯 생명체에서 발현되는 마음이나 의식은 유기체 자신의 환경에 대한 적절한 대응을 위한 뇌의 작업과 뇌가 통제하는 생명체의 활동을 위해 불가피하다.

우리의 뇌에는 약 1,000억 개의 세포가 있으며, 이들 뇌세포는 시냅스[2]에 의해 연결되고, 모든 뉴런의 끝쪽에 자리 잡은 시냅스는 많게는 수천 개도 넘는다. 이 엄청난 뉴런의 수량에 더하여 매 뉴런의 끝자락에 달린 수백에서 수천 개나 달린 시냅스와 이들 시냅스의 연결 및 시냅스에 내재한 세로토닌을 비롯하여 도파민 등 다양한 화학물질의 상호작용은 수백조가 넘는 엄청난 분량의 정보교환 연결고리를 형성하고, 이들의 연결 과정에서 형성된 기억소자와 이로 인한 경험의 축척 등에 의해 마음, 즉 인식이나 지각의 발현이 나타나게 된다.

특히 "기억형성에 결정적 역할을 담당하는 해마(Hippocampus)[3]에 속하는 뉴런들은-이를 극히 단순화시킨다면- 외부 세계에서 처리된 정보가 내후각뇌피질이라는 해마 입구의 영역에 모여든다. "내후각뇌피질 안의 뉴런들은 관통로를 통해 해마 자체와 해마를 안고 있는 치상화의 세포로 신호를 전달한다. 치상화에서부터 이끼섬유들이 해마의 CA3 영역으로 뻗어가고, 거기서 차례로 CA1에 있는 세포로 신호를 전달한다. 이 세포들이 해마이행부에 있는 세포에 신호를 보내면 거기서 다시 내후각뇌피질로 신호를 돌려보내고, 내후각뇌피질 자체가 자신에게 정보를 전송했던 감각 영역 쪽으로 그 신호들을 돌려보냄으로써 기억의 국지적

2) 뉴런과 뉴런 사이에 존재하는 시냅스는 수백 또는 수천 개이며, 시냅스에 내재한 화학물질은 도파민, 세로토닌, 히스타민, 글루탐산, 아세틸콜린, 노르아드레날린을 비롯한 엔도르핀 등이 있다.

3) 해마는 관자엽의 안쪽에 위치하면서 둘레계통(변연계)에서 한가운데 원호의 일부분을 차지한다. 해마는 학습, 기억 및 새로운 것에 대해 인식하는 등의 역할을 하며 속후각겉질을 통하여 주된 들섬유를 받아들이고, 뇌활을 통하여 날섬유를 내보낸다. 이에 관해서는 [네이버 지식백과] 해마[海馬] (서울대학교병원 신체기관정보) 참조.

네트워크를 형성한다. 이 시스템 안의 여러 수준에서 한 뉴런에서 나오는 정보들이 전후 양쪽으로 신호를 보내면서 복잡한 반향을 가능하게 만든다."[4]

여기서 우리 마음의 기초는 생명을 이루고 있는 물질에서 발현함을 엿볼 수 있다. 즉 신경세포인 뉴런의 구성 부분 자체가 원초적인 마음의 기초로 작용하며, 뉴런 사이인 시냅스를 연결하는 것 역시 마음의 기초로서 세로토닌 등 다수의 화학물질로 이루어져 있다. 기억 형성을 활성화하는 부위인 '해마'나 해마의 입구에 존재하는 내후각뇌피질을 비롯해 관통로, 치상화와 이끼섬유 등 역시 물질이다. 이 물질들의 성질과 생리·화학적 조작이나 처리되는 환경에 의해 기억의 형성이나 정보의 조작이 가능해진다. 따라서 기억의 형성이나 정보 조작은 비물질로서 물질과 상호 대비되는 것이 아니라, 오히려 물질과 교환성을 갖고서 언제나 서로 깊이 관여하며 호환될 수 있다는 것을 보여준다.

다시 말해 인식이나 마음의 기초는 사물이나 환경에 관한 정보를 감각기관에 의하여 인식의 중추인 뇌에 전달되고, 다시금 뇌의 영역에 존재하는 해마에 의해 기억되며, 이러한 기억은 측두엽 등에서 도서관의 장서 배열처럼 정보를 체계적으로 저장하고, 외부의 자극이나 또 다른 정보를 통해서 야기된 문제를 해결하기 위해 판단이나 결정 등은 대체로 전두엽에서 활발한 회의를 걸쳐 '운동띠'의 앱을 통해 행동으로 나타난다.

이와 같은 일련의 정보처리 과정에서 생성된 지각이나 인식[5]을 언어로 표현할 수 있는 능력을 인간은 일차적으로 자기의 DNA에 내재한 'FOXP2'라는 유전자 돌연변이를 통해 얻게 되었다.[6] 다만 현생 인류의 조상이 아닌 네안데르탈인도 'FOXP2' 유전자 변이를 가지고 있었다. 그런데도 이들은 복잡한 언어를 사용하지 못했다. 이는 인간의 언어능력을 'FOXP2' 유전자 변이 하나로만 설명할 수 없음을 보여준다. 네안데르탈인에겐 없지만, 인간에게서 발견되는 'NOVA1' 유전자 돌연변이가 인간의 언어발달에 적지 않은 역할을 했을 것으로

4) 아담 제만(Adam Zeman)/김미선(역), 『뇌의 초상』, 출판사 지호, 2011, 174~175쪽 참조.

5) 인간의 지각이나 인식은 감각기관의 자극으로부터 시작되어, 대뇌피질에서 외부 사물의 전체상을 의식적으로 형성하는 과정이다. 이 과정에서는 과거의 학습이나 경험, 사회적 상호작용, 문화적 배경 등이 영향을 미친다.

6) 이에 관해 자세한 것은 FOXP2 (naver.com) 참조.

추정되고 있다.[7] 왜냐면 이는 'NOVA1' 유전자 변이를 실험용 쥐에 이식해 살펴보니 새끼 쥐가 어미 쥐에 대한 표현의 방식이 이식되지 않은 새끼 쥐보다 더 복잡하다는 사실을 보였기 때문이다. 그러므로 인식된 생각을 언어로 표현하기 위해서는 한편으로 'FXOP2' 유전자 돌연변이와 다른 한편으로는 'NOVA1' 유전자 돌연변이의 상호작용이 요구된다고 할 수 있다.

한편 인간의 뇌에는 브로카 영역과 베르니케 영역이 주요한 역할을 한다. 브로카 영역[8]은 언어를 생성하고, 베르니케 영역은 언어를 이해하는 데 관여한다. 이 두 영역은 신경섬유로 연결되어 있으며, 인식된 정보를 언어적 기호로 변환하고, 반대로 언어적 기호를 인식된 정보로 해석하는 데 필요한 신경회로를 구성한다. 이처럼 인식의 언어화 과정은 인간의 인지능력과 의사소통 능력의 기초를 이루며, 인간이 세계를 이해하고 표현하는 데 중요한 역할을 한다.[9] 더욱이 인간은 한편으로 사회학적 작용에 기반하여 복잡한 사회적 구조를 형성하면서 서로 소통해야 할 필요성이 커졌고, 다른 한편으로는 이러한 필요성으로 인해 인간은 해부학적으로도 목과 후두의 구조가 변화하면서 더 다양한 소리를 낼 수 있게 진화되었다. 특히 혀, 입술과 입천장 등 발음에 중요한 기관들을 세밀하게 조절할 수 있게 되었다. 이와 같은 다양한 요소들의 발전을 통해 인간의 인식은 다른 사람과 필요·충분하게 소통할 수 있는 복잡한 언어를 표현할 수 있게끔 구조화되었다.

마음과 물질의 대비 혹은 행위주체와 행위객체의 극단적 분리나 대비 역시 진실을 왜곡할 수 있다. 왜냐면 나의 육체는 나의 생명을 구성하는 실체이자 인식 발현의 근원이며, 나의 육체의 상태와 환경에 따라 내 마음에도 영향을 주고받기 때문이다. 따라서 인간에게 있어서 '육체인 객체'와 '마음을 담고 있는 생

---

7) "인간화된 NOVA1 접합 인자는 마우스의 음성 커뮤니케이션을 변경", 네이처 커뮤니케이션즈

8) 브로카 영역은 뇌의 전두엽에 위치한 영역으로, 언어의 생산과 관련이 있다. 이 영역은 다음과 같은 기능을 수행한다: 말과 글을 아우르는 언어 행동을 생성하고, 문법과 형태학을 구성하기 위한 그래프, 음운, 단어를 관리하며, 발음 조절을 위한 연설 기관의 조정 운율, 목소리 톤, 말의 리듬에 관해 작용한다. 이러한 기능을 통해 브로카 영역은 인식된 정보를 언어적 기호로 변환하고, 우리가 의사소통할 수 있도록 언어를 만들어 낸다. 브로카 영역은 베르니케 영역과 대뇌궁상섬유로 연결되어 있으며, 베르니케 영역은 언어를 이해하는 데 주된 역할을 한다.

9) 이에 관한 자세한 문헌은 이찬승, "〈원리 28〉 학습은 '지각-행동' 기반의 타고난 자연적 학습능력을 활용할 때 효과적이다.", 학습과학의 이해와 적용(29)[https://21erick.org/column/8078/] 참조.

명의 주체'는 상호 보완적이며, 순환관계에 있는 것이고, 이들의 상호관계가 완전한 분리된 것이라고 말하기 어렵다.[10] 더구나 인식이나 지식은 생명력을 가진 행위주체에 의해 형성되므로 이러한 행위주체에 의해 탐구될 수 없거나 파악될 수 없는 '존재나 실체에 관해 완전한 객관성을 담보할 수 있는 절대적 진리'는 애초부터 불가능하지 않은가. 이처럼 마음은 물질로부터 생성된다는 것이 진실이라면 물질의 근원이자 태초의 원형인 원자로부터 마음이 형성된다고 할 수 있다.

그렇다면 의사(意思)의 내용인 마음뿐만 아니라 마음을 담는 생명체를 구성하는 것은 원자이다. 그렇다고 하더라도 마음과 물질의 상관관계를 단순히 인과적 과정으로 이해하려는 가설은 옳다고 할 수 없다. 오히려 이들 관계는 양자역학에 가깝다. 그 이유는 다음과 같기 때문이다.

마음이나 의사는 인과적 결정론과 달리 고정되지 않고, 매 순간 쉼 없이 흔들리는 현상을 자주 볼 수 있다. 뿐만 아니라 각 개인은 다양한 생각과 그에 따른 행위를 자유롭게 결정하고 있음을 쉽게 목격할 수 있다. 이를 통해 우리의 정신이란 '특정 원인은 특정한 생각의 발현과 그에 따른 행동으로만 일관될 수밖에 없다는 인과관계에 갇힌 세계' 속에 머물러 있지 않고 원인에서 자유로운 상태이다. 이런 의미에서 보면 인간의 정신은 양자역학에서 이해될 수 있는 모습과 유사하게 나타난다. 즉 우리의 정신은 양자역학과 같이 단순한 '인과 과정'에 얽매이지 않고, '중첩과 얽힘'의 원리[11]를 통하여 '물질의 성질을 넘어선 자극의 파동'처럼 수많은 시냅스에 의한 정보교환을 통하여 대상에 대한 감각이 어떤 내용의 지각형식으로 생성된다.

---

10) 아직도 이러한 생각에 더 깊은 연구가 필요하다는 입장으로는 박은정, "자유의지와 뇌과학", 『법철학연구』 18권 제2호, 2015, 120쪽 이하 참조.

11) 양자역학에서 중첩 원리에는 ① 양자 시스템(예: 전자, 광자 등)은 동시에 여러 상태에 있을 수 있다. 예를 들어, 전자는 서로 다른 에너지 준위에서 동시에 존재할 수 있다. ② 파동 함수: 중첩상태는 파동 함수로 표현된다. 이 파동 함수는 입자의 모든 가능한 상태의 합으로 표현된다. ③ 관찰과 붕괴: 중첩상태는 관찰자가 측정할 때 하나의 상태로 붕괴된다. 이 과정은 확률적으로 이루어지며, 중첩상태는 측정 이전까지 유지된다. 양자역학에서 얽힘원리에는 ① 얽힘상태: 두 개 이상의 양자입자가 얽히게 되면, 이들 입자는 서로 독립적으로 존재하지 않고 하나의 상태로 결합된다. 얽힘상태에서는 하나의 입자의 상태가 변하면, 다른 입자의 상태도 즉시 변하게 된다. ② 비국소성: 얽힌 입자는 서로 멀리 떨어져 있어도 상관관계를 유지한다. 이는 비국소성이라는 양자 특성으로, 두 입자 간의 정보가 즉시 전달되는 것처럼 보인다.

이와 함께 수많은 시냅스를 통하여 감각의 대상이나 현상을 지각하고 인식하며 이를 음성으로 표현할 수 있는 인간의 언어능력은 'FOXP2라는 유전자 변이'와 'NOVA1 유전자 변이'를 통해 얻게 되었다. 즉 'FOXP2라는 유전자 변이'가 'NOVA1 유전자 변이'와의 상호작용으로 신경세포에 내재한 정보에 관해 언어적으로 번역을 가능케 하는 복잡한 언어능력을 심어주고, 언어능력의 필요·충분한 구사는 뒷담화할 수 있는 개념의 상상력을 가능하게 한다. 그리고 개념의 형성능력에서 마음이 원천임은 부인할 수 없지 않은가.

그러므로 '물질의 성질에서 파생된 마음의 집합적 성질', 즉 인간이라는 유기체에 깃든 언어능력과 상상력의 원천은 인간의 의사능력을 갖게 한다고 말할 수 있다. 왜냐면 오늘날 발전된 정신과학에 따라 인간에게 내재한 엄청난 수량의 뉴런과 그것을 잇는 어마어마한 수의 시냅스들 사이에서 다양하고 무수한 정보교환 작용은 대상에 대한 감각을 지각 형식으로 전환하고, 지각은 지혜와 상상력의 습득에 직접적으로 관여되기 때문이다. 그 결과, 우리의 정신은 이러한 지각을 통해 사물이나 관계의 대상에 대한 인상을 터득하고 감정을 느끼며, 이를 언어적으로 묘사할 수 있게 된다.[12)]

이러한 점에 비추어 볼 때 인간의 정신은 생명체인 육체에서 나오지만 그렇다고 단순한 인과관계 과정의 산물일 수 없고, 신체적 감각에 근거한 지각을 통해 사물이나 관계의 대상에 대한 인상을 터득하고 감정을 느끼며, 기억하고 이를 언어적으로 묘사하면서 지혜의 빛을 담은 마음의 총체적 활동이다. 따라서 인간은 신체와 환경의 영향을 받지 않고, 오직 순수한 의사의 자유만을 향유(享有)한다고 볼 수 없다. 오히려 인간은 생명력 유지와 번식을 위해 주변 환경이나 사회적 문제에 대응하고, 사건이나 사물을 변별할 수 있도록 애초부터 구조화되어 있는 존재이다. 이처럼 인간은 원칙적으로 사물을 변별할 수 있는 능력과 함께 건강한 사회 형성을 위한 책무를 지게 된다. 다만 인간의 능력은 태어

---

12) 신경세포에 의한 대상 물체의 감각이 지각의 파동을 야기하고, 이를 통해 형성된 우리의 마음은 상상력의 세상을 건축한다. 이러한 상상력에 의한 건축물, 예컨대 종교나 규범 혹은 화폐 등은 인간 공동체의 사회생활을 영위하는 데 불가피한 인공적 본능을 구성하고, 이런 것들이 인간의 마음과 정신에 다시금 깊은 영향을 미친다.

나자마자 곧바로 생성되는 것이 아니고, 성년에 이르게 될 때까지 점진적으로 완성되어 간다.

Ⅲ. 인간의 사회적 책임을 위한 변론

오늘날 법은 통상적으로 우리가 지킬 수 있는 것만을 요청한다. 아울러 지켜야만 할 준칙을 준수하지 아니하여 사회나 개인에게 중대한 법익침해를 야기한 자에 대해서만 책임을 묻는다.

책임을 묻기 위해 자유의사를 부르짖는 비결정론자들은 인간에게 보편적 행위 자유가 있다고 전제하며, 의사의 자유를 인정한다.

그러나 비결정론자의 이러한 결론은 상식적이지 않은데, 그것은 다음과 같은 이유 때문이다.

① 모든 생명체는 자신의 주변에서 얻은 에너지를 이용하여 스스로를 복제 내지 재생산한다. 여기에는 유전자를 복제하고 보관하며, 후손에게 물려주는 역할이 포함된다. 이러한 과정을 실현하려면 살아남아야 하고, 또한 유전자를 물려줄 정도로 오랫동안 생존하여 주변 환경에 대응할 수 있는 다양한 활동의 능력을 지닌다. 인간만이 주변 환경에 대응할 수 있는 행위능력을 갖고 있다는 주장은 억측이다. 큰 다랑어가 작은 정어리를 잡아먹으려 할 경우조차도 나름의 최적화된 작전을 구사하려 하지, 무조건 입만 크게 벌리고 있는 것은 아니기 때문이다.

② 활동 능력과 이에 따른 행위 자유는 살아있는 생명체에서 유래한다. 생명이 없는 물질에는 자유가 존재할 수 없다. 생명을 복제하고 보존하며 물려주기 위한 일련의 과정에서 생명체의 신경세포는 그때마다 무수히 많은 반응을 하며, 행위를 한다. 행위의 실행 중에 오직 신경세포가 인과적 과정이나 유전자의 프로그램에 따른다고만 생각하는 것은 지나치게 인간 중심적인 오만이다. 사자나 호랑이도 잡아먹을 작은 동물을 습격할 때 그들 상호 간에 협력과 분업을 하는 것을 볼 수 있다. 이러한 동물에게는 오직 필연적이고 본능적인 행태만이 가능

하기에 그와 같은 분업과 협업을 할 수 있다는 억지의 주장은 눈으로 확인하고 있으면서도 부정하는 인지부조화의 극치이다.

③ 인간의 의사나 인지는 살아있는 생명체에서 유래된 것이다. 생명체를 구성하고 있는 핵심인 인간의 신체나 육체에서 비로소 의식이나 인식이 발현되는 것이지, 이와 관계없는 인간 마음의 존재가 안주할 장소는 어디란 말인가. 마음이 생명체인 육체를 떠나는 것이 불가능함에도 그것이 가능하다는 사고방식은 상상력의 산물일 뿐 학문일 수는 없다.

④ 술을 엄청나게 마셔서 취하게 되었을 때, 육체만 취하고 인간의 의사인 정신은 그것과 전혀 관계가 없다는 주장은 억지 논리의 전형이다.

⑤ 인간의 유전자 구조에서 FOXP2와 NOVA1 유전자가 돌연변이를 일으켜 인간에게만 말할 수 있는 능력을 주었다. 인간이 말할 수 있게 됨으로써 인간은 대화가 가능하게 되고, 상상의 세계를 여행할 수 있게 되었다.

⑥ 이러한 상상력으로부터 신화가 창조되고, 신용경제가 활성화되었다. 이는 다시금 국가질서, 특히 법질서를 형성하게 했다. 왜냐면 법질서는 인간이 인간다운 삶을 영위하기 위하여 필요로 하는 강력한 도구이기 때문이다. 인간다운 삶은 정의 사회에서 가능하기에 이를 구축하기 위해 자유와 평등 그리고 정의감의 요청이 불가피하게 되었다. 이를 위해 사회적 요청은 인간에게 인위적 본성으로 거듭나도록 끊임없이 교육하고 훈련할 때 비로소 문화로 격상될 수 있다.

만일 인간의 의사가 자유롭다면 예컨대 유교문화권이나 기독교 문화권 혹은 공산주의체제에 살더라도 그 문화권에서의 삶에 익숙해지는 현실을 부정할 수 있는 인간이 적지 않을 수도 있어야 옳을 것이다. 그러나 현실은 이와 정반대가 아닌가.

⑦ 의사의 자유론은 도킨스(Clinton Richard Dawkins)의 '밈(Meme)의 이론'에도 배치된다. 우리가 무의식중에 남을 모방하는 일은 우리 인간에겐 아주 익숙한 사실이다. 예컨대 어린아이가 자기의 모국어를 배우게 되는 것은 모방 때문이다. 동일한 한국인이라도 지역에 따른 특유의 사투리가 존재하는 것 역시 우리의 현실임을 부정할 수 없다. 이러한 현상은 언어뿐만 아니라 종교, 민족, 사상

이나 신념 등 헤아릴 수 없는 많은 곳에서 찾아볼 수 있다.[13)] 그럴 수 있는 이유는 인간의 마음 역시 생물 복제의 핵심인 유전자처럼 타인에게 유전되고 진화되면서 세대로 전파되면서 이어지기 때문이다.

세대를 이어가면서 문화를 복제하여 보존하며 전파하고 있는 이러한 현실은 누구도 쉽게 부정하기 어렵다. 그럼에도 인간의 의사는 환경이나 문화로부터 영향을 받지 않고 전적으로 자유롭다고 전제해야 한다고 우리는 끝까지 우길 수 있을까. 특정한 이미지로 형성된 인간의 상상력에 의해 구축된 사회는 그 속에서 태어난 인간을 특정한 방식으로 길들게 하고, 특정한 규범의식을 갖게 하며, 특정한 질서를 존중하고 있는 것을 우리는 도처에서 쉽게 확인할 수 있기 때문이다.

⑧ 형법 제9조에 따르면 “14세 되지 아니한 자는 벌하지 아니한다.”고 명시하고, 형법 제10조를 심신장애인이라는 표지 아래 “① 심신장애로 인하여 사물을 변별할 능력이 없거나 의사를 결정할 능력이 없는 자의 행위는 벌하지 않는다. ② 심신장애로 인하여 전항의 능력이 미약한 자의 행위는 형을 감경할 수 있다”고 기술하고 있다. 이들 조문에서 명시한 문언의 의미는 다음과 같이 해석하여도 크게 틀리지 않을 것이다. 즉 인간의 의사능력이나 책임능력은 점진적으로 발전하는 것이며, 그런 능력은 성숙한 인간에게 국한하여 전적인 책임능력을 부여하며, 심히 부족하거나 다소 미약한 경우에는 벌하지 않거나 혹은 형을 감경하여 줄 수 있을 뿐이다. 그러므로 이들 규정의 그 어디에도 인간의 범법행위에 대해 책임을 지우기 위해서 인간의 자유의사가 전제되어 있어야 함을 요구하고 있지는 않다. 그런 책임을 전제하기 위해 불가피하게 의사의 자유가 요구된다는 설명은 부자연스럽다.

⑨ 성숙한 시민이라면 자유와 평등이 토대가 되는 정의 사회를 구현하기 위해 형법이라는 사회적 규범을 준수해야 하고, 이에 위반될 때 그에 따른 응분의 책임을 전제하는 것이야말로 형법 제9조와 제10조의 진정한 의미일 것이다.

⑩ 형법 제30조가 명시하는 정범의 개념에 관해 우리나라 학자들 대부분 행위

---

13) 리처드 도킨스 추천사, 수잔 블랙모어(1999), 『밈』, Oxford [Oxfordshire]: Oxford University Press (1999 발행).

지배설을 취한다.[14] 여기서 '행위지배'의 의미는 록신(Claus Roxin)의 견해에 따라 "구성요건 합치적 사건 진행과정의 장악"을 뜻한다. 여기에는 다시금 의사지배는 행위지배가 가능함을 인정한다.

이 행위지배설은 기본적으로 벨첼(Hans Welzel)의 목적적 행위개념을 차용한 것이다.[15] 벨첼에 따르면 행위주체가 되기 위해 인간은 자신의 목표나 목적 달성 실현에 걸맞은 행위를 할 수 있는 존재이며, 이것은 모든 고의범죄를 범하는 기본행위로 파악했다. 록신은 벨첼의 이와 같은 행위개념에 터 잡아 정범의 주체가 되기 위한 조건으로서 행위지배설을 주장한다.[16]

모든 범죄의 행위주체가 정범으로 처벌되기 위해서는 행위지배와 아울러 규범에 대한 합목적적으로 행동할 수 있음을 전제해야 한다. 이것이 의미하는 바는 인간은 금지규범이나 요구규범에 관해 합목적적으로 준수할 수 있는 능력의 향유를 전제한다. 이러한 능력이 전제되기에 형사책임을 부담하는 것이지 인간에게 의사의 자유가 전제되어야 비로소 책임을 지게 될 수 있다는 비결정론자들의 주장은 합리적이지 않다.

Ⅳ. 결론

(1) 인간의 정신은 육체에서 나오지만, 그렇다고 단순한 인과관계 과정의 산물일 수 없고, 신체적 감각에 근거한 지각의 파동을 통해 사물이나 관계의 대상에 대한 인상을 터득하고 감정을 느끼며, 기억하고 이를 언어적 표현으로 묘사하면서 지혜의 빛을 담은 마음의 총체적 활동이다. 따라서 인간의 정신은 육체와 결코 무관할 수 없는 것이다.

---

14) 오영근 교수는 행위지배설이 타당함을 인정하면서도 문제점이 있음을 구체적으로 지적하고 있다. 이에 관해서는 오영근, 형법총론 제2판, 박영사, 2010, 360쪽 이하 참조.

15) 형법상 행위개념에 관한 자세한 문헌으로는 필자의 "형법상 행위개념의 재구성", 형법연구Ⅰ, 1997, 17쪽 이하 참조.

16) 왜냐면 목적적 행위론이나 행위지배설 모두 사태를 파악하거나 장악하여 사건을 진행시키거나 중지케 하는데 핵심적 의미를 두고 있다는 점에서 정범의 의미를 규정하는 행위지배설은 고의범에 관한 목적적 행위론과 본질적인 차이가 없기 때문이다.

(2) 인간의 정신은 육체를 통하여 차츰 성숙하여 가는 것이지, 갑자기 육체 속에 스며들지 않는다. 성년이 되어가면서 자기 행동을 주체적으로 능숙하게 행사할 수 있게 되고, 그 결과에 대한 의미를 이해할 때 그는 비로소 행위주체로서 인정된다. 형법도 그 점을 인정하여 만 14세가 될 때 비로소 그런 능력이 존재한다고 간주하고 있는 것이다.

(3) 인간은 사회적 책무를 지닌 주체로서 사회에서 요구된 규범위반에 대한 책임을 져야 하는 존재이다. 또한 인간은 국가와 사회문화의 형성과 발전에 결정적 기여를 통하여 삶을 인간답게 누릴 수 있도록 만들었던 존재이며, 사회적 갈등을 회피해야 하고, 건전한 사회발전을 위해 자기의 능력에 어울리는 행동을 해야 할 책무가 있는 인격체이다. 이 때문에 인간의 인격성은 양도나 포기할 수 없는 불가침적인 것이며, 생명과 육체가 보전될 경우에만 존재하게 된다. 그러므로 인간의 생명권과 신체에 대한 불가침권 역시 인간존엄의 핵심임은 물론이다. 그런데 기본권의 주체로서 인간은 생존의 역사성과 사회성에서 결코 유리될 수 없다. 사회 속에 사는 인간은 지나치게 자기중심적이고 개인주의적일 수 없으며, 공동생활을 책임 있게 형성해 나갈 사명을 간직한 사회적 관계에서 형성된 인격체이다. 개개인의 사회 관련성은 사회구조의 조화를 위해 기본권의 일정한 한계를 인정할 수밖에 없다. 그러므로 인간 개개인의 기본권은 타인의 권리를 침해하지 않은 한에서만 유효하다.

(4) 형법상 행위란 자신의 태도나 행동을 목적적으로 조종할 수 있는 인간이 사회적으로 회피해야 할 위험을 초래하는 인격적이고 사회적 태도를 말한다. 이를 다른 말로 표현하면 목적적 행위지배를 할 수 있는 행위자가 행위 시에 회피할 수 있었고 이 때문에 회피했어야 할 위험을 침해하거나 일으킨 일체의 인격적 활동을 형법상 행위로 파악한다.

(5) 성숙한 시민이라면 자유와 평등이 토대가 되는 정의 사회를 구현하기 위

해 형법이라는 사회적 규범을 준수해야 하고, 이에 위반될 때 그에 따른 응분의 책임을 지게 된다. 형법 제9조와 제10조는 바로 여기에 터 잡고 있다.

(6) 인간은 금지규범이나 요구규범에 관해 합목적적으로 준수할 수 있는 능력의 향유를 전제한다. 이러한 능력이 전제되기에 형사책임을 부담하는 것이지, 인간에게 의사의 자유가 전제되어야만 형사책임을 지울 수 있는 것은 아니다.

[국문 요약]

자유의사는 개인이 외부의 간섭 없이 자기의 행동을 결정할 수 있는 능력을 의미한다. 이러한 자유의사를 가진 사람은 사회적 책임을 지게 되며, 그 책임을 무시한 채 저지른 사회적 일탈행위는 비난받게 된다. 자유의사는 윤리적으로 성숙한 사람이 책임을 져야 한다는 원칙을 뒷받침한다.

그러나 이와 같은 자유의사론이 정당한 것인지는 의문이다. 오늘날 발달된 뇌과학에 따르면 인간의 지각과 인식은 뇌의 뉴런 간 시냅스 연결과 화학물질의 상호작용으로 형성되고, 인간의 사회적 구조와 상호작용이 인식과 언어능력에 중요한 역할을 한다. 그러므로 인간의 의사는 신체와 뇌의 유기적인 작용을 통해 발현된다고 말할 수 있다. 따라서 자유의사는 인간의 신체와 정신세계를 인과관계적으로만 파악하려는 단순한 결정론보다 복잡한 과정으로 양자역학적 관계를 지닌다고 이해해야 할 필요가 있다.

한편 법은 인간에게 실현가능한 준칙을 요구하며, 그 준칙을 어겨 사회·개인에게 중대한 피해를 주는 경우에만 책임을 묻는다. 자유의사를 인정하는 비결정론자들의 주장은 여러 생명체가 환경에 대응하며, 인간이 특별히 더 많은 행위 자유를 가진다는 가설은 억지라는 점에서 상식적이지 않다고 비판한다.

인간은 자신에게 속한 신경세포 반응을 통해 외부 세계를 인식한다. 정신은 이러한 자기의 육체에서 비롯되며, 술에 취한 상태에서도 의식은 육체의 상태와 함께 변화한다. 인간의 의식은 감각기관에 의해 느끼고, 그것이 지각과 인식의 고정을 거친다. 인식된 것은 언어적으로 표현될 수 있어야 하는데, 인간은 다행히 언어를 구사할 수 있는 입과 혀의 구조를 갖추고 있었고, 게다가 FOXP2 유전자와 NOVA1 유전자의 돌연변이로 인해 우연히 언어능력을 행사할 수 있었다. 이러한 언어능력은 상호간 소통의 창구가 되었으며, 소통은 상호연대를 가져왔다. 상호연대를 통한 인간들 사이의 상상력은 인간사회의 신화 및 규범 형성에 결정적으로 기여했음에 틀림없다.

결론적으로 인간의 정신은 육체적 과정과 밀접하게 연관되어 있으며, 사람들은 사회적 책임을 지며 성숙한 시민으로서 법을 준수해야 한다. 다만 14세 미만의 어린이와 심신장애인의 경우 책임을 감경하거나 면책하게 되는바, 이는 인간의 의사가 신체의 발육과 환경에 상응하여 성숙해 가는 과정임을 보여주는 것이다.

[Free Will and Responsibility]

Free will refers to an individual's ability to make decisions about their actions without external interference. A person who possesses such free will bears social responsibility, and any socially deviant behavior committed while ignoring that responsibility is subject to criticism. Free will supports the ethical principle that a morally mature individual must be held accountable for their actions.

However, whether this notion of free will is justifiable remains questionable. According to contemporary neuroscience, human perception and cognition are formed through synaptic connections between neurons and the interaction of chemical substances in the brain. Social structures and interactions also play a significant role in shaping human cognition and language ability. Therefore, human intention can be said to emerge through the organic functions of the body and brain. As such, free will should not be understood merely as a deterministic process that seeks to explain the physical and mental world of humans in causal terms, but rather as a more complex process with quantum-like relationships.

Meanwhile, the law demands feasible standards of conduct from individuals and only holds them accountable when the violation of such standards causes significant harm to society or individuals. Advocates of indeterminism, who argue for the existence of free will, are criticized as being unreasonable, especially when they claim that humans, unlike other life forms, possess significantly greater freedom of action.

Humans perceive the external world through the responses of their own neural cells. The mind originates from the physical body, and consciousness changes along with the body's condition—even in states of intoxication. Human consciousness operates through the senses, with perception and recognition being shaped by what is sensed. What is recognized must be expressible through language. Fortunately, humans possess the anatomical structures (such as the mouth and tongue) necessary for speech, and by chance, mutations in the FOXP2 and NOVA1 genes enabled the capacity for language. This linguistic ability became a channel for mutual communication, and such communication fostered solidarity. The imagination developed through this solidarity undoubtedly played a crucial role in the formation of myths and norms in human society.

In conclusion, the human mind is closely linked to physical processes, and individuals must uphold the law as responsible and mature members of society. However, in the case of children under the age of 14 and those with mental or physical disabilities, responsibility may be mitigated or waived, demonstrating that human intention matures in accordance with physical development and environmental factors.

제7장

형벌의 존재근거와 내용

Ⅰ. 형벌의 존재근거와 최후수단성

형벌은 형법의 핵심적 수단이자 불가결한 도구이다. 형법이 형법다운 역할을 하는 것은 형벌을 내용으로 삼고 있어서다. 왜냐면 만일 오늘날 국가에서 형법이 전혀 존재하지 않고, 민법이나 행정법만 존재한다면 즉 우리가 사회적으로 중요한 법익침해자인 범법자에 대해 형벌로 처벌할 수 없고 기껏해야 민사상 손해배상이나 행정처분으로서 과태료 등을 부과하는 길밖에 없게 된다면 범법자는 손해배상이나 행정처분을 별로 무서워하지 않을 것이고, 범법자에 의한 반복적 범법행위의 가능성을 높여주기 때문이다.

사회평화와 안전을 본질적으로 해치는 다양한 범행을 예방하고, 응징할 수 있는 합당한 제재인 형벌을 수단으로 삼고 있는 형법의 필요성은 불가피하다.[1] 그런데 형벌의 본질은 물론 일차적으로 범법행위의 예방에 있으나, 뿐만 아니라 범법행위에 대한 대가로서 인간이 참기 어려운 고통을 가하는 성격 또한 핵심적 내용이다. 이런 점에서 형벌은 다른 법률을 통해서 사회통제가 현실적으로 어려울 때 국한하여 최후수단으로 이용되어야 한다. 왜냐면 사회평화를 위해 필요불가결한 형벌은 그 자체로써 인간이 참기 어려운 고통을 내재하고 있

1) 베카리아도 그의 저서 『범죄와 형벌』에서 “형벌의 목적은 오직 범죄자가 시민들에게 새로운 해악을 입힐 가능성을 방지하고, 타인들이 유사한 행위를 행할 가능성을 억제하는 데 있는 것이다.”라고 언명했다.

다는 점에서 인간성의 본질에 대한 영역까지 영향을 미칠 수 있으므로 가급적 형벌의 사용을 삼가야 하기 때문이다.

이러한 이유로 형벌이 갖는 최후수단의 성격을 고려할 때 범죄의 행위 유형이 사회평화나 개인적 권리에 대해 현실적이고 심각한 법익침해의 야기가 없고, 또한 벌칙의 내용 역시 형벌의 본질에 어울리지 않는 행정제재에 불과한 경우[2] 형벌의 영역에서 축출하여 사회방위 차원에서 행정벌인 '질서벌'로의 전환이 불가피하다. 따라서 경범죄처벌법이 명시하고 있는 행위유형들은 비범죄화하여 질서벌의 제재만으로도 족하다고 본다.

Ⅱ. 형벌의 목적과 이로부터 파생된 원칙

국가는 개인적 삶을 영위하는 데에 불가피한 생명, 신체, 재물, 재산상 이익 등에 대한 침해행위를 범죄로 규정한다. 그리고 이들에 대한 심각한 침해행위를 철저히 예방하기 위해서 형벌은 인간이 참기 어려운 정도의 형벌을 부과할 수 있도록 했다. 따라서 형벌은 복수의 악순환에 대한 연결고리를 끊고, 더 이상의 복수가 일어나지 않도록 예방하는 데 있으므로 형벌의 일차적 목적은 형벌을 통하여 더 이상 복수의 실행을 방지하는 데 있다(형법의 범죄예방 목적).

일정한 행위유형을 국가가 법률로 금지했음에도 불구하고 이를 무시하고 위법행위를 감행한 자에 대해서는 복수에 버금갈 정도의 실질적 고통을 그 범법행위자에게 되돌려 주도록 하는 것이 다름 아닌 형벌이다. 어떤 범행에 대해서

---

2) 경범죄처벌법 제6조(정의) ① 이 장에서 "범칙행위"란 제3조 제1항 각호 및 제2항 각호의 어느 하나에 해당하는 위반행위를 말하며, 그 구체적인 범위는 대통령령으로 정한다. ② 이 장에서 "범칙자"란 범칙행위를 한 사람으로서 다음 각호의 어느 하나에 해당하지 아니하는 사람을 말한다. 1. 범칙행위를 상습적으로 하는 사람, 2. 죄를 지은 동기나 수단 및 결과를 헤아려볼 때 구류처분을 하는 것이 적절하다고 인정되는 사람, 3. 피해자가 있는 행위를 한 사람, 4. 18세 미만인 사람, ③ 이 장에서 "범칙금"이란 범칙자가 제7조에 따른 통고처분에 따라 국고 또는 제주특별자치도의 금고에 납부하여야 할 금전을 말한다. 제7조(통고처분) ① 경찰서장, 해양경찰서장, 제주특별자치도지사 또는 철도특별사법경찰대장은 범칙자로 인정되는 사람에 대하여 그 이유를 명백히 나타낸 서면으로 범칙금을 부과하고 이를 납부할 것을 통고할 수 있다. 다만, 다음 각호의 어느 하나에 해당하는 사람에게는 통고하지 아니한다. 1. 통고처분서 받기를 거부한 사람, 2. 주거 또는 신원이 확실하지 아니한 사람, 3. 그 밖에 통고 처분하기가 매우 어려운 사람, ② 제1항에 따라 통고할 범칙금의 액수는 범칙행위의 종류에 따라 대통령령으로 정한다.

도 이러한 형벌에 의해 한편으로 처벌의 대상임을 국민에게 각인시키고, 다른 한편으로는 잠재적 범법행위를 미리 예방할 수 있게 한다.

국가는 형벌권을 행사할 수 있는 유일한 주체이지만, 국가공권력은 현재 진행되고 있는 급박한 범행이나 위난의 현장에 즉시 달려가서 피해자를 곧바로 도와줄 수 없다. 그럼에도 국가만이 범죄에 대한 퇴치권(退治權)을 행사할 수 있다면, 피해자는 돌이킬 수 없는 피해의 위험에 직면하게 된다. 이와 같은 긴급한 상황이라면 국가는 범죄피해자에게 복수에 버금가는 자력구제의 방식인 정당방위나 긴급피난 등을 행사할 수 있도록 허용해 주어야 한다.

이러한 정당방위 등에 관해 윤리적으로 제한할 수 있는지 여부는 논란을 낳는다. 정당방위의 행사가 윤리적 이유에서 제한하는 것이 정당할까. 일부 학자들은 윤리적 제한을 가할 수 있다고 본다. 이러한 입장이 타당하기 위해서는 정당방위는 인간의 천부적인 자연권에 속한다고 할 수 없고, 국가의 시혜적 혜택이라는 관점에 서 있을 때다. 정당방위권의 부여가 국가의 시혜적 혜택이라는 입장에 동의하기는 어렵다.

그 이유는 다음과 같다. 형벌권은 본래 사적 복수의 대안으로서 후천적으로 탄생한 것이다. 게다가 국가형벌권은 언제, 어디서 전면적으로 모든 사적 복수를 금지할 만한 법익 보호의 방위 능력이 없다. 개개인이 범법자로부터 부당한 범행에 급박하게 노출되었을 때, 국가공권력은 그 피해자를 위해 공권력 차원에서 침해 즉시 방위할 수 있을까. 아니 그럴 수 없다. 바로 이 지점에서 각 개인은 국가를 대신하여 이들 위험을 회피할 수 있도록 정당방위나 긴급피난을 행사할 수 있어야 한다. 정당방위의 권한은 국가의 시혜적 혜택의 산물일 수 없고, 오히려 천부적인 자연권의 일종으로 이해되어야 한다. 따라서 국가는 개인에게 부여한 정당방위를 윤리적 이유로 제한하지 말아야 할 것이다.

또한 중대한 범법행위에 의한 법익침해의 피해자는 그런 피해에 대한 예방의 책무를 지닌 국가로부터 충분한 보상을 받을 수 있어야 한다. 왜냐면 국민 개개인이 사적 복수의 대신으로 형벌권을 국가에 이전 또는 위임했기에 범죄의 피해자에게 피해의 실질적 보장은 형벌권을 갖게 된 국가의 책무에 해당하기 때

문이다.[3)]

오늘날 국내에서 발간된 대부분 형법 교과서를 보면 형벌의 제1차적 목적이 무엇인지를 물으면서 그것이 범죄의 예방에 있다거나 혹은 범죄를 범했기 때문에 그에 대한 응답으로써 책임에 있다고들 한다. 그러나 무엇 때문에 그것이 제1차적이어야 하는지에 관한 자세한 언급은 드물다. 형벌이란 사적 복수로 야기되는 사회 혼란의 악순환에 대한 꼬리를 자르기 위해 중요한 법익침해행위에 대한 복수에 준하도록 엄중하게 고통을 부과하는 국가권력의 행사이다. 그러므로 형벌은 복수를 대신하여 법익침해행위를 예방하도록 함으로써 사회방위를 하려는 목적을 가지므로, 형벌의 제1차적 목적은 범죄예방에 있다.

물론 가해자가 형벌로 금지하는 법규범의 침해, 즉 범죄를 범했다면 그 가해자에 대해서는 사적 복수에 버금갈 정도의 고통을 수반하는 벌칙을 가해야 한다. 이 경우 사적 복수와는 전적으로 다른 형태인 죄형법정주의와 적법절차에 따른, 즉 사전에 명시되고, 이에 걸맞은 처벌을 규정한 죄형법정주의와 적법절차에 따라 부과하고 집행해야 한다. 다시 말해 형벌은 복수에 상응하는 고통을 반드시 수반해야 할 필요성은 없지만, 책임주의에 걸맞은 고통의 부과, 다시 말해 형벌은 가해자가 피해자에 대한 범행의 책임 내지 그런 범행에 대한 비난가능성의 정도와 비례해야 한다. 그리고 책임의 개별화와 성향의 다양성이 인정되고 있는 오늘날에서는 행위자의 재범을 예방하고 사회복귀에 최적화된 처벌의 필요성이 요구된다. 다만 이러한 경우라도 행위자 책임의 범주를 벗어나는 형벌의 부과는 부당함은 물론이다. 책임주의에 따른 형벌의 부과는 형벌의 제2차적 목적이다.

Ⅲ. 형벌의 한계로서 기본권의 본질적 침해금지

형법은 범법자에 대한 형벌의 집행을 통하여 범인의 범죄행위에 대한 사회적

3) 특히 살인피해자의 인권보호 근거와 법적 보호제도에 관해서는 필자의 "살인피해자의 인권현실과 그 보장방안", 형법연구VI, 2012, 282쪽 이하 참조.

질책을 체험하게 함으로써 모든 잠재적 범법행위를 예방하는 데 핵심적 목적을 갖는다. 즉 형법을 통하여 사회평화를 달성하고, 평화스러운 사회 속에서 각 개인은 그의 인간적 삶을 제대로 누릴 수 있게 된다.

이러한 목적을 갖는 형법은 형벌의 내용과 한계에 관해 죄형법정주의의 정신에 철저해야 하고, 아울러 잔혹하거나 생명 박탈의 형벌을 허용할 수 없어야 한다. 즉 형벌은 헌법 제37조 제2항에 근거하여 헌법상 인권의 본질적 침해를 인정하지 않는 범위 내에 국한되어야 하는 내재적 한계를 갖는다. 즉 인권의 본질인 생명권을 침해할 수 없다는 해당 헌법의 내용이다. 그런데도 헌법재판소는 헌법상 본질적 침해금지 규정을 사형제도의 위헌성과 관련하여 다음과 같이 납득하기 어려운 왜곡된 논리로 설시하고 있다.

“헌법은 절대적 기본권을 명문으로 인정하고 있지 아니하며, 헌법 제37조 제2항에서는 국민의 모든 자유와 권리는 국가안전보장·질서유지 또는 공공복리를 위하여 필요한 경우에 국한하여 법률로써 제한할 수 있도록 규정하고 있어, 비록 생명이 이념적으로 절대적 가치를 지닌 것이라 하더라도 생명에 대한 법적 평가가 예외적으로 허용될 수 있다고 할 것이므로, 생명권 역시 헌법 제37조 제2항에 의한 일반적 법률유보의 대상이 될 수밖에 없다. 나아가 생명권의 경우, 다른 일반적인 기본권 제한의 구조와는 달리, 생명의 일부 박탈이라는 점을 상정할 수 없으므로 생명권에 대한 제한은 필연적으로 생명권의 완전한 박탈을 초래하게 되는바, 위와 같이 생명권의 제한이 정당화될 수 있는 예외적 경우에는 생명권의 박탈이 초래된다고 하더라도 곧바로 기본권의 본질적인 내용을 침해하는 것이라 볼 수는 없다.”[4)]

이러한 헌법재판소의 견해를 인정하기는 어렵다. 인간의 기본권 중에서 생명과 신체의 자유만큼 중요한 것은 없기 때문이다. 그렇기에 오늘날 이슬람 사회의 율법적 형법을 제외하고 문명국가의 대다수 형법전에서는 신체를 절단하는 형벌을 두고 있지 않다. 그러한 형벌은 너무도 잔인하기 때문이다. 그러므로 비록 형사정책적으로 절도범의 손이나 팔을 절단하는 것이 절도의 상습을 가장

---

4) 헌법재판소 2010. 2. 25. 2008헌가23 결정.

잘 막을 수 있는 최선의 대책일 수 있음에도 불구하고 문명국가에서는 제아무리 파렴치하고 상습적인 절도범일지라도 그의 손이나 팔을 절단하지는 않는다. 이처럼 인간의 손이나 팔을 결코 형벌로 절단할 수 없도록 하는 이유는 그것이 인간 육체의 일부로 구성되어 있고, 그 육체는 정신이 깃들어야 하기 때문이다. 손이나 팔에 정신이 깃들지 않았다면 그것은 정신이 없는 단순한 시체에 불과하기 때문이다. 형벌적 효용성에도 불구하고 손이나 팔을 절단하지 못하도록 하는 것은 인간의 신체가 기본적 인권의 본질적인 부분이고, 생명이 없는 육체는 시체에 불과하며, 생명이 깃든 육체만이 본질적으로 중요하다는 사실을 시사한다. 이와 같은 논리는 결과적으로 생명이야말로 모든 기본적 인권 중에서 가장 본질적임을 의미한다. 따라서 헌법재판소의 판단과 달리 헌법상 생명은 기본권의 본질적 부분이기 때문에 생명을 박탈하는 사형제도는 허용될 수 없다고 해야 한다.[5)]

Ⅳ. 사형제도의 위헌성

무고한 생명을 아무 이유없이 무참히 해하는 반인륜적이고 흉악한 살인사건은 끊임없이 발생한다. 그렇기에 반인륜적 살인자에 대해서는 사형을 집행하는 것이 정당하고 또한 필요하다는 주장이 있다. 범법자에게 사형을 집행하면 범죄 예방효과가 적지 않으며, 살인자를 사형에 처해야 국가 정의를 바로 세울 수 있다는 것이 그들의 논거이다. 반인륜적 범죄를 연쇄적으로 범한, 즉 인간이기를 포기한 흉악범들에 대해서만은 사형집행을 재개해야 한다는 주장은 국민 정서에 부합하여 깊은 호소력을 갖고 있음을 부인할 수 없을 것이다. 그러나 이와 같은 주장은 우리 헌법과 헌법정신에 부합하지 않을 뿐만 아니라 우리나라의 인권 국가 지위를 잃게 하며, 합리적이지도 않다. 그 이유는 다음과 같다.

① 헌법재판소에 따르면 “헌법 제110조 제4항은 법률에 근거하여 사형이 형

5) 이에 관해서는 필자의 형법연구Ⅶ, 2016, 165쪽 참조.

벌로서 규정되고 그 형벌조항의 적용으로 사형이 선고될 수 있음을 전제로 하여, 사형을 선고한 경우에는 비상계엄 하의 군사재판이라도 단심으로 할 수 없고 사법절차를 통한 불복이 보장되어야 한다는 취지의 규정으로, 우리 헌법은 문언의 해석상 사형제도를 간접적으로나마 인정하고 있다."[6]고 설시한다.

헌법재판소의 이러한 입장은 법률, 특히 형법의 해석법칙에 어긋난다. 우리는 켈젠(Hans Kelsen)이 주장한 규범의 단계적 지위설에 익숙하며, 헌법재판소의 결정문을 포함하여 법학자 역시 그러한 규범론에 따르고 있다. 이에 의하면 하위법은 상위법에 근거해야 하고, 또한 그것에 저촉되지 않은 범위 내에서 불가피하게 요구된 사회적 질서를 규율해야 한다는 것이다. 그렇다면 어떤 법률의 합헌성 문제는 상위법인 헌법을 하위법인 형법이나 행정법에 근거하거나 전제해서는 아니 되며, 그런 전제를 삼가야 한다.

그런데도 헌법 제110조 제4항 단서 규정의 존재근거는 하위법인 형법 제41조가 형벌로서 사형제도를 두고 있음을 전제로 하고 있다. 이 헌법 규정은 형법 제41조에서 사형이라는 형벌을 두고 있지 않거나 사형제도가 폐지되거나 비상사태 아래의 군사재판에서 사형이라는 형벌을 선고할 사안이 없으면 무용지물이 된다. 이것이 의미하는 바는 하위법인 형법이 상위법인 헌법 규정의 존립 근거가 됨을 보여준다.

하위법인 형법 제41조는 법정형으로서 사형을 규정하고 있고, 비상계엄 아래의 군사재판에서 사형의 선고를 신중하기 위해 헌법은 제110조 제4항의 단서 규정을 두었다. 이 단서 규정을 근거로 헌법재판소는 사형제도의 합헌성을 인정하고 있는바, 이러한 논리는 하위법인 형법에 근거하여 상위법인 헌법의 사형제도 합법성을 위한 전제가 됨을 인정하는 것이다. 헌법재판소는 한편에서는 상위법인 헌법은 하위법인 형법에 대한 형성권의 범위와 내용을 결정할 수 있다고 큰소리치고 있으면서, 뒤에서는 헌법은 하위법인 형법에 근거하여 사형제도에 관한 합헌성을 부여받는 것을 용인하는 것을 보여준다. 이는 논리적 정당성이 없고 근본규범인 헌법과 형법의 관계에 관해서도 잘못을 범하고 있다. 따

6) 헌법재판소 1996. 11. 28. 95헌바1 결정; 헌법재판소 2010. 2. 25. 2008헌가23 결정 각 참조.

라서 헌법 제110조 제4항 단서 규정이 사형제도를 인정하는 결정적 규정이라는 주장은 논리성이 결여되어 있다.

이러한 점에서 하위법인 형법에 사형제도가 현실적으로 존재하고 있고, 비상계엄 하의 군사재판에서 사형을 선고할 때 그런 사형의 선고는 위헌이 아니라 합헌이라는 논리는 자가당착이다.

② 헌법 제37조 제2항 단서는 "(기본적 인권을) 제한하는 경우 자유와 권리의 본질적인 내용을 침해할 수 없다."라고 명시하고 있다. 여기서 기본적 인권의 본질적 내용은 인간이라는 생명체이다. 인간의 육체에 깃든 생명을 기초로 기본적 인권이 구성되거나 형성되기 때문이다. 예컨대 손발에 대한 절단형이 신체 자유에 대한 본질적 침해이기 때문에 용납할 수 없다고 한다면, 인간의 생명은 손발의 범위를 넘어선 신체 전부에 대한 침해이므로 더욱 용납될 수 없다고 함이 논리적이다. 신체의 자유의 본질적 내용은 인간의 육체에 깃들어 있는 생명의 결합이자, 생명권의 자유인 것이다. 다시 말해 신체의 자유 중에서 인간 생명의 핵심인 정신을 제거하면 인간의 육체만 남게 되는데, 생명이 없는 육체는 시체에 불과할 뿐이다. 생명을 전제로 하는 신체만이 인권의 본질적 자유를 갖는다.

③ 현대 국가는 동일한 형식의 복수로서의 형벌제도를 두고 있지 않다. 반인륜적 살인범에게조차도 마찬가지다. 복수는 복수를 낳고, 사회불안을 가중한다. 복수로서의 형벌은 이미 극복된 구시대의 사상이다.

④ 2023년 말, 현재 세계 203개국 중에서 모든 범죄에 관해 사형제를 법률적으로 완전하게 폐지한 국가는 114개국, 일반범죄에 대해서만 사형을 폐지한 국가는 9개국이다. 사형제도 존치국가이지만 우리나라처럼 사실상 집행하지 않은 국가도 2023년 말 현재 23개국이 되며, 56개국이 실질적인 사형제도의 존치국가이다. 여기서 중국을 제외하고 2,428건의 사형선고가 있었다. 2023년 말을 기준으로 세계에서는 최소 27,687명이 사형선고를 받고 구금 중인 것으로 알려졌다. 사형선고를 하는 국가 역시 점진적으로 감소하는 추세이다. 아시아에서는 최근 카자흐스탄과 캄보디아가 법률로써 사형제를 폐지했고, 아프리카에서는

중앙아프리카 공화국과 시에라리온이, 오세니아에서는 파푸아뉴기니가 사형제를 폐지했다. 이에 반해 중국[7]이나 일본[8]은 아직도 사형을 집행한다.

⑤ 국가는 개인과 같은 감정적 존재가 아닌, 윤리적이고 이성적 존재이다. 따라서 국민을 상대로 거짓말을 해서도 안 되고 감정적으로 대응해서도 안 된다. 국가가 국민에게 절도하지 말라고 명령하면서, 다른 한편으로 국민의 재산을 절취하는 것은 용납될 수 없는 일이다. 그러므로 국가가 국민에게 사람을 죽이지 말라고 명령했다면 국가 스스로 사람을 살인하는 사형제를 유지하는 건 모순의 극치이다.

⑥ 모든 인권 국가에서는 반인륜적 흉악범에 대해 손발을 절단하는 등의 신체절단의 형벌을 부과하지 않는다. 형벌은 잔인하고 비인도적이기 때문이다. 손발을 절단하는 것이 잔인해 용납할 수 없는 형벌이라면, 사람을 죽이는 사형제도는 더욱 잔인한 형벌이므로 결코 허용될 수 없어야 하지 않을까.

⑦ 우리나라는 유럽연합(EU)에서 인도된 범인에 대해서는 사형을 집행할 수 없도록 하는 등의 내용을 담은 범죄인인도조약을 2009년 체결했고, 2011년 국회가 이를 비준했다. 이 때문에 EU에서 우리나라로 인도된 범인이 흉악범죄를 범했어도 사형을 집행할 수 없다. 이러한 상황 아래 우리나라에서 범죄를 저지르거나 일본 혹은 미국 등에서 인도된 반인륜적 흉악범에 대해 사형집행을 하는 것은 '법 앞의 평등권'을 천명한 헌법에 반한다.

⑧ 우리나라에서는 특히 인혁당재건위 사건[9] 관계자[10]를 포함해 수많은 사람이 사법살인을 당했다. 사법살인이 일어났던 것은 사형제가 존재하고 있었기 때문이다. 사법살인을 피하기 위한 최선의 대책이 사형제도 폐지에 있음은 분명하다. 오판에 의한 사형을 방지하기 위해서도 사형제의 폐지는 불가피하다.

---

7) 국제앰네스티에 따르면 중국은 매년 1,000명 이상을 사형집행하는 것으로 보고 있다.

8) 일본의 경우 2023년에는 집행이 없었으나, 2022년 1명, 2021년에는 3명이 집행되었다.

9) 인혁당재건위 사건의 관련자들 역시 대부분 4·19 혁명 시기에 민주화와 통일운동에 헌신했던 진보적 지식인과 학생들로서, 비판적 사회 인식을 공유하고 있기는 했으나 북한과는 무관한 이들이었다. 그러나 박정희 정권은 유신 반대 투쟁의 사회적 확산을 저지하는 데 활용하고자 이를 용공 사건으로 조작했다. 악랄한 고문이 자행되었으며, 날조된 공판 조서를 바탕으로 비공개 상태에서 재판은 일사천리로 진행되었다. 그 결과 1975년 4월 8일 대법원에서 이수병, 김용원, 서도원, 도예종, 하재완, 송상진, 우홍선, 여정남 등 8명의 사형이 확정되었다.

10) 대법원의 확정판결이 내려진 다음 날인 1975년 4월 9일 새벽에 전격적으로 이들은 사형이 집행되었다.

⑨ 사형제도는 살인죄를 비롯한 반인륜적 범죄에 대한 실질적 예방효과가 없다. 유엔인권이사회는 1988년과 2002년 두 차례에 걸쳐 사형제 존치가 살인사건을 실질적으로 예방할 수 있는지에 관해 광범위하게 조사를 실행했으며, 그 결과 예방효과가 있음을 입증할 수 없다고 밝혔다.

⑩ 사형제도는 사형집행을 당한 자의 고통으로만 끝나지 않는다. 사형을 집행해야 하는 교도관과 사형당한 자의 가족에게도 너무나 큰 고통을 안기기 때문이다.

⑪ 사형제도는 세계인권선언 제2조[11]와 제5조[12] 및 그 외 국제인권법[13]에 명시된 생명권을 보장하고, 잔혹한·비인도적인 또는 굴욕적 처우나 처벌로부터 자유로워야 한다는 권리를 침해하는 제도다. 특히 어떠한 고문도 인간에게 너무 잔인하고 사실을 왜곡하기 때문에 세계인권선언문이나 국제인권법에서 금하고 있음을 볼 때 그런 고문보다 근본적으로 더 잔인한 사형제는 더욱 금지해야 하는 것이 논리적으로 타당하다.

⑫ 따라서 유엔총회는 2007년 이후부터 2020년까지 사형제도를 폐지할 목적으로 사형집행의 중단을 요구하는 총 8번째의 결의안을 채택했다. 유엔총회에서 채택된 결의안은 상당한 도덕적·정치적 무게를 지니며, 사형집행 모라토리엄 결의안 채택을 통해 국제사회는 사형제도의 인권 문제를 우선순위로 두고 면밀한 조사를 진행할 수 있었다. 우리 정부는 2020년 12월 16일에 개최된 유엔총회의 제8차 사형집행 모라토리엄 결의안의 동의에 처음으로 동참했고, 이 결의안은 유엔총회에서 찬성 126개국의 동의로 최종 승인되었다.

⑬ 이 모든 이유와 더불어 사형제를 폐지해야 하는 마지막 이유는, 사형제가 품고 있는 위와 같은 문제점을 해소할 수 있고, 사형제와 동일한 정도로 반인륜적 흉

---

11) 모든 사람은 인종, 피부색, 성별, 언어, 종교, 정치적 또는 기타의 의견, 민족적 또는 사회적 출신, 재산, 출생, 기타의 지위 등에 따른 어떠한 종류의 차별도 없이 이 선언에 제시된 모든 권리와 자유를 누릴 자격이 있다.

12) 누구도 고문 또는 잔혹하거나 비인도적이거나 굴욕적인 대우나 처벌을 받지 아니한다.

13) 시민적 및 정치적 권리에 관한 국제규약 제6조 제1항: 모든 인간은 고유한 생명권을 가진다. 이 권리는 법률에 의하여 보호된다. 누구도 자의적으로 자신의 생명을 박탈당하지 아니한다. 동 규약 제7조: 누구도 고문 또는 잔혹한, 비인도적인 또는 굴욕적인 취급 또는 형벌을 받지 아니한다. 특히 누구든지 자신의 자유로운 동의 없이 의학적 또는 과학적 실험을 받지 아니한다.

악범의 재범 소지를 영원히 차단할 수 있는 '가석방 없는 절대적 종신형'을 대안으로 삼을 수 있기 때문이다. 특히 사람을 반복적으로 여러 번 살해하고, 그 방법이 잔인하여 반인륜적이며, 재범의 개연성을 지닌 자에 국한하여 가석방이 영원히 금지되는 절대적 종신형을 부과할 수 있도록 함으로써 절대적 종신형의 헌법상 위헌성을 피할 수 있다.

[국문 요약]

형벌은 범법행위에 대한 대가로서 인간이 참기 어려운 고통을 가하는 성격을 지닌다. 형벌의 존재근거는 법익침해를 예방하고 범법행위를 응징하기 위함이다. 범법자는 민사상 손해배상이나 과태료 같은 행정처분을 무서워하지 않기에 범죄를 예방하기 위해서 참기 어려운 고통을 수반한 형벌이 필수적으로 존재해야 하기 때문이다. 이러한 이유로 베카리아는 형벌의 목적이 범죄자가 새로운 해악을 끼칠 가능성을 방지하고 타인들의 유사한 범죄행위를 억제하는 데 있다고 했다.

형벌 이외의 방식으로 사회통제를 제대로 장악할 수 없을 때 형벌은 최후수단으로 사용되어야 한다. 형벌은 그 자체 인간이 참기 어려운 고통을 내재하고 있어 가급적 사용을 삼가야 하기 때문이다. 따라서 행위유형이 사회평화나 개인적 권리에 대한 법익침해가 심각하지 않은 때에는 형벌의 행사를 자제하고, 민사상 손해배상이나 행정제재로 전환하여야 한다.

형벌의 일차적 목적은 범죄의 예방에 있다. 그래서 형벌은 범죄자를 응징하고 새로운 범법행위 가능성을 억제함으로써 사회평화를 유지하고자 하는 데 있다. 그리고 형벌의 이차적 목적은 금지된 일정한 행위유형을 위반한 자에 대해 형벌이라는 실질적 고통을 당하게 함으로써 행위자의 사회적 책임을 확립하는 데 있다. 국가만이 형벌권을 행사할 수 있으며, 이것은 사적 복수의 대안으로 탄생한 것이다. 국가공권력은 급박한 범행에 즉시 대응할 능력이 없기에 그 범위에서 개인이 국가를 대신하여 정당방위나 긴급피난을 할 수 있도록 허용하고 있다. 정당방위나 긴급피난은 국가가 국민에게 준 시혜적 혜택일 수 없고, 국민의 천부적 권리로 파악할 필요가 있다.

형벌의 한계는 기본권의 본질적 침해금지에 있다. 형벌은 헌법상 인권의 본질을 침해하지 않는 범위 내에서만 허용된다. 생명권은 특히 보호되어야 하며, 헌법재판소의 논리는 이를 예외적으로 평가하더라도 생명권의 제한이 정당화될 수 없다고 한다. 결국, 형법은 범법행위에 대한 사회적 질책을 목적으로 하고, 인권의 본질적 부분이 침해되지 않도록 규제되어야 한다.

반인륜적 살인자에 대한 사형 주장도 있지만, 이는 헌법과 헌법정신에 맞지 않고 한국의 인권 국가 지위를 손상시킨다. 헌법재판소는 사형제도를 합헌으로 인정하지만, 이는 헌법을 하위법에 근거하는 잘못된 해석이다. 그 이유는 다음과 같다.

형법 제41조는 법정형으로서 사형을 규정하고 있고, 비상계엄 아래의 군사재판에서 사형의 선고를 신중하기 위해 우리 헌법은 제110조 제4항의 단서 규정을 두었다. 이 단서 규정을 근거로 헌법재판소는 사형제도의 합헌성을 인정하고 있는바, 이러한 논리는 하위법인 형법에 근거하여 상위법인 헌법의 사형제도 합법성을 위한 전제가 됨을 인정하고 있다. 헌법재판소는 한편에서는 상위법인 헌법은 하위법인 형법에 대한 형성권의 범위와 내용을 결정할 수 있다고 정면에서 큰소리치고 있으면서, 뒤에서는 헌법은 하위법인 형법에 근거하여 사형제도에 관한 합헌성을 부여받는 것을 용인하는 것을 보여준다. 이는 논리적 정당성도 없고 근본규범인 헌법과 형법의 관계에 관해서도 잘못을 범하고 있다. 따라서 헌법 제110조 제4항 단서 규정이 사형제도를 인정하는 결정적 규정이라고는 주장은 논리성이 결여하고 있다.

또한 우리 헌법 제37조 제2항은 기본적 인권 침해를 금지하며, 인간의 생명권을 보호한다. 그리고 국제인권법과 세계인권선언은 생명권과 인간적 처우를 보장한다. 게다가 사형제도는 실질적인 범죄예방 효과가 없어, 많은 국가가 이를 폐지했다. 사형 대신으로 가석방 없는 절대적 종신형이 더 합리적인 대안이 될 수 있다.

[The Rationale and Content of Punishment]

Punishment involves inflicting unbearable suffering on individuals as a consequence of their unlawful actions. The rationale behind the existence of such punishment is to prevent the violation of legal interests and to punish unlawful acts. Because offenders do not fear civil compensations or administrative sanctions like fines, the existence of punishment that entails unbearable suffering is essential for crime prevention. For this reason, Beccaria stated that the purpose of punishment is to prevent the possibility of new harm by criminals and to deter others from committing similar crimes.

When social control cannot be properly maintained through methods other than punishment, punishment should be used as a last resort. This is because punishment inherently entails unbearable suffering, and its use should be avoided whenever possible. Therefore, when the type of act does not severely violate social peace or individual rights, the exercise of punishment should be refrained from, and it should be replaced with civil compensation or administrative sanctions.

The primary purpose of punishment is crime prevention. Therefore, punishment aims to maintain social peace by punishing criminals and deterring the possibility of new unlawful acts. The secondary purpose of punishment is to establish the social responsibility of the offender by subjecting them to the substantial suffering of punishment for violating certain prohibited types of acts. Only the state can exercise the right to punish, and this right was born as an alternative to private revenge. Since state authority cannot respond immediately to urgent criminal acts, individuals are allowed to defend themselves or resort to emergency measures in place of the state. In this regard, self-defense or emergency measures cannot be seen as a benevolent benefit granted by the state but must be recognized as innate rights of the people.

The limits of punishment lie in the prohibition of violating fundamental rights. Punishment is only permissible within the scope that does not infringe on the essence of human rights guaranteed by the constitution. The right to life should be particularly protected, and even if the Constitutional Court evaluates this exceptionally, the limitation of the right to life cannot be justified. Ultimately, criminal law aims at social reprimand for unlawful acts and must be regulated to avoid infringing on the essential parts of human rights.

Although there are arguments for the death penalty for inhumane murderers, this is inconsistent with the constitution and constitutional spirit and damages South Korea's status as a human rights nation. The Constitutional Court recognizes the death penalty as constitutional, but this is a misinterpretation based on subordinate laws. The reasons are as follows.

Article 41 of the Criminal Law prescribes the death penalty as a statutory punishment, and to carefully impose the death penalty in military trials under martial law, our constitution includes a proviso in Article 110, Section 4. Based on this proviso, the Constitutional Court recognizes the constitutionality of the death penalty, which implies that the constitutionality of the death penalty in the superior law (the constitution) is based on the subordinate law (the criminal law). The Constitutional Court on one hand loudly claims that the superior law (the constitution) can determine the scope and content of the subordinate law (the criminal law), while on the other hand, it shows tolerance for the constitution deriving its constitutionality regarding the death penalty from the subordinate law (the criminal law). This lacks logical justification and errs concerning the relationship between the fundamental norms of the constitution and the criminal law. Therefore, claiming that the proviso of Article 110, Section 4 of the constitution is the decisive regulation acknowledging the death penalty is lacking in logic.

Moreover, Article 37, Section 2 of our constitution prohibits the infringement of fundamental human rights and protects the right to life. International human rights law and the Universal Declaration of Human Rights guarantee the right to life and humane treatment. Furthermore, the death penalty lacks substantial crime prevention effects, leading many countries to abolish it. Instead of the death penalty, an absolute life sentence without parole can be a more rational alternative.

제8장

죄형법정주의와 형법의 해석 원칙

Ⅰ. 죄형법정주의

1. 사상적 배경

법치국가원칙의 실천적 원리로서 죄형법정주의[1]가 근대 형법의 대원칙으로 등장하게 된 것은 17~18세기에 이르러서였다. 이 시기에 진입하면서부터 비로소 시민계급이 주축이 되어 근대자유민주주의 국가가 성립될 수 있었다. 왜냐면 강력한 왕권에 대한 견제와 균형을 통한 권력분립이 형성되기 이전의 시대에서는 국민 위에 군림했던 절대왕정은 형벌권을 자의적으로 행사할 수 있었기에 죄형법정주의 원칙의 실현은 사실상 불가능했기 때문이다. 따라서 권위주의적 왕권에 의해 시민에 대한 국가의 지배관계가 견고하게 지속되고 있는 한, 비록 뛰어난 사상가나 현명한 국왕의 개인적 사상과 결단으로 죄형법정주의적 사상이 잠시간 나타나서 꿈틀거리기도 했다. 이러한 모습은 중국 진나라의 상앙(商鞅)[2]과 전한시대(前漢時代)의 한비자(韓非子)[3]뿐만 아니라 로마의 공화정 후기

---

1) 죄형법정주의의 연혁과 그 사상적 배경에 관해 읽어볼 만한 문헌으로는 필자의 "죄형법정주의의 연혁과 그 사상적 배경", 『법학논고』, 경북대학교 법학연구원, 2011.

2) 중국 전국시대(戰國時代) 진(秦)나라의 정치가로 10년간 재상을 지내며 엄격한 법치주의 정치를 폈다. 진나라의 왕인 효공(孝公)에게 채용되어 부국강병의 계책을 세워 여러 방면에 걸친 대개혁을 단행해 진제국(秦帝國) 성립의 기반을 세웠다.

3) 중국 전국시대 말기 한(韓)나라의 공자(公子)로 법치주의(法治主義)를 주장함(BC280?~BC233).

인 기원전 67년에 제정된 코넬리아(Cornelia)법[4]에서도 역시 죄형법정주의적 사상을 엿볼 수 있다. 그렇지만 사상가나 로마 시대의 특정 법률에 기초하여 죄형법정주의 사상이 근대로 이어졌던 것은 아니었다. 왜냐면 시민이나 귀족이 국왕의 강력한 권력을 제도적으로나 현실적으로 통제할 수 없었고, 그래서 당시의 죄형법정주의적 사고는 단지 일회성으로 그치는 것이 대부분이었기 때문이다.

이에 반해 1215년 대헌장(Magna Carta)에 비로소 나타난 죄형법정주의의 사상은 현대적 죄형법정주의를 형성하게 했던 사상적 배경이었음을 부인할 수 없다. 왜냐면 당시 지배자였던 존(John) 왕과 피지배자인 귀족계급은 경제적 차원에서 서로 간에 이미 힘의 균형을 이루어 '종속관계'가 아닌 '대립관계'로 발전한 상태에 있었고, 그 결과 귀족계급은 국왕의 통치권에 대한 정치와 사법 감시자로서 견제 역할이 가능했기 때문이다. 이와 같은 배경에서 귀족계급은 대헌장에 근거하여 국왕에 관하여 법률에 근거하지 않은 의무이행을 거부할 수 있게 됨으로써 무조건적 종속관계에서 벗어날 수 있었다.

현대적 의미의 죄형법정주의는 국가권력에 대항하여 투쟁으로 취득한 역사적 산물임을 잊어서는 아니 된다. 그리고 오늘날 죄형법정주의는 국가공권력의 자의적 행사에 대한 시민의 권리보호를 위한 권리장전이자, 시민 권익의 핵심적 보호막으로 작동하고 있다. 따라서 국가기관의 시민에 대한 부당한 인권 침해 행위에 대해 국가가 스스로 죄형법정주의에 근거하여 소급효 금지 등의 방식으로 형사처벌의 면제 근거로 활용하는 것에 제한적으로 새길 수 있는 여지가 있어 보인다.[5]

2. 형법에서 죄형법정주의 관철

형벌은 복수와 달리 처벌 내용의 정당성과 처벌 절차의 합법성을 가져야 한다. 왜냐면 처벌 내용이 복수처럼 처벌자의 자의적 기준에 근거하고, 처벌 절차

4) 폼페이우스에 대한 예외적 권력을 부여했던 법률(예컨대 해적 토벌, 미트리다테스 전투의 수행).
5) 필자의 "권위주의 시대의 반인륜적 범죄행위와 소급효 금지원칙", 『동아법학』 제31호, 동아대학교 법학연구소, 2002.

역시 복수와 본질적으로 동일하다면 사회평화의 달성은 어렵기 때문이다. 또한 처벌 내용이 특정 범죄행위를 억제할 만한 위하력을 갖지 않고, 형벌 부과 절차의 적법성이 제대로 준수되지 않을 때 범죄피해자는 언제나 다시금 복수를 반복할 수밖에 없는 사정으로 내몰릴 수 있다. 형벌의 내용과 형벌부과의 절차는 복수와는 질적으로 다른 차원, 즉 죄형법정주의, 책임에 상응하는 형벌부과와 적법절차의 실현 등 법치국가원칙 실현을 전제로 한다. 내용과 절차에 의한 형벌만이 사적 복수의 반복적인 악순환을 끊을 수 있기 때문이다.

형벌의 내용과 정도는 범죄억제 또는 예방력을 충분히 발휘할 수 있어야 하고, 그래서 그 누구도 참기 어렵고 힘들 만한 고통을 수반해야 함은 물론이다. 바로 이 지점에서 법치국가원칙의 핵심적 내용인 죄형법정주의의 철저화는 책임주의의 전제가 된다. 왜냐면 행위자가 자신의 행위가 금지규범(혹은 요구규범)의 침해를 죄형법정주의 때문에 사전에 인식할 수 있었는데도 불구하고 위법행위로 나아갔다면 그런 범법자에 대해 비로소 비난을 가할 수 있기 때문이다.

판례와 일부 형법학자들은 정문에선 죄형법정주의의 철저화를 외치면서 뒤로는 죄형 편의주의나 사법적극주의로 달려가고 있다. 예컨대 과실범의 공동정범은 형법 제30조에서 공동의 범죄작품을 달성할 것을 요구하고 있음에도 과실행위를 공동으로 함께 실행하면 족하다는 괴상한 논리를 펴고 있다. 그런데 과실행위의 공동이란 있을 수 없다. 왜냐면 공동이란 둘 이상의 사람이나 단체 혹은 행위주체가 함께 하는 것을 의미하는 것으로, 여기서 함께 하는 것은 상호 의사연락과 그것을 기초로 공동으로 작업함을 뜻하기 때문이다.

또한 판례와 학계의 일부에 따르면 형법상 배임죄는 타인의 사무를 처리한 자만이 행위주체가 될 수 있음에도 타인을 위한 자신의 사무처리자도 타인의 사무라고 우기고 있다. 횡령죄의 경우 행위주체가 재물을 보관하는 것을 요구하고, 여기서 보관은 통상적으로 동산을 담아두거나 일정한 장소에 옮겨서 맡긴 것을 말한다. 그럼에도 부동산이 보관의 대상으로 여기고, 심지어 미성년자의 부동산을 관리하는 법정대리인조차도 그 부동산의 보관자라고 번역한다. 일본이 그러니 우리도 이를 따르고, 이것을 정의로 착각한다. 그러나 일본은 물권의 변동에 있어서 의사주의를 따르기에 당사자 상호 간에 매매부동산에 관해 계약의 체결만으로 소유권이 이전된다는 점에서 일본의 법리를 우리가 그대로 따를 수 없음은 물론이다.

Ⅱ. 국가폭력과 공소시효에 관한 죄형법정주의의 한계

1. 사법적 통제가 불가능한 국가폭력과 죄형법정주의

일제 치하 식민지 시대의 엄청난 고통을 이겨내고 자유 · 민주주의의 토대 위에 대한민국을 세운 우리 국민은 불행하게도 이승만, 박정희와 전두환 정권 시대의 권위주의적 체제 아래에서 국가폭력을 적지 않게 당했다. 요즘조차도 이들 권위주의 정권의 국가폭력을 정당시하려는 분들이 적지 않다는 사실은 세상이란 참 공정하지 않다는 생각을 들게 한다. 국가폭력에 대한 대응은 법치국가 원칙이 허물어진 상황에서는 현실적으로 불가능하기 마련이다. 왜냐면 이승만과 박정희 그리고 전두환처럼 당대의 권위주의적 대통령 체제 아래서는 사법적 통제가 정상적으로 작동하기란 현실적으로 불가능했고, 그렇다고 훗날 권위주의적 체제를 극복하여 국가폭력의 주도자를 처벌할 수 있는 환경이 마련될 무렵에는 공소시효에 근거하여 형사법적으로 처벌하기 어렵게끔 구조화되어 있기 때문이다.

헌법 제1조 제2항은 “대한민국의 주권은 국민에 있고, 모든 권력은 국민으로부터 나온다.”라고 명시하고 있다. 이처럼 모든 권력을 국민으로부터 부여받은 국가기관은 인간존엄을 보장하고 실천해야 할 책무[6]를 지녔음에도 불구하고, 도리어 그런 책무에 반해 국민의 본질적 기본권을 유린했다면 해당 국가기관에 합당한 책임을 물을 수 있도록 하는 것이 정의의 이념에 부합하며, 국민 정서에도 합당하다. 왜냐면 국민으로부터 부여된 국가권력은 그런 권력을 부여한 국민의 기본권 보장에 앞장섬이 도리임에도 도리어 국민의 기본권을 무참하게 침

6) 헌법 제10조와 제37조 제2항 후단 참조.

해했기 때문이다.

국가폭력을 범했던 정권의 주체가 죄형법정주의의 한 축인 소급효금지나 공소시효 제도를 원용하여 그 책임을 면하려는 태도가 정당한 것인지 의문스럽다. 왜냐면 죄형법정주의는 국가가 국민에게 시혜적으로 선물했던 것이 아니고, 국민이 국가권력에 투쟁하여 쟁취했던 역사성을 지녔기 때문이다. 국가폭력의 행위주체에 관한 공소시효를 법률로써 무효로 규정하더라도 죄형법정주의에 어긋난 것으로 보기 어렵다. 왜냐면 주권자의 의사에 부합해서 국가권력을 행사해야 하는 자유민주적 국가에서 자국민에 대한 반인도적 국가폭력을 범했고, 국가기관인 행위주체가 공소시효를 이유로 처벌될 수 없다는 점은 현대적 의미의 실질적 법치국가원칙과 정의에 부합하지 않기 때문이다.

2. 국가폭력과 공소시효

(1) 죄형법정주의의 원칙은 철저하게 준수되어야 함은 너무도 당연하다. 그렇다고 해서 그 원칙이 지나치게 형식적으로만 해석되어서는 안 되는 것을 우리의 권위주의적 정권에서 적지 않게 볼 수 있었다. 즉 법률이 지나치게 비인도적이거나 반인륜적이어서는 안 됨을 과거의 “국가보안법”을 비롯한 적지 않은 법률에서 볼 수 있었다. 언론·출판의 자유를 지나치게 억제한 박정희 정권 시대의 긴급조치 제1호부터 9호까지를 비롯하여 국가보안법처럼 적지 않은 사람들에게 본질적 기본권을 침해하는 법의 탈을 쓴 불법적 법률로 세계적 명성을 떨쳤다.

어디 그것뿐인가. 형식적이고 철저한 죄형법정주의는 법관을 법률의 입으로서만 기능하게 하여 악법에 대해서도 합리적 법해석을 가로막는 역할을 했다는 사실은 역사적으로 잘 알려진 사실이 아닌가. 이러한 이유로 세계 제2차 대전을 겪고 난 수많은 국가는 형식적 죄형법정주의[7]가 아니라 실질적 죄형법정주의

7) 독일 나치의 불법적 법률에 관한 문헌으로는 아르투어 카우프만(Arthur Kaufmann)/필자(역), 법철학입문, 세종출판사, 2001, 129쪽 이하 참조.

의 실현에 온갖 노력을 기울여 왔다. 따라서 죄형법정주의가 철저히 준수되어야 한다는 원칙은 실질적 죄형법정주의의 실현을 말한다고 해야 할 것이다.

그렇다면 실질적 죄형법정주의의 실현을 위한 근본적 출발점은 어디에 있을까. 우리는 이상하게도 이 문제에 관해 깊게 생각하는 것을 소홀히 했다. 이 문제에 대해 우리나라에서 처음으로 진지하게 고민한 사람은 우리 형법의 아버지라고 할 수 있는 엄상섭 선생이 아닌가 싶다. 그는 "죄형법정주의는 통치권의 정상적 존재를 전제로 하고 정립된 원칙"[8]임을 분명히 했다. 그리고 반인륜적 범죄를 자행한 친일 인사에 대한 헌법상의 소급입법적 근거를 형법제정에 대한 요강을 설명하면서 다음과 같이 서술했다.

"죄형법정주의를 법례의 장두(章頭)에서 선언했다. 이것은 현대 형법으로서는 당연한 일이고, 우리 헌법 제232조에서도 규정된 바이니, 구태여 이 조문을 둘 필요가 없었으며, 총회에서 그러한 의견을 가진 위원들도 상당히 있었으나, 이러한 조문을 둔다고 하여서 해될 것이 없을뿐더러 소위 개인의 가장 큰 기본권인 자유권에 대한 마그나 카르타를 명백하게 형법 제1조로 규정하는 것을 형법 운용상의 대 정신을 뚜렷하게 형법전에 나타내 두는 것은 효과가 있을 것이라는 이유하에서 원안이 지지(支持)되었다. 여기서 한 가지 문제가 되는 것은 대한민국 헌법 제101조에 규정된 반민족행위를 한 사람에게 대한 처벌법규와 본 조와의 관계일 것이다. 물론 형법은 헌법보다는 효력이 약한 법률이니 헌법에 저촉되는 한에 있어서 형법이 무효일 것은 두말할 것 없을 것이다. 그러나 내가 문제 삼고자 하는 것은 우리 헌법 제101조의 입법 근거인 것이다. … 또『민족반역자를 처단하기 위함이라』는 단순한 감정론에 그칠 것이 아니라, 사전 입법적인 문제로서의 타당성을 발견하자는 것이다. 만일 이 타당성을 정확하게 규정지어 두지 아니한다면 정권의 변동이 있을 때마다 헌법만 다수결에 의하여 개정한다면 용이(容易)하게 정적을 사후입법으로 처단하려는 중대한 악결과(惡結果)를 초래할 가능성이 있기 때문이다. 그래서 나는 우리 헌법 제101조와 같이 사후입법으로 처벌할 수 있는 것은 오직 다음과 같은 조건 아래에서 성립되

8) 엄상섭, "형법요강해설", 효당 엄상섭 형법논집, 서울대학교 출판부, 2003, 48~49쪽 참조.

는 것이고, 그 외에는 헌법의 개정에 의하더라도 사후입법으로서 처벌할 수 없다고 확신한다. 그러면 그 조건이란 무엇인가. 만일 어느 국가가 국민에게 대한 통치권을 정상적으로 가지고 있었던들 응당 그들 중의 반민족적 행위자에게 대한 입법을 하여서 처벌했을 터인데, 어느 부정당한 폭력에 의하여 그들의 통치권을 강탈당했기 때문에 그들의 반역자를 처벌할 법률을 제정·집행할 기회를 가질 수 없었다는 것이 그 조건이어야 할 것이다. 이것을 우리의 경우에 적용한다면 과거 40년 동안에 우리의 통치권을 일제에 강탈당하지 아니했던들 반민족적 행위에 대한 법규를 제정하여서 그러한 행위를 하는 사람이 있을 때마다 처단했을 것이거늘 우리는 부당한 왜제(倭帝)의 강력(强力) 때문에 우리 민족이면서 우리를 해치는 행위를 하는 사람들을 목전에 두고 또 미워하면서도 그들을 처벌할 기회를 얻지 못했기 때문에 부득이 사후입법에 의해서라도 처단할 수밖에 없다는 데서 우리 헌법 제101조의 타당성이 발견되는 것이고, 우리의 통치권을 우리 수중에 넣고 반민족행위자를 처단할 수 있었음에도 그들을 처단하지 아니했다면 사후입법으로 처단하여서는 안 된다는 것이 죄형법정주의의 정신일 것이다."

(2) 필자는 죄형법정주의가 실질적 의미에서 구현되려면 그 전제로 "죄형법정주의는 통치권의 정상적 존재를 전제로 하고 정립된 원칙"이라는 엄상섭 선생의 의견에 깊이 동감한다. 여기서 통치권의 정상적 존재가 의미하는 바는 자국민의 자기결정권이라는 결단에 의해 성립된 헌법과 그것에 따른 정부가 들어서고, 입법, 행정, 사법이라는 권한 주체가 3권의 분립을 통하여 견제와 균형이 가능한 헌법 체제를 유지하는 국가체제를 말한다고 생각된다. 왜냐면 개인의 자유와 인권을 보장하기 위해서 존재하는 국가가 오히려 개인의 자유를 근본적으로 박탈하는 불법국가나 강압적 방식에 의한 통치권행사를 한다면, 그런 체제에서 형식적인 죄형법정주의의 철저한 준수는 오히려 국민의 자유와 기본적 인권을 더욱 침해할 가능성이 크며, 죄형법정주의는 인간의 존엄을 담보하는데 아무런 실질적 의미도 없기 때문이다.

그렇다고 해서 반인륜적 범죄행위가 통치권의 정상적 존재를 전제로 하지 않은 상황에서 발생할 때, 그런 행위에 대해 무조건 소급효를 인정할 수 있는가에 대해도 의문이 있다. 즉 만일 반인륜적 행위가 통치권의 정상적 상황이 아닌 때에 발생했다고 하여 무조건 그 행위에 대해 소급효를 인정하는 것은 소급효 금지원칙을 무시할 만한 정도의 큰 실익이 있는가 하는 점이다. 행위자가 어느 행위를 하면서 그 행위에 대해 어떠한 경우라도 가벌성이 전혀 없다고 믿을만한 충분한 사유가 존재할 때, 소급효 금지원칙은 개별행위자의 자기행위에 대한 예견가능성의 보장 때문에 준수되어야 한다. 따라서 엄상섭 선생이 소급효의 금지원칙을 유보하는데 요구한 요건인 "통치권의 정상적 존재를 전제로 한다." 라는 사상은 다소 수정할 필요성이 있다고 생각된다. 소급효 금지원칙의 철저화를 유보하기 위해서는 엄상섭 선생이 요구한 요건 이외에 행위자의 행위가 정상적인 통치체제에 있으면 당연히 중대한 가벌성을 갖는 행위임을 행위자가 알거나 알 수 있어야 한다는 것을 요구해야 한다고 본다. 그렇게 함으로써 행위자는 자신의 행위가 정상적인 통치권의 체제 아래라면 형사처벌이 된다는 것을 예견할 수 있기 때문이다.

이러한 점에서 볼 때, 반민족적 혹은 반인륜적 행위를 한 자에 대해 소급효 금지원칙이 배제되기 위해서는 한편으로 통치권의 정상적 존재를 인정할 수 없다는 사실이 인정되어야 하고, 다른 한편으로는 어떠한 국가의 법률에서도 그 행위가 보편적으로 가벌성이 인정되어야 하며, 또한 우리나라에서도 한일합방 전이나 해방 이후에도 역시 동일한 가벌성을 갖고 있다는 점이 증명되어야 할 것이다.

이러한 범죄들에 대한 행위유형은 김성천 교수가 자세히 분석하고 있는데, 그가 제시한 사례에 따르면, 첫째로 한일합방 협력행위, 둘째로 식민체제 유지 협력행위로 나뉘고, 이를 다시 세분하면 식민지 시대에 일제의 하수인으로 우리 민족의 독립운동을 한 분들에 대한 가혹한 고문행위나 살상행위, 밀정행위, 전쟁 수행의 협조와 선동행위 등을 들 수 있을 것이다.[9)]

9) 이에 관한 자세한 분석과 연구는 김성천, "형법에 의한 체제불법 청산", 『형사법연구』 제14호, 한국형사

(3) 죄형법정주의의 원칙은 공소시효의 문제에서도 원칙적으로 적용되어야 한다면, 일제강점기의 반민족적 행위에 대해서도 공소시효의 원칙은 적용되는 것이 마땅하다. 따라서 일제강점기의 반민족적 행위에 대해 제정헌법과 법률에 의해 소급효를 인정해서 처벌될 수 있다고 해도 그 이후 공소시효가 만료된 상황에 처한 경우, 공소시효의 문제를 제쳐두고 언제나 처벌할 수 있다는 사고방식 또한 형법의 기본원칙에 반할 수 있다. 다만 헌법이나 형법 또는 형사소송법에서 반인륜적 범죄나 반민족적 범죄에 대하여 공소시효제도를 아예 인정하지 않을 때는 예외가 되겠지만 말이다.

일제강점기는 공식적으로 1910년부터 시작되었고, 제헌헌법 제101조에 근거한 반민족행위처벌법은 "1910년부터 1945년까지 일제를 위해 반민족적 행위를 한 자에 대해 형사 처벌한다."고 했으므로, 그 처벌법에 의하면 그런 행위에 대해서는 공소시효를 인정하지 않고 있다. 그리고 그것은 위헌일 수 없다. 왜냐면 제헌헌법에서 반민족행위에 대한 처벌법의 소급효를 이미 인정하고 있고, 또한 그 헌법에 근거하여 제정된 반민족행위처벌법은 일제강점기 기간 안에서 범해진 반민족행위라는 범법행위에 대해 공소시효제도를 박탈하고 있기 때문이다.

일제강점기의 반민족행위라고 해서 소급효를 인정하고, 그것도 모자라서 공소시효를 원천적으로 박탈할 수 있는지가 문제가 될 수 있다. 왜냐면 반민족행위가 소급법이 아닌, 행위시법을 적용했다면 당연히 공소시효의 만료로 처벌될 수 없는 행위가 될 수 있기 때문이다. 그럼에도 일제강점기라는 특수한 상황 때문에 불가피하게 소급효가 허용된 반민족행위처벌법이 다시금 일제강점기 동안의 특정 행위에 대해 모두 일괄적으로 공소시효제도를 원천적으로 박탈한 것은 정의의 한 축인 법적 안정성을 해할 수도 있어 보인다.

(4) 실질적 죄형법정주의는 각 개인의 자유권 보장을 담보하는 데 주된 목적이 있는 것이지, 국가의 반인권적 범죄행위를 면책하기 위한 제도가 아니다. 더구나 순전히 형식적 죄형법정주의인 불법적 법률에 의한 죄형법정주의도 개인

법학회, 2000, 280쪽 이하 참조.

의 자유를 보장하기는커녕 오히려 침해할 수 있다는 사실을 나치 정권과 한국에서는 군사독재정권의 경험에서 확인했기 때문에, 오늘날 실질적 죄형법정주의 원칙의 강조가 보편적인 추세이다. 따라서 예컨대 군사독재 정부와 같은 권위주의 체제 아래 공권력에 의하여 자행된 반인륜적 범죄에 대해서까지 무조건적으로 죄형법정주의가 형식적인 차원에서 적용되어야만 한다는 것은 적정성의 원칙에서 비추어 볼 때 정당한 것인지 의심스러울 수 있다. 예를 들면 '5 · 18 민주화 운동'에 대해 일부 군인들에 의해 무고한 광주시민의 집단적 살해사건을 비롯하여 권위주의적 국가권력에 의해 자행된 수많은 반인륜적 범죄에 대한 공소시효의 배제를 입법적인 근거에 의해 인정할 수도 있어 보인다. 또한 고문 전문가인 이근안의 반인륜적 고문사건이나 이른바 국가안전기획부가 관여한 '수지김 사건'이나 중앙정보부에 의해 살해된 '최종길 교수 사건' 등도 권위적인 국가권력이 개입된 것이 분명해졌지만, 이들 사건에 대해 공소시효가 완성되어 버렸기 때문에 처벌할 수 없게 된다면 정의로운 것인지 의문이 들지 않을 수 없다.

이에 대해 정부는 '헌정질서파괴범죄의공소시효등에관한특례법'을 제정하여 일정한 반인륜적 범죄에 대해서는 공소시효가 적용되지 않음을 명백하게 했고, 또한 이른바 "5 · 18민주화운동 등에 관한 특별법" 제2조는 "특정 기간에 발생한 헌정질서파괴범죄에 대하여 국가의 소추권 행사에 장애사유가 존재한 기간은 공소시효의 진행이 정지된 것으로 본다."라고 규정했다. 그렇지만 이와 같은 특별법의 적용을 받지 아니하는 '수지김 사건'이나 '최종길 교수 사건' 등에 대해서는 결국 해석론으로 해결할 수밖에 없게 되었다.

그런데 비록 권위주의적 국가의 폭력적 개입으로 범해진 반인륜적 범죄라고 할지라도 그에 대한 공소시효의 배제는 헌법과 그 정신에 일치한 법률적 근거가 없는 한, 소급효의 인정은 원칙적으로 허용될 수 없다고 할 것이다. 다만 공소시효에 관한 소급효에 대해 헌법정신에 어울리는 법률적 근거가 존재한다고 해도, 그 소급효가 허용되기 위해서는 공소시효 기간 내에 공소를 제기할 수 없는 현실적인 특별한 사정이 존재하여 공소시효의 중단을 인정할 수밖에 없는 불가피한 사정이 존재한 경우로 국한해야 할 것이고, 이러한 사정이 없는데도 소급효를 인정하는 것은 무리라고 생각된다.

Ⅲ. 형법해석의 기본원칙과 몇 가지 적용 사례

1. 형법해석의 기본원칙

형벌을 수단으로 삼고 있는 우리 형법은 복수와 달리 죄형법정주의를 기본원칙으로 삼고 있다. 죄형법정주의는 형사실체법상 금지한 행위가 구체적으로 무엇인지 사전에 명확히 기술하여 한편으로 국민 일반에게 알려야 하고, 성숙한 국민이라면 어떤 행위를 금지하거나 이행해야 할지를 알 수 있고, 그런 규범 위반행위에 대해 회피할 수 있어야 하며, 다른 한편으로는 형법을 적용하는 사법기관이 해당 규정의 범위와 내용을 명확히 파악할 수 있도록 명시되어야 한다. 이를 제대로 실현하기 위해 죄형법정주의는 소급효금지, 성문법주의, 유추금지와 명확성을 핵심 내용으로 삼는다.

통상적으로 허용되는 형법해석의 방법은 문리해석, 역사해석, 체계적 해석과 목적론적 해석(특히 목적론적 축소해석)을 들 수 있다. 그 밖에도 법원칙의 통일성과 형법 개념의 독자성 역시 해석의 영역에서 다룰 수 있는 쟁점이다. 법조실무자나 법조실무 출신 학자들 일부는 법해석의 영역조차 법원의 법창조 기능을 인정하려는 이른바 사법적극주의를 주장하는 분들도 적지 않다.

형법상 허용되는 해석은 법규범의 적용내용과 의미를 명확히 하는데 한정됨에 반해, 금지되는 유추는 법조문이 적용되는 범위의 틀을 넘어선 것으로 이해한다. 따라서 해석의 목적은 법률 문언에 대한 의미를 사회적으로 통용되는 요청에 부합하는 범위에서 명확히 하려는 데에 있고, 반면 유추의 목적은 법률의 흠결 부분을 사회적 요청에 부응할 수 있도록 관련 조문의 유추를 통하여 보완하는 데에 있다. 이처럼 해석과 유추의 이론상 구별은 쉽다.

그러나 해석과 유추 모두가 불명료한 법문에 관한 보완 필요성 때문에 사회적 요청에 걸맞게 적용하려는 것이어서 이들을 명확히 상호 구별하는 것은 현실적으로 쉽지 않다. 즉 이들 모두 주어진 상황에 대한 법률 적용 시에 야기되는 문제이며, 해석의 방법상으로도 유사하여 법규범을 특정 사안에 대입시키려고 할 때 실질적으로 동일한 수단과 방법을 사용하기 때문이다. 일부 학자들의 주장처럼 "법률 문언의 가능한 의미"의 기준만으로 허용되는 해석과 금지되는 유추를 구별하려는 시도는 지나칠 수 있다.

모든 법해석은 법문의 일상적인 의미나 법률적 언어관행을 사용하여 법문의 의미파악부터 시작해야 한다. 그러나 법문의 문언이 애매하거나 다의적일 때는 법규에 명시된 형식상의 용어에만 집착할 수 없고, 법문의 논리적 의미 파악을 비롯한 법률의 입법제정사나 법률 전체의 체계적 해석의 필요성도 발생하며, 헌법 규정이나 헌법정신도 무시할 수 없을 뿐만 아니라 사안에 따라 목적론적 해석(특히 목적론적 축소해석)이 필요할 수도 있다. 왜냐면 형벌 법규의 입법 시에는 헌법적 가치에 반할 수 없고, 일반조항과 가치 충전이 필요한 개념의 필요성이 불가피한 경우가 발생하며, 이와 같은 때에도 문언에만 집착할 수 없는 목적론적 해석을 통하여서라도 형벌 법규가 일반 국민에 대해 무엇이 금지되어 있는가를 보여줄 수 있어야 하고, 또한 형법조차도 문자로 형식화된 죽어 있는 조문의 집합에 불과한 것이 아니며, 일정한 목적을 갖고 인간의 사회생활 속에서 생활 관계와 함께 진화되는 합목적적 정신을 담고 있기 때문이다. 따라서 법률해석자는 법률해석 시에 단순히 법문에만 집착하여 문언의 일상적 의미 파악에 국한되어서는 아니 된다. 법률의 입법취지, 보호기능과 그 법률의 객관적 의미와 목적을 비롯하여 형법의 성격에 고유한 독자적 개념의 존재를 인식하고 고려해야 한다. 때로는 법률의 흠결이나 법률이 불비된 경우라도 허용되는 해석으로 보완될 필요성이 없지 않다. 예컨대 입법의 불비가 입법자의 편집상 과오에 기인함이 확인될 때 이를 일정한 요건 아래에서 보정할 수 있어야 한다. 또한 문언의 일상적 의미보다 넓은 개념인 문언의 가능한 의미 내에서의 해석도 이에 관한 정당한 논증에 의해 충분한 근거를 갖고, 법치국가원칙의 요청을 만족시킬 수 있다면 허용된 해석으로 간주할 수 있음은 물론이다. 법치국가원칙의 요청을 만족시키는 해석의 허용범위는 형벌 법규의 수범자인 국민에게 무엇이 구체적으로 금지되고 있는가(혹은 요구규범)를 명확하게 인식시킬 수 있고, 그렇게 함으로써 국민은 금지규범(혹은 요구규범)에 대응할 수 있는 자기결정을 할 수 있는 정도에 이르러야 한다.

2. 형법해석과 관련한 몇 가지 사례

(1) 형법개념의 독자성, 특히 행위주체 문제

① 모든 법률에는 기본적으로 일련의 법질서 통일성이 존재한다. 왜냐면 통상의 법적 사안에 관한 법해석은 법적 안정성 및 법질서의 통일성 관점에서 상호 저촉됨이 없이 조화롭고 체계적으로 파악될 때 비로소 논리성과 체계적 정당성을 확보할 수 있기 때문이다. 그럼에도 각 법률영역은 지향점이 서로 다르므로 각 영역의 독자성을 인정해야 할 필요성도 적지 않다.

② 예컨대 민사법은 소유권 보장, 사적 자치와 거래 안정 등을 통해 재산권의 효용을 극대화하고, 이렇게 극대화된 재산권을 다시 공정하게 분배하는 데 일차적 목적을 두고 있다.[10] 이에 반해 형사법은 죄형법정주의 원칙에 따라 법익보호 임무와 인권보장 임무를 주된 목적으로 한다. 이처럼 두 영역의 법이념과 제재 수단이 서로 다르므로 양 법률영역의 상이성과 독자성을 인정하지 아니할 수 없으며, 이를 인정하지 않고 언제나 민사법 원칙을 형사법에 동일하게 적용하는 것은 '의심스러울 때는 피고인의 이익'이라는 형사법의 원칙을 무시하는 결과를 야기한다. 다시 말해 민사책임은 사인(私人) 간에 야기된 손해에 대한 공평한 보상을 목적으로 하는 데 반해, 형사책임은 국가적 제재를 통하여 행위자를 형벌로 처벌함으로써 중요한 법익 보호를 통해 사회를 방위하는 데 기여하고 있다. 또한 법인은 민사법상 계약의 주체로서 당사자의 자격을 가질 수 있지만, 형사법상 법인은 원칙적으로 범죄행위의 실행주체가 되지 않는다. 왜냐면 법인은 법인격을 갖고 있긴 하지만 추상적 실체에 불과하다는 점에서, 실행행위의 현실성을 요구하는 형법의 성격에 어울릴 수 없기 때문이다. 게다가 민사법에서는 위험책임·무과실책임이 인정되지만, 형사법에서는 결코 무과실책임을 인정할 수 없다. 민사법은 고의·과실의 경중을 묻지 않고 손해를 입힌 만큼 손해배상 책임을 지우는 데 반해, 형사법은 고의범을 원칙으로 처벌하고 과실

---

10) 박광현, "형사법의 독자성과 민사법과의 통일성 관점에서 바라본 학제 간 고찰", 『서울법학』, 제20권 제1호, 서울시립대학교 법학연구소, 2012, 253~309쪽 참조.

범은 예외적으로 처벌한다. 이러한 점에서 형사법은 죄형법정주의, 책임주의, 행위시법주의와 최후수단성이라는 형법의 고유한 원칙과 이론을 전제한다. 그러므로 형법상 법원리나 법률개념은 민사법과 언제나 같을 수 없고,[11] 때로는 그 고유의 성격에 따라 독자적 개념이나 성격을 갖고 있음이 분명하다.[12]

③ 그 밖에도 형법의 성격은 민법보다 동적이고 현실적이다. 민법상 간접점유는 가능하지만, 형법은 간접점유를 인정하지 않는다는 것이 그 전형적인 예이다. 이처럼 형법은 동적인 성격을 지니고 있으므로, 행위주체의 실행행위 당시가 중요한 지점이 된다. 더구나 형법 제1조 제1항은 "범죄의 성립과 처벌은 행위 시의 법률에 의한다."고 명시하고 있다. 우리는 형법상 이 규정을 형법의 행위시법주의라고 부르며, 행위시법주의는 죄형법정주의 원칙 중에서 핵심적 내용인 만큼 이는 철저하게 준수되어야 한다. 따라서 행위시법주의는 다음과 같은 두 가지 측면을 지닌다. 하나는 행위주체의 행위 시에 관련 형사처벌 법규가 이미 선제하여야 한다는 점이고, 다른 하나는 행위 시에 행위주체는 행위자 자격을 이미 갖고 있어야 한다는 점이다.

④ 행위주체의 자격은 일반범의 경우 형사미성년자가 아닌 이상, 어떤 누구도 행위주체가 될 수 있다. 반면에 신분범은 특정한 자격이나 일정한 신분을 가져야만 비로소 해당 범죄의 행위주체가 될 수 있다. 형법의 행위시법주의는 신분범의 경우에도 예외일 수 없음은 물론이다. 형법은 이처럼 행위시법주의를 천명하고 있기에 행위 당시에 행위자가 해당 신분범의 주체 자격을 가졌는지, 그

---

11) 형법의 경우 타인의 재물을 훔친 자에게는 그 즉시 절도죄가 성립되고, 사후에 그 재물을 소유자에게 반환하더라도 결과가 달라지지 않는다. 사적 자유를 원칙으로 하는 민법은 채무이행을 제때에 하지 못하고 연기하여 추후에 이행하더라도 관련된 비용의 추가부담 등으로 해결될 수 있다.

12) 예컨대 형법상 점유개념은 민법과 온전히 일치할 수 없다. 또한 필자가 논증한 형법상 '위탁금전과 관련한 소유권' 문제도 민법상 소유권개념으로는 온전한 해명을 할 수 없고, 형법상 독자적인 소유권개념이 있어야 함을 입증한 바 있다. 이에 관해서는 "위탁금전과 소유권개념", 『비교형사법연구』, 제5권 제1호, 한국비교형사법학회, 2003; 그 밖에 '형법해석의 독자성'에 관한 문헌으로는 김신, "채무부담행위와 배임죄의 손해", 『법조』, 통권 제733호, 법조협회, 2019, 108쪽 이하 참조; 김도균, "우리 대법원 법해석론의 전환: 로널드 드워킨의 눈으로 읽기 - 법의 통일성을 향하여 -", 『법철학연구』, 제13권 제1호, 한국법철학회, 2010; 변종필, "해석근거로서의 법질서 통일성과 형법의 독자성", 『비교형사법연구』, 제13권 제2호, 한국비교형사법학회, 2011; 조병선, "환경형법을 계기로 새로이 전개된 형법해석학적 이론들-감독책임, 행정종속론, 공무원 가벌성론, 인과관계론 -", 『법학논집』, 청주대학교 법학연구소, 1992; 오세혁, "법체계의 통일성", 『법학연구』, 제4권, 홍익대학교 법학연구소, 2002 등.

행위주체가 구성요건에 해당하는 행위를 했는지 여부는 중요하다. 그러므로 형법상 행위주체에 의한 행위 당시의 구성요건적 침해가 있었다는 실체의 존재 여부가 중요한 역할을 한다. 행위객체에 대한 침해 당시 존재했던 구성요건 위반행위 자체가 사후에 해당 법률의 위헌결정을 제외하고 흔적도 없이 사라질 수는 없기 때문이다. 게다가 형법은 소급효나 추급효를 원칙적으로 인정하지 않는다. 실행행위 당시에 행위주체의 신분을 구비한 자의 형벌법규 위반행위는 여전히 처벌의 대상으로 남기 때문이다. 비록 사후에 발생한 행위주체의 자격 상실과 관련된 법인이나 조합의 설립이 재판에 근거하여 무효라고 판결이 났더라도 말이다.

⑤ 공법상 기본개념도 형법상의 것과 일치하지 않는 경우가 적지 않다. 예컨대 형법상 수사기관이나 재판기관의 행위는 죄형법정주의 원칙에 철저해야 한다. 이에 반해 행정기관의 공권력 행사 작용은 해당 기관의 법집행 행위로서 공권력을 행사함으로써 사인(私人)에 대하여 구체적 사실에 관한 권리의 설정 또는 의무의 부담을 명하거나 기타 법률상의 효과를 발생하게 하는 행위 일체이며, 이러한 행정행위는 그 자체로 공정력을 갖고 있다. 다시 말해 행정행위가 해당 법률을 위반했다고 하더라도, 그 행위가 원칙적으로 공정력을 가졌기에 무조건 무효나 취소되는 것이 아니다.

⑥ 법질서의 통일성 원칙이 원칙적으로 준수되어야 한다고 하더라도, 행정처분의 무효 개념은 이처럼 형법에 직접 영향을 미치는 절대적 효력을 갖는다고 할 수 없다. 게다가 형법의 행정행위에 대한 형법의 종속성은 언제나 무조건적 인정할 수 있는 것이 아니다. 그 이유는 다음과 같다.

a. 형사법은 법익보호 및 인권보장이 주요 목적이므로 사후 심사와 대응방안을 강구하는 데 반해, 행정행위는 사전 예방이 주요 목적이라는 점에서 양자 간에는 제재 수단이나 법원칙의 실질적 차이가 존재한다. 즉 형사법은 다른 법률로 사회방위를 할 수 없는 경우 형벌이라는 최후의 수단을 사용한다는 점에서, 형법의 근본원칙과 행정법상의 법원칙이 충돌할 때 예방적 효과가 큰 행정법의 제재 수단과는 성격이 다른 형벌이라는 최후수단성을 원칙으로 삼고 있기에,

법해석의 적용방식과 제재 수단의 운용방식이 다를 수밖에 없다.

b. '행정행위의 공정력'에 근거하여 행정행위의 효력은 무효가 확정되기 전까지 원칙적으로 유효한 것으로 인정되어야 한다는 원칙은 '무죄추정의 원칙' 및 이에 바탕을 둔 '의심스러울 때는 피고인의 이익'이라는 원칙을 고수하는 형법상의 원리와 정면으로 배치된다.

c. 공법상 과잉금지 원리 내지 비례성 원칙에 따르면, 행정행위로 개인의 재산권 등이 다소 침해된다고 하더라도 목적, 수단, 방법 등이 적절하다고 평가될 때 공익이 우선시될 수 있다. 반면 형법상에서는 인권의 본질적 침해금지를 비롯하여 죄형법정주의가 강조된다. 또한 행위주체에 의한 범법행위가 심증이 가더라도 합리적 의심이 없을 때 유죄판결이 가능하기에, 공법상 원리는 형법의 원리와 적지 않은 차이를 갖는다.

형법의 행정행위 종속성을 무조건 인정해야 할 정당한 이유가 없다. 독일 연방최고법원은 "교통표지와 관련된 결정에서 행정행위가 후일 취소가 되더라도 취소 이전에 행한 위반행위의 위법성에는 아무런 영향을 미치지 않는다."고 판시한 바 있다.[13)]

⑦ 또한 행정행위의 전제가 되는 국가의 존속성은 비록 불법적인 쿠데타로 정권을 장악한 정부가 출현했다고 하더라도 유지되어야 한다. 예컨대 쿠데타로 등장한 박정희 정권 아래에서도 대한민국의 정체성이나 존속성이 훼손되었던 것은 아니며, 그 정체성 및 존속성과 관련된 당시의 행정처분 모두를 당연무효라고 할 수 없다. 그러므로 국가의 존속성과 관련된 행위나 국가기관의 존속성을 위한 온갖 행정처분이 반헌법적이고 불법적인 정권 탈취라고 판결로 확정된 경우라도, 무조건적으로 언제나 무효일 수 없는 것이다. 만일 불법적 쿠데타로 집권한 정부의 행정처분을 처음부터 모두 무조건적 당연무효라고 한다면, 그런 정부로부터 임용된 법관이나 검찰의 사법행위도 당연무효로 돌리는 것이 마땅할 수 있다. 그 결과로 국가의 모든 권력행사를 소급하여 무효로 한다면 걷잡을 수 없는 혼란에 빠지게 된다. 이는 결코 바람직한 상황이 아니다. 그러므로 행

---

13) 이에 관한 자세한 기술은 조병선, "행정행위와 형법", 『형사판례연구[4]』, 1996, 32쪽 이하 참조.

정처분의 무효개념은 우리 법질서 일반의 관점에서 언제나 통일적으로 적용되어야 할 성질일 수 없으며, 형법상에 직접 적용되어야 할 정당한 이유가 있는 것도 아니다.

(2) 임의적 감경에 대한 비판적 검토

① 형법은 필요적 감경과 임의적 감경을 구별하고 있다. 예컨대 중지범을 규정하고 있는 형법 제26조 단서는 "형을 감경 또는 면제한다."고 기술하고 있다. 이에 따라 법원은 중지범에 해당하는 피고인의 경우 법정형에 대해 필요적으로 감경하거나 면제해야 한다. 이를 필요적 감경이라고 한다. 이에 반해 (장애)미수범을 규정하고 있는 형법 제25조 제2항에 의하면, "미수범의 형은 기수범보다 감경할 수 있다."고 표기하고 있다. (장애) 미수범을 범한 피고인에 대하여 법원은 기수범과 동일할 정도로 형을 선고하거나, 혹은 감경하여 선고할 수 있다. 즉 이에 해당할 때 임의적 감경이 가능하다.

② 이처럼 형법은 필요적 감경과 임의적 감경을 구별하고 있음에도 불구하고, 형법 제55조 제1항은, 이들 구별에 따른 아무런 차이를 명시하지 않고, 형의 감경 범위에 관해 다음과 같이 규정하고 있다. "법률상의 감경은 다음과 같다. … 3. 유기징역 또는 유기금고를 감경할 때에는 그 형기의 2분의 1로 한다."

여기서 쟁점 사항은 임의적 감경의 경우 법률상의 감경에 해당하는지 및 형법 제55조 제1항 규정은 임의적 감경조차 무조건 적용하여야 하는지 여부이다. 다수의견은 찬성하고, 별개의견은 반대한다. 어느 쪽의 의견이 정당한 것인지에 관해 아래에서 살펴보자.

③ 대법원 전원합의체 판결[14]의 다수의견은 임의적 감경을 다음과 같이 이해한다.

"'할 수 있다.'는 문언의 의미에 비추어 보면 입법자는 임의적 감경의 경우 정황 등에 따라 형을 감경하거나 감경하지 않을 수 있도록 한 것이고 그 권한 내지 재량을 법관에게 부여한 것이다. 이러한 해석은 문언상 자연스러울 뿐만 아

---

14) 대법원 2021. 1. 21. 선고 2018도5475 전원합의체 판결.

니라 일상의 언어 사용에 가까운 것으로 누구나 쉽게 이해할 수 있다. 법문과 입법자의 의사에 부합하는 이상, 죄형법정주의 원칙상 허용되지 않는 유추해석에 해당하지도 않는다."

그래서 임의적 감경에 해당하더라도 "유기징역형을 감경할 경우에는 '단기'나 '장기'의 어느 하나만 2분의 1로 감경하는 것이 아니라 '형기', 즉 법정형의 장기와 단기를 모두 2분의 1로 감경함을 의미한다는 것은 법문상 명확하다."고 주장한다.

④ 따라서 다수의견에 따르면 임의적 감경의 경우 "형기의 감경은 법관에게 부여한 권한 내지 재량"이라고 여기고 있는 반해, 별개의견은 "감경을 할 수 있는 범위와 그렇지 않은 범위가 포함된 범위에서 선고형을 정할 수 있다."는 의미로 이해한다.

⑤ 생각건대 임의적 감경에 해당하는지 여부 자체는 법관에게 부여한 권한이나 재량일 수 없다. 왜냐면 임의적 감경의 여부는 법률의 관련 조문에 근거해서만 해당하는지가 구체적으로 결정되기 때문이다. 임의적 감경규정에 해당할 경우라도 법정형의 형기에 관한 감경 여부는 법관의 자유재량이나 권한일 수 없는 일이다. 임의적 감경의 사유가 존재할 뿐만 아니라, 또한 형을 가중할 사유가 존재하지 않는다면 형법 제51조를 참작하여 기속재량으로 감경할 수 있을 뿐이다. 만일 법정형의 범위에 대해 법관의 작량으로 감경할 수 있다면 그것은 한편으로 국회의 입법형성권에 저촉되어 권력분립 원칙에 반하며, 다른 한편으로는 죄형법정주의에 정면으로 위배가 된다.[15)]

⑥ 형법은 개별적 조문을 통하여 필요적 감경과 임의적 감경을 구별하고 있다. 이러한 구별은 그 법률효과의 차이를 전제로 한다. 형법학계도 임의적 감경과 필요적 감경에서 나타난 차이점 때문에 이들의 구별에 관해 매우 신중한 태도로 접근하고 있다. 예컨대 범죄구성요건의 실행에 착수한 미수범이 어떠한 이유로 실행행위를 중지하여 결과 발생을 야기하지 않았다면 그 미수범은 장애미수에 속한지 혹은 중지미수에 속한지는 초미의 관심을 가지게 된다. 이는 형

15) 작량감경의 문제점과 개선방안에 관해서는 필자의 형법연구VI, 2012, 234쪽 이하 참조.

사실무에서도 그리 틀리지 않을 것으로 보인다. 왜냐면 임의적 감경의 경우 기껏해야 법정형의 하한에 대한 감경을 할 수 있어서 선고형의 범위는 법정형의 상한에서부터 하한에 대한 형의 감경까지에 이르게 됨에 반해, 필요적 감경은 형의 하한뿐만 아니라 형의 상한도 필요적으로 감경되어 임의적 감경보다 형의 실질적 감경 폭이 훨씬 크기 때문이다. 이처럼 양자의 구별실익이 있다는 것은 임의적 감경과 필요적 감경 사이의 법률상 효과가 다르기 때문일 것이다.

⑦ 만일 다수의견을 따른다면 임의적 감경이냐 혹은 필요적 감경이냐의 문제도 형법 제55조의 법률효과가 양자 모두 법률상 동일한 것으로 볼 수밖에 없고, 이는 임의적 감경과 필요적 감경 사이의 구별실익이 없다는 것을 의미한다.

⑧ 다수의견의 이와 같은 입장은 임의적 감경규정과 필요적 감경의 규정에 대한 의미와 형법 제55조에 의한 법률상의 감경에 대한 의미를 동일한 것으로 보고 있는 결과이다. 이러한 입장이 설득력을 얻으려면 임의적 감경이나 필요적 감경은 재판상 형벌에 관한 양형을 하는 단계에서 고려해야 한다고 보아야 한다.

⑨ 다수의견의 이러한 태도는 문제가 있다. 예컨대 장애미수에 해당하는지 혹은 중지미수에 해당하는지는 재판상 형의 선고 시에 고려의 대상이 되기 이전에, 형법은 벌써 미수범의 범행 이전에 장애미수와 중지미수에 관한 법정형을 정하고 있다. 형법의 이러한 규정은 법관의 해석이나 재량으로 변경할 수도 없다고 할 것이다. 왜냐면 범죄구성요건이나 법정형의 범위는 입법자의 결단에 속한 것이지, 법관의 해석이나 판단에 근거하여 결정되지 않기 때문이다. 따라서 임의적 감경에 관한 장애미수의 법정형을 법관의 재량에 의해 형의 상한에 대해서도 감경한다면 이는 법령위반에 해당할 수 있을 뿐만 아니라 전형적인 법왜곡의 문제이기도 하다.

⑩ 형법 제55조의 법률상 감경은 법관이 구체적 사안과 관련하여 피고인의 양형 시에 적용하는 규정이라고 보아야 한다. 이는 형법 제3장 제2절 형의 양정이라는 표제에서도 명백히 드러나 있다. 양형 단계에서의 법률상 감경은 형법이 그 이전에 특별히 결단한 법정형의 범위를 넘어설 수 없다고 해야 한다. 왜냐면 만일 그렇게 새기지 않다면 형법 제55조의 규정은 임의적 감경과 필요적 감경

의 구별 자체를 무시하게 되기 때문이다.

⑪ 필요적 감경이든, 임의적 감경이든 모든 법률상의 감경은 일률적인 법률효과를 갖는다고 해석한 다수의견은 형법 제55조의 규정을 아주 형식적으로만 이해하고 있다. 왜냐면 형법 제55조 제1항 제3호에 따르면, "3. 유기징역 또는 유기금고를 감경할 때에는 그 형기의 2분의1로 한다."고 명시하고 있는바, 이를 임의적 감경의 효과에 대입해 보면 형의 하한에 관해서만 2분의1로 감경한다고 해석하는 것이 형법의 취지에 걸맞기 때문이다.

⑫ 필요적 감경과 임의적 감경범위에 관한 차이를 인정하고 있는 형법 각 본조의 규정과 달리 형법 제55조 법률상 감경규정은 그런 차이를 인정하지 않는바, 이는 입법자의 실수로 보인다. 왜냐면 형법은 작량감경의 법률효과에 관해 근거 규정을 두지 않은 실수를 범했으며, 필요적 감경과 임의적 감경의 법률효과에 관한 형법 각 본조의 규정을 참작하지 않고 일률적으로 감경의 범위를 명시하고 있기 때문이다.

Ⅳ. 사법적극주의에 대한 비판적 고찰

법조실무자나 실무자 출신의 학자 중에는 사법적극주의(judicial activism)를 줄기차게 주장하는 분들이 적지 않다. 최근에도 변호사비용의 책정과 관련하여 민법상 대원칙인 사적 자치를 부정하고 법률의 해석과 판단에 법원의 적극적 개입을 주장한 판결이 탄생했다.16)

사법적극주의라 함은 성문법이 발달하지 않은 미국에서 법해석과 판결에 있어서 법문언에만 그치지 않고 정치적 목표나 사회정의 실현 등을 염두에 둔 적극적 법형성 내지 법창조를 강조하는 태도를 말한다.

그러나 성문법주의와 죄형법정주의를 헌법상 원칙으로 삼고 있는 우리나라에

16) 대법원 2018. 5. 17. 선고 2016다35833 전원합의체 판결: 변호사의 소송위임사무에 관한 약정 보수액이 부당하게 과다하여 신의성실의 원칙이나 형평의 관념에 반한다고 볼 만한 특별한 사정이 있는 경우라고 전제하긴 했으나, 좌우간 법원의 사법적극주의가 관철되었다. 다만 대법관 김신과 대법관 조희대가 사법적극주의에 대한 반대의견을 소수의견으로 피력했다.

서 이러한 주장을 거침없이 했다는 점에 그저 놀랄 뿐이다. 국민의 인권보장을 담보하기 위해서는 무엇보다 권력분립의 원칙이 철저히 준수되어야 하고, 이에 따라 사법권이 입법부의 입법형성권까지 침해한다는 것은 결코 용납될 수 없다. 왜냐면 죄형법정주의를 철칙으로 삼고 있는 대륙법계의 경우 어떤 누구도 감히 형사실체법의 해석에 있어서 법원의 사법적극주의를 옹호하고 법원에 의한 법창조 기능까지 행사해야 한다는 주장을 감히 말할 수 없기 때문이다.

그럼에도 불구하고 '사법의 적극주의'는 도처에서 발견된다. 대학에서의 강연[17]을 넘어서 '사법의 적극주의'라는 논문도 등장하고 있다.[18] 이 논문에 따르면 사법 적극주의를 표방하는 근거로 다음과 같은 사유를 들고 있다.

"첫째로 법원이 법의 해석 적용에 있어서 소극적인 자세를 취하게 되면 궁극적으로 법의 정의실현기능이 유명무실하게 되어 버리므로 적극적으로 정의실현의 자세로 법을 해석 적용하여야 한다는 점, 둘째로 법원은 단순한 법문의 해석적용에 그칠 것이 아니라 나아가 법해석을 통하여 법창조적 기능까지 발휘해야 한다는 점, 셋째로 법원의 사법심사 범위는 입법권이 제정한 법률과 행정권의 통치행위에까지 미쳐야 한다고 생각해 왔고, 이러한 뜻으로 사법적극주의라는 용어를 써 왔으므로 오늘은 사법적극주의를 이러한 의미로 해석하여 말하고자 한다."[19]

참 위험한 발상이다. 권력분립의 기본원리를 이해하지 못한 탓일까. 아니면 정의실현 신념에 지나치게 철저해서일까. 후자라고 말하기도 어렵다. 이는 사법적극주의를 주장하는 사람들의 논거를 통해서 파악할 수 있다.

이회창 대법관이 관여한 '복사문서가 문서위조 및 동 행사죄의 객체인 문서에 해당하는지 여부'에 관한 대법원 전원합의체 판결[20]에서 "다수의견은 복사

---

17) 이회창은 1987년 3월 28일 서울대학교 법과대학 제11회 졸업생들의 졸업 30주년 기념행사에서 강연했다. 이에 관해서는 이회창, "사법의 적극주의", 『서울대학교 법학』, 제28권 제2호, 서울대학교 법학연구소, 1987, 147쪽의 각주* 참조.

18) 이회창, 위의 논문, 147~161쪽 참조; 윤진수, "한국 대법원의 형사사건 성공보수 판결: 일반조항, 사법적극주의 그리고 장래적 판례변경", 『법철학연구』, 23권 제2호, 2020, 273~308쪽; 백경태, "프로크루스테스의 침대와 법의 지배 -최근 글꼴 파일 저작권 분쟁에 대한 '필요적' 사법적극주의적 검토-", 『계간 저작권』 32권 2호, 2019, 113~140쪽; 김영희, "주택임대차에서 사적 자치와 거래비용과 사법적극주의", 『법학연구』 30권 제1호, 2020, 103~146쪽 각 참조.

19) 이회창, 앞의 논문, 148쪽.

한 문서의 사본은 문서위조 및 동행사죄의 문서에 해당한다."라고 판시했다. 그 근거로 복사문서는 원본을 실제 그대로 재현하여 보여준다는 점과 복사문서가 원본에 대신하는 증명 수단으로서 기능이 거래 일상에서 증대되고 있는 실정을 고려했다. 그리고 만일 이회창 대법관이 정의관념과 목적론적 사고방식에 철저했다면 그 역시 복사문서도 문서위조의 문서에 해당한다고 보았어야 했다.

그렇지 않고 그가 최소한 죄형법정주의에 철저했다면 다음과 같은 입장을 따랐을 것이다. "위조한 문서를 전자복사기로써 복사본을 만든 때 그 복사본은 형법 제231조 소정의 문서라고 보기도 어려울 뿐 아니라 그 복사본을 만들어 낸 행위를 「타인명의로 문서를 작성했다」라고 할 수도 없어 그 행위가 형법 제231조 소정의 문서위조행위에 해당한다고 보기 어렵고, 그러한 경우 문서위조의 성립을 인정하는 것은 죄형법정주의의 원칙에 의하여 금지된 유추확장해석이 되며 같은 법조 소정의 문서의 개념 속에 전자복사본은 포함되고 필사본은 포함되지 않는다고 해석한다면 그 규정을 다의적으로 해석하는 것이 되어 형법 법규의 명확성에 반하는 결과가 된다."[21]

그러나 이회창은 죄형법정주의에도 그리 철저하지 못했다. 그는 다음과 같이 판시했기 때문이다. "위조문서의 원본을 복사하는 행위 자체는 이미 위조가 완성되어 작성명의의 진정이 침해된 문서의 표시 내용을 사본으로 재현하는 것에 불과하고 복사로서 새롭게 그 문서의 작성명의의 진정을 침해하는 것은 아니므로 이러한 사본의 작성행위를 문서의 위조라고 볼 여지가 없으나, 위조문서를 전자복사나 사진복사 등의 기계적 방법에 의하여 복사한 사본은 문서원본의 외관과 의식내용을 원본 그대로 재현한 것으로서 복사과정에서 의도적인 조작을 가하지 않는 한 원본의 외관과 의식내용을 그대로 타인에게 전달하는 기능을 가지므로, 이러한 사본을 제시하는 행위는 기계적 복사라는 중개수단을 통하여 문서원본의 외관과 의식내용을 상대방이 인식할 수 있게끔 간접적인 방법으로 문서원본을 제시하는 것이 되므로 위조문서행사죄를 구성한다."[22]

---

20) 대법원 1989. 9. 12. 선고 87도506 전원합의체 판결.
21) 대법원 1989. 9. 12. 선고 87도506 전원합의체 판결(대법관 이재성의 반대의견).
22) 대법원 1989. 9. 12. 선고 87도506 전원합의체 판결(대법관 이회창의 별개의견).

Ⅴ. 결론

죄형법정주의와 형법의 해석은 다음과 같은 관점에서 출발해야 한다.

(1) 형벌의 목적은 복수에 의한 악순환의 연결고리를 끊고, 더 이상의 복수가 가능하지 않게 하는 데 있으므로, 형벌의 일차적 목적은 형벌을 통하여 복수의 재발가능성을 방지하는 데 있다. 국가가 법률로 일정한 행위유형을 금지했음에도 불구하고 이를 무시하고 위반한 자에 대해서는 복수에 버금가는 실질적 고통을 그 행위자에게 적법절차를 통해 되돌려 주는 것이 형벌이다.

(2) 국가공권력은 현재 진행되고 있는 위난의 현장에 즉시 달려가서 피해자를 곧바로 도와줄 수 없는 경우가 적지 않다. 이와 같은 긴급한 상황이라면 국가는 범죄피해자에게 복수에 버금가는 자력구제 방식인 정당방위나 긴급피난 등을 행사할 수 있도록 허용해 주어야 한다. 이러한 긴급행위는 국가의 시혜적 혜택이 아니고 천부인권에 속하므로, 긴급행위에 대한 윤리적 제한은 삼가야 한다.

(3) 중대한 범법행위에 의한 법익침해의 피해자는 그런 피해에 대한 예방의 책무를 지닌 국가로부터 충분한 보상을 받을 수 있어야 한다. 왜냐면 국민이 사적 복수 대신에 형벌권을 국가에 이전했기에 그 피해자에 대한 실질적 피해 보상은 형벌권을 갖는 국가의 책무이기 때문이다.

(4) 절도범에 대해서는 절도 범죄의 예방효과가 확실함에도 누구도 그자의 손발을 절단해야 한다고 주장하지 않는다. 손발의 절단은 인권의 본질적 침해에 해당하기 때문이란다. 그런데 사형제도에 의해 눈에 띌 만한 예방효과가 입증되지 않았음에도 살인자에 대해서 사형을 집행해야 한다고 주장하는 이들이 적지 않다. 손발의 절단은 인권침해에 해당하기에 불가하다면서 사람의 생명을 박탈하는 사형제도는 허용될 수 있다고 주장하는 이들은 인권의 본질적인 핵심

이 인간의 생명이 아니라 육체에 있다고 생각하는 모양이다.

(5) 현대적 의미의 죄형법정주의는 국가권력에 대항해서 투쟁으로 취득한 역사적 산물이다. 이러한 죄형법정주의는 국가공권력의 자의적 행사에 대한 시민의 권리보호를 위한 권리장전이자, 시민 권익의 핵심적 보호막으로 작동하고 있다. 따라서 국가기관의 시민에 대한 부당한 인권 침해행위에 대해 국가가 스스로 죄형법정주의에 근거한 소급효 금지 등의 방식으로 형사처벌 면제의 근거로 활용하는 것은 제한되어야 한다.

(6) 권위주의 국가의 폭력적 인권침해로 범해진 반인륜적 범죄라고 할지라도 그에 대한 공소시효의 배제는 헌법과 그 정신에 일치하는 법률적 근거가 없는 한, 원칙적으로 허용될 수 없다고 할 것이다. 공소시효에 관한 소급효에 대해 헌법정신에 어울리는 법률적 근거가 존재한다고 해도, 그 소급효가 허용되기 위해서는 공소시효 기간 내에 공소를 제기할 수 없는 현실적인 특별한 사정이 존재해 공소시효의 중단을 인정할 수밖에 없는 불가피한 사정이 존재하는 경우로 국한해야 할 것이고, 이러한 사정이 없는데도 소급효를 인정하는 것은 무리이다.

(7) 모든 법해석은 법문의 일상적인 의미나 법률의 언어관행을 사용하여 법문의 의미 파악부터 시작해야 한다. 그러나 형벌법규가 일반 국민에 대해 무엇이 금지되어 있는가를 항상 명확히 보여줄 수 없고, 형법은 문자로 형식화된 죽어있는 조문의 집합에 불과할 수 없고, 일정한 목적을 갖고 인간의 사회생활 속에서 생활 관계와 함께 진화되는 합목적적 정신을 담고 있다. 따라서 법률해석자는 법률해석 시에 법문에만 집착하여 문언의 일상적 의미 파악에 국한되어서는 안 된다. 법률의 입법취지, 보호기능과 그 법률의 객관적 의미와 목적을 비롯하여 형법의 성격에 고유한 독자적 개념의 존재를 인식하고 고려해야 한다. 때로는 법률의 흠결 또는 법률이 불비된 경우라도 허용되는 해석에 근거하여 보완

해야 할 필요성이 없지 않다. 예컨대 입법의 불비가 입법자의 편집상 과오에 기인한 경우 이를 일정한 요건 아래에서 보정할 수 있어야 한다.

(8) 민사법은 소유권 보장, 사적 자치와 거래 안정 등을 통해 재산권의 효용을 극대화하고, 이렇게 극대화된 재산권을 다시 공정하게 분배하는 데 일차적 목적을 두고 있다. 이에 반해 형사법은 죄형법정주의 원칙에 따라 법익보호와 인권보장의 임무를 주된 목적으로 한다. 이처럼 두 영역의 법이념과 제재 수단이 서로 다르므로 양 법률영역의 상이성과 독자성을 인정해야 하며, 이를 인정하지 않고 민사법 원칙을 형사법에 동일하게 적용하는 것은 '의심스러울 때는 피고인의 이익'이라는 형사법의 원칙을 무시하는 결과를 야기한다.

(9) 사법적극주의는 성문법이 발달하지 않았던 미국에서 법의 해석과 판결에 있어서 법문언에만 그치지 않고 정치적 목표나 사회정의 실현 등을 염두에 두고 적극적 법형성 내지 법창조를 강조하는 태도를 말한다. 이러한 입장은 이회창 전 대법관을 비롯하여 실무가 출신의 교수 일부가 주장한다. 성문법주의와 죄형법정주의를 헌법상 원칙으로 삼고 있는 우리나라의 형법 분야에서 이러한 주장을 거침없이 했다는 점은 그저 놀라울 뿐이다. 국민의 인권보장을 담보하기 위해서는 무엇보다 권력분립의 원칙이 철저히 준수되어야 하고, 이에 따라 사법권이 입법부의 입법형성권까지 침해한다는 것은 결코 용납될 수 없다. 왜냐면 죄형법정주의를 철칙으로 삼고 있는 대륙법계의 경우 누구도 감히 형사실체법의 해석에 있어서 법원의 사법 적극주의를 옹호하고 법원에 의한 법창조기능까지 행사해야 한다는 주장을 말할 수 없기 때문이다.

[국문 요약]

법치국가원칙에 입각한 죄형법정주의는 근대법 형성에 있어서 중추적 원칙으로서 국가 통치권의 제한과 균형을 통해 시민의 권익 보호를 목적으로 한다. 이는 영국의 존왕 시절인 1215년 '대헌장'을 기점으로 현대적 의미의 죄형법정주의가 형성되기 시작했다고 볼 수 있다. 왜냐면 존왕의 지위와 권력에 맞설 수 있는 귀족들의 경제력이 급부상해서 왕권의 자의적 횡포를 막을 수 있을 정도가 되었고, 이에 따라 귀족과의 약속을 준수해야 했기 때문이다.

죄형법정주의의 원칙은 국가권력 행사로부터 시민의 권리를 보호하기 위한 필수적 기반이다. 죄형법정주의의 내용은 범죄의 성립을 확인하고, 국가공권력에 의한 범죄의 처벌은 법률에 근거해야만 한다는 것이다. 국가공권력에 의한 형벌은 복수와 달리 엄격한 법적 근거와 절차를 갖추어야 함을 의미하고, 이는 법치국가원칙 실현을 위한 필수 불가결한 요소이기 때문이다.

그런데 죄형법정주의는 언제나 무조건 준수해야만 할 절대적 원칙인지 고민해야 할 부분이 있다. 법관이 죄형법정주의의 원칙에 따라 법률을 엄격히 준수함은 매우 중요하나, 이러한 원칙에 근거한 지나친 형식적 해석은 오히려 불의의 편을 들 수 있게 하면서, 도리어 사법적 정의구현을 저해할 수도 있다. 예컨대 일제강점기와 이승만 독재와 박정희 군사정권 등 권위주의 정권 아래에서 자신들의 정권 유지를 위해 이에 저항한 인사들에 대한 반인권적 고문 등의 국가폭력은 국가권력의 비인간적 행사로서 죄형법정주의의 한계를 드러낸다. 왜냐면 반인권적 국가폭력 범죄라고 하더라도 죄형법정주의의 한 축인 소급효금지나 공소시효의 소멸 등으로 처벌을 면하는 것은 부당하며, 이처럼 죄형법정주의는 인간의 존엄을 억압하는 악법조차도 따라야 한다는 원칙이기 때문이다.

이에 따라 형식적 죄형법정주의와 대비되는 실질적 죄형법정주의는 국민이 위정자들을 향한 투쟁을 통해 권리를 쟁취한 역사적 산물임을 우리는 잊지 말아야 한다. 죄형법정주의의 측면에서 독일의 나치나 우리의 경우 군사독재정권의 흑역사는 사법을 왜곡하고 인권을 말살함을 보여주었다는 점에서 지나친 죄형법정주의는 도리어 개인의 자유를 침해할 수 있기 때문이다.

실질적 죄형법정주의 원칙은 국가가 통치권을 정상적으로 행사할 때만 적용되어야 하며, 국가폭력 범죄는 공소시효 적용에서 예외를 둘 필요가 있다. 그러므로 군사독재나 부당한 계엄령 등에 의한 권위주의 체제에서 자행된 국가폭력 범죄에 대해 공소시효의 배제를 명확히 하여 정의를 실현하려는 노력이 필요하다. 뿐만 아니라 부당한 계엄령을 통하여 사법기능과 국회기능의 말살을 시도한 국가폭력 또한 공소시효의 적용을 허용하지 말아야 한다. 왜냐면 이 또한 국가가 법치국가원칙에 의해 작동되지 않고, 국헌을 문란케 함으로써 국민의 인간다운 삶을 심각하게 저해하기 때문이다.

[The Principle of Legality in a Rule of Law State]

The principle of legality, based on the rule of law, serves as a central principle in the formation of modern law, aiming to protect citizens' rights and interests by limiting and balancing state governance. The modern concept of legality can be traced back to the Magna Carta in 1215 during the reign of King John of England. This is because the economic power of the nobles, who could confront the authority and power of King John, had risen significantly, enabling them to curb his arbitrary despotism. Consequently, King John had to adhere to his promises with the nobles.

The principle of legality is an essential foundation for protecting citizens' rights from the exercise of state power. The content of this principle is to confirm the establishment of crimes and to ensure that punishment by state authority for these crimes is based on law. This means that punishment by state authority must have strict legal grounds and procedures, unlike revenge, and this is an indispensable element for realizing the rule of law.

However, there is a need to ponder whether the principle of legality should always be followed unconditionally. While it is crucial for judges to strictly adhere to laws according to the principle of legality, excessive formal interpretation based on this principle can inadvertently side with injustice and hinder the realization of judicial justice. For example, the inhumane state violence, such as torture against those who resisted during the authoritarian regimes of Japanese colonial rule, the Syngman Rhee dictatorship, and the Park Chung-hee military regime, reveals the limitations of the principle of legality as an inhumane exercise of state power. It is unjust to exempt punishment for such inhumane state violence crimes based on the prohibition of retroactive laws or the expiration of statutes of limitations, which are aspects of the principle of legality. This is because the principle of legality requires adherence even to inhumane laws that oppress human dignity.

In this respect, we must not forget that substantial legality, contrasted with formal legality, is a historical product won through the people's struggle against their rulers. The dark history of legality under Nazi or military dictatorship regimes showed the distortion of the judiciary and the annihilation of human rights, indicating that excessive legality rather infringed on individual freedom.

The principle of substantial legality should only be applied when the state exercises governance normally, and inhumane state violence crimes need to be excluded from the application of statutes of limitations. Therefore, it is deemed necessary to clearly exclude statutes of limitations for inhumane state violence crimes committed under military dictatorships or unjust martial law, to achieve justice. Furthermore, state violence that attempted to annihilate judicial and parliamentary functions through unjust martial law should also refrain from allowing statutes of limitations. This is because such actions seriously hinder the people's dignified lives by not operating under the principle of the rule of law and disrupting the national constitution.

제9장

위법성 조각사유의 전제사실에 관한 착오

Ⅰ. 연구대상: 대법원 2023. 11. 2. 선고 2023도10768 판결[1)]

1. 사실관계

A는 관장 B가 운영하는 복싱클럽에 회원등록을 했던 자로서 등록 취소 문제로 B로부터 질책을 들은 후 약 1시간이 지난 뒤 다시 복싱클럽을 찾아가 B에 항의하는 과정에서 “B가 A의 멱살을 잡아당기거나 바닥에 넘어뜨린 후 목을 조르는 등 B와 A가 뒤엉켜 몸싸움을 벌였다.” “이때 피고인이 이를 지켜보던 중 A가 왼손을 주머니에 넣어 어떤 물건을 꺼내 움켜쥐자, 그는 A의 왼손 주먹을 강제로 펴게 함으로써 A에게 손가락에 대한 골절상을 입혔다.” B의 행위가 검찰에 상해의 공소사실로 기소된 사안에서 원심판결은 피고인이 당시 죄가 되지 않는 것으로 오인함에 관해 ‘정당한 이유’를 부정하여 검찰의 공소사실을 유죄로 인정했다. 대법원은 “원심판결에 위법성조각사유의 전제사실에 관한 착오의 정당한 이유 존부에 관한 법리오해의 잘못이 있다.”라고 판결했다.

---

1) 대상판결에 관해 적지 않은 교수들이 평석했고, 그 글들을 살펴보면서 우리 형법상 ‘사회상규’ 규정을 도외시하는 모습에 용기를 내 작성하게 되었다. 이 평석을 쓸 수 있게 기여한 이들 교수님에게 감사함을 전한다.

2. 판결요지

상해의 공소사실로 기소된 대상 사안에서 대법원은 "① B와 A는 외형상 신체적 차이가 크지 않고, 당시 A는 제압된 상태였더라도 상당한 정도의 물리력을 행사할 수 있는 능력이 있었을뿐더러 그 직전까지도 B와 몸싸움을 하는 등 급박한 상황이 계속되고 있었으며, 몸싸움은 일시적 · 우발적으로 발생한 것이라기보다는 A가 B에 대한 항의나 보복의 감정을 가진 상태에서 계획적 · 의도적으로 다시 찾아옴에 따라 발생했고, 더구나 코치로서 관장과 회원 사이의 시비를 말리거나 더 커지는 것을 막아야 하는 위치에 있던 피고인의 입장에서 둘 사이의 몸싸움이 격화되는 과정에서 A가 왼손을 주머니에 넣어 특정한 물건을 움켜쥔 채 꺼내는 것을 목격하자, 이를 A가 상대방의 생명 · 신체에 위해를 가하려는 것으로 충분히 오인할 만한 객관적인 정황이 있었다. ② 피고인은 일관되게 A가 호신용 작은 칼 같은 흉기를 꺼내는 것으로 오인하여 이를 확인하려고 했다는 취지로 진술했고, A 역시 수사과정에서 '피고인에게 상해의 의도가 있었다기보다는 손에 쥐고 있던 물건이 무엇인지 확인하기 위해서였다고 생각한다.'라고 같은 취지로 진술했으며, A가 가지고 있던 '휴대용 녹음기'와 피고인이 착각했다고 주장하는 '호신용 작은 칼'은 크기와 길이 등 외형상으로 큰 차이가 없어서 이를 쥔 상태의 주먹이나 손 모양만으로는 양자를 구별하는 것이 쉽지 않았으므로, 당시 피고인은 A의 주먹이나 손 모양만으로 그가 움켜쥔 물건이 무엇인지조차 알기 어려웠다. ③ A는 당시 왼손으로 휴대용 녹음기를 움켜쥔 상태에서 이를 활용함에 별다른 장애가 없었으므로, 만일 몸싸움하느라 신체적으로 뒤엉켜서 A가 실제로 위험한 물건을 꺼내어 움켜쥐고 있었다면, 그 자체로 B의 생명이나 신체에 관한 급박한 침해나 위험이 초래될 우려가 매우 높은 상황이었다. ④ 형법 제20조의 사회상규에 의한 정당행위를 인정하기 위한 요건 중 행위의 '긴급성'과 '보충성'은 다른 실효성 있는 적법한 수단이 없는 경우를 의미하는 것이지, '일체의 법률적인 적법한 수단이 존재하지 않을 것'을 의미하지는 않는다는 판례 법리에 비추어, 피고인의 행위는 적어도 주관적으로는 그 정당성에 대한 인식 아래에 이루어진 것이라고 보기에 충분한 점 등을 종합하면, 피고인이 당시 죄가 되지 않는 것으로 오인한 것에 대해 '정당한 이유'를 부정하여 공소사실을 유죄로 인정한 원심판결에는 위법성 조각사유의 전제사실에 관한 착오, 정당한 이유의 존부에 관한 법리오해의 잘못이 있다."라고 판시했다.

연구

Ⅱ. 문제의 제기

대상 사건에서 행위자가 피해자 A의 신체에 가한 상해는 과실일 수 없고, 고의로 범한 것이다. 그러므로 사실의 착오나 구성요건 착오가 생길 수 없다. 그렇다고 대상 사건에서 피고인의 행위는 위법성 조각사유인 정당방위에 의한 것으로 인정할 수도 없다. 왜냐면 피고인의 행위는 정당방위라는 '위법성 조각사유'의 객관적 요건이 모두 충족되지 못했기 때문이다. 다만 피고인은 피해자에 대한 자신의 상해 행위가 정당방위의 객관적 요건을 충족하지 못했음에도 이를 충족하는 것으로 오인했다. 이를 '위법성 조각사유의 전제사실에 관한 착오'(이하에서는 이를 '위전착'이라고 칭한다)라고 부르기도 한다.

대상 사건의 경우 형법학계 일부에서는 현행 형법이 이와 같은 착오에 관한 구체적인 해결책을 갖고 있지 않은 것으로 이해한다. 그래서 그 해결책으로 다양한 이론이 제시되고 있다. 이러한 논란의 중심에는 '위전착'을 형법상 '법률의 착오'와 다른 독자성을 갖는 착오로 파악한 견해가 있기 때문이다. 그래서 독자성을 갖는다는 견해가 과연 정당한 것인지를 규명해 본다. 이와 관련하여 해결책으로 제시된 다양한 학설에 대하여 비판적으로 검토한 다음에(Ⅱ),[2] 이들 다양한 학설

2) 이른바 '고의설'에 관하여 자세한 설명과 비판은 여기서 제외한다. '고의설'은 고의가 책임 요소라는 데 착안한 것인바, 이는 이미 극복된 이론이며, 형법상 책임은 고의의 존립 여부가 아니기 때문이다. 그런데도 '구성요건'과 '금지'를 완전하게 분리하는 것이 불가능하다는 입장(홍영기, "위법성 조각사유의 전제사실에 관한 착오 -체계적 이해와 관련된 몇 가지 문제-", 『고려법학』 제81호, 고려대학교 법학연구원, 2016, 299쪽)에서 위법성 인식의 착오를 고의의 착오가 된다고 이해하는 견해도 존재한다.

을 따를 수 없음을 확인한 후 대상 사건에 관해 현행법상 해결책을 검토해 보고(Ⅲ), 결론을 맺고자 한다(Ⅳ).

Ⅲ. 형법 제16조 법률의 착오의 적용 가능성

1. '위전착'의 독자성 여부

형법은 사실의 착오(형법 제15조)와 법률의 착오(형법 제16조)를 구별하고 있다. 그런데 사실의 착오는 범죄구성요건에 속한 객관적 요소를 알지 못해서 일어난 착오이고, 이를 회피할 수 있었는지 여부에 관계없이 고의를 조각한다. 이러한 착오의 경우 행위자는 "구성요건적 관점에서 무엇을 하고 있는지를 모른다." 이에 반해 법률의 착오는 법적으로 금지된 것에 대한 착오이다. 이 경우 행위자는 구성요건에 해당하는 그 무엇을 하는 지 알고 있지만, 그 행위가 법적으로 금지된 것을 모를 뿐이다. 다만 우리 형법상 법률의 착오는 순수한 금지착오와 다른 면이 있다. 왜냐면 형법상 법률의 착오는 "자기의 행위가 법적으로 금지되어 있지만, '법령에 의하여 죄'가 되지 아니한다."라고 규정하고 있기 때문이다. 즉 법률의 착오는 행위자가 구성요건적으로 무엇을 하는가를 알고 있으나, 그것이 특정 법령에 근거하여 허용되어 있다고 착각한 경우이다.

형법 제16조에서 인정한 이러한 착오와 달리 위법성 조각사유의 전제사실에 관한 착오가 독자성을 갖는다는 주장이 있다. 예컨대 행위자는 "녹음기를 꺼내려고 하는 A에 대하여 그가 흉기를 꺼내려고 한다."라고 오인했다면, 착오의 대상이 법률의 내용이 아닌 위법성 조각을 위하여 요구되는 객관적 정황사실에 대한 착오라는 점에서 '순수한' 법률의 착오에 속하지 아니한다는 견해[3]가 그것이다.[4]

---

3) 특히 김혜경, "위법성 조각사유의 전제사실의 착오와 책임고의", 제268회 영남형사판례연구회 발표논문, 2024. 12. 12. 11쪽 참조.

4) '위전착'이 법률의 착오와 병존하는 이중의 착오라는 점을 강조하는 견해로는 박경규, "대법원 2023. 11. 2. 선고 2023도10768 판결의 평석 - 위전착 사례와 이른바, '위전착과 법률의 착오가 병존하는 이중의 착오' 사례의 구별 등을 중심으로 -", 『형사정책』 제36권 제4호, 한국형사정책학회, 2025, 385쪽 이하 참조.

이러한 이론은 독일의 형법체계상 '위전착'의 경우 정당한 이유가 없을 때 무조건 고의범으로 처벌될 수 있다는 점을 감안하여(특히 낙태죄와 관련하여 낙태의 처벌면제 기간을 넘긴 지 모르고 낙태한 때도 고의범으로 처벌함이 국민감정과 괴리된다는 점) 이를 완화하고자 독일학계와 판례에서 이론적으로 구성한 것이다.[5] '위전착'이 구성요건 착오나 금지착오일 수 없다고 논리는 이러한 점에서 그 취지를 이해할 수 있다.[6]

형법 제16조 법률의 착오는 "자기의 행위가 법령에 의하여 죄가 되지 아니한 것으로 오인한 행위"라고 명시하고 있는바, 이 규정은 "자기의 행위가 '위법성조각사유의 전제사실과 같은 성립요소에 관한 착오'로 인하여 죄가 되지 아니한 것으로 오인한 경우도 해당한다고 해석하는 데 크게 틀리지 않은 것으로 보인다. 그 이유는 다음과 같다.

첫째로 '위전착'으로 인한 행위자는 자신의 행위가 법률에 명시된 정당방위 등 위법성 조각사유에 해당한다는 믿음에 근거하고 있다. 즉 착오자의 행위가 법령(예컨대 형법 제20조 이하에서 명시한 위법성 조각사유 등)에 근거한 법률의 착오(형법 제16조)에 해당함은 의문이 없어 보인다. 그 착오자는 이러한 이유로 위법성의 인식이 없거나 없을 수 있는 전형적인 법률의 착오에 빠진 것으로 보인다.

둘째로 법률의 착오는 오상방위나 오상피난을 포섭한다. 그런데 오상방위나 오상피난은 크게 두 가지 종류로 분류할 수 있다. 하나는 '허용구성요건 착오(Erlaubnistatbestandsirrtum)'로서 '위전착'이고, 다른 하나는 '허용착오(Erlaubnisirrtum)'로서 '위법성 조각사유의 허용범위에 관한 착오'이다. 이들 양자 모두 행위자는 구성요건적 사실을 완전하게 인식하면서도 자신의 행위가 위법성이 조각된다고 믿었기 때문에 발생하는 착오이다. 행위자에게 좌우간 자신의 행위에 대한 위법성의 인식이 없다는 사실은 틀림이 없다. 따라서 '위전착' 역시 위법성의 인식 여부가 결정적으로 작용하는 착오 문제라는 점에서 법률의 착오에 해당하지 않는

5) 이에 관해 자세한 설명은 Wessels/필자(역), 독일형법총론, 1998, 226쪽 이하 참조.

6) 국내에서 이에 대해 문제를 제기했던 학자로는 이형국, "정당방위의 성립요건", 『사법행정』 제24권 제12호, 한국사법행정학회, 1983, 4~6쪽; 임웅, "위법성 조각사유에 관한 착오", 『사회과학』 제24권, 성균관대학교 출판부, 1985, 93~112쪽 참조.

다는 견해에 동참하기는 어렵다.

게다가 형법 제16조에서 '법령에 의하여 죄가 되지 아니한 것으로의 오인'을 법률의 착오에 해당하지 않는다는 견해는 범법자에게 불이익을 가져다줄 수 있는 해석으로 귀착한다. 왜냐면 위법성 조각사유를 행사할 수 있는 객관적 상황이 존재하지 않음에도 불구하고 이에 해당하는 것으로 오인한 경우를 '법률의 착오'에 해당한다고 할 수 없다는 견해는 대상 판례 사안의 경우 피고인에게 불리한 지나친 축소해석을 한 셈이기 때문이다.

그러므로 국내 일부 학자가 주장한 '법률의 착오'와 구별된 '위전착'의 독자성의 인정[7]을 형법에서 곧바로 적용함은 무리이다. 우선 체계적인 관점에서 '위전착'은 법률의 착오와 달리 독자성을 갖는다는 이론구성은 이해하기 어렵다. 대상 판결의 사례에서 피고인은 피해자의 손을 상해할 때 그 피해자 A가 (녹음기가 아닌) 위험한(?) 물건을 소지하고 있다고 착오로 믿었다면 피고인은 자신이 무엇을 하는지 정확히 알고 있었다. 즉 그가 고의로 A의 손에 골절상을 입혔다는 사실에 변함은 없다. 행위자가 착오한 부분은 이 경우 자신의 행위가 형법 제21조 제1항의 정당방위에 근거하여 법적으로 허용되어 있다고 잘못 오인한 점이다. 즉 피고인은 정당방위의 객관적 상황이 충족했다고 착각했던 것이다. 그 결과 피고인은 행위 시에 피해자의 손을 고의로 상해했지만, 자신의 행위는 정당방위에 근거한 것으로 오인하여 위법성을 인식하지 못했을 뿐이다. 피고인은 행위 시에 구성요건상 무엇을 하는지 알고 있었고, 다만 자기의 행위가 법령에 근거한 위법성조각사유에 충족되는 것으로 오인한 것이다. 그러므로 피고인의 착오를 법률의 착오에서 강제로 배제하려는 시도는 비논리적이다. '위전착'은 형법 제16조에서 명시한 '법률의 착오'와 본질적으로 다른 '독립된 착오'라는 견해는 설득력이 없어 보인다.

7) 예컨대 김혜경, 앞의 발표논문, 5쪽 이하 참조.

2. 위전착과 학설[8)]

(1) 독일형법 제17조는 금지착오를 다음과 같이 명시하고 있다. “행위 시 행위자에게 불법을 범한다는 인식이 결여된 경우 이러한 착오를 회피할 수 없었다면 행위자는 책임 없이 행위한 것이다. 행위자가 착오를 회피할 수 있었다면 제49조 제1항에 따라 형이 감경될 수 있다.” 즉 독일형법은 행위자가 이와 같은 착오를 통상적으로 회피할 수 없을 때 처벌할 수 없고, 착오를 회피할 수 있는 경우 형을 감경할 수 있도록 규율했다. 이러한 제도 아래에서 ‘위전착’이라도 그 착오를 회피할 수 없었던 때에만 처벌할 수 없고, 그렇지 않다면 형을 감경할 수 있을 뿐이다.

(2) 그래서 ‘위전착’을 금지착오, 특히 ‘법률의 부지’와 동격으로 인정하여 그 착오를 회피할 수 있었느냐의 여부에 따라 처벌의 가부를 따지는 점은 사리에 맞지 않는다는 생각을 가진 학자들이 적지 않았다. 판례 역시 이러한 경향에 합류했다. 이러한 견지에서 일부 학자들은 ‘위전착’을 한편으로, 그리고 ‘위법성 조각사유의 법적 한계에 대한 착오’를 구별하고, 후자의 경우에만 금지착오의 규율에 따라 처리되어야 정당하다고 보았다. 이와 같은 주장은 논리적이라기보다 오히려 국민의 법감정에 따라 사안을 처리하려는 태도이다. 왜냐면 둘 다 법질서에 친화적인 심정반가치가 부인될 수 있다는 점에서는 동일하기 때문이다. 그런데도 양자를 구별하려는 이들 입장은 다시금 그 견해가 유추적용책임설과 법효과제약적 책임설로 나뉘었다.[9)]

(3) 우선 유추적용책임설[10)]에 따르면 범죄의 핵심적 불법성은 행위반가치에

8) 위법성 조각사유의 전제사실에 관한 착오의 체계 문제에 대해서는 하태영, “위법성 조각사유 전제사실의 착오 체계 문제”, 『죄형법정원칙과 법원』, 한국형사법학회, 2023, 194쪽 이하 참조; 김성룡, “현행 법체계에서 위법성 조각사유의 전제조건에 관한 착오의 해석론”, 『비교형사법연구』 제15권 제1호, 한국비교형사법학회, 2013, 317~340쪽 참조. 그리고 위법성 조각사유의 전제사실에 관한 착오 문제에 있어서 판례를 논리적으로 분석하여 관찰한 학자로는 이용식, “위법성 조각사유의 전제사실의 착오에 대한 대법원 판례의 이해구조”, 『형사판례연구』 제24권, 한국형사판례연구회, 2016, 157~198쪽.

9) 학설의 논쟁사에 관해 자세한 문헌으로는 김종구, “우리 형법학에서 정당화 사정의 착오론의 의미”, 『형사법연구』 제28권 제1호, 한국형사법학회, 2016, 61~100쪽, 특히 65쪽 참조.

있다는 전제에서 출발한다. 구성요건의 착오처럼 행위대상에 대한 침해의 고의(인식)가 없는 것과 위법성조각사유의 전제사실의 착오에서 '행위반가치의 부존재'는 행위반가치가 없다는 점에서 공통되므로, 구성요건의 착오를 유추하여 해결하려는 이론이다.[11] 이러한 입장은 적어도 다음과 같은 2가지 점에 맹점이 있다. 첫째로 대상사건에서 피고인이 A의 손에 골절상을 입힌 행위가 위법성조각사유의 전제사실에 관한 착오에 빠진 경우라고 하더라도 피고인이 A의 손을 고의로 골절상을 입혔다는 점은 변함이 없다. 즉 피고인에 의한 구성요건적 고의가 결코 사라질 수 없는 것이다. 그럼에도 피고인의 행위는 고의범이 되지 않고 과실범으로 인정될 수 있다는 주장은 비논리적이다. 둘째로 공범의 처벌에 결정적 결함이 생긴다. 교사범과 방조범은 정범의 행위가 최소한 구성요건에 해당하고 위법할 때 비로소 처벌가능성이 확보된다. 그렇다면 유추적용책임설에 따라 정범의 고의를 부정하게 되면 교사범이나 방조범은 처벌할 수 없다는 결함이 발생한다.[12]

(4) 법효과제한책임설과 비판

이 이론은 고의의 이중적 지위를 인정하는 전제 아래에서 출발한다. 즉 '위전착'의 경우 구성요건적 고의가 성립하되, 책임 요소로서 고의가 부정된다는 견해다.[13] 여기서 '책임고의'란 행위자의 '심정적 반가치 태도'에 대한 평가라고 한다.

그렇다면 대상 판례에서 심정적 반가치 태도가 무엇인지를 규명해 보자. 대상사건의 경우 피고인은 의심할 여지 없이 정당방위를 행사할 수 있다고 믿었다. 이때 A에 대한 피고인의 상해 의도를 법질서의 가치결정에 대한 반항적 표현이라고 할 수 없다. 피고인은 법의 요구를 준수하려고 했고, '위전착'으로 정당방위를

10) 이 학설에 관해 자세한 문헌으로는 이찬엽, "위법성 조각사유의 전제사실에 관한 착오의 형법상 의미–현행법 체계에 따르는 관련 학설의 평가 및 논거의 문제점", 『입법정책』 제7권 제1호, 한국입법정책학회, 2013, 130쪽.

11) 손해목, 형법총론, 법문사, 1996, 331쪽.

12) 신동운, 형법총론 제16판, 법문사, 2024, 476쪽 이하.

13) 김혜경, 앞의 논문, 11쪽 이하 참조; 최호진, 형법총론 제2판, 박영사, 2024, 451쪽.

행사할 권리가 있다는 잘못된 생각으로 인해 법의 요구에 빗나갔을 뿐이다.

그런데 이와 같은 피고인의 심리적 상황은 모든 법률의 착오에 해당한다는 데 문제의 심각성이 있다. 왜냐면 위법성의 인식이 없거나 없을 수 있는 금지착오나 법률의 착오에 근거한 피고인도 법질서를 준수하겠다는 태도를 보였다는 점에서 그의 심정적 반가치가 없다고 새기는 것이 논리적이기 때문이다. 즉 법질서를 준수하려는 모든 법률의 착오자는 결코 법적대적일 수 없는 심정을 가진 자이다. 그렇다면 법효과제한책임설은 왜 굳이 '위전착'에서만 심정적 반가치 태도를 갑자기 들고나와서 머리를 아프게 할까.

게다가 심정반가치의 정도가 어느 수준에 도달할 때 비로소 책임고의가 조각될 수 있는지에 관해 객관적인 판단기준도 없다. 이것을 제시한 국내 학자도 보이질 않는다. 만일 심정반가치가 존재하기만 하면 책임고의가 무조건 사라진다는 사고방식이라면 그냥 흘릴 일이 아니다. 이는 심정반가치의 부존재가 책임의 결정적 인자라고 여기는 태도이며, 형법체계상으로 받아들이기 힘들기 때문이다.

어떤 학설이든 주장할 수는 있다. 그러나 적어도 논리적으로 합당하고 쉽게 납득할 수 있어야 한다. 형법상 중요한 원칙으로서 '이중평가금지'가 있는바, 법효과제한책임설은 구성요건에서 이미 '고의'의 존부를 평가했음에도, 이름만 달리하여 책임 부분에서 '고의'적인 면을 다시 한번 평가하게 되어 '이중평가금지원칙'에 반할 수 있다. 이때 구성요건적 고의와 책임고의는 전혀 다른 성격이기 때문에 이중평가금지원칙에 해당하지 않는다고 반론할 수 있다. 그렇다면 책임고의가 결여될 경우 고의범으로도 처벌할 수 없다는 의미는 책임고의와 구성요건적 고의가 동질성을 갖지 않은 먼 친척일 수 없지 않은가. 한쪽에서는 심정반가치를 책임고의로 인정하고, 다른 쪽에서는 책임고의를 구성요건적 고의에 버금가는 지위를 인정하는 논리로 책임의 본질적 문제를 희석함은 올바른 태도인지 의심스럽다. 아울러 이 학설이 주장하는 '책임고의'의 존재 여부가 고의범에서 과실범으로 범죄의 성격을 전환하는 결정짓는다는 사고방식이 타당하냐는 것이다.

모두가 알다시피 책임은 형벌의 전제조건이다. 책임의 무게에 따라 양형이 달라질 수 있다. 이러한 책임요소에는 책임능력, 위법성의 인식 내지 인식가능성 그리고 적법행위의 기대가능성이 있다. 책임에는 고의범에 관한 책임과 과실범에 관한 책임이 있을 수 있다. 이러한 식의 책임 개념은 범죄의 불법성을 전제로 한다.

어떤 범죄를 고의로 범했느냐 혹은 과실로 범했느냐에 따라 범죄의 불법성 정도가 달라지고, 이에 따라 고의 불법성과 과실 불법성이 정해진다. 침해의 수단이나 방법 역시 범죄의 불법성을 좌우한다. 우리는 이 점을 행위반가치라고 부르기도 한다. 여기에 더해 보호대상의 침해나 위험의 정도를 결과반가치로 부르고 있다. 여기서 행위반가치와 결과반가치는 언제나 불법성을 가지지만, 처벌할 만한 위법성의 수준에 이를 때에만 비로소 처벌할 수 있는 불법성을 가진다고 말할 수 있다. 그리고 고의로 인한 불법성이 과실로 인한 불법성보다 비난가능성이 크게 됨은 당연하다. 즉 비난가능성의 정도는 책임의 내용이 일정할 경우 불법성의 정도에 비례하여 고의 불법성은 과실 불법성보다 높아야 함은 물론이다. 불법성이 같다면 책임의 내용인 책임능력을 비롯하여 위법성 인식의 정도 및 적법행위의 기대가능성 정도에 따라 처벌은 달라지는 것이다.

그렇다면 형벌의 전제가 되는 비난가능성으로서 책임은 단순히 책임능력, 위법성의 인식이나 인식가능성 그리고 적법행위의 기대가능성에만 그치는 것이 아니다. 행위반가치와 결과반가치가 결합한 범죄의 불법성이 크면 클수록 책임 역시 비난가능성이 이에 비례하여 커지는 것이 아닌가! 그러니까 형벌의 전제되는 비난가능성으로서 책임의 내용은 범죄의 불법성(행위반가치와 결과반가치 포함)의 정도를 포함하는 것이다. 여기서 고의로 범한 범죄의 경우 고의 불법성을 내용으로 하는 범죄이고, 책임과 결합하여 과실 불법성을 내용으로 하는 과실범보다 훨씬 높은 형벌을 받게 된다.

형법이론은 체계적 일관성을 가져야 하며, 해석론 역시 그 원칙에서 벗어남을 가급적 삼가야 한다. 그렇다면 법효과제한책임설은 위법성조각사유의 전제사실에 관한 착오 문제만을 해결하기 위해 책임에서의 '심정반가치'를 '책임고의'라는 '용어'로 포장하고, 이 용어로 사안에 따라 고의범을 과실범으로 전환 시키고 있는바, 이는 범죄성립의 체계를 왜곡하는 것으로서 바람직하지 않다.

(5) 또한 법감정에 걸맞은 결론을 도출하기 위해 이른바 소극적 구성요건표지론[14]까지 등장했다.[15] 이 이론은 구성요건 해당성과 위법성을 한 묶음으로 파악한다. 그래서 위법성조각사유의 전제사실에 관한 착오 역시 일종의 구성요건적 착오로 이해할 수 있게 되므로, 행위자를 고의로 처벌할 수 없고, 사안에 따라 과실범으로 처벌할 수 있다는 결론에 이른다. 이에 반해 철저한 체계론자들은 엄격책임설[16]에 따라 착오의 회피가능성 여부를 기준으로 처벌의 가부를 결정함이 형법의 규범에 걸맞다고 새긴다.[17] 필자 역시 이러한 엄격책임설이 타당하다고 여긴다.

(6) 이처럼 다양한 학설로 인한 문제해결의 난해성 때문에 최근 실시되었던 변호사 시험에서는 시험문제의 변별력을 높이기 위해 '위전착'에 관하여 자주 출제가 되었다. 이러한 형식의 착오일 때 그런 착오의 회피가능성 여부와 판단

14) 이에 관한 자세한 문헌으로는 강수경/하태인, "실질적 불법구성요건개념에 관한 고찰 –소극적 구성요건이론에 대한 오해와 이해", 『고려법학』 제110호, 고려대학교 법학연구원, 2023/9, 55쪽 이하 참조.

15) '소극적 징표이론'에 관하여 자세한 검토는 생략한다. 형법상 범죄성립 여부를 구성요건 해당성, 위법성 그리고 책임성이라는 3단계의 검토를 통해서 확정하려 하는 이유는 법집행기관에 의한 형법해석의 자의성을 완화하는 데 있다. 왜냐면 어떤 범법행위의 성립 여부를 3단계로 평가함은 2단계로 평가하는 것보다 법을 적용하고 집행하는 법해석자의 자의성을 더욱 완화할 수 있는 제도적 평가방식이기 때문이다.

16) 엄격책임설에 관한 비판적 견해로는 김혜경, 앞의 논문, 14쪽 이하와 양화식, "위법성조각사유의 전제사실에 관한 착오", 『성균관법학』 제19권 제3호, 성균관대학교 법학연구원, 2007, 405쪽에서 주장한 이들의 입장은 '위전착'의 경우 '사실을 오인한 과실만' 문제 되는데도 이 점을 중하게 여기지 않았다고 비판한다. 그러나 위법성 조각사유의 전제사실에 관한 착오는 행위자의 위법성 인식 혹은 인식가능성 여부가 무엇보다 중요한 결정적인 핵심이지 않은가. 행위 대상에 관한 고의행위를 범한 이유가 정당방위를 할 수 있는 객관적 전제조건과 관련하여 과실이 있었다는 이유만으로 그런 고의행위를 과실행위로 치환하기 위해 '사실을 오인한 과실만' 중시하여야 한다는 논리는 납득하기 어렵다. 또한 엄격책임설에서 사실관계의 착오적 성격의 외면에 대한 비판으로는 김혜경, 앞의 논문, 14쪽 이하와 이정원, "형법의 착오이론과 행위자의 인식", 『영남법학』 제41권, 영남대학교 법학연구소, 2015, 151쪽 참조. 그러나 이러한 비판도 위법성 조각사유에 해당하는 객관적 정황과 범죄구성요건에 해당하는 사실관계의 정황을 동가치로 파악하려는 점에서 납득하기 힘들다.

17) 김성룡, 앞의 논문, 326쪽; 김태명, "경찰관의 무기사용에 대한 정당방위의 성부", 『형사판례연구』 제15권, 한국형사판례연구회, 2007, 18쪽; 필자의 "오상방위와 형법 제21조 제3항", 『형사법연구』 제26호, 한국형사법학회, 2006, 583쪽 이하. 교과서로는 오영근/노수환, 형법총론 제7판, 박영사, 2024, 350~352쪽; 김성돈, 형법총론 제19판, 박영사, 2024, 663쪽; 이주원, 형법총론 제3판, 박영사, 2024, 267쪽.

기준에 관해 어떤 기준점도 명시하고 있지 않은 독일형법 때문에, 학계에서는 이를 고의개념의 다양성(예컨대 구성요건적 고의 혹은 책임고의)을 통해서 이론적으로 해결하려고 노력했고, 이들의 특정 입장을 우리나라에서도 정답으로 간주하려는 경향을 찾아볼 수 있다.

(7) 학계의 이와 같은 견해는 실정법을 근거로 삼아야 하는 현행 우리 형법을 왜곡할 수 있다. 형법의 해석은 형법 규정을 근거로 삼아야 하며, 근거 규정이 있음에도 이론적으로 해결하려는 방식은 올바른 태도일 수 없다.

(8) 대상 사건을 논리적 차원에서 볼 때 형법상 '사실의 착오'에 해당한다고 파악하는 견해에 동참하기 어렵다. 왜냐면 피고인이 피해자에 대해 고의로 상해를 범했지, 결코 피해자의 손에 대해 과실로 상처를 내지는 않았기 때문이다. 즉 피고인의 피해자에 대한 상해는 행위 대상인 피해자 그 자체를 오인하지 않았다는 점에서 사실의 착오 내지 구성요건적 착오일 수 없다. 피고인이 정당방위의 객관적 전제사실이 존재한다고 오인하여 방위행위로 피해자에 고의로 상해를 입혔기 때문이다. 즉 피고인은 행위 당시 특정한 피해자에게 과실에 의한 상해를 입혔다기보다 자기의 행위가 정당방위로 착각하여 위법하지 않다고 여겼을 뿐이다.

(9) 그렇다고 해서 대상 사건을 곧바로 고유한 '금지착오'에 해당한다고 말할 수 없다. 왜냐면 법률의 착오에 관해 형법 제16조는 다음과 같이 명시하고 있기 때문이다. "자기의 행위가 법령에 의하여 죄가 되지 아니하는 것으로 오인한 행위는 그 오인에 정당한 이유가 있는 때에 한하여 벌하지 아니한다."

(10) 형법 제16조 규정의 취지는 "일반적으로 범죄가 성립하지만, 자신의 특수한 사정에 비추어 법령에 따라 허용된 행위로서 죄가 되지 않는다고 그릇 인식하고 그러한 인식에 정당한 이유가 있는 경우에는 벌하지 않는다."[18]는 점에

있다. 그러므로 형법 제16조의 법률의 착오는 독일과 같은 '금지착오'를 의미하지 않고, 자신이 범한 구성요건적 실행행위가 어느 특정한 법령에 근거하여 처벌되지 않는다고 오인할 때 비로소 적용될 수 있을 뿐이다. 즉 행위자가 범한 어느 구성요건적 행위가 형법 제16조를 근거로 처벌되지 않기 위해서는 그렇게 범한 행위가 특정 법령에 근거하여 죄가 되지 않는다고 합리화할 수 있는 정당한 이유를 댈 수 있어야 한다.

(11) 형법 제16조 법률의 착오를 인정하기 위해서는 행위자는 자신의 행위가 구성요건에 해당할 수 있지만, 특정한 법령에 근거해서 처벌되지 않다고 오인하고, 그런 오인을 하게 된 정당한 이유가 있는 때에 국한된다. 그래서 이 규정의 적용 범위는 제한적이다. 즉 형법 제16조에 의하면 행위자는 '법률의 부지'의 경우처럼 자신의 행위에 대한 처벌 규정 자체를 정당한 이유로 몰랐다고 하더라도 처벌을 면하기 어렵다.[19] 왜냐면 행위자는 어느 처벌 규정을 단순히 몰랐을 뿐이고, 형법 제16조에서 요구한 "특정 법률이나 법령에 근거하여 죄가 되지 않는다."라고 인식하지 않았기 때문이다. 형법 제16조의 법률의 착오는 행위자가 법률의 부지처럼 처벌법규 자체를 정당한 이유로 몰랐다고 해서 처벌이 면제될 수 있는 '금지착오'와 구별된다.

(12) 형법 제16조 법률의 착오 규정은 '위법성의 인식이 없을 수 있는' 법률의 부지에 관한 적용을 무조건 배제할 수 있다는 점에서 논리적으로 부당하다. 왜냐면 형벌을 부과하기 위해서는 책임주의에 철저해야 하며, 그러기 위해서는 행위자에게 자신의 행위에 관한 위법성 인식이나 인식가능성이 있어야 하는데

18) 대법원 2021. 11. 25. 선고 2021도10903 판결.

19) 물론 '법률의 부지'를 포섭할 수 없는 형법 제16조의 규정이 형사정책적으로 정당한 입법인가에 대해서는 의문점이 없지는 않다. 현대 형법이론에 따르면, 형사처벌의 전제조건은 책임능력을 지닌 자가 구성요건적 범행을 실행하고, 그 실행행위가 위법함을 알거나 알 수 있어야 하며, 더 나아가 그런 범행을 회피할 수 있었던 적법행위의 실현 가능성이 존재해야 한다. 자신의 행위가 위법한 지 여부를 정당한 이유로 알지 못한 경우에는 처벌을 면제받아야 함에도 형법 제16조는 법률의 부지를 정당한 이유로 알지 못한 경우와 관계없이 처벌하는 문제점을 드러낸다. 이에 관해 자세한 것은 필자의 "법률의 부지", 형법연구 I, 1997, 152쪽 이하 참조.

위법성의 인식이나 인식가능성이 전혀 없을 수 있는 법률의 부지를 배제함으로써 책임주의를 희화시켜 버리기 때문이다.

(13) 특정한 법령에 근거해서 처벌되지 않는다고 오인한 형법 제16조 법률의 착오는 형법상 '위법성 조각사유'의 존재에 대한 착오도 포함되는지가 문제 시 될 수 있다. 생각건대 위법성 조각 사유는 근본적으로 법률에 근거하므로 형법 제16조에서 말하는 '법령'의 범위에서 제외될 하등의 근거가 없다는 점에서 '법률의 착오'의 개념에 포함된다고 봄이 합리적이다. 더구나 법률의 착오에 관한 규정은 범죄의 성립에서 위법성의 인식이나 인식가능성을 전제로 하고 있다. 그러므로 위법성조각사유에 관한 착오 역시 법률의 착오에 해당한다고 해야 한다. 판례도 형법 제16조의 법률의 착오에 형법 제20조 이하의 위법성 조각사유도 포함된다고 전제하고 있다.[20)]

Ⅳ. '위전착' 문제에 형법 제20조 사회상규의 적용가능성

1. 형법 제20조 '사회상규'의 개념과 한계

대상 사건의 경우 행위자는 정당방위가 존재한다고 오인했고, 그것이 법률의 착오에 해당한다는데 큰 무리가 없어 보인다면, 그가 그러한 착오로 처벌에서 자유롭기 위해서는 형법 제16조가 명시한 (착오의 상황에 관한) '정당한 이유'를 가져야 한다. 그런데 형법 제16조는 착오의 정당한 이유에 관한 판단의 기준을

20) 대법원 2006. 4. 27. 선고 2005도8074 판결: 형법 제16조에서 "자기가 행한 행위가 법령에 의하여 죄가 되지 아니한 것으로 오인한 행위는 그 오인에 정당한 이유가 있는 때에 한하여 벌하지 아니한다."라고 규정하고 있는 것은 단순한 법률의 부지를 말하는 것이 아니고, 일반적으로 범죄가 되는 경우이지만 자기의 특수한 경우에는 법령에 의하여 허용된 행위로서 죄가 되지 아니한다고 그릇 인식하고 그와 같이 그릇 인식함에 정당한 이유가 있는 경우에는 벌하지 않는다는 취지인바(대법원 2006. 1. 13. 선고 2005도8873 판결 참조), 사무실 임대를 업으로 하는 피고인이 위와 같은 사정에서 일방적으로 취한 단전조치(斷電措置)가 죄가 되지 않는다고 오인한 것에는 정당한 이유가 있다고 볼 수 없으므로, 같은 취지의 원심 판단은 정당하고, 이 사건 단전조치가 정당한 이유가 있는 법률의 착오로서 무죄라는 상고이유의 주장 또한 받아들일 수 없다.

구체적으로 명시하지 않고 있다. 게다가 정당방위에 관한 판단기준인 '상당한 이유'가 있는 경우란 오직 정당방위가 현실적으로 가능한 때 작동할 수 있는 기준점일 뿐이지, 착오의 경우를 예정한 것이 아니다.

형법은 제20조부터 제24조까지 위법성 조각사유를 명시하고 있다. 이들 규정은 행위자의 행위가 비록 어느 구성요건에 해당하여 범죄의 불법성을 지니더라도 처벌할 만한 위법성을 배제하는 기능을 갖는다. 특히 형법 제20조 후단에서 기술하고 있는 '사회상규에 위배되지 아니한 행위'란 '사회통념이나 사회 윤리적 차원에서 일반적으로 용인된 행위'로서 형법의 최후수단성에 비추어 봤을 때 처벌할 정도의 위법성 수준의 미달을 뜻하고, 동시에 형식적 범죄개념을 실질적으로 파악하는 기능으로 작동한다. 판례도 기본적으로 같은 취지에서 사회상규의 개념을 이해한 것으로 보인다.[21] 즉 "형법 제20조에서 말하는 '기타 사회상규에 위배되지 아니하는 행위'라 함은 법질서 전체의 정신이나 그 배후에 놓여 있는 사회윤리 내지 사회통념에 비추어 용인될 수 있는 행위를 가리킨다." 라고 설시했다.

우리가 형법 제20조의 '사회상규에 위배되지 아니하는 행위'의 개념을 위와 같이 이해한다고 하더라도, 이러한 사회상규에 의한 '위법성조각원리'가 모든 정당행위를 포섭하는 상위개념이나 일반개념으로 이해될 수는 없다. 왜냐면 '사회상규에 위배되지 아니하는 행위'는 정당방위나 긴급피난과 같은 수준의 넓은 범위에서 위법성의 조각을 할 수 있는 것은 아니고, 다만 보충적으로 널리 사회통념이나 사회윤리에 의해서 위법성 여부 내지 처벌될 수 있는 불법성에 대한 판단기준으로 기능하고 있기 때문이다. 즉 형법 제20조의 '사회상규에 위배되지 아니한 행위'의 허용범위는 아래 그림처럼 개별적 위법성조각사유만으로 인정될 수 없는 부분을 보충적인 보완의 성격을 갖는다고 할 수 있다.

21) 대법원 2002. 1. 25. 선고 2000도1696 판결.

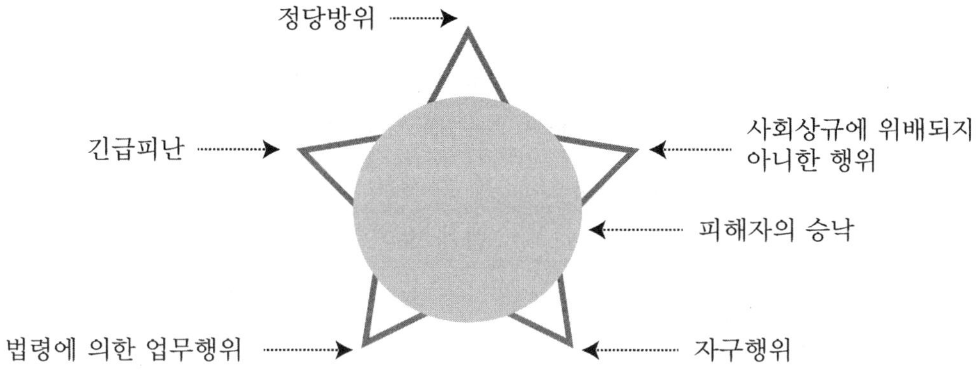

물론 사회상규의 위배 여부에 관한 기준은 사법 담당자에게 자의적 해석을 가져다줄 수 있다는 점에서 대법원도 이를 제한하고자 행위 목적의 정당성을 비롯하여 행위 방법의 상당성, 법익 간의 균형성 및 침해행위의 보충성을 요구하고 있다. 이러한 이유로 '사회상규에 위배되지 아니하는 행위'가 법해석자의 필요에 따라 넓은 의미와 좁은 의미로 해석될 수 있다는 전제에서 '사회상규에 위배되지 아니하는 행위'의 의미는 지나친 추상성을 가진다는 학계의 비판이 있기는 하다.

이러한 비판이 전혀 무용한 것은 아니다. 그러나 비판을 하기 이전에 구성요건 해당성의 여부를 판단하는 데 있어서 사회적 상당성이란 독일 이론을 직수입하여 남용하고 있는 태도부터 고쳐야 한다. 왜냐면 '사회상규'에 관해 실정법상 규정을 두고 있음에도, 이 개념의 추상성과 이로 인한 왜곡 가능성을 강도 높게 비판하는 학계의 태도는 구성요건 해당성의 판단에 관해서는 실정법 규정에도 없는 '사회 상당성'의 개념을 무비판적으로 수용하는 자세부터 곧바로 잡아야 하기 때문이다.

더구나 우리 형법은 독일이나 일본처럼 형식주의의 형법에서 출발하고 있다. 따라서 형법은 아무리 사소한 폭행조차 형법상 폭행죄의 구성요건에 해당할 수 있도록 구조화되어 있다. 독일은 우리와 같은 형법 제20조의 사회상규에 관한 규정이 없기에 이론적으로 구성요건에서부터 '사회상당성'이란 가치판단을 도입할 수밖에 없었다.

형법상 가치평가는 존재의 문제일 수 없고 공정과 정의로운 형법사상을 관철하는 규범의 문제다. 더구나 죄형법정주의에 철저해야 할 형법은 이론보다 형법상 규범을 우선해야 함이 원칙이다. 형법 제20조의 사회상규 규정은 법관에게 지나친 재량의 여지를 줄 수 있다는 점에서 혹독한 비판을 받는 데 반해, 구성요건의 해당성과 관련한 '사회상당성이론'을 무비판적으로 허용하는 태도야말로 잘못된 것이다.

또한 유개념으로서의 '사회상규에 위배되지 아니하는 행위'를 종개념으로서의 '사회상규에 위배되지 아니하는 행위'로 부당하게 사용할 수 있다는 주장 역시 옳지 않다. 왜냐면 사회상규의 개념은 위법성 조각사유의 일반적 원리가 아니고, 단지 보충적 원리로서 작동하기 때문이다. 더구나 형법 제20조의 '사회상규에 위배되지 아니하는 행위'의 개념은 사회적으로 용인된 하나의 기준일 뿐이지, 광의와 협의의 기준이 따로 있지도 않다.

따라서 이러한 사실을 정리하면 다음과 같다.

첫째로 형법 제20조에서 말하는 '사회상규에 위배되지 아니하는 행위'의 법적 성격은 모든 위법성조각사유의 유일하고, 일반적인 기준이 아니다. 그 이유는 '사회상규에 위배되지 아니하는 행위'가 법령이나 업무로 인한 행위 또는 정당방위나 긴급피난의 해당성을 포괄하는 위법성을 조각하는 일반적이고 통일적인 기준이 될 수 없기 때문이다.

둘째로 '사회상규에 위배되지 아니하는 행위'는 법질서의 전체적인 기준에 근거해서 직접으로 판단할 수 있는 기능을 가진 것이 아니라, 전체 법질서의 배후정신에 비추어 볼 때 사회생활상 광범위하게 허용된 관행이나 행위 양식에 속하느냐로 판단되는 보충적 기준이다. 그러나 이와 같은 기준은 매우 불명확하므로 이를 합리적으로 제한하려면 다음과 같은 세 가지 점을 충분히 고려해야 할 필요가 있다.

(1) 그 행위가 사회생활상 이미 광범위하게 인정된 관행이거나 관행으로 보편화되거나 될 수 있는 행위 양식에 속하여 사회적으로 용납될 수 있어야 한다.

(2) 참작할 만한 행위 목적과 행위 수단 그리고 침해행위의 경미성 및 그 행위의 보충성 등에 비추어 볼 때 불법성이 사소하거나 무시할 수 있는 정도여야 한다.

(3) 형벌은 인간이 참기 힘든 고통을 본질적으로 수반하기 때문에 형법은 관용주의와 보충성을 불가결한 근본이념에 구속받아야 한다. 아울러 형벌은 사회방위를 위한 최후의 수단이기에, 사소한 불법성에 대해서는 그 개입은 자제해야 하는 것이다.

셋째로 형법 제20조의 '사회상규에 위배되지 아니하는 행위'는 형법 제21조 이하의 개별적 위법성조각사유를 모두 포함할 수 있는 일반개념이라고 할 수 없다. 왜냐면 형법 제21조 이하의 개별적 위법성조각사유는 각각 성립요건의 내용과 정도 그리고 인정 범위를 달리하므로, '사회상규에 위배되지 아니하는 행위'에 의해 위법성이 조각될 수 있는 침해의 정도와 범위가 동일할 수 없으며, 경우에 따라 그보다 심할 수도 있기 때문이다.

넷째로 '사회상규에 위배되지 아니하는 행위'의 허용범위는 개별적 위법성 조각사유로 인정될 수 없는 부분을 보충적으로 조정하는 성질에 그쳐야 한다.

2. 사회상규 개념에 관한 판례의 입장과 비판

법률의 착오와 관련한 정당한 이유를 찾는 데서 판례도 형법 제20조의 '사회상규' 개념을 활용하고 있다. 즉 판례에 따르면 "어떠한 행위가 사회상규에 위배되지 아니하는 정당한 행위로서 위법성이 조각되는 것인지는 구체적인 사정 아래 합목적적, 합리적으로 고찰하여 개별적으로 판단하여야 할 것이고, 이와 같은 정당행위를 인정하려면, 첫째 그 행위의 동기나 목적의 정당성, 둘째 행위의 수단이나 방법의 상당성, 셋째 보호이익과 침해이익과의 법익균형성, 넷째 긴급성, 다섯째 그 행위 외에 다른 수단이나 방법이 없다는 보충성 등의 요건을 갖추어야 할 것인바"[22]로 판시했다. 그러면서 당해 사건에서 문제가 된 "차임이

---

22) 대법원 1986. 10. 28. 선고 86도1764 판결; 대법원 2000. 4. 25. 선고 98도2389 판결; 대법원 2001. 2. 23.

나 관리비를 단 1회도 연체한 적이 없는 피해자가 임대차계약의 종료 후 임대료와 관리비를 인상하는 내용의 갱신계약 여부에 관한 의사표시나 명도의무를 지체하고 있다는 이유만으로 그 종료일로부터 16일 만에 피해자의 사무실에 대하여 단전조치를 취한 피고인의 행위는 그 권리를 확보하기 위하여 다른 적법한 절차를 취하는 것이 매우 곤란했던 것으로 보이지 않아 그 동기와 목적이 정당하다거나 수단이나 방법이 상당하다고 할 수 없고, 또한 그에 관한 피고인의 이익과 피해자가 침해받은 이익 사이에 균형이 있는 것으로도 보이지 않으므로, 같은 취지의 원심 판단은 정당하고, 이 사건 단전 조치가 사회상규에 위배되지 아니하는 정당행위로서 무죄라는 상고이유의 주장도 받아들일 수 없다."[23]고 설시했다.

다만 판례 중에는 사회상규에 관한 개념을 위법성 조각사유의 상위개념이나 일반적 원리로 파악하는 때도 적지 않았다. 예컨대 "피고인의 범행은 … 불법체포 · 구금으로 인한 신체에 대한 현재의 부당한 침해에서 벗어나기 위한 행위로서 그 행위에 이른 경위와 그 목적 및 수단, 행위자의 의사 등 제반 사정에 비추어 위법성이 결여된 행위라고 볼 것이다. 그렇다면 원심 판결에는 정당방위 또는 정당행위에 관한 법리를 오해하여 판결에 영향을 미친 위법이 있다고 할 것이다."라고 판시했고, "임신의 지속이 모체의 건강을 해칠 우려가 현저할뿐더러 기형아나 불구아를 출산할 가능성마저도 없지 않다는 판단하에서 부득이 취하게 된 산부인과 의사의 낙태수술행위는 정당행위 혹은 긴급피난에 해당하여 위법성이 없는 경우에 해당된다."라고 판시한 바 있다.

이들 후자의 판례들을 살펴보면, 대법원은 개별적인 위법성 조각사유로 판단되는 사례들조차도 "사회상규에 위배되지 아니하는 행위"에 해당할 수 있다는 사고방식을 취하고 있다. 즉 대법원은 행위자의 행위가 개별적 위법성 조각사유에 해당할 수 있는 행위유형에 속하면, 그에 따라 개별적인 위법성 조각사유에 의해 처리할 뿐만 아니라, 또한 '사회상규에 위배되지 아니하는 행위'에 포

선고 2000도4415 판결 등 각 참조

23) 대법원 2006. 4. 27. 선고 2005도8074 판결.

섭되기 때문에 일반적인 위법성 조각사유에 해당할 수 있다는 입장을 취하고 있다.

그러나 대법원의 이러한 태도는 오해의 소지가 크다. 왜냐면 이러한 판례의 견해는 '사회상규에 위배되지 아니하는 행위'를 보편적이고 일반적 위법성 조각사유라고 이해하게 됨으로써, 정당방위를 비롯해 긴급피난, 피해자의 승낙과 자구행위 등 개별적 위법성 조각사유로 해결해야 할 문제까지 개입하는 기준으로 보게 되어, 그 결과 개별적 위법성 조각사유의 검토 없이 '사회상규'라는 잣대만으로도 결론을 이끌 수 있기 때문이다. 그렇게 되면 정당방위나 긴급피난 등에 의한 위법성 조각사유가 심하게 왜곡되어 그 특유의 적용 범위가 심하게 왜곡되어 좁혀지는 우를 범할 수 있게 된다. 왜냐면 '사회상규'에 해당한다는 의미는 법령에 근거한 업무행위를 비롯하여 정당방위나 긴급피난의 적용 범위와 동일하지 않고 그것의 범위를 결코 능가할 수도 없기 때문이다. 그 결과 개별적 위법성 조각사유의 적용 범위의 제한으로 인하여 정당방위나 긴급피난을 행사할 수 있는 자의 권한을 축소케 한다.

3. 정당방위의 객관적 전제사실에 관한 착오와 이 착오의 '정당한 이유'에 관한 판단기준

위에서 이미 언급한 바와 같이 형법 제20조의 사회상규에 관한 규정은 위법성 조각사유의 상위개념이거나 일반적 개념일 수 없지만, 보충적 성격을 지녔음을 밝힌 바 있다. 그래서 예컨대 정당방위의 객관적 전제사실에 대한 착오의 경우 형법 제16조에서 말하는 '정당한 이유가 있는 때'에 관한 판단기준은 형법 제20조의 사회상규 규정에 근거해서 해결하는 방법이 합리적으로 보인다.

혹자는 다음과 같이 물을 수 있다. 정당방위에 관한 착오이니, 이러한 착오를 회피해야 할 기준점도 정당방위에 관한 형법 제21조 제1항에서 말하는 '상당한 이유'에서 구해야 하지 않겠냐고. 아니다. 정당방위에 해당하느냐의 그 자체가 문제라면 마땅히 그렇게 해야 한다. 그러나 정당방위의 객관적 전제사실에 관한 착오는 정당방위의 성립에 관한 문제가 아니므로, 형법 제16조에 의한 '정당한 이유'를 그 기준으로 해야 함이 타당하다. 다만 형법 제16조에서 말하는 '정당한 이유'에 관한 판단기준은 한편으로 형법 제16조 그 자체에서 찾기 어렵다는 점에서, 다른 한편으로는 위법성 조각사유의 보충적 규정인 형법 제20조의 사회상규에 관한 규정의 차용이 유용해 보인다.

Ⅴ. 대상 판례에 대한 검토와 결론

대상 판결의 핵심사안은 다음과 같다. "을이 피해자 A의 멱살을 잡아당기거나 바닥에 넘어뜨린 후 목을 조르는 등 을과 피해자 A가 뒤엉켜 몸싸움을 벌였다. 이때 코치인 피고인이 이를 지켜보던 중 피해자 A가 자기 왼손을 주머니에 넣어 불상의 물건을 꺼내 움켜쥐자, 피고인은 그 피해자의 왼손 주먹을 강제로 펴게 함으로써 피해자에게 4주간의 치료가 필요한 손가락 골절상을 입혔다." 이때 피고인은 피해자 A가 불상의 물건을 꺼내 움켜쥐는 순간, 그것을 을의 생명이나 신체를 위험한 도구로 오인했다. 그렇다면 피고인의 이러한 오인의 사유는 형법 제16조의 '정당한 이유'에 해당한 것으로 평가될 수 있을까.

이와 관련하여 대상 판례는 다음과 같이 논리 구성했다. 즉 행위자의 '정당방위 전제사실에 관한 착오'를 형법 제16조의 법률의 착오에 해당한다고 전제하고, 착오에 있어서 '정당한 이유'의 판단기준으로 형법 제20조의 사회상규에 해당하느냐 여부에 초점을 두었다. 판례는 대상 사건의 경우 "피해자 A가 움켜쥔 째 꺼내는 미상의 물건을 을의 생명·신체에 대한 위해를 가하려는 도구로 오인할 만한 객관적인 정황이 있었던 점"을 인정했다. 그리고선 이와 같은 오인의 경우 형법 제20조의 사회상규에 의해 위법성이 조각될 수 있음을 인정하고 있다.

"… 형법 제20조의 사회상규에 의한 정당행위를 인정하기 위한 요건들 중 행위의 '긴급성'과 '보충성'은 다른 실효성 있는 적법한 수단이 없는 경우를 의미하지, '일체의 법률적인 적법한 수단이 존재하지 않을 것'을 의미하지는 않는다는 판례 법리에 비추어, 피고인의 행위는 적어도 주관적으로는 그 정당성에 대한 인식하에 이루어진 것이라고 보기에 충분한 점 등을 종합하면, 피고인이 당시 죄가 되지 않는 것으로 오인한 것"으로 설시했다. 따라서 '위전착'으로 인한 피고인의 범행은 사회상규에 의한 위법성 조각사유에 해당한다는 이유로 무죄가 선고되었다.

대법원의 이러한 판단은 정당한 것으로 평가된다. 그 이유는 다음과 같다.

대상 판례의 사안처럼 법질서가 인정한 '위법성 조각사유의 객관적 전제조건을 오인'한 착오의 경우 "피고인은 자신의 행위가 위법하지 않다."라고 인식한 경우이다. 이때 피고인의 심리적 상황은 자신의 행위가 구성요건에 해당한다는 점을 알고 있다. 다만 피고인은 자신의 행위에 대한 사회적 의미를 제대로 파악하지 못했을 뿐이다. 즉 대상 사건의 경우 피고인도 의심 없이 정당방위를 행사할 수 있다고 믿었다.

이런 경우 피해자에 대한 피고인의 상해 의도는 법질서의 가치결정에 대한 반항적 표현이라고 할 수 없다. 왜냐면 법질서는 행위자 자신이 존재한다고 믿는 정당방위의 객관적 사정이 실제로 존재하게 되면 그와 같은 행위를 정당방위로 허용해 주기 때문이다. 즉 자신의 행위가 위법성조각사유에 해당한다는 생각으로 행사한 자는 법을 준수하려는 자이다. 행위자가 법의 요구를 준수하려고 했으나, 위법성 전제조건에 대한 착오로 정당방위를 행사할 권리가 있다는 잘못된 생각으로 인해 법의 요구에 빗나갔을 뿐이다. 착오 역시 형법 제16조에서 명시한 법률의 착오임에는 틀림없다.

이러한 착오를 하게 되는 데 '정당한 이유가 있는지 여부'를 판단하는 기준은 대법원 판례처럼 형법 제20조 사회상규 규정을 활용하는 것이 바람직해 보인다. 왜냐면 형법 제20조 '사회상규' 규정은 비록 모든 위법성 조각사유의 상위개념이나 보편적 개념이라고 볼 수 없지만, 이에 관한 보충적 성격이 있음을 부인하기 어렵고, 형법 제16조 법률의 착오에서 '정당한 이유가 있는 때'를 판단하는 데 있어서 매우 유용한 기준이 될 수 있기 때문이다. 게다가 사회상규의 개념은 사회적으로 용납되고 허용되는 통념으로서 이미 학계에서도 디테일한 나름의 기준을 제시했을 뿐만 아니라, 판례를 통해서도 적잖은 사례가 축적되었다는 점을 고려해 볼 필요가 있다. 다만 판례는 정당행위의 기준을 비례성의 원칙으로 평가하려는 경향이 강하며, 이런 비례성의 원칙은 행정법 등 원칙적으로 공법상에서 통용되는 것이어서, 이를 형법에 일반적으로 적용하는 것이 바람직한 태도인지는 의심스럽다.

'위전착'이 형법 제20조 사회상규에 해당할 경우, 이에 관한 착오는 책임 조각의 문제가 아니라, 위법성을 조각하게 된다. 즉 '위전착' 중의 일부는 형법 제20조 사회상규에 근거해 위법성이 조각될 수 있음을 의미한다. 그렇다면 우리 형법상 법률의 착오는 사안에 따라 위법성이 조각될 수 있음을 인정할 수 있다. 이에 따라 법률의 착오는 책임조각의 문제에 해당한다는 전제가 항상 옳다고 말할 수는 없어 보인다.

끝으로 대상사건과 관련하여 행위자에 의한 '위전착'이 '정당한 이유'를 갖지 않을 때, 이 문제를 어떻게 해결해야 할까. 형법 체계론상 엄격책임설에 따라 해결하는 것이 바람직해 보인다. 행위자는 고의로 구성요건적 행위를 실행했고, 위법성 조각사유도 존재하지 않는다. 책임단계에서 행위자의 그러한 착오가 적법행위의 회피가능성을 가졌느냐를 평가해야 한다. 만일 회피가능성조차 없다고 평가되는 수준이라면, 행위자에 대한 책임이 조각됨은 물론이다.

그러나 행위자에게 그런 회피가능성이 존재하는 경우라면, 그런데도 그는 근본적으로 법률을 준수하려는 법률 친화적 인간일 것이다. 법률 친화적인 인간을 법질서에 대해 악의적이고 비친화적인 자와 구별하지 않음은 정당해 보이지 않는다. 그래서 법률의 착오를 회피할 수 있는 경우 입법론으로서 독일이나 스위스처럼 형법상 형의 감경규정을 검토해 볼 만하다.

그러나 필자는 그런 감경 규정의 입법이 바람직해 보이지 않는다고 생각한다. 왜냐면 형법에 따르면 법률의 착오인 경우 '정당한 이유가 없을 때도' 우리 형법 제53조에 근거한 정상참작감경의 적용이 가능하기 때문이다. 따라서 회피가능한 위법성 조각사유의 전제사실에 관한 착오도 정상적인 감경이 가능함은 물론이다. 게다가 착오에 관해 감경규정을 두지 않은 또 다른 이유는 일부러 두게 되었을 때 법원은 '위법성 조각사유의 전제사실에 관한 착오자'에 대해 착오의 회피가 불가능하다고 보이더라도 유죄를 인정하면서 감경규정을 택할 위험이 없지 않기 때문이다.[24)]

[국문 요약]

대상 사건에서 피고인은 피해자 A의 신체에 고의로 상해를 가했으며, 그 행위는 정당방위에 해당하지 않는다. 피고인에 대하여 A의 위험한 도구에 의한 위협적인 침해는 현실적으로 발생하지 않았기에 피고인은 A에 대한 정당방위를 행사할 수 없었기 때문이다. 다만 피고인은 A에 대한 상해에 관하여 정당방위의 객관적 전제사실의 요건이 충족된다고 오인했으며, 이러한 오인은 위법성 조각사유의 전제사실에 관한 착오에 해당한다. 형법에서는 이러한 착오를 다루기 위한 구체적인 해결책이 없거나 부족하다고 여기는 학자가 적지 않다. 또한 일부 학자는 위법성조각사유 전제사실의 착오가 법률의 착오와 달리 독자성을 가진다고 주장한다. 독일의 학계 일부가 주장한 이론을 따른 것이다. 이러한 이론은 위법성 조각사유 전제사실의 착오 문제를 범감정에 맞게 고안되었으며, 다양한 학설이 존재하나 그 타당성에 대한 논란도 없지 않다.

위법성 조각사유의 전제사실에 관한 착오 문제와 관련하여 형법상 해결책이 없는 것은 아니다. 행위자는 정당방위의 객관적 전제사실이 존재한다고 오인했으며, 이러한 오인으로 인한 행위자가 처벌에서 자유롭기 위해서는 형법 제16조가 명시한 '정당한 이유'를 가져야 한다. 하지만 형법 제16조는 판단기준을 구체적으로 명시하지 않고 있다. 이 문제와 관련하여 형법 제20조 '사회상규' 규정이 형법 제16조의 '정당한 이유'를 평가하는 기준으로 작동할 수 있다. '사회상규' 규정은 '사회상규에 위배되지 아니하는 행위'는 사회통념이나 사회 윤리적 차원에서 용인되는 행위로 형법 제16조의 '정당한 이유'를 대신할 수 있는 기능을 갖기 때문이다. 그러므로 행위자의 모든 법률의 착오도 사회상규에 해

---

24) 필자의 이러한 견해는 신동운 교수와 토론을 통해서 확립된 것이다. 신동운 교수에게 감사드린다.

당할 정도로 용납할 만한 수준이라면 위법성이 조각될 수 있게 된다. 대상 사안에서 대법원은 피고인의 위법성 조각사유의 전제사실에 관한 착오를 형법 제16조의 '정당한 이유가 있는 때'에서 구하고, 형법 제20조 사회상규를 그 근거로 판단하고 있다. 그 결과 행위자의 행위는 위법성이 조각되어 무죄가 된다는 것이다. 판례의 이러한 태도는 타당해 보인다.

[Mistake of Justificatory Facts]

In the case at hand, the defendant intentionally inflicted bodily harm on the victim, A, and their act does not constitute legitimate self-defense. This is because there was no actual imminent threat from A involving a dangerous instrument against the defendant, and therefore, the defendant could not exercise legitimate self-defense against A. However, the defendant mistakenly believed that they met the requirements for the objective preconditions of legitimate self-defense when they inflicted harm on A. This mistake pertains to a Mistake of Justificatory Facts, and many scholars believe that the current criminal law lacks specific solutions to address such errors. Additionally, some scholars argue that a Mistake of Justificatory Facts is distinct from a mistake of law. This theory follows the arguments made by some academics in Germany. This theory is designed to address the issue of Mistake of Justificatory Facts in a manner consistent with common moral sentiments, and while various scholarly opinions exist, there is no lack of debate regarding its validity.

Regarding the issue of Mistake of Justificatory Facts, it is not that there are no solutions under current law. The perpetrator mistakenly believed that the objective preconditions for legitimate self-defense existed, and to be free from punishment, such a perpetrator must have a 'justifiable reason' as stipulated in Article 16 of the Criminal Code. However, Article 16 does not specify detailed criteria for judgment. In relation to this issue, it appears that the 'social norms' provision in Article 20 of the Criminal Code can serve as a criterion for evaluating the 'justifiable reason' in Article 16. The 'social norms' provision states that acts not violating social norms are those accepted in terms of social conventions or social ethics, thus functioning as a substitute for the 'justifiable reason' in Article 16. Therefore, if all errors of law by the perpetrator are acceptable to the extent that they conform to social norms, then illegality can be excluded. In the case at hand, the Supreme Court finds the defendant's Mistake of Justificatory Facts under Article 16, 'when there is a justifiable reason,' and judges the basis under Article 20 of the Criminal Code, social norms. As a result, the defendant's act is deemed not illegal, and they are acquitted. The attitude of the case law seems appropriate.

제10장

부진정부작위범에서 작위의무의 발생 근거와 한계

[대상판결 1] 대법원 1996. 9. 6. 선고 95도2551 판결

"작위의무는 법적인 의무이어야 하므로 단순한 도덕상 또는 종교상의 의무는 포함되지 않으나 작위의무가 법적인 의무인 한 성문법이건 불문법이건 상관이 없고 또 공법이건 사법이건 불문하므로, 법령, 법률행위, 선행행위로 인한 경우는 물론이고 기타 신의성실의 원칙이나 사회상규 혹은 조리상 작위의무가 기대되는 경우에도 법적인 작위의무는 있다."

[대상판결 2] 대법원 2015. 11. 12. 선고 2015도6809 전원합의체 판결

"부진정부작위범의 경우에는 보호법익의 주체가 법익에 대한 침해위협에 대처할 보호(방어)능력이 없고, 부작위행위자에게 침해위협으로부터 법익을 보호해 주어야 할 법적 작위의무가 있을 뿐 아니라, 부작위행위자가 그러한 보호적 지위에서 법익침해를 일으키는 사태를 지배하고 있어 작위의무의 이행으로 결과 발생을 쉽게 방지할 수 있어야 부작위로 인한 법익침해가 작위에 의한 법익침해와 동등한 형법적 가치가 있는 것으로서 범죄의 실행행위로 평가될 수 있다. 다만 여기서의 작위의무는 법령, 법률행위, 선행행위로 인한 경우는 물론, 신의성실의 원칙이나 사회상규 혹은 조리상 작위의무가 기대되는 경우에도 인정된다."

연구

I. 판례의 입장과 문제점

부작위범을 규율한 형법 제18조는 “위험의 발생을 방지할 의무가 있거나 자기의 행위로 인하여 위험발생의 원인을 야기한 자가 그 위험발생을 방지하지 아니한 때에는 그 발생된 결과에 의하여 처벌한다.”라고 명시하고 있다. 이는 “위험한 결과의 발생에 관한 방지의무를 부담한 행위자임에도 부작위에 의해 위험의 발생을 방지하지 않았다면 처벌받게 된다.”라는 의미이다. 그러므로 형법 제18조는 첫째로 “부작위에 의해서도 범죄구성요건을 실현할 수 있는 행위자의 자격 기준은 무엇이며”, 둘째로 “그런 자격을 갖춘 행위자가 어떤 경우에 처벌될 수 있는지”를 보여주고 있다.

그런데 위험한 결과발생에 대한 방지의무를 부담하는 행위자의 자격 기준에 관해 형법 제18조는 ‘위험의 발생을 방지할 의무’를 부담한 자와 “선행행위로 위험의 발생을 야기한 자”라고 제시하고 있으며, 선행행위로 인한 경우를 제외하고는 누가 위험의 발생을 방지할 의무를 부담하고 있는지를 구체적으로 언급하지 않고 있다. 그렇기에 부작위범에서 이러한 방지의무를 부담하는 행위자는 누가 될 수 있는지를 구성하는 요소를 ‘기술되지 아니한 구성요건 징표’라고 부른다. 형법 제18조가 위험한 결과 발생의 방지의무를 부담하는 자와 자기의 선행행위로 인한 위험을 야기한 자를 명시하고 있기에, 학계뿐만 아니라 판례조차도 부작위범의 행위자를 선행행위로 인한 위험의 야기자이거나 위험을 방지할 법적 의무를 지고 있는 자로 한정하고, 단순히 도덕적이거나 종교적인 의무자일 수 없다고 하는 데 의견의 일치를 보고 있다. 즉 판례에 따르면, “(부작위범의) 작위의무는 법적 의무여야 하므로 단순한 도덕상 또는 종교상의 의무는 포함되지 않으나 작위의무가 법적 의무인 한 성문법이건 불문법이건 상관이 없고 또 공법이건 사법이건 불문하므로, 법령, 법률행위, 선행행위로 인한 경우는 물론이(라)고” 판시하고 있다. 법원의 이러한 해석은 죄형법정주의 원칙상 당연하다.

그런데도 [대상판결 1]과 [대상판결 2]에서 대법원은 작위의무의 근거를 법적 의무와 선행행위뿐만 아니라 신의성실의 원칙이나 사회상규 혹은 조리에 의해서도 발생한다고 판시하고 있다. 판례의 이와 같은 태도가 죄형법정주의의 원칙으로 하는 형법에서 정당한 것인지는 의문이다.

Ⅱ. 쟁점 및 검토

1. 쟁점

(1) 형법 제18조와 부작위범의 행위자 자격

형법 제18조는 부작위범이 성립하기 위해서는 행위주체가 위험의 발생을 방지할 작위의무의 부담을 요구하고 있다. 그런데 부작위에 의한 범죄구성요건의 실현은 통상적인 일반인일 수 없고, 특정한 위험의 발생을 방지할 작위의무를 부담하고 있는 특별한 지위자, 즉 결과발생의 회피의무를 부담한 자에 국한된다.

작위의무의 부담자는 부진정부작위범의 경우 특정한 법익과 특수하고도 밀접한 관계를 맺고 있어서 보호해야 할 법익의 침해를 방지해야 할 특별한 방지의무의 부담자이다. 그러므로 작위의무는 특정한 결과 발생의 방지의무라는 직무를 실행해야 할 특별한 지위를 전제하고 있으며, 그러한 지위에 없는 자는 부진정부작위범의 행위주체가 될 수 없다.

신분범은 특정한 행위주체만이 특정 범죄구성요건을 실행할 수 있거나 행위주체의 특별한 자격이 형벌의 가중을 가져오는 경우이다. 부진정부작위범의 경우 행위주체가 작위의무를 부담할 특별한 지위를 가져야 한다는 점에서 신분범과 유사하나, 신분범은 행위주체가 범죄구성요건에서 구체적으로 법정(法定)되어 있음에 반해, 부진정부작위범의 행위주체(작위의무자)는 이와 달리 누구라도 형법상 범죄구성요건을 충족할 수 있는 행위자의 자격을 갖추었으면 인정된다.

(2) 법적 작위의무자

이러한 행위주체의 자격은 형법 제18조에 의하여 법적 작위의무를 부담하거나 선행행위로 인하여 발생한다. 여기서 법적 작위의무는 타인의 법익보호를 위한 의무의 이행을 직접적으로 요구하는 일체의 법규정이라는 점에서 이의가 없어 보인다. 따라서 민법상 부부간의 부양의무(민법 제826조), 친권자나 후견인의 부양의무(민법 제913조, 제928조), 친족간의 부양의무(민법 제974조)로 인해 부부나 친권자 혹은 후견인 등은 피부양의무자에 관한 법익침해의 결과발생을 방지해야 할 작위의무를 부담한다. 다만 형식적으로 법률상 부양의무를 지고 있더라도 실질적으로 부양하지 않고 있다면 작위의무를 진다고 볼 수 없을 것이다.

또한 공법에서 작위의무를 직접적으로 규정한 것도 있다. 교통사고운전자의 피해자구조의무(도로교통법 제54조 제1항), 경찰관의 요보호자에 대한 보호조치의무(경찰관직무집행법 제4조), 의사의 진료와 응급조치의무(의료법 제16조) 및 진료기록부에의 기록의무(의료법 제21조). 그러므로 국가공무원법 제56조(성실의무)의 적용을 받은 모든 공무원은 이러한 법적 작위의무를 무조건 부담하는 것은 아니다. 그러나 공무원은 자신의 직무와 밀접하게 관련된 구체적 사안에 관해 작위의무를 부담할 수 있다. 이러한 경우 공무원은 자신의 직무영역 내에서 타인의 법익이 침해되지 않도록 직무를 수행할 작위의무가 있기 때문이다.

판례도 이를 인정하고 있다: "법원의 입찰사건에 관한 제반 업무를 주된 업무로 하는 공무원이 자신이 맡는 입찰사건의 입찰보증금이 계속적으로 횡령되고 있는 사실을 알았다면, 담당 공무원으로서는 이를 제지하고 즉시 상관에게 보고하는 등의 방법으로 그러한 사무원의 횡령행위를 방지해야 할 법적인 작위의무를 지는 것이 당연하[다]."[1)]

(3) 계약 등 법률행위

계약 등 법률행위에 의하여 보호의무나 감독의무를 지는 사람은 계약 등에

---

1) 대법원 1996. 9. 6. 선고 95도2551 판결.

관련된 사항에 대해 보호의무가 생긴다. 또한 위험발생을 방지할 의무를 인수한 경우에도 작위의무가 발생한다. 왜냐면 다른 사람을 감독할 지위나 책임을 인수한 사람은 감독받는 사람으로부터 발생할 수 있는 위험을 방지할 의무를 부담하기 때문이다. 예컨대 정신병원의 의사는 조현병자가 다른 사람의 침해를 방지해야 할 의무를 진다.

판례도 계약에 의한 작위의무 부담을 긍정하고 있다. 예컨대 압류된 골프장 시설물을 보관하는 회사의 대표이사는 압류시설의 사용 및 봉인의 훼손을 방지할 수 있도록 적절한 조치를 취할 위임계약 …상의 작위의무가 존재한다고 판시했다.[2)]

(4) 긴밀한 신뢰관계에 의한 보호의무

극지탐험이나 등산대원 등 위험공동체뿐만 아니라 혼인과 유사한 생활공동체 등 일정한 목적을 지향하고, 이에 근거하여 상호 간의 두터운 신뢰관계(특히 위험한 상황에 부닥쳤을 때 상호 구조나 보호하려는 관계)가 자신들의 목적 달성을 위한 필수적 관계일 때 이들 중의 누군가 목적 달성을 위한 과정에서 전형적으로 발생한 위험상황에 처했다면 상호 간에 위험한 결과 발생의 방지의무를 부담케 해야 한다.

다만 독일처럼 선한 사마리아인의 법(이른바 '긴급구조불이행죄')을 직접적으로 인정하고 있다면, 위난에 처한 자를 쳐다보면서도 구조하지 않고 지나간 행인은 긴급 구조행위의 불이행으로 처벌될 수 있다.[3)] 그러나 우리나라에는 이와 같은 긴급구조법이 없으며, 응급의료행위와 관련하여 응급구호자의 면책사유로 간접적으로 적용하고 있을 뿐이다.[4)] 그럼에도 위험발생의 방지역할에 두터운

---

2) 대법원 2005. 7. 22. 선고 2005도3034 판결.

3) 독일형법 제323c조: "사고, 공공위험 또는 긴급상황 발생 시, 필요하고 제반 사정에 비추어 기대 가능한 구조행위, 특히 자신에 대한 현저한 위험 및 기타 중요한 의무의 위반 없이도 가능한 구조행위를 이행하지 아니한 자는 1년 이하의 자유형 또는 벌금에 처한다."

4) 우리나라에서는 2008년 6월 13일, '응급의료에 관한 법률(구호자보호법)'의 일부 개정을 통해 응급환자에게 응급처치를 하다가 본의 아닌 과실로 인해 환자를 사망에 이르게 했거나 손해를 입힌 경우 민·형사상의 책임을 감경 또는 면제한다는 내용이 반영되면서 '선한 사마리아인 법'이 간접적으로 도입됐다.

신뢰 관계가 바탕이 된 극지탐험 등 위험공동체의 경우 대원 상호 간은 그냥 스쳐 가는 행인일 수 없다. 왜냐면 이들 대원 상호 간 위험에 처한 동료를 신속히 구조해야 깊은 신뢰 관계가 형성되어 있기 때문이다. 그러므로 깊은 샘에 빠진 다른 대원을 어느 대원이 우연히 발견했다고 하더라도 샘물에 빠진 대원은 그 순간 자신이 구조될 수 있다고 믿고, 일반인도 그 대원은 구조될 것으로 믿기 마련이다. 위험공동체의 대원 상호 간의 신뢰 관계에서 이처럼 구조될 수 있다는 믿음이 객관적으로 확보될 때 대원 상호 간에는 구조해야 할 작위의무가 발생하게 되는 것이다.

(5) 선행행위

선행행위가 작위의무의 근거로 인정되는 것은 다음과 같은 가치판단에 따른 것이다. 예컨대 행위자가 자신의 행위로 타인에게 중상을 입혀 사망할 위험까지 발생시켰으나, 의료 조치를 곧바로 취하는 바람에 그 피해자가 살 수 있었다면, 그는 살인을 범하지 않았고, 과실치사도 범하지 아니한 것이다. 이처럼 선행행위로 나타난 위험한 결과의 발생을 작위의무 이행을 통하여 미연에 방지할 수 있다면, 피해자의 운명은 행위자의 태도 여하에 달린 것이다. 왜냐면 행위자가 즉시 구조행위를 통해 피해자를 살릴 수 있는 반면에, 이와 달리 자신의 선행행위로 야기된 위험스러운 상태의 방치는 타인에게 치명적인 위험한 결과를 발생하게 할 수 있기 때문이다. 그러므로 선행행위자가 자신의 원인행위로 인하여 발생한 위험한 결과를 방치했다면, 행위자가 그 피해자에 끼친 치명적인 위험에 대한 형사책임을 부담하는 것은 당연하다.

2. 검토

특정한 법규정에 근거하거나 형법상 인정된 선행행위와 상호 간의 깊은 긴밀한 신뢰관계에 의해 구축된 위험공동체의 경우를 제외하고 작위의무를 인정하는 것은 타당하지 않다. 왜냐면 신의성실의 원칙이나 사회상규 혹은 조리는 원칙적으로 어떤 행위가 정당한 것인지 여부를 평가하는 기준으로서 의미를 갖는 것이지, 처벌할 행위주체가 누구인지를 고려하지 않기 때문이다.

그런데도 판례는 부진정부작위범에서 행위주체를 결정짓는 작위의무의 근거를 '신의성실의 원칙이나 사회상규 혹은 조리'에 의해서도 발생한다고 본다. 이러한 판례의 태도가 정당한 것인지 아래에서 개별적으로 살펴보자.

(1) 형법 개념의 독자성과 형법상 행위주체의 자격

판례는 형사법 해석의 경우에도 민사법의 원리나 해석방식을 따르는 경우가 적지 않다. 예컨대 판례를 신의성실의 원칙이나 사회상규 역시 형법상 작위의무의 근거로 이해하여 처벌의 범위를 확장하고 있다. 판례의 이러한 태도, 즉 민사법 원리나 해석방식을 형법에 그대로 적용하는 것이 정당한지 의문스럽다. 다음과 같은 이유 때문이다.

첫째로 형법은 기본적으로 형법 독자의 기준에 근거하여 형법상 조문을 해석해야 하므로 어떤 경우라도 형법상 전문용어나 조문은 형법의 취지와 그 기본정신에 충실한 해석을 해야 한다. 그래서 형법상의 용어가 다른 법역, 특히 민법이나 행정법에서 사용되고 있는 개념과는 다른 독자적 개념으로 사용되고 있음을 자주 본다. 예를 들면 형법상의 점유개념을 비롯해 소유권의 개념[5]과 사람의 시기(始期)도 그렇다. 따라서 형법상 법원리나 법률개념은 민사법과 언제나 같을 수 없고,[6] 때로는 그 고유의 성격에 따라 독자적 개념이나 성격을 갖고 있음이 분명하다.[7]

---

5) 예컨대 형법상 '위탁금전과 관련한 소유권' 문제도 민법상 소유권개념으로는 온전한 해명을 할 수 없고, 형법상 독자적인 소유권개념이 있어야 한다. 이에 관해서는 필자의 "위탁금전과 소유권개념", 『비교형사법연구』 제5권 제1호, 한국비교형사법학회, 2003.

6) 형법의 경우 타인의 재물을 훔친 자에게는 그 즉시 절도죄가 성립되고, 사후에 그 재물을 소유자에게 반환하더라도 결과가 달라지지 않는다. 사적 자유를 원칙으로 하는 민법은 채무이행을 제때에 하지 못하고 연기하여 추후에 이행하더라도 관련된 비용의 추가부담 등으로 해결될 수 있다.

7) 예컨대 형법상 점유개념은 민법과 온전히 일치할 수 없다. '형법해석의 독자성'에 관한 문헌으로는 김신, "채무부담행위와 배임죄의 손해", 『법조』 통권 제733호, 법조협회, 2019, 108쪽 이하 참조; 김도균, "우리 대법원 법해석론의 전환: 로널드 드워킨의 눈으로 읽기-법의 통일성을 향하여-", 『법철학연구』 제13권 제1호, 한국법철학회, 2010; 변종필, "해석근거로서의 법질서 통일성과 형법의 독자성", 『비교형사법연구』 제13권 제2호, 한국비교형사법학회, 2011; 조병선, "환경형법을 계기로 새로이 전개된 형법해석학적 이론들-감독책임, 행정종속론, 공무원가벌성론, 인과관계론-", 『법학논집』, 청주대학교 법학연구

둘째로 형법은 죄형법정주의의 원칙에 철저해야 한다. 그렇기에 형법 제1조 제1항은 "범죄의 성립과 처벌은 행위 시의 법률에 의한다."라고 명시하고 있다. 그래서 행위시법에 따르는 형법의 성격은 정적인 민법과 달리 동적이고 현실적이다. 민법상 간접 점유는 가능하지만, 형법은 원칙적으로 간접 점유를 인정하지 않는 것이 그 전형적인 예이다. 이처럼 형법은 동적인 성격을 지니고 있기에, 행위 주체가 실행행위 당시 어떠한 신분을 갖추고 있는지 혹은 작위의무의 부담 여부는 중요한 판단의 기준이 된다.

셋째로 사적 자치를 기반으로 하는 민법의 경우 명시적 규정은 매우 제한되어 있으며, 이를 보충하기 위해 민법 제1조는 관습법과 조리를 법원으로 인정한다. 또한 민법 제2조 제1항은 권리의 행사와 의무의 이행은 신의성실의 원칙에 따라야 한다고 천명하고 있다. 이 신의성실의 원칙은 민법상 법률행위를 지배하는 원리로서 작동하며, 권리자와 의무자가 누구인지를 불문으로 한다. 즉 이 신의성실의 원칙은 당사자 사이의 계약 등 법률행위가 법률행위에 위배되었는지의 여부를 평가하는 기준으로 작용할 뿐이지, 누가 권리나 의무의 주체인지에 관해 평가하지 않는다.

넷째로 죄형법정주의가 원칙인 형법은 누가 범죄구성요건의 행위주체로 인정될 것인지에 관해 법적 규율에 따라야 한다. 이에 따라 심지어 민법상 법원으로 인정되고 있는 관습법이나 조리를 형법의 법원으로 인정할 수 없으며,[8] 관습법이나 조리에 근거하여 형법상 행위주체를 결정하는 것은 죄형법정주의에 반한다.

다섯째로 모든 법조문은 모두 일의적으로 해석되어야 마땅하다. 특히 형법상 법률용어는 어떤 경우에도 상황에 따라 달리 해석될 수 없다. 죄형법정주의의 성격상 형법의 해석은 문언에 더욱 엄격해야 하기 때문이다. 형법 제20조가 명시하는 '사회상규' 개념은 "어느 행위가 비록 범죄구성요건에 해당하더라도 그 행위가 정당화될 수 있는지를 따지는 데 사용된다."라는 점에서 어느 행위의 정

소, 1992; 오세혁, "법체계의 통일성", 『법학연구』 제4권, 홍익대학교 법학연구소, 2002.

8) 다만 어느 한쪽의 당사자가 상호 간의 깊은 신뢰관계에서 다른 쪽의 당사자를 관행적으로 보호하는 지위에 있었다면, 그에게 다른 타인을 위한 작위의무를 인정할 수 있을 것이다. 그러나 이는 관습법에 의한 것이라기보다 타인의 법익보호를 신뢰관계 속에서 인수한 것이라고 보는 것이 옳다.

당화를 평가하는 개념으로 국한된다. 즉 구성요건적 행위가 정당화될 수 있느냐의 평가 기준일뿐 누구를 구성요건적 행위자로 규정하는 개념일 수 없다.

여섯째로 부진정부작위범의 행위주체도 정범이 될 수 있다. 형법상 정범이란 범죄구성요건의 실현을 자신의 의사로 지배할 수 있는 자이다. 그러므로 부진정부작위범의 정범도 부작위에 의해 범죄구성요건의 실현을 지배할 수 있는 자라야 한다. 이는 한편으로 행위자의 부작위가 작위와 동가치로 금지규범에 위반될 수 있어야 하고, 다른 한편으로는 부진정부작위범의 행위주체는 작위범의 행위주체와 동가치의 지위를 가져야 함을 의미한다.

일곱째로 [대상판결 1]과 [대상판결 2]에서 다투는 문제는 부진정부작위범의 행위주체가 인정되기 위한 자격이나 지위에 관한 것이다. 그런데 어느 행위자의 행위가 신의성실의 원칙이나 사회상규나 조리에 반한 것인지 여부는 형법상 행위자의 자격을 문제 삼는 것이 아니라, 행위자의 행위가 사회적으로 용납하거나 허용할 수 있느냐를 따지는 문제이다. 그래서 사회상규에 반하는 행위, 조리에 반하는 행위 혹은 신의성실의 원칙에 반하는 행위라고 부르지, 사회상규에 반하는 행위자, 조리에 반하는 행위자 혹은 신의성실의 원칙에 반하는 행위자라고 말하지 않는다.

(2) 신의성실의 원칙

"권리의 행사와 의무의 이행은 신의에 좇아 성실히 하여야 한다."라는 신의성실의 원칙은 민법상 권리자와 의무자의 행동강령에 속하지만, 그 자체가 법원(法源)일 수는 없다. 그렇기에 이러한 신의성실의 원칙을 근거로 권리나 의무가 직접적으로 창설될 수 없으며, 다만 권리의 행사와 의무의 이행 과정에서 계약 등 법률행위의 정당성 여부를 평가하는 기준으로 작용한다. 따라서 신의성실의 원칙은 자체적으로 작위의무를 발생시키지 못한다. 예컨대 사기죄의 성립에 있어서 당사자 간의 공정한 계약 관계를 위반할 수 있는 기만행위가 사기죄의 핵심 행위인데, 신의성실의 원칙은 이때 기망행위에 해당하느냐의 여부를 따지는 평가 기준에 속할 뿐이다. 왜냐면 신의성실의 원칙에 합당한 권리의무의 행사란 누가 그렇게 행사했는지 여부를 따지지 않고, 행사자의 행위가 그 원칙에 부합했느냐 여부를 결정하는 데 사용되기 때문이다. 즉 신의성실의 원칙은 행위의 부당성 여부를 결정하는데 작용하는 것이지, 누가 행위자가 되어야 하는지를 결정하는 요소가 아니다.

그러므로 예컨대 계약과 관련된 어느 행위자가 거래상의 신의성실의 원칙에 반할 정도로 자기의 상대를 묵시적으로 속였다면, 이는 묵시적 기망행위에 해당하느냐의 문제일 뿐이다. 그런데 묵시적 기망행위는 행위자가 설득력 있는 행위로 거짓 인상을 주는 것으로 족하고, 이러한 묵시적 기망행위 역시 작위에 속할 수 있음은 물론이다. 즉 묵시적 기망행위로 인하여 피해자가 비로소 착오에 빠진 경우는 작위에 의한 기망행위에 속한다. 다만 행위자의 묵시적 기망행위가 사기죄로 인정되려면, 단순한 기망행위에 그칠 것이 아니라 거래상 신의성실의 원칙에 반하는 정도의 기망행위여야 한다.

기망행위는 부작위에 의해 행해질 수도 있다. 묵시적 기망행위는 작위에 의한 기망행위이기 때문에 행위자의 작위의무를 논할 필요가 없다. 그러나 부작위에 의한 기망행위[9]의 경우 행위자는 일정한 사유를 고지할 작위의무를 부담하고, 이를 불고지함으로써 이루어진다. 그런데 묵시적 기망행위와 부작위에 의한 기망행위와의 구별은 그리 명확하지 않지만, 그럼에도 이에 관한 구별기준은 피해자의 착오가 행위자의 행위와 무관하게 빠졌느냐의 여부를 통해서 가능하다. 작위에 의한 기망행위로 볼 수 있는 것은 행위자의 묵시적 기망행위를 통해서 착오에 빠졌을 때이고, 부작위에 의한 기망은 행위자의 행위와 관계없이 피해자가 착오에 빠져 있음에도 고지의무를 실행하지 않는 경우이다.[10] 다만 묵시적 기망행위인지, 아니면 부작위에 의한 기망행위인지가 의심스러운 경우 부작위에 의한 기망행위로 파악하는 것이 형법 해석상 정당해 보인다.

따라서 계약이 체결되지 않을 정도의 신의성실 위반이 있는 행위자의 묵시적 기망행위로 비로소 피해자가 착오에 빠진 경우라면 행위자의 부작위(고지의무의

9) 부작위에 의한 기망행위에 관한 자세한 연구는 필자의 형법연구VI, 349쪽 이하 참조.
10) 오영근, 형법각론 제8판, 박영사, 2023, 313~314쪽 참조.

위반)에 의한 기망행위라기보다는 작위인 묵시적 기망행위로 사기죄가 성립될 수 있는 것이다. 이 경우 행위자는 신의성실의 원칙에 반하는 행위로 작위의무를 부담하게 될 수 있는 것이 아니라, 오히려 계약이 체결되지 않을 정도의 신의성실 원칙에 반하는 묵시적 기망행위라는 작위로 인하여 사기죄로 처벌될 수 있다. 그러나 이에 반해 행위자의 (묵시적) 기망행위와 관계없이 피해자가 착오에 빠진 경우라면, 행위자는 고지의무를 부담하는 자만이 사기죄가 성립할 수 있다.

이와 관련하여 "사채업자가 대출희망자로부터 대출을 의뢰받은 다음 대출희망자가 자동차의 실제 구입자가 아니어서 자동차 할부금융의 대상이 되지 아니함에도 그가 실제로 자동차를 할부로 구입하는 것처럼 그 명의의 대출신청서 등 관련 서류를 작성한 후 이를 할부금융회사에 제출하여 자동차 할부금융으로 대출금을 받은 경우, 할부금융회사로서는 사채업자가 할부금융의 방법으로 대출의뢰인들 명의로 자동차를 구입하여 보유할 의사 없이 단지 자동차 할부금융 대출의 형식을 빌려 자금을 융통하려는 의도로 할부금융대출을 신청했다."라는 사안에 관해 대법원은 "사기죄의 요건으로서의 기망은 … 거래의 상대방이 일정한 사정에 관한 고지를 받았더라면 당해 거래에 임하지 아니했을 것이라는 관계가 인정되는 경우는 그 거래로 인하여 재물을 수취하는 자에게는 신의성실의 원칙상 사전에 상대방에게 그와 같은 사정을 고지할 의무가 있다 할 것이고, 그럼에도 이를 고지하지 아니한 것은 고지할 사실을 묵비함으로써 상대방을 기망한 것이 되어 사기죄를 구성한다."[11]고 판시했다. 즉 대법원은 거래의 상대방이 일정한 사정에 관한 고지를 받았더라면, 당해 거래에 임하지 아니했을 것이라는 관계가 인정되는 경우로 국한하여 신의성실의 원칙에 위반한 고지의무를 인정하고, 이를 근거로 부작위에 의한 기망행위에 의한 사기죄를 인정하고 있다.[12] 즉 대법원은 신의성실의 원칙을 부진정부작위범의 행위자 자격인 작위의무의 발생 근거 중 하나로 판시하고 있다. 대법원의 이러한 판시는 치명적인 실

11) 대법원 2004. 4. 9. 선고 2003도7828 판결.

12) 이를 부작위에 의한 기망행위로 파악하고, 계약위반에 의한 고지의무의 발생을 인정하는 학자로는 오영근, 형법총론 제6판, 박영사, 2021, 175쪽; 김성돈, 형법총론 제2판, 성균관대학교 출판부, 2009, 522쪽 참조.

수를 범했다. 왜냐면 구성요건적 행위가 신의성실의 원칙에 반하면 반할수록 행위주체는 작위의무를 부담할 수 있다고 일반화할 수 있기 때문이다.

판례의 이러한 입장은 아마도 일본 판례를 상당 부분 모방한 덕분이 아닌가 싶다. 일본 판례는 일찍이 신의성실의 원칙에 근거한 고지의무를 인정하여 사기죄를 인정했기 때문이다. ① "신용으로 거래함이 도저히 어렵다는 사정을 알고 있음에도 불구하고, 이를 무시하고 침묵함은 신의성실을 취지로 하는 거래통념상 고지의무를 위반하여 사기죄의 기망행위가 된다."[13] ② "저당권설정등기가 되어 있는 부동산을 매각할 때 저당권의 부담을 지고 있음을 묵비했다면, 신의성실의 취지상 법률상의 고지의무를 위반한 것이므로 사기죄가 성립한다."[14]

그러나 이러한 판례의 태도는 옳지 않다. 왜냐면 신의성실의 원칙은 통상적으로 거래상의 관계에서 행위자의 권리 행사나 의무이행의 정당성을 따지는 데 중점을 두고 있을 뿐이고, 상호 법적인 관계 속에 동참하고 있는 한쪽의 참여자는 다른 쪽의 참여자에게 오해를 불식시켜줄 법적인 설명의무나 고지의무를 발생케 할 수 없기 때문이다. 즉 거래상의 행위가 신의성실의 원칙에 반할 정도에 이르게 되었다면 형법상 범법 행위가 인정될 수 있을 뿐이고, 보증인적 지위를 취득케 할 수 있는 것은 아니다. 그런데도 신의성실의 원칙을 중하게 반한 행위자는 한편으로 거래상의 범법행위를 범한 것이고, 다른 한편으로는 부진정부작위범의 보증인적 지위를 가지게 된다고 인정하면, 신의성실의 원칙은 형법해석상 금지된 이중적 기능을 가지게 된다. 판례의 이러한 태도는 형법해석상 용납될 수 없다.

다만 예외가 있을 수 있다. 만일 참여자 상호관계의 동참이 서로 특별한 신뢰를 바탕으로 이루어지고 있는 경우라면, 이들은 서로 간에 법적인 설명의무나 고지의무가 발생할 수 있다. 예컨대 컨설팅 계약은 계약당사자들에게 특정 정보를 제공해야 할 해명 의무 내지 고지의무가 있음을 전제로 하고 있다는 점에서 어느 한쪽이 어떤 사실에 관한 상황이나 정보를 제대로 고지하지 않음으로

---

13) 大審 大正 13년 2월 28일 刑1判 · 大正 13년(れ) 1284号.
14) 大審 昭和 4년 3월 7일 刑2判 · 昭和 3년(れ) 1912号.

써 그 상대방을 얼마든지 쉽게 기망할 수 있기 때문이다. 이처럼 특별한 신뢰관계를 바탕으로 하는 작위의무 내지 고지의무가 발생할 수 있음을 감안할 때, 이와 같은 신뢰관계를 아예 맺고 있지 않거나 상법 제651조의 고지의무를 부담하지 않은 경우라면 신의성실의 원칙을 근거로 하여 작위의무가 인정될 수 없다.

(3) 사회상규

'사회상규'라는 법률용어는 형법 제20조와 '부정청탁 및 금품 등 수수의 금지에 관한 법률' 등에서 찾아볼 수 있다.[15] 형법 제20조에서 '사회상규'가 의미하는 것은 판례도 인정한 바와 같이 '사회상규'에 위배되지 아니한 행위는 정당행위가 된다[16]는 점에서, '사회상규'는 정당행위의 일종으로서 위법성 조각의 근거로 작용한다. 또한 '부정청탁 및 금품등 수수의 금지에 관한 법률'에서 나타나는 '사회상규'의 의미 역시 형사처벌을 면하는 '정당행위'의 일종으로서 이용되고 있을 뿐이다.[17]

판례는 이와 같은 사회상규의 의미를 배임수재죄의 경우 '부정한 청탁'의 성립 여부를 평가하는 근거로 활용하고 있다.[18] 즉 '부정한 청탁'은 '사회상규'에 반하는 청탁행위라는 것인데, 이때의 사회상규에 반하는 행위는 형법 제20조 '사회상규에 반하지 아니한 행위'의 다른 표현에 불과하다. 그렇다면 판례가 언급한 배임수재죄에서 '사회상규'의 개념은 형법 제20조의 의미와 다르지 않아 보인다. 그리고 이러한 사회상규 개념은 구성요건을 실현하는 행위자의 신분을 결정짓는 요소가 아니라, 실행행위 자체를 평가하는 요소에 불과하다.

그런데도 대법원은 [대상판결 1]과 [대상판결 2]에서 볼 수 있는 '사회상규'도 형법상 작위의무의 근거로써 명시하고 있다. 다시 말해 판례는 '사회상규'의 의

15) 그 외에 '공무원 행동강령', '국회 공무원 행동강령'과 '선거공무원 행동강령' 등에서도 '사회상규'라는 용어를 사용하고 있으며, 이때에도 '사회상규'는 사회적으로 용납할 수 있는 정당행위의 일종으로 쓰이고 있다.
16) 대표적으로 대법원 2021. 12. 30. 선고 2021도9680 판결: "사회상규에 위배되지 아니하는 행위란 법질서 전체의 정신이나 그 배후에 놓여 있는 사회윤리 내지 사회통념에 비추어 용인될 수 있는 행위를 말[한다]."
17) '부정청탁 및 금품 등 수수의 금지에 관한 법률' 제5조 제2항 제7호(그밖에 사회상규에 위배되지 아니하는 것으로 인정되는 행위) 및 제8조 제3항 제8호(그밖에 다른 법령·기준 또는 사회상규에 따라 허용되는 금품 등).
18) 대법원 2021. 9. 30. 선고 2019도17102 판결.

미를 부진정부작위범의 신분을 구성하는 요소로 이해한다. 판례의 이러한 태도는 '사회상규'의 개념에 관한 형법 제20조나 배임수재죄의 '부정한 청탁'의 뜻을 규명할 때와는 전혀 다른 입장이며, 서로 모순된다. 형법상 사회상규가 어느 행위의 불법성이나 위법성 여부를 평가하는 의미로 형법 제20조에서 명시하고 있음에도 판례가 사회상규 개념을 부진정부작위범의 행위주체를 결정하는 핵심적 요소로 판시하는 것은 크게 잘못되었다.

4) 조리(條理)

조리란 사물의 본성, 사물필연(事物必然)의 도리, 인간 이성에 의하여 승인된 공통적 생활의 원리, 사회통념, 경험법칙, 사회적 타당성, 공서양속, 신의성실, 정의와 형평 등으로 표현된다. 또한 자연법과 같은 의미로 사용하여 실정법의 존립 근거, 평가척도라는 의미로 이해되기도 한다. 이러한 의미의 조리는 민법 제1조에서 법원(法源)으로 인정되고 있지만, 그렇다고 조리가 형법상 보호법익을 방지하기 위한 작위의무를 창설한다고 보기는 어렵다. 왜냐면 형사처벌은 죄형법정주의에 근거해야 하는데, 조리를 작위의무의 근거로 인정하게 되면 도의적 윤리 내지 사회윤리에 의해 야기되는 당연히 해서는 안 될 일을 범한 자에 대해서도 처벌할 수 있게 되기 때문이다. 이는 처벌범위에 관한 명확성의 원칙에 반하며, 처벌의 범위와 정도가 사회적 윤리 내지 법감정에 의해 좌우될 수 있다.

그런데도 판례는 조리에 의한 작위의무를 인정한다. 왜냐면 [대상사건 1]과 [대상사건 2]에서도 조리에 의한 작위의무 발생가능성을 제시하고 있을 뿐만 아니라, 조리상의 작위의무를 직접적으로 인정한 판례도 찾아볼 수 있다.[19] 이 판례에 의하면 "인터넷 포털사이트 내 오락채널 총괄팀장과 위 오락채널 내 만화사업의 운영직원인 피고인들에게 콘텐츠제공업체들이 게재하는 음란만화의 삭제를 요구할 조리상의 의무가 있다."

그러나 판례가 조리에 근거하여 작위의무를 인정하는 것은 죄형법정주의의

19) 대법원 2006. 4. 28. 선고 2003도4128 판결.

원칙을 사문화하기에, 판례의 이러한 입장은 반드시 극복되어야 한다. 물론 우리나라는 예로부터 사회생활 관계에서 조리를 존중하여 왔다. 고대사회에서는 사회생활의 질서를 유지하기 위한 모든 실정법을 구축하지 않았기에, 그 빈자리를 조리에 근거하여 재판했을 것이다. 당시에는 해당하는 법이 존재하지 않는다는 이유로 재판을 거부하지 않았기 때문이다. 이러한 전통은 조선시대 사회에서도 근본적으로 바뀌지 않았다. 특히 조선시대에 적용되었던 대명률[20]뿐만 아니라 1905년 형법대전 제678조에서도 '불응위율(不應爲律)'을 명시하여 처벌했다.[21] 이 '불응위율'이란 "당연히 해서는 안 될 일을 범한 자"를 처벌하는 조문으로서 조리에 의한 작위의무를 인정한 전형적인 경우이다.

이처럼 형법상 조리에 의한 작위의무를 인정하게 되면, 사회 윤리적으로 마땅히 이행하여야 할 행위를 이행하지 않았다고 해서 처벌될 수 있게 되는데, 이는 대명률의 '불응위율'과 다를 바 없게 되며, 우리가 그렇게도 죄형법정주의를 철저히 준수하라는 당위 명령을 철저히 무시하는 꼴이 된다. 죄형법정주의를 원칙으로 천명하고 있는 우리 형법이 관습법을 법원으로 인정하지 않는데, 조리를 작위의무의 창설 근거로 인정한다는 것은 더더욱 용납할 수 없기 때문이다.

조리에 근거하여 부진정부작위범의 작위의무가 발생하고, 이에 따라 행위주체가 인정된다는 판례의 입장은 죄형법정주의의 원칙을 사문화하고 처벌의 범위를 극도로 넓힌다는 점에서 부정되어야 마땅하다.

Ⅲ. 맺으며

판례는 부진정부작위범의 행위주체를 신의성실의 원칙, 사회상규나 조리에 의하여 인정할 수 있음을 천명하고 있으나 이러한 판례의 태도는 잘못되었다.

첫째로 신의성실의 원칙은 권리의 행사와 의무의 이행에 관한 것이고, 권리의 행사와 의무의 이행은 행위자가 누구든 따지지 않고, 권리와 의무에 따른 행위

20) 刑律 (不應爲) 凡不應得爲而爲之者 苔 四十, 事理 重者 杖 八十.
21) 不應爲律 "應爲치 못ᄒᆞᆯ 事ᄅᆞᆯ 爲ᄒᆞᆫ 者는 苔 四十이며 事理 重ᄒᆞᆫ 者ᄂᆞᆫ 苔 八十에 處ᄒᆞᆷ이라."

자체를 문제 삼는다. 왜냐면 민법 제2조에 의하면 행위자의 권리의무 행사는 신의성실의 원칙에 따라야 하는바, 이 원칙에 걸맞은 권리의무의 행사란 누가 그렇게 행사했는지 여부를 따지지 않고, 행사자의 행위가 그 원칙에 부합했느냐 여부를 결정하는 데 사용되기 때문이다. 즉 신의성실의 원칙은 행위의 정당성 여부를 결정하는 평가 기준으로 작용하는 것이지, 누가 행위자가 되어야 하는지를 결정하는 요소가 아니다. 그래서 상호 사적 자치가 지배하는 계약 등의 관계 속에 동참하고 있는 한쪽의 참여자는 다른 쪽의 참여자에게 오해를 불식시켜줄 법적인 설명의무나 고지의무의 부담은 신의성실의 원칙의 위배 여부로 무조건 결정될 수 없다. 그런데도 판례는 신의성실의 원칙을 근거로 예컨대 거짓말이 기망행위가 되는지 등을 판단하고, 다시금 기망행위 등이 신의성실의 원칙을 중하게 반하기 때문에 작위의무를 부담한다고 판시한다. 판례처럼 신의성실의 원칙을 중하게 반한 기망행위자는 다시금 보증인적 지위를 가지게 된다고 인정한다면, 신의성실의 원칙은 이중적 기능을 가진다고 해야 하는데, 판례의 이러한 태도는 형법해석상 용납될 수 없다. 왜냐면 이와 같은 입장은 전형적인 사법적극주의의 태도이자 죄형법정주의에 어긋나며 처벌의 범위를 지나치게 확대할 수 있기 때문이다.

둘째로 사회상규에 의한 작위의무를 인정하는 것은 형법 제20조에서 명시한 '사회상규'의 개념과 서로 모순된다. 형법 제20조의 사회상규 개념은 위법성을 조각하는 정당행위의 일종으로 파악하고 있음에 반해, [대상판결 1]과 [대상판결 2]의 판례에서 판시하고 있는 '사회상규'의 개념은 부진정부작위범의 행위주체를 인정하는 근거로써 사용되고 있기 때문이다. 형법상의 전문용어는 획일적으로 사용되어야 한다는 점에서 대상판결에서 실행행위의 정당성 여부를 판단하는 데 사용되는 사회상규 개념을 부진정부작위범의 작위의무 근거로 삼고 있는 태도는 부정되어야 마땅하다.

셋째로 조리에 의한 형법상의 작위의무를 인정하게 되면, 사회 윤리적으로 마땅히 이행하여야 할 행위를 이행하지 않았다고 해서 처벌될 수 있게 되는데, 이는 대명률의 '불응위율'과 다를 바 없게 되며, 우리가 그렇게도 죄형법정주의를 철저히 준수하라는 당위 명령을 철저히 무시하는 꼴이 된다.

[대상판결 1]의 경우는 행위자는 국가공무원법 제56조(성실의무)의 적용 대상인 공무원이고, 그에게는 자신의 직무와 밀접하게 관련된 구체적 사안에 관해 타인의 법익이 침해되지 않도록 직무를 수행할 공법상 작위의무가 있다. 그러므로 그는 법률에 근거하여 고지해야 할 작위의무를 부담한다고 하여도 전혀 이상하지 않다.[22] [대상판결 2]의 경우 행위자의 구조 불이행의 의무는 여객선 선장으로서 행위자의 선행행위에 기인한다고 보는 것이 타당하다.

이처럼 [대상판결 1]과 [대상판결 2]의 경우 행위자의 작위의무 근거를 공법상이나 선행행위에서 찾을 수 있음에도, 판례는 이를 무시하고 신의성실의 원칙이나 사회상규 혹은 조리에 근거하여 작위의무를 인정하고 있다. 이것이 무서운 이유는 판례가 부진정부작위범의 보증인적 지위를 신의성실의 원칙이나 사회상규 또는 조리에 근거하면 할수록 일종의 신분범적 성격을 가진 부진정부작위범의 범위를 무한정 확대하게 된다는 점에서 죄형법정주의에 반하는 것이므로 마땅히 시정되어야 할 것이다.

22) 같은 입장으로 오영근, 앞의 책, 175쪽.

제11장

헌법적 관점에서 사형제도 폐지의 정당성

Ⅰ. 논쟁의 개관

현행법상 사형이라는 형벌은 국민을 대표하는 국회에서 제정되었다. 이를 근거로 검찰이 국가의 이름으로 법원의 심판과정에서 사형을 구형하면 법원도 국가와 국민의 이름으로 사형을 선고한다. 사형집행관도 역시 국민의 이름으로 사형이 확정된 자를 고의로 살해했다. 1950년 이후의 공식 통계만으로도 1,310명이다. 즉 검찰의 사형 구형, 법원의 사형선고, 교도관의 사형집행은 국민의 이름으로 하는 의도적이면서 제도적인 살인행위이다. 우리는 자신도 모르게 결과적으로 제도적 살인에 가담하고 있기에 제도적 살인의 공범인 우리는 스스로에 대해 사형제도에 대한 의식의 변화가 요구된다.[1)]

국민이 국가를 구성하는 핵심적 조건은 개개인의 본질적 인권을 보장하기 위한 수단이므로, 이 본질적 생명권의 보장을 확보하기 위해서 국가는 의도적 살인범을 예외 없이 처벌해야 한다. 이와 마찬가지로 국가에 의한 제도적 살인 역시 척결해야 마땅하다.[2)] 그런데도 이상하게 생명을 절대적으로 보호해야 책무

1) 사형제도의 폐지를 위한 자세한 자료집으로는 문장식(편), 이 세상에서 마지막 사형식, 도서출판 새롬, 2000을 참조.

2) 이와 관련해서 이미 이탈리아의 베카리아는 1764년에 출판된 『형벌과 범죄』라는 책에서 사형제도의 모순에 대해 다음과 같은 언명을 한 바 있다. "첫째로 사형은 위법한 것이다. 왜냐면 사회계약 속에 사형이 포함될 수 없기 때문이다. 둘째로 사형은 불필요한 것이다. 왜냐면 무기징역도 사형만큼 사회방위적

를 지닌 국가가 도리어 제도적 살인인 사형을 행하는 것을 정당하다고 보는 논리로 무장한 이들이 한둘이 아니다.

우리나라의 학자나 법조계에서도 사형제도를 찬성한 분들이 상상 이상으로 많다.[3] 근대 법학 사상을 받아들이기 시작했던 시절인 1900년대 초에도 최초의 형법학자였던 장도 역시 사형제도는 이상적 측면에서 폐지가 맞지만 우리 실정상 불가피하다고 주장했다. 그는 일본에서 유학하고, 귀국하여 형법총칙을 저술한 학자였다. 그런 그도 사형제도 폐지의 시기상조론을 펼쳤다.

장도를 비롯한 이들 사형제도 존치론자 모두는 인권 옹호를 주장하지 않는다. 그래서인지 이들의 특색은 사형제도에 내포된 문제점을 언급한다. 그런데도 그들은 당대에 사형제도의 폐지는 시기상조이며, 사형제도가 갖는 범죄억제 효과를 신앙처럼 믿는다. 게다가 이들 중 일부는 권위주의 시대에 사법살인이 난무했던 사실을 잘 알면서도 우리나라는 민주화가 충분히 진전되었기 때문에 예전의 권위주의와 같은 시대로 돌아가서 사형의 오·남용, 특히 사법살인은 있을 수 없다고 말한다.

결론부터 말하자면, 이러한 생각을 가진 분들은 순진하다. 4·19혁명으로 이승만 독재정권을 극복하고 민주화를 이룩했지만, 박정희 장군의 쿠데타로 권력을 장악한 군사정권은 4·19혁명의 정신을 뿌리째 뽑아버렸고, 동시에 정권 유

목적을 수행할 수 있고, 위하의 목적은 사형보다 더 잘 수행할 수 있기 때문이다. 셋째로 사형은 부당한 것이다. 왜냐면 형벌이란 필요 이상 잔인해서는 안 되는데, 사형은 필요 이상 잔인하기 때문이다. 넷째로 사형은 해로운 것이다. 왜냐면 사형은 야만적인 영향을 미치고 살인하지 말라는 금지규범에 대한 주의(注意)를 감소시키기 때문이다". 그는 더 나아가서 사회계약을 기초로 하여 다음과 같은 이유로 사형제도를 철저히 비판했다. "인간에게 발전을 가져다주지 못하는 형벌의 무익하고 빈번한 적용은 나에게 과연 잘 완비된 국가의 본질상 사형이 실제로 필요하고 또한 정당한가에 대해 의문을 갖도록 했다. 어디에서 인간은 그의 동포를 살해할 권능을 끌어왔는가. 이 권능은 확실히 주권과 법률에서부터 나오는 권능과는 다르다. 주권과 법률은 각 개인이 사회에 개인적인 자유의 총체에 불과하다. 그것은 각 개인의 총의를 표현한다. 누가 다른 사람에게 자기를 죽일 권능을 주는 것에 동의할까. 어째서 각 개인 자유의 가장 적은 부분을 희생한 것에 모든 권리 중에서 가장 중요한 생명을 희생하는 것까지 포함할 수 있을까? 만일 그렇다고 하더라도 개인이 자살할 권리를 가지지 못한다고 하는 것과 어떻게 조화될 수 있을까? 그가 사회에 또는 다른 사람에게 그 권리를 양도할 수 있으려면 그 권리를 가져야 할 테니까 이것으로 보아 사형은 권리일 수가 없고 또한 권리도 아니다"라고 하여 사형제도가 사회계약과 모순됨을 구구절절 정당하게 지적하고 있다.

3) 성낙현, 형법총론 제2판, 동방문화사, 2011, 710쪽; 유기천, 개정 형법학(총론강의), 일조각, 1982, 349쪽; 이재상, 개정판 형법총론, 박영사, 1998, 498쪽; 최호진, 형법총론 제3판. 박영사, 2024, 830쪽; 존치론적 입장인 황산덕, 개정 형법총론, 법문사, 1963, 332~333쪽.

지 차원에서 '인혁당재건위' 사건처럼 사법살인도 일으켰다. 또한 권력 찬탈을 통해 정권을 장악한 전두환 장군과 그 일파들은 불법적 비상계엄을 선포하고 광주에서 학살을 자행했다. 그가 정권을 거머쥔 후 많은 분이 형장의 이슬로 사라졌다. 후일 대통령이 되었던 김대중 역시 사법살인을 당할 뻔했다.

오늘날에도 사형제도에 친화적인 사람들은 여전히 권위주의 시대로 회귀는 불가능하다고 믿는다. 극단적 보수 논객들은 사형제도 존치의 정당성을 한편으로 응보라는 형벌의 목적에서 찾고, 다른 한편으로는 사형에 의한 살인범죄 억지력이 대단하다는 생각을 그치지 않으며, 사형제도가 존치한다고 하더라도 사법살인 같은 사태는 다시금 발생하지 않을 것이라고 큰소리친다. 그들의 말은 2024년 12월 3일, 당시의 대통령 윤석열이 불법한 '비상계엄'을 선포하고, 이와 함께 무장한 군인들이 그것의 구체화를 실현하기 위해 국회에 침입하여 특정 인사들을 구금하려고 시도한 사태를 어떻게 설명해야할까.

한국의 수많은 지성은 유럽의 계몽주의자인 로크, 루소, 칸트를 신성시하며, 이들의 사형제도 찬성에 엄청난 용기를 얻는다. 특히 칸트가 사형제도를 찬성했다는 점에서 사형제도의 존치를 정의 실현을 위한 핵심 근거로 삼고 있다. 왜냐면 칸트는 위대한 현자이고, 그의 사형제도 찬성 견해를 추종하는 것은 이성적 계몽주의에 의하더라도 정당하다고 생각하기 때문이다.

그러나 그것은 전제부터 잘못이다. 칸트의 언명이라고 해서 모두 정당하고 틀림없는 것은 아니기 때문이다. 무엇보다 그의 정언명령이 그렇다. 그는 말한다. 우리는 정언명령에 따라야 하고, 가언명령을 회피해야 한다고. 자 그렇다면 어떤 살인마 B가 나의 친구 A를 살인할 목적으로 뒤쫓고 있다고 가정해 보자. 내가 사는 곳을 찾아온 A는 말하길, 살인마 B가 자기를 잡아 죽이려고 하니 숨겨달라고 부탁한다. A를 숨긴지 얼마 후 그 살인마 B가 나에게 찾아와 당신 집에 들어간 A를 봤으니 어디에 숨겼는지 묻는다. 이때 나는 어떻게 대답해야 할까. 칸트의 말씀대로 "그래 A가 우리 집에 숨었어." 그대로 얘길 해야 하는 '정언명령'에 따라 친구 A를 죽게 함이 이성적으로 타당하고, 정당한 것일까.

칸트의 또 다른 허점을 살펴보자. 칸트는 말한다. 모든 인간은 존엄하며, 목적 자체이지, 결코 수단일 수 없다. 그랬던 그는 "섬나라 사람들이 어떤 이유로든 그 섬나라를 헤쳐모여 떠나기로 결의했다고 하더라도, 사회정의를 위해서는 감옥에 갇혀있는 사형수는 집행하고 나서 떠나야 한다."[4]라고 주장했다. 칸트의 생각으로는 섬나라의 감옥에 투옥된 사형수는 비록 사람이긴 하지만, 사회정의를 세우기 위한 하나의 수단인 셈이다. 그렇다면 그는 "인간은 목적 자체라고 했던 정언명령은 인간을 수단으로 사용할 수 있음을" 인정하는 것이고, 이는 "인간은 목적 자체다"라는 그의 정언명령을 부정한 셈이다.

어떤 주장이든 신앙처럼 무조건 믿어서는 안 된다. 끝까지 따지고 묻고 답해야 한다. 사형제도 문제 역시 우리 사회에서 존치해야 할 정당성이 있는지를 묻고 따져야 한다.

이하에서는 사형제도 존치론의 견해를 우선 살펴보고, 이에 대해 비판적인 검토를 거친 후(Ⅱ), 왜 사형제도가 폐지해야 하는지를 규명해 본다(Ⅲ). 끝으로 사형제도 폐지의 정당성을 논증하는 것으로 결론을 맺고자 한다.

Ⅱ. 사형제도의 존치론

1. 주장의 핵심

사형은 응보와 위하라는 형벌의 목적에 의하여 정당화되며, 일반인의 법의식에 의하여 자명하고도 필요한 형벌로 인정되고 있다고 주장한다. 그러면서 다음과 같은 내용을 그 근거로 제시한다.

① 사형은 위하적 효과를 가지는 점을 부정할 수 없다. 사형의 위하력이 통계에 의하여 밝혀지지 않았다는 점에서 사형은 부정될 성질이 아니다.[5]

---

4) 그가 문장으로 표현한 내용은 다음과 같다. "시민사회가 모든 동료의 만장일치로 해체하기로 했다고 하더라도(예컨대 섬나라에 사는 시민이 서로 해체를 결정하고 전 세계로 흩어진다면), 교도소에 남아 있는 살인자는 처형되어야 한다. 그렇게 함으로써 모든 사람이 자기가 한 일의 가치를 알게 될 것이며, 이 벌을 받지 않은 사람들에게 피를 흘리지 않게 할 것이다. 왜냐면 그것은 공개적인 정의 위반의 당사자로 간주할 수 있기 때문이다."

5) 특히 이재상, 형법총론 신정판, 박영사, 1995, 497쪽.

② 형벌의 본질이 응보에 있는 이상, 극악한 범죄인에게 사형을 선고하지 않을 수 없다. 즉 사형은 특히 공격적인 범죄에 대한 사회의 도덕적 분노의 표현이며, 이러한 기능은 법에 의해 지배되는 사회의 안정성을 증진함에 있어서 본질적으로 중요한 역할을 수행한다. 게다가 사형을 부과하는 것은 인간의 가치와 존엄을 침해한 것이라고 할 수 없으며, 응보의 이념에 바탕을 둔 형벌은 인간을 다른 목적을 위한 도구로 취급한 것이 아니라는 의미에서 사형은 인간의 존엄과 가치를 인정하는 형벌이라고 해야 한다.[6)]

③ 사형에 대한 폐지가 이상론으로는 바람직하다고 할지라도 사회의 법의식이 이를 요구할 때 이에 응하는 것이 법률문화이기에 국민의 대다수가 허용하는 사형제도는 적정하고 필요한 형벌이 된다.[7)]

2. 주장에 대한 반론

①에 대한 반론

사형제도는 과연 위하적 효과가 명확히 인정될 수 있을까. 이러한 가설에 따르면 사형이 집행되었던 시기에 비해 사형이 집행되지 않았던 기간의 살인사건이 훨씬 많았어야 한다. 그런데 범죄백서에 나타난 사형제도 관련 통계를 살펴보면 국내에서 사형을 집행했던 시기보다 집행하지 않았던 때에 살인사건이 더 많이 발생했다고 말할 수 없다. 예컨대 사형을 집행했던 1988년에는 601명이고,[8)] 사형을 최종적으로 집행한 1997년 직후인 1998년에는 966명에 달했다.[9)] 이후 사형을 집행하지 않고 20년이 경과한 2018년에는 849명에 불과함을 알 수 있다.[10)]

여기에서 파악할 수 있는 바와 같이 사형의 집행이 현실적으로 실현될 때와 그렇지 않은 때의 본질적 차이를 알 수 없다. 그런데도 사형제도의 존치가 현실

---

6) 이재상, 앞의 책, 497쪽.
7) 이재상, 앞의 책, 497쪽.
8) 『범죄백서』, 법무연수원, 1989, 39쪽.
9) 『범죄백서』, 법무연수원, 2000, 54쪽.
10) 『범죄백서』, 법무연수원, 2023, 73쪽.

적으로 살인범죄를 억제하는 데 결정적 역할을 한다는 주장은 실증적이고 과학적인 태도가 아님을 알 수 있다. 사형제도의 존치가 살인의 억제에 어떤 효과를 나타내는지, 그렇지 않은지 분명하지 않을 때, 사형제도 존치 쪽으로 가는 태도가 올바르고 타당한 것일까. 이것은 형사법상 의심스러운 경우 피고인의 이익으로라는 원칙에 배치되는 것으로 올바른 태도가 아니다.

②에 대한 반론

형벌의 본질은 일차적으로 응보에 있다는 주장은 타당한 이론일까. 사형존치론자도 잘 알다시피 사적 복수를 대신하여 공적 형벌이 등장했다. 그렇다면 사적 복수를 감행한 개개인들이 무엇 때문에 사적 복수 대신에 공적 형벌을 찾게 되었을까. 단순히 응보하기 위해서라고 대답할 수도 있다. 그러나 이 점을 조금만 더 깊이 생각해 보면 다음과 같은 진실을 파악할 수 있다.

국가가 형성되기 이전에 복수는 개인이 자기 스스로를 보호할 수 있는 유일한 수단이었다. 복수는 피해를 당한 자가 취할 수 있는 가해자에 대한 앙갚음이지만 그 절차와 방식은 정해진 바가 없다. 그러므로 언제 어떻게 어느 정도로 복수할 것인지에 대한 예견가능성도 없고, 보복의 내용과 정도도 제각각일 수밖에 없었다. 이에 따라 복수는 필연적으로 또 다른 복수를 낳게 되는 악순환의 구조에 빠지게 된다. 복수를 통하여 얻게 되는 위안과 평화는 기껏해야 상대를 제압할 수 있을 때에만 가능했다. 왜냐면 누구도 늙고 병들거나 세력이 약해지면 언제든지 다시금 복수를 당할 수밖에 없었기 때문이다. 이처럼 복수는 또 다른 복수를 상시적으로 야기하는 결정적 원인이 된다는 점에서 사회 혼란의 악순환을 되풀이하는 의미밖에 없었다. 그러므로 복수가 지속되는 한, 인간사회의 혼란은 그와 함께 계속될 수밖에 없으며, 그 결과로 복수가 만연히 허용되는 사회에서는 각 개인의 능력을 꽃피울 수 있는 여건의 마련은 원초적으로 불가능한 것이었다.

이에 따라 안정된 사회의 방위를 위해 무엇이 불가피한 것인지에 관하여 인간의 이성이 눈을 뜨자마자 복수로 인하여 야기되는 문제점을 해소하여 사회평화를 달성하고, 그 안에서 각 개개인의 인권을 충실히 누릴 만한 방안이 절실히 필요하게 되었다. 바로 이러한 요청으로부터 사인(私人)의 복수를 대신할 국가의 강력한 공권력인 형벌의 필요성이 정당화되었다. 그런데 국가의 공권력으로서 형벌은 복수의 대안으로 손색이 없을 정도로 국민에 대한 강력한 위하력(威嚇力)을 발휘할 수 있는 수단이어야 하지만 복수와는 본질적으로 다르게 내용의 정당성과 절차의 합법성으로 치장함으로써 차별성을 가져야 했다. 왜냐면 형벌이 복수를 미연에 방지할 정도로 충분한 실효성을 갖지 못하거나 혹은 형벌 부과절차의 적법성이 준수되지 않음으로써 부당하게 처벌되는 자는 국가의 형벌권을 신뢰할 수 없게 되어 다시금 복수할 수밖에 없는 사정으로 내몰리기 때문이다.

① 이러한 점에서 국가형벌권은 엄격한 사전 경고를 통하여 복수를 야기할 만한 범죄행위의 실행을 미연에 방지하려는 데에 일차적인 목적을 두어야 한다(범죄의 예방이 형벌의 일차적 목적).

② 그런데도 범법행위가 발생하면 그때서야 비로소 국가는 범법자에 대해 복수와 차원이 다른 적법절차 등 형사사법의 근본원칙에 따라 수사와 재판을 적정하게 운용해야 하고(적법절차의 철저한 준수), 또한 책임에 상응한 처벌이 부과되도록 해야 한다(형사입법과 범죄성립요건 및 양형의 책임주의).[11] 바로 이 지점에서 형벌의 응보는 일차적인 핵심이라기보다 이차적인 목적일 뿐임을 알 수 있다. 그러므로 응보가 형벌의 일차적 목적이라는 주장은 근거가 없는 것이다.

③에 대한 반론

사형제도 폐지 여부는 일반 사회인의 법의식에 달려있다는 견해는 그 밑바탕에 사형제도를 존치하겠다는 의도가 담겨있다. 중세시대 이전만 하더라도 여성은 남성의 소유물이었다. 계몽주의를 통해서 남녀평등사상이 고취되면서 여성의 지위도 서서히 확장되었다. 뿐만 아니라 우리 형법의 제정 시에 간통죄에 관

11) 아울러 국가는 범죄로 야기된 손실에 대해 복수에 버금갈 정도의 충분한 보상을 범죄피해자에게 제공해야만 한다(중대한 범죄로 야기된 피해자의 손해에 대한 국가의 보상책임원칙). 다만 국가가 범죄피해자에게 지급하는 범죄피해보상금은 원인 야기자 부담의 원칙에 따라 가해자에 대한 구상권의 행사와 벌금, 범죄로 인하여 발생한 수익의 몰수 등을 통하여 조달되어야 한다.

해 여성만 처벌하자는 정부안이 발의되었다. 이에 부산 출신 국회의원 박순천(朴順天) 여사가 격렬하게 반대하여 결과적으로 남녀 모두 평등하게 간통죄의 대상이 될 수 있었다. 비록 간통죄는 개인의 사적인 내밀한 자유를 국가가 형벌로 간섭하는 것은 시대의 흐름에 맞지 않다는 사상에 근거하여 역사의 뒤안길로 사라졌다.

이처럼 사회적으로 용인되고 있지만 잘못된 믿음으로 고착화한 문화나 관습은 철폐해야 마땅하다. 근세에서는 계몽주의자에 의해 잘못된 관행을 고쳐나갔다. 오직 전통으로 이어져 왔다는 이유로 그것을 무작정 따라야 한다는 사상은 항상 옳은 것이 아니다. 잘못된 전통이나 문화는 과감히 철폐하고 쇄신하는 것이 건강한 사회 형성을 위해 불가피한 것이다. 과거의 잘못된 전통이지만 일부 국민에게 그것이 익숙하다는 이유만으로 굽히지 않은 태도는 정당한 것인지 의문스럽다.

이 점은 사형제도가 특히 그렇다. 왜냐면 근세 이전만 하더라도 모든 범죄자를 교도소에 가두고, 관리할 재정적 여유가 없었다. 그들을 위한 관리자도 양성하지 못했다. 그 결과 예전부터 살인자에 대한 형벌은 그에 대한 살인이라는 복수이고, 그 복수는 또 다른 살인으로 대신하게 되었다. 살인 이외의 다른 대안이 없었으며, 살려두었다간 또 언제 살인할지도 몰랐기 때문이다. 이러한 살인에 대해 살인으로 대응하는 문화가 계승되어서 형벌로서 오늘날 사형제도가 남게 되었다. 물적 · 인적으로 범법자를 평생 수용할 수 있는 현대에도 살인에 대해서는 살인으로 끝내야 한다는 복수문화를 유구한 전통문화로 포장하고 의심스러우면 그대로 남겨두어야 한다는 사고방식은 이제 극복되어야 할 것이다.

3. 헌법재판소의 존치론과 이에 대한 비판

(1) 헌법재판소의 사형제도 존치론

① 헌법은 문언의 해석상 사형제도를 간접적으로 인정하고 있다.

② 생명권은 헌법 제37조 제2항에 의한 일반적 법률유보의 대상이 된다. 따라

서 국가안전보장, 질서유지와 공공복리를 위하여 필요한 경우 생명권을 박탈할 수 있다.

③ 사형제도는 생명권 제한에 있어서 헌법상 비례원칙에 위배되지 않는다. 생명권 역시 헌법 제37조 제2항에 의한 일반적 법률유보의 대상이 될 수 있으므로 생명권의 제한을 비례성의 원칙에 걸맞게 형벌로 규정함은 위헌이 아니다.

④ 사형제도는 인간의 존엄과 가치를 규정한 헌법 제10조에 위배하지 아니한다. 사형제도 자체는 헌법이 적어도 문언의 해석상 간접적으로나마 인정하고 있는 형벌의 한 종류일 뿐만 아니라 극한 범죄에 한정적으로 선고되는 한, 기본권 가운데 기본권이라고 할 수 있는 생명권을 제한하는 데 있어서 헌법상 비례원칙에 위배되지 아니한다.

(2) 존치론에 대한 비판

①에 대한 반론

헌법 제110조 제4항 단서에는 '형벌'로서 '사형'을 언급하고 있다. 이에 따라 헌법이 사형제도를 간접적으로 인정하는 것처럼 여길 수 있다. 그러나 이 규정을 조금이라도 깊이 이해한다면 헌법재판소의 그런 인식은 잘못되었음을 알 수 있다. 헌법 제110조 제4항 단서는 그 자체가 헌법상 사형의 존재이유나 정당성을 따지는 데 있지 않고, 국가비상사태인 경우라도 사형이라는 형벌의 경우 단심으로 재판을 끝내지 말고 3심까지 하도록 하라는 절차적 규정이다.

그런데 만일 형사실체법상 사형제도가 없거나 혹은 있더라도 사형을 받을 만한 사건이 없으면 헌법 제110조 제4항 후단은 무용지물이 된다. 특히 형법이나 특별형법에 사형제도가 명시되어 있지 않다면 헌법 제110조 제4항 후단은 아무런 실익이 없는 셈이 된다. 이것이 의미하는 바는 헌법 제110조 제4항 후단에서 사형 관련 문제는 형법상 사형제도가 없으면 무용지물이 된다는 것이다. 그 결과 헌법은 사형제도의 정당성을 헌법 자체에서 찾을 수 없고, 오히려 하위법인 형법에 명시된 사형제도를 전제하고 있다.

모든 법의 정당성은 헌법과 헌법정신에 근거해야 하는데, 헌법은 오히려 형법

제41조에 명시된 사형이라는 형벌을 전제한 셈이다. 이를 두고 헌법재판소가 헌법의 해석상 간접적으로 사형을 합헌으로 인정하고 있다는 주장은 정당한 헌법해석이 아니다.

②에 대한 반론

헌법재판소는 생명권을 기본권 가운데 기본권이라고 한다. 그러면서도 생명권을 법률유보의 대상이라고 여긴다. 이유는 아마도 헌법상 사형제도가 간접적으로 존재하고 있음을 전제하기 때문이다. 그러나 위에서 살펴본 바처럼 헌법은 형법에서 명시한 사형제도를 전제로 규정하고 있음을 보았다. 이는 헌법이 직접적이든 간접적이든 사형제도의 정당성을 자체적으로 규정하지 않고, 하위법인 형법에서 이를 전제하고 있음을 보여준다.

그렇다면 형법상 명시된 사형제도의 정당성이 헌법에 근거하지 않기에 사형제도가 합헌이라는 헌법재판소의 결정에는 심각한 결함이 있다고 할 것이다. 이처럼 사형제도가 합헌임을 입증할 수 없다면 사형이라는 형벌이 법률의 유보에 해당한다고 쉽게 판단할 수 없다. 헌법재판소는 '양심의 내심적 자유'에 대해서 결코 법률의 유보를 허용할 수 없고, '기본권의 본질적 침해금지'의 대상[12)]이라고 판시했다. 그렇다면 양심은 신체를 전제로 하고, 신체는 다시금 생명을 본질적 속성으로 삼고 있다. 신체형에 의한 처벌을 금지하고, 종교의 내심적 자유 역시 법률유보의 한계에 해당하는 점은 의문의 여지가 없다. 그렇다면 이러한 기본권의 전제가 되는 생명권은 법률의 유보가 가능할 수 없으며, 본질적 침해금지의 대상이 됨은 지극히 논리적이다. 왜냐면 양심은 마음의 문제이고, 이와 같은 마음의 제한을 인정할 수 없다면 이 마음을 일으키는 핵심인 생명은 마음의 전제이며, 이 역시 법률유보가 불가능하다고 보아야 하는 것이 논리적이기 때문이다, 그런데도 양심의 내심적 부분은 금지할 수 없는데 반해 사람의 목숨을 빼앗는 사형은 법률유보의 대상이라고 하는 사고방식은 납득하기 어렵다.

---

12) 헌법재판소 1998. 7. 16. 96헌바35 결정.

게다가 헌법 제37조 제2항은 기본권의 핵심에 관한 것으로 '기본권을 본질적 침해금지'를 확보하기 위한 것이다. 기본권 가운데 기본권은 누가 뭐라고 해도 생명권이 포함된다. 이러한 생명권에 대해 본질적 침해금지를 인정하는 법률유보의 내재적 한계를 인정하는 것이야말로 헌법 제37조 제2항이 가지는 가장 중요한 가치인 것이다. 이에 반해 헌법재판소처럼 기본권에 관해 법률유보를 널리 허용하면 할수록 헌법 제37조 제2항의 '본질적 침해금지'는 본래의 의의가 희석될 수밖에 없는 것이다.

③에 대한 반론

헌법재판소 결정에 따르면 생명권 역시 헌법 제37조 제2항에 의한 일반적 법률유보의 대상이 될 수 있기에 사형제도는 생명권 제한에 있어서 헌법상 비례원칙에 위배되지 않는다는 것이다. 그러나 ②에 대한 반론에서도 보았듯이 생명권은 일반적 법률유보의 대상일 수 없고, 이 때문에 생명권을 공익이나 비례성의 원칙에 근거하여 박탈할 수 없는 것이다.

가정하여 헌법재판소처럼 생명권에 관해 법률의 유보를 인정할 수 있더라도 사형제도가 비례성의 원칙에 부합하는지는 의심스럽다.

사형제도가 헌법상 비례원칙에 합당하려면 국가안전보장 등의 이익이 사형제도로 침해되는 인간의 생명침해보다 목적에서 정당하고, 수단에서 상당하며, 피해에서 최소성을 유지할 수 있고, 개인의 생명보다 월등한 이익을 누릴 수 있으며, 끝으로 사형 이외에 다른 수단으로 대처하는 것이 유사한 효과를 가질 수 없는 경우에 국한된다.

그렇다면 첫째로 국가안전보장 등의 목적에 비추어 볼 때 사형제도의 존치가 정당한 것일까. 물론 사형제도를 통하여 용납할 수 없는 반인륜적 범죄를 충분히 억제할 수 있다면 나름의 목적 달성을 위해 사형제도의 존치를 허용할 명분이 없지는 않다. 따라서 사형제도가 그나마 국가의 안전보장이나 사회질서 유지를 비롯한 국가목적의 정당성 차원에서 허용될 수 있으려면 범죄억제력이라고 하는 일종의 공공 이익이 담보되어야 할 것이다. 그러나 사형에는 범죄억제력이 없음이 UN 인권위원회의 1988년과 2002년 두 차례에 걸친 광범위한 조사의 결과에서 이미 공식적으로 확인되었다.

둘째로 사형제도가 사회평화를 위한 최선의 수단으로 비례성의 핵심 내용인 수단의 상당성을 훼손하지 않는다고 말할 수 있을까. 사형제도의 대안으로 가석방 없는 절대적 종신형으로도 사형과 동일한 수준의 사회평화와 질서유지에 기여할 수 있음은 말할 필요조차 없다. 그것은 독일의 전례에서도 알 수 있기 때문이다. 뿐만 아니라 사형은 잔인하며, 반인륜적이고 굴욕적인 형벌이어서 문명국가로부터 점차 외면받고 있음이 현실이다. 이처럼 사형제도가 갖는 반인륜성 및 잔인성을 이유로 헌법재판관 11명 전원이 만장일치로 사형제도의 위헌성을 확인했던 남아공헌법재판소[13]나 1명의 헌법재판관을 제외한 모든 헌법재판관이 위헌의 결정을 한 헝가리헌법재판소의 결정문[14]은 결코 놀랄 일도, 전혀 새로운 일도 아니다. 다만 이들 국가의 헌법재판소가 판단한사형제도의 위헌성에 관한 결정문의 내용과 비교할 때 우리 헌법재판소의 결정문에 나타난 사형제도의 위헌성에 관한 인식 수준과 내용은 너무나 큰 차이가 나타난다. 우리의 최고 재판기관인 헌법재판소가 보인 인권과 국가 그리고 인간의 존엄에 대한 인식과 문화 수준이 인류사회에서 최하위에 속한다는 사실이 일반 국민에게 폭로되지 않을까 걱정된다.

셋째로 사형제도는 피해의 최소성이라는 비례원칙을 달성했을까. 사형제도가 반인륜적 살인범죄 등의 예방목적을 충분히 달성할 수 있었다면 사형을 선고하고 집행함으로써 살인 등 범죄의 발생률이 감소되었어야 한다. 그렇다면 사형을 그렇게 많이 선고(매년 평균 22명)하고, 집행(매년 평균 16명)했던 지난날의 권위주의 시절에도 불구하고 우리나라에서 인구 10만 명당 약 2.1~2.2명 정도의 살인범이 해마다 발생했다. 사형이 전혀 집행되지 않았던 1998년 1월부터 2010년 4월 현재까지 역시 동일한 비율인 2.1~2.2명가량의 살인범이 해마다 발생하고 있어 양자 사이에는 아무런 차이가 없음을 볼 수 있다. 이와 같은 현실은 무엇을 말하는 것일까.

---

13) 이에 관한 자세한 내용은 허일태/이덕인, “남아프리카공화국헌법재판소 결정문”, 형법연구IV, 205쪽 이하 참조.
14) “헝가리헌법재판소의 결정문”에 관해서는 허일태/이덕인, 앞의 책, 383쪽 이하 참조.

Ⅲ. 사형제도 폐지론

1. 폐지론

사형제도 찬성론조차도 “인간의 생명은 고귀하고, 이 세상에서 무엇과도 바꿀 수 없는 존엄한 인간 존재의 근원이다. 이러한 생명에 대한 권리는 비록 헌법에 명문의 규정이 없다 하더라도 인간의 생존본능과 존재 목적에 바탕을 둔 선험적이고 자연법적인 권리로서 헌법에 규정된 모든 기본권의 전제로서 기능하는 기본권 중의 기본권이다.”라고 주장한다. 타당한 얘기이다. 왜냐면 헌법상 생명권은 인간 존엄의 핵심으로서 그것은 다른 기본권의 전제가 되는 기본권으로 인정되며, 그 헌법적 근거는 인간의 존엄성과 가치를 규정한 헌법 제10조와 적법절차를 명시한 헌법 제12조 제1항 및 국민의 기본권에 대한 본질적 침해금지를 천명한 헌법 제37조 제2항에서 확인되기 때문이다.

형법을 비롯한 각종 형사실체법에서 사형제도의 존치 규정은 헌법상 기본권인 생명권 보장을 침해하는 것으로서 다음과 같은 이유로 위헌성을 피할 수 없다.

① 사형제도의 정당성을 헌법의 하위법인 형법에서 찾은 우를 범해서야.

형법의 정당성은 헌법에 근거해야 한다. 형벌인 사형제도 역시 헌법에 근거해야 하며, 헌법은 사형제도의 정당성을 하위법인 형법에서 찾아서는 안 된다. 그런데 헌법 제110조 제4항 단서는 사형을 선고한 경우 단심으로 할 수 없다는 규정을 두고 있는바, 해당 규정이 실효적인 의미를 갖기 위해서는 형법에서 사형제도를 전제하고 있어야 비로소 가능한 일이다. 왜냐면 헌법 제110조 제4항 단서에는 “비상계엄 하의 군사재판은 사형을 선고한 경우에는 단심으로 재판할 수 없다”라고 명시하고 있는바, 이 규정은 형법상 사형제도를 명시하고 있지 않다면 그 의미를 상실하기 때문이다. 즉 만일 형법에서 사형제도를 명시하여 두고 있지 않다면 헌법 제110조 제4항 단서의 규정은 존재가치를 잃어버린다. 그런데 헌법재판소는 헌법상 사형제도의 정당성을 헌법 자체에서 찾는 것이 아니라 형법에서 찾고 있는 꼴이다.

② 인간의 존엄과 국가의 책무

국가는 국민의 생명과 신체 그리고 재산 등을 보호하기 위해 성립된 유기체로서 국민의 기본적 인권 확보가 그 존립의 일차적인 목적이 되어야 하고(헌법 제10조), 국가 존립의 유지는 국민의 인권을 담보하기 위한 이차적인 것에 불과하다. 즉 형법이 보호하는 법익 중에서 가장 중요한 법익은 생명 보호를 핵심으로 하는 인간의 존엄성 보장에 있다. 국가가 권력분립을 통한 권력 간의 견제와 균형을 유지하려는 것은 국가 자체의 존립보다는 국민의 기본권 보장을 담보하기 위한 목적의 소산이다. 이와 같은 이유로 형법에서 국가 존립에 대한 법익의 침해가 과실로 범해지면 불가벌이지만, 인간 존엄의 핵심인 생명침해와 직접 관련된 과실범은 원칙적으로 처벌하고 있는바, 이는 인간 생명의 가치가 국가 존립보다도 더 우월한 법익임을 보여 주는 것이다.

그러면 왜 우리는 인간 존엄의 본질인 생명 보호를 국가가 침해할 수 없는 기본권의 핵심으로 인정해야 할까. 그것은 다음과 같은 근거에 기인한 것이다.

첫째로 국민의 인권보장 목적을 위해 국가 존립이 필요하므로 국가의 존립은 인간의 기본권 보장을 위한 수단에 불과하며, 이에 따라 국가는 인간존엄의 보장이라는 목적을 위한 수단이자 봉사자로서 책무를 져야 한다.

둘째로 인간은 종족보존 본능과 생존 본능에 따라 인간다운 삶을 영위할 목적에서 자신을 다른 개체와 달리 합리적 자기결정권을 행사할 수 있는 능력자[15]라는 점에 주목하여[16] 스스로를 존엄의 주체로 간주한다.[17]

---

15) 칸트에 의하면, 인간인격의 본질은 그 의식에 있으며, 인격체인 인간은 수단일 수 없고, 그 자체 언제나 목적이며, 고유한 자의식을 소유한 행동 중심체로서 자기결정권을 가졌기 때문에 존엄한 것으로 파악한다(아르투어 카우프/저자(역), 법철학 입문, 동아대학교 출판부, 2003, 121쪽 이하 참조).

16) 즉 인간이 동물과 근본적으로 다른 점은 소극적으로는 본능적 행동양식으로부터 광범위하게 자유롭다는데에 있고, 적극적으로는 사회문화의 창달을 위해 그 행위의 올바른 지침을 자신의 통찰력을 통하여 발견하고, 또한 설정하여 그것을 현실화시키는 능력을 지니고 있다는 데에 있는 것이다.

17) 이러한 맥락에서 인간이 다른 생물에 대한 가치적 우위를 확고히 하고, 그와 같은 생각이 객관적인 설득력을 갖추기 위하여 우리는 "인간에게 다른 생명체와는 근본적으로 구별되는 우월적 능력을 인정하고, 이에 따라 인간을 존경받을 만한 가치가 있는 주체"로 인정할 수밖에 없게 구조화되어 있다.

셋째, 인간은 건전한 사회발전을 도모하고, 평화유지에 기여하며, 이를 이행해야 할 사회적 책무를 지녔다. 이와 같은 책무를 지닌 각 개인은 사회나 국가발전에 결정적으로 기여했으며, 국가는 그러한 책무 이행에 대한 보답으로서 인간에 대해 존엄성을 보장해야 할 의무를 부담한다. 즉 우리 사회는 인간의 사회적 책무 이행을 통해서 오늘날의 문화국가를 이룩할 수 있었기 때문에 국가 구성원인 국민으로부터 혜택을 받는 국가는 그 혜택을 준 국민의 기본권 보장을 담보할 책임이 있다.[18)]

따라서 모든 인간은 인간으로서 존엄성을 지니며, 인간 존엄의 핵심은 인간의 생명이고, 이를 담보하는 것이 국가의 책무임을 헌법 제10조가 전제하고 있다. 이처럼 헌법 제10조에 규정된 인간의 존엄성에 대한 존중과 보호의 요청은 헌법의 근본정신이기 때문에 입법자에 의해 제한될 수 없다는 점에서 형사입법을 하거나 형사법의 적용과 집행의 모든 영역에서 지도적 원리로서 작용해야 한다. 그러므로 형사법 영역에서 입법자가 인간의 존엄성을 유린하는 법률의 제정을 통하여 인간의 생명을 박탈하거나 반인륜적 형벌제도를 채택하는 것은 헌법 제10조에 반한다. 그 결과 헌법상 국민의 생명을 보호하고 그 목적에 봉사해야 할 국가가 오히려 제도적 살인행위의 주체가 된다는 것은 모순이다.

③ 사형제도는 헌법상 본질적 침해금지

헌법 제37조 제2항은 “국민의 자유와 권리는 … 공공복리를 위하여 필요한 경우에 한하여 제한할 수 있으며, 제한하는 경우에도 자유와 권리의 본질적 부분을 침해할 수 없다.”고 천명하고 있다. 이 규정을 통하여 우리는 두 가지 원칙을 확인하게 된다. 첫째로 국민의 자유와 권리의 제한은 공공복리 등을 위하여 필요한 경우에 한정함으로써 기본적 인권의 제한은 ‘헌법상 비례성의 원칙’에 반할 수 없음을 분명히 하고, 둘째로 그것을 제한하는 경우에도 본질적 부분의 불가침을 천명함으로써 기본적 인권의 본질적 부분에 대한 침해의 불가를 밝히고 있다.

---

18) 이는 중세시대의 귀족이 농노에 대한 책무(noblésse oblíge)를 완수하려 했던 것처럼 국가를 위해 헌신하는 인간만이 국가로부터 그 본질적 기본권의 보장을 받는 것은 당연하기 때문이다. 그러므로 국가는 사회적 책무를 부담하는 인간을 위해 그의 인간적 존엄을 보장해야 할 책무를 부담한다.

그런데도 헌법재판소는 이 규정이 사형제도의 위헌성을 확정하는 데에 아무런 기여를 할 수 없음을 분명히 했다. 즉 사형제도는 헌법 제37조 제2항 후단과 아무런 관련이 없다는 것이다. 정말 그럴까.

우리나라 국민이라면 누구나 신체의 절단형을 위헌으로 간주한다. 왜냐면 그것은 신체의 자유에 대한 본질적 침해라고 여기기 때문이다. 그렇다면 묻고 싶다. 인간의 육체 대부분은 일부가 손상되어도 생명을 갖춘 인격체로서 살아갈 수 있다. 더구나 인간의 육체에서 생명이라는 부분을 배제하면 그 육체는 시체에 불과하게 된다. 그렇다면 생명은 신체 가운데 일부보다 훨씬 중요하다는 점은 삼척동자라도 알고 있는 사실이다. 따라서 헌법 제37조 제2항의 '기본권의 본질적 침해금지' 원칙에 근거하여 신체를 절단할 수 없다면 더욱 더 생명권을 절단하는 형벌의 정당성은 부정되어야 마땅한 것이다.

현행 헌법 제37조 제2항 후단은 1960년 5월의 제3차 헌법개정을 통해서 독일 기본법 제19조 제2항과 유사한 내용을 수용한 것이다. 당시의 헌법 제28조 제2항 후단이 바로 그것이다. 제헌헌법에서는 지금과 같은 본질적 침해금지조항이 없었기 때문에 형법에서도 사형제도의 존치가 가능했고, 이승만 정권은 이 제도를 통하여 정적(政敵)인 조봉암을 사법살인했다. 1960년 4·19 혁명에 의해 이승만의 권위주의 정권이 붕괴되고, 정권을 인수한 장면 정부와 민주당은 다시금 이 땅에서 사법살인을 극복하고 독재 권력으로부터 본질적 인권을 수호하기 위해 기본권에 관한 본질적 침해금지조항을 두게 되었다. 그러나 불행히도 박정희 장군의 불법적 쿠데타로 법치국가원칙은 오랫동안 본질적으로 훼손되었고, 그 결과 제3차 개헌으로 탄생했던 헌법 제28조 제2항 후단의 후속 조치인 사형의 폐지는 이루어지지 못했다.

④ 사형제도로 인한 사법살인

단순한 국민감정이 항시 진리일 수는 없다. 우리 현대 정치사에서 사형제도의 존치로 말미암아 무고하게 형장의 이슬로 사라진 사람이 어디 한둘인가. 최창식 대령, 조봉암 국회 부의장, 조용수 민족일보 사장, 조작된 인혁당재건위의 피해자들은 사법살인의 희생양이 되었다. 사형제도가 없었다면 이것이 어디 가능한 일이겠는가. 혹자는 말한다. 요즘은 민주화 시대여서 사법살인은 있을 수 없다고. 이것은 4·19 혁명 직후 사형론자들이 주로 즐겨 했던 말이다. 그러나 그로부터 불과 1년이 지나지 않는 1961년 군사쿠데타로 정권을 잡은 박정희 장군의 치하에서 사법살인은 더욱 기승을 부렸음을 상기할 필요가 있다.

⑤ 헌법상 평등권 침해

우리나라는 '유럽연합(EU)에서 인도된 범인에 대해 사형집행을 할 수 없도록 하는 등의 범죄인도조약'을 유럽평의회와 2009년에 체결했고, 2011년에는 국회가 이를 비준했다. 이러한 이유로 EU에서 우리나라로 인도된 범인이 비록 반윤리적이고 악독한 살인마임에도 사형을 집행할 수 없게 되었다. 이에 반해 우리나라나 그 밖의 국가에서 범한 반인륜적 흉악범에 대해서는 사형집행이 가능하다는 것은 '법 앞의 평등권'을 천명한 헌법상 평등권에 반한다.

⑥ 국가의 윤리적 책무

국가는 윤리적 존재이므로 그 심부름꾼인 공무원이 범죄를 범한 때조차 가중처벌하고 있다. 아울러 국가는 사회질서 유지 등을 위해 국민에게 절도나 강도뿐만 아니라 살인도 금지하고 있다. 그리고 절도나 강도를 하면 그에 상응한 책임을 부과하고 형벌로 처벌한다. 국가 스스로 절도나 강도 등을 해서는 안 되는 것은 물론이다. 살인하지 말라고 국가가 국민에게 요구했다면 국가 스스로 살인을 하는 것은 모순이다. 국민에게는 살인하지 말라고 하면서 정작 국가 자신은 사형제도라는 형식을 빌려 고의로 살인을 한다는 것은 파렴치의 극치이다. 이는 국가가 윤리적 책임을 저버린 것이다.

⑦ 사형제도의 대안으로서 절대적 종신형

사형제도 대신에 절대적 종신형제도에 의해 얼마든지 반인륜적인 연쇄살인범

등을 격리하여 사회평화를 달성할 수 있다. 왜냐면 절대적 종신형으로 살인의 성향이 강한 반인륜적 살인범에 대해 사형집행을 하지 않고서도 그를 사회로부터 한평생 동안 격리할 수 있기 때문이다. 그러므로 사형제도만이 사회평화를 위한 유일한 최후수단일 수 없음은 물론이다.

Ⅳ. 결론: 사형제도 폐지의 필요성

사형제도는 폐지되어야 한다. 위의 헌법상 폐지론에서 언급한 이외에 다음과 같이 형사정책상으로도 사형제도는 폐지되어야 마땅하다.

첫째로 형사정책상 사형제도의 존치가 범죄예방 억지에 최선의 효과적인 방법은 아니라는 점이다. 예컨대 살인할 때 그 살인으로 사형을 받게 된다는 충분한 계산 아래에서 살인을 범하는 경우는 지극히 예외적이고, 살인행위의 75% 이상은 취한 상태에서 흥분하여 우발적으로 범한다는 점이다. 즉 인간의 인격성이 미약한 상태에서 살인행위가 대부분 이루어진다. 설사 범인이 계획적으로 살인했다고 하더라도 그는 살인에 대해 사형이라는 형벌을 제1차적으로 고려하는 것이 아니라 어떻게 하면 수사망을 피할 것인가를 더 우선적인 문제로 생각한다. 때문에 사형이란 형벌이 가져다주는 흉악범죄의 예방이나 흉악범죄에 대한 억제 효과는 미미한 것이고, 그보다는 오히려 범죄를 범하면 잡힌다는 의식을 심어주도록 과학적이고 철저한 수사가 흉악범죄의 예방과 억제에 더 효과가 있는 것이다. 나아가 무기형만 있고 사형제도가 존재하지 않는다고 해서 계획적 흉악범죄의 빈도가 훨씬 늘어나는 것은 아니다. 왜냐면 무기형을 각오하고 살인을 한 자는 실질적으로 사형을 각오하고 살인한 경우가 십중팔구이기 때문이다. 그렇다면 오늘날 우리 사회에서 근절되지 않고 있는 흉악범죄를 예방하기 위해서 사형제도가 존치할 필요가 있다는 여론은 경험과학적 근거를 토대로 한 것도 아니다. 사형제도가 가져다주는 역기능과 순기능을 충분히 홍보한 후에 여론조사가 시행된다면 그 결론은 정반대가 될 가능성도 크다. 더욱이 형사정책상 사형의 대안으로 종신형을 부과하더라도 국가나 사회가 안정적으로 유지·발전될 수 있다는 것을 외국의 많은 사례가 보여 준다. 이러한 경험은 사회질서의 확립을 위해 사형제도가 불가피한 형벌이 아님을 입증하는 것이다.

둘째로 사형이 범죄피해자 측에는 일시적인 보상감을 줄지 모르지만 사형당한 당사자에게는 비인간적이고 야만스럽기 짝이 없는 잔인한 형벌이며, 인간적으로 참을 수 없는 고통을 줄 뿐만 아니라 그 당사자의 직계존비속에게도 생애 동안 가슴에 못을 박는 상처를 남긴다. 형벌은 죄를 범한 당사자 본인에게만 미쳐야지 사형처럼 사형수의 부모에게 인간적으로 참을 수 없는 고통을 가져다주는 것은 또 다른 사형인 셈이며, 때문에 그 직계존비속의 삶의 질을 근본적으로 초토화시키는 것이 된다.

셋째로 형벌이란 행위자가 오직 자기가 범한 죄만큼 받게 되는 고통으로 끝나는 것이 아니다. 자기가 범한 죄에 대한 사회적 비난의 멍에를 씌우도록 함으로써 장래 일반인에 대한 범죄예방뿐만 아니라 범인 역시 다시는 죄를 짓지 못하도록 하는 데 있다. 즉 어떤 범죄에 대해서도 재사회화의 고려 없이 오직 응보적 관점이나 일반예방적 관점에서만 형벌을 내려서는 안 된다. 왜냐면 형벌의 목적에서 요구하는 책임형벌, 일반예방형벌 및 재사회화를 위한 형벌이라는 3요소는 범죄가 오직 개인의 책임만이 아니며, 정상적인 개인도 위급 시에는 동물적인 속성을 극복하기 힘들며, 모든 인간은 생리적으로나 정신적으로 언제나 성숙하여 있는 것은 아니라는 점에 기초하고 있기에 형벌에 있어서 재사회화는 불가결한 원리이다. 그러나 사형은 형벌의 목적에서 볼 때도 특별예방적 관점이 철저히 배제된 형벌이므로 극복되어야 할 형벌이다.

넷째로 사형은 사형당한 당사자에게는 오판을 시정할 기회를 박탈하게 된다. 그 예로 6·25 당시 '한강교 폭파 사건'[19]에 관한 오판은 무고한 자의 희생을 강요했다. 사형이 집행된 후에 사법부의 오판이 밝혀졌지만, 그 오판으로 희생된 최창식 대령은 억울한 죽음을 제대로 보상받지 못했다.

19) 1950년 6월 25일, 남침을 개시한 북한은 문산과 파주 쪽에서 밀고 내려왔고, 수색 쪽으로 다가서면서 그 중 일부는 김포를 향하여 한강을 넘어올 채비를 갖추었다. 당시 육군참모장 채병덕(蔡秉德) 소장은 북한군의 전차가 시내로 들어왔다는 보고를 받고, 공병감 최창식(崔昌植) 대령에게 한강교를 폭파하도록 명령했다. 27일 오후부터 폭파 준비를 마친 뒤 대기하고 있던 육군공병학교의 작업조는 최 대령의 명령이 떨어지자 3개의 철교와 1개의 인도교를 폭파했다.

오판을 넘어 사법살인에 이른 충격적인 작태를 벌였던 우리 사법부의 반인권적 행태도 있었다. 이른바 '인혁당재건위 사건'이 그러했다. 모진 고문을 통해 사실관계를 조작한 경찰과 검찰 그리고 고문에 의한 조작임을 알 수 있었음에도 절대권력에게 충성하고자 사실관계와 관련 법률을 고의로 왜곡하여 적용했던 법관들은 사형을 선고했다. 대법원에서 사형이 확정되고 불과 18시간 만에 이들에 대한 사형이 집행되었다. 살인의 주범은 법관들, 특히 대법관들이었으며, 하급심 판사도 예외는 아니었다. 그 밖에도 조봉암에 대한 사법살인 역시 사형의 존치로 인해 빚어진 비극이었다.

또한 사형제도의 존치는 권위적 정부에 의해 민주적 인사를 탄압하는 도구로 악용되었다. 예컨대 이승만 정권에서는 조봉암을 비롯해 수많은 사람을 사법살인했고, 박정희 정권과 전두환 정권 때도 역시 자유민주주의를 부르짖던 무고한 사람들에게 사법살인했던 역사적 사실을 결코 잊어서는 안 될 일이다. 그것은 사형제도가 존재하기에 가능했던 일이다.

제12장

형법총칙과 형법각칙의 관계

Ⅰ. 서론

교과서를 저술한 학자들 대부분 "형법총칙은 모든 범죄 현상에 공통되는 형법적 문제를 일반화 · 추상화하여 규정한 것임에 반해, 형법각칙은 개별범죄에 한정된 구체적 문제를 규정한다."라고 주장한다. 그래서 우리는 총칙과 각칙을 일반법과 특별법(시간적 · 장소적 · 인적 · 사항적 적용 범위가 제한된 법률) 관계로 파악한다. 이와 같은 입장은 대체로 맞는 말이지만, 형법각칙 내용의 진실을 왜곡한 부분도 없지 않다. 예를 들어보자. 형법 제114조(범죄단체 등의 조직)는 형법각칙에 규정되어 있음에도 불구하고 형법총칙의 역할을 한다. 왜냐면 이 규정은 형법총칙의 '공범의 범위'를 의제하고 있기 때문이다. 즉 해당 규정은 장기 4년 이상의 징역 등 형벌에 해당하는 범죄를 목적으로 하는 단체 또는 집단을 조직하거나 이에 가입 또는 그 구성원으로 활동한 사람을 적용 대상으로 삼고 있어서 의제공범을 인정하고 있다. 따라서 이 규정은 의제공범에 관한 것이라는 점에서 형법 제30조에서 규정했더라도 체계론상 이상하지 않다. 제정형법의 정부초안도 '범죄단체 등의 조직죄'를 의제공범의 형식으로 형법 제30조 제2항에 규정했지만, 형법총칙에서는 개별책임이 원칙적으로 적용되어야 한다는 주장에 밀려 총칙에서 제외되었던 역사가 있다.

형법각칙에서 무엇을 범죄로 파악하고 법정형을 어떻게 할 것인지에 관해 논리적으로 설명하기란 물론 쉽지 않다. 왜냐면 인간적 삶에 토대가 되는 평화스러운 인간사회를 위협하거나 침해하는 범죄의 종류와 법정형은 대체로 그 시대 그 사회의 문화적 반영이며, 사회가 용납하기 어려운 일탈행위로서 사회의 암흑 면으로 나타나기 때문이다. 따라서 범죄의 종류와 법정형은 어떠한 논리적인 체계로 일관하기 어렵다. 그나마 범죄구성요건이 보호하고 있는 보호법익을 명확히 분석·분류하는 부분에 관해서 형법각칙은 체계적 요소를 가질 수 있을 뿐이라는 벨첼(Hans Welzel)의 주장은 설득력을 지닌다. 우리나라 형법학자 대부분도 이러한 입장을 지지한다.

반론도 있다. 유기천 교수에 따르면 "각 구성요건을 해석할 때 하나는 우리 문화와의 관련을 보는 것이고, 다른 하나는 우리 각론 자체의 이론은 물론 각론과 총칙과의 관계뿐만 아니라 우리 법전체(특히 헌법)와의 관계를 밀접하게 추구해야 한다."라고 역설한다.

형법총칙은 형법각칙에서 비롯된다. 형법각칙은 원칙적으로 모든 종류의 범죄에 관한 핵심적 요소인 행위주체, 범죄행위와 행위방법, 행위대상 그리고 법정형을 죄형법정주의 원칙에 근거하여 명시하고 있다. 그런데 범죄성립요건을 형식적으로만 명시하다 보면 처벌이 전혀 불필요한 지극히 사소한 행위조차도 처벌될 수 있다. 그렇기에 어떤 사회적 일탈행위가 비록 범죄구성요건에 해당한다고 할지라도 사회적으로 용납될 만한 정도의 경미한 불법성만 띤다면 한편으로 형법 제20조의 사회상규에 해당하여 위법성이 조각될 수 있도록 하고 있고, 다른 한편으로는 형법의 최후수단성에 비추어 볼 때 이와 같은 범죄구성요건을 굳이 형법각칙상 범죄로 명시해야 할 정당성은 사라진다. 뿐만 아니라 각 범죄의 법정형은 해당 범죄의 불법성과 책임에 따라 정도를 달리해야 하며, 그에 반한다면 해당 형법각칙의 규정은 위헌성에 직면하게 된다.

보편은 개별적 대상에서 찾는 게 통상적이다. 그렇다고 할지라도 형법총칙과 형법각칙은 언제나 일반법과 특별법의 관계만으로 파악할 수 없다. 왜냐면 형법총칙의 규정은 형법각칙 중에서 일반적인 것을 다루지만 형법각칙은 경우에 따라 형법총칙의 규정을 대신할 수도 있기 때문이다.

모든 범죄의 구성요건은 행위주체, 구성요건적 행위와 행위대상 그리고 법정형을 체계적으로 담고 있다. 그럼에도 각 범죄구성요건에서 요구되는 구성요건적 행위, 행위대상과 법정형은 그리 통일적이지 않다. 그나마 누가 행위주체가 되느냐 하는 문제는 공무원이나 특정한 신분범의 경우가 아니라면 통일성이 없다고 할 수 없으며, 형법각칙상 보호법익도 해당된 범죄군에서 통일성을 가지며, 특히 개인적 법익, 사회적 법익과 국가적 법익의 큰 관점에서 볼 때 나름의 일반성을 전혀 무시할 수 없다고 할 것이다.

구성요건 요소에 관한 해석은 한편으로 상위법인 헌법과 헌법 질서와 법질서의 통일성에 어울려야 하고, 다른 한편으로는 형법 개념의 독자성을 무시해서도 안 된다. 헌법과 법질서에 위반하여 규정된 형법 조문은 위헌의 대상이 된다. 위헌적인 형법 규정에 관해서는 입법론적 해결이 우선시 되어야 하고, 그것이 가능하지 않을 때 가급적 합헌적 범위에서 해석함이 마땅하다.

형법은 죄형법정주의와 책임주의, 단편성과 최후수단 그리고 동적 성향이 매우 강하다. 그러므로 형법 개념은 민법 등 다른 법률에 무조건 종속된 개념일 수 없고, 다른 법률상 개념의 차용이 형법상 원칙에 적합하지 않을 때 나름의 독자적 개념으로 해결해야 할 필요성이 있다.

Ⅱ. 헌법질서와 형법각칙

1. 법치국가원칙과 그 실질적 내용

법치국가원칙이란 인간존엄의 핵심적 내용인 자유·평등과 정의를 실현시키기 위해 국가생활에서 지켜야 할 행동지침을 법으로 마련하고, 국가권력을 이에 입각하여 형성·집행하려는 인간사회의 기본원리를 말한다. 이러한 법치국가원칙의 이념적 기초는 한편으로 생활환경의 정의로운 조정과 형성을 통하여, 다른 한편으로는 국가생활에서 불가피하게 야기되는 권력 현상을 권력분립과 함께 합법성과 정당성에 기초한 법률로 순화시켜 인간의 존엄성을 확보하려는 데에 있다. 즉 국민의 기본권은 국가에 대한 국민의 방어권을 뜻할 뿐만 아니라, 국가가 개인의 생명권 등 보편적 가치질서를 구현하고, 이를 보장하기 위한 국가의 적극적 형성이나 조정의무를 의미한다.

2. 법치국가원칙의 실천적 원리

① 법치국가원칙은 인간의 존엄과 가치를 확보하기 위해 국민의 자유·평등·정의를 국가의 조직 형태를 통해서 실현하려는 구조적 원리이다. 그렇기에 법치국가원칙은 권력 집중에서 나타나는 권력남용의 위험성을 사전에 제도적으로 방지하기 위하여 국가의 권력을 '견제와 균형의 원리'에 의해서 행사할 것을 요구한다. 따라서 사법권은 특히 범죄성립 여부에 관해 입법부의 입법형성권을 침해할 수 없고, 법창조적 해석도 허용될 수 없다.

② 법치국가원칙은 건강한 사회를 형성할 수 있도록 국민 개개인의 자유·평등·정의의 투명한 실현을 목적으로 한다. 이러한 목적의 실천을 위해서 국가의 권력은 명확성, 특정성, 계산가능성과 예측 가능성, 객관성, 안전성 등의 절차적·형식적 요건을 지켜야 한다. 따라서 법치국가원칙에 근거한 국가작용은 이와 같은 절차적·형식적 요건을 철저히 준수해야 한다.[1)]

③ 법치국가원칙은 과잉금지원칙을 준수해야 한다. 헌법재판소도 과잉금지원칙에 따라 법률의 위헌성 여부를 심판하고 있으며, 목적의 정당성, 수단의 적합성, 피해의 최소성, 법익의 균형성 등을 중요한 판단기준으로 삼고 있다.

3. 법치국가원칙에 근거한 형법의 기본사상

헌법은 국민의 인권보장을 위한 국민적 합의문 성격을 가지며, 법치국가원칙에 충실한 국가는 국민의 인권을 보장하고 담보해야 한다. 그러므로 국가공권

---

1) 특히 형사법의 경우 소급효금지의 원칙은 죄형법정주의원칙과 맞물려 다른 어떤 국가작용보다 더욱 철저하게 준수되어야 함은 물론이다.

력인 형벌권의 목적도 궁극적으로는 국민의 인권을 보호하는 데에 있다. 이러한 이유로 형벌의 목적은 행위자에 대한 과거의 잘못된 비행을 질책하는 데에만 그치지 않고, 행위자가 장래에 개과천선하도록 함과 동시에 사회의 평화스러운 생활 관계를 유지 · 형성하게 하는 데에 지장을 초래하지 않아야 한다. 이에 따라 형법은 다음과 같은 임무를 갖고서 법치국가원칙이 구현될 수 있도록 정비되어야 한다.

① 형벌은 인간이 참기 어려운 고통을 본질로 삼고 있다고 해서 인간존엄의 본질을 침해하는 형벌의 정도에까지 이르러서는 안 된다.

② 형벌의 한계적 성격 때문에 형벌을 수단으로 삼고 있는 형법은 사회적 일탈행위 모두에 개입되어서는 안 되며, 인간사회에서 용납할 수 없는 유형의 중대한 법익침해의 경우에만 최후수단으로서 투입되어야 한다.

③ 가벌적인 행위는 사전(事前)에 명확하게 명시되어야 한다. 성숙한 국민이라면 누구라도 법으로 무엇을 금지하고 있는지를 명확히 파악할 수 있도록 해야 한다. 또한 그 가벌적 행위규범이 법을 해석 · 집행하는 기관으로 하여금 자의적으로 해석이나 집행하지 못하게 할 정도로 명확하게 규정되어야 한다. 만일 그렇지 못하게 된다면 국민은 어떠한 행위가 처벌의 대상인지를 잘 몰라 국가형벌권으로부터 불안하게 된다. 게다가 우리나라의 경우 '형벌'을 부과할 수 있는 형법과 형사특별법 및 행정형벌 관련 법률들이 700개 이상이나 된다는 점에서 지나치게 많다.[2)] 이처럼 많은 형사특별법과 행정형법의 남용은 자제되어야 마땅하다.

④ 형벌은 책임에 상응해야 하며, 보안처분은 행위자의 위험성과 불법성에 비례하여야 한다.

⑤ 형벌은 행정벌이나 민사적 제재의 수단에 의하여 범죄억제 효과를 발휘할 수 없는 경우 최후수단으로만 사용되는 것을 원칙으로 삼아야 한다.

⑥ 법원의 양형도 양형 책정 요건의 법정화로 구현되어야 한다. 범죄에 대한

---

2) 이에 관해서는 https://glaw.scourt.go.kr/wsjo/lawod/sjo130.do?prevUrl=interSrch&tabId=0&q=%%ED%98%95%EB%B2%8C&p4=02#1637921633922 참조.

법률효과로서 법관에게 광범위한 선택의 여지를 주고 있는 법정형의 규정만으로는 형벌의 죄형법정주의가 필요·충분하게 담보되지 않기 때문이다. 따라서 형법 제53조의 정상참작감경 규정에 형의 감경에 관한 구체적인 근거 규정을 명시해야 할 것이다.

⑦ 중형주의의 형벌관은 형벌 감응 효과를 떨어뜨린다는 북유럽 교정의 경험적 사실에 비추어 볼 때, 형벌의 감응성을 높이고, 또한 형벌의 인도주의적 관점과 어울리도록 현재의 법정형을 근본적으로 하향 조정할 것이 요구된다.

⑧ 법관을 비롯한 검찰 등 사법권을 행사한 자가 자의적인 법적용으로 국민의 기본권을 침해하면, 이들 법관이나 검찰은 법왜곡죄(法歪曲罪)로 처벌될 수 있어야 한다.[3] 이들이 국민의 기본권을 보장해야 하는 책무를 지고 있음에도 불구하고, 오히려 국민의 기본권을 적극적으로 침해했다면, 이들 법관이나 검찰의 불법성은 일반인의 그것보다 훨씬 심각한 것이며, 결코 용납될 수 없기 때문이다.

4. 법치국가원칙에 반한 형법각칙의 규정, 특히 형법 제114조

형벌은 인간이 참기 어려운 고통을 핵심 수단으로 삼는다는 점에서 형법은 사회의 모든 일탈행위에 개입해서는 안 되며, 인간 사회에서 용납할 수 없는 유형의 중대한 법익침해의 경우에만 최후수단으로 투입되어야 한다. 더구나 형법은 책임의 개별화 원칙 실현 등 법치국가원칙에 합당한 처벌조항을 둘 수 있을 뿐이다. 그렇다면 "사형, 무기 또는 장기 4년 이상의 징역에 해당하는 범죄를 목적으로 하는 단체 또는 집단을 조직하거나 이에 가입 또는 그 구성원으로 활동한 사람은 그 목적한 죄에 정한 형으로 처벌한다. 다만, 형을 감경할 수 있다."고 명시한 형법 제114조(범죄단체 등의 조직)는 법치국가원칙에 반한다고 해야 한다. 그 이유는 다음과 같다.

형법 제114조의 의제공범에 관한 규정은 제정 당시부터 논란의 대상이었다.

---

3) 여기서 말하는 법왜곡죄란 왕법죄(枉法罪)와 같은 의미로, 예컨대 법관이나 검사 등이 사실관계를 왜곡하거나 법규정의 해석과 적용 그리고 양형을 왜곡하여 특정한 당사자를 유리하게 하거나 불리하게 하는 사법행위를 의미한다.

형법 조문의 검토를 위한 국회의 제2독회에서 해설을 담당했던 법사위원회 위원장 대리 엄상섭 의원은 다음과 같이 문제점을 적시했다. "… 근대 형법에 있어서는 형사책임 개별화의 원리라는 것이 인식되어 가지고 있습니다. 형사책임은 다른 사람 때문에 책임을 지지 못하고 자기가 적어도 관여하고 자기가 알고 실행하고 그런 때만 책임을 져야 한다. 이러한 것이 형사책임 개별화의 원칙이라고 하는 것으로서 그런 점으로 보아서 이것을 깎자는 것입니다. …아무리 생각해 보아도 근대 형법 불변의 철칙으로 되어 있는 형사책임 개별화의 원칙에 위반되어서 이 형법을 내놓으면 다른 나라에서도 대한민국이 새로운 입법추세에 의해서 형법을 제정했다고 하면서 그런 것을 내 논다고 하면 아무리 해도 재미없겠다. 또 실질상 운영에서도 중대한 위험이 따른다. 그래서 이것을 삭제하자는 동의(動議)를 내는 것입니다."

형법 제정 당시 우리 사회는 '여순사건'을 겪었을 뿐만 아니라, 6·25전쟁의 비극으로 극도로 혼란에 시기였다. 사회의 안전을 위해 개인의 인권보장 기능보다는 사회의 안전과 법익보호의 기능을 더욱 더 중시할 수밖에 없었다. 이러한 사정 아래 의제공범의 도입을 생각해 볼 여지가 없지 않았다. 그럼에도 엄상섭 의원은 앞에서 언급한 바와 같이 근대 형법 불변의 철칙인 '형사책임 개별화 원칙'을 준수해야 한다고 역설했다. 그런데도 의제공범이 제정형법의 총칙에서는 사라졌으나 각칙의 제114조에서 되살아났다. 검찰은 의제공범의 규정을 빌미로 공소를 제기하고, 판례는 이에 터 잡아 의제공범에 관한 규정인 '범죄단체조직죄'를 어떤 고민의 흔적도 없이 그저 적용했다.[4)]

엄상섭 의원이 의제공범의 부당성을 성토한 지 이제 70년의 세월이 흘렀다. 그 사이 2013년 형법 제114조의 개정을 통하여 종래 모든 "범죄를 목적으로 하는 단체를 조직하거나 가입한 자"에서 "사형, 무기 또는 장기 4년 이상의 징역에 해당하는 범죄를 목적으로 하는 단체 또는 집단을 조직하거나 가입 또는 구성원으로 활동한 사람"이라고 규정함으로써 '범죄단체구성죄'의 구성요건을 다소 제한하기도 했으나 확장한 부분도 있기에 본질적으로는 형법 제114조의 문

4) 대법원 1975. 9. 23. 선고 75도2321 판결; 대법원 1977. 12. 27. 선고 77도3463 판결.

제점을 극복하지 못했다. 그 결과 여전히 제정형법 당시의 의제공범 규정은 살아 있다.

오늘날도 여전히 다수의 학자는 형사책임의 개별화를 노래한다. 그래서인지 다수는 "범죄단체조직죄가 목적한 범죄의 예비·음모단계에 불과하다는 점을 고려하여 책임주의에 적정한 형벌을 규정해야 한다."는 주장을 한다. 그나마 진보된 입장이다. 이에 반해 일부 학자는 형법 제114조의 규정을 "단체 또는 집단의 조직과 결합된 특수한 위험성을 제거하는 데 있다"는 관점에서 긍정적하고 있다.[5] 오직 유기천 교수는 "형법 제114조의 규정은 구성요건이 개별화되지 않고 예비·음모적 성격의 행위를 기수범과 같은 형벌로 처벌함은 위헌"이라고 말한 바 있다. 테러방지법에서 활동행위 자체를 독자적으로 처벌하지 않음은 이미 다른 법률에 근거하여 처벌해도 아무런 문제가 없기 때문일 것이다. 그렇다면 남는 것은 테러조직의 구성과 가입행위인데, 이것은 범죄의 예비죄에 의해서도 필요한 법익의 보호를 할 수 있다고 생각한다.

형법 제정 당시와는 비교할 수 없을 정도로 사회적으로 평온한 오늘날, 형법 제114조의 규정과 함께 테러방지법은 죄형법정주의의 원칙을 파괴하고, 형사책임의 개별화를 철저히 무시하여 형법의 보장기능을 완전히 무력화시킨다는 점에서 위헌이기에 이제라도 철폐되어야 마땅하다.

이에 관련된 사안에서 검찰의 기소는 신중해야 하며, 법원은 위헌법률임을 제청하는 것이 바람직해 보인다. 형법학자 역시 형법 제114조의 적용을 제한적으로 해석하고, 위헌성을 지적하여 해당 규정의 철폐에 힘을 보태야 할 것이다.

Ⅲ. 형법 개념의 독자성, 특히 행위주체

1. 독자성의 일반론

모든 법률에는 기본적으로 일련의 법질서 통일성이 존재한다. 왜냐면 통상의

5) 예컨대 이재상·장영민·강동범, 형법각론 제10판, 박영사, 2016, 494쪽 참조.

법적 사안에 관한 법해석은 법적 안정성 및 법질서의 통일성 관점에서 상호 저촉됨이 없이 조화롭고 체계적으로 파악될 때 비로소 논리성과 체계적 정당성을 확보할 수 있게 되고, 각자의 신분이나 재산의 정도에 상관없이 공평하게 적용될 수 있기 때문이다. 그런데 개개의 실체법 적용의 영역은 지향점이 서로 다르다. 그렇지 않다면 하나의 실체법으로 모든 생활관계를 규율할 수 있어야 함에도 우리 실체 법령의 현실은 2024년 1월 2일을 기준으로 살펴보면 총수는 다음과 같다.

- 법률: 1,613개
- 대통령령: 1,878개
- 총리령: 79개
- 부령: 1,347개
- 기타 (국회규칙 등): 367개
- 자치법규 조례: 114,061개
- 규칙: 27,444개
- 기타 (훈령 등): 1,083개

총 법령의 갯수 147,873**개**

현재 적용되고 있는 유효한 법령은 147,873개로 지나치게 많다.[6] 뿐만 아니라 이들 법령 모두가 하나의 체계적 위상과 단일 개념으로 형성되었다는 생각은 착각에 불과하다. 왜냐면 각 법률영역의 독자성을 인정해야 할 필요성도 적지 않기 때문이다.[7] 다만 각 법률영역의 독자성을 인정하더라도 법적 안정성과 법질서의 통일적 관점을 본질적으로 헤쳐서는 안 되는 것은 물론이다.

예를 들어보자. 민사법은 소유권 보장, 사적 자치와 거래 안정 등을 통해 재산권의 효용을 극대화하고, 재산권을 다시 공정하게 분배하는 데 일차적 목적을 두고 있다.[8] 이에 반해 형사법은 죄형법정주의 원칙에 따라 법익보호와 인권보

6) 현행법령 < 법령통계 < 법제업무정보 : 법제처 (moleg.go.kr)

7) 이에 반해 최성진, “형법상 독자적 개념형성권의 인정 여부 - 형법상 구성요건 해석에 있어서 민법상의 개념 및 이론이 미치는 영향 -”, 『형사법연구』 제27권 제1호, 한국형사법학회, 2015, 163쪽 이하.

장 임무를 주된 목적으로 한다. 이처럼 두 영역의 법이념과 제재수단이 서로 다르기에 법률영역의 상이성과 독자성을 인정하지 않을 수 없으며, 이를 인정하지 않고 민사법 원칙을 형사법에 동일하게 적용하는 것은 잘못이다. 그러므로 민사법상 신의성실의 원칙을 형법상 행위주체의 작위의무에 대한 근거로 활용함은 죄형법정주의에 어긋나고, 처벌의 확대를 가져올 수 있다.

민사책임은 사인(私人) 간에 야기된 손해에 대하여 공평한 보상을 목적으로 하는 데 반해, 형사책임은 국가적 제재에 근거하여 행위자를 형벌로 처벌함으로써 중요한 법익 보호를 통해 사회를 방위하는 데 기여한다. 또한 법인(法人)은 민사법상 계약의 주체로서 당사자의 자격을 가질 수 있지만, 형사법상 법인은 원칙적으로 범죄행위의 주체가 될 수 없다. 왜냐면 법인은 법인격을 갖고 있긴 하지만 추상적 실체에 불과하다는 점에서, 실행행위자의 현실성을 요구하는 형법의 성격에 어울릴 수 없기 때문이다. 게다가 민사법에서는 위험책임 · 무과실책임이 인정되지만, 형사법에서는 결코 무과실책임이 인정될 수 없다. 민사법은 고의 · 과실의 경중을 묻지 않고 손해를 입힌 만큼 손해배상 책임을 지우는 데 반해, 형사법은 고의범을 원칙적으로 처벌하고 과실범은 예외적으로 처벌한다. 이러한 점에서 형사법은 죄형법정주의, 책임주의, 행위시법주의와 최후수단성이라는 고유한 원칙과 이론을 전제한다.

형법의 해석은 기본적으로 죄형법정주의에 근거하여 형법상 조문을 해석해야 하므로, 형법의 원칙과 그 기본정신에 근거해야 한다. 적지 않은 사례에서 형법상의 용어는 다른 법역, 특히 민법이나 행정법에서 사용되고 있는 개념과 다른 독자적 개념으로 사용되고 있다. 예를 들면 형법상의 점유개념이 그렇고, 소유권 개념[9]이나 사람의 시기(始期)[10]의 경우가 그렇다. 이러한 점에서 형법상 법

---

8) 박광현, "형사법의 독자성과 민사법과의 통일성 관점에서 바라본 학제 간 고찰", 『서울법학』 제20권 제1호, 서울시립대학교 법학연구소, 2012, 253~309쪽 참조.

9) 예컨대 형법상 '위탁금전과 관련한 소유권' 문제도 '민법상 소유권개념'으로는 온전한 해명을 할 수 없고, 형법상 '독자적인 소유권개념'이 있어야 한다. 이에 관해서는 필자의 "위탁금전과 소유권개념", 『비교형사법연구』 제5권 제1호, 한국비교형사법학회, 2003.

10) 형법상 사람은 진통이 개시될 때부터이지만, 민법상에서는 분만이 되었을 때부터이다. 형법 제251조의 영아살해죄 규정에서 볼 수 있듯이 분만 중의 태아를 형법상 사람으로 파악하며, 그렇게 하는 것이 타당하기 때문이다. 만일 모든 태아를 사람으로 파악할 경우, 산모의 자유는 극도로 제한되어 몸이 아파도 약을 먹기 힘들고, 자전거도 타기 힘들다. 타다가 넘어져서 태아가 상해를 입기만 해도 과실치상죄에 해

원리나 법률개념은 민사법과 언제나 같을 수 없고,[11] 때로는 고유의 성격에 따라 독자적 개념이나 성격을 갖고 있음을 볼 수 있다.[12]

그 밖에도 형법의 성격은 민법보다 동적이고 현실적이다. 민법상 간접 점유는 가능하지만, 형법은 간접 점유를 원칙적으로 인정하지 않는 것이 그런 예이다. 이처럼 형법은 동적인 성격을 지니고 있기에, 행위주체의 구성요건적 실행행위 당시가 중요한 평가기준이 된다. 이와 같은 이유로 형법 제1조 제1항은 "범죄의 성립과 처벌은 행위 시의 법률에 의한다."라고 명시하고 있다. 우리는 이 규정을 형법의 행위시법주의라고 부르며, 행위시법주의는 죄형법정주의 원칙 가운데 핵심적 내용인 만큼 철저하게 준수되어야 한다. 행위시법주의는 다음과 같은 두 가지 측면이 고려되어야 한다. 하나는 행위주체의 행위 시에 관련 형사처벌 법규가 이미 선재(先在)해야 하고, 다른 하나는 행위 시에 행위주체는 행위자 자격을 갖추고 있어야 한다는 점이다. 만일 행위주체가 구성요건적 행위 시에 행위능력을 잃었다는 점이 밝혀지면 법원은 직권으로 소송을 기각하지 않고 그 행위자를 무죄로 판결한다.

민사소송은 이와 달리 이해 대립하는 당사자 사이의 분쟁을 둘러싸고 전개되므로 소송 시에 당사자의 적격을 전제한다. 그래서 민사소송법은 당사자의 표시를 소장의 필요적 기재 사항으로 하고 있다(민사소송법 제226조 및 제227조). 법원은 소장이 제출되면 소장에 의하여 직권으로 당사자가 누구인지, 그가 실존하는 인물인지, 현재 소송수행자와 일치하는지 등을 조사한다. 조사한 결과 당

당할 수 있다. 그러나 진통이 개시될 경우 그 고통 때문에 활동의 자유는 거의 불가능하게 되고, 진통은 그리 오래 진행되지 않는데, 사람이 아닌 태아로만 간주하는 것은 산부인과 의사가 그 태아를 막 다루어도 과실치상에 해당될 수 없도록 한다는 점에서 용납하기 힘들다.

11) 형법의 경우 타인의 재물을 훔친 자에게는 그 즉시 절도죄가 성립되고, 사후에 그 재물을 소유자에게 반환하더라도 결과가 달라지지 않는다. 사적 자유를 원칙으로 하는 민법은 채무이행을 제때 하지 못하고 연기하여 추후 이행하더라도 관련된 비용의 추가부담 등으로 해결될 수 있다.

12) 예컨대 형법상 점유개념은 민법과 온전히 일치할 수 없다. '형법해석의 독자성'에 관한 문헌으로는 김신, "채무부담행위와 배임죄의 손해", 『법조』 통권 제733호, 법조협회, 2019, 108쪽 이하 참조; 김도균, "우리 대법원 법해석론의 전환: 로널드 드워킨의 눈으로 읽기 - 법의 통일성을 향하여 -", 『법철학연구』 제13권 제1호, 한국법철학회, 2010; 변종필, "해석근거로서의 법질서 통일성과 형법의 독자성", 『비교형사법연구』 제13권 제2호, 한국비교형사법학회, 2011; 조병선, "환경형법을 계기로 새로이 전개된 형법해석학적 이론들 - 감독책임, 행정종속론, 공무원가벌성론, 인과관계론 -", 『법학논집』, 청주대학교 법학연구소, 1992; 오세혁, "법체계의 통일성", 『법학연구』 제4권, 홍익대학교 법학연구소, 2002 각 참조.

사자가 특정되지 않거나 실재인물이 아닐 때에는 소를 부적법 각하해야 한다(민사소송법 제231조).

2. 행위주체

(1) 행위주체의 자격

형법상 행위주체의 자격은 일반범의 경우 형사미성년자가 아닌 이상, 원칙적으로 누구나 행위주체가 될 수 있다. 반면에 신분범은 특정한 자격이나 일정한 신분을 가져야만 해당 범죄의 행위주체가 될 수 있다.

형법은 행위시법주의를 천명하고 있기에 행위 당시에 행위자가 해당 신분범의 주체 자격을 가졌는지, 그 행위주체가 구성요건에 해당하는 행위를 범했는지가 중요하다. 또한 형법상 행위주체의 자격을 가진 자가 행위 당시의 구성요건적 침해행위를 실행했는지 여부도 중요한 검토의 대상이 된다. 행위객체에 대한 침해 당시 존재했던 구성요건 위반행위 자체는 해당 법률의 위헌결정을 제외하고 어떤 사유로도 흔적도 없이 사라질 수 없기 때문이다. 게다가 형법은 소급효나 추급효를 원칙적으로 인정하지 않는다. 실행행위 당시에 행위주체 신분을 갖춘 자의 형벌법규 위반행위는 여전히 처벌의 대상으로 남아 있기 때문이다. 구성요건적 실행행위를 범했던 행위자의 자격이 사후에 재판을 통하여 그 자격과 관련된 법인이나 조합설립의 무효로 행위주체로서의 자격이 상실하게 되었다고 하더라도 그렇다.

공법상의 기본개념이 형법상의 그것과 일치하지 않는 경우도 적지 않다. 예컨대 형법상 수사기관이나 재판기관의 행위는 죄형법정주의 원칙에 철저해야 한다. 이에 반해 행정기관의 공권력 행사 작용은 해당 기관의 법집행 행위로서 공권력을 행사함으로써 사인(私人)에 대하여 구체적 사실에 관한 권리의 설정 또는 의무의 부담을 명하거나 기타 법률상의 효과를 발생하게 하는 행위 일체이며, 이러한 행정행위는 그 자체로 공정력을 갖고 있다. 다시 말해 행정행위가 해당 법률을 위반했다고 하더라도 그 행위가 원칙적으로 공정력을 가졌다면 무조건 무효나 취소되는 것은 아니다.

법질서의 통일성 원칙이 원칙적으로 준수되어야 한다고 하더라도 행정처분의 무효개념은 형법에 직접 영향을 미치는 절대적 효력을 갖는다고 할 수 없다. 게다가 형법의 행정행위에 대한 형법의 종속성은 언제나 무조건적으로 인정할 수 있는 것이 아니다. 그 이유는 다음과 같다.

① 형사법은 법익보호 및 인권보장이 주요 목적이므로 사후심사와 대응방안을 강구하는 데 반해, 행정행위는 사전예방이 주요 목적이라는 점에서 형사법과 행정법의 양자 간에는 제재수단이나 법원칙의 실질적 차이가 존재한다. 즉 형사법은 다른 법률로 사회방위를 할 수 없는 경우 형벌이라는 최후의 수단을 사용한다는 점에서, 행정법의 제재수단에 의해서도 사회방위가 충분하다면 형사법의 개입은 불필요하다. 그러므로 형사법과 행정법의 경우 법해석의 적용방식과 제재수단의 운용방식이 다를 수밖에 없다.

② '행정행위의 공정력'에 근거하여 행정행위의 효력은 무효가 확정되기 전까지 원칙적으로 유효한 것으로 인정되어야 한다는 원칙은 '무죄추정의 원칙' 및 이에 바탕을 둔 '의심스러울 때는 피고인의 이익'이라는 원칙을 고수하는 형법상의 원리에 정면으로 배치된다.

③ 공법상의 과잉금지 원리나 비례성의 원칙에 따르면 행정행위로 개인의 재산권 등이 다소 침해된다고 하더라도 목적, 수단, 방법 등이 적절하다고 평가될 경우 공익이 우선시될 수 있다. 반면 형법상에서는 인권의 본질적 침해금지를 비롯하여 죄형법정주의가 강조된다. 또한 행위주체에 의한 범법행위가 심증이 가더라도 합리적 의심이 있을 때 무죄판결이 가능하기에 공법상의 원리는 형법의 원리와 적지 않은 차이가 나타난다.

이러한 점에서 형법의 행정행위 종속성을 무조건 인정해야 할 정당한 이유는 없다. 바로 이와 같은 이유로 독일 연방최고법원은 "교통표지와 관련된 결정에서 행정행위가 후일 취소가 되더라도 취소 이전에 행한 위반행위의 위법성에는 아무런 영향을 미치지 않는다."라고 판시한 바 있다.[13)]

---

13) 이에 관한 자세한 기술은 조병선, "행정행위와 형법", 형사판례연구[4], 1996, 32쪽 이하 참조.

또한 행정행위의 전제가 되는 국가의 존속은 비록 불법적인 쿠데타로 정권을 장악한 정부가 출현했다고 하더라도 유지되어야 한다. 예컨대 쿠데타로 등장한 박정희 정권 아래에서도 대한민국의 정체성이나 존속성이 훼손되었던 것은 아니며, 그렇기에 정체성 및 존속성과 관련되지 않는, 당시의 행정처분 모두를 당연무효라고 할 수 없다. 그러므로 반헌법적이고 불법적인 정권 탈취라고 판결로 확정된 경우라도 탈취한 정권에 의한 특정 행정처분이 국가의 존속성과 직접적으로 관련되지 않는 한, 무조건적으로 언제나 무효일 수 없는 것이다. 만일 불법적 쿠데타로 집권한 정부의 행정처분을 처음부터 모두 무조건적으로 당연무효라고 한다면 그러한 정부로부터 임용된 법관이나 검찰의 사법행위도 당연무효로 돌릴 수 있다. 그 결과로 국가의 모든 권력행사를 소급하여 무효로 한다면 걷잡을 수 없는 사회적 혼란에 빠지게 된다. 이는 결코 바람직한 상황이 아니다. 그러므로 행정처분의 무효개념은 우리 법질서 일반의 관점에서 언제나 통일적으로 적용되어야 할 성질의 것일 수 없으며, 형법상에 직접 적용되어야 할 정당한 이유가 있는 것도 아니다.

(2) 형법 제18조와 부작위범의 행위자 자격

형법 제18조에 의하면 부작위범이 성립하기 위해서는 행위주체에게 위험의 발생을 방지할 작위의무의 부담을 요구하고 있다. 그런데 부작위에 의한 범죄구성요건의 실현은 통상적인 일반인일 수 없고, 특정한 위험의 발생을 방지해야 할 작위의무를 부담하고 있는 특별한 지위자, 즉 결과발생의 회피의무를 부담하는 자에 국한된다.

작위의무의 부담자는 부진정부작위범의 경우 특정한 법익과 특수하고도 밀접한 관계를 맺고 있어서 보호해야 할 법익의 침해를 방지해야 할 특별한 방지의무의 부담자이다. 그러므로 작위의무는 특정한 결과 발생의 방지의무라는 직무를 실행해야 할 특별한 지위를 전제하고 있으며, 그러한 지위에 있지 않은 자는 부진정부작위범의 행위주체가 될 수 없다.

그런데도 우리 판례는 법적 작위의무의 범위를 신의성실의 원칙, 사회상규와

조리에 반하는 경우로까지 넓히고 있다.[14)]

a. 신의성실의 원칙

"권리의 행사와 의무의 이행은 신의에 좇아 성실히 하여야 한다."는 신의성실의 원칙은 민법상 권리자와 의무자의 행동강령에 속하지만, 그 자체가 법원(法源)일 수는 없다. 그렇기에 이러한 신의성실의 원칙을 근거로 권리나 의무가 직접적으로 창설될 수 없으며, 다만 권리의 행사와 의무의 이행 과정에서 계약 등 법률행위의 정당성 여부를 평가하는 기준으로 작용한다. 따라서 신의성실의 원칙은 자체적으로 작위의무를 낳지 못한다. 예컨대 사기죄의 성립에 있어서 당사자 간의 공정한 계약 관계를 위반할 수 있는 기망행위가 사기죄의 핵심 행위인데, 신의성실의 원칙은 이때 기망행위에 해당하느냐의 여부를 따지는 평가기준에 속할 뿐이다. 왜냐면 신의성실의 원칙에 걸맞는 권리의무의 행사란 누가 그렇게 행사했는지 여부를 따지지 않고, 행사자의 행위가 그 원칙에 부합했느냐 여부를 결정하는 데 사용되기 때문이다. 즉 신의성실의 원칙은 행위의 부당성 여부를 결정하는데 작용하는 것이지, 누가 행위자가 되어야 하는지를 결정하는 요소가 아니다.

그러므로 예컨대 어떤 계약과 관련된 행위자가 거래상의 신의성실의 원칙에 반할 정도로 자기의 상대를 묵시적으로 속였다면, 이는 묵시적 기망행위에 해당하느냐의 문제일 뿐이다. 그런데 묵시적 기망행위는 행위자가 설득력 있는 행위로 거짓 인상을 주는 것으로 족하고, 이러한 묵시적 기망행위 역시 작위에 속할 수 있음은 물론이다. 즉 묵시적 기망행위로 인하여 피해자가 비로소 착오에 빠진 경우는 작위에 의한 기망행위에 속한다. 다만 행위자의 묵시적 기망행위가 사기죄로 인정되려면 단순한 기망행위에 그치는 것이 아니라 거래상 신의성실의 원칙에 반하는 정도의 기망행위라야 한다.

---

14) 대법원 1996. 9. 6. 선고 95도2551 판결: "작위의무는 법적인 의무이어야 하므로 단순한 도덕상 또는 종교상의 의무는 포함되지 않으나 작위의무가 법적인 의무인 한 성문법이건 불문법이건 상관이 없고 또 공법이건 사법이건 불문하므로, 법령, 법률행위, 선행행위로 인한 경우는 물론이고 기타 신의성실의 원칙이나 사회상규 혹은 조리상 작위의무가 기대되는 경우에도 법적인 작위의무는 있다."

기망행위는 부작위에 의해서도 행해질 수 있다. 묵시적 기망행위는 작위에 의한 기망행위이기 때문에 행위자의 작위의무를 논할 필요가 없다. 그러나 부작위에 의한 기망행위[15]의 경우 행위자는 일정한 사유를 고지할 작위의무를 부담하고, 이를 불고지함으로써 기망행위가 이루어진다. 그런데 묵시적 기망행위와 부작위에 의한 기망행위의 구별은 그리 명확하지 않지만, 그럼에도 이에 관한 구별은 피해자가 행위자의 행위와 무관하게 착오에 빠졌느냐의 여부를 통해서 가능하다. 작위에 의한 기망행위로 볼 수 있는 것은 행위자의 묵시적 기망행위를 통해서 착오에 빠졌을 때이고, 부작위에 의한 기망은 행위자의 행위와 관계없이 피해자가 착오에 빠져 있음에도 고지의무를 실행하지 않는 경우이다.[16] 다만 묵시적 기망행위인지, 아니면 부작위에 의한 기망행위인지가 의심스러운 경우 부작위에 의한 기망행위로 파악하는 것이 해석상 정당해 보인다.

따라서 계약이 체결되지 않을 정도로 신의성실 위반이 있는 행위자의 묵시적 기망행위로 피해자가 착오에 빠진 경우라면 행위자의 부작위(고지의무 위반)에 의한 기망행위라기보다는 작위인 묵시적 기망행위로 사기죄가 성립될 수 있는 것이다. 이 경우 행위자는 신의성실원칙에 반하는 행위로 작위의무를 부담하는 것이 아니라, 오히려 계약이 체결되지 않을 정도로 신의성실원칙에 반하는 묵시적 기망행위라는 작위에 의한 사기죄로 처벌될 수 있다. 이에 반해 행위자의 (묵시적) 기망행위와 관계없이 피해자가 착오에 빠진 경우라면 법률이나 계약 등에 의하여 고지의무를 부담하는 자만이 사기죄로 처벌될 수 있다.

이와 관련하여 "사채업자가 대출희망자로부터 대출을 의뢰받은 다음 대출희망자가 자동차의 실제 구입자가 아니어서 자동차할부금융의 대상이 되지 아니함에도 그가 실제로 자동차를 할부로 구입하는 것처럼 그 명의의 대출신청서 등 관련 서류를 작성한 후 이를 할부금융회사에 제출하여 자동차할부금융으로 대출금을 받은 경우, 할부금융회사로서는 사채업자가 할부금융의 방법으로 대출의뢰인들 명의로 자동차를 구입하여 보유할 의사 없이 단지 자동차할부금융

15) 부작위에 의한 기망행위에 관한 자세한 연구는 필자의 '형법연구VI' 349쪽 이하 참조.
16) 오영근, 형법각론 제8판, 박영사, 2023, 313~314쪽 참조.

대출의 형식을 빌려 자금을 융통하려는 의도로 할부금융대출을 신청했다는 사정을 알았더라면 할부금융대출을 실시하지 않았을 것"이라는 사안에 관해 대법원은 "사기죄의 요건으로서의 기망은 … 거래의 상대방이 일정한 사정에 관한 고지를 받았더라면 당해 거래에 임하지 아니했을 것이라는 관계가 인정되는 경우는 그 거래로 인하여 재물을 수취하는 자에게는 신의성실의 원칙상 사전에 상대방에게 그와 같은 사정을 고지할 의무가 있다 할 것이고, 그럼에도 불구하고 이를 고지하지 아니한 것은 고지할 사실을 묵비함으로써 상대방을 기망한 것이 되어 사기죄를 구성한다."[17]고 판시했다. 즉 대법원은 거래의 상대방이 일정한 사정에 관한 고지를 받았더라면 당해 거래에 응하지 않았을 것이라는 관계가 인정되는 경우로 국한하여 신의성실원칙에 위반한 고지의무를 인정하고, 이를 근거로 부작위에 의한 사기죄를 인정하고 있다.[18] 즉 대법원은 신의성실원칙을 부진정부작위범의 행위자 자격인 작위의무의 발생 근거 가운데 하나로 판시하고 있다. 대법원의 이러한 태도는 치명적인 실수를 범한 것이다. 왜냐면 구성요건적 행위가 신의성실원칙에 반하면 반할수록 행위주체는 작위의무를 부담할 수 있다고 일반화할 수 있기 때문이다.

판례의 이러한 입장은 아마도 오래 전의 일본 판결을 상당 부분 모방한 덕분이 아닌가 생각된다. 일본의 판례는 일찍이 신의성실원칙에 근거한 고지의무에 따라 사기죄를 인정했기 때문이다. ① "신용으로 거래함이 도저히 어렵다는 사정을 알고 있음에도 불구하고, 이를 무시하고 침묵함은 신의성실을 취지로 하는 거래통념상 고지의무를 위반하여 사기죄의 기망행위가 된다."[19] ② "저당권설정등기가 되어 있는 부동산을 매각할 때 저당권의 부담을 지고 있음을 묵비했다면, 신의성실의 취지상 법률상의 고지의무를 위반한 것이므로 사기죄가 성립한다."[20]

그러나 이러한 판례의 태도는 옳지 않다. 왜냐면 신의성실원칙은 통상적으로

---

17) 대법원 2004. 4. 9. 선고 2003도7828 판결.

18) 이를 부작위에 의한 기망행위로 파악하고, 계약위반에 의한 고지의무의 발생을 인정하는 학자로는 오영근, 형법총론, 제6판 박영사, 2021, 175쪽; 김성돈, 형법총론 제2판, 성균관대학교 출판부, 2009, 522쪽 참조.

19) 大審 大正 13년 2월 28일 刑1判 · 大正 13년(れ) 1284号.

20) 大審 昭和 4년 3월 7일 형2판 · 昭和 3년(れ) 1912号.

거래상의 관계에서 행위자의 권리 행사나 의무 이행의 정당성을 따지는 데 중점을 두고 있을 뿐이고, 상호 법적인 관계 속에 동참하고 있는 한쪽의 참여자에게 다른 쪽 참여자의 오해를 불식시켜 줄 법적인 설명의무나 고지의무를 발생케 할 수 없기 때문이다. 즉 거래상의 행위가 신의성실원칙에 반할 정도에 이르게 되었을 때 비로소 형법상 범법행위가 인정될 수 있다. 그런데도 신의성실원칙을 중하게 위반한 행위자는 한편으로 거래상의 범법행위를 범한 것이고, 다른 한편으로는 부진정부작위범의 보증인적 지위를 가지게 된다고 인정한다면 신의성실원칙은 이중적 기능을 가지게 된다. 따라서 판례의 태도는 형법해석상 용납될 수 없다.

다만 예외가 있을 수 있다. 만일 참여자 상호관계의 동참이 서로 특별한 신뢰를 바탕으로 이루어지고 있는 경우라면 이들 서로 간에 법적인 설명의무나 고지의무가 발생할 수 있다. 예컨대 컨설팅계약은 계약당사자들에게 특정 정보를 제공해야 할 해명의무 내지 고지의무가 있음을 전제로 하고 있다는 점에서 어느 한쪽이 어떤 사실에 관한 상황이나 정보를 제대로 고지하지 않음으로써 그 상대방을 얼마든지 쉽게 기망할 수 있다. 이처럼 특별한 신뢰관계를 바탕으로 하는 작위의무 내지 고지의무가 발생할 수 있음을 감안할 때 이러한 신뢰관계가 아예 존재하지 않거나 상법 제651조의 고지의무를 부담하지 않은 경우라면 신의성실원칙을 근거로 작위의무가 인정될 수는 없다.

b. 사회상규

'사회상규'라는 법률용어는 형법 제20조와 '부정청탁 및 금품 등 수수의 금지에 관한 법률' 등에서 찾아볼 수 있다.[21] 형법 제20조에서 '사회상규'가 의미하는 것은 판례도 인정한 바와 같이 '사회상규'에 위배되지 아니한 행위는 정당행위가 된다[22]는 점에서, '사회상규'는 정당행위의 일종으로서 위법성 조각의 근

21) 이 외에 '공무원 행동강령', '국회공무원 행동강령'과 '선거공무원 행동강령' 등에서도 '사회상규'라는 용어를 사용하고 있으며, 여기서의 '사회상규'는 사회적으로 용납할 수 있는 정당행위의 일종으로 볼 수 있다.

22) 대표적으로 대법원 2021. 12. 30. 선고 2021도9680 판결: "사회상규에 위배되지 아니하는 행위란 법질서 전체의 정신이나 그 배후에 놓여 있는 사회윤리 내지 사회통념에 비추어 용인될 수 있는 행위를 말[한다]."

거가 된다. 또한 '부정청탁 및 금품등 수수의 금지에 관한 법률'에서 '사회상규'의 의미 역시 형사처벌을 면하는 '정당행위'의 일종으로서 이용되고 있을 뿐이다.[23)]

판례는 이와 같은 사회상규의 의미를 배임수재죄의 경우 '부정한 청탁'의 성립 여부를 평가하는 근거로 활용하고 있다.[24)] 즉 '부정한 청탁'은 '사회상규'에 반하는 청탁행위라는 것인데, 이때의 사회상규에 반하는 행위는 형법 제20조 '사회상규에 반하지 아니한 행위'의 다른 표현에 불과하다. 그렇다면 판례가 언급한 배임수재죄에서 '사회상규'의 개념은 형법 제20조의 의미와 다르지 않은 것이다. 그리고 이러한 사회상규 개념은 구성요건을 실현하는 행위자의 신분을 결정짓는 요소가 아니라 실행행위 자체를 평가하는 요소에 불과하다.

그런데도 대법원은 '사회상규'를 형법상 작위의무의 근거로써 명시하고 있다. 다시 말해 판례[25)]는 '사회상규'의 의미를 부진정부작위범의 신분을 구성하는 요소로 이해한다. 판례의 태도는 '사회상규'의 개념에 관한 형법 제20조나 배임수재죄의 '부정한 청탁'의 뜻을 규명할 때와는 전혀 다른 입장이며, 서로 모순된다. 형법상 사회상규가 어느 행위의 불법성이나 위법성 여부를 평가하는 의미로 형법 제20조에 명시되어 있음에도 판례가 이를 부진정부작위범의 행위주체를 결정하는 핵심적 요소로 판시한 것은 크게 잘못되었다.

c. 조리(條理)

조리란 사물의 본성, 사물필연(事物必然)의 도리, 인간이성에 의하여 승인된 공통적 생활의 원리, 사회통념, 경험법칙, 사회적 타당성, 공서양속, 신의성실, 정의와 형평 등으로 표현된다. 또한 자연법과 같은 의미로 사용하여 실정법의 존립 근거, 평가 척도라는 의미로 이해하기도 한다. 이러한 의미의 조리는 민법

23) '부정청탁 및 금품등 수수의 금지에 관한 법률' 제5조 제2항 제7호(그밖에 사회상규에 위배되지 아니하는 것으로 인정되는 행위) 및 제8조 제3항 제8호(그밖에 다른 법령·기준 또는 사회상규에 따라 허용되는 금품 등).

24) 대법원 2021. 9. 30. 선고 2019도17102 판결.

25) 예컨대 대법원 2015. 11. 12. 선고 2015도6809 전원합의체 판결 참조.

제1조에서 법원(法源)으로 인정되고 있지만, 그렇다고 조리가 형법상 보호법익의 침해를 방지하기 위한 작위의무를 창설한다고 보기 어렵다. 왜냐면 형사처벌은 죄형법정주의에 근거해야 하는데, 조리가 작위의무의 근거로 인정되면 도의적 내지 사회적 윤리에 의해 야기되는 당연히 해서는 안 될 일을 범한 자에 대해서도 처벌할 수 있게 되기 때문이다. 이는 처벌범위에 관한 명확성의 원칙에 반하며, 처벌의 범위와 정도가 사회적 윤리 내지 법감정에 의해 좌우될 수 있다.

그런데도 판례는 조리에 의한 작위의무를 인정한다. 왜냐면 판례[26]는 조리상의 작위의무를 직접적으로 인정한 사례를 적지 않게 찾아볼 수 있기 때문이다.[27] 이 판례에 의하면 "인터넷포털 사이트 내 오락채널 총괄팀장과 위 오락채널 내 만화사업의 운영 직원인 피고인들에게 콘텐츠제공업체들이 게재하는 음란만화의 삭제를 요구할 조리상의 의무가 있다."

그러나 판례가 조리에 근거하여 작위의무를 인정하는 것은 죄형법정주의의 원칙을 사문화하는 것기에 판례의 이러한 입장은 극복되어야 한다. 물론 우리나라는 예로부터 사회생활관계에서 조리를 존중하여 왔다. 고대사회에서는 사회생활의 질서를 유지하기 위하여 모든 금지의 실정법을 구축하지 않았기에 그 빈자리를 조리에 근거하여 재판했을 것이다. 당시에도 해당하는 법이 존재하지 않는다는 이유로 재판을 거부하지는 않았을 것이기 때문이다. 이러한 전통은 조선시대에도 근본적으로 바뀌지 않았다. 특히 대명률[28]과 1905년의 형법대전 제678조에서도 '불응위율(不應爲律)'을 명시하여 처벌했다.[29] '불응위율'이란 "당연히 해서는 안 될 일을 범한 자"를 처벌하는 조문으로서 조리에 의한 작위의무를 인정한 전형적인 조문이다.

이처럼 형법상 조리에 의한 작위의무를 인정하게 되면, 사회윤리적으로 마땅히 이행해야 할 행위를 이행하지 않으면 처벌될 수 있는데, 그것은 대명률의

---

26) 대법원 2016. 5. 19. 선고 2014도6992 전원합의체 판결

27) 대법원 2006. 4. 28. 선고 2003도4128 판결.

28) 刑律 (不應爲) 凡不應得爲而爲之者 苔 四十, 事理 重者 杖 八十.

29) 不應爲律 "應爲치 못ᄒᆞᆯ 事ᄅᆞᆯ 爲ᄒᆞᆫ 者는 苔 四十이며 事理 重ᄒᆞᆫ 者ᄂᆞᆫ 苔 八十에 處ᄒᆞᆷ이라."

'불응위율'과 다를 바 없는 것이 된다. 이는 죄형법정주의를 철저히 준수하라는 당위의 명령을 철저히 무시하는 꼴이다. 죄형법정주의를 천명하고 있는 우리 형법이 관습법조차 법원으로 인정할 수 없을 때, 조리를 작위의무의 창설 근거로 인정한다는 것은 더욱 용납할 수 없다.

이러한 점에서 조리에 근거하여 부진정부작위범의 작위의무가 발생하고, 이에 따라 행위주체가 된다는 판례의 입장은 죄형법정주의의 원칙을 사문화시키고 처벌의 범위를 극도로 넓힌다는 점에서 부정되어야 마땅하다.

(3) 법인설립의 무효 이전의 법인대표자의 행위자 지위

행정처분의 무효개념이 언제나 이미 실행한 행위주체의 범법행위를 무효화시킬 수 있는 것은 아니다. 예컨대 구청의 인가를 받은 조합이 오랫동안 각종 사업을 추진했다면 그 사업의 실체는 어디까지나 조합의 것이고, 조합 임원이 취한 모든 주도적 행위는 그 조합의 실체에 귀속된다고 평가해야 한다. 후일에서야 조합 인가의 적법성에 대한 재판에서 인가처분이 무효가 되었다고 해서 기왕에 조합 임원이 행했던 다양한 실체적 행위가 갑자기 없어지지도 않는다. 만일 조합설립에 관한 행정행위 무효가 형법상의 문제에 관해서도 행정행위의 종속성 원칙에 입각해야 한다면 조합 임원의 지위는 애초부터 존재하지 않는 것으로 평가되어야 하고, 그 조합임원은 처음부터 행위주체의 자격이 없는 것이 된다. 그렇다면 '설립무효로 판결될 것으로 예견된 조합'의 임원이 무죄임을 확신하면서 중대한 법익침해 행위, 예컨대 특경법상의 위반을 다수 감행했음에도 그 임원에 대해서는 공소제기 여부가 불확실해지며, 또한 무죄가 확실할 것이기에 형법의 법익보호 기능을 극도로 훼손하게 된다. 형법상에서 이러한 결론은 결코 바람직하지 않은 것이다.

그렇다면 구청이 인가한 조합의 사업주체인 조합 임원은 실행행위 시에 여전히 형법상 행위자격을 가지고 있었음을 부인할 수 없다. 행정행위의 공정력에 의하더라도 인가된 조합은 적법하게 설립된 것으로 추정되며, 그 임원은 규범위반행위 당시 실행행위의 행위주체임을 임원 자신뿐만 아니라 피해자도 인정하고 있었다고 보는 것이 자연스럽다. 그러므로 조합 설립에 대한 인가(認可)가 사후에 무효로 되었다고 하더라도, 행위 당시에 범했던 조합 임원의 행위 실체는 여전히 남아 있다. 이 점은 형벌에 관한 법률이나 법률의 조항에 대한 위헌결정으로 소급하여 효력의 상실을 명시한 헌법재판소법 제47조 제3항과는 전혀 다른 성질의 것이다. 왜냐면 헌법재판소의 위헌결정에 근거하여 특정 법률이나 법률조항이 위헌으로 확정된 경우, 행위 당시에도 그 법률이나 조항은 위법으로 평가되므로 행위자의 범법행위가 존재한다고 말할 수 없게 되기 때문이다.

독일형법 제14조 제1항과 제3항[30]은 타인의 대리인이나 기관의 대표 등도 어느 범죄의 행위주체가 될 수 있음을 명시하고 있다. 그리고 대리인이나 기관의 대표 등의 자격에 관하여 사후에 무효나 취소사유가 존재하더라도 실행행위 시에 법을 위반한 타인의 대리인이나 그 기관의 대표 등은 처벌할 행위주체가 될 수 있음을 인정한다. 이 규정의 성격에 관해서는 다음과 같이 두 가지 견해가 있을 수 있다.

하나는 그러한 규정을 일부러 두고 있는 국가에서만 법인이나 조합의 인가에 관한 행정처분의 무효가 확정되더라도 범죄행위의 행위주체 자격을 가질 수 있다고 본다. 다른 하나는 행위주체의 행위 시에는 행위자 자신뿐만 아니라 그 행위의 상대방인 피해자 역시 행위주체의 자격을 인식했고, 객관적으로도 그것을 인정할 수밖에 없는 사정에 처해 있는 데다 범행의 실체가 고스란히 남아 있으므로 사후에 행위주체의 자격이 무효로 될 수 있다는 소급적인 적용은 생각할 수 없는 당연규정이라는 입장이다. 전자의 입장은 형법상의 법률개념을 기본적으로 법질서의 통일성에서 찾아야 하고, 예외가 인정되기 위해서는 그에 관해 명시할 필요가 있다는 전제에서 출발한다. 형법에서도 독자적이고 고유한 개념의 존재를 인정해야 한다는 필자의 관점에서 볼 때 전자의 입장은 받아들이기 힘들다.

---

30) 독일형법 제14조 【타인을 위한 행위】 ① 다음 각호의 1에 해당하는 자격으로 행위한 경우, 특별한 인적 성질, 관계 또는 상황(특별한 인적 요소)이 가벌성의 기초를 이루는 법률은 그와 같은 요소가 대리인에게는 존재하지 아니하고 본인에게만 존재하는 경우에도 그 대리인에 대하여 준용한다. 1. 법인의 대표기관 또는 그 기관의 구성원, 2. 권리능력 있는 인적 회사의 대표권 있는 사원…… ③ 제1항과 …은 대리권 또는 위임관계에 기초하여 이루어진 법률행위가 무효로 된 경우에도 적용된다.

학계에서 주장하는 "형법의 규정에 의한 범죄라면 형법의 독자성에 근거해서 판단해야 하지만, 행정법인 '도시정비법'이라는 행정법에 근거한 범죄이므로, 이와 같은 행정법상의 범죄에 관해서는 행정법의 관점에 따라야 한다"는 입장은 자의적인 기준으로 보인다.[31] 그 이유는 다음과 같다.

① 행정법에 근거하여 자격을 취득한 행위주체가 행정벌에 관한 규정을 위반했다면 행정법적 속성에 걸맞게 다루어 행위 시에 범했던 행위주체도 소급하여 그 자격을 상실하는 것으로 볼 수 있다. 그러나 행위주체의 행위를 형법상의 범죄로 할 것인가 혹은 행정법상 범죄로 할 것인가는 해당 국가의 입법상황에 따른 문제일 뿐이고, 이를 필연적으로 구분할 기준은 없다. 예컨대 환경범죄에 관해 독일의 경우는 형법에 명시하고 있지만 우리나라는 대부분 행정법에 근거하고 있음이 이를 증명한다.

② 행위주체가 행정법상의 범죄를 범한 경우와 형법상의 범죄를 범한 경우를 구별해서 행위주체의 자격을 달리 파악하는 것은 비현실적이다. 형법의 적용을 자의적 기준으로 평가해서는 안 되며, 논리 타당해야 한다. 우리는 형벌에 관련된 조문의 해석에서 자의적 기준을 극복할 때 형법상 책임주의가 실현될 수 있다는 점을 명심해야 한다.

③ 행위주체가 행정법상의 범죄를 범했다고 해서 행정법에 근거한 형벌의 부과절차와 집행내용이 형법에 근거하는 그것들과 실질적 차이가 있을 수는 없다. 이러한 점에서 행정법 위반의 경우 행위주체의 신분이 법원 등에 의해 무효나 취소되어 자격상실을 소급해야 무죄가 될 수 있음에 반해, 형법규범 위반의 경우는 그렇지 않다는 주장 역시 정당한 이유가 없는 것이다.[32]

---

31) 소급하여 취소된 조합의 임원이 취소 이전에 형법규정에 위반된 뇌물죄를 범했음에도 불구하고, 형법의 독자성을 전혀 고려하지 않고 법원이 무죄를 선고했음은 이를 입증한다고 할 것이다. 이에 관해서는 부산고등법원 2014. 12. 18. 선고 2014노578 판결; 부산지방법원 2014. 8. 8. 선고 2014고합216 판결 참조.

32) 동일한 이유로 판례 역시 다음과 같은 입장을 취하고 있다. "형벌법규의 해석은 엄격하여야 하고 명문규정의 의미를 피고인에게 불리한 방향으로 지나치게 확장 해석하거나 유추 해석하는 것은 죄형법정주의의 원칙에 어긋나는 것으로서 허용되지 않으며, 이러한 법해석의 원리는 그 형벌법규의 적용대상이 행정법규가 규정한 사항을 내용으로 하고 있는 경우에 그 행정법규의 규정을 해석하는 데에도 마찬가지로 적용된다." 이에 관해서는 대법원 2007. 6. 29. 선고 2006도4582 판결 참조.

Ⅴ. 보호법익

1. 보호법익이란

형법의 뿌리는 법공동체의 사회윤리적 가치관념에 있다. 즉 형법은 헌법상 사회윤리적 가치질서에 기반을 두고 이러한 가치를 실현하여 인간의 공동생활을 꽃피울 수 있도록 하는 것을 목적으로 삼는다.

형법은 법익의 보호를 통하여 사회방위 실현에 기여한다. 형법상 보호법익은 사회윤리적 가치관념이 체화된 것으로 법률제도에 의해 보호되는 재화나 이익이다. 즉 사회윤리적 가치관념이 보호법익이며, 보호법익은 형법상 회피해야 할 형법규범의 터전을 제공한다.[33)]

법익보호는 형법의 주요 임무이며, 형사책임을 제한하는 기능을 수행한다. 법익보호의 원칙에 따르면 형법의 조항은 법익의 보호 역할을 하는 경우에만 합법적일 수 있다. 그러므로 개인적인 성매매나 마약류의 남용 등을 금지하는 규정은 보호법익이 없기에 적지 않은 국가에서 비범죄화가 이루어지고 있음은 우연이 아니다. 이러한 점에서 보호법익은 형법의 적용에서 제한적 기능을 하고 있다. 그리고 단순한 도덕적 윤리나 개인적 감정은 형법에 의해 보호되거나 처벌될 수 없다고 해야 한다. 예컨대 동물과의 성행위는 비도덕적이고 반윤리적이지만 처벌될 수 없다.

2. 보호법익의 정도에 관한 논의와 실익

형법학자 대부분은 보호법익을 논하고서 법익 보호의 정도까지 살피고 있다.

---

33) 인간의 공동생활을 위해 필수적으로 요구되는 의무는 단순한 개인적인 책무가 아니라 사회윤리적 책무이다. 형법이 금지나 요구하는 행위유형은 사회의 윤리규범에 속하나 사회 윤리규범에 위반되는 모든 일탈행위라고 해서 형법상 처벌할 수 있어야 하는 것도 아니다. 왜냐면 형법은 사회방위를 위한 최후의 수단이자 단편성을 가졌으므로 사회적으로 용납되거나 허용될 정도의 불법성에 해당하는 행위를 처벌할 수 없기 때문이다.

특히 범죄구성요건의 보호법익이 위험범에 해당하는 경우 구체적 위험범인지를 파악할 수 있는 근거가 없는 이상 추상적 위험범으로 파악하려는 경향이 강하다.

이러한 사고방식이 바람직한 것인지 의심스럽다. 어떤 범죄구성요건도 보호해야 할 법익이 구체적으로 무엇이며, 어느 정도 보호하고 있는지는 명시하지 않고 있다. 그런데도 학자들은 보호법익과 보호의 정도로 범죄구성요건의 해당성 여부를 따지려 한다. 이는 잘못이다. 왜냐면 어떠한 사회적 일탈행위가 범죄로 성립될 수 있는지 여부는 전적으로 범죄구성요건에 명시된 문언과 이에 해당하는지에 달렸기 때문이다. 즉 어떤 사안이 범죄에 해당하는지를 따질 때 보호법익과 보호의 정도를 우선적으로 살필 것이 아니라 해당 사안이 범죄구성요건의 법문언에 해당하는지를 살피는 것에 우선적인 방점을 두어야 한다. 그렇지 않고 국내 학자들처럼 위험범을 원칙적으로 추상적 위험범으로 파악하려는 사고방식은 보호법익의 기능이 형벌의 남용을 방지할 수 있는 순기능에 역행한다.

형법상 범죄 가운데에는 보호법익을 특정하기 어려운 범죄도 적지 않다. 마약류 범죄와 같은 경우 무엇이 보호법익이고, 어느 정도로 보호하고 있는지 알 필요가 없으며, 그럼에도 형법해석상 아무런 무리 없이 해결될 수 있다.

그러므로 어떤 행위가 범죄구성요건에 해당하는지 여부의 해석은 오로지 법률의 문언을 충실하게 새기는 데 그치고, 합당한 근거 없이 위험범을 원칙적으로 추상적 위험범으로 낙인찍고, 구체적 위험범을 입증해 달라는 사고방식은 극복되어야 마땅하다.

Ⅵ. 형법해석의 방법론

형법학에 관해 우리는 자주 '방법일원론'에 찾는 경향이 있다. 예컨대 형법상 행위론을 읽어보면, 행위주체와 아무런 관련 없이 행위 자체를 자연과학자처럼 규명하려는 모습을 자주 본다. 인과적 행위론이라든지, 사회적 행위론이 그것이다. 그러나 법학은 자연과학일 수 없고, 그래서 이러한 식의 사고방식은 지양되어야 한다.

형법상 행위론은 규범학에 속하는 것이고, 행위론의 목적은 행위주체의 범위와 능력에 관한 것이다. 즉 형법상 행위론은 규범학으로서 행위주체의 범위 한정에 필요한 것이라면, 행위개념은 행위주체와 상호 밀접한 영향을 주고받은 견지에서 해석학적 방법론으로 해결함이 타당하다.[34] 여기서 해석학적 방법론은 모든 '이해과학'의 본질적 성질을 밝혀내는 데 중요한 역할을 한다. 즉 언어의 의미를 이해하는 것은 항시 또한 우선 이해 주체가 자기 자신의 이해에 관한 것을 전제해야 한다는 것이다. 이해하는 자(Der Verstehnde)는 이해의 영역(Verstehenshorizont) 안으로 들어가기 때문에, (이해해야 할) 객체에 대하여 방법적 반성을 해야 할 뿐만 아니라, 이 방법적 반성은 (이해하는) 주체를 함께 포함하여야 한다는 견해이다.

이는 막스 베버의 '방법이원론'을 넘어서는 것이다. 방법이원론의 경우 주체와 객체의 관계가 자연과학적일 수 없고 사회적 관계라는 점에서 방법일원론을 극복한 것은 형법학에서 큰 업적이다. 또한 행위주체의 행위란 사회적 의미가 깃든 것이란 점을 명백하게 했으며, 이로 인해 구성요건의 형성에 크게 기여했다. 다만 행위주체와 객체가 상호 간에 깊은 관계에 있음을 파악하지 못한 점이 맹점이었다.

우리는 아직도 주체와 객체를 대비하여 구분한다. 그래서 우리는 행위주체와 관계 없이 행위 자체의 객관성을 완전히 확보할 수 있다고 믿는다. 그렇지만 우리가 어떤 지식이나 사물의 이치를 알고 있다고 함은 그 앎의 주체가 주관적으로 그 앎이라는 것을 형성한다는 것이다. 더구나 우리는 신화와 종교 등에 의해 길들여져 특정한 사상으로 생각하고 특정한 기준에 맞춰 처신하며, 특정한 기준에 따르도록 내재화되었다. 다시 말해 어느 주체가 어떤 다른 문화권이나 사상의 터전에서 성장했더라면, 앎의 내용 역시 달리 형성될 수 있다.[35] 그러므로 우리는 대상 자체에 관해 완전한 객관성을 확보할 수 없게 된다. 이러한 점에서 객체와 주체의 극단적 대비를 전제로 하는 행위론을 비롯해 행위주체와 행위객체의 상호 밀접한 관계를 무시하는 해석 방식은 지양되어야 마땅하다.

---

34) 이에 관한 설명은 아르투어 카우프만(필자 역), 『법철학입문』, 세종출판사, 2001, 239~248쪽 참조.
35) 유발 하라리(조현욱 옮김), 『사피엔스』, 김영사, 2015, 234쪽.

제13장

횡령죄의 주체와 부동산 명의수탁자의 지위

Ⅰ. 서론

문채규 교수는 형사법적 문제에 관해 법리적 논증을 탁월하게 잘하는 것으로 소문난 학자다. 그 점에 필자도 전적으로 동감한다. 그렇기에 한국형사법학회에서 학술상을 제정하여 수여한 바 있는데 첫 수혜자가 다름이 아닌 문 교수였다. 그도 이제 정년을 맞이할 나이임에도 아랑곳하지 않고 쉼 없이 논문을 작성하고, 형사법 관련 중요 학회지에 통과된 논문들이 수없이 많음은 이를 증명한다. 최근에도 '횡령죄의 주체와 부동산 명의수탁자의 지위'에 관해 탁월한 식견을 유감없이 발휘했다. 그리고 이 논문의 요지인 '횡령죄의 행위주체'가 누구인지를 다음과 같이 논증한다.[1)]

"횡령죄의 주체는 '타인의 재물을 보관하는 자'이다. 보관이란 재물에 대하여 사실상 또는 법률상 지배력을 갖는 상태를 의미하며, 부동산에 대한 지배는 부동산을 대외적으로 유효하게 처분할 수 있는 권능을 가진 상태를 말한다. 보관은 위탁관계에 의한 보관이어야 하고, 위탁이란 재물을 위탁의 의미 내에서만 취급할 것이라는 신뢰를 기초로 하여 재물의 지배를 넘겨주는 것을 말한다. 신뢰에 기초한 위탁관계는 법적으로 유효한 것뿐만 아니라 사실상의 위탁관계로

1) 문채규, "횡령죄의 주체와 부동산 명의수탁자의 지위", 형사법연구 제32권 제2호, 한국형사법학회, 2020, 105~137면 참조.

족하고, 위탁관계의 성립은 소유자와 보관자 사이에서 이루어질 수도 있고, 소유자가 아닌 제3자와 보관자 사이에서 이루어질 수도 있다. 위탁관계가 제3자와 보관자 사이에서 이루어지는 경우에는 그 위탁이 소유자의 이익 또는 의사에 부합하는지의 여부는 문제되지 않는다. 그러한 문제는 소유자와 위탁자 간의 문제일 뿐이고, 위탁자와 보관자 사이의 인적 관계를 가리키는 위탁신임관계에서는 중요하지 않기 때문이다. 따라서 절도범이 도품(盜品)을 제3자에게 보관시키는 경우에도 위탁신임관계를 부정할 이유가 없다. 그리고 형법적인 보호가치성의 여부도 위탁신임관계의 성립에 영향을 미치지 않는다. 위탁신임관계는 횡령죄의 객체를 위탁신임관계에 의한 보관물로 한정하고, 횡령죄의 주체를 위탁신임관계에 의하여 재물을 보관하는 자로 한정하며, 횡령죄의 구성요건적 행위를 위탁신임관계의 배신을 통한 영득으로 특정하는 의미와 기능을 갖는 구성요건표지일 뿐이다. 즉, 위탁신임관계 그 자체는 횡령죄의 보호이익 내지 보호대상이 아니기 때문에, 그것이 형법적으로 보호할 가치가 있는가는 횡령죄의 구성요건과는 무관한 문제이다. 물론 위탁관계의 원인행위가 민법 103조(반사회질서의 법률행위) 및 제746조(불법원인급여)에 따라 불법원인급여로 평가됨으로써 소유권이 보관자에게 귀속되는 경우에는 횡령죄가 성립할 수 없다. 이 경우에는 위탁신임관계의 문제 이전에 보관자의 입장에서 이미 타인의 재물이 아니기 때문이다. 횡령죄의 주체를 위와 같이 해석할 때, 부동산의 명의수탁자는 -명의수탁자가 완전한 소유권을 취득한다고 보는, 매도인이 선의인 계약명의신탁의 경우를 제외하면- 위탁관계에 의하여 타인의 재물을 보관하는 자로서 횡령죄의 주체에 해당한다."

문 교수의 횡령죄 주체 지위에 관한 이러한 입장은 대법원 전원합의체 판례에서 밝힌 횡령죄의 주체 범위 개념보다 더욱 확대된 셈이다. 아래에서 해당 판례의 입장을 살펴보자.

Ⅱ. 횡령죄의 행위주체 지위에 관한 대법원 전원합의체 판결

대법원은 종래 부동산의 명의가 수탁된 자의 임의처분에 대해 횡령죄 등이 성립한다고 보았으나, 대법원 2021. 2. 18. 선고, 2016도18761 전원합의체 판결에서 다음과 같이 입장을 변경했다.

"형법 제355조 제1항이 정한 횡령죄에서 보관이란 위탁관계에 의하여 재물을 점유하는 것을 뜻하므로 횡령죄가 성립하기 위하여는 재물의 보관자와 재물의 소유자(또는 기타의 본권자) 사이에 법률상 또는 사실상의 위탁관계가 존재하여야 한다. 횡령죄의 본질이 신임관계에 기초하여 위탁된 타인의 물건을 위법하게 영득하는데 있음에 비추어 볼 때 위탁신임관계는 횡령죄로 보호할 만한 가치 있는 신임에 의한 것으로 한정함이 타당하다(대법원 2016. 5. 19. 선고 2014도6992 전원합의체 판결 참조). 위탁관계가 있는지 여부는 재물의 보관자와 소유자 사이의 관계, 재물을 보관하게 된 경위 등에 비추어 볼 때 보관자에게 재물의 보관 상태를 그대로 유지하여야 할 의무를 부과하여 그 보관 상태를 형사법적으로 보호할 필요가 있는지 등을 고려하여 규범적으로 판단하여야 한다(대법원 2018. 7. 19. 선고 2017도17494 전원합의체 판결 참조)."

해당 판결문은 이처럼 설시하면서 다음과 같이 논증했다. "「부동산 실권리자명의 등기에 관한 법률」(이하 '부동산실명법'이라 한다)은 부동산에 관한 소유권과 그 밖의 물권을 실체적 권리관계와 일치하도록 실권리자 명의로 등기하게 함으로써 부동산등기제도를 악용한 투기 · 탈세 · 탈법행위 등 반사회적 행위를 방지하고 부동산 거래의 정상화와 부동산 가격의 안정을 도모하여 국민경제의 건전한 발전에 이바지함을 목적으로 하고 있다(제1조). 부동산실명법에 의하면, 누구든지 부동산에 관한 물권을 명의신탁약정에 따라 명의수탁자의 명의로 등기하여서는 아니 되고(제3조 제1항), 명의신탁약정과 그에 따른 등기로 이루어진 부동산에 관한 물권변동은 무효가 되며(제4조 제1항, 제2항 본문), 명의신탁약정에 따른 명의수탁자 명의의 등기를 금지하도록 규정한 부동산실명법 제3조 제1항을 위반한 경우 명의신탁자와 명의수탁자 쌍방은 형사 처벌된다(제7조). 이러한 부동산실명법의 명의신탁관계에 대한 규율 내용 및 태도 등에 비추어 보면, 부동산실명법을 위반하여 명의신탁자가 그 소유인 부동산의 등기명의를 명의수탁자에게 이전하는 이른바 양자간 명의신탁의 경우, 계약인 명의신탁약정과 그에 부수한 위임약정, 명의신탁약정을 전제로 한 명의 신탁부동산 및 그 처분대금 반환약정은 모두 무효이다(대법원 2006. 11. 9. 선고 2006다35117 판결; 대법원 2015. 9. 10. 선고 2013다55300 판결 등 참조). 나아가 명의신탁자와 명의수탁자 사이에 무효인 명의신탁약정 등에 기초하여 존재한다고 주장될 수 있는 사실상의 위탁관계라는 것은 부동산실명법에 반하여 범죄를 구성하는 불법적인 관계에 지나지 아니할 뿐 이를 형법상 보호할 만한 가치 있는 신임에 의한 것이라고 할 수 없다(대법원 2016. 5. 19. 선고2014도6992 전원합의체 판결 참조). 명의수탁자가 명의신탁자에 대하여 소유권이전등기 말소의무를 부담하게 되나, 위 소유권이전등기는 처음부터 원인무효여서 명의수탁자는 명의신탁자가 소유권에 기한 방해배제청구로 말소를 구하는 것에 대하여 상대방으로서 응할 처지에 있음에 불과하다. 명의수탁자가 제3자와 한 처분행위가부동산실명법 제4조 제3항에 따라 유효하게 될 가능성이 있다고 하더라도 이는 거래 상대방 제3자를 보호하기 위하여 명의신탁약정의 무효에 대한 예외를 설정한 취지일 뿐 명의신탁자와 명의수탁자 사이에 위 처분행위를 유효하게 만드는 어떠한 위탁관계가 존재함을 전제한 것이라고는 볼 수 없다. 따라서 말소등기의무의 존재나 명의수탁자에 의한 유효한 처분가능성을 들어 명의수탁자가 명의신탁자에 대한 관계에서 ‘타인의 재물을 보관하는 자’의 지위에 있다고 볼 수도 없다. 그러므로 부동산실명법을 위반한 양자간 명의신탁의 경우 명의수탁자가 신탁받은 부동산을 임의로 처분하여도 명의신탁자에 대한 관계에서 횡령죄가 성립하지 아니한다. 이러한 법리는 부동산명의신탁이 부동산실명법 시행 전에 이루어졌고 같은 법이 정한 유예기간 이내에 실명등기를 하지 아니함으로써 그 명의신탁약정 및 이에 따라 행하여진 등기에 의한 물권변동이 무효로 된 후에 처분행위가 이루어진 경우에도 마찬가지로 적용된다.”

Ⅲ. 형법 개념의 독자성과 형법상 행위주체의 자격

판례는 형사법 해석의 경우에도 민사법의 원리나 해석방식을 따르는 경우가 적지 않다. 예컨대 판례가 조리나 사회상규 역시 형법상 작위의무의 근거로 이해하여 처벌의 범위를 확장하고 있다. 그렇다고 판례의 이러한 민사법적 태도가 형법에 항상 그대로 적용됨이 정당한지 의문스럽다. 다음과 같은 이유 때문이다.

첫째로 형법은 기본적으로 형법 독자의 기준에 근거하여 형법상 조문을 해석해야 하므로 어떤 경우라도 형법상 전문용어나 조문은 형법의 취지와 그 기본정신에 충실하게 해석해야 한다. 그러기에 형법상의 용어는 다른 법역, 특히 민법이나 행정법에서 사용되고 있는 개념과는 다른 독자적 개념으로 사용되고 있음을 자주 본다. 예를 들면 형법상의 점유개념을 비롯해 소유권의 개념[2)]이나 인간의 시기(始期)도 그렇다. 따라서 형법상 법원리나 법률개념은 민사법과 언제나 같을 수 없고,[3)] 때로는 그 고유의 성격에 따라 독자적 개념이나 성격을 갖고 있음이 분명해 보인다.[4)]

둘째로 형법은 죄형법정주의의 원칙에 철저해야 한다.[5)] 그러기에 형법 제1조 제1항은 "범죄의 성립과 처벌은 행위 시의 법률에 의한다."라고 명시하고 있다. 그래서 행위시법에 따르는 형법의 성격은 정적인 민법과 달리 동적이고 현실적

---

2) 예컨대 형법상 '위탁금전과 관련한 소유권' 문제도 민법상 소유권 개념으로는 온전한 해명을 할 수 없고, 형법상 독자적인 소유권 개념이 있어야 한다. 이에 관해서는 필자의 "위탁금전과 소유권개념", 비교형사법연구 제5권 제1호, 한국비교형사법학회, 2003.

3) 형법의 경우 타인의 재물을 훔친 자에게는 그 즉시 절도죄가 성립되고, 사후에 그 재물을 소유자에게 반환하더라도 결과가 달라지지 않는다. 사적 자유를 원칙으로 하는 민법은 채무이행을 제때 하지 못하고 연기하여 추후 이행하더라도 관련된 비용의 추가 부담 등으로 해결될 수 있어 보인다.

4) 예컨대 형법상 점유개념은 민법과 온전히 일치할 수 없다. '형법해석의 독자성'에 관한 문헌으로는 김신, "채무부담행위와 배임죄의 손해", 법조 통권 제733호, 법조협회, 2019, 108면 이하 참조; 김도균, "우리 대법원 법해석론의 전환: 로널드 드워킨의 눈으로 읽기 - 법의 통일성을 향하여 -", 법철학연구 제13권 제1호, 한국법철학회, 2010; 변종필, "해석근거로서의 법질서 통일성과 형법의 독자성", 비교형사법연구 제13권 제2호, 한국비교형사법학회, 2011; 조병선, "환경형법을 계기로 새로이 전개된 형법해석학적 이론들 - 감독책임, 행정종속론, 공무원가벌성론, 인과관계론 -", 법학논집, 청주대학교 법학연구소, 1992; 오세혁, "법체계의 통일성", 법학연구 제4권, 홍익대학교 법학연구소, 2002.

5) 헌법 제13조 제1항 전단 역시 죄형법정주의를 천명하고 있다.

이다. 민법상 간접점유는 가능하지만, 형법은 원칙적으로 간접점유를 인정하지 않는 것이 그 전형적인 예이다. 이처럼 형법은 동적인 성격을 지니고 있기에, 행위 주체가 실행행위 당시 어떠한 신분을 갖추고 있는지 혹은 작위의무의 부담 여부는 중요한 판단의 지점이 된다.

셋째로 사적 자치를 기반으로 하는 민법의 경우 명시적 규정은 매우 제한되어 있으며, 이를 보충하기 위해 민법 제1조는 관습법과 조리를 법원으로 인정한다. 또한 민법 제2조 제1항은 권리의 행사와 의무의 이행은 신의성실의 원칙에 따라야 한다고 천명하고 있다. 이 신의성실의 원칙은 민법상 법률행위를 지배하는 원리로서 작동하며, 권리자와 의무자가 누구인지를 불문으로 한다. 즉 이 신의성실의 원칙은 당사자 사이의 계약 등 법률행위가 법률행위에 위배되는 지의 여부를 평가하는 기준으로 작용할 뿐이지, 누가 권리나 의무의 주체인지에 관해 평가하지 않는다. 만일 민법 제2조 제1항이 국가공무원법 제56조처럼 규정되어 있다면, 사정이 전혀 달라질 수 있지만.

넷째로 죄형법정주의를 원칙으로 삼는 형법은 누가 범죄구성요건의 행위주체로 인정될 것인지에 관해 법적 규율에 따라야 한다. 이에 따라 민법상 법원으로 인정되고 있는 관습법이나 조리를 아무런 조건 없이 형법의 법원으로 인정할 수 없으며,[6)] 만일 관습법이나 조리에 근거하여 형법상 행위주체를 결정하는 것은 죄형법정주의에 정면으로 반한다.

다섯째로 모든 법조문은 모두 일의적으로 해석되어야 마땅하다. 특히 형법상 법률용어는 어떤 경우에도 상황에 따라 달리 해석될 수 없다. 죄형법정주의의 성격상 형법의 해석은 문언에 더욱 엄격해야 하기 때문이다. 형법 제20조가 명시하는 '사회상규' 개념은 "어느 행위가 비록 범죄구성요건에 해당하더라도 그 행위가 정당화될 수 있는지를 따지는 데 사용된다."라는 점에서 어느 행위의 정당화를 평가하는 개념으로 국한된다. 즉 '사회상규' 개념은 구성요건적 행위가 정당화될 수 있느냐의 평가 기준일 뿐, 누구를 구성요건적 행위자로 규정하는

6) 다만 어느 한쪽의 당사자가 상호 간의 깊은 신뢰관계에서 다른 쪽의 당사자를 관행적으로 보호하는 지위에 있었다면, 그에게 다른 타인을 위한 작위의무를 인정할 수 있을 것이다. 그러나 이는 관습법에 의한 것이라기보다는 타인의 법익보호를 신뢰관계 속에서 인수한 것이라고 봄이 옳다.

개념일 수 없다.

여섯째로 어느 행위자의 형법상 행위가 신의성실의 원칙, 사회상규나 조리에 위반한 지 여부를 따지는 문제는 형법상 범죄주체의 자격을 문제 삼지 않고, 행위자의 행위 내용이나 방법이 사회적으로 용납하거나 허용할 수 있느냐 여부를 따지는 문제에 불과하다. 그러므로 어느 행위가 신의성실, 사회상규 또는 조리에 반한지를 평가하는 민법상 신의성실의 원칙이나 조리 혹은 사회상규 등의 기준은 행위자의 위법행위를 판단하는 기준일 뿐이고, 이를 넘어서 다시금 행위자의 지위나 범위(즉 행위주체 자격)를 평가하는 기준으로 삼을 수 없다. 만일 신의성실의 원칙이나 사회상규 혹은 조리가 구성요건적 행위뿐만 아니라 행위주체의 자격인 행위자 평가의 기준까지 허용된다면, 이는 이중평가금지원칙에 반한다.

Ⅳ. 횡령죄에서 보관의 개념과 행위주체

1. 판례의 입장

형법상 절도죄는 타인이 지배하고 있는 물건의 점유침해를, 횡령죄는 보관하고 있는 타인의 재물을 영득하는 것을 처벌하고 있다. 절도죄에서 '점유'는 침해의 대상으로서 그 배타적 지배관계의 문제이기 때문에 사실적인 지배를 요구한다. 이에 반해 횡령죄에서 '보관'은 행위주체를 결정짓는 신분적 요소로서 행위자에 의한 남용의 염려가 있는 지배력의 문제이다. 그러므로 절도죄의 '점유' 개념에서는 사실상의 지배만이 고려되는 것임에 반해, 횡령죄의 '보관' 개념에서는 사실상의 지배를 넘어서 법률상의 지배인 처분가능성을 내포한다.[7)]

그러므로 우리 형법상 횡령죄의 주체는 한편으로 타인 재물의 단순 점유자가

---

7) 이 점은 판례도 같은 입장이다. 즉 판례에 따르면, "횡령죄에서의 재물의 보관은 재물에 대한 사실상 또는 법률상 지배력이 있는 상태를 뜻(하는 것)"으로 이해하고 있다(대법원 1987. 10. 13. 선고 87도1778 판결; 대법원 2003. 9. 23. 선고 2003도3840 판결; 대법원 2008. 9. 11. 선고 2008도4859 판결; 대법원 2013.12.12. 선고 2012도16315 판결 등 참조).

아닌, 보관자이어야 하고, 이러한 보관자는 타인의 재물에 대해 한편으로 처분 가능성을 가질 수밖에 없고, 다른 한편으로는 선량한 관리자의 임무를 부담할 것을 전제하므로, 보관의 임무는 통상적으로 위탁이나 위탁과 유사한 방식으로 이루어져야 한다.

이와 관련하여 판례는 "보관이 위탁관계에 기인하여야 할 것임은 물론이나, 그것이 반드시 사용대차, 임대차, 위임 등의 계약에 의하여 설정되어야 하는 것은 아니고, 사무관리, 관습, 조리, 신의칙에 의해서도 성립한다."라고 판시하고 있다.[8] 다만 이와 같은 보관 개념이 횡령죄의 행위주체를 지나치게 확대할 수 있기에, 판례는 이를 제한하기 위해서 "횡령죄의 본질이 신임관계에 기초하여 위탁된 타인의 물건을 위법하게 영득하는 데 있음에 비추어 볼 때 위탁신임관계는 횡령죄로 보호할 만한 가치 있는 신임에 의한 것으로 한정함이 타당하다."라는 식으로 설시하고 있다.

2. 판례에 대한 비판적 검토

판례의 이러한 입장은 동의하기 어려운 부분이 적지 않다. 왜냐면 특히 신의칙이나 조리에 의해서도 횡령죄의 주체인 보관자의 지위가 설정될 수 있다는 판례의 주장은 형법해석상 올바른 태도가 아니라고 여겨지기 때문이다.

판례는 송금된 돈을 점유하는 것까지 보관의 개념에 포섭하고 있다.[9] 그러나 이는 보관이라는 개념에 관한 잘못된 해석의 소산이다. 왜냐면 잘못 송금된 돈은 보관자의 견지에서 볼 때 신탁자와의 관계에서 위탁이나 유사 위탁 형식의 관여가 없었으며, 보관자도 착오송금을 받은 타인의 금전에 대해 관여하지 않았고, 자신의 통장에 입금이 된 후에야 비로소 발견할 수 있을 뿐이어서 이는 우연한 점유에 불과하기 때문이다. 보관의 개념을 판례처럼 우연히 점유하고 있는 것까지 포함하여 해석하는 것은 점유이탈물횡령죄와의 한계를 불분명하게

---

8) 대법원 1987. 10. 13. 선고 87도1778 판결; 대법원 2003. 9. 23. 선고 2003도3840 판결; 대법원 2008. 9. 11. 선고 2008도4859 판결; 대법원 2013. 12. 12. 선고 2012도16315 판결 등 참조.

9) 대법원 1985. 9. 10. 선고 84도2644 판결.

할 뿐만 아니라 처벌의 범위를 지나치게 확대할 수 있는 유추해석의 문제를 야기한다. 판례나 학설은 금전의 착오송금을 받은 자가 임의로 소비하면 횡령행위이며, 부작위에 의한 작위의무를 진다고 보면서 그 근거로 신의칙의 위반을 들고 있다.

그러나 이러한 태도는 민법 제2조의 의미를 오해한 것으로 보인다. 민법 제2조의 의미는 신의칙에 위반한 권리의 남용 내용과 방식을 탓하는 것이지, 그 행위주체가 누구냐를 문제 삼고 있지 않다. 왜냐면 계약당사자가 신의칙에 위반하여 횡령죄의 행위주체로 인정되기 위해서는 국가공무원법 제56조처럼 직무에 관해 신의성실의무를 진다고 명시해 두어야 하기 때문이다. 그런데도 신의칙 위반을 근거로 횡령행위를 인정하고, 다시금 신의칙 위반을 그런 행위자에 대해 부진정부작위범의 보증인적 지위를 갖게 된다는 사고방식은 신의칙을 이중으로 사용한 셈이다. 신의칙에 관한 이와 같은 이중의 평가는 형법의 '이중평가금지원칙'에 반한다. 신의칙에 위반한 공무원을 처벌할 수 있는 국가공무원법 제56조조차도 공무원이 자신의 직무에 국한하여 신의칙에 위반된 행위를 해야 처벌될 수 있다는 점은 참고할 필요가 있다.

횡령죄에서의 보관 개념이 이처럼 위탁관계 등에 기초하여 타인의 재물을 맡아 관리하는 자가 처분을 할 수 있음을 의미한다면, 부동산의 물권변동 이전방식에서 형식주의를 채택하고 있는 우리의 민사법제[10]에서 부동산은 명의변경 여부에 관계없이 형법상 횡령죄의 성립 요소인 타인이 맡아서 처분을 할 수 있는, 즉 '보관하는 자'의 지위를 가질 수 있을까.

학설의 대부분[11]은 이를 긍정하고 있다. 그 근거는 부동산을 법률상 처분할 수 있는 지위에 있는 자를 보관자라고 할 수 있다는 점에 두고 있다.[12] 즉 동산의 경우 보관자는 그것을 점유함으로써 소유권을 취득하고 처분할 수 있다는 점에서, 부동산의 경우도 법률상 처분을 할 수 있는 것으로 만족한다. 판례도

10) 민법 제186조: 부동산에 관한 법률행위로 인한 물권의 득실변경은 등기하여야 효력이 생긴다.
11) 다만 이 점에 대해서 비판적인 것으로 자세한 내용은 김선복, "절도죄와 횡령죄에서 재물의 개념", 공범론과 형사법의 제 문제(하권), 정성근교수 화갑기념논문집 간행위원회, 1997, 703면 참조.
12) 이재상, 형법각론 제5판, 박영사, 2006, 383면.

횡령죄에서 부동산의 보관은 그 부동산을 처분할 수 있는 권능의 유무를 기준으로 결정해야 한다는 견해[13]를 취하고 있다는 점에서 학설과 동일한 태도를 보인다. 문채규 교수는 이와 같은 입장에서 더 나아가 부동산을 외관상 처분할 수 있는 지위에 있으면 족하다고 본다.

횡령죄에서 명시하고 있는 '보관' 개념의 사전적 의미는 '물건을 맡아서 관리함'을 뜻한다. 그런데 여기서 보관이란 개념은 행위주체를 결정짓는 신분적 성질을 갖고 있기에, 타인의 물건을 맡아 관리가능한 것, 즉 해당 물건을 맡아 처분할 수 있는 처분가능성을 요구한다. 그러기에 해당 물건을 맡아서 관리한다는 것은 행위자 자신이 맡아서 관리할 수 있는 신분을 지니고 있음을 전제한다. 타인의 물건에 대해 맡아 관리할 수 있는 신분을 직접적으로 취득하지 않았을 지라도 타인을 위한 대리인 등의 자격에 의해서도 법률상 지배가능성이 있다고 보아서 보관의 개념에 포함한다는 것은 보관의 통상적 의미를 넘어선다.[14] 왜냐면 부동산 횡령죄의 경우 행위주체는 타인의 재물에 대한 보관자임을 전제하고 있어서 해당 부동산을 맡아서 관리할 수 있는 자, 즉 타인의 부동산을 자신의 이름으로 맡아서 처분을 할 수 있는 등기명의자만이 횡령죄에서 행위주체의 신분을 가질 수 있기 때문이다. 다만 타인의 물건에 대해 직접적으로 보관하지 않았지만, 타인의 법률상 대리인은 타인의 사무처리자로 파악함이 논리적이다.

그러므로 해당 부동산을 자신의 명의로 맡아서 관리하지 않고, 타인을 위한 대리인의 자격 등에 의해 법률상 지배만 가능할 때는 재물의 보관자라기보다는 타인의 사무처리자라고 새기는 것이 바람직해 보인다. 같은 이유에서 부동산에 대한 등기명의자가 아닌 자, 예컨대 행위자가 미성년자의 부동산을 법정대리인으로서 처분한 때 그 부동산을 법률상 지배가능하여 유효하게 처분할 수 있더라도 그는 맡아서 관리하는 보관자라기보다는 타인을 대신해서 타인의 사무를 처리할 수 있는 자로 새기는 것이 오히려 자연스럽게 보인다.

---

13) 대법원 2007. 5. 31. 선고 2007도1082 판결; 대법원 2004. 5. 27. 선고 2003도6988 판결; 대법원 1996. 1. 23. 선고 95도784 판결 등 참조.

14) 이에 관하여 자세한 문헌으로는 김영환, "한국에서의 법학방법론의 문제점", 법철학연구 제18권 제2호, 한국법철학회, 2015, 136면 이하 참조.

더구나 횡령죄는 불법영득의사로 자기가 보관하고 있는 타인의 재물을 보관하고 있는 행위주체의 범죄라는 점에서 영득죄에 속한다는 것은 학설과 판례가 일치하고 있다. 영득죄에서 영득의사는 소유자를 배제하고 소유권을 취득하려는 의사이며, 자기가 보관하고 있는 타인의 물건을 소유자처럼 처분하거나 이용함으로써 실현된다. 횡령죄는 영득행위를 통하여 소유권을 침해하는 범죄이므로 횡령죄의 객체는 영득될 수 있는 물건에 제한되어야 하는 것은 당연하다. 동산의 경우 소유권의 공시방법은 점유이므로 보관자는 자기가 점유하고 있는 타인의 물건을 소유자의 지위에서 처분할 수 있다. 이에 반해 부동산의 경우 우리 민법은 소유자가 누구인가는 등기부에 기재되어 있는 명의자를 기준으로 삼고 있는 형식주의를 취하고 있기에 부동산의 점유자가 소유자의 승낙 없이 부동산에 대하여 소유권에 유사한 지위를 취득하는 것은 원천적으로 불가능하다.[15] 이에 관한 좋은 사례는 부동산에 대한 사실상 지배만 가능한 부동산임차인의 지위에서 나타난다.

바로 이러한 이유에서 미성년자의 부동산을 법률상 권한에 의하여 처분할 수 있는 법정대리인이나 후견인 또는 법인 소유의 부동산에 대한 법인의 대표이사가 해당 부동산을 부당하게 처분하더라도 횡령죄의 성립을 인정하기 어렵다.[16] 이와 같은 경우에는 오히려 배임죄로 새기는 것이 합당하다. 같은 맥락에서 오스트리아형법은 횡령죄의 행위객체를 '위탁된 타인의 재물'이라고 명시하고 있지만,[17] 그럼에도 위탁재물의 대상을 해석상 동산에 국한하고 있음을 참고할 필요가 있다.[18]

다만 일본 판례와 학설은 미성년자의 부동산을 법률상 권한에 의하여 처분할 수 있는 법정대리인이나 후견인[19] 또는 법인 소유의 부동산에 대한 법인의 대

15) 김선복, 앞의 논문, 703면.

16) 이와 달리 횡령죄에서 보관자가 될 수 있다는 견해로는 김성돈, 형법각론 제2판, 성균관대학교 출판부, 2009, 481면; 배종대, 형법각론 제7판, 홍문사, 2010, 520면; 이재상, 앞의 책, 384면 이하.

17) §133 (1) Wer ein Gut, das ihm anvertraut worden ist, sich oder einem Dritten mit dem Vorsatz zueignet, sich oder den Dritten dadurch unrechtmässig zu bereichern, ist mit Freiheitsstrafe bis zu bestrafen(자기에게 위탁된 재물을 자기나 제3자가 불법하게 이득할 고의로 자신이나 제3자에게 영득하게 한 자는 6월 이하의 자유형 또는 360일 이하의 벌금형에 처한다).

18) Ernst Eugen Fabrizy, §133, Manzsche Kurzkommentare, Wien 2013, S. 420.

19) 大判 大正6(1917). 6. 25. 錄23輯 699頁; 仙台高判 昭和28(1953). 1. 30. 特報35號 11頁.

표이사[20]가 해당 부동산을 부당하게 처분할 경우 횡령죄로 처벌할 수 있다고 한다. 일본이 횡령죄에서 이러한 견해를 취할 수 있는 것은 다음과 같은 이유에서 근거를 찾을 수 있다.

첫째로 일본에서 부동산의 소유권 이전은 우리나라처럼 형식주의가 아니라 의사주의를 따르고 있다.[21] 이에 따라 소유권등기 이전의 명의가 없더라도 부동산매매계약의 체결로 곧바로 소유권이 이전될 수 있다는 점에서 등기명의 이전 여부에 관계 없이 부동산의 점유자는 해당 부동산에 대해 유효한 처분권능이 있다.

둘째로 일본에서 횡령죄의 구성요건은 '점유하고 있는 타인의 재물'임에 반해, 우리나라의 경우 횡령죄의 성립요건은 '보관하고 있는 타인의 재물'이다. 그러므로 일본의 경우 점유하고 있는 타인의 부동산은 부동산물권 변동에서의 의사주의와 결합하여 실소유주와 유사한 지위를 획득할 수 있다는 점에서 해당 부동산을 처분할 경우 횡령죄가 성립될 여지를 두고 있다.

Ⅴ. 등기 명의수탁자의 가벌성과 문채규 교수의 입장

민사법 차원에서는 계약자유의 원칙이 임의법규보다 우선적으로 적용될 수 있기에 명의신탁으로 자신의 부동산을 타인에게 등기 명의수탁한 경우 명의수탁자는 타인의 부동산을 보관하는 보관자의 신분을 취득할 수 있음은 물론이다. 왜냐면 이 경우에는 해당 부동산이 수탁자의 명의로 등기이전되었고, 따라서 등기명의 수탁자는 그것을 소유권자와 유사한 지위에서 외견상 유효하게 처분할 수 있기 때문이다.

그런데 부동산실명법에 따르면, 일부 예외적 사정을 제외하면,[22] 부동산에 관

20) 東京高判 昭和42(1967). 12. 26. 下集 9巻 12號 1525頁.

21) 일본민법 제176조 "물권의 설정 및 이전은 당사자의 의사표시만으로 그 효력을 발생한다(物権の設定及び移転は、当事者の意思表示のみによって、その効力を生ずる)".

22) 부동산실명법 제8조(종중, 배우자 및 종교단체에 대한 특례) 다음 각호의 어느 하나에 해당하는 경우로서 조세 포탈, 강제집행의 면탈 또는 법령상 제한의 회피를 목적으로 하지 아니하는 경우에는 제4조부터 제7조까지 및 제12조 제1항부터 제3항까지를 적용하지 아니한다. 1. 종중이 보유한 부동산에 관한

한 명의신탁은 원칙적으로 무효가 되며,[23] 신탁자뿐만 아니라 수탁자도 형사처벌의 대상으로 될 수 있음을 명시하고 있다.[24] 따라서 그와 같은 예외적 사정을 제외하고, 명의신탁약정에 따라 자신이 매수한 부동산을 타인에게 명의신탁한 경우 부동산실명법 제4조 제1항과 제2항 본문에 근거하여 명의신탁약정의 무효화뿐만 아니라 등기이전에 의한 부동산의 물권변동 역시 무효가 된다.

이와 같은 명의신탁에 의한 부동산 물권변동이 무효가 된다고 하더라도 명의수탁자에게 해당 부동산의 보관자라는 지위를 인정할 수 있을까. 이를 긍정할 경우 횡령죄가 성립할 수 있는 반면에, 이를 부정하면 행위주체가 타인 재물의 보관자라는 신분을 유지할 수 없기에 횡령죄가 성립될 수 없다.

횡령죄에서 보관의 개념은 해당 물건에 대해 맡아서 관리 내지 유효한 처분을 할 수 있음을 의미함은 앞에서 살펴보았다. 그런데 부동산실명법 제4조 제2항 본문은 명의수탁자로 등기된 부동산에 관한 물권변동을 무효로 하고 있기에, 이 규정에 근거할 때 수탁자 명의의 소유권 이전등기는 무효이고 부동산의 소유권은 매도인이 그대로 보유하게 되므로 명의수탁자는 명의신탁자와의 관계에서 볼 때 횡령죄에서 타인의 재물인 명의신탁자의 재물을 맡아서 관리하는 자의 지위에 있다고 볼 수 없다. 명의수탁자에 의한 제3자에 대한 처분행위가 부동산실명법 제4조 제3항에 근거하여 유효하게 될 가능성이 있다고 하더라도 이는 거래 상대방인 제3자를 보호하기 위하여 명의신탁약정의 무효에 대한 예외를 설정한 취지일 뿐 매도인과 명의신탁자 사이에 처분행위를 유효하게 만드는 어떠한 보관관계가 존재함을 전제한 것은 아니다.[25]

물권을 종중(종중과 그 대표자를 같이 표시하여 등기한 경우를 포함한다) 외의 자의 명의로 등기한 경우, 2. 배우자 명의로 부동산에 관한 물권을 등기한 경우, 3. 종교단체의 명의로 그 산하 조직이 보유한 부동산에 관한 물권을 등기한 경우.

23) 제4조(명의신탁약정의 효력) ① 명의신탁약정은 무효로 한다. ② 명의신탁약정에 따른 등기로 이루어진 부동산에 관한 물권변동은 무효로 한다.

24) 제7조(벌칙) ① 다음 각호의 어느 하나에 해당하는 자 및 그를 교사하여 해당 규정을 위반하게 한 자는 5년 이하의 징역 또는 2억원 이하의 벌금에 처한다. 1. 제3조 제1항을 위반한 명의신탁자, 2. 제3조 제2항을 위반한 채권자 및 같은 항에 따른 서면에 채무자를 거짓으로 적어 제출하게 한 실채무자. ② 제3조 제1항을 위반한 명의수탁자 및 그를 교사하여 해당 규정을 위반하게 한 자는 3년 이하의 징역 또는 1억원 이하의 벌금에 처한다.

25) 이에 관해서는 대법원 2012. 11. 29. 선고 2011도7361 판결 참조.

일본의 판례에서 등기부상의 소유명의인이더라도 등기가 부적법이거나 무 원인인 경우 등기가 무효이고, 등기명의인은 해당 부동산을 법률상 유효하게 처분할 수 없으므로 당해 부동산의 점유자는 아니라고 해석하고 있음[26]을 참고할 필요가 있다.[27]

그럼에도 피해자의 관점에서 살펴볼 때 문채규 교수의 다음과 같은 입장은 곱씹어 볼 만한 하다.

"명의수탁자는 대외적으로 유효하게 신탁부동산을 처분할 수 있는 지위에 있으므로 보관자의 지위에 있다. 그리고 위탁신임관계의 원인인 명의신탁약정이 무효이고 위법하므로 위탁자와 수탁자 간에 법적인 위탁신임관계를 긍정할 수는 없지만, 사실상의 위탁신임관계는 엄연히 존재한다. 또한 불법한 원인행위를 기초로 하는 사실상의 위탁신임관계를 법적으로 보호할 가치가 있는 것이라고 할 수는 없지만, 횡령죄가 요구하는 위탁신임관계가 형법적으로 보호할 가치가 있어야 하는 것으로 제한되지 않는 한, 보호가치성의 부정이 위탁신임관계를 부정할 이유가 되지는 않는다. 그렇다고 명의수탁자의 임의처분행위를 횡령죄로 처벌하게 되면 부동산실명법의 입법취지에 반하는 결과를 초래함으로써 법적 통일성에 반한다거나 형법의 보충성에 어긋난다고도 할 수 없다. 그렇다면 중간생략등기형 명의신탁의 경우나 그것과 실질적으로 차별화 되지 않는 매도인이 악의인 계약명의신탁의 경우, 또는 2자 간 등기명의신탁의 경우 등에서 명의수탁자가 신탁부동산을 임으로 처분하면 횡령죄가 성립하는 것으로 보아야 할 것이다. 법원은 앞으로 2자 간 등기명의신탁의 경우까지 횡령죄의 세계에서 내칠 것이 아니라, 반대로 중간생략등기형 명의신탁의 경우를 횡령죄의 세계로 다시 복귀시키고, 매도인이 악의인 계약명의신탁의 경우까지 횡령죄의 세계로 편입시켜야 할 것으로 본다."

---

26) 大判 明治43(1910).4.15.錄15輯, 615頁; 大判 大正5(1916).6.24.錄22輯, 1017頁.

27) 이러한 경우에도 등기부상의 소유명의인은 제3자에 대해서 형식상 자유롭게 처분할 수 있는 지위에 있으므로 당해 부동산의 점유자라 해도 무방하지만, 등기명의인과 부동산 소유자와의 사이에는 아무런 위탁신임관계가 존재하지 않으므로 결론적으로 횡령죄는 성립하지 않게 된다는 것이 일본학계의 공통된 입장이다. 이에 관해서는 牧野, 各論下, 191頁; 井上=江藤, 各則166頁; 團藤, 注釋(6)[大塚仁] 399頁.

[국문 요약]

민사법 차원에서는 계약자유의 원칙이 임의법규보다 우선적으로 적용될 수 있기에 명의신탁으로 자신의 부동산을 타인에게 등기 명의수탁한 경우 명의수탁자는 타인의 부동산을 보관하는 보관자의 신분을 취득할 수 있다. 왜냐면 이 경우에는 해당 부동산이 수탁자의 명의로 등기이전되었고, 따라서 등기명의수탁자는 그것을 소유권자와 유사한 지위에서 외견상 유효하게 처분할 수 있기 때문이다.

부동산실명법에 따르면, 일부 예외적 사정을 제외하고 부동산에 관한 명의신탁은 원칙적으로 무효가 되며, 이때 신탁자뿐만 아니라 수탁자도 형사처벌의 대상으로 됨을 명시하고 있다. 따라서 부동산실명법에 따른 예외적 사정을 제외하고, 명의신탁약정에 따라 자신이 매수한 부동산을 타인에게 명의신탁한 경우 부동산실명법 제4조 제1항과 제2항 본문에 근거하여 명의신탁약정의 무효화뿐만 아니라 등기이전에 의한 부동산의 물권변동 역시 무효로 된다.

이와 같은 명의신탁에 의한 부동산 물권변동이 무효가 된다고 하더라도 명의수탁자에게 해당 부동산의 보관자라는 지위를 인정할 수 있을까. 이를 긍정할 때 횡령죄가 성립할 수 있는 반면에, 이를 부정할 때 행위주체가 타인 재물의 보관자라는 신분을 유지할 수 없기에 횡령죄가 성립될 수 없게 된다.

횡령죄에서 보관의 개념은 해당 물건에 대해 맡아서 관리 내지 유효한 처분을 할 수 있음을 의미한다. 그런데 부동산실명법 제4조 제2항 본문은 명의수탁자로 등기된 부동산에 관한 물권변동을 무효로 하고 있기에, 이 규정에 근거할 때 수탁자 명의의 소유권이전등기는 무효이고 부동산의 소유권은 매도인이 그대로 보유하게 되므로 명의수탁자는 명의신탁자와의 관계에서 횡령죄에서 타인의 재물인 명의신탁자의 재물을 맡아서 관리하는 자의 지위에 있다고 볼 수 없다. 명의수탁자가 제3자에 대한 처분행위가 부동산실명법 제4조 제3항에 근거하여 유효하게 될 가능성이 있다고 하더라도 이는 거래 상대방인 제3자를 보호하기 위하여 명의신탁약정의 무효에 대한 예외를 설정한 취지일 뿐 매도인과 명의신탁자 사이에 처분행위를 유효하게 만드는 어떠한 보관 관계가 존재함을 전제한 것은 아니다.

일본의 판례도 등기부상의 소유명의인이더라도 등기가 부적법이거나 무 원인인 경우 등기가 무효이고, 등기명의인은 해당 부동산을 법률상 유효하게 처분할 수 없으므로 당해 부동산의 점유자는 아니라고 해석하고 있음을 참고할 필요가 있다.

제14장

독일 · 일본 · 한국의 재산범죄 특징

Ⅰ. 들어가는 말

우리가 사는 사회는 인간관계로 형성되어 있다. 사회 속에 사는 우리가 자신의 능력을 충분히 발휘하기 위해 건강한 사회를 꿈꾼다. 건강한 사회의 형성을 위해서는 제도적 뒷받침이 요구된다. 그 제도적 뒷받침은 자국의 법문화에 뿌리를 두는 경우가 대부분이지만, 때론 법문화나 법률은 계수를 통해서 이루어지기도 한다. 그래서 각국은 한편으로 선진 법률이나 제도를 비롯한 법문화를 계수하기도 하지만, 다른 한편으로는 자국 고유의 특정한 법문화를 가미하기도 한다.

현대적 의미의 법률과 그 문화는 로마법에 토대를 두고 있다고 해도 과언이 아니다. 로마법이 광범위하게 계수된 유럽에서도 크게 2가지 형식으로 구분되었다. 하나는 성문법을 중심으로 하는 대륙법계이고, 다른 하나는 판례법을 중심으로 하는 영미법계이다. 차이는 형법도 예외가 아니다. 성문법 중심의 대륙법계와 판례법 중심의 영미법계는 죄형법정주의의 실현 방식을 비롯해 형법체계에 관해서도 서로 적지 않게 다름을 볼 수 있기 때문이다.

같은 대륙법계를 따르는 독일과 일본 그리고 우리나라는 서로 많은 유사성을 가지게 되었다. 왜냐면 일본 현행 형법(1907년 제정)은 1871년의 독일형법을 모델로서 계수했으며, 일본형법과 함께 1941년 일본 형법개정가안은 1953년 제정된 우리 형법에 결정적 영향을 주었기 때문이다. 여기서 형법 내용의 유사성을 다분히 지닌 독일을 비롯한 일본 그리고 우리나라 형법 제정의 역사와 개정 경과를 간략히 검토해 본다(Ⅱ).

그리고서 이들 국가가 재산 관련 범죄에 관해서 구체적으로 어떻게 다루고 있는지를 살펴본다. 이와 관련하여 재산범죄는 왜 필요한 것인지를 일차적으로 묻고(Ⅲ), 우리나라의 재산범죄에서 사용하는 재물과 재산상 이익의 개념 파악과 이들의 상호관계를 우선하여 검토해 본다(Ⅳ). 다음으로 독일과 일본 그리고 한국은 특정 재산범죄의 행위객체, 보호법익이나 본질 및 범죄의 특질에 관해서 차이가 있는지, 있다면 어떤 차이가 있는지와 왜 그런 차이를 가지게 되었는지를 살펴본다(Ⅴ). 이를 통해서 우리 형법해석과 관련해 우리가 준수해야 할 태도를 모색해 보고자 한다(Ⅵ).

Ⅱ. 3국의 형법 제정과 개정의 요약

1. 독일

1) 1871년 제국 형법전

독일은 1870년 통일 이전에는 각 지역의 란트법이 효력을 발휘했다. 예컨대 바이에른의 경우 포이어바흐(Feuerbach)의 업적인 1813년 바이애른형법전을 비롯하여 1851년 프로이센형법전이 근대적 형법전의 성격을 갖고서 제정되었다. 1847년 프로이센에서는 형법초안이 완성되었던바, 여기에서 법률 조항과 형사소송 절차는 법의 지배를 중시하고, 종래 지나치게 세분화한 범죄유형을 추상적으로 규정했고, 형벌제도 또한 순화시켰다. 이러한 1847년의 형법초안을 바탕으로 성안된 1851년 프로이센형법전은 바이애른형법전에 명시된 죄형법정주의를 수용했다. 이후 1866년 오스트리아와 프로이센 전쟁 이후 북부 독일연방이 창설되면서 프로이센은 하노버 왕국과 헤센 선제후와 같은 적대 세력을 통합했고, 1868년 독일 북부 전역으로 확장되었다. 1871년 독일제국 설립 후에는 북부 독일연방이 남부 독일로 확장되었다. 이를 통해 1872년 1월 1일 독일 남부 주에서도 프로이센형법전이 시행되었고, 그 결과 통일 독일형법전으로 완성되었다. 즉 1871년 통일된 독일제국은 1851년 프로이센 형법전을 제국에 걸맞게 적용범위의 확대 등 몇 가지를 보충하여 1872년 독일제국 형법전으로 탈바꿈되어 시행되었다. 이 형법전은 재산범죄에 관해 1969년까지 대부분 그대로 적용되었다. 물론 예외도 있었다. 독일형법 제266조 배임죄가 이에 해당한다. 1933년 5월 26일 종래의 배임죄 규정을 권한 남용의 경우와 신뢰 관계의 배신행위 둘 다 처벌함을 명확히 규정했다. 오늘날에도 이러한 원칙은 그대로 유효하게 지켜지고 있다.[1)]

2) 개정형법의 경과

독일 연방정부는 1954년 이후 형법 전면 개정을 위한 통일적이고 체계적인 입법작업을 추진했다. 그 노력의 일환으로 1962년「정부초안」이 발표되고, 이에 대응하여 14명의 형법 교수가 1966년「대체초안」을 작성하여 연방의회에 제출했다. 이「대체초안」이 적잖게 반영된「형법개정법률초안」이 연방의회에서 통과되었다. 이렇게 통과된「형법개정법률초안」은「제1차 형법개정법률」과「제2차 형법개정법률」이라는 명칭으로 정식법률로 채택되었다.

1969년 6월 25일 통과된「제1차 형법개정법률」은 자유형의 단일화 및 단기자유형의 제한 등 총칙 규정을 수정하고, 각칙 일부를 개정했다. 이 법률은 1969년 9월 1일과 1970년 4월 1일 순차적으로 시행되었다.

「제2차 형법개정법률」은 체계와 내용 면에서 새로운 형법총칙을 규정했고, 1969년 7월 4일 자로 시행되었다. 그러나 각칙 편의 개정작업이 지연되어, 결과적으로 1987년 3월 10일에서야 신형법으로 공포되어, 그해 4월 1일 시행되었다.

---

1) 독일형법 제266조(배임) ① 법률, 관청의 위임이나 법률행위를 통해 인정된 타인의 재산을 처분하거나 타인에게 의무를 부과한 권한을 남용하거나 법률, 관청의 위임, 법률행위 또는 신용관계 등에 의하여 부과되는 타인의 재산상 이익을 꾀해야 할 의무에 위반하고, 그로 인하여 재산상 이익을 보호해야 할 자에게 손해를 가한 자는 5년 이하의 자유형 또는 벌금형에 처한다.
② 제243조 제2항 및 제247조, 제248a조 및 제263조 제3항은 동일하게 적용한다.

이 법률이 바로 현행 독일형법전이다. 그 이후 1990년 10월 3일 통일조약에 의하여 동독 지역이 독일로 편입되면서 독일형법은 이 지역에도 미치게 되었다.

현행 형법전은 재산범죄에서 '자동차의 권한 없는 사용', '자금세탁, 불법적으로 획득한 재산가치은닉', '컴퓨터사기', '투자사기', '사익취득', '신용사기', '임금의 체불', '수표보증카드 및 신용카드의 남용' 등을 새롭게 범죄로 명시하였다.

3) 특히 사기죄 개정의 전개

1871년 독일제국 시대에서 사기죄(§263 StGB)는 프로이센 형법과 내용적으로 변경되지 않았다. 그럼에도 입법자는 빌헬름 시대에 나타난 경제범죄를 억제하기 위해 사기죄와 관련한 적지 않은 수정 구성요건을 제정했다. 예컨대 회계사기(상법 제331조)와 설립사기(제한책임 회사법 제82조, 독일 주식회사법 제399조)가 여기에 해당한다. 또한 착오를 일으킨 광고에 대한 금지도 새로 제정되었다(부당경쟁에 관한 법률 제16조).

1933년 10월 1일 사기죄의 구성요건은 '특히 중한 경우'를 양형 규정으로서 보완되었는바, 이 규정은 이전의 단순한 변형보다 높은 수준의 양형 범위를 명시했다. 이 양형의 범위는 법률상 예시규정(Regelbeispielvorschrift)의 명시를 통해 명확히 했다. 여기에선 형벌가중(刑罰加重) 근거에 관한 것으로 가중적 구성요건과 달리 필연적으로 중한 처벌로 이어지지 않는다. 법률상 예시에 해당하는 경우, 형법은 법관에게 단순 사기죄에 대비하여 더 높은 형을 선고하는 것을 권장한다. 행위자가 민족의 복지를 훼손하거나 중대한 손해를 야기하거나 특히 악의로 행위한 경우 입법자는 더 높은 형으로 벌할 것을 권장한다.

1953년 10월 1일에 법률상 예시가 사기죄의 구성요건에서 제외되었다. 그럼에도 특히 중한 경우는 사기죄의 구성요건에서 불특정 형벌가중 근거로서 남게 되었다. 1975년 1월 1일 입법자는 절도죄의 양형 규정과 친고죄 규정(§242 StGB)을 사기죄가 준용하도록 삽입했다.

입법자는 1976년과 1986년의 경제범죄 방지에 관한 제1법률과 제2법률을 통하여 특정 사기유형에 유사한 행위를 개별적으로 분리하여 형벌을 과할 수 있도록 몇 가지 새로운 구성요건을 제정했다. 여기에는 예컨대 신용사기(§265b StGB) 및 자본투자사기(§264a StGB)가 포함되었다.

1998년 제6차 형법개정법에 따라 입법자는 특히 중한 사기죄의 경우 5건의 새로운 법률상 예시를 다시금 구체화했다. 이들은 도난 및 파산과 같은 다양한 범죄를 기반으로 설계 되었다(§283 StGB). 또한 입법자는 조직범죄에 대한 보다 효과적인 투쟁의 표준 사례가 되는 가중적 구성요건을 제정했다. 표준 사례와 달리 가중적 구성요건에는 법정형의 강제적 가중이 포함되었다.

2. 일본

1) (구)형법의 제정

일본에서 근대적 의미의 형법을 제정하게 된 계기는 일본과 맺은 열강과의 불평등조약의 극복과 함께 통일적 국가권력의 확립·정비에 있었다. 1876년 일본 사법성 고문으로 초대된 프랑스인 브아소나드(Gustave Emile Boissonade de Fontarabie)가 일본 위원들과 협의하여 기초한 형법초안(1877년)을 토대로 하여 형법초안 심사국에서 심사·수정하고 원로원의 심의를 거쳐 1880년 작성되었으며, 1882년 시행되었다. 브아소나드는 19세기 후반에 이르기까지 프랑스의 지배적인 학설이었던 절충주의 형법이론의 강력한 지지자였다. 그 결과 1810년 프랑스형법전으로부터 큰 영향을 받았지만, 벨기에형법전, 독일형법전, 이탈리아 형법초안도 참고하면서 절충주의 관점에서 프랑스형법전에 많은 수정을 가했다. 특히 법정형이 프랑스형법전보다 더 탄력적이었다.

이 일본형법은 총칙과 각칙을 나누고, 죄형법정주의를 선언했으며, 범죄를 중죄(重罪), 경죄(輕罪)와 위경죄(違警罪)로 구분했다. 형벌의 종류는 사형, 도형(徒刑: 강제노역형), 유형(流刑: 유배형), 징역, 금옥(禁獄: 중죄의 형), 금고, 벌금(경죄의 형), 구류, 과료(違警罪의 형)를 포함한 주형을 두었다. 이러한 주형과 별도로 부가형으로 공권박탈, 정지공권(停止公權), 금치산, 감시, 몰수를 두었다.

이 일본 형법을 (구)형법이라고 부른다.

2) 현행 형법의 제정 및 개정 경과

1871년에 제정된 독일형법의 영향 아래 1907년 현재 시행되고 있는 형법이 제정되었고, 1908년 시행되었다. 이 법전의 특색은 범죄의 유형이 (형법)에 비해 훨씬 포괄적이고 법정형의 폭도 넓어졌다는 점이다.

예를 들자면 살인행위에 관해 (구)형법은 모살죄(謀殺罪), 고살죄(故殺罪), 독살죄(毒殺罪), 참각살죄(慘刻殺罪), 편리살죄(便利殺罪), 유도살죄(誘導殺罪), 오살죄(誤殺罪) 등으로 세분하게 구분하고, 이에 대한 법정형은 사형 또는 무기도형(無期徒刑: 무기징역)이라는 중형(重刑)으로 정했다. 신형법은 이에 반해 이 모든 유형을 보통 살인죄 1개로 포섭하고, 이에 관한 법정형으로 '사형, 무기 혹은 3년 이상의 징역'을 규정하여, (구)형법보다 형벌의 수위를 완화했다.

그 밖에도 (구)형법상 중죄, 경죄와 위경죄의 구별을 폐지했고, 형벌의 종류도 간소화하여 '사형, 징역, 금고, 벌금, 구류 및 과료'를 주형(主刑)으로 하고, 몰수를 부가형으로 했다(일본 신형법 제9조).

현행 일본형법은 그간 수십 차례 개정되었고 특별형법에 의해 재산범죄를 보완했으나, 형법전의 차원에서 볼 때 재산범죄에 관해서는 '부동산침탈죄'(제235조의2), '전자계산기사용사기'(제246조의2)와 '경계훼손죄'(제262조의2)의 규정이 신설되었을 뿐이다.

3. 한국

1) 제정형법 이전

한국에서 근대적 형사사법이 태동한 것은 1894년에 시작된 갑오개혁부터이다. 이 개혁은 일본이라는 외세에 의한 부분이 적지 않았다. 특히 구한말(舊韓末) 최초의 근대형법 제정 작업의 착수는 호시 토오루(星亨)과 노자와 게이이치(野澤鷄一)이라는 일본인[2])이었다.[3]) 이들은 일본 (구)형법[4])을 참조하여 1897년에 형법

2) 이들 두 분의 형법초안 작성경위에 관해서는 정긍식, '형법초안 해설', 『법제사연구』 제16호, 185쪽 이하 참조.
3) 장도, 형법총론, 1907, 3쪽(도서출판 관악사에서 2004년 4월, 영인본으로 발행).

초안을 작성했다.[5] 그러나 이 초안이 완성될 무렵 당시 일본의 조선에 대한 내정간섭의 약화 등 국내외의 사정[6]과 조선의 지배계급 이른바 구본신참(舊本新參)[7] 사상의 관철로 시행되지 못했다.[8] 조선왕조와 지배계급의 입장에서 볼 때, 종래의 형법전 체계에 비해 급격한 변화와 내용을 담았던 형법초안은 대명률이 몸에 밴 지배계급에는 지나치게 낯설기 때문이었을 것이다.

이러한 이유로 조선왕조는 자주적 관점에서 한편으로 전래해 온 대명률의 내용을 대폭 수용하면서, 다른 한편으로는 법전체계의 형식에서는 일본인이 주도했던 형법초안의 체계를 상당 부분 받아들이는 방식으로 형법대전을 제정하여 1905년 4월 29일 반포되었다. 그리고 핵심적 내용은 다음과 같다. 즉 "① 본 법률(형법대전)은 대전회통(大典會通)과 대명률(大明律)과 신반률(新頒律)을 참호(叅互)하여 집성(集成)함. ② 고금(古今)이 이의(異宜)하여 형명(刑名)이 다르니 가중감경(加重減輕)은 절충할 필요가 있었음. ③ 현금시의(現今時宜)로 인하여 국한문(國漢文)을 혼용하여 강습(講習)에 편이케 함. ④ 본 법률은 四例로 구별하며, 법례(法例)는 법률을 적용하는 본의(本意)를 발명(發明)함이고, 죄례(罪例)는 범죄(犯罪)한 종류를 분석함이고, 형례(刑例)는 형명(刑名)과 형기(刑期)와 가감하는 제칙(諸則)을 규정함이오, 율례(律例)는 죄에 해당하는 율(律)을 재(載)함이라. ⑤ 율례제조(律例諸條)의 성질이 상근(相近)한 것은 유취(類聚)하여 1절이 되고, 제절(諸節)의 성질이 상동(相同)한 것은 유취하여 1장(一章)이 되게 했음. ⑥ 본 법률 각

---

4) 프랑스인 브아소나드의 협조로 1882년에 제정된 일본 최초의 서구식 형법전을 일컬음.

5) 형법초안의 작성경위와 내용 소개에 관해서는 정긍식, 앞의 논문, 181쪽 이하 참조.

6) 이에 관해 자세한 것은 이병수, '조선민사령에 관하여', 『법사학연구』 제4호, 1999, 56쪽 이하 참조: 일본은 청일전쟁 후 삼국간섭에 의한 요동반도의 반환(1895), 동년 민비시해사건으로 인한 국제여론의 동향, 대한 민중의 반일 의병투쟁의 격화, 독립의식의 고양, 특히 러시아 세력의 진출로 노일전쟁의 격화 등으로 일본은 조선에 대한 내정간섭을 충실히 할 수 없었다.

7) 옛것을 기본으로 하면서 옳고 바른 새로운 것을 참작하여 보완해야 한다는 의미. 이러한 사상은 1897년 3월 16일 고종과 각부대신이 당시 시급한 문제를 논의한 자리에서 의정 김병시의 발언에서도 찾을 수 있다. 이에 관해서는 문준영, 대한제국기 <형법대전> 제정에 관한 연구(1998년도 서울대학교 법학석사 학위논문), 46쪽 참조.

8) '형법초안'은 비록 구한말 일본인 고문관에 의해 작성되었고 적용되지도 못했다. 그러나 구한말 조선이 근대적 형법을 전면적으로 수용하려는 첫 번째 시도였으며, 형법초안이 작성된 후 8년 지나서 제정된 '형법대전' 중에는 형법초안의 잔재가 상당 부분 남아 있다는 점에서 근대적 형법으로의 과도기적 성격을 갖는 형법대전의 성안에 적지 않은 영향을 끼쳤다고 할 수 있다. 또한 장도가 『형법총론』을 서술하면서 인용 조문을 형법초안에 찾았기 때문에, 장도의 형법총론으로 공부했을 많은 사람에게 근대적 형법체계와 내용이 무엇인지를 계몽하는 역할을 했다.

조(各條)의 성질이 적합지 못한 것은 총히 잡범율(雜犯律)에 편입함."[9]

형법대전의 내용이 이와 같은 이유로 근대와 과거의 사이에서 나타난 과도기적 형법전의 모습이라는 점에서 조선왕조 최후의 법전이라는 평가[10]가 과히 틀린 것은 아닐 것이다.

이 형법대전은 이듬해인 1906년 부분 개정되었고, 1908년에 일본인들 손에 의해 대폭적인 개정이 이루어졌다.[11] 게다가 1912년 '조선형사령(朝鮮刑事令)'에 의해 일본 형법이 의용(依用)되면서 그 효력이 상실되었기 때문에, 형법대전은 적용 기간은 그리 오래 지속되지 못했다. 다만 전근대적 형벌을 인정한 형법대전의 태형(笞刑) 제도는 1920년[12]에서야 비로서 폐지되었다.

2) 제정형법

1945년 8월 15일 일본제국주의로부터 해방되고서, 3년 후인 1948년 8월 15일 대한민국 정부가 들어서기 이전인 1948년 7월 17일 헌법이 제정 · 공포되었다. 이 헌법에 근거하여 제도 정비를 위한 초석을 다지기 위해 동년 대통령 제4호로 법전편찬위원회직제가 공포되었다. 법률제정 작업은 미군정 하에서도 추진되었으나 미완에 그치고, 대한민국이 수립되면서 김병로 대법원장을 위원장으로 하는 법전편찬위원회가 구성되고 이와 함께 각종 법률초안 작업이 구체화하게 되었다.

형법의 경우 형법초안 작업의 전 단계로 양원일 판사가 총칙, 엄상섭 검사가 각칙을 맡아 작업하던 중 불의의 사고로 양원일 판사가 숨졌다. 그 결과 양원일 판사를 대신한 김병로 대법원장과 엄상섭 검사가 형법가안을 완성했다. 이 형법가안은 다양한 외국 형법과 독일의 형법초안, 1908년 일본 형법, 1941년 일본형법개정가안과 1949년 중화민국 형법(대만 형법) 등 다수의 외국 법률을 참조했다.

이 형법가안을 기초로 김병로 위원장, 이인과 권승렬 부위원장, 최병주, 김갑

---

9) 이에 관해 자세한 설명에 관해서는 필자의 형법연구Ⅳ, 2009, 29쪽 참조.
10) 문준영, 앞의 논문, 113쪽 참조.
11) 1906년 2월 2일 소폭 개정되고, 1908년 7월에는 대폭 개정되었다.
12) 1920년 3월 31일자로 조선태형령(朝鮮笞刑令)이 폐지되었다.

수, 엄상섭 및 정윤환 위원으로 구성된 위원회에서 다수의 심의를 거듭하여 1949년 11월 12일 형법초안을 완성했다. 이렇게 성립된 형법초안은 후일 정부초안으로 거듭났다.

6·25 사변으로 혼란이 극심했던 시절 임시수도인 부산에서 형법초안은 국회에 제출되었고, 이를 토대로 국회 차원의 제1독회와 제2독회를 1953년에 거쳤다. 제3독회는 국회 결의로 생략하고, 법사위원회에 의한 자구정리 작업을 거쳐 1953년 9월 23일 제정형법을 형사소송법에 비해 성대하게 공포했다. 그리고 동년 10월 3일부터 시행하게 되었다.

제정형법은 1908년 시행되고 1953년 10월 2일까지 한반도에서 적용되었던 일본 형법과 1941년 편찬된 일본형법개정가안 및 대만 형법에서 많은 부분을 참조했다. 그러나 완전한 모방만은 아니었다. 특히 '사회상규'를 '정당행위'로 인정하는 독자적인 규정도 두었다. 아울러 현대 형법이론에 걸맞은 책임주의의 실현을 위한 위법성의 인식이나 인식가능성 요청과 적법행위의 기대가능성을 제정형법에 규정했음은 칭찬받아 마땅하다.

물론 책임주의에 벗어난 의제공범(擬制共犯)의 규정을 총칙에서 의도적으로 배제했으면서도 각칙 제114조에서 다시금 명시했던 것처럼 이해할 수 없는 규정도 없지 않지만. 물론 제정형법 제114조의 규정은 제정 당시 6·25사변 중이란 특히 혼란스러운 상황에서 이를 극복하기 위한 특단의 대책으로 봐야 한다고 이해할 수 있으나, 이는 현대 형법의 원칙에 부합하지 않고, 세계적으로 부끄러운 조문에는 틀림이 없다.

3) 제정형법의 진보성

1953년에 제정된 형법은 당시의 관점에서 볼 때 형법에서 책임주의를 철저히 관철하려고 했다. 이점은 ① 법률의 착오를 인정하여 책임비난을 하기 위해 위법성의 인식이나 인식가능성을 요구했으며(형법 제16조), ② 저항할 수 없는 강요된 행위는 적법행위의 기대가능성이 없다는 이유로 책임을 조각했다(형법 제12조). ③ 우리 형법이 형식적 범죄개념에서 출발한 점을 감안하여 사회적으로 용납되고 허용될 수 있는 사소한 행위로서 처벌의 공익이 결여한 사회적 일탈행위에 관해 위법성이 조각될 수 있도록 형법 제20조에서 '사회상규에 관한 규정'을 두었다는 데서 찾아볼 수 있다. 특히 ③의 경우 법률의 착오가 오상방위나 오상피난에 해당할 때, 큰 효과를 발휘할 수 있다. 왜냐면 만일 이와 같은 규정이 없는 독일의 경우, 한편으로 사회상당성이란 이론으로 구성요건을 제한하려고 시도할 것인바, 이는 형식적 범죄개념을 취하는 태도에 지극히 상반된 모순을 보여준다. 왜냐면 형식적 범죄개념을 취한 독일에서 범죄구성요건의 해당성은 실질적으로 따지지 않으며, 문언에 따른 형식적으로만 다뤄야 한다고 해놓고, 사회상당성 여부로 가치판단을 한다는 점에서 실질적으로 다루고 있기 때문이다. 다른 한편으로는 위법성조각사유의 전제사실에 관한 착오 문제를 오직 책임에서만 논하게 되며, 그 결과 이론적으로 정합성을 갖기 어려운 제한적 책임설을 주장하기에 이르게 된다.

4) 형법개정, 특히 재산 관련 범죄

1953년 9월 18일에 제정된 형법은 현재까지 총 24회 개정되었다. 타법 개정으로 인한 변경을 제외하면 형법상 개정은 총 22회의 개정이 단행되었다. 첫 번째 형법개정은 형법이 제정된 지 22년이 지난 1975년 3월 25일 '국가모독 등'(제104조의2)을 신설하는 것을 그 내용으로 했다. 그러나 신설된 이 범죄가 1988년 12월 31일 삭제되는 형법개정이 이루어졌다.

첫 번째 재산죄 관련한 형법상 개정작업은 1995년 12월 29일에는 산업화·정보화 추세에 따른 컴퓨터범죄와 같은 신종범죄에 효율적으로 대처하기 위해 이루어져 1996년 7월 1일부터 시행되었다. 2001년 12월 29일에는 '컴퓨터등 정보처리장치에 허위의 정보 또는 부정한 명령을 입력함으로써' 성립하는 종전의 형법 제347조의2(컴퓨터 등 사용사기죄)에 권한 없이 정보를 입력·변경하여 정보처리를 하게 하는 행위를 구성요건으로 추가하는 개정이 단행되어 2002년 6월 30일부터 시행되었다.

두 번째 재산죄 관련 범죄에 대한 개정작업은 2016년 5월 29일 '본인이 직접 재물이나 재산상의 이익을 취득하는 행위'는 물론이고 '제3자로 하여금 재물이나 재산상의 이익을 취득하게 하는 행위'도 처벌할 수 있도록 배임수재죄의 구성요건을 정비하고, 그 제3자가 배임수재의 정을 알고 취득한 경우 그 제3자가 취득한 재물이나 재산상의 이익을 몰수 또는 추징할 수 있도록 형법이 개정·시행되었다.

그러나 특별형법 등을 통하여 재산범죄에 관한 개정과 보완이 수없이 이루어져 왔다. 여기서는 특별형법 등에 의한 재산범죄의 대부분, 형법상 재산범죄에 관한 형벌의 가중을 중심으로 제정·개정되었다는 점에서 자세한 검토는 생략한다.

Ⅲ. 재산범죄의 존재이유

재산범죄를 '타인의 재산을 보호하기 위한 형사법의 강력한 의지의 표현'[13)]이라고 새긴 문형섭 변호사를 제외하고, 대부분 학자와 여타 교과서 저자들은 재산범죄가 무엇인지에 대해 진지한 고민을 찾아보기 쉽지 않다.

그러나 이 문제에 대해 질문하고 답하려는 태도가 우리 형법학계, 아니 법학하는 모든 연구자에게 타당한 것으로 보인다. 왜냐면 우리가 사회적 현상이나 법적 문제들에 대해 질문을 멈추고, 종래의 해결 방법이나 주장만 견지한다면, 사회현실과 법적 규정 사이의 괴리 확대를 피할 수 없고, 게다가 그 괴리를 메울 방법을 더 이상 찾지 않게 되기 때문이다. 그래서 우리는 질문한다. 질문이 멈추게 되면 우상화나 도그마로 화석이 되어 버리고, 절대시한 나머지 맨 날 공자왈(孔子曰), 맹자왈(孟子曰)만 한다.

오늘날에도 이러한 태도는 여전한 것으로 보인다. 우리의 사회적 저명인사입네 하는 분들 대부분이 중국 고대에서 유래된 사자성어나 아니면 서양의 유명석학의 주장을 곧잘 인용하는 데에 익숙하다. 그 사자성어나 특정인의 주장이

---

13) 문형섭, 재산범죄론의 이해, 전남대학교 출판부, 2006, 16~18쪽 참조.

이미 고착화한 진리이자 영원한 진리성을 갖는다고 착각하는 데서 기인한다. 그러나 착각은 자유이나, 그런 착각으로 많은 것을 맹목 시 하는 나머지, 때로는 특정 유명인의 주장은 언제나 정당하며, 모든 법은 정법이지, 악법이 아니라는 식으로 포장될 수 있음을 종종 볼 수 있다는 것이 문제이다.

법적 문제는 어떠한 것도 고착화하여서는 아니 된다. 사회는 언제나 변화하고, 그 변화된 현실 속에서 보편성이 깃든 공통분모를 찾아 헤매야만 한다. 열린 사회가 되어야 한다. 그 속에서 각자의 다양한 의견 개진과 아울러 무엇이 정의이고 진리인지를 말하고, 그런 확산 속에서 다시금 수렴을 이룰 수 있어야 한다. 이러한 관점에서 재산범죄가 존재한 이유는 다음과 같아 보인다.

개인적 복수가 사회평화 달성에 역부족임을 다수가 자각하게 되면서 국가의 존립과 함께 국가형벌권이 개인적 복수의 대안으로 떠오르게 되었다. 이때 국가형벌권의 행사는 개인적 복수를 금지하면서 다음과 같은 약속을 전제로 했을 것이다. ① 국가는 더 이상 복수할 동기를 부여하는 온갖 범죄를 철저히 예방한다. ② 그래도 범죄가 발생하면 국가는 가해자에 대해 개인적 복수에 버금가도록 처벌하고, 피해자에게는 복수에 버금가는 보상을 받게 한다. ③ 다만 국가의 개입이 불가능할 정도로 급박한 피해가 우려되면, 개인은 국가 대신 그 피해의 최소화를 위해 필요한 최소한의 범위에서 복수나 예방조치를 취할 수 있다.

이러한 사고방식이 논리적이고 타당성을 갖는다면 ③의 경우는 위법성 조각사유에 해당하는 문제이고, ②의 경우는 우리가 회피했어야 할 형법상 금지규범을 문제 삼고 이와 함께 범죄피해자의 대책에 관한 철학을 제공해 준다.

그런데 형법상 금지규범은 중요한 법익보호에 있다는 점에서, 무엇이 피해자나 국민에게 중요한 법익인가를 묻게 된다. 이와 같은 물음에 대해 우리는 다음과 같은 대답을 할 수 있다. “인간이 사회생활 속에서 자신의 능력을 꽃피울 수 있게 하기 위해서는 그 자신의 생명을 비롯하여 신체, 자유 및 재산권의 보호가 필수적으로 요구된다.” 맞는 말이다. 인간의 삶을 전제하지 않은 사회란 존립할 수 없고, 신체의 존재 없이는 생명이 없으며, 자유 없이는 노예제의 귀환이고, 재산이 없으면 거지가 되거나 비참한 인생 낙오자로 전락하기 때문이다. 그러므로 생명, 신체, 재산, 자유 등을 법적으로 보호하는 법익 자체는 인간 자신의 능력을 꽃피워 행복한 삶을 누릴 수 있게 하는 결정적 생존조건에 해당하기에, 인간사회에서 핵심적으로 중요한 법익일 수밖에 없고, 형벌로 금지해야 했다. 따라서 인간 자신이 향유하고 있는 재산권에 대해 타인이 탈취·강취하거나, 횡령이나 편취하면 처벌하려는 사회적 합의는 이미 복수를 대신할 국가형벌권의 탄생 시에 이루어졌다고 보아도 무방할 것이다. 비록 재산범죄 유형을 오늘날처럼 비록 절도, 강도, 횡령, 배임, 사기, 공갈 등으로 엄밀히 세분화하지 못했을지라도.

게다가 형법상 신체와 재산에 관한 형벌이 서로 균형감각에 걸맞게 규정되어 있는지의 문제이다. 형법상 타인의 신체에 대해 고의로 상해하면 7년 이하의 징역 또는 1천만 원 이하의 벌금에 처한다. 타인의 빰을 때리면 2년 이하의 징역, 500만 원 이하의 벌금, 구류 또는 과료에 처하는 것에 불과하다. 이에 비해 타인의 재물을 100원이라도 훔치면, 6년 이하의 징역이나 1천만 원 이하의 벌금에 처해 지고, 10,000원의 금액도 사기나 공갈로 취득하면 10년 이하의 징역 또는 2천만 원 이하의 벌금에 처해 진다. 이런 금액이나 이런 금액에 해당하는 재물을 횡령하면 5년 이하의 징역이나 1천 5백만 원 이하의 벌금에 처해 진다. 따라서 타인의 재산은 사소한 것이라도 구류나 과료에 처해 지지 않고, 오직 벌금이나 징역형에 처해 지게 되게 된다. 반면에 사람의 신체에 대해 단순 폭행을 가하면 어떤 재산죄보다 근본적으로 경한 2년 이하의 벌로 처벌되는데, 이것이 과연 정당한 것일 수 있을까.

아니다. 이것은 분명 잘못되었다. 인간의 생명이나 신체는 존엄하며, 재산보다 귀중한 것이다. 더욱이 생명은 신체를 전제로 한다는 점에서 신체에 대한 상해나 폭행은 재산죄보다 결코 가벼운 형벌이 될 수 없어야 한다. 그런데도 우리 형법전은 신체에 대한 침해보다 재산에 대한 침해를 중하게 여기고 있다는 것은 적잖은 문제로 보인다.

바로 이러한 점에서 형법을 개정하거나 수정하게 될 때 재산범죄의 행위대상과 법정형은 인간의 생명과 신체에 관한 죄의 법정형과 행위대상을 비교·형량할 꼭 참작할 필요가 있어 보인다.

Ⅳ. 형법상 재산범죄에서 재물과 재산상 이익

1. 재물과 재산상 이익

1) 전체로서 재산

재산범죄는 재산에 대한 범죄이다. 여기서 재산이란 피해자가 보유한 법적·경제적 가치의 총체이다. 형법은 재산범죄를 규정하면서도 재산개념을 직접적으로 사용하고 있지 않다. 이 전체로서 재산에 대응하는 개념으로 손해가 있다. 손해란 전체로서 재산이 감소함을 의미한다. 배임죄가 손해의 개념을 사용하고 있다(형법 제355조 제2항).

2) 재산의 범위

재산의 범위에 관해 다음과 같은 다양한 입장, 즉 법적 재산설[14], 경제적 재산설[15] 그리고 법적·경제적 재산설[16] 등이 주장되고 있으나, 필자는 재산은 경제적 관점에서 평가되어야 한다. 왜냐면 법적 재산설에 근거할 경우 범죄에 의한 취득한 이익은 무효이거나 취소될 수 있으므로 사법상 효력을 가질 수 없어 범죄가 성립될 수 없기 때문이다. 또한 법적·경제적 재산설 역시 부당하다. '법적으로 보호할 만한 이익'은 '형법상 보호할 만한 이익'을 뜻하고 경제적 재산설에서도 '형법상 보호할 만한 이익'을 보호하기 때문이다.[17] 우리 판례도 경제적 재산설을 따르고 있다.[18]

---

14) 재산을 사법상(私法上) 인정되는 권리의 총채로 보는 견해이다.
15) 경제적 가치가 부여될 수 있는 것 모두의 총체를 재산으로 파악하는 견해이다.
16) 경제적 가치가 있어서 재산이라고 평가할 수 있어도 그것이 법질서가 금지하거나 용인하지 않은 경우라면 재산개념에서 제외해야 한다는 견해이다.
17) 오영근, 형법각론 제2판, 300쪽.
18) 대법원 2001. 10. 23. 2001도2991(이른바 화대 편취사건).

3) 재물과 재산상 이익의 구별(특히 횡령죄와 배임죄의 관계)

① 형법상 재산은 재물과 재산상 이익으로 구별될 수 있다. 이들의 구별은 중요하다. 왜냐면 예컨대 횡령죄는 재물만을 대상으로 삼는 데 반해, 배임죄는 재산상 이익만을 행위객체로 다루기에 이들 중 어느 범죄에 해당하느냐는 행위객체에 달려 있기 때문이다. 즉 횡령죄는 재물만을 행위대상으로 삼고 있기에 재산상 이익을 행위객체로 파악할 수 없게 된다. 아울러 장물죄에서 행위객체는 장물이고, 장물은 재물에 국한하기에 배임행위에 제공된 재산상 이익이나 이익이 화체된 것을 그 정을 알면서 매수한 타인에 대해서는 장물취득죄가 성립하지 않는다.[19] 그렇다면 재물을 행위대상으로 삼는 횡령죄와 재산상 이익을 대상으로 하는 배임죄의 관계를 따져보는 것은 논의 실익이 크다고 할 것이다.

② 형법이 횡령과 배임을 동일 조문의 제1항과 제2항에서 규율하고 있을 뿐만 아니라, 법정형도 동일하고, 이들 범죄의 본질이 신뢰위배라는 공통의 성격을 지니고 있다는 점을 특히 강조한 학계의 다수견해에 따르면, 횡령죄의 행위객체는 재물에 한정되고, 배임죄는 그 객체를 전체로서의 재산인 재산상의 이익을 대상으로 삼고 있다는 점을 강조한다. 그리고 이들은 횡령죄와 배임죄의 관계를 특별 · 일반의 관계[20]로 파악하고, 그 이상의 관계를 논하는 것은 무익한 것으로 취급하는 인상이다. 판례도 역시 동일한 관점에 서 있다고 하겠다. 즉 판례에 따르면 횡령죄와 배임죄는 본질적으로 모두 신임관계를 배반하는 범죄이고, 법정형도 동일하다는 이유에서 배임죄에 해당할 수 있는 데도 횡령죄로 처벌할 수 있으며, 그 반대의 경우도 판결 결과에 영향을 미치는 것이 아니고[21], 배임죄로 기소된 공소사실에 대하여 공소장변경이 없어도 횡령죄로 처벌할 수 있다[22]는 점에서 양 죄의 구별에 실익이 없다는 것이다.

---

19) 신동운, 형법각론 제16판, 법문사 2024, 995쪽 참조.

20) 박상기, 형법각론 2002, 367쪽; 배종대, 형법각론 2001, 511쪽; 백형구, 형법각론 1999, 200쪽; 오영근, 형법각론 2002, 600쪽; 이재상, 형법각론 2000, 356쪽; 이정원, 형법각론 1999, 404쪽; 임웅, 형법각론 2003, 403쪽; 정성근/박광민, 형법각론 2002, 379쪽.

21) "업무상 배임죄와 업무상횡령죄는 다 같이 신임관계를 기본으로 하는 재산범죄로서 그 형벌에서도 같은 조문에 규정되어 경중의 차이가 없으므로 업무상 배임죄에 해당하는데도 이를 업무상횡령죄로 처벌했다 하더라도 그와 같은 법령적용의 잘못은 판결결과에 영향을 미치는 것이 아니다."(1990.11.27., 선고 90도1335 판결).

③ 다만 신동운 교수는 배임죄의 행위객체는 재물을 제외한 전체로서의 재산상 이익으로 이해한다.[23] 그에 의하면 "'재물'과 '재산상 이익'의 표지는 상호 배타적이어서 하나의 객체에 동시에 성립할 수 없는 개념"[24]이라는 이유로 횡령죄와 배임죄의 관계는 특별 · 일반관계일 수 없고, 오직 택일관계로 파악하여 횡령죄가 문제 된 범죄에 대해서는 배임죄의 성립을 논해서는 안 된다는 결론에 이르게 된다.

④ 횡령죄의 침해대상은 재물에 대한 소유권이나 사실상 소유상태를 침해하는 범죄라는 점에서 재물에 한정된다는 데에는 이론이 있을 수 없다. 그렇다고 배임죄는 재물을 제외한 재산상 이익에만 국한되어야 한다는 주장은 법문상에서 명시적인 근거를 갖지 않아 보인다. 배임죄는 재산상 이익에 대한 죄이며, 재산상 이익이란 행위객체를 전체의 재산으로 봐야 한다는 점에서 재물을 재산상 이익에서 제외해야 할 불가피한 이유도 없다고 할 것이다. 더욱이 부동산의 이중매매가 배임죄로 될 수 있다는 일부 학설과 판례의 입장에 따르면 행위객체인 재산상 이익을 대상으로 횡령죄와 배임죄를 구별하려는 태도는 논리모순을 범하고 있다. 게다가 유통성과 대체성을 속성으로 하는 금전은 재물의 성질과 가치의 성질을 모두 지니고 있기에, 이 금전의 성격에 대해 횡령죄와 배임죄라는 두 죄의 구별을 명확히 할 수 있다는 사고방식은 지나치게 성급한 결론이다.

⑤ 학계의 다수견해는 두 죄의 관계를 특별 · 일반의 관계로 보는 데 반해서, 소수견해는 택일관계로 파악한다. 특별 · 일반의 관계설은 횡령죄의 행위객체를 재물에 한정함에 비하여, 배임죄는 재산상 이익을 행위객체로 삼고 있다는 점에서 행위객체에 의해 횡령죄와 배임죄를 구별하며, 재물은 재산상 이익의 특별한 형태이므로 두 죄는 특별 · 일반관계로 본다. 따라서 특별 · 일반의 관계설

---

22) 횡령죄와 배임죄는 다 함께 신임관계를 기본으로 하는 같은 죄질의 재산범죄로서 그 형벌에서도 경중의 차이가 없고 동일한 범죄사실에 관하여 단지 법률적용만을 달리하는 때에 해당하므로 법원은 배임죄로 기소된 공소사실에 대하여 공소장변경 없이도 횡령죄를 적용하여 처벌할 수 있다(대법원 1999. 11. 26. 선고 99도2651 판결).

23) 그는 형법의 제정과정과 재산범죄에 관련된 재물과 재산상 이익의 구별 태도를 비롯하여 독일과 일본 형법과의 비교법적 고찰을 자세히 검토하고 있다. 이에 관해서는 신동운, "횡령죄와 배임죄의 관계", 오선주교수 정년기념논문집 2001, 320쪽 이하 참조.

24) 신동운, 앞의 논문, 333쪽.

에 따르게 되면, 재물에 대한 횡령죄가 성립되는 한에서 배임죄가 성립될 수 없게 되며, 그 밖의 재산상 이익에 대해서만 배임죄가 성립한다는 견해이다.

택일관계설에 따르면, "우리 형법의 조문체계는 횡령죄와 배임죄뿐만 아니라, 강도죄, 사기죄, 공갈죄에 있어서도 재물과 재산상의 이익을 구별하여 사용하므로, 두 개념은 상호 배타적이고 택일적이라고 할 것이고, 당연히 두 죄의 관계도 택일적 관계"[25)]라고 한다.

⑥ 이들 양 견해는 재물과 재산상 이익이 명확히 구별될 수 있다는 것을 전제로 하는 학설이다. 그러나 금전과 같이 재물이면서도 재물로서의 특성보다는 그 금액이나 가치로서 결정적 특성이 체화된 행위객체에 관해서는 이러한 구별이라는 것은 별 의미가 없게 된다. 더구나 범죄의 행위주체와 행위대상의 관계를 고려할 때, 배임죄가 횡령죄의 보충유형이라거나, 횡령이 배임의 특별유형이라고 말할 수 없는 때도 있다. 위에서 언급한 예처럼 어느 회사 사장이 가정부에게 잠시 금전이 든 가방을 맡긴 경우, 가방에 든 돈을 무단으로 소비한 그 가정부는 횡령죄의 주체는 될 수 있지만, 배임죄의 주체가 될 수 없다는 점에서도 알 수 있다.

⑦ 위탁금전의 경우 한편으로 재산상 이익이지만, 재물로도 파악될 수 있음은 물론이다. 이러한 경우 하나의 행위대상에 관해 사정에 따라 횡령죄와 배임죄가 제각기 따로 성립할 수 없다고 할 수는 없어 보인다. 이뿐만 아니라 금전의 경우 예컨대 가정부에게 일시적으로 맡겨둔 500만 원을 그 가정부가 그것을 무단으로 소비했다면 행위대상이 화폐임에도 횡령죄로 의율(擬律)함이 국민 상식에 어울린다. 그러나 만일 맡겨둔 자가 법인의 일원이었다면 그의 그 같은 행위는 배임죄가 될 수 있음은 물론이다.

⑧ 따라서 재물과 재산상 이익은 특별 · 일반관계나 순수한 택일관계가 아닌, 상호 독립된 관계지만 때론 겹칠 수 있는 상대적 택일관계로 파악해야 마땅하다.

---

25) 신동운, 앞의 논문, 330쪽.

Ⅳ. 중요한 재산범죄의 행위대상 및 보호법익 등

1. 절도

1) 행위대상

독일형법은 절도죄의 행위객체를 동산에 국한하고 있다. 이에 반해 일본과 한국은 이러한 제한을 두지 않고 있다.

절도란 타인의 재물을 몰래 훔치는 것이다. '타인의 재물을 몰래 훔치는 행위'를 형법에서는 '절취'라고 부른다. 따라서 절취는 재물에 대한 타인의 배타적 지배를 배제하고, 행위자의 지배로 몰래 옮기는 행위이다.

절취의 의미가 이렇다면, 재물에 대한 타인의 지배를 몰래 배제하기 위해서는 그 물건에 대한 장소적 이전이 불가피하게 요구된다. 이에 따라 절도죄는 타인의 지배가 가능한 모든 재물일 수 없고, 오직 지배의 이전이 가능한 동산에 국한되어야 한다.

바로 이러한 이유로 독일은 절도죄의 행위대상을 '동산'이라고 명시적으로 국한하고 있다. 이에 반해 일본은 그런 제한이 없다. 그럼에도 일본은 형법개정을 통해 '부동산침탈죄'를 따로 둠으로써, 절도죄의 행위객체는 동산에 국한된다는 점을 입법으로 해결했다.

우리나라는 절도죄의 행위객체를 재물이라 명시할 뿐 부동산을 제외한다는 규정이 없다. 이러한 이유로 부동산도 절도죄의 행위객체가 될 수 있다는 견해가 적지 않다. 게다가 부동산침탈에 대하여 경계침범죄만으로 대응하는데 그 보호가 충분하지 않다고 한다.

그러나 이와 같은 견해에 찬성하기 힘들다. 절도죄의 행위대상을 동산에 국한하지 않더라도 부동산은 절도의 행위객체가 될 수 없다. 왜냐면 부동산에 대한 절취에 불가피한 행위객체의 타인 지배로의 물리적 이전은 '부동산'의 경우 사물·논리적으로 불가능하기 때문이다. 게다가 우리나라는 '경계침범죄(형법 제370조)'를 독립적으로 두고 있다. 이는 부동산이 절도죄의 행위객체로 인정될 수 없음을 간접적으로 보여준다. 이뿐만 아니라 부동산침탈을 형법상 처벌할 수 없다고 해서 사법적극주의적 사고방식으로 부동산을 행위객체로 확대하려는 시도는 바람직하지 않다. 부동산침탈을 처벌할 필요가 발생한다면, 이를 입법으로 해결해야 할 문제이지, 해석론에 의해 처벌하려는 태도는 죄형법정주의 원칙에 반한다.

2) 보호법익

① 독일의 경우

독일형법은 절도죄의 보호법익을 소유권에 두고 있다.[26] 독일형법은 담보물환취죄(형법 제289조)를 두고 있는바, 이 범죄는 범인이 자기소유 동산으로서 타인에게 용익물권이나 담보물권이 설정된 것을 그 권리자의 의사에 반하여 소유자를 위하여 취거하거나 범인이 제3자 소유 동산으로서 타인에게 용익물권이나 담보물권이 설정된 것을 그 권리자의 의사에 반하여 소유자를 위하여 취거하는 행위를 규율한다. 독일형법의 이 규정은 절도죄 보호법익에 대해 소유권이란 점을 분명히 한 것이다. 왜냐면 자기소유나 타인소유의 동산이 소유권 이외의 다른 권리의 대상이 되었을 때 그 물권을 취거하면 그 권리 자체를 보호법익으로 하는 담보물환취죄가 성립하지만, 이에 반해 해당 동산에 용익물권이나 담보물권이 설정되지 않는 경우 그 동산을 절취하면 담보물환취죄가 아닌, 절도죄가 성립하기 때문이다. 즉 담보물환취죄를 독자적으로 명시함으로써 절도죄가 소유권을 보호법익으로 함이 분명해졌다.[27]

② 일본의 경우

절도죄의 보호법익이 무엇인가에 관해서는 본권설, 점유설 그리고 중간적인 견해(평온점유설 등)의 3가지의 견해가 있다. 일본은 소유권이 절대적인 시대에는 절도죄의 보호법익을 '소유권 등을 포함한 본권'이라고 해석하면서, 절도죄의 성질을 소유권의 침해 범죄로 파악했다. 점유권이 사회경제적으로 중요한

26) 독일 판례도 같은 입장이다. Fischer, StGB 62. Auflage(2015), S. 1729.
27) 이에 관한 자세한 설명은 신동운, 형법각론 제3판, 법문사, 2023, 1,006쪽 참조.

역할을 차지하게 됨에 따라 점유의 침탈 측면이 중시되고, 이에 따라 본권(소유권)설에 대하여 점유(소지)설이 주장되기에 이르렀다. 그 이후 이들 양설의 중간적인 견해(평온점유설 등)가 제기되어 유력하게 되었다.

(a) **본권설**

본권설은 절도죄의 보호법익을 소유권, 질권, 유치권, 임차권 등의 본권(점유를 정당화하는 실질적 권리)이라는 입장이다. 절도죄는 타인의 소유권 등을 침해하는 범죄이고, 구성요건이 '절취'라는 점유침해 형태의 행위로 규정되는 점에서 볼 때, 타인이 소지하는 물건이 절도죄의 요건으로는 되지만, 점유 그 자체가 법익인 것은 아니라고 해석한다. 이 설은 형법 제242조(타인의 점유 등에 관계된 자기의 재물)는 일본 형법 제235조(절도)의 예외를 규정한 것이 되고, 형법 제242조의 '점유'란 사실상 점유하고 있는 경우를 의미하지 않고, 권원에 기초하여 점유권리가 있는 자에 의한 점유를 의미하게 된다.

(b) **점유설**

점유설은 절도죄에서 본권과 분리되어 점유가 독립의 보호법익으로 된다는 견해이다. 오늘날 사회에서 재산적 질서는 본권의 존부(存否) 자체보다도 오히려 점유가 가지는 본권추정기능에 대한 신뢰를 기초로 삼고 있으므로, 재물의 점유 자체를 보호하여야 할 대상이라고 한다. 이 설에 따르면 형법 제242조는 자기의 재물이라도 타인이 점유하는 물건은 절도죄의 객체로 됨은 당연한 것을 주의적으로 규정한 것이라고 본다. 그 이유는 일본 형법은 절도죄와 강도죄의 성립요건에 '자기의 재물이라고 할지라도 타인의 점유에 속하거나 공무소의 명령에 의하여 타인이 간수하는 것인 때'에는 이를 타인의 재물로 간주하는 규정을 두고 있다. 이것을 사기죄, 배임죄와 공갈죄에서도 준용하고 있다. 일본 형법은 이처럼 자기소유의 물건을 타인소유의 물건과 동일하게 취급함에 따라 해석론상 절도죄의 보호법익이 소유권이 아니라 단순히 점유 그 자체라는 견해가 나타날 여지가 있어 보인다.[28)]

---

28) 신동운, 앞의 책, 1,007~1,008쪽 참조.

(c) 중간적 견해로서 평온점유설

(d) 오늘날 본권설과 점유설은 모두 이것을 철저히 관철하면 다음과 같은 난점이 발생할 수 있다. 본권설은 점유를 위한 본권의 뒷받침이 필요로 하고, 본권이 없는 점유는 보호범위에서 제외된다. 정당한 권원에 의하여 점유가 개시된 후라도 권원이 없게 된 경우 점유의 외견은 동일하더라도 권원이 소멸한 시점에 그 점유를 침해하여도 절도죄에 해당하지 않게 되는 등 실제의 사회경제생활상 불합리한 결과를 초래할 수 있다.

점유설은 소유자가 절도범으로부터 절취된 자신의 물건을 되찾는 것도 절도죄를 구성한다고 하게 되어, 국민의 법감정에 적합하지 않다. 그래서 양설 각각의 견지에서 일부 수정하는 중간적 견해가 나타났다. 예를 들면 이유가 있는 점유 내지 평온한 점유에 국한하여 보호하려고 하는 견해(평온점유설)가 그것이다.

(e) 오늘날 사회에서 점유가 수행하는 기능을 고려하여 일정한 범위에서 보호할 필요가 있다고 한다면, 절도범으로부터 상당 기간 경과 후에 도품을 되찾는 경우와 임대차 종료 후에 임대인이 목적물을 임차인으로부터 되찾는 때에도 절도죄의 성립을 인정할 수 있게 된다. 다만 절도 직후에 범인으로부터 도품을 되찾는 경우에만 절도죄가 성립하지 않는다는 결론에 되게 된다. 그래서 이러한 점에 착안하여 권원에 기초하지 않는 점유의 침해에 관해서도 구성요건 해당성을 긍정한 다음, 자기의 재물이나 권리에 기초하는 탈취행위의 가벌성은 위법성 조각의 문제로서 처리되어야 한다는 견해도 나타났다.

③ 한국의 경우

(a) 소유권설

형법은 제323조에서 권리행사방해죄를 독립적으로 규정하여 소유권 이외의 본권, 즉 제한물권 등을 보호하는 죄를 명시하고 있으므로, 절도죄의 보호법익은 소유권뿐이고, 점유로 파악할 여지가 없다는 견해이다.[29]

---

29) 김일수/서보학, 새로쓴 형법각론 제9판, 2018, 223쪽; 배종대, 형법각론 제14판, 2023, 269쪽; 유기천, 형법학(각론강의 상), 1983, 189쪽; 이재상, 형법각론, 2004, 16/2; 정영일, 형법각론, 2008, 249쪽; 황산덕,

(b) **본권 · 점유설**

본권이란 소유권 이외에 제한물권인 용익물권이나 담보물권 등 소유권에 준하는 권리이다. 본권·점유설은 소유권을 포함한 본권과 점유도 절도죄의 보호법익으로 이해한다.[30)]

(c) 오늘날 점유가 수행하는 사회적 기능이 활성화되어 가고 있음을 고려한다면 일정한 범위에서 점유 자체를 보호할 필요가 없지 않아 보인다. 게다가 소유권이나 본권은 언제나 점유의 침해라는 수단으로 이루어진다. 따라서 점유 자체를 부차적으로 보호할 필요가 있다는 본권·점유설이 유력하다. 그러나 절도죄의 보호법익을 이론적으로 확대함으로써 처벌의 범위를 확대하려는 시도는 죄형법정주의의 원칙에 반한다.

2. 강도

강도죄에 관한 행위대상을 비롯해 보호법익과 범죄의 특질 문제는 독일과 일본 그리고 우리나라 모두 대동소이하다.

1) **행위대상:** 강도죄의 행위객체는 재물강취와 재산상 이익을 대상으로 하는 이익강취로 나뉜다. 이점에 관해 한국, 독일 그리고 일본도 같은 입장이다.

2) **보호법익:** 강도죄에 관해서 이들 3개국 모두 재산적 법익 외에 인격적 법익을 보호법익으로 삼는다.

3) **범죄의 특질:** (a) 재물에 대한 점유를 탈취하는 범죄인 점에서 절도죄와 공통이지만, 폭행 · 협박을 재물 탈취의 수단으로 하는 점에 착안하여 이것을 더욱 무겁게 처벌하는 것이다. 강도죄에서는 재물만이 아니라 재산상의 이익을 취득한 경우도 마찬가지로 처벌하는 점에서 절도죄와 다르다.

(b) 상대방의 반항을 억압하기에 이르는 정도의 폭행 · 협박에 의해 피해자의

형법각론, 1979, 272쪽.

30) 김성돈, 형법각론 제8판, 2022, 304쪽; 신동운, 형법각론 제3판, 2023, 1008~1009쪽; 오영근, 형법각론 제8판, 2023, 254쪽; 이형국 · 김혜경, 형법각론 제3판, 2023, 349쪽; 임웅, 형법각론 제13정판, 2023, 326쪽.

의사에 반하여 재물의 점유를 탈취하는 점에서, 반항을 억압하기에 이르지 않은 정도의 폭행·협박에 의해 하자가 있지만, 상대방의 의사에 기초하는 점유의 이전을 요건으로 하는 공갈죄와 다르다.

3. 사기

1) 행위대상

사기죄는 행위자가 타인을 속여 자기 자신이나 제3자의 이익을 위해 피해자의 재산에 대한 손해 발생을 낳게 하는 행위이다. 그래서 한국과 독일은 사기죄의 행위객체를 재물과 재산상 이익에 국한한다. 이에 반해 일본은 행위객체를 재물과 재산상 이익뿐만 아니라 '평온한 점유'도 포함된다는 견해도 있다. 일본 판례는 점유설의 입장에 따르고 있다(最判 1959. 8. 28. 集13-10-2906 등).

2) 보호법익

① 독일의 경우

재산보호를 목적으로 한다.

② 일본의 경우

통설은 전통적으로 개인의 재산이라고 한다. 재산 외에 거래의 안전 및 신의성실의 보장도 포함한다고 하는 견해도 있다. 일본 판례도 신의성실의 원칙에 근거한 고지의무를 인정하여 사기죄를 인정하고 있다. ① "신용으로 거래함이 도저히 어렵다는 사정을 알고 있음에도 불구하고, 이를 무시하고 침묵함은 신의성실을 취지로 하는 거래통념상 고지의무를 위반하여 사기죄의 기망행위가 된다."[31] ② "저당권설정등기가 되어 있는 부동산을 매각할 때 저당권의 부담을 지고 있음을 묵비했다면, 신의성실의 취지상 법률상의 고지의무를 위반한 것이

31) 大審 大正 13년 2월 28일 刑1判·大正 13년(れ) 1284号.

므로 사기죄가 성립한다."[32]

③ 한국의 경우

한국도 일본처럼 재물과 재산상 이익이라는 주장과 함께 '거래의 안전 및 신의설실'도 포함된다는 견해가 다수의견이다.

"권리의 행사와 의무의 이행은 신의에 좇아 성실히 하여야 한다."라는 신의성실의 원칙은 민법상 권리자와 의무자의 행동강령에 속하지만, 그 자체가 형법상 행위불법성의 판단기준일 수 없다. 그러기에 이러한 신의성실의 원칙을 근거로 권리나 의무가 직접적으로 창설될 수 없으며, 다만 권리의 행사와 의무의 이행 과정에서 계약 등 법률행위의 정당성 여부를 평가하는 기준으로 작용한다. 따라서 신의성실의 원칙은 자체적으로 작위의무를 낳게 하지 못한다. 예컨대 사기죄의 성립에 있어서 당사자 간의 공정한 계약 관계를 위반할 수 있는 기만행위가 사기죄의 핵심 행위인데, 신의성실의 원칙은 이때 기망행위에 해당하느냐의 여부를 따지는 평가 기준에 속할 뿐이다. 왜냐면 신의성실의 원칙에 걸맞은 권리의무의 행사란 누가 그렇게 행사했는지 여부를 따지지 않고, 행사자의 행위가 그 원칙에 부합했느냐 여부를 결정하는 데 사용되기 때문이다. 즉 신의성실의 원칙은 행위의 부당성 여부를 결정하는데 작용하는 것이지, 누가 행위자가 되어야 하는지를 결정하는 요소가 아니다.

그러므로 '거래의 안전 및 신의성실'을 사기죄의 보호법익으로 포함해서는 아니 된다. 거래상 신뢰보호 자체를 보호법익으로 삼는다면, 사적 자치를 원칙으로 하는 민사법의 문제를 형사법의 문제로 전환하게 된다. 오늘날 시장경제는 사적 자치를 원칙으로 삼고 있음에도 이를 부정하는 시도이다. 게다가 신뢰보호를 사기죄의 보호법익으로 삼으려는 태도는 사기죄를 공공의 이익을 해하는 범죄로 전환하는 것으로 귀착된다.

3) 삼각사기

---

32) 大審 昭和 4년 3월 7일 형2판·昭和 3년(れ) 1912号.

사기죄가 성립하기 위해 피기망자의 처분이 필요하지만, 피기망자 본인이 반드시 재산상 손해를 보았던 사람이어야 할 필요는 없다. 따라서 어느 누가 기망되어 그 결과 타인의 재산처분을 낳게 했다면 사기죄가 성립될 수 있다. 이러한 종류의 관계를 삼각사기라고 한다.

삼각사기는 예컨대 소송사기에서 자주 일어난다. 이 경우 행위자가 소송과정에서 기망을 통하여 법원으로 하여금 타인의 손해를 야기하는 부당한 결정을 하게 하는 방식이다. 삼각사기는 한국, 독일과 일본에서도 공통적으로 벌어지고 있다.

4) 국가적 · 사회적 이익에 대한 사기

국가적 · 사회적 이익에 대한 사기적 행위가 사기죄를 구성하는가에 관하여 독일과 한국에서는 인정되지 않고 있다. 왜냐면 사기죄의 보호법익은 개인의 재산권이며, 조세 등에 관한 국가나 지방자치단체의 권력작용을 사기죄의 보호법익인 사적 재산권과 동일시 평가할 수 없기 때문이다.

한국과 독일은 국가적 · 사회적 이익에 대한 사기죄를 인정하지 않는 데 반해, 일본에선 긍정설 등 학설이 나누어지고 있다. 판례는 속이는 행위에 의하여 국가적 법익을 침해하는 때에도 그것이 동시에 사기죄의 보호법익인 재산권을 침해하는 이상, 행정법규의 벌칙이 특별법으로서 사기죄의 적용을 배제하는 취지라고 인정되지 않는 한, 사기죄가 성립한다고 한다(最決 1976. 4. 1. 集.30-3-425 참조).

5) 사기죄의 특질

사기죄와 공갈죄는 모두 피해자의 하자 있는 의사에 기초하여 재산을 교부하게 하거나 재산상의 이익을 취득하는 점에서 그 의사에 기초하지 않는 탈취죄(절도죄, 강도죄)와 다르다.

셀프서비스 상점에서 주인 몰래 물건을 가지고 나가는 경우와 같이 절도 및 사기행위가 범죄행위로 파악되는 경우 절도죄와 사기죄의 구성요건 해당 여부 구별은 피해를 입은 당사자의 의사에 따라 결정된다. 결정적인 요인은 그 행위

시에 점유자의 의사에 반하여 그 물건을 취거한 것으로 보는지, 아니면 기망행위로 피해자에 의한 의식적인 양도가 있었는지의 여부이다. 피해자가 기망으로 인해 점유 변경에 동의한 것이라면 사기죄의 행위가 성립한다. 다른 한편으로 점유이전이 행위자 자신의 비용이나 점유자의 의사에 반함을 인식하지 않고서 점유변경이 일어났다면 절도죄가 된다.

따라서 절도죄는 예컨대 행위자가 셀프서비스 상점에서 상품을 숨겨 나올 때라도 발생한다. 왜냐면 계산원은 그 숨겨진 물품을 인식하지 못하여 그 물품을 처분할 수 없기 때문이다. 행위자는 가게 주인의 점유를 주인의 의사와 무관하게 그 물건을 취거한 것이다. 피해자가 물건을 독자적으로 건네주었다고 하더라도 그렇게 한 것이 공권력에 의한 강제의 인상을 품는 것이라면 자발적으로 물건을 건네주었다고 보기 어렵기 때문이다.

사기죄와 공갈죄는 하자 있는 의사를 발생한 원인이 전자는 속여서(기망행위에 의하여) 착오에 빠진 것에 의한 것에 반해, 후자는 협박하여 외포에 의한 것이라는 점에서 다르다.

4. 공갈

1) 행위대상

재물과 재산상 이익이라는 점에서 3개국 모두 일치한다.

2) 보호법익

피해자의 재산과 의사결정이나 행동의 자유이다. 다만 일본은 소유권 그 밖의 본권뿐만 아니라 점유도 포함하는 견해도 있다. 일본 판례가 이를 따른다(最判 1949. 2. 8. 集3-2-83).

5. 횡령

1) 행위대상

① 독일의 경우

독일은 횡령죄의 행위객체를 동산에 국한하고 있다. 우리나라와 일본은 행위객체를 단순히 '물건'이라고 명시하고 있어서 동산 이외에 부동산도 포함되는지 의문이다.

② 한국의 경우

횡령죄에서 보관의 개념이 위탁관계 등에 기초하여 타인의 재물을 맡아 관리하는 자가 처분을 할 수 있음을 의미한다면, 부동산의 물권변동 이전방식에서 형식주의를 채택하고 있는 우리의 민사법제[33]에서 부동산은 명의변경 여부에 관계없이 형법상 횡령죄의 성립 요소인 타인이 맡아서 처분을 할 수 있는, 즉 '보관하는 자'의 지위를 가질 수 있을까.

학설의 대부분[34]은 이를 긍정하고 있다. 그 근거는 부동산을 법률상 처분할 수 있는 지위에 있는 자를 보관자라고 할 수 있다는 점에 두고 있다.[35] 즉 동산의 경우 보관자는 그것을 점유함으로써 소유권을 취득하고 처분할 수 있다는 점에서, 부동산의 경우도 법률상 처분을 할 수 있는 것으로 만족한다. 판례도 횡령죄에서 부동산의 보관은 그 부동산을 처분할 수 있는 권능의 유무를 기준으로 결정해야 한다는 견해[36]를 취하고 있다는 점에서 학설과 동일한 태도를 보인다.

횡령죄에서 명시하고 있는 '보관' 개념의 사전적 의미는 '물건을 맡아서 관리함'을 뜻한다. 그런데 여기서 보관이란 개념은 행위주체를 결정짓는 신분적 성

---

33) 민법 제186조: 부동산에 관한 법률행위로 인한 물권의 득실변경은 등기하여야 효력이 생긴다.

34) 다만 김선복 교수는 이점에 비판적이다. 이에 관해 자세한 것은 김선복, "절도죄와 횡령죄에서 재물의 개념", 공범론과 형사법의 제 문제(하권), 정성근교수 화갑기념논문집간행위원회, 1997, 703면 참조.

35) 이재상, 형법각론 제5판, 박영사, 2006, 383면.

36) 대법원 2007. 5. 31. 선고 2007도1082 판결; 대법원 2004. 5. 27. 선고 2003도6988 판결; 대법원 1996.1.23. 선고 95도784 판결.

질을 갖고 있기에, 타인의 물건에 대해 맡아서 관리가능한 것, 즉 해당 물건을 맡아 처분할 수 있는 처분가능성을 요구한다. 그러기에 해당 물건을 맡아서 관리한다는 것은 행위자 자신이 맡아서 관리할 수 있는 신분을 지니고 있음을 전제한다. 타인의 물건에 대해 맡아 관리할 수 있는 신분을 직접적으로 취득하지 않았을지라도 타인을 위한 대리인 등의 자격에 의해서도 법률상 지배가능성이 있다고 보아서 보관의 개념에 포함한다는 것은 보관의 통상적 의미를 넘어선다.[37] 왜냐면 부동산 횡령죄의 경우 행위주체는 타인의 재물에 대한 보관자임을 전제하고 있어, 해당 부동산을 맡아서 관리할 수 있는 자, 즉 타인의 부동산을 자신의 이름으로 맡아서 처분을 할 수 있는 등기명의자만이 횡령죄에서 행위주체의 신분을 가질 수 있기 때문이다. 다만 타인의 물건에 대해 직접적으로 보관하지 않았지만, 타인의 법률상 대리인은 타인의 사무처리자로 파악함이 논리적이다. 그러므로 해당 부동산을 자신의 명의로 맡아서 관리하지 않고, 타인을 위한 대리인의 자격 등에 의해 법률상 지배만 가능할 때는 재물의 보관자라기보다는 타인의 사무처리자라고 새기는 것이 바람직해 보인다. 같은 이유에서 부동산에 대한 등기명의자가 아닌 자, 예컨대 행위자가 미성년자의 부동산을 법정대리인으로서 처분한 때 그 부동산을 법률상 지배가능하여 유효하게 처분할 수 있더라도 그는 맡아서 관리하는 보관자라기보다는 타인을 대신해서 타인의 사무를 처리할 수 있는 자로 새기는 것이 오히려 자연스럽게 보인다.

바로 이러한 이유에서 미성년자의 부동산을 법률상 권한에 의하여 처분할 수 있는 법정대리인이나 후견인 또는 법인소유의 부동산에 대한 법인의 대표이사는 해당 부동산을 부당하게 처분하더라도 횡령죄의 성립을 인정하기 어렵다. 이와 같은 경우에는 오히려 배임죄로 새기는 것이 합당해 보인다. 같은 맥락에서 오스트리아 형법은 횡령죄의 행위객체를 '위탁된 타인의 재물'이라고 명시하고 있지만,[38] 그럼에도 위탁재물의 대상을 해석상 동산에 국한하고 있음을

37) 이에 관한 자세한 문헌으로는 김영환, "한국에서의 법학방법론의 문제점", 법철학연구 제18권 제2호, 136면 이하 참조.

38) §133 (1) Wer ein Gut, das ihm anvertraut worden ist, sich oder einem Dritten mit dem Vorsatz zueignet, sich oder den Dritten dadurch unrechtmässig zu bereichern, ist mit Freiheitsstrafe bis zu bestrafen(자기에게 위탁된 재물을 자기나 제3자가 불법하게 이득할 고의로 자신이나 제3자에게 영득하게 한 자는 6월 이하의 자유형 또는 360일 이하의 벌금형에 처한다).

참고할 필요가 있다.[39]

③ 일본의 경우

일본 판례와 학설은 미성년자의 부동산을 법률상 권한에 의하여 처분할 수 있는 법정대리인이나 후견인[40] 또는 법인소유의 부동산에 대한 법인의 대표이사[41]는 해당 부동산을 부당하게 처분할 경우 횡령죄로 처벌할 수 있다고 한다. 일본이 횡령죄에서 이러한 견해를 취할 수 있는 것은 다음과 같은 이유에서 그 근거를 찾을 수 있다.

첫째로 일본에서 부동산의 소유권 이전은 우리나라처럼 형식주의가 아니고, 의사주의를 따르고 있다.[42] 이에 따라 소유권등기이전의 명의가 없더라도 부동산매매계약의 체결로 곧바로 소유권이 이전될 수 있다는 점에서 등기명의이전 여부에 관계없이 부동산의 점유자는 해당 부동산에 대해 유효한 처분권능이 가능하다.

둘째로 일본 횡령죄의 구성요건은 '점유하고 있는 타인의 재물'임에 반해, 한국 횡령죄의 성립요건은 '보관하고 있는 타인의 재물'이다. 그러므로 일본의 경우 점유하고 있는 타인의 부동산은 부동산물권변동에서의 의사주의와 결합하여 실소유주와 유사한 지위를 획득할 수 있다는 점에서 해당 부동산을 처분할 경우 횡령죄 성립의 여지를 두고 있다.

2) 보호법익

① 독일의 경우

소유권의 보호에 있다고 한다.[43]

---

39) Ernst Eugen Fabrizy, §133, Manzsche Kurzkommentare, Wien 2013, S. 420.

40) 大判 大正6(1917). 6. 25. 錄23輯 699頁; 仙台高判 昭和28(1953). 1. 30. 特報35號 11頁.

41) 東京高判 昭和42(1967). 12. 26. 下集 9卷 12號 1525頁.

42) 日本民法 第176条 物権の設定及び移転は、当事者の意思表示のみによって、その効力を生ずる(물권의 설정 및 이전은 당사자의 의사표시만으로 그 효력을 발생한다).

43) Thomas Fischer, Strafgesetzbuch, 62. Auflage, 2015, §246(S. 1777).

② 일본의 경우

일본의 통설은 물건에 대한 소유권과 그 밖의 본권에 두고 있다(횡령죄: 제252조 제2항에서는 자기의 물건이더라도 공무소로부터 보관을 명령받은 때에는 또한 횡령죄가 성립하므로, 이 경우에는 공무소의 명령에 기초하는 보관의 안전이 보호법익이 되고, 이 면에서는 국가적 법익에 대한 범죄의 측면을 가지게 된다).

횡령죄의 보호법익에 관해서 위탁물횡령죄는 행위자 자신이 물건에 관해 점유하고 있고, 점유이탈물횡령에 관해서는 각각 점유가 없는 것이므로, 절도죄 등의 탈취죄와 같은 점유 그 자체의 보호, 즉 점유인지 본권인지 혹은 적법한 점유인지 등의 문제는 발생하지 않는다.

③ 한국의 경우

다수설[44]은 소유권으로 파악하는 반면에, '사실상의 소유상태'로 보아야 한다는 견해도 있다.[45] 그 밖에도 소유권과 신임관계를 보호법익으로 삼고 있는 견해도 있다.[46]

횡령죄에서 신임관계를 보호법익으로 삼는 견해에 대해서는 다음과 같은 문제점을 낳는다. 판례나 학설에 따르면 예컨대 잘못된 금전의 송금을 받는 자가 임의로 소비하면 신의칙에 의한 횡령행위이며, 부작위에 의한 작위의무를 진다고 보면서 그 근거로 신의칙의 위반을 들고 있다. 그러나 이러한 태도는 민법 제2조의 의미를 잘못 새긴 것이다. 민법 제2조의 의미는 신의칙에 위반한 권리의 남용 내용과 방식을 탓하는 것이지, 그 행위주체가 누구냐를 문제 삼고 있지 않다. 왜냐면 계약당사자가 신의칙에 위반하여 횡령죄의 행위주체로 인정되기 위해서는 국가공무원법 제56조처럼 직무에 관해 신의성실의무를 진다고 구체적으로 명시하고 있어야 하기 때문이다. 그런데도 신의칙의 위반을 근거로 횡령행위를 인정하고, 다시금 신의칙 위반은 그런 행위자에 대해 부진정부작위범의

---

44) 대표적으로 이재상 · 장영민 · 강동범, 형법각론 제10판, 박영사, 2016, 388쪽.
45) 특히 오영근, 형법각론 제2판, 박영사, 2009, 460쪽.
46) 신동운, 앞의 책, 1281쪽 참조.

보증인적 지위를 갖게 된다는 사고방식은 신의칙의 원칙을 이중으로 사용한 셈이다. 이러한 신의칙에 관한 이중평가는 형법의 '이중평가 금지원칙'에도 반한다. 신의칙에 위반한 공무원을 처벌할 수 있는 국가공무원법 제56조조차도 공무원이 오직 자신의 직무에 국한해서 신의칙에 위반된 행위를 범했어야 처벌될 수 있기 때문이다. 따라서 횡령죄의 보호법익을 소유권 등 본권을 넘어서 신의칙에까지 두어야 한다는 견해에 동참하기 어렵다.

6. 배임

1) 행위대상

배임죄는 재산상의 이익을 행위대상으로 삼고 있다. 이는 독일과 일본뿐만 아니라 한국도 마찬가지이다. 이점에 관해서는 별다른 이견이 없다.

2) 보호법익

배임죄의 보호법익은 타인의 전체로서의 재산이다. 왜냐면 배임죄의 성립에 재산상 손해발생을 필요로 하고 손해발생 여부는 배임행위 전후의 전체재산을 비교해야 하기 때문이다.[47)]

여기에서 재산이란 개념은 소유권을 비롯해 제한물권뿐만 아니라 채권도 포함된다. 이와 관련하여 독일, 일본과 한국에서도 별다른 이견이 없다.

3) 배임죄의 본질

① 독일의 경우

독일은 제266조에서 명시적으로 권한남용과 배신행위를 포함하여 처벌하고 있다.

---

47) 대표적으로 오영근, 형법각론 제2판, 박영사, 2009, 498쪽.

② 일본의 경우

사무처리자와 본인과의 사이에 존재하는 신임관계 위반에 의한 재산침해를 처벌하는 것이라고 하는 배임설이 일본의 통설이다. 본인으로부터 주어진 법적 대리권 남용에 의한 재산침해를 처벌하는 것이라고 하는 권한남용설도 있다. 그러나 현재에는 배임죄를 권한남용으로 설명하는 견해에서도 배임죄의 대상으로 되는 권한을 법적대리권에 한정하지 않는 견해가 많다. 판례는 기본적으로 배임설에 따르고 있다. 배임죄는 횡령죄 등 다른 재산범으로 처리하지 못하는 다양한 재산침해행위를 대상으로 하는 점에서 다른 범죄와의 경계가 문제 됨과 함께 단순한 민사상의 채무불이행과도 경계를 접하고 있고, 배임죄의 본질에 관한 기본적인 사고의 차이는 이들의 문제에 영향을 미치고 있다. 통설인 배임설에 대해서는 그 성질론만으로는 요건이 반드시 명확하지 않고, 배임죄의 성립범위를 무한정으로 할 염려가 있다는 비판이 있고, 배임설의 입장에서는 그 성립범위를 합리적으로 한정하는 해석상의 노력을 하고 있다.

③ 한국의 경우

국내에서 학자들 대부분은 배임죄의 처벌을 본인과 그 신임을 받은 사무처리자 사이의 대내적 관계에서 존재하는 신임관계의 위반에서 찾고 있다. 이른바 배신설이다.

이와 달리 권한남용설에 따르면, 배임죄를 사무처리자가 본인에 의하여 부여한 권한을 넘어서서 제3자에게 권한을 행사하여 본인에게 재산상 손해를 가하는 범죄로 파악한다. 오늘날 이러한 견해는 국내에서 찾아보기 힘들다.

우리 형법은 배임죄를 규정하면서, '타인의 사무를 처리하는 자가 그 임무에 위배하여'라는 표현을 사용하고 있다. 즉 배임죄의 처벌근거는 보인에 대한 사무처리자의 배신이나 권한남용도 아니고, 단지 사무처리자가 본인으로 받은 임무를 위배함에 중점을 두고, 그런 위배행위를 통하여 재산상 손해가 발생하면 비로소 처벌될 수 있는 구조이다.

따라서 배신설을 주장하는 견해는 형법상 근거도 없이 독일에서 그런 주장을 피력하니, 치열한 고민도 없이 그에 따라서 모방하는 전형적인 모방꾼에 지나지 않는다. 더구나 민법상 사적 자치를 원칙으로 삼고 있는 우리의 법체계에서 개인 간의 배신을 무조건 범죄화할 수 있는 배신설을 따르는 학자는 결과적으로 사법적극주의자임을 자임한 것이다.

Ⅵ. 결론

재산범죄에 관해 학계와 판례는 실무상 구체적 타당성을 지향하려는 경향이 매우 강함을 볼 수 있다. 예컨대 절도죄의 보호법익을 소유권뿐만 아니라 점유까지 확장하고, 재물을 보관하는 자가 횡령의 주체가 될 수 있다는 점에서 횡령죄의 행위객체는 동산임을 전제하고 있음에도 부동산까지 확장하는데 학계와 판례는 별다른 이의를 제기하지 않았다. 이뿐만 아니라 배임죄의 본질을 배신에서 찾고, 타인의 사무를 처리하는 자가 배신행위를 범하기만 하면 배임죄가 성립될 수 있다고 큰 소리 질러왔던 시절이 불과 얼마 전까지이다.

형법상 관점에서 실무상 구체적 타당성의 관점은 사실상 고무줄 사상이며, 죄형법정주의를 극도로 배척할 때나 가능한 이론이다. 그럼에도 재산범죄에 관해 외국, 특히 일본의 예를 따라, 절도죄의 보호법익을 소유권뿐만 아니라 점유까지 확장하고, 이 때문에 비록 특정 재물의 소유자일지라도 그 재물에 관한 어떤 본권도 없는 타인이 점유하고 있을 때, 그 자기의 재물을 취거하면 절도죄가 된다는 결론에 이르게 된다. 이뿐만이 아니다. 미성년자의 이름으로 등기된 부동산을 그 법정대리인이 부당하게 처분하면 배임죄가 아니라, 횡령죄라고 우긴다. 즉 법정대리인 등으로 부동산을 처분할 수 있는 자는 그것을 법률상 지배할 수 있다는 점에서, 이를 '보관'으로 번역하여 횡령죄가 성립한다는 것이다. '보관'의 개념을 법률상 처분가능한 지위로 해석하는 시도는 해석의 범위를 벗어난 '유추'임에도 허용된 해석으로 오용하고 있다. 극단적 사법적극주의적 사고방식이 아닐 수 없다.

더 나아가 종전에는 부동산의 이중매매가 배임죄가 성립된다고 판례와 학계가 일치하여 노래 불렀다. 즉 부동산의 매도인은 계약체결만으로 그 매수인에 대해 타인의 사무처리자 지위를 부여받게 되어, 계약 체결된 부동산을 제3자에게 매도하면 배임죄가 성립된다는 것이었다.

문형섭 변호사와 필자 등이 제3자에게 다시금 부동산을 매도한 행위는 결코 배임죄가 성립될 수 없다고 주장했다. 그 이유는 부동산을 매도한 자에게 부과된 매수인을 위한 등기이전 협력 사항은 타인을 위한 매도인 자기 사무일 뿐, 타인의 사무에 해당하지 않기 때문이다.

최근에 판례는 종래의 입장을 변경하여 배임죄가 성립되지 않은 방향으로 전향하는 중이고, 학계도 그에 따르고 있다. 그런데도 아직도 배임죄가 된다고 큰소리치는 분도 계신다. 최근 들어 부당한 계엄을 선포했던 전 대통령의 변호인 중 자칭 계몽되었다는 분도 있다. 법학, 특히 형법학이 정치와 밀접하게 관련되어 있고 보니, 형법학 본연의 자세를 한참 벗어나 곡학아세하는 분들이 적잖게 나타난다. 슬픈 일이다.

제15장

피고인에게 불리한 판례의 변경과 소급효 금지원칙

Ⅰ. 문제의 제기

판례가 형사법의 법원(法源)으로 인정되지 않은 우리나라에서는 어떤 판례라도 새로운 법이론의 등장과 새로운 법인식을 근거로 언제든지 변경될 수 있다. 왜냐면 헌법 제13조 제1항과 형법 제1조 제1항의 규정은 형법상의 소급효를 금지하고 있을 뿐만 아니라, 법원으로 법률만을 규정하고 있기 때문이다. 그러나 특정 법률의 규정에 관한 판례의 입장, 특히 종래 대법원이 여러 차례 판례를 통해서 확인하여 이미 관행화된 기존의 입장을 행위자에게 불리하게 변경하는 경우에도 무조건적으로 법률의 변경이 아니기 때문에 소급효 금지원칙이 적용되지 않는다고 해야 할까.

일관되게 유지되어 온 대법원 판례는 법조 실무가뿐만 아니라 학계, 형사피의자나 피고인에게도 대체로 공지의 사실이어서 그러한 판례가 사전 예고도 없이 변경되면 이들에게 미칠 파장은 적지 않다. 무엇보다 책임주의를 원칙으로 하는 형법에서 행위자의 예측가능성을 부정하는 것은 결과적으로 사회의 법적 안정성을 심하게 훼손하게 된다. 바로 이와 같은 이유에서 일관되게 유지해온 대법원 판례의 변경은 비록 법률의 변경이 아닐지라도 그것의 실질적 효과 때문에 법률 변경의 경우처럼 소급효 금지원칙이 적용되어야 하는지에 대해 적지

않은 다툼이 있었다.[1)]

대법원의 다수 입장은 이러한 판례 변경의 경우 소급효 금지원칙의 적용을 부인하는 데 반해서, 대법원의 소수 입장은 이를 찬성하고 있다. 학설도 견해가 찬반으로 나누어져 일부는 찬성하고, 일부는 반대하고 있다. 따라서 필자는 이들 양 입장을 대상 판결과의 관련 아래 비판적으로 분석·검토하고, 허용되는 형법해석의 틀 안에서 그리고 실질적 법치국가 이념의 실현인 죄형법정주의의 정신을 토대로 하여 올바른 기준을 제시해 보고자 한다.

II. 소급효 금지원칙의 적용대상과 확립된 판례의 변경

1. 소급효 금지원칙의 의의

소급효 금지원칙은 "해당 법률 시행 이전의 행위를 처벌하기 위한 소급입법은 금지되며, 동시에 법률 시행 이전의 행위까지 소급 적용하는 것도 금지된다."는 것을 의미한다. 다시 말해 소급효 금지원칙에 따라 형벌을 부과하거나 강화하는 법률의 소급은 입법자에게나 법관에게도 금지된다. 이러한 원칙은 자유민주주의를 지향하는, 따라서 자율과 책임을 그 밑바탕으로 하는 현대 헌법의 정신이기도 하다. 바로 그 때문에 헌법 제13조 제1항은 "모든 국민은 행위 시의 법률에 의하여 범죄를 구성하지 아니하는 행위로 소추되지 아니하며, …"라고 명시하고 있고, 형법 제1조 제1항도 "범죄의 성립과 처벌은 행위 시의 법률에 의한다."라고 규정함으로써 이를 천명하고 있다.

소급효 금지원칙은 죄형법정주의의 한 축이며, 죄형법정주의는 근본적으로 행위자를 보호하는 데 그 목적이 있다. 그러므로 소급효 금지원칙이 행위자를 불리하게 하면 이 원칙은 죄형법정주의와 충돌하게 된다. 이러한 이유로 소급효 금지원칙은 항상 죄형법정주의의 원칙 안에서 해석되고 적용되어야 한다.[2)]

1) 이러한 다툼과 함께 피고인에게 불리한 판례 변경과 소급효 금지원칙에 대해 자세한 논문으로는 하태영, "피고인에게 불리한 판례변경과 소급효금지의 문제", 경남법학 제14집, 경남대학교 법학연구소, 1999, 1쪽 이하 참조.

형법도 제1조 제2항과 제3항을 통해서 법률 변경이 행위자에게 유리할 때 소급 적용을 요구하고 있다. 이에 따라 형을 가볍게 하는 법률이나 법률 변경에 의하여 당해 행위가 범죄를 구성하지 않을 경우 행위자에게 유리한 신법에 의하고, 재판 확정 후 법률의 변경에 의하여 당해 행위가 범죄를 구성하지 않을 경우 형의 집행을 면제한다.

만일 입법자나 법관이 행위자에게 불리한 소급입법이나 기왕의 행위에 대한 소급 적용을 하게 되면 행위자는 어떤 행위를 할 수 있고, 어떤 행위를 해서는 안 되는지를 사전에 알 수 없다. 이렇게 되면 형법이 갖는 의사결정기능이나 행위결정기능은 무의미하게 될 것이다. 왜냐면 소급입법이나 소급 적용은 행위자의 예측가능성을 불완전하게 만들고, 그 결과 법적 안전성이 큰 타격을 받게 됨은 물론 국민의 신뢰이익 보호를 심각하게 침해하기 때문이다. 따라서 소급효 금지원칙은 어디까지나 행위자에게 불리한 경우로 국한해서 적용되어야 하는 원칙이다.

2. 소급효 금지원칙의 적용 대상

소급효 금지원칙의 적용대상은 기본적으로 범죄의 성립과 형벌의 부과에 관한 법률임에 이론이 없다. 그런데 보안처분에 대해서는 형벌의 성질과의 관련성 때문에 그리고 형사절차법에 대해서는 가벌성 영역의 법률이 아니라는 점에서 추급효를 인정할 것인지에 대한 논의가 있다. 필자는 비록 보안처분은 행위자에 대해 장래의 위험성을 기준으로 판단해야 한다는 점을 무시하고 싶지 않지만 보안처분도 사실상 본질적으로 형벌의 성질을 갖는다는 것을 부인할 수 없으므로 행위자에게 불리한 보안처분 역시 소급효 금지원칙의 적용대상이라고 생각한다. 형사절차법은 원칙적으로 범죄의 실체를 규정하지 않기 때문에 소급효 금지원칙이 적용될 수 없겠지만 피해자의 고소나 시효 등과 같이 행위 또는 행위자에 대한 가벌성의 고려 아래 규정된 때에는 소급효 금지원칙을 적용하는

2) 이정원, 형법총론, 법지사, 1998, 34쪽.

것이 죄형법정주의에 합치된다. 이에 관한 자세한 논의는 여기서 피한다.

문제가 되는 것은 지금까지 일관된 입장을 취해 온 판례가 변경된 경우이다. 즉 비록 확립된 입장을 취해 온 대법원 판례일지라도 행위자에게 불리한 판례 변경은 가능한지가 문제이다. 소급효 금지원칙은 일관된 입장을 취해 온 판례의 경우도 유효하게 적용해야 한다고 보는 입장이라면 그 판례 변경이 행위자에게 불리한 범죄의 성립에 관한 경우 행위자는 무죄가 된다.

3. 오랫동안 확립된 대법원 판례가 행위자에게 불리하게 변경된 때에 있어서 그런 판례 변경의 종류와 의미

1) 행위자에게 불리한 판례 변경의 종류

행위자에게 불리한 판례 변경은 대체로 두 가지 유형으로 구분해 볼 수 있다. 새로운 범죄구성요건을 창설하는 형식으로 기존의 판례를 변경하는 경우와 종래의 판례보다 가중된 범죄구성요건을 적용하는 경우이다.[3)]

① 새로운 범죄구성요건을 창설한 사례

새로운 범죄구성요건을 창설하는 경우 행위주체와 행위객체 그리고 행위방법에 대한 범죄구성요건의 확대로 나누어 볼 수 있다.

가) 행위주체의 확대

대법원 1999.7.15. 선고 95도2870판결[4)]에서 볼 수 있다. 이 판결은 구건축법

3) 이러한 분류를 처음 시도한 학자로는 하태영, 앞의 논문, 2쪽 이하 참조.

4) 대법원 1999.7.15. 선고 95도2870 전원합의체 판결 [사실관계] 부산광역시 도시개발공사가 발주하고 남도개발주식회사가 시공한 아파트공사에서 발주자 측 현장감독인 A와 남도개발주식회사 대표이사의 포괄적 위임에 따라 자신의 책임하에 아파트공사의 시공 전반을 지휘·감독을 하는 현장소장 겸 현장대리인인 B가 서로 공모하여 지하 주차장 시공의 순서와 방법을 그르치게 하고, 그것이 원인이 되어 아파트가 기울게 되었다. [사건의 경과] 대법원은 A와 B, 그리고 공사감리자가 무죄를 이유로 상고한 부분에 대하여는 구 건축법 제57조, 제55조 제4호, 제10조, 형법 제30조 등을 적용하여 건축법위반의 공범으로 인정한 원심을 인정하고, 상고인의 상고를 기각했으며, 또한 검사가 남도개발주식회사 대표이사를 감독자의 책임을 물어 상고했으나, 원심이 동 대표이사가 건축공사에 철저하게 감독하지 아니한 일반적, 추상적 지휘, 감독상의 과실은 있을지언정 직접 그 사건의 범행을 지시했다거나 또는 이를 알면서 묵인

第57조의 양벌규정이 위반행위의 이익귀속주체인 업무주에 대한 처벌규정일 뿐이라는 기존의 입장을 변경하여 행위자에게 처벌규정도 된다고 함으로써 행위주체의 처벌범위를 확대했다. 그밖에도 배임죄의 주체에 대해서도 1966년 6월 21일 선고 66도273 판결(타인의 사무를 처리할 의무의 주체가 법인인 경우 그 법인의 대표기관이 형법 제355조 제2항의 배임죄의 주체가 될 수 없다) 이후 지속된 대법원 판례는 1984년 10월 10일 18년 4개월 동안 지속되었던 기존의 태도를 변경하여 1984.10.10. 선고 82도2595 전원합의체 판결을 통하여 "법인을 대표하여 사무를 처리하는 자연인인 대표기관이 바로 타인의 사무를 처리하는 자, 즉 배임죄의 주체가 되는 것으로 새겨야 한다."고 판시했다[5].

나) 행위객체의 확대해석(형법 제229조, 제231조, 제234조의 복사한 문서)

기존 대법원의 입장은 "형법에 규정된 문서위조죄와 행사죄에 있어서 문서라 함은 작성명의인의 의사가 표시된 문서 그 자체를 의미한다고 할 것이므로 원본을 기계적인 방법에 의하여 복사한 경우 그 복사 또는 등본은 사본 또는 등본의 인증이 없는 한 위 각 죄의 행위객체인 문서에 해당되지 아니한다."[6]고 했다. 이러한 입장은 형법이 성립된 이래의 입장이었으나, 대법원은 1989년 9월 12일 30년 이상을 지속한 종전의 입장을 변경했다. 대법원은 사건번호 87도506 전원합의체 판결을 통하여 "오늘날 일상 거래에서 복사문서가 원본에 대신하는 증명수단으로서의 기능이 증대되고 있는 실정에 비추어 볼 때, 이에 대한 사회적 신용을 보호할 필요가 있으므로 복사한 문서의 사본은 문서위조 및 동 행사죄의 객체인 문서에 해당한다"고 판시하여 복사문서의 문서성을 인정했다.

다) 범죄행위의 확대해석

대법원은 행위 당시의 판례에 의하면 처벌대상이 아니었던 행위방법이 가별

내지 방치한 사실은 인정되지 않는다면서 무죄를 인정한 것을 대법원이 인정하고, 검사의 상고를 기각했다.

5) 그밖에 형법 제355조 제2항, 제356조의 배임죄의 구성요건과 1인 주식회사의 대표이사가 행한 회사자금의 사적지출에 대하여 20년 동안 지속해온 대법원 판례를 변경했다. 이에 대해서는 대법원 1983.12.13. 선고 83도2330 전원합의체 판결 참조.

6) 대법원 1954.5.8. 선고 4286형상112 판결; 대법원 1969.11.26. 선고 69도85 판결; 대법원 1978.4.11. 선고 77도4068 판결; 대법원 1988.10.24. 선고 88도1680 판결 등 참조.

적 행위로 유죄판결을 받았다. 즉 행위 당시의 판례에 의하면 예컨대 외국의 회사가 한국의 회사에 현물 출자한 기자재들을 이 한국회사의 대표이사직에 있던 피고인이 이 사건 기자재들을 그 한국회사가 그 외국회사로부터 수입한 것처럼 서류를 허위로 작성하여 제출하는 방법으로 한국산업은행을 속여 미화 1,250,500달러를 수입결제대금으로 송금하게 국외로 재산을 도피시킨 행위방식은 불가벌이었으나 판례의 변경을 통해서 가벌적 행위로 되었다.[7)]

② 가중된 범죄구성요건을 적용한 사례

여기에 해당하는 사례는 종전의 판례보다 가벌성을 강화하는 방식으로 행위자에게 불리하게 판례를 변경한 때에 해당하는 것으로 그 대표적 사례로서 두 가지의 경우를 예로 들 수 있다. 하나는 형법 제334조 제1항의 특수강도의 착수시기이고, 다른 하나는 형법 제331조 제2항 특수절도에 있어서 합동의 의미이다. 특히 특수절도에 있어서 합동의 의미는 최근의 대법원 판례인 1998.5.21. 선고 98도321 전원합의체 판결을 통해서 종래의 입장을 변경했다. 이에 의하면 "합동절도에서도 공동정범과 교사범, 종범의 구별기준은 일반원칙에 따라야 하고, 그 결과 범행현장에 존재하지 아니한 범인도 공동정범이 될 수 있으며, 반대로 상황에 따라서는 장소적으로 협동한 범인도 방조만 한 경우에는 종범으로 처벌될 수 있다. 이와 다른 견해를 표명했던 대법원 1976.7.26. 선고 75도2730 판결 등은 이를 변경하기로 한다."고 판시했다.

2) 행위자에게 불리한 판례 변경의 의미

피고인에게 불리한 판례 변경의 원인은 위에서 언급된 사례들을 고찰해 볼

---

7) 대법원 1999.9.17. 선고 97도3349 판결 [사실관계] 이 사건 기자재들은 공소 외 김○조나 U.V.N.사가 한국미디어주식회사에 현물 출자한 물품 중 일부인데도, 한국미디어주식회사의 대표이사직에 있던 피고인은 한국미디어주식회사가 이 사건 기자재들을 U. V. N사로부터 수입한 것처럼 서류를 변조하거나 허위로 작성하여 제출하는 방법으로 한국산업은행으로 하여금 대출약정에 다른 수입결제대금으로 합계 미화 1,250,500달러를 미국으로 송금하게 하여 국외로 재산을 도피시키고, 한국미디어주식회사로 하여금 동액 상당의 채무를 부담하게 하여 손해를 입혔다. [판시사항] 행위 당시의 판례에 의하면 처벌대상이 아니었던 행위를 판례의 변경에 따라 처벌하는 것이 평등의 원칙과 형벌불소급의 원칙에 반하는지(소극).

때 기본적으로 사법부와 입법부의 고유한 역할의 붕괴[8]에서 비롯된 것이다. 입법부의 측면에서는 (구)건축법 제57조의 양벌규정이나 복사문서의 문서성에 대한 법의 불명확성의 불해소, 다시 말해 입법의 불비[9]가 큰 원인이 되고, 사법부의 차원에서는 입법의 불비 때문에 법의 실효성을 담보할 수 없는 것을 방지하기 위한 고육책[10]으로 보인다. 그러나 이러한 방식은 생활현실에서 판례법의 사실상 규범력 때문에 적지 않은 혼란을 야기하게 된다.

판례는 물론 변할 수 있다. 그러나 위에서 언급한 사례들처럼 오랜 기간을 거쳐서 확립된 판례를 믿은 행위자를 판례의 변경은 법률의 변경이 아니므로 무조건 소급효 금지원칙의 적용 대상이 아니라는 이유만으로 아무런 대책도 없이 방치해도 되는가. 더욱이 대법원이 수십 년간 여러차례의 반복을 통해서 같은 견해를 인정한 판례는 실무계와 일반국민에게 "판례"법이라는 인상을 심어줄 수 있다. 이러한 판례는 실무계의 관점에서 보면 법적용에 있어서 결정적인 영향을 미쳐왔으며, 따라서 사실상의 규범력을 가져왔음을 부인하기 어렵다. 따라서 판례가 갑작스럽게 변경된다는 것은 하급심 법원이나 검찰, 일반시민, 특히 피의자나 피고인[11], 변호인[12]에게 규범의 혼란을 야기하며, 재판 중인 사안에도 역시 중대한 영향을 미치게 된다. 그리고 심지어 판례를 중점적으로 연구하는 우리의 형사판례연구회까지도 영향을 미침은 물론이다. 이와 같이 행위자에게

8) 하태영, 앞의 논문, 12쪽.

9) (구)건축법 제57조의 양벌규정은 그 벌칙 본조인 같은 법 제54조 내지 제56조에서 그에 선행하는 의무규정 또는 금지규정상 이미 그 적용대상자의 범위가 건축주 등으로 제한되는 같은 법 제7조의2와 제7조의3 및 제29조 위반행위에 대하여는 처벌대상자에 관하여 별도로 규정함이 없이 단지 그 각 조에 위반한 자를 처벌한다고 규정하면서도(제55조 제3호) 그 의무규정 또는 금지규정에서 적용대상자의 범위를 명시적으로 제한하고 있지 아니한 경우에는 그 벌칙 본조 자체에서 명시적으로 처벌대상자를 건축주, 설계사, 공사감리자 또는 공사시공자로 한정함으로써 다른 법률에서의 벌칙 본조와는 규정 내용을 명백히 달리하고 있다[(구)건축법 제55조 제4호]. 따라서 다른 법률의 양벌규정처럼 (구)건축법에 의해서도 당해 실제 행위자를 처벌하려면, 그런 자도 처벌할 수 있도록 (구)건축법에서 명확히 규정했어야 함에도 이를 방치하여 법률의 확대해석을 통하여 해결하려는 우를 범하고 있다.

10) "(구)건축법 제57존의 양벌규정은 업무주가 아니면서 당해 업무를 실제로 집행하는 자가 있는 때에 같은 법 제54조 내지 제56조의 벌칙규정의 실효성을 확보하기 위하여 그 적용대상자를 당해 업무를 실제로 집행하는 자까지 확장할 필요가 있음"을 대법원은 명백하게 천명하고 있음을 볼 수 있다.

11) 피의자나 피고인이 자신의 행위가 기존의 지속해온 판례에 의하면 죄가 되지 아니한다고 믿는 경우 이들에게 판례의 변경이 가져다주는 충격 내지 법적 안정성의 침해는 극에 달할 수 있다.

12) 기존 판례에 의하면 당해 사건은 조기 성립되지 않는다고 확신하고 믿었기 때문에 사건을 수임한 변호사는 사건의뢰인에게 무엇이라 변명할 수 있을까.

불리한 판례 변경은 국민의 준법정신 내지 법적 안정성에 심한 타격을 주며, 일반인의 법률생활에도 막대한 영향을 미치고 있음은 부인하기 어려울 것이다. 따라서 행위자에게 불리한 판례의 변경은 일반국민 입장에서 본다면 "삼권분립을 통해서 국민의 기본권을 보장한다는 법치국가의 원리가 도리어 그 기능적 한계로 인하여 국민의 기본권을 침해할 가능성까지 내포하고 있다.[13] 그렇다면 이 문제를 어떻게 조화롭게 해결할 수 있을까. 여기서 그 해결 방편으로 고려해 볼 만한 것으로는 위와 같은 판례에 대해 소급효 금지원칙을 검토하는 것이다.

Ⅲ. 기존의 확립된 판례가 소급효 금지원칙의 적용 대상 여부

1. 부정설

1) 대법원의 다수 입장

대법원은 "형사처벌의 근거가 되는 것은 법률이지 판례가 아니고, 형법 조항에 관한 판례의 변경은 그 법률조항 자체가 변경된 것이라고 볼 수는 없으므로, 행위 당시의 판례에 의하면 처벌대상이 되지 아니하는 것으로 해석되었던 행위를 판례의 변경에 따라 확인된 내용의 형법조항에 근거하여 처벌한다고 하여, 그것이 헌법상 평등의 원칙과 형벌 불소급의 원칙에 반한다."[14]고 할 수 없다고 한다.

2) 학계

죄형법정주의는 원칙적으로 '죄형법률주의'를 의미하므로 법률과 관계하는 원칙이다. 때문에 헌법 제13조 제1항과 형법 제1조 제1항은 법률을 통한 소급효를 금지한다. 즉 소급효 금지원칙은 사후입법에 근거하여 법률의 소급효를 금지하는 것을 의미하므로 소급효 금지원칙을 판례에까지 확대 적용하는 것은 헌

13) 하태영, 앞의 논문, 12쪽 참조.
14) 대법원 1999.7.15. 선고 95도2870 전원합의체 판결의 보충의견 참조.

법과 형법의 문언에 반한다.[15] 또한 법관은 법해석을 본질적 임무로 하므로 판례에는 소급효 금지원칙이 적용되지 않는다고 본다.[16] 따라서 판례 변경에 따른 처벌범위의 확대는 허용된다고 본다. 다만 이 경우 기존 판례를 신뢰한 행위자를 보호하기 위해 형법 제16조의 금지착오에 따라 처리하면 된다[17]는 입장이다.

2. 긍정설

1) 대법원의 소수 입장

소수 견해는 "(구)건축법상의 양벌규정이 행위자 처벌의 근거 규정이 될 수 없다고 일관되게 해석하여 옴으로써 국민의 법의식상 그러한 해석이 사실상 구속력 있는 법률해석으로 자리잡게 되었다고 할 수 있음에도 불구하고 단지 다른 법률의 양벌규정과 해석을 같이 하려는 취지에서 국민에게 불이익한 방향으로 그 해석을 변경하고 그에 따라 종전 대법원 판례를 소급적으로 변경하려는 것은 형사법에서 국민에게 법적 안정성과 예측가능성을 보장하기 위하여 소급입법 금지의 원칙을 선언하고 있는 헌법의 정신과도 상용될 수 없는 점 등에 비추어 (구)건축법의 양벌규정 자체가 행위자 처벌의 근거가 될 수 없다."고 하면서 "일관되게 해석되어 온 대법원 판례를 불시에 변경하는 것은 소급효 금지원칙에 반한다."라는 점을 분명히 하고 있다. 즉 일관되게 해석되어 온 대법원 판례는 국민의 법의식상 그러한 해석이 사실상 구속력 있는 법률해석으로 자리잡게 되었고, 그 때문에 그러한 판례의 변경은 형사법에서 국민에게 법적 안정성과 예측가능성을 보장하기 위하여 소급입법금지의 원칙을 선언하고 있는 헌법정신에 배치되기 때문에 그러한 판례의 변경은 소급효 금지원칙에 반한다는 것이다.

---

15) 박상기, 형법총론, 1999, 28쪽; 백형구, "죄형법정주의의 신체계", 고시계, 1989년 1월호, 116쪽; 안동준, 형법총론, 혁현사, 1998, 19쪽; 이재상, "1999년의 형사판례 회고", 형사판례연구(8), 형사판례연구회, 2000, 273쪽.

16) 박상기, 앞의 책, 28쪽.

17) 안동준, 앞의 책, 19쪽; 이재상, 앞의 논문, 273쪽; 정영일, "죄형법정주의의 현대적 전개", 고시계, 1989년 1월호, 118쪽.

2) 학계

긍정설의 주요 논점[18]은 첫째로 죄형법정주의의 기본이념에 충실하고, 둘째로 행위자의 판례에 대한 신뢰 보호의 원칙을 근거로 행위자의 법적 안정성과 자유 그리고 인권 보장을 실질적으로 확보하기 위해서,[19] 셋째로 판례는 유권해석에 의하여 법의 내용을 확정하며,[20] 넷째로 판례는 사실상 구속력을 갖고 있으므로,[21] 행위자에게 불리한 판례의 변경은 소급효 금지원칙의 적용대상이 된다고 본다.[22]

판례의 변경에 대해 소급효 금지원칙을 긍정하는 입장 가운데에서도 일정한 조건이나 내용을 충족한 판례, 즉 법률보충적 판례 내지 법창조활동에 해당하는 판례에 대해서만 소급효 금지원칙의 적용대상이 된다는 입장도 있다. 즉 법률보충적 판례는 입법자가 제정하는 법률과 마찬가지이기 때문에,[23] 또는 "판례의 변경이 단순한 법발견활동일 때에는 판례의 소급적 변경이 문제 되지 않지만 그것이 법창조활동에 해당할 때는 피고인의 법적 안정성을 위해 장래의 사건에 대해서만 비로소 변경된 판례의 입장이 적용될 수 있다"[24]고 한다.[25] 기본적으로 긍정설을 따르고 있지만 긍정설의 문제점을 직시하여 형법 제1조의 개정을 통해서를 이를 해결해야 한다는 견해가 있다.[26]

---

18) 이에 관해 자세한 문헌으로는 하태영, 앞의 논문, 13쪽 이하 참조.

19) 김일수, "1인 회사의 주주겸 대표이사의 업무상 배임", 판례연구 제4집, 고려대학교 법학연구소, 78쪽; 배종대, 형법총론, 74쪽; 강기정, "죄형법정주의", 손해목박사 회갑논문집, 20쪽 이하; 이정원, 앞의 책, 1998, 34쪽.

20) 정성근, 형법총론, 법지사, 1996, 58쪽; 진계호, 형법총론, 대왕사, 1993, 114쪽.

21) 정성근, 앞의 책, 58쪽; 진계호, 앞의 책, 114쪽.

22) 하태영, 앞의 논문, 19쪽 이하 참조.

23) 배종대, 앞의 책 참조.

24) 김일수, 앞의 논문, 78쪽.

25) 구모영, "판례의 변경과 소급효 금지원칙", 영남형사판례연구회 발표논문, 2003. 3., 10쪽 참조.

26) 하태영, 앞의 논문, 25쪽 이하: 현행 형법 제1조를 개정하여, 제1항에서 종래의 규정인 범죄의 성립과 처벌은 행위 시의 법률에 의함과 함께 "대법원 전원합의체에 의하여 기존의 판례를 변경하는 때에도 이 원칙이 적용된다."는 문언을 첨가하고. 제3항에서도 재판 확정 후 법률의 변경 "또는 대법원 전원합의체의 판례 변경에 의하여" 그 행위가 범죄를 구성하지 아니하는 때에는 형의 집행을 면제한다고 보충해야 한다.

3) 긍정설에 대한 비판

① 형법해석의 원칙

형법을 해석할 때는 헌법합치적으로 해석해야 함은 물론이지만 언제나 죄형법정주의 원칙의 틀을 벗어나면 안 된다. 범죄의 성립과 형벌의 부과규정이 불명료하고 의심스러울 때의 해석 역시 적어도 죄형법정주의라는 헌법적 정신의 범위를 벗어나지 않은 범위에서 해석되어야 한다. 그러므로 법원은 이러한 틀 속에서 형법을 해석하는 한, 변화하는 사회현실에 맞추어 형법의 내용을 끊임없이 보완하고 구체화해야 하는 임무를 갖는다. 왜냐면 법이란 죽은 문자에 그치는 것이 아니라 그 법률의 자체 정신을 갖고서 발전하는 역동적 규범이어야 하기 때문이다. 형법의 해석 에서 바로 이러한 점을 이유로 판례 변경의 소급효금지원칙을 긍정하는 쪽에서도 다음과 같은 주장을 할 수밖에 없게 된다. "판례의 변경이 오직 객관적 법상황(法狀況)의 변경에 근거할 때는 법관의 법활동은 이미 현존하는 법률규정에서 올바른 결과의 발견을 목표로 삼는 법해석 내지 법활동에 불과하므로 판례의 소급적 변경·적용이 문제 되지 않는다"[27]. 그렇다고 해서 판례가 법창조적 기능을 할 때는 예외적으로 소급효 금지원칙이 적용되는 것을 허용할 수 있을까. 이 문제에 대해서는 아래에서 다시금 검토해 보기로 한다.

② 허용된 해석과 허용될 수 없는 해석(유추해석과 소급적용)

행위자에게 불리한 소급적용은 원칙적으로 금지되어 있다. 여기서 소급효 금지원칙은 법률에 국한됨을 헌법과 형법이 명시하고 있다. 물론 실질적 죄형법정주의를 관철하기 위해서 종래 일관되게 해석된 대법원 판례를 불시에 변경하면 판례를 신뢰한 행위자에게 법적 안정성을 해칠 수 있다. 그러나 이러한 경우에도 대법원 판례를 믿고 행위했던 자라면 실질적 죄형법정주의 내지 책임주의 원칙의 준수에도 크게 문제 될 것은 없다. 왜냐면 그는 자신의 행위가 죄가 안

27) 김일수, 새로 쓴 형법총론, 박영사, 1996, 72쪽.

된다는 것을 권위 있는 기관인 대법원의 판결을 믿고서 행했기 때문에 그의 착오는 회피불가능한 금지착오에 해당하여 책임이 없게 된다. 따라서 그의 행위는 무죄가 된다. 만일 자신의 행위가 기존의 대법원 판례에 의해 죄가 되지 않는다는 것을 단순히 모르고 행위를 했거나 죄가 된다고 믿고 행위한 경우까지 소급효 금지원칙이 적용된다는 것은 정당하다고 할 수 없다.

또한 범죄의 성립과 형벌의 부과 시에 금지되어야 할 해석에는 유추해석도 포함된다. 물론 허용되는 해석과 허용될 수 없는 유추해석의 정확한 기준은 우리 모두 잘 알다시피 상당히 불분명하다. 그러나 허용되는 해석이란 일반적으로 법률의 의미를 명확히 하고, 상황에 따라 현재의 사회적 요청과 세계관에 따라 법률을 적용하는 것을 말하는 데 반해서, 유추해석은 법률 문언 이상의 확대해석과 발전적 해석을 통하여 법률흠결의 보충인 법창조를 하는 것이다.

긍정설 가운데에는 법률보충적 판례 내지 법창조활동에 해당하는 판례에 대해 소급효 금지원칙의 적용 대상이 된다는 입장이 있는데, 이러한 견해는 형법해석학에서 가능한 것인지 의문이 든다. 왜냐면 우리가 형법을 해석할 때 유추해석은 절대 금한다는 것을 모르는 사람이 없고, 더구나 형법 교과서까지 쓴 저명한 학자도 유추해석금지원칙을 정문(正門)에서는 천명[28]하면서도 뒤로는 법원이 범죄의 성립과 형벌의 부과에 관해 유추해석의 결과라고 볼 수 있는 법률보충적 판례 내지 법창조활동을 긍정적으로 전제[29]하고 있음을 볼 수 있기 때문이다, 즉 이들이 (행위자에게 불리한) 유추해석인 법창조활동의 경우 소급효 금지원칙이 적용되어야 한다고 주장하는 것은 논리적으로 잘못되었다.

우리가 일관되게 유지해온 판례의 변경이 소급효 금지원칙에 적용되느냐의 문제를 논할 때, 그러한 판례의 변경이 대법원의 법창조적 활동 내지 법률대리적 · 법률보충적인 역할에 기인했을 때 그 판례가 유추해석 내지 허용될 수 없는 확대해석의 결과인지를 검토해 볼 필요가 있다. 범죄의 성립과 형벌의 부과에 관한 법규정의 해석은 죄형법정주의 원칙이 철저하게 준수되어야 하지만 그럴

28) 김일수 교수는 유추적용금지가 “법의 해석적용자인 법관의 자의로부터 개인의 자유와 안전을 보장하기 위한 자유법치국가적 보장책의 하나”임을 분명히 하고 있다. 김일수, 앞의 책, 77쪽.

29) 김일수, 앞의 책, 72쪽.

필요가 반드시 요구되지 않은 민사법을 해석할 때와는 다를 수 있다. 민사법의 경우 법관의 법창조적 기능을 인정하고 있음은 널리 알려진 사실이다.[30] 그러나 민사법과 달리 형법에서는 허용될 수 없는 유추해석의 결과로 판례의 변경이 있는 때에는 그 판례에 대해서 소급효 금지원칙을 적용할 것이 아니라 형법해석의 원칙에 반하는 유추해석의 결과이기 때문에 판례의 변경은 허용될 수 없는 것으로 이해해야 한다.

그러나 긍정설 가운데 귀를 기울여야 할 부분은 헌법상 인정되고 있는 죄형법정주의의 정신이 형법에서 충실히 실행되기 위해서 형법 제1조 제1항과 제3항을 개정해서 대법원 전원합의체 판결로 기존의 판례를 변경하는 때에도 역시 죄형법정주의의 원칙이 적용될 수 있도록 해야 할 것이다.

Ⅳ. 대법원의 판례 변경과 소급효 금지원칙 적용에 대한 결론

소급효 금지원칙은 책임원칙을 근거로 하는 법치국가원칙의 보장을 위해서 법률에 의한 소급효를 금지하자는 것일 뿐만 아니라 입법자와 법관의 자의로부터 개인의 자유와 안전을 지키기 위한 역사적 산물이다. 따라서 소급효 금지원칙은 법률에 관해서만 적용되는 것임을 근본적으로 유지함으로써 개인의 인권을 확보하는데 주안점을 두고 있다. 그런데도 법관의 자의를 미연에 방지하기 위한 방지책으로서 불가피하게 정치적으로 요구되는 소급효 금지원칙을 이번에는 법관의 편의적 판결을 보장하기 위해서 법관의 판결에 대해 소급효 금지원칙을 준수해야 한다는 것은 비논리적인 것으로 보인다. 따라서 종래 일관된 대법원 판례[31]가 "(구)건축법 제57조[32]는 행위자의 처벌규정이 될 수 없다."는 입

---

30) 이에 관해 자세한 것은 칼 라렌츠(Karl Larenz)/필자(역), 법학방법론 입문, 세종출판사, 2001, 303쪽 이하 참조.

31) 양벌규정은 행위자 처벌규정과는 무관한 것으로 본 기존의 판례(대법원 1990.10.12. 선고 90도1219 판결) 요지: 대법원은 "건축법 제54조에 의하면 허가 없이 건축물을 건축하거나 대수선하는 행위에 관하여는 그 건축주만을 처벌 대상으로 하고 있고, 법인의 경우에는 그 대표자를 건축주로 보고 있으므로 건축주 아닌 자가 건축공사나 수선공사를 집행했다 하더라도 동인과 건축주 사이에 공범관계가 성립되지 아니하는 한 당해 행위자는 건축법위반의 책임을 지지 아니하는 것인바, 기독교 재단 소유의 교회 건물의 대수선 공사에 관하여 위 재단 산하 해당 교회의 장로 겸 운영위원회 위원장이 건축에 관한 실무책임자

장을 법원이 임의로 변경하여, "(구)건축법 제57조의 양벌규정이 위반행위의 귀속주체인 업무주에 대한 처벌규정임과 동시에 행위자의 처벌규정이다."고 판시한 것은 잘못된 태도이다.

법관은 해당 사건에 대한 판결을 피할 수 없고, 또한 모든 형사법이 흠결 없는 무결의 법일 수 없기에 법관은 판결할 경우 법률을 보충해야 할 때가 적지 않다. 따라서 법관은 어느 정도 입법자의 대리적 역할을 한다고 할 수 있음은 물론이다. 그러나 법관이 법률의 흠결을 보충하는 해석을 할 때 법률문언의 범위 내에서 해야 하는 것이지, 행위자에게 불리한 유추해석 내지 법창조적 해석을 결코 해서는 안 되고 할 수도 없다. 이러한 해석에 근거한 대법원판결의 변경은 비록 현실적으로 실효성을 가질 수 있겠지만 의도적으로 그와 같은 식의 해석에 의한 판례 변경은 법관의 법왜곡에 해당할 수 있는 반사회적 행위이다.

그러므로 예컨대 대법원 1999.7.15. 선고 95도2870 판결[33]은 결론부터 말하자면 전형적인 유추해석의 산물이라고 할 것이다. 그 이유는 다음과 같다. "타인을 위한 행위의 규정"[34]을 둠으로써 대리책임을 근거로 신분없는 자의 행위를 처벌하는 독일과 달리 우리 형법이나 (구)건축법은 이러한 규정을 두지 않고 있음에도 불구하고 양벌규정을 근거로 법의 실효성을 확보하기 위한 목적에서 처

로서 운영위원회의 결의에 따라 공사를 집행만 한 경우에는 (구)건축법 제54조 위반의 죄책을 지지 아니한다." "양벌규정인 (구)건축법 제57조는 실제의 위반행위자 이외에 그 이익귀속 주체인 법인 또는 자연인이 별도로 있을 경우 그 법인 또는 자연인이 실제 위반행위를 분담하지 아니했다 하더라도 그 법인 또는 자연인을 처벌할 수 있다는 규정일 뿐 행위자 처벌규정이라고 해석할 수 없는 것이므로, 이를 근거로 실제의 위반행위자를 처벌할 수 없다". 같은 취지의 참조판례: 대법원 1992.7.28. 선고 92도1163 판결(건축법 위반/검사의 상고기각); 대법원 1993.2.9. 선고 92도3207 판결(건축법 위반/검사의 상고기각).

32) (구)건축법 제57조(양벌규정): "법인의 대표자 또는 법인이나 자연인의 대리인, 사용인 기타 종업원이 그 법인 또는 자연인의 업무에 관하여 제54조 내지 제56조의 규정에 해당하는 행위를 했을 때는 그 행위자를 벌하는 외에 그 법인 또는 자연인에 대하여도 각 본조의 벌금형을 과한다. 다만, 그 위반행위를 방지하기 위하여 상당한 주의와 감독을 태만히 하지 아니했을 때는 그러하지 아니하다."

33) "(구)건축법(1991. 5. 31. 법률 제4381호로 전문 개정되기 전의 것) 제54조 내지 제56조의 벌칙규정에서 그 적용대상자를 건축주, 공사감리자, 공사시공자 등 일정한 업무주(業務主)로 한정한 경우에 있어서, 같은 법 제57조의 양벌규정은 업무주가 아니면서 당해 업무를 실제로 집행하는 자가 있는 때에 위 벌칙규정의 실효성을 확보하기 위하여 그 적용대상자를 당해 업무를 실제로 집행하는 자에게까지 확장함으로써 그러한 자가 당해 업무집행과 관련하여 위 벌칙규정의 위반행위를 한 경우 위 양벌규정에 의하여 처벌할 수 있도록 한 행위자의 처벌규정임과 동시에 그 위반행위의 이익귀속 주체인 업무주에 대한 처벌규정이라고 할 것이다".

34) 독일형법 제14조는 이러한 규정을 두어 처벌의 공백을 보충하고 있다.

벌의 공백을 보충하고 있기 때문이다.[35] 즉 (구)건축법 제57조는 실제의 위반행위자 이외에 이익의 귀속주체인 업무주를 처벌하는 것이지,[36] 그 업무주와는 별도로 업무주를 위한 행위를 한 행위자를 처벌한다는 명시적인 규정이 없으면서도 법의 실효성을 확보하려는 차원에서 다시 말해 형사정책적 필요성 때문에 처벌의 범위를 행위자에 불리하게 의식적으로 확대하는 것은 유추해석 혹은 확대해석의 결과이다. 이러한 유추해석은 결코 허용될 수 없다. 따라서 대법원은 95도2870 판결의 사안에 대해 기존의 입장을 재확인했어야 옳았다.

또한 대법원 1999.9.17. 선고 97도3349 판결도 역시 소급효금지의 원칙 적용에 문제가 있는 판례라고 생각한다. 이 판례에 따르면 "형사처벌의 근거가 되는 것은 법률이지 판례가 아니고, 형법 조항에 관한 판례의 변경은 그 법률조항 자체가 변경된 것이라고 볼 수는 없으므로, 행위 당시의 판례에 의하면 처벌대상이 되지 아니하는 것으로 해석되었던 행위를 판례의 변경에 따라 확인된 내용의 형법조항에 근거하여 처벌한다고 하여, 그것이 헌법상 평등의 원칙과 형벌불소급의 원칙에 반한다고 할 수는 없다."고 한다.

그러나 이 판례가 타당한지 지극히 의문스럽다. 문제의 핵심은 어디에 있느냐 하면 결국 형법 제16조에 의한 금지착오에 의해서 해결될 수 있는지 여부에 달려있다. 이것은 대상 판결에 대해서 보면 행위자 자신의 행위가 기존의 판례에 의해서 죄가 되지 않는다는 것을 믿었느냐 여부에 달려있다고 할 것이다. 만일 행위자의 그 행위가 죄가 되지 않는다고 믿었다면 그러한 믿음은 상당한 이유가 있는 믿음으로 보이므로 책임이 조각될 수 있다. 그러나 이 사안에서 그 점이 분명하지 않으므로 대법원은 바로 그 점을 분명히 하기 위해 원심 법원에 사건을 이송하는 것이 바람직하다.[37]

따라서 대법원의 반복된 입장에 대한 판례 변경의 문제는 형법 제16조에 의

35) 이재상, "1999년의 형사판례 회고", 형사판례연구 제8호, 575쪽; 특히 이에 관한 자세한 연구는 박강우, "양벌규정과 업무주 및 행위자의 책임", 형사판례연구 제8호, 138쪽.

36) 변경 이전 기존 판례의 입장, 예컨대 대법원 1990.10.12. 선고 90도1219 판결; 같은 취지의 참조판례: 대법원 1992.7.28. 선고 92도1163 판결(건축법 위반/검사의 상고기각); 대법원 1993.2.9. 선고 92도3207 판결(건축법 위반/검사의 상고기각) 등 참조.

37) 입법론으로 볼 때 이미 기존의 대법원 판례에 대해서 그 변경을 하고자 할 때는 판례변경 시 사용하는 판례변경 예고제를 도입할 필요가 있다.

해 행위자가 그러한 착오를 하는데 정당한 이유가 있었느냐의 여부를 기준으로 해결하는 것이 형법의 근본 취지에 부합고, 법치국가에 합당한 방안이라고 생각된다.

[국문 요약]

국내에서는 판례가 형사법의 법원으로 인정되지 않기 때문에 언제든지 변경될 수 있다. 헌법 제13조 제1항과 형법 제1조 제1항은 형법상의 소급효를 금지하고 있지만 판례 변경이 법률 변경은 아니기 때문에 소급효 금지원칙이 적용되지 않는다는 논란이 있다. 대법원의 일관된 판례는 법조 실무가, 학계, 형사피의자나 피고인에게 공지된 사실로 예고 없이 변경되면 큰 파장을 일으킬 수 있다. 형법에서 행위자의 예측가능성을 부정하는 것은 법적 안정성을 훼손한다. 따라서 대법원 판례의 변경이 법률 변경은 아니더라도 실질적 효과 때문에 소급효 금지원칙이 적용되어야 한다는 논쟁이 있다. 대법원 다수 입장은 소급효 금지원칙의 적용을 부인하지만 소수 입장은 이를 찬성한다. 학설도 찬반으로 나뉘어 있다. 필자는 이들 입장을 비판적으로 분석하여 올바른 기준을 제시하고자 한다.

소급효 금지원칙은 형벌을 부과하거나 강화하는 법률의 소급을 금지한다. 이는 자유민주주의와 자율, 책임을 바탕으로 하는 현대 헌법의 정신이다. 헌법 제13조 제1항과 형법 제1조 제1항은 이 원칙을 명시하고 있다. 소급효 금지원칙은 죄형법정주의의 한 축으로 행위자를 보호하는 데 그 목적이 있다. 따라서 이 원칙이 행위자를 불리하게 하면 죄형법정주의와 충돌하게 된다. 소급효 금지원칙은 범죄의 성립과 형벌의 부과에 관한 법률에 적용된다. 보안처분도 형벌의 성질을 갖기 때문에 소급효 금지원칙의 적용대상이다. 형사절차법은 원칙적으로 적용되지 않지만 피해자의 고소나 시효 등과 관련된 경우 적용될 수 있다.

판례 변경이 행위자에게 불리한 경우 소급효 금지원칙이 적용되어야 한다는 입장을 취한다면 행위자는 무죄가 된다. 행위자에게 불리한 판례 변경은 새로운 범죄구성요건을 창설하거나 가중된 범죄구성요건을 적용하는 경우로 나뉜다. 이러한 판례 변경은 법적 안정성을 해치고 국민의 신뢰를 저해할 수 있다. 따라서 소급효 금지원칙을 검토하여 해결방안을 모색해야 한다.

대법원의 다수 입장은 판례 변경이 법률 변경이 아니므로 소급효 금지원칙이 적용되지 않는다고 본다. 학계에서도 소급효 금지원칙은 법률에만 적용되며, 판례에는 적용되지 않는다고 한다. 반면 대법원의 소수 입장과 일부 학자들은 일관되게 해석된 판례의 변경이 소급효 금지원칙에 반한다고 주장한다. 이들은 판례가 법적 안정성과 예측가능성을 보장해야 한다고 본다. 긍정설은 판례 변경이 법률보충적이거나 법창조적일 때 소급효 금지원칙이 적용되어야 한다고 주장한다. 그러나 이러한 주장은 형법해석의 원칙에 어긋날 수 있다. 결론적으로, 대법원의 판례 변경은 형법 제16조에 따라 행위자의 착오 여부를 고려하여 해결해야 한다.

제16장

형법 제328조 친족상도례의 개정방안에 관한 연구

Ⅰ. 문제의 제기

판례는 "형법 제344조와 제328조 제1항 소정의 친족간의 범행에 관한 규정이 적용되기 위한 친족관계는 원칙적으로 범행 당시에 존재하여야 하는 것이지만, 부가 혼인 외의 출생자를 인지하는 경우에 있어서는 민법 제860조에 의하여 그 자의 출생 시에 소급하여 인지의 효력이 생기는 것이며, 이와 같은 인지의 소급효는 친족상도례[1]에 관한 규정[2]의 적용에도 미친다고 보아야 할 것이므로, 인지가 범행 후에 이루어진 경우라고 하더라도 그 소급효에 따라 형성되는 친족관계를 기초로 하여 친족상도례의 규정이 적용된다."[3]라고 판시했다. 이에 따라 행위자의 절도행위가 인지되기 훨씬 이전에 저지른 것이라도 인지가 되기만 하

* 이 논문은 한국형사·법무정책연구원 정유나 박사의 자문 요청에 의해 작성된 내용을 핵심으로 하고, 이를 보충하여 2025년 2월 정년을 맞이한 정현미 교수님을 위한 기념논문집에 투고했다.

1) 친족상도례에 관련된 개념에 관해서는 김성돈, 형법각론, 박영사 2024, 326쪽 이하; 신동운, 형법각론 제3판, 법문사 2023, 1,626쪽 이하 참조.

2) 형법상 친족상도례에 관한 특례는 직계혈족, 배우자, 동거친족, 동거가족 또는 그 배우자 간의 범죄는 형을 면제하고, 그 이외의 친족 간의 범죄는 친고죄로 함을 그 주요 내용으로 한다(제328조). 이 규정의 적용대상은 권리행사방해죄를 필두로 절도의 죄, 사기의 죄, 공갈의 죄, 횡령의 죄, 배임의 죄 및 장물에 관한 죄이며, 이들 재산범죄가 특별법에 규정되어 있는 경우 그 특별법상의 재산범죄에 대해서도 이 특례의 적용을 배제한다는 명시적 규정이 없는 한 그 특별법상의 재산범죄에 관해서도 적용된다는 것이 판례 입장이다. 예컨대 대법원 2010. 7. 29. 선고, 2010도5795 판결; 대법원 2000. 10. 13. 선고 99오1 판결; 대법원 1994. 5. 27. 선고, 94도617 판결 참조.

3) 대법원 1977. 1. 24. 선고 96도1731 판결.

면 사후적으로 범죄는 성립될 수 없게 된다. 이 지점에서 행위시법주의를 강조하는 죄형법정주의는 민법의 규정에 자리를 물려주어야 함을 볼 수 있다. 이러한 해석이 불가피하더라도 행위시법주의를 강조하는 형법해석상 정당한 것인지는 적지 않은 의문을 남긴다. 이와 같은 문제점뿐만 아니라 절도피해자가 다수인에 해당할 때 등에 관해 다수의 학자들이 그 해결을 위해 개선방안이나 해석론을 탐구했다.[4)]

한편 헌법재판소는 2024년 6월 27일 '친족상도례를 규정한 형법 제328조 제1항에 대해' 헌법재판관 전원일치 의견으로 '헌법불합치' 결정을 내렸다. 이에 따라 해당 조항의 적용은 중지되고, 2025년 12월 31일까지 국회가 법을 개정하지 않으면 해당 조항의 효력은 상실하게 된다. 다만 헌법재판소는 직계혈족·배우자·동거친족·동거가족을 제외한 친족이 저지른 재산범죄는 고소가 있어야 공소를 제기할 수 있도록 정한 형법 제328조 제2항은 합헌으로 평가했다.

헌법재판소의 이러한 결정이 정당한 것인지, 만일 정당하다면 형법 제328조 제1항을 어떻게 개정해야 할 것인지의 문제가 발생한다(Ⅳ). 이에 따라 친족상도례의 규정이 종전 우리 사회에서 왜 필요했는지와 이로 인해 제정형법에서 친족상도례에 관해 특례의 계수는 어떻게 이루어져 왔는지를 규명해 본다(Ⅱ), 이렇게 계수된 형법상 친족상도례 규정은 위에서 언급한 판례의 경우를 비롯하여 오늘날 어떤 문제점을 낳게 되었는지를 살펴보고(Ⅲ), 이러한 점들을 감안할 때 형법 제328조 제1항은 어떠한 내용으로 개정되거나 수정되어야 타당한지를 검토한다(Ⅳ). 끝으로 개정안과 그 근거를 제시한다(Ⅴ).

4) 이에 관한 문헌으로는 김대성, "친족상도례 규정의 개정방향: 친족 구분의 문제와 법적 효과를 중심으로", 『외법논집』, 제40권 제4호, 한국외국어대학교 법학연구소, 2016; 모성준, "형법상 친족상도례 규정의 문제점과 바람직한 개정방향", 『법학논총』, 제21집 제2호, 조선대학교 법학연구원, 2014; 김태수, "친족상도례의 문제점과 개선방안", 『형사정책』, 제26권 제1호, 한국형사정책학회, 2014; 박광현, "형법상 친족상도례의 개선방안에 관한 연구", 『홍익법학』, 제14권 제3호, 홍익대학교 법학연구소, 2013; 장진호, "현대사회와 친족상도례의 모순점과 개선방향", 『법조』, 제44권 제4호, 법조협회, 1995 등.

Ⅱ. 제정형법상 친족상도례 규정의 유례와 계수

‘친족상도례’라는 형법상 특례규정은 “법률은 남의 집 문턱을 넘어서지 않는다”라는 법률 격언에서 비롯되었다. 오늘날 적지 않은 형법상 규정은 로마 시대에서부터 유래했음에도, 재산범죄에서 친족 간의 처벌 제한의 원칙은 그 당시에는 형성되지 아니했다. 왜 그랬을까.

로마제국은 방대한 영토와 인구를 가졌음에도 불구하고, 제국의 모든 영역을 통제할 만한 인적 자원을 활용하는데 조세수입이 충분하지 않았다. 왜냐면 그 당시만 하더라도 생산성이 지극히 낮은 농업이 중심이었던 시절이어서 국가의 공권력을 필요 충분하게 유지할 조세수입이 부족했고, 이에 토대를 둔 인적 자원의 활용이 어려웠기 때문이다. 다만 사회적으로 중대한 범죄나 국가체제에 위협이 될 만한 범죄에 대해서만 국가가 형벌을 행사하는 데 그친 경우가 많았다.

그렇기에 가족 내에서 벌어진 사소한 폭력이나 절도와 같은 범죄를 처벌하기 위해서 당시의 형벌로서 추방이나 사형을 과하는 것은 지나친 것이고, 그렇다고 징역 등 자유형이라는 형벌이 필요했지만, 당시의 경제 여건상 그런 것은 불가능했다. 감옥을 유지할 재정과 인적 자원이 턱없이 부족했기 때문이었다. 그러므로 가족공동체 내에서 벌어진 갈등이나 폭력은 그 가족 내에서 해결할 수밖에 없었고, 국가가 개입할 수 있는 여력이 아예 처음부터 없었다.

이러한 점은 유럽의 중세 시대에서도 큰 차이가 없었다. 그러나 유럽은 십자군 전쟁을 통하여 한편으로 이탈리아에서부터 무역업이나 상공업이 발달되면서 문예부흥이 일어났다. 상공업의 발전과 문예부흥의 물결은 프랑스, 스페인, 네덜란드, 독일, 영국 등지로 널리 퍼져나갔다. 아울러 중세의 봉건제도는 차츰 중앙집권화 경향을 띠게 되었고, 과학의 발달과 식민지 개척은 유럽 사회에 종래에 볼 수 없었던 부를 창출하게 했다. 근세에 접어들면서 봉건제도를 극복하고 권력의 중앙집권화는 필연적으로 권력의 강화를 가져왔고, 인적 자원과 물적 자원을 필요로 하게 되었다. 이와 함께 성문 형법전이 유럽 전역에 널리 퍼지게 되었다. 예컨대 1710년 프랑스 치죄법, 1804년 오스트리아형법전, 1813년 바이에른형법전, 1851년 프로이센형법전 등이 그것이다.

당시에는 귀족의 자녀라 하더라도 각자가 독방을 사용하지 않았고, 여러 명이 함께 잠을 자는 것이 통상적이었다. 물건이 귀했고, 또한 그런 물건은 공유가 대부분이었다. 비록 소유권이 인정된 동산을 가족 내의 누군가가 가졌다고 하더라도, 그 소유물의 가치는 오늘날에 비해 지극히 사소한 경우가 많았고, 소유권의 개념 역시 그렇게 철저하지 못했다. 이러한 이유로 재물에 관련된 범죄에 대해 각국의 형법전은 대부분 특례규정을 두었다. 즉 "형법은 남의 집 문턱을 넘어설 수 없다."라고.

이러한 상황은 죄형법정주의에 철저한 현대적 의미를 가진 성문 형법의 원조격인 1813년 바이에른 형법전에서 찾아볼 수 있다. 1813년 바이에른형법 제165조[5]는 부부간이나 가까운 인척 사이에서 벌어진 절도 사건에 대해서는 처벌하지 않았으며, 이를 '가족절도'(Famillendiebstahl)[6]라고 불렀고, 하인이 주인에 대하여 범한 절도를 '집안절도'(Hausdiebstahl)라고 하여 대비시켰다. 친족상도례의 특례규정은 그 이후에 성안된 여러 유럽의 형법전에서도 유사한 규정으로 나타났다. 예컨대 1804년 오스트리아형법전과 1851년 프로이센형법전이 그렇다.

우리 형법에서 명시하고 있는 친족상도례에 관한 규정[7]은 독일형법을 계수한 1907년 일본형법 제244조에서 유래했다. 일본형법은 1871년 독일제국형법 제247조에서 친족상도례의 특례규정을 계수했고, 독일제국형법 제247조는 다시금 1851년 프로이센형법 제228조의 영향을 받았다.[8] 이 규정은 다음과 같이 명시

---

5) PGO. Art. 165. "so einer aus Leichtfertigkeit oder Unverstand etwas heimlich nähme von Gütern, der er sonst ein nächster Erhe ist, oder sich dergleichen zwischen Mann und Weib begehn, und ein Theil den andern derhalben anklagen würde, sollen Richter und Urtheiler mit Entdeckung aller Umstände bei den Rechtsverständigen – Rahths pflegen, auch erfahren, 1) was in solchen Fällen das gemeine Recht sei und sich darnach halten. 2) Doch soll die Obrigkeit oder Richter in diesen Fällen von Amtswegen nicht klagen, noch strafen."("경솔하거나 무지로 인해 가까운 친족의 재산을 절도하거나, 부부 사이에서 이러한 일이 발생하여 그중 한 사람이 그로 인해 고소한다면, 판사와 재판관은 법률가의 조언을 받아야 하며, 모든 상황을 밝히고, 1) 이러한 경우 일반법[das gemeine Recht]이 무엇인지 알아내어 따라야 하고, 2) 공권력이나 판사는 이 경우 직권으로 행위자를 고소하거나 처벌하지 않아야 한다.")

6) 『Lehrbuch des gemeinen in Deutschland gültigen Peinlichen Rechts』, Dr. Anselm Ritter v. Feuerbach, Glessen 1847, S. 562.

7) 친족상도례 규정의 입법취지와 입법자의 의사에 관해 참조할 만한 문헌으로는 김대성, "친족상도례 규정상 친족에 관한 몇 가지 문제에 대한 고찰", 법학논총 제36권 제2호, 국민대학교 법학연구소, 2023, 401쪽 이하 참조.

되고 있다. "부모나 조부모가 자녀나 손자에게, 또는 배우자가 다른 배우자에게 저지른 절도나 횡령은 처벌되지 않는다." 그리고 1851년 프로이센형법의 이 규정은 다시금 1813년 바이에른형법 제165조[9]에 의해 영향을 받았다.

Ⅲ. 형법 제328조의 문제점

1. 형법 제328조 제1항과 헌법재판소의 결정

헌법재판소는 다음과 같은 이유로 형법 제328조 제1항이 위헌이라고 평가했다. ① 친족상도례 조항의 위헌성은 일정한 친족 사이의 재산범죄와 관련하여 형사처벌의 특례를 인정하는 것에 있음이 아니라, 넓은 범위의 친족에 대해, 재산범죄의 불법성의 경중을 묻지 않고, 피해자의 의사에 관계없이 '일률적으로 형면제'를 함에 따라 구체적 사안에서 형사피해자의 재판절차진술권이 형해화될 수 있다는 점에 있다.

② 친족상도례 규정은 재산범죄의 가해자와 피해자 사이의 일정한 친족관계를 요건으로 하여 일률적으로 형을 면제하도록 규정하고 있기에 피해자와 가해자 사이에 실제 어떠한 유대관계가 존재하는지 묻지 않고, 피해자의 가해자에 대한 처벌 의사 유무나 범죄행위의 태양, 피해의 규모 등을 구체적으로 고려하지 않은 채 법관으로 하여금 필요적으로 형을 면제하는 판결을 선고하도록 하고 있다.

③ 피해자가 미성년자이거나 질병, 장애, 노령 그 밖의 사유로 인한 정신적 제

---

8) § 228[Familiendiebstahl und Familienunterschlagung] Entwendungen oder Unterschlagungen, welche von Eltern oder Großeltern gegen ihre Kinder oder Enkel, oder von einem Ehegatte gegen den anderen begangen werden, sollen nicht bestraft werden("부모나 조부모가 자녀나 손자에게, 또는 배우자가 다른 배우자에게 범한 절도나 횡령은 처벌되지 않는다.")

9) 1813년 바이에른형법 제165조에 관한 자세한 설명은 『Lehrbuch des gemeinen in Deutschland gültigen Peinlichen Rechts』, Dr. Anselm Ritter v. Feuerbach, Glessen 1847, S. 561 f.

약으로 사무를 처리할 능력이 결여된 사람인 때 피해자가 가족과 친족 사회 내에서 다른 구성원에게 의존하기 쉽고, 거래나 경제적 의사결정의 의미를 제대로 인식하기 어려운 상황에 있는 때 친족상도례 조항을 적용 내지 준용하는 것은 가족과 친족 사회 내에서 취약한 지위에 있는 구성원에 대한 경제적 착취를 용인하는 결과를 초래할 수 있기에 범죄피해자 보호에 충분하다고 보기 어렵다.

2. “법률은 남의 집 문턱을 넘어서는 안 된다”라는 격언의 극복 필요성 여부

“법률은 남의 집 문턱을 넘어서는 안 된다”라는 격언을 오늘날 그대로 인정하기는 쉽지 않다. 국가가 가족의 일에 개입해야 할 때가 있음을 우리 대부분은 인정한다. 왜냐면 가족이란 공동체가 구타당하는 아내나 학대받은 자녀에 대한 국가의 간섭을 막아버리고, 사회적으로 방치하는 것을 정당화할 수 없기 때문이다.

시장이 제대로 작동하지 않을 때 국가는 불평등을 바로잡고, 방어력이 약한 사람들을 보호하기 위해 개입해야 한다. 시장에 관한 국가의 불간섭주의는 자유로운 시장이 무너지거나 특정 개인이나 단체에 심각한 불이익을 주는 경우 보이지 않은 손이 작동하여 곧바로 회복될 수 있다는 허상이다. 왜냐면 약한 경제 주체와 사회 전체의 이익을 보호하기 위해 국가의 개입이 필요하기 때문이다. 이와 같은 문제로 가족 역시 제대로 기능하지 못할 때가 많다. 가정이 가족구성원을 보호하고 양육하는 곳이 되는 대신에 억압과 착취의 중심지가 될 수 있음은 경험을 통해서 쉽게 접할 수 있다. 이러한 일이 발생하면 국가는 개입하여 학대를 방지하고 개별 가족구성원의 권리를 보호해야 할 필요성이 발생한다.

우리 사회는 형법이 제정되었던 때만 하더라도 농업이 산업의 중심이었고, 이를 지탱하는 것이 대가족제도였다. 그러나 1980년대 이후 산업화와 도시화의 물결에 따라 핵가족으로 분화하기 시작했다. 핵가족 역시 1998년 IMF를 계기로 1인 가구의 증가로 해체되어 가게 되었다. 그 이후 1인 가구가 폭발적으로 증가하더니 2024년 현재는 1인 가구가 전체의 35%를 넘어섰다.[10] 이와 함께 종래의 전통적인 대가족은 거의 사라진 지 오래되었다.

가족의 분화 현상과 맞물려 오늘날 종전과는 달리 공동체주의보다 개인주의가 더욱 팽배해지고 있다. 가족 내에서도 각자는 자기의 고유한 방에서 자신의 소유물을 보관하고, 그것을 맘대로 사용, 수익, 처분한다. 가족구성원 역시 예전과 달리 공동체에서도 각자의 개인적 소유물을 존중해주는 풍토가 형성된 지 오래되었다. 이러한 이유로 비록 가정 내에서 빚어진 절도라도 그 재물에 관한 소유 관념이 예전과 달리 훨씬 강하게 되었다. 가정폭력이 가정 내의 문제라고 해서 국가의 개입을 부정할 수 없듯이, 친족간의 절도 역시 사안에 따라 국가의 개입이 요구될 수 있다.

더구나 대법원 판례(1977. 1. 24. 96도1731 판결)처럼 혼인외 자의 경우 인지가 성립되면, 그가 인지되기 훨씬 이전에 범한 심각한 절도조차 친족상도례라는 이유로 처벌에서 자유롭게 된다면 형법에서 죄형법정주의가 가진 범죄예방적 기능을 쓸모없게 만들 수 있다. 그렇다면 처벌가능성을 열어두는 것이 더욱 합리적으로 보인다.

3. 현대적 의미의 가족 특성

헌법재판소는 “가족은 사회의 기초단위이자 구성원을 보호하고 부양하는 자율적 · 계속적 · 포괄적 생활공동체로서[11] 구성원 상호 간에 이타적 유대관계를 가지고 상호 신뢰와 협력을 중요한 특성으로 하며, 가족에서 확장되는 친족관계 역시 유사한 특성을 지니며, 가정 내부의 문제는 국가형벌권이 간섭하지 않는 것이 바람직하다는 정책적 고려와 함께 가정의 평온이 형사처벌로 인해 깨지는 것

10) 1997년 IMF구제금융으로 시작된 장기 불황으로 미혼, 만혼, 비혼 등이 증가했고, 인터넷의 보급과 함께 개인주의가 확산된 것도 1인 가구의 확산을 부채질했다. 우리나라는 1990년 ‘102만 1,000가구’였던 1인 가구가 2015년 520만 가구로 증가했다. 비율로 따지면 27.2%에 해당하며, 이는 계속 늘고 있어서 2016년에는 27.9%, 2017년에는 28.6%, 2018년에는 29.1%가 되었다. 2019년에는 전체 가구 가운데 1인 가구의 비중이 30%를 넘어섰다. 2020년대 들어서는 심각한 저출산에 맞물려 1인 가구가 급증하는 추세이다. 2022년 기준 1인 가구 비율은 34.5%이다. 2024년 현재, 1인 가구는 1,000만을 넘어섰다.

11) 헌법재판소 2012. 3. 29. 2010헌바89결정 참조.

을 막으려는 것으로서, 가족의 가치를 중시하는 우리나라의 역사적 · 문화적 특징이나 형벌의 보충성을 고려할 때 그 필요성을 인정할 수 있다."고 강조하고 있다.

사회는 점차 개인주의가 팽배해지고 있다. 그러나 우리 사회는 서양처럼 그렇게 철저하지 못하며, 공동체주의나 공동체 연대 의식이 다른 국가나 민족보다 강한 것은 여러 가지 경험으로 나타났다. 예컨대 1998년 IMF 시절의 '금 모으기 운동'과 정권의 불의에 공동체가 연대하여 저항하는 정신은 '1980년 광주민주화항쟁'을 비롯하여 '부마사태'와 최근 빚어진 '12 · 3 비상계엄'에 대처했었던 우리 국민의 모습에서도 쉽게 찾아볼 수 있다.

게다가 오늘날 세계적 추세는 가족 내의 폭력에 대해 국가가 적극적으로 개입하는 경향의 확대를 보이고 있으며, 재산범죄에 관한 친족상도례 역시 가족이라는 이유만으로 처벌로부터 자유롭게 될 수 없는 방향으로 흐르고 있다. 이와 같은 경향의 입법례도 등장했다. 예컨대 2007년, 시행된 스위스형법전이 그렇다.

Ⅳ. 친족상도례에 관한 국회의 개정안

헌법재판소는 형법 제328조 제1항을 위헌으로 평가하고, 제2항은 합헌으로 보았다. 헌법재판소의 이러한 결정은 타당해 보인다. 이와 관련하여 국회의원들은 친족상도례의 위헌성과 관련하여 다양한 방식의 개정안을 내놓고 있다.

예컨대 박균택 의원 등의 개정안은 형법 제328조 제1항의 경우, 고소를 전제로 공소할 수 있도록 하고, 제2항은 반의사불벌죄로 개정하려는 취지였다(의안번호: 2201159, 제안일: 2024.06.28). 김선교 의원 등은 형법 제328조 제1항과 제2항을 모두 친고죄로 개정하려고 했다(의안번호: 2201195, 제안일: 2024.06.28). 한준호 의원 등의 경우 형법 제328조 제1항을 친고죄로 개정하고, 제2항의 삭제를 주된 내용으로 담았다(의안번호 2201655, 제안일 2024.07.12). 전용기 의원 등은 친족상도례에 관한 규정을 모두 삭제하자는 내용이다(의안번호 2201331, 제안일 2024.07.03). 박덕흠 의원 등은 형법 제328조와 제344조를 아예 삭제하고, 제354조의 경우 친족상도례의 준용을 폐지하고, 또한 형법 제365조를 삭제하자는 취지이다(의안번호 2202105, 제안일 2024.07.23). 서지영 의원 등은 형법 제328조를 반의사불벌죄로(의안번호 2202802, 제안일 2024.08.13), 또한 윤준병 의원 등도 역시 형법 제328조를 반의사불벌죄로 개정하려고 했다(의안번호 2202802, 제안일 2024.09.04). 그 밖에도 김현정 의원(의안번호 2201723, 제안일 2024.07.15), 이건태 의원(의안번호 2202336, 제안일 2024.07.29), 권칠승 의원(의안번호 2201875, 제안일 2024.07.17), 주철현 의원(의안번호 2203904, 제안일 2024.09.11), 박성민 의원(의안번호 2203972, 제안일 2024.09.12)을 각각 대표제안자로 친족상도례에 관한 개정법안을 제출했다.

우리와 같은 유교 문화권인 일본을 비롯하여 대만에서도 여전히 친족상도례가 인정되고 있고, 우리 헌법재판소 역시 일정한 범위에서 가족 간의 범죄에 관해 해당 가족의 고소를 통하여 범죄로 처벌할 수 있도록 제한하는 규정을 합헌으로 평가했다.

이들 개정안 중에서 한준호 의원 등이 제안한 형법 제328조 제1항을 친고죄로 개정하고, 제2항의 삭제를 주된 내용으로 담았던 개정안(의안번호 2201655, 제안일 2024.07.12)에 찬성하고 싶다.

Ⅴ. 결론

배우자나 자녀 등 약자에 속하는 가족구성원에 대한 가정폭력에 국가의 개입이 요청되고 있는 오늘날, 절도와 같은 일정한 재산범죄에서도 국가의 개입을 허용함이 시대정신에 반하지 않으며, 헌법정신에도 합치된다고 여겨진다.

이러한 관점에서 친족상도례에 관한 형법의 개정은 다음과 같이 이루어져야 한다.

① 권리행사방해죄에 명시된 친족상도례에 관한 형법 제328조(친족간의 범행과 고소) 제1항은 친고죄로 규정해야 한다. 즉 "직계혈족, 배우자, 동거친족 또는 그 배우자 간의 제323조의 죄를 범한 때에는 고소가 있어야 공소를 제기할 수 있다."라는 내용으로 개정할 필요가 있다.[12] 이렇게 함으로써 가정폭력과 가족 간

의 중대한 절도죄 등에 관해서도 처벌 가능성을 열어둘 수 있을 뿐만 아니라, 1977년 대법원 판례에서 나타난 행위시법주의의 예외를 극복할 수 있다.

② 형법 제328조 제2항은 삭제해야 한다고 생각한다. 현재 우리나라에서 1인 가구는 2022년 기준으로 전체 가구의 34.5%인 750만 2천 가구나 된다. 형법을 제정할 무렵만 하더라도 대가족 중심의 우리 사회가 경제발전과 더불어 핵가족으로 분화한 지 오래되었다. 게다가 이제는 이미 전체의 3분의1 이상이 1인 가구인 상황에서 조부모 등과 함께 살아가는 대가족의 수치는 미미한 실정이다. 이러한 현실에서 함께 동거하지 않은 친족조차 처벌의 특례를 인정하는 것은 바람직하지 않아 보인다.

③ 형법 제328조 제3항은 동조 제2항으로 옮기고, 내용은 "전항의 신분관계가 없는 공범에 대하여는 적용하지 아니한다."라고 명시하는 것이 바람직하다.

④ 절도죄에 관련하여 친족상도례를 준용하고 있는 형법 제344조(친족간의 범행)는 "(개정될) 형법 제328조의 규정은 제329조 내지 제332조의 죄 또는 미수범에 준용한다."라고 규율함이 타당하다.

⑤ 사기죄와 공갈죄의 경우 친족상도례 규정의 적용은 더 이상 허용되지 말아야 한다. 왜냐면 절도나 횡령과 달리 사기죄나 공갈죄는 피해자인 상대방에 대해 일부러 사기를 치거나 공갈함으로써 범죄피해자에게 회복할 수 없는 상처를 준다는 점에서 강도죄의 경우처럼 친족상도례의 규정은 준용될 수 없어 보이기 때문이다. 따라서 형법 제354조(친족간의 범행, 동력)의 규정은 동력의 경우만 준용하고, 친족간의 범행에 관해서는 용납될 수 없다고 할 것이다.

⑥ 장물을 취급한 자는 절도나 횡령을 부추긴다는 점에서 단순한 개인 상호간

12) 이와 관련하여 형법 제328조 제1항의 적용범위를 극히 제한하고 지금처럼 형면제로 개정하는 것이 바람직하다는 견해로는 김대성, 앞의 논문, 422쪽 참조.

의 문제를 떠나서 사회적 문제를 야기한다. 따라서 장물죄에 관한 친족상도례를 아예 전면 삭제함이 바람직하다.

⑦ 형법 제328조 제1항에서 의미하는 친족상도례에 적용될 수 있는 행위주체의 범위가 사정에 따라 달라질 수 있다는 점을 참작하여 친족상도례에 해당하는 행위주체에 대한 처벌에 감경규정을 두어야 한다는 생각을 할 수 있다. 그러나 형법은 제53조에서 정상감경을 두고 있기에 이를 적용하면 족하다.

[국문 요약]

이 연구에서 형법 제328조 친족상도례 조항의 개정방안에 대해 논의했다. 대법원의 판례에 따르면, “부모가 혼인 이외의 출생자를 인지하는 경우, 인지의 효력이 그자의 출생 시 소급하여 적용되고, 이로 인해 범행 후에 인지가 이루어졌더라도 형법 제328조 및 제344조가 적용되어 범죄가 성립되지 않는다.” 이러한 해석은 죄형법정주의와 민법의 규정 간의 충돌을 야기하며, 형법해석상 정당성에 대한 의문을 낳는다. 게다가 헌법재판소는 형법 제328조 제1항에 대해 헌법불합치 결정을 내렸고, 2025년 12월 31일까지 국회가 법을 개정하지 않으면 해당 조항의 효력이 상실된다.

논문은 친족상도례 규정의 유래와 계수, 형법 제328조의 문제점, 그리고 현대 가족의 특성을 살펴본 후 개정 방향을 제시하려 한다. 연구는 친족상도례가 로마시대와 중세 유럽에서 어떻게 발전되었는지를 설명하며, 현행 형법에서의 문제점과 헌법재판소 결정의 타당성을 분석하고자 한다. 그 결과를 통하여 형법 제328조 제1항을 ‘형의 면제’에서 ‘친고죄’로 변경하고, 제2항은 삭제하는 등의 개정을 제안했다.

이와 같은 내용으로 형법상 친족상도례를 개정함으로써, 오늘날 가족구성원의 개인적인 소유물 존중 현상에 부합할 수 있는 형사정책을 받아들이고, 친족상도례 규정을 헌법정신과 시대 변화에 걸맞게 조정할 수 있으리라 생각한다.

[Study on the Amendment of Article 328 of the Criminal Code regarding the Family Exemption Clause]

This research discusses the amendment plans for Article 328 of the Criminal Law, the provision on kinship exemption. According to a Supreme Court precedent, "When a parent acknowledges a child born out of wedlock, the effect of the acknowledgment retroactively applies to the time of birth, and thus, even if the acknowledgment is made after the crime, Articles 328 and 344 of the Criminal Law are applied, and the crime is not constituted." This interpretation raises questions about whether it is legitimate in light of the principle of legality and the conflict with the provisions of civil law. Moreover, the Constitutional Court has issued a decision of non-conformity with the Constitution regarding Paragraph 1 of Article 328 of the Criminal Law, and if the National Assembly does not amend the law by December 31, 2025, the provision will lose its effect. This paper aims to present a direction for amendment after examining the origin and adoption of the kinship exemption provisions, the problems of Article 328 of the Criminal Law, and the characteristics of modern families. The study explains how the kinship exemption developed during Roman times and medieval Europe, and seeks to analyze the current issues in criminal law and the Constitutional Court's decision. As a result, the study proposes amendments such as changing Paragraph 1 of Article 328 of the Criminal Law from "exemption from punishment" to "crime requiring complaint" and deleting Paragraph 2. By amending the kinship exemption provisions in the Criminal Law in this manner, it is believed that we can adopt a criminal policy that aligns with the modern respect for the personal property of family members, and adjust the kinship exemption provisions to match the spirit of the Constitution and the changes of the times.

제17장

재판권 쟁의에 대한 재정신청

- 대법원 2016. 6. 16. 자 2016초기318 전원합의체 결정 -

Ⅰ. 사실관계

피고인은 "예비역 육군 대령으로서, ① 육군사관학교 교수로 재직 중이던 2009. 12. 17.경 외부 업체의 부탁을 받고 다른 업체에 대한 실험데이터를 도용하여 실험결과를 허위로 기재한 육군사관학교장 명의의 시험평가서 36장을 작성한 다음, 전역 후인 2010. 3. 19.경부터 2012. 5. 21.경까지 9회에 걸쳐 위 업체의 사내이사로서 위 허위 시험평가서 11장을 공사 입찰 담당자에게 제출하여 행사하고(허위공문서작성 및 허위작성공문서행사), ② 2009. 10. 7.경 및 2009. 11. 18.경 육군사관학교에서 사용하고 있는 합계 300발의 탄환을 2회에 걸쳐 불출하여 외부업체 직원에게 전달함으로써 군용물을 절취했으며(군용물절도), ③ 2011. 1. 13.경 허위 내용을 기재한 수입허가신청서를 방위사업청 직원에게 제출하고 그 허가를 받아 탄환을 수입함으로써 사위 또는 부정한 방법으로 화약류 수입에 대한 방위사업청의 허가를 받았다(방위사업법 위반)"라는 공소사실로 2016. 3. 21. 서울중앙지방법원 2016고합215호로 기소되었다가, 제1심 계속 중 군사법원법 제3조의 2에 따라 이 법원에 재판권 쟁의에 대한 재정신청을 했다.

Ⅱ. 쟁점 사항과 판결 요지

1. 쟁점 사항

① 군사법원이 군사법원법 제2조 제1항 제1호[1])에 의하여 군형법 제1조 제4항 각호[2])에 정한 죄를 범한 일반 국민에 대하여 신분적 재판권을 가지는 경우, 이전 또는 이후에 범한 다른 일반범죄에 대해서도 재판권을 가지는지 여부

② 일반 국민이 범한 수 개의 죄 가운데 군형법 제1조 제4항 각호에 정한 죄와 그 밖의 일반범죄가 형법 제37조 전단의 경합범 관계에 있다고 보아 하나의 사건으로 기소된 경우, 재판권의 소재(군형법 제1조 제4항 각호에 정한 죄에 대하여는 군사법원, 일반범죄에 대하여는 일반 법원) 및 이 경우 일반 법원이나 군사법원이 사건 전부를 심판할 수 있는지 여부

2. 판결 요지

[다수의견]

군사법원법 제2조가 '신분적 재판권'이라는 제목 아래 제1항에서 '군형법 제1조 제1항부터 제4항까지에 규정된 사람'이 '범한 죄'에 대하여 군사법원이 재판권을 가진다고 규정하고 있으므로, 위 조항의 문언해석상 군인 또는 군무원이 아닌 국민(이하 '일반 국민'이라 한다)이 군형법 제1조 제4항 각호에 정한 죄(이하

---

1) 군사법원법 제2조(신분적 재판권) ① 군사법원은 다음 각호의 어느 하나에 해당하는 사람이 범한 죄에 대하여 재판권을 가진다. 1.「군형법」 제1조 제1항부터 제4항까지에 규정된 사람. 다만,「군형법」 제1조 제4항에 규정된 사람 중 다음 각 목의 어느 하나에 해당하는 내국인·외국인은 제외한다.

2) 군형법 제1조 ④ 다음 각호의 어느 하나에 해당하는 죄를 범한 내국인·외국인에 대하여도 군인에 준하여 이 법을 적용한다. 1. 제13조 제2항 및 제3항의 죄, 2. 제42조의 죄, 3. 제54조부터 제56조까지, 제58조, 제58조의 2부터 제58조의 6까지 및 제59조의 죄, 4. 제66조부터 제71조까지의 죄, 5. 제75조 제1항 제1호의 죄, 6. 제77조의 죄, 7. 제78조의 죄, 8. 제87조부터 제90조까지의 죄, 9. 제13조 제2항 및 제3항의 미수범, 10. 제58조의 2부터 제58조의 4까지의 미수범, 11. 제59조 제1항의 미수범, 12. 제66조부터 제70조까지 및 제71조 제1항·제2항의 미수범, 13. 제87조부터 제90조까지의 미수범.

‘특정 군사범죄’라 하고, 그 외의 범죄 등을 ‘일반범죄’라 한다)를 범함으로써 군사법원의 신분적 재판권에 속하게 되면 그 후에 범한 일반범죄에 대하여도 군사법원에 재판권이 발생한다고 볼 여지가 있다. 그러나 헌법 제27조 제2항[3]은 어디까지나 ‘중대한 군사상 기밀 · 초병 · 초소 · 유독음식물공급 · 포로 · 군용물에 관한 죄 중 법률이 정한 경우’를 제외하고는 일반국민은 군사법원의 재판을 받지 아니한다고 규정하고 있으므로, 이러한 경우에까지 군사법원의 신분적 재판권을 확장할 것은 아니다. 즉 특정 군사범죄를 범한 일반 국민에게 군사법원에서 재판받아야 할 ‘신분’이 생겼더라도, 이는 군형법이 원칙적으로 군인에게 적용되는 것임에도 특정 군사범죄에 한하여 예외적으로 일반 국민에게 군인에 준하는 신분을 인정하여 군형법을 적용한다는 의미일 뿐, 그 ‘신분’ 취득 후에 범한 다른 모든 죄에 대해서까지 군사법원에서 재판받아야 한다고 새기는 것은 헌법 제27조 제2항의 정신에 배치된다.

군사법원법 제2조 제2항은 예컨대 군에 입대하기 전에 어떠한 죄를 범한 사람이 군인이 되었다면 군사법원이 그 죄를 범한 군인에 대하여 재판을 할 수 있도록 하려는 취지임이 명백하다. 군사법 체계의 특수성에 비추어 볼 때 이러한 경우 군사법원이 재판권을 행사하여야 할 필요성과 합목적성이 충분히 인정된다. 그러나 일반 국민이 특정 군사범죄를 범했다 하여 그 전에 범한 다른 일반범죄에 대해서까지 군사법원이 재판권을 가진다고 볼 것은 아니다. 군인 등은 전역 등으로 그 신분을 상실하게 되면 특별한 경우를 제외하고는 군 재직 중에 범한 죄에 대하여 일반법원에서 재판을 받게 된다. 그러나 일반 국민은 특정 군사범죄를 범하여 일단 군사법원의 신분적 재판권에 속하게 되면 그 신분에서 벗어날 방법이 없다. 즉 일반 국민이 군형법 제1조 제4항 각호의 죄를 범한 때 그 전에 범한 어떠한 죄라도 아무런 제한 없이 군사법원에서 재판받게 한다면 군인보다 오히려 불리한 처지에 놓이게 된다. 위와 같은 해석은 헌법 제27조의 정신에 부합하지 아니한다.

결론적으로 군사법원이 군사법원법 제2조 제1항 제1호에 의하여 특정 군사범

---

3) 헌법 제27조 ① 모든 국민은 헌법과 법률이 정한 법관에 의하여 법률에 의한 재판을 받을 권리를 가진다. ② 군인 또는 군무원이 아닌 국민은 대한민국의 영역 안에서는 중대한 군사상 기밀 · 초병 · 초소 · 유독음식물공급 · 포로 · 군용물에 관한 죄 중 법률이 정한 경우와 비상계엄이 선포된 경우를 제외하고는 군사법원의 재판을 받지 아니한다.

죄를 범한 일반 국민에 대하여 신분적 재판권을 가지더라도 이는 어디까지나 해당 특정 군사범죄에 한하는 것이지 이전 또는 이후에 범한 다른 일반범죄에 대해서까지 재판권을 가지는 것은 아니다.

따라서 일반 국민이 범한 수 개의 죄 가운데 특정 군사범죄와 그 밖의 일반범죄가 형법 제37조 전단의 경합범 관계에 있다고 보아 하나의 사건으로 기소된 경우, 특정 군사범죄에 대하여는 군사법원이 전속적인 재판권을 가지므로 일반법원은 이에 대하여 재판권을 행사할 수 없다. 반대로 그 밖의 일반범죄에 대하여 군사법원이 재판권을 행사하는 것도 허용될 수 없다. 이 경우 어느 한 법원에서 기소된 모든 범죄에 대해 재판권을 행사한다면 재판권이 없는 법원이 아무런 법적 근거 없이 임의로 재판권을 창설하여 재판권이 없는 범죄에 관한 재판을 하는 것이 되므로, 결국 기소된 사건 전부에 대하여 재판권을 가지지 아니한 일반 법원이나 군사법원은 사건 전부를 심판할 수 없다.

[대법관 김용덕, 대법관 박상옥의 별개의견]

군형법 및 군사법원법은 헌법 제27조에 기초하여 군인, 군무원 및 그 밖의 일정한 일반국민에 대하여 군형법을 적용하여 군사법원에 재판권을 인정하고, 아울러 그들이 범한 다른 일반범죄에 대하여도 군사법원에서 재판할 수 있도록 정하고 있다. 그런데 군형법 및 군사법원법의 관련 규정들에 비추어 보면, 군형법상의 범죄 등과 같은 군사 관련 특수한 사유로 인하여 군사법원에 재판권이 인정되는 경우(이하 이에 해당하는 범죄를 '군사범죄 등'이라 한다)에 이는 고유의 재판권으로서 일반법원이 행사할 수 없지만, 군사범죄 등이 아닌 일반범죄를 범한 경우에 군사법원에 인정되는 재판권은 군사범죄 등에 관하여 군사법원에서 재판이 이루어짐을 전제로 하여 함께 재판할 수 있도록 인정된 임의적인 것으로서 그에 대한 일반법원의 재판권이 당연히 소멸된다고 할 수 없다.

따라서 군사범죄 등이 아닌 일반범죄의 경우에는 군사법원의 재판권과 일반법원의 재판권이 병존할 수 있고, 해당 범죄에 대한 구체적인 재판권에 관하여 다툼이 있는 경우에는 대법원이 군사법원법 제3조의2[4]에 의한 재정절차에 의하여 재판권을 행사할 법원을 정할 수 있다.

[대법관 박병대, 대법관 김창석, 대법관 김신의 반대의견]

군사법원법 제2조 제2항이 "군사법원은 제1항 제1호에 해당하는 사람이 그 신분 취득 전에 범한 죄에 대하여 재판권을 가진다."라고 한 것은 군인·군무원 등 행위자의 신분적 지위 자체로 군형법의 적용을 받는 군형법 제1조 제1항부터 제3항까지의 사람에 한하여 적용되는 것으로 제한하여 해석할 것이지, 이를 제4항의 경우에도 적용된다고 볼 것은 아니다. 그러한 해석은 헌법 제27조가 일반 국민에게 군사법원의 재판을 받지 아니할 기본권 등을 보장한 근본정신에 배치되므로 합헌적 제한해석을 함이 마땅하다.

그런데 일반 국민이 군사법원의 재판권 대상인 특정 군사범죄와 일반법원의 재판권 대상인 일반범죄를 범하여 형법상 실체적 경합범 관계로 처벌받아야 할 경우라든가 동일한 기회에 여러 가지 물건을 함께 절취했는데, 그 가운데 군용물이 섞여 있어서 전체로서 단순 1죄로 처벌되어야 할 경우 또는 일정 기간 동안 단일한 범의로 여러 번에 걸쳐 절도범행을 했지만, 전체가 포괄일죄의 관계에 있거나 상습절도에 해당하여 1죄로 처벌되어야 하는데, 범행 목적물에 군용물도 포함되어 있어서 범행 대상 물건에 따라 일반법원과 군사법원이 재판권을 나누어야 할지 아니면 하나의 법원에서 함께 재판받도록 해야 할지를 정해야 할 때가 생긴다. 군인 등이 그 신분을 가진 상태에서 특정 군사범죄와 일반범죄를 범했는데 전역으로 군인신분을 벗어난 경우에도 마찬가지 문제가 생긴다.

군사법원법 제3조의2가 규정한 재정신청 제도는 바로 이러한 경우에 어느 법

---

4) 군사법원법 제3조의2(재판권 쟁의에 대한 재정의 신청) ① 법원과 군사법원 사이에서 재판권에 대한 쟁의(爭議)가 발생한 때에는 해당 사건이 계속되어 있는 법원 또는 군사법원이나 이 법과 「형사소송법」에 따른 해당 사건의 상소권자는 대법원에 재판권의 유무에 대한 재정(裁定)을 신청할 수 있다. ② 사건이 계속된 법원 또는 군사법원은 제1항의 신청을 하는 경우에 이유를 갖춘 신청서와 해당 사건의 기록을 대법원에 제출한다. ③ 상소권자가 제1항의 신청을 할 때에는 그 이유를 갖춘 신청서를 해당 사건이 계속되어 있는 법원 또는 군사법원에 제출하고, 신청서를 받은 법원 또는 군사법원은 이를 받은 날부터 7일 이내에 신청서와 해당 사건의 기록을 대법원에 보내야 한다. ④ 재판권 쟁의에 대한 재정의 신청이 있을 때에는 해당 사건에 대한 소송절차는 그 신청에 대한 대법원의 재정이 있을 때까지 정지된다. ⑤ 제2항 및 제3항의 절차를 마친 법원 또는 군사법원은 그 사실을 7일 이내에 검찰총장에게 통보하여야 한다.

원에서 재판권을 행사할지를 대법원이 결정하도록 한 것이고, 대법원은 여러 가지 사정을 고려하여 자유재량으로 재판권을 행사할 법원을 재정하면 된다. 그러므로 재판 대상인 범죄에 특정 군사범죄와 일반범죄가 혼재된 경합범의 경우에도, 범죄별로 재판권을 행사할 법원을 나누도록 할 것인지는 대법원이 재정결정으로 정할 수 있다.

다만 일반 국민이 군사법원의 재판을 받지 않을 권리는 헌법이 보장한 기본권이므로, 군인·군무원 등 본래의 신분적 요소가 아니라 특정 군사범죄를 범했다고 하는 행위적 요소 때문에 군사법원의 재판권 행사 대상이 된 경우에는 특정 군사범죄 이외의 일반범죄에 대하여는 일반법원에서 재판받도록 한 것이 헌법 규정이다. 따라서 그 경우에는 대법원이 재정결정을 할 때에도 특정 군사범죄와 일반범죄를 분리하여 군사법원과 일반법원에서 따로 재판받도록 하거나 특정 군사범죄까지 일괄하여 일반법원에서 재판받도록 정할 수는 있지만, 일반범죄까지도 군사법원에서 재판받도록 하는 것은 헌법상 기본권을 침해하는 결과가 되므로 허용될 수 없다.

[대법관 이기택의 반대의견]

누가 어떤 범죄행위를 했다고 하는 것은 형사재판의 시작임과 동시에 결말이기도 하다. 범죄자가 누구인지를 떠나서는 적정한 형벌을 부과할 수 없으며, 수개의 범죄행위 역시 이를 구분하여 따로따로 형사법적으로 적정하게 평가할 수는 없다.

일반 법원과 군사법원은 법률심인 상고심 법원을 함께 하는 것 외에는 별도로 조직되어 운영되고 각각 고유한 형사재판권 영역을 담당하고 있다. 현행법상 일반법원과 군사법원의 재판권에 관한 규정은 헌법 제27조 제2항, 제110조 제3항에 근거한 군사법원법 제2조가 있다. 군사법원의 재판권 대상을 규정하고 있는 군사법원법 제2조는 재판권의 대상을 범죄가 아니라 사람을 기준으로 구분하고 있다. 한 사람의 피고인에 관한 일반법원과 군사법원 사이의 재판권 분리를 전제로 한 법령은 찾을 수 없다.

한 사람이 범한 특정 군사범죄와 일반범죄에 대하여 재판권의 분리는 타당하지 아니하다. 헌법 제27조 제2항, 제110조 제3항과 군사법원법 제2조의 규정 등은 모두 군인 등이 아닌 국민은 군사법원의 재판을 받지 않는다는 원칙에 대한 특별법의 지위에 있다고 볼 수밖에 없는 이상 군사법원이 기소된 모든 범죄에 대하여 재판권을 갖는다.

Ⅲ. 판례분석

1. 형법해석의 기본원칙

형벌을 수단으로 삼고 있는 형사법은 죄형법정주의를 기본원칙으로 삼고 있다. 죄형법정주의는 형사법상 금지된 행위가 구체적으로 무엇인지를 사전에 명확히 기술하여 한편으로 국민 일반에게 알려야 하며, 성숙한 국민이라면 어떤 행위를 금지하거나 이행해야 할지를 알 수 있고, 그런 규범 위반행위에 대해 회피할 수 있어야 한다. 다른 한편으로는 형사법을 적용하는 사법기관이 해당 규정의 범위와 내용을 명확히 파악할 수 있도록 명시되어야 한다. 그리고 통상적으로 허용되는 형사법해석의 방법은 문리해석을 중심으로 역사해석, 체계적 해석과 목적론적 해석(특히 목적론적 축소해석)을 보충적으로 추가한다. 그 밖에도 법원칙의 통일성과 형사법 개념의 독자성 역시 해석에서 필요한 부수적 수단임을 부인할 수 없다. 이러한 해석방법을 뛰어넘어 유추해석이나 목적론적 확장해석을 통하여 법원이 법창조 기능을 하는 사법적극주의적 태도는 허용될 수 없다고 할 것이다. 그럼에도 우리 법조나 실무가 출신 학자들 일부는 법해석의 영역조차 법원의 법창조 기능을 인정하려는 이른바 사법적극주의를 주장하는 분들이 적지 않다.

형법상 허용되는 해석은 법규범의 적용내용과 의미를 명확히 하는데 한정되는데 반해, 금지되는 유추는 법조문이 적용되는 범위의 틀을 넘어선 것으로 이해된다. 따라서 해석의 목적은 법률 문언에 대한 의미를 사회적으로 통용되는 요청에 부합하는 범위에서 명확히 하려는 데에 있고, 반면 유추의 목적은 법률의 흠결 부분을 사회적 요청에 부응할 수 있도록 관련 조문의 유추를 통하여 보완하는 데에 있다. 이처럼 해석과 유추의 이론상 구별은 쉽다.

그러나 해석과 유추 모두가 불명료한 법문에 관한 보완 필요성 때문에 사회적 요청에 걸맞게 적용하려는 것이어서 이들을 명확히 상호 구별하는 것은 현실적으로 쉽지 않다. 즉 이들 모두 주어진 상황에 대한 법률 적용 시에 야기되는 문제이며, 해석의 방법상으로도 유사하여 법규범을 특정 사안에 대입시키려고 할 때 실질적으로 동일한 수단과 방법을 사용하기 때문이다. 따라서 일부 학자들의 주장처럼 "법률 문언의 가능한 의미"의 기준만으로 허용되는 해석과 금지되는 유추를 구별하려는 시도는 지나칠 수 있다.

모든 법해석은 법문의 일상적인 의미나 법률적 언어관행을 사용하여 법문의 의미 파악부터 시작해야 한다. 그러나 법문의 문언이 애매하거나 다의적일 때는 법규에 명시된 형식상의 용어에만 집착할 수 없고, 법문의 논리적 의미 파악을 비롯한 법률의 입법제정사나 법률 전체의 체계적 해석의 필요성도 발생한다. 아울러 헌법 규정이나 헌법정신도 무시할 수 없을 뿐만 아니라 사안에 따라 목적론적 해석(특히 목적론적 축소해석)이 필요할 수도 있다. 왜냐면 형벌 법규의 입법 시에는 헌법적 가치에 반할 수 없고, 일반조항과 가치 충전이 필요한 개념의 필요성이 불가피한 경우가 발생한다. 이러한 때에도 문언에만 집착할 수 없는 목적론적 해석을 통하여서라도 형벌 법규가 일반 국민에 대해 무엇이 금지되어 있는가를 보여줄 수 있어야 하고, 또한 형법조차도 문자로 형식화된 죽어 있는 조문의 집합에 불과한 것이 아니며, 일정한 목적을 갖고 인간의 사회생활 속에서 생활 관계와 함께 진화되는 합목적적 정신을 담고 있기 때문이다. 따라서 법률해석자는 법률해석 시에 단순히 법문에만 집착하여 문언의 일상적 의미 파악에 국한되어서는 안 된다. 법률의 입법취지, 보호기능과 그 법률의 객관적 의미와 목적을 비롯하여 형법의 성격에 고유한 독자적 개념의 존재를 인식하고 고려해야 한다. 때로는 법률의 흠결이나 법률이 불비된 경우라도 허용되는 해석으로 보완될 필요성이 없지 않다. 예컨대 입법의 불비가 입법자의 편집상 과오에 기인함이 확인될 때 이를 일정한 요건 아래에서 보정할 수 있어야 한다. 또한 문언의 일상적 의미보다 넓은 개념인 문언의 가능한 의미 내에서의 해석도 이에 관하여 정당한 논증에 의해 충분한 근거를 갖고, 법치국가원칙의 요청을 만족시킬 수 있다면 허용된 해석으로 간주할 수 있음은 물론이다. 법치국가원칙의 요청을 만족시키는 해석의 허용범위는 형벌 법규의 수범자인 국민에게 무엇이 구체적으로 금지되고 있는가(혹은 요구규범)를 명확하게 인식시킬 수 있고, 그렇게 함으로써 국민은 금지규범(혹은 요구규범)에 대응하여 자기결정을 할 수 있는 정도에 이르러야 한다.

2. 해당 사안의 전원합의체 결정에 대한 비판

(1) 우리 헌법은 민간인의 군사재판 거부권을 인정하고 있다. 그래서 군인 또는 군무원이 아닌 일반 국민은 평화 시와 전시를 막론하고 원칙적으로 군사법원에 의한 재판을 거부할 권리를 가진다. 즉 민간인에 대한 군사법원의 재판권은 헌법 제27조 제2항에 의거하여 예외적으로 ① 중대한 군사상 기밀, 초병 · 초소 · 유독음식물공급 · 포로 · 군용물에 관한 죄 중 법률이 정한 경우와 ② 비상계엄이 선포된 경우에만 미친다. 이에 해당하는지 여부는 예외에 속하는 문제이기에 언제나 엄격히 적용되어야 함은 물론이다.

(2) 이와 관련하여 군사법원법 제2조 제1항 제1호[5]는 '특정 군사범죄'를 범한 일반국민에 대하여 군사법원이 신분적 재판권을 가진다고 규정한다. 이에 근거

---

5) 군사법원법 제2조 ① 군사법원은 다음 각호의 어느 하나에 해당하는 사람이 범한 죄에 대하여 재판권을 가진다. 1. 군형법 제1조 제1항부터 제4항까지에 규정된 사람. 다만, 군형법 제1조 제4항에 규정된 사람 중 다음 각 목의 어느 하나에 해당하는 내국인 · 외국인은 제외한다. 가. 군의 공장, 전투용으로 공하는 시설, 교량 또는 군용에 공하는 물건을 저장하는 창고에 대하여 군형법 제66조의 죄를 범한 내국인 · 외국인, 나. 군의 공장, 전투용으로 공하는 시설, 교량 또는 군용에 공하는 물건을 저장하는 창고에 대하여 군형법 제68조의 죄를 범한 내국인 · 외국인, 다. 군의 공장, 전투용으로 공하는 시설, 교량, 군용에 공하는 물건을 저장하는 창고, 군용에 공하는 철도, 전선 또는 그 밖의 시설에 대하여 군형법 제69조의 죄를 범한 내국인 · 외국인, 라. 가목부터 다목까지의 규정에 따른 죄의 미수범인 내국인 · 외국인, 마. 국군과 공동작전에 종사하고 있는 외국군의 군용시설에 대하여 가목부터 다목까지의 규정에 따른 죄를 범한 내국인 · 외국인. 2. 국군부대가 관리하고 있는 포로.

하여 특정 군사범죄를 저지른 일반 국민에 대해 재판권을 가지게 된 군사법원은 당연히 그 일반 국민이 범한 '특정 군사범죄' 이후의 범죄에 대하여도 신분적 재판권을 가지게 되는지, 이와 더불어 군사법원법 제2조 제2항에 의해 "군사법원은 제1항 제1호에 해당하는 사람이 그 신분취득 전에 범한 죄에 대하여 재판권을 갖"고 있으므로 이 규정을 근거로 특정 군사범죄 이전에 저지른 특정 군사범죄 이외의 일반범죄에 대하여도 재판권을 가지는지가 문제 된다.

(3) 이 문제를 탐색하기 위해서는 우선적으로 군형법의 적용 범위를 파악할 필요가 있다. 군형법의 적용 대상은 제1조에 다음과 같이 명시되어 있다. 즉 ① '대한민국 군인' ② '현역에 복무하는 군인' ③ '군무원', '군적을 가진 학생과 사관후보생 · 부사관후보생 및 병역법 제57조에 따른 군적을 가지고 있는 학생', '복무 중인 예비역 · 보충역 및 전시근로역인 군인' 그리고 ④ '특정한 군형법의 죄를 범한 자'들이다.[6)]

(4) 그러므로 군사법원법 제2조 제2항의 적용 범위는 대한민국 군인 등 특정한 신분적 지위를 취득한 사람뿐만 아니라, 군형법 제1조 제4항에서 명시한 특정 군형법상의 범죄를 범한 자까지 모두 포함하는지를 검토할 필요가 있다.

(5) 이에 관하여 해석할 때 헌법 제27조 제2항의 취지에 걸맞게 목적론적 해석이 요구된다. 그러므로 군사법원법 제2조 제2항의 적용 범위는 군형법의 적용을 받는 군형법 제1조 제1항부터 제3항까지의 사람에게 국한되는 것으로 제

6) 군형법 제1조(적용대상자) ① 이 법은 이 법에 규정된 죄를 범한 대한민국 군인에게 적용한다. ② 제1항에서 '군인'이란 현역에 복무하는 장교, 준사관, 부사관 및 병을 말한다. 다만, 전환복무 중인 병은 제외한다. ③ 다음 각호의 어느 하나에 해당하는 사람에 대하여는 군인에 준하여 이 법을 적용한다. 1. 군무원, 2. 군적을 가진 군의 학교의 학생 · 생도와 사관후보생 · 부사관후보생 및 병역법 제57조에 따른 군적을 가지는 재영 중인 학생, 3. 소집되어 복무하고 있는 예비역 · 보충역 및 전시근로역인 군인, ④ 다음 각호의 어느 하나에 해당하는 죄를 범한 내국인 · 외국인에 대하여도 군인에 준하여 이 법을 적용한다. 1. 제13조 제2항 및 제3항의 죄, 2. 제42조의 죄, 3. 제54조부터 제56조까지, 제58조, 제58조의2부터 제58조의6까지 및 제59조의 죄, 4. 제66조부터 제71조까지의 죄, 5. 제75조 제1항 제1호의 죄, 6. 제77조의 죄, 7. 제78조의 죄, 8. 제87조부터 제90조까지의 죄, 9. 제13조 제2항 및 제3항의 미수범, 10. 제58조의2부터 제58조의4까지의 미수범, 11. 제59조 제1항의 미수범, 12. 제66조부터 제70조까지 및 제71조 제1항 · 제2항의 미수범, 13. 제87조부터 제90조까지의 미수범.

한하여 해석해야 마땅하다.

군사법원법 제2조가 명시한 문언을 살펴보면 '본래적 의미의 신분을 내용으로 한 군형법의 포괄적 적용 대상이 되는 군형법 제1조 제1항 내지 제3항의 경우'와, '특정 군사범죄를 범했기에 그 한도에서 군형법의 적용 대상이 되는 제4항의 경우'는 본질적 성격에서 명백한 차이를 보인다. 이러한 점을 감안할 때 '군인 등'의 신분적 지위가 아닌 특정 군사범죄를 범했다는 이유로 일반인을 적용범위로 명시한 제4항의 경우는 적용 대상이 될 수 없다고 해석해야 한다. 이러한 해석만이 헌법 제27조가 규정한 일반 국민에 대하여 군사재판을 받지 아니할 기본권을 보장한 근본정신에 어긋나지 않기 때문이다.

(6) 이와 같은 맥락에서 일반 법원과 군사법원 가운데 어느 곳이 재판권을 가지는지의 문제가 발생할 수 있고, 이를 해결하기 위하여 재판권 쟁의에 대한 재정신청에 관한 규정을 군사법원법에 명시하고 있다. 즉 군사법원법 제3조의 2(재판권 쟁의에 대한 재정의 신청) 제1항에 따르면 "법원과 군사법원 사이에서 재판권에 대한 쟁의(爭議)가 발생한 때에는 해당 사건이 계속된 법원 또는 군사법원이나 이 법과 「형사소송법」에 따른 해당 사건의 상소권자는 대법원에 재판권의 유무에 대한 재정(裁定)을 신청할 수 있다."

(7) 재정신청이 가능한 경우로 반대의견이 사례로 들었던 것처럼 다음과 같은 경우가 예상될 수 있다. 즉 "일반 국민이 군사법원의 재판권 대상인 특정 군사범죄와 일반법원의 재판권 대상인 일반범죄를 범하여 형법상 실체적 경합범 관계로 처벌받아야 할 경우, 동일한 기회에 여러 가지 물건을 함께 절취했는데, 그 가운데 군용물이 섞여 있어서 전체로서 단순일죄로 처벌되어야 할 경우, 또는 일정 기간 동안 단일한 범의로 여러 번에 걸쳐 절도를 범행했지만, 전체가 포괄일죄의 관계에 있거나 상습절도에 해당하여 일죄로 처벌되어야 하는데 범행 목적물에 군용물도 포함되어 있어서 범행 대상 물건에 따라 일반법원과 군사법원이 재판권을 나누어야 할지 아니면 하나의 법원에서 함께 재판받도록 해

야 할지를 정해야 할 경우, 군인 등이 그 신분을 가진 상태에서 특정 군사범죄와 일반범죄를 범했는데 전역으로 군인 신분을 벗어난 경우" 등이다.

(8) 바로 이러한 쟁점에 관하여 재판권의 유무에 대한 대법원 재정신청을 할 때 대법원은 어떠한 결정을 내리는 것이 합헌적일 뿐만 아니라 합법적인지가 대상 결정의 핵심 문제이다.

(9) 이와 관련해서는 네 가지 의견으로 구분된다. 다수의견, 별개의견 그리고 반대의견에서 다시 두 가지로 나뉜 의견이 그것이다. 이 중에서 대상 결정에 관한 다수의견의 입장은 다음과 같다.

"군사법원법 제2조 제1항 제1호에 따라 군사법원이 특정 군사범죄를 저지른 일반 국민에 대하여 가지는 재판권은 '신분적 재판권'이라는 명칭에도 불구하고 그 이후에 범한 일반범죄에 대하여 미치지 않으며, 그 이전에 범한 일반범죄에 대하여도 미치지 않는다." 그 이유는 특정 군사범죄를 범한 일반 국민에 대한 군사법원의 재판권은 오로지 그 특정 군사범죄에만 미친다고 해석하는 것이 일반 국민의 군사재판을 받지 아니할 기본권을 보장하는 헌법 취지에 걸맞기 때문이다. 또한 군사법원의 일반 국민에 대한 예외적 재판권은 전속적 재판권이므로 일반법원이 재판권을 행사할 수 없으며, 만약 일반 국민이 저지른 특정 군사범죄와 일반범죄가 형법 제37조의 경합범 규정에 따라 하나의 사건으로 기소된 경우라면 특정 군사범죄는 군사법원에서, 그 밖의 일반범죄는 일반법원에서 각각 재판할 수 있을 뿐이라는 것이다.

(10) 그러나 이러한 다수의견에 대해서는 다음과 같은 반론이 가능하다.

첫째, 군사법원법 제3조2에서 명시하고 있는 재정신청에 관한 규정의 존재 의의가 무색해진다. 다수의견처럼 반드시 그리고 언제나 특정 군사범죄는 군사법원, 일반범죄는 일반법원으로 구별하여 재판받아야 한다면, 굳이 재정신청제도를 두어 대법원이 결정할 필요가 없기 때문이다.

둘째, 군사법원법 제2조는 재판권의 대상을 범죄가 아니라 특정한 사람에 속하느냐, 아니냐를 기준으로 구분하고 있다. 한 사람의 피고인에 관한 일반법원과 군사법원 간의 재판권 분리를 전제로 한 법령은 현행 실정법에서 찾을 수 없다는 점을 감안한다면, 한 사람이 범한 특정 군사범죄와 일반범죄에 대한 재판권의 자의적 분리가 정당한 것인지 의심스럽다.

셋째, 헌법 제27조는 원칙적으로 국민이 일반법원에서 재판받을 권리를 실현하는 근본규범이고, 이의 실현을 위해서는 실정법이 필요하다. 실정법의 형성과 해석 및 적용에 있어 헌법 제27조의 정신이 철저히 관철되어야 함은 정당하지만, 실정법의 근거 없이 오직 헌법 제27조의 규정에 입각한 해결방식이 바람직하다고는 할 수 없다.

넷째, 한 사람에 대한 재판권이 군사법원과 일반법원으로 무조건 양분될 경우, 양형의 문제와 함께 형 집행과정에서 문제점이 야기될 수 있다.

(11) 별개의견의 입장은 다음과 같다. "군형법상의 범죄 등과 같은 군사 관련 특수한 사유로 인하여 군사법원에 재판권이 인정되는 경우 이는 고유의 재판권으로서 일반법원이 행사할 수 없지만, 군사범죄 등이 아닌 일반범죄를 범한 때 군사법원에 인정되는 재판권은 군사범죄 등에 관하여 군사법원에서 재판이 이루어짐을 전제로 하여 함께 재판할 수 있도록 인정된 임의적인 것으로서 그에 대한 일반 법원의 재판권이 당연히 소멸된다고 할 수 없다. 따라서 군사범죄 등이 아닌 일반범죄의 경우에는 군사법원의 재판권과 일반법원의 재판권이 병존할 수 있고, 해당 범죄에 대한 구체적인 재판권에 대해 다툼이 있는 경우에는 대법원이 군사법원법 제3조의2에 의한 재정절차에 의하여 재판권을 행사할 법원을 정할 수 있다."

이러한 입장은 군사법원법 제3조2의 존재 이유를 감안했다는 점에서 진일보한 것이라고 볼 수 있다. 그럼에도 별개의견에 따르면 대법원이 재정결정을 할 때 일반범죄까지도 군사법원에서 재판받도록 할 수 있는바, 이는 헌법상 기본권을 침해하는 결과가 되므로 허용될 수 없는 것이다.

(12) 반대의견은 두 가지 견해로 구분된다. 즉 군사법원은 그 법원에 기소된 모든 범죄에 대하여 재판권을 가진다는 견해와 헌법 제27조 제2항의 취지를 최대한 살려서 해결해야 한다는 주장이 그것이다.

(13) 전자의 입장은 다음과 같다.

"군사법원의 재판권 대상을 규정하고 있는 군사법원법 제2조는 재판권의 대상을 범죄가 아니라 사람을 기준으로 구분하고 있다. 한 사람의 피고인에 관한 일반법원과 군사법원 사이의 재판권 분리를 전제로 한 법령은 찾을 수 없다. 한 사람이 범한 특정 군사범죄와 일반범죄에 대하여 재판권의 분리는 타당하지 아니하다. 헌법 제27조 제2항, 제110조 제3항[7]과 군사법원법 제2조의 규정 등은 모두 군인 등이 아닌 국민은 군사법원의 재판을 받지 않는다는 원칙에 대한 특별법의 지위에 있다고 볼 수밖에 없는 이상 군사법원이 기소된 모든 범죄에 대하여 재판권을 갖는다고 보아야 할 것이다."

그러나 "군사법원이 기소된 모든 범죄에 대하여 재판권을 갖는다"라는 반대의견은 헌법 제27조 제2항과 헌법정신에 그다지 충실하지 않은 해석으로, 바람직하다고 볼 수 없다.

(14) 후자의 입장은 다음과 같다.

군사법원법 제3조의2가 규정한 재정신청 제도의 취지에 따르면, 군사법원과 일반법원 간에 재판권의 쟁의가 발생할 때 어느 법원에서 재판권을 행사할지는 대법원이 재량으로 결정할 문제라고 본다. 재판 대상인 범죄에 특정 군사범죄와 일반범죄가 혼재된 경합범의 경우에도, 범죄별로 재판권을 행사할 법원을 나누도록 할 것인지는 대법원이 재정결정으로 정할 수 있다는 것이다. "다만 일반 국민이 군사법원의 재판을 받지 않을 권리는 헌법이 보장한 기본권이므로, 군인·군무원 등 본래의 신분적 요소가 아니라 특정 군사범죄를 범했다고 하는 행위적 요소 때문에 군사법원의 재판권 행사 대상이 된 경우에는 특정 군사범

7) 헌법 제110조 ③ 군사법원의 조직·권한 및 재판관의 자격은 법률로 정한다.

죄 이외의 일반범죄에 대하여는 일반법원에서 재판받도록 한 것이 헌법 규정이다. 따라서 그 경우에는 대법원이 재정결정을 할 경우에도 특정 군사범죄와 일반범죄를 분리하여 군사법원과 일반법원에서 따로 재판받도록 하거나 특정 군사범죄까지 일괄하여 일반법원에서 재판받도록 정할 수는 있지만, 일반범죄까지도 군사법원에서 재판받도록 하는 것은 헌법상 기본권을 침해하는 결과가 되므로 허용될 수 없다."

(15) 필자는 반대의견 가운데 후자의 견해에 동의한다. 그 이유는 다음과 같다.

첫째, 군사법원법 제3조의2가 재정신청제도를 인정하고 있고, 이 제도의 취지에 따를 때 대법원이 범죄별로 재판권을 행사할 법원을 지정할 수 있다고 보는 것이 타당하다.

둘째, 일반 국민은 군사법원의 재판을 받지 아니할 권리를 헌법 제27조를 통하여 보장받고 있다. 이에 따라 '군인 등 신분적 요소'가 아닌 '특정 군사범죄를 범한 행위적 요소'로 군사법원의 재판권 행사 대상이 된 경우에는, 특정 군사범죄 이외의 일반범죄에 대하여 일반법원에서 재판받도록 하는 것이 헌법정신에 부합한다.

셋째, 한 사람에 대한 재판권이 군사법원과 일반법원으로 합리적인 구분이 되지 않을 경우, 양형의 문제와 함께 형의 집행에서 비롯되는 문제점이 발생할 여지가 있다. 이러한 문제 발생을 예방적으로 해결하기 위함도 군사법원법에 재정신청제도를 두고 있는 존재의의라고 할 것이다.

(16) 따라서 반대의견과 같은 입장에서 "대법원이 재정결정을 할 경우에도 특정 군사범죄와 일반범죄를 분리하여 군사법원과 일반법원에서 따로 재판받도록 하거나 특정 군사범죄까지 일괄하여 일반법원에서 재판받도록 정할 수는 있지만, 일반범죄까지도 군사법원에서 재판받도록 하는 것은 헌법상 기본권을 침해하는 결과가 되므로 허용될 수 없다"라고 볼 것이다.

제18장

일본 형법학이 한국에 미친 영향과 약간의 문제 제기

Ⅰ.

1876년, 프랑스인 형법학자 브아소나드(Gustave Émile Boissonade)가 내일(來日)한 이래 그의 도움으로 1882년, 일본은 프랑스를 비롯한 유럽 여러 나라의 형법을 모범으로 삼아서 근대 형법전[일본의 (구)형법전]을 제정하게 되었다.[1] 또한 그가 일본에 도착한 지 얼마 지나지 않은 1880년대부터 '명법료(明法寮)'라는 법률학교를 세워 법학자들을 양성했다. 이처럼 서구의 형법학 이론과 사상이 일본에 소개되기 시작한 지도 어느덧 140년 이상의 세월이 흘렀다.

한편 우리 근대 형법학의 출발은 1894년 갑오개혁에서 비롯되었다. 개화파 관료들에 의하여 추진되었던 이 개혁은 이른바 '군국기무처(軍國機務處)'[2]의 위원들이 핵심적인 활동을 했으며, 이 인물들은 청나라에 대한 전통적인 사대정책에 반기를 들고, 서양 및 일본의 문물을 적극적으로 받아들이려 했던 세력이었으며, 이들에 의해 반봉건적인 혁신과 개혁이 단행되었다. 이들 개화세력은 특

1) 이에 관해서는 필자 외 (역), 일본형법이론사의 종합적 연구, 동아대학교 출판부 2009, 17쪽 이하 참조.

2) 1894년 6월 21일, 일본군이 경복궁을 점령하면서 친일정권이 수립되자, 제도개혁과 신정권 탄생에 따른 정치적 문제를 해결하기 위해 설치되었다. 합의체 형식으로 구성된 초정부적 입법·정책결정기구로서 최고집권자의 회의체 기능을 수행했다. 1894년 7월 28일부터 10월 29일까지 약 3개월에 걸쳐 실질적인 활동을 하며 210건의 의안을 심의·통과시켰다. 내부 갈등이 있었던 데다 일본의 대조선정책이 적극적인 개입으로 바뀌고, 고종도 이 기구를 전제왕권 제약의 수단으로 인식하면서 그해 12월 17일 칙령으로 폐지되었다.

히 일본으로부터 깊은 영향을 받았다.

개화세력을 등에 업은 고종은 종래의 형조(刑曹)를 폐지하고 오늘날 법무부라고 칭할 수 있는 법무아문(法務衙門)을 1894년 6월 28일, 설치했으며, 1894년 7월 2일부터는 함부로 인민을 체포 · 구금 · 재판 · 처벌함을 금지했다. 같은 해 7월 8일부터 모든 죄인은 사법관의 재판에 의하지 않고는 형벌을 과할 수 없게 했고, 7월 9일에는 법관이 죄인을 신문(訊問)할 때 오로지 대전회통(大典會通) 형전(刑典)에 의하고, 함부로 고형(拷刑)을 가하지 못하게 했다.[3] 또한 1894년 8월 16일, 죄인연좌률(罪人連坐律)을 폐지했고,[4] 그해 12월 12일에 이르러 독립선고문(獨立宣告文)과 한말의 헌법격인 홍범(洪範) 14조[5]를 고종이 종묘(宗廟)에 고하여 입헌군주제의 채택과 근대적 형법과 민법의 제정 등을 약속했다.[6] 12월 27일에는 능지처참형(陵遲處斬刑)과 참형 등의 형벌을 폐지하고[7] 일반인을 처형할 때 교수형(絞首刑)으로, 군인을 처형할 때 총살형(銃殺刑)만을 허용했다. 그리고 1895년 3월 25일 '재판소구성법'이 법률 제1호로 공포되어 4월 1일부터 시행되었다. 이에 근거하여 4월 15일, 최초의 근대적 재판소인 한성재판소가 설치되어 근대 사법제도가 조선반도에도 정착되는 계기가 되었다.

이와 같은 일련의 형사법제의 근대화 과정을 점진적으로 밟아오면서 1895년 6월 15일 법부령(法部令) 제7호에 따라 '법률기초위원회규정'이 공포되고, 이 위원회가 법부 내에 설치되어 형법을 비롯하여 민법, 상법, 소송법 등을 검토하여

3) 拷刑에 관ᄒᆞ는 件: 一新式法律頒布之先凡法官訊問大小罪人之場只許按照大典會通刑典施行毋得妄加拷刑事.

4) 連坐律을 勿施ᄒᆞ□件: 一罪人自己外連坐之律一切勿施事.

5) 홍범 14조는 1895년 1월 7일 공포한 우리 최초의 헌법이라고 할 수 있다. 그 내용은 다음과 같다: 제1 청국에 의존하는 생각을 끊고 자주독립의 기초를 확립한다. … 제3 임금은 각 대신과 의논하여 정사를 행하고 종실(宗室), 외척의 내정간섭을 허용하지 않는다. 제4 왕실 사무와 국정사무를 분리하여 서로 혼동하지 않는다. 제5 의정부 및 각 아문의 직무 권한을 명백히 규정한다. 제6 납세는 법에 의하여 규정하고 함부로 세금을 징수하지 못한다. 제7 조세의 징수와 경비지출은 모두 탁지아문(度支衙門)의 관할에 속한다. … 제9 왕실과 관부(官府)의 1년간의 비용을 예정하여 재정의 기초를 확립한다. 제10 지방관제를 개정하여 지방관리의 권한을 제한한다. 제11 우수한 젊은이들을 파견시켜 외국의 학술 · 기예(技藝)를 받아들인다. 제12 장교(將校)를 교육하고 징병을 실시하여 군제의 기초를 확립한다. 제13 민법 · 형법을 제정하여 인민의 생명과 재산을 보호한다. 제14 문벌(門閥)을 가리지 않고 널리 인재를 등용한다.

6) 홍범의 제13조에 따르면, "민법 · 형법을 제정하여 인민의 생명과 재산을 보호한다."고 명시하고 있다.

7) 대명률 형률에 의하면 대역죄의 경우 능지처참형을 법정형으로 두고 있다. 예컨대 대명률 형률의 적도에서는 모반대역죄(謀反大逆罪)의 경우 능지처참형을 법정형으로 하고 있다. 이에 관해서는 장도, 신구형사법규대전(新舊刑事法規大典) 상권, 164쪽 참조.

제정 또는 개정할 법안을 기초하도록 했다.[8] 1896년 4월 1일, 최초의 근대 특별 형법인 적도처단례(賊盜處斷例)[9]가 공포되었으며, 4일에는 형벌의 근대화라고 할 수 있는 형률명례(刑律名例)[10]가 공포되었다.

1895년 '재판소구성법'을 비롯해 형률명례는 일본의 전례를 답습한 것으로 이미 이 무렵부터 일본의 직·간접적 영향으로 우리의 근현대적 형사법이 형성되기 시작했다. 특히 1897년 호시 도오루(星亨)는 조선의 형법초안에 관한 기초 작업을 주도했다. 그가 형법초안을 작성하다 완성하지 못한 상태에서 일본으로 귀국하고, 그의 후임 고문관이었던 노자와 게이이치(野澤鷄一)가 호시의 작업을 이어받아 형법초안을 완성했다. 이 형법초안은 실정법으로서 제정되지는 않았다. 그러나 이 형법초안은 1905년 형법대전의 내용에 깊은 영향을 끼쳤다. 왜냐면 형법대전은 종래 대명률 체계의 법전을 따르지 않고, 근대형법 고유의 범죄와 형벌의 체계로 구성되었기 때문이다. 비록 형법대전의 내용은 죄형법정주의를 무시하는 불응위율을 명시하고 있을 뿐만 아니라 신체형인 태형을 두고 있다는 점에서 현대적 의미의 형법전과는 거리가 상당히 멀긴 하지만 말이다.

---

8) 법률기초위원회의 인적 구성은 위원장 1인, 위원 6인[법부 고등관 또는 한성재판소 판사 4인, 법률통효인(法律通曉人) 2인], 서기 2인이다. 초대 위원장에 법부의 협판(協辦)인 이재정, 위원에 민사국장 서주순, 형사국장 장박, 검사국장 신재영, 한성재판소 판사 한창수, 법관양성소장 피상범, 5품 현영운으로 구성되었다. 이에 관해서는 김효전, "근대 한국의 법제와 법학", 326쪽에서 재인용.

9) 절도와 강도 등에 관한 특별형법전으로 이 법률은 종래 대명률에 비해 상당 부분 근대화된 형법전임을 보여준다. 예컨대 절도와 강도죄의 경우 대명률에 따르면, 형률의 장(章)에 있는 적도(賊盜)라는 절(節)에서 27개의 범죄구성요건을 세분하여 규율하고 있다(謀反大逆, 謀叛, 조요서요언[造妖書妖言], 盜大祀神御物, 盜制書, 盜印信, 盜內府財物, 도성문약(盜城門鑰), 盜軍器, 盜園陵樹木, 監守自盜倉庫錢糧, 常人盜倉庫錢糧, 强盜, 劫囚, 白晝掠奪, 竊盜, 盜馬牛畜産, 盜田野穀麥, 親屬相盜, 恐嚇取財, 詐欺官私取財, 略人略賣人, 발총[發塚], 夜無故入人家, 盜賊窩主, 共謀爲盜, 公取竊取皆爲盜)에 반하여, 이 특별형법은 이를 적도(賊盜)라고 칭하고, 절도와 강도 등을 포섭하면서도 현대적 의미의 구성요건으로 규정하고 있는 것으로 보인다. 이 점은 대명률의 적도에 비해 적도처단례의 다음과 같은 법조문을 보면 쉽게 파악할 수 있다. 제1조 적도는 다음과 같이 4종으로 구분함. 1. 강도, 2. 절도, 3. 와주(窩主: 절도의 우두머리), 4. 준절도. 제2조 강도는 존엄지지(尊嚴之地)에 투절(偷竊)을 행한 자와 강폭(强暴)한 행위로 겁략(刦掠)한 자의 류(類)를 말함. 제3조 절도는 타인의 재물을 사절(私竊)한 자의 類를 말함. 제4조 와주는 강도와 절도를 교사하거나 혹은 용접(容接)하는 자의 類를 말함. 제5조 준절도는 무릇 사람을 속여(欺人) 편재(騙財)하는 자의 類를 말함. 제6조 적도처단례는 다음과 같이 4종으로 구분함. 1. 교형(絞刑), 2. 태형(笞刑) 후 역형(役刑), 3. 역형, 4. 태형. 제7조 강도의 죄목과 그 해당한 율례(律例)는 다음과 같다고 하면서 해당한 구체적 형벌을 정하고 있다.

10) 이에 따르면, 제1조: 형률은 다음 4종으로 구분함. 1. 사형, 2. 유형, 3. 역형, 4. 태형. 제2조: 사형은 교(絞)로 함. 제3조: 유형은 다음과 같이 10등급으로 구분함. 1. 종신, 2. 15년, 3. 10년, 4. 7년, 5. 5년, 6. 3년, 7. 2년 반, 8. 2년, 9. 1년 반, 10. 1년 등.

재판소구성법을 비롯한 다수의 특별형법이 일본법의 영향으로 제정되었는데, 특히 일본 형법이 1912년 조선에서 적용되었기 때문에 일본형법이 우리에게 미친 역사만 하여도 이제 110년이 넘었다. 어디 그뿐인가. 1895년 관비 장학생으로 일본에 유학했던 장도를 비롯한 유학생들 일부는 법률학교를 수료하고, 근대 형법이론과 형법사상을 습득했다. 특히 장도는 한국인으로서 처음으로 학생들을 위한 교과서인 '형법총론'을 출간하기도 했다. 하지만 그의 책 내용은 자신의 전문적 이론이나 사상의 연마로 저술되었다기보다 일본의 형법학자인 오카다 아사타로(岡田朝太郎)의 교과서를 대부분 모방했다.[11] 그와 다른 부분이 있다면 아사타로는 자신의 형법총론에서 사형제도를 철저히 비판하고 그것의 폐지를 촉구했음에도 장도는 그와 달리 사형제도의 존치를 찬성했다.[12]

36년 동안 식민지배를 거치면서 일본 형법은 우리에게 이론과 실무 면에서 전면적 영향을 미쳤다. 더구나 일본 형법으로부터 해방은 일본이 패망한 1945년이 아니라 1953년 10월 3일부터이다. 왜냐면 근대적 의미의 한국 형법전이 독자적으로 성안되고 시행된 시기가 1953년의 바로 그날이기 때문이다. 그럼에도 이 형법전은 1908년 일본 형법과 1941년 일본개정형법가안을 기초로 성안되었다. 다만 약간의 예외적인 독자적 규정을 두었긴 하지만 말이다.

형법이 제정된 지도 이제 70여 년의 세월이 흘렀다. 그러는 사이 국내에서도 형법학에 진심인 법조인이나 학자들이 등장했다. 독일을 비롯한 일본과 미국 등지에서 유학하여 형사법으로 박사학위를 받았던 분들도 적지 않고, 학문적으로 훈련되어 형사법이론에 탁월한 분들도 많아졌다. 오늘날 한국에서 형법학자라고 칭할 수 있눈 사람만 하여도 300명을 훨씬 넘고, 형사법을 실무로 접하며 담당하는 현직의 검사도 2,000명이 넘는다.

일본은 1882년, (구)형법전을 제정했고, 또한 이때부터 형사판례가 축적되었다. 게다가 신고전파에 해당하는 프랑스인 브아소나드와 부스케(Georges Hilaire Bousquet)의 지도로 '명법료'라는 법률학교에서 법학, 특히 형법학자와 형사법의

11) 이에 관해 자세한 것은 필자의 "장도의 형법이론과 형법사상의 배경", 형법연구Ⅳ, 56쪽 참조.
12) 장도, 형법총론(복본), 관악사, 2004, 270쪽 이하, 특히 286쪽 이하 참조.

실무가가 양성되기 시작했고, 그 후 법학과 혹은 법학부가 대학에 설치되면서 법학도가 많아지게 되었다. 게다가 1890년대부터 유럽(독일과 프랑스)에서 유학하여 형법을 전공했던 분들도 적지 않았다. 그 결과로 탁월한 형사법의 이론가들이 나타났다. 예를 들자면 미야기 코우조(宮城浩藏: 1852~1893), 이노우에 세이이치(井上正一: 1850~1936), 에기 마코토(江木衷: 1858~1925), 토미이 마사아키(富井政章: 1858~1935), 코가 렌조(古賀廉造: 1858~1942), 카츠모토 칸자부로(勝本勘三郎: 1868~1923), 오카다 아사타로(岡田朝太郎: 1868~1936), 코아제 츠타(小疇伝: 1874~1912), 오오바 시게마(大場茂馬: 1869~1920), 마키노 에이이치(牧野英一: 1878~1970), 모토지 신쿠마(泉二新熊: 1876~1947), 토미다 야마쥬(富田山壽), 미야모토 히데나가(宮本英脩: 1882~1944), 쿠사노 효우이치로(草野豹一郎: 1886~1951), 오노 세이이치로(小野清一郎: 1891~1986), 다키가와 유키토키(滝川幸辰: 1891~1962)와 키무라 케메지(木村龜二: 1897~1972)와 같은 분들이다.

이러한 관점에서 볼 때 일본의 형법 판례에 관한 축적과 일본 형법학계의 형법상 제반 문제에 대한 논문은 양적인 차원, 특히 세부적인 쟁점에서 우리와 비교될 수 없을 정도에 이르게 되었다. 형법상 각종 문제에 대해 우리보다 정치(情致)한 해결을 보여주는 일본의 판례와 논문들이 훨씬 많은 것도 사실이었다. 이러한 사정으로 일본 형법학은 오랫동안 한국을 포함해 동북아지역에서 그 나름의 우월한 독자성을 확보하게 되었다.

Ⅱ. 일본 형법학에서 얻은 것

필자는 1970년 3월, 법과대학에 입학하여 당시 각종의 형법 교과서를 읽어보면서 이들 교과서에 사용된 참고문헌 가운데 상당 부분이 일본의 학설이나 판례였음을 알고나서 의아스럽게 생각했다. 더욱 놀라웠던 것은 1953년에 제정된 형법전이 우리 헌법과 이에 걸맞은 법치국가원칙의 형법사상을 충실히 담았을 것으로 믿었고, 이에 따라 일본식 형법과는 상당 부분 다를 것이라 여겼는데, 이러한 예상은 빗나가 버렸다. 왜냐면 우리 형법전이 독일의 영향 아래 제정된

1907년의 일본 형법전과 1941년의 일본형법가안(日本刑法假案)에 의해 지대한 영향을 받았다는 점을 관련 법규들과의 비교를 통하여 쉽게 파악할 수 있었기 때문이다. 우리 형법전에 관한 일본의 영향은 물론 1945년 일본에서 해방된 직후 우리 법조인이나 학자들 대부분이 일본의 법과대학에서 법학을 공부했거나 일본의 형사사법 실무에 익숙한 결과로 빚어진 불가피한 측면이 없지는 않았다.

따라서 우리나라에서 형성된 형법사상과 형법이론을 올바르게 파악하는 것은 일본의 그것을 외면하고는 매우 어렵다는 사실을 알게 되었다. 그래서 우리 형법사상과 이론에 적지 않게 영향을 주었던 일본의 저명한 형법학자에 대한 선행연구가 필수적임을 뼈저리게 느끼었던 차에 『일본형법이론사의 종합적 연구』를 발견하게 되었다.

필자가 이 책을 번역하면서 특히 다음과 같은 점들에 대해 새로운 인식을 하게 되었다. 첫째로 일본의 형법학자들이 서구의 발달한 형법사상과 형법이론을 수용하는 과정에서 새로운 학술용어의 조어(造語)를 비롯하여 형법사상과 이론의 형성에 깊이 고심했던 흔적들을 곳곳에서 느낄 수 있었다. 이러한 노고로 인하여 일본을 포함한 한국이나 중국 등 동아시아의 법조인이나 법학자가 서구의 형사법 전반을 더욱 쉽게 수용할 수 있게 되었다는 사실에 깊이 감사드린다. 둘째로 일본에서 형사사법관(刑事司法觀)의 형성은 이론적 차원에서 주관주의와 객관주의의 치열한 다툼에도 불구하고, 실무의 차원에서는 일방적인 것이 아니라 이들 상호 간의 소통과 절충을 통해 이루어졌음을 파악하게 되었다. 셋째로 일본은 서구의 발달한 형사법의 수용으로 근대적 법치국가로 이행하려는 치열한 노력을 기울면서도 자신들의 고유한 풍토에 걸맞은 이론과 원칙을 세워보려 노력했던 학자가 적지 않았다.

특히 서양의 근대 형법사상과 이론이 프랑스인 브아소나드의 영향 아래 현대적 일본 형법전으로 시행되고, 또한 그의 노력에 의해 초기 일본 형법학자들이 양성되었다. 즉 브아소나드의 제자들에 의하여 1880년대부터 자체적인 일본 형법학이 싹트기 시작했고, 점진적으로 일본적인 것으로 각색된 형법사상과 이론이 나타났다. 일본에서 발전한 형법사상과 이론은 20세기 초부터 거의 반세기에 걸쳐 한국의 형사입법과 실무 및 이론, 그리고 그 근저에 놓여 있는 한국인의 형사사법관(刑事司法觀) 형성에도 깊은 영향을 미쳐왔다는 역사적 사실을 우리는 외면할 수 없을 것이다.

특히 중요한 몇 가지만 열거하자면 다음을 들 수 있다.

첫째로 죄형법정주의의 철저화이다. 대명률을 근간으로 했던 우리의 종래 형벌체계는 형률에만 국한되지 아니했고, 불응위률에 의한 처벌이 가능했다는 점에서 죄형법정주의는 제한된 의의만 있었다.

둘째로 형벌의 현대화이다. 즉 육체를 절단하거나 매를 가하는 형벌(태형)을 극복했다. 뿐만 아니라 윤형을 폐지했다.

셋째로 적법절차가 준수되는 현대적 재판제도를 정착시켰다.

넷째로 판례를 명기하여 추후의 유사 사건에서 참작하게 했다.

다섯째로 범죄의 성립에 관해 구성요건 해당성, 위법성 그리고 책임을 구분하고, 단계별로 평가할 수 있도록 함으로써 자의적 평가를 극복하려고 했다.

여섯째로 수많은 서구의 전문 법률용어를 일본어와 한자를 병기해 번역하여 같은 한자문화권인 우리에게 전달해 주었다.

일곱째로 형법해석의 방법론을 전파해 주었다.

Ⅲ. 일본 형법학에서 아쉬운 점

한국 형사법학자의 관점에서 볼 때, 일본 형법학에 대해서는 몇 가지 아쉬움이 눈에 띈다. 일본은 한국보다 서구의 선진형법을 훨씬 일찍 계수했다. 신고전학파였던 브아소나드의 지도 아래 미야기(宮城), 이노우에(井上), 오카다(岡田), 오오바(大場), 모토지(泉二), 오노(小野), 다키가와(瀧川) 등 탁월한 형법학자가 나타났다.[13] 객관주의 학자뿐만 아니라, 마키노(牧野), 미야모토(宮本)와 키무라(木村)와 같은 주관주의 형법학자도 탄생했다. 객관주의와 주관주의 학자들로부터 다

13) 이들 학자에 관한 자세한 내용은 필자 외 (역), 일본형법이론사의 종합적 연구, 2009, 17쪽 이하 참조.

시금 수많은 유능한 제자들의 논문이 확장해서 기틀을 다진 일본에서 발달한 형법이론학과 형법입법론 및 형법사상은 한국을 비롯하여 대만의 형법학에 오랫동안 영향을 미쳤다. 그럼에도 오늘날 일본 형법학의 현주소는 국내용이라는 한계를 벗어나기 어려워 보인다. 몇 가지 사례를 들어 살펴보자.

1. 형법학은 형법전에서 출발한다. 우리나라도 1953년 10월 3일, 일본의 형법전에서 벗어나 나름의 독자적인 형법전을 제정했다. 우리 형법전은 비록 1941년 일본형법가안을 많은 부분 참조했지만 그럼에도 몇 가지 점에서 고유한 특색을 지닌 형법의 원칙을 보완했다. 예컨대 형법 제20조 사회상규에 의한 행위를 정당행위로 파악한 점과 형법 제12조에 근거한 적법행위의 기대가능성 그리고 형법 제16조에 규정을 둔 위법성의 인식을 범죄성립의 핵심적 요소라고 명시했다. 이와 같은 측면에서 우리 형법은 일본 형법보다 현대적인 형법학의 이론을 수용했다고 평가할 수 있다.[14][15]

일본 형법은 따라서 책임 비난의 전제인 위법성의 인식이나 인식가능성의 요구와 적법행위의 기대가능성을 형법이론의 관점에서 비로소 접근할 수 있다. 이러한 점에서 보면 책임의 전제조건으로 위법성의 인식이나 적법행위의 기대가능성을 굳이 요구할 필요가 없다고 달리 해석할 수 있게 된다. 바로 이 지점에서 일본의 형법학자는 그렇지 않다는 점을 이론적으로 규명해야 할 것이다.

2. 형법상의 모든 출발점은 행위론에서부터 시작되어야 함에도 일본에서는 형법상 행위론에 관한 문제의식이 깊지 않아 보인다. 그 결과로 형법해석학에 충실한 행위론에 관하여 깊은 고민의 흔적도 찾아보기 어렵다. 행위론에 관하여 무엇에 실익이 있을 수 있느냐고 묻는 것은 적절하지 않다. 왜냐면 모든 범죄는 형법상의 행위에서 비롯되며, 수사도 형법상 행위가 존재해야 비로소 착

14) 필자의 "제정형법의 장단점과 있어야 할 형법의 모습", 『형법제정 70주년 기념 학술대회』, 한국형사법학회, 2023. 9. 23. 4쪽 이하 참조.

15) 대만은 1941년의 일본형법가안을 모범으로 삼아 1949년 현대적 의미의 형법전으로 대폭 개편했다. 다만 우리 형법 제20조와 동일하거나 유사한 규정은 두지 않았다.

수할 수 있고, 구성요건에 해당하는 행위, 위법한 행위 그리고 책임을 지는 행위 등도 행위개념을 전제하고 있기 때문이다. 이러한 점에서 형법상 행위개념이 무엇인가를 명백히 밝히는 것은 중요하다.

그럼에도 일본 학자들은 이 문제에 대해 무관심하거나 아니면 독일의 이론을 단순히 모방하는 데 그치고 있으며, 기껏해야 대부분 사회적 행위개념을 따르고 있다. 사회적 행위개념의 대표격인 록신(Roxin)에 따르면, "형법상 행위개념은 가치개념의 중립성, 행위와 비행위 여부의 한계성 그리고 상위개념의 기능을 모두 갖추어야 한다."라고 주장한다. 그러나 이와 같은 록신의 주장은 사회적 행위개념의 정의에 걸맞지 않은 것이다. 왜냐면 사회적 행위개념에 따르면 한편으로 형법상 행위개념은 전구성요건적 행위여야 하고, 그런 행위개념은 가치중립적이어야 한다고 주장하면서, 다른 한편으로는 형법상 행위개념은 사회적으로 의미 있고 중요해야 한다는 것이 되어 이러한 사고방식은 서로 배치되기 때문이다. 록신의 입장이 아직도 일본에서 적지 않은 영향력을 보이는 것은 다소 의아해 보인다.[16] 형법상 행위란 단순한 존재론적 차원에 머물 수 없고, 사회적 일탈행위로서 구성요건에 해당할 만한 가능성을 가져야 한다. 그래야만 부작위도 형법상 행위개념으로 파악할 수 있기 때문이다. 필자는 형법상 행위란 "자신의 태도나 행동을 목적적으로 조종할 수 있는 인간이 회피했어야 할 위험을 야기하는 사회적 일탈행동"이라고 본다.[17] 이뿐만 아니라 행위론은 행위주체와 독립된 '행위'의 문제라는 시각이 일본도 독일처럼 우세하다. 그러나 이러한 태도는 형법이론상 가능하지 않다. 그 이유는 다음과 같기 때문이다. "형

16) 2009년, 일본 도쿄에서 500여 명의 형법 교수가 모인 자리에서 기조발제에 나선 록신(Claus Roxin) 교수는 지극히 원론적인 얘기에 치중했는데, 도쿄대 교수들은 록신의 행위론에 관하여 비판적 질문을 피하고, 자신의 행위론에 맞은 구체적 사례를 설명했다. 당시 일본학자들은 더 이상 그 문제를 추궁하지 않았고, 일본의 고유한 행위론을 축적한 것으로도 보이지 않았다. 왜 일본은 자신들의 형법학에 관한 정체성을 바라보는 일에 눈을 감고 있을까 하는 의문이 일어났다.

17) 이에 관한 자세한 연구로는 필자의 "형법상의 행위개념의 재구성', 형법연구 I, 1쪽 이하: 한국 형법이 전제하고 있는 인간상은 과학적 지식에 기초하여 일정한 목표를 세워 실행할 수 있을 뿐만 아니라, 그러한 목표의 실행으로 야기되는 부수적인 제반 사정까지 일정한 범위에서 예견하여 그것을 회피할 수 있는 능력자이며, 더 나아가서 자기의 활동 범주에서 빗어진 결과에 대하여 사회적 책무를 부담하는 인격자이다. 그렇기에 형법상의 의미 있는 행위를 할 수 있는 능력자는 인간 모두가 아니라 목적적 행위지배가 가능한 인격 있는 행위능력자로 국한해야 한다. 이러한 능력자에는 자기가 목적하는 바를 실현할 수 있을 뿐만 아니라, 그 행위로 부수되는 제반 사정을 참작할 수 있는 능력이 있으면 족하고, 그 행위가 사회적으로 어떠한 의미를 갖는지 알 수 있는 능력까지 요구하지 않는다.

법상 행위개념은 범죄를 범할 수 있는 행위자의 행위능력을 전제하고 있다. 왜냐면 형법상 행위는 행위자의 행위능력을 완전히 배제하고서 생각할 수 없는 개념이기 때문이다. 그러므로 형법상 행위 주체가 인정되기 위해서는 형법상 행위능력을 지녀야 하며, 행위능력자의 형법상 의미를 지닌 행위가 다름이 아닌 형법상 행위이다."

3. 형법의 기본원리는 책임주의에 철저해야 하고, 또한 책임을 기초로 삼아야 한다. 그럼에도 인간은 무엇 때문에 책임을 지는가에 대해 우리뿐만 아니라 일본이나 독일학자들도 합리적인 근거 없이 '달리 선택할 가능성을 가진다는 논거'로 의사(意思)의 자유를 의제(擬制)하고 있다. 이것은 잘못이다. 필자는 인간에 대한 형사책임의 근거를 다음과 같은 이유에서 찾을 수 있다고 본다.

① 책임의 전제로서 인간의 자유의사가 인간의 육체, 특히 뇌의 구조와 역할과 무관하게 존재하나라는 식으로 질문하게 된다면, 이는 잘못된 것이어서 올바른 대답을 할 수 없다. 이러한 잘못된 질문을 우리는 거의 200년 동안 쉼 없이 무의미하게 되풀이했다. 독일의 저명한 형법 교수 쉬네만(Prof. Dr. Schünemann)은 인간의 자유의사에 대한 문제를 제기하고 그 존재성을 규명해야 한다고 주장한 바 있다.[18] 그는 그 근거를 인간의 문화 창조능력과 언어사용의 방식을 통하여 사물을 지배하는 언어구조 속에서 찾으려고 했다. 이러한 지적은 언어를 구사할 수 있는 인간을 상정했다는 점에서 타당하지만, 언어를 구사하는 능력이 자유의사에 근거한다는 전제에서 출발하는 부분은 수정할 필요가 있다. 왜냐면 그가 자유의사 인정의 근거를 찾으려는 노력은 잘못된 방향에서 묻고 답한 것으로 인간의 문화 창조능력과 언어사용방식은 자유의사와 동일시될 수 없는 개념이기 때문이다. 오히려 인간에게 책임을 지우는 근거는 인간이 사회적 동물로서 문화창조와 사회평화를 형성하고 달성할 만한 합리적 상황인식과 그에 따라 올바르게 행동할 수 있는 능력이나 지능을 갖고 있느냐의 문제

18) 베른트 슈네만(Bernd Schünemann), "독일에 있어서 책임론의 새로운 전개"(미간행 논문: 서울대학교 법과대학에서 발표한 강연 원고), 4쪽 이하 참조.

이다.[19] 술에 취한 사람은 육체만이 아니라 정신도 취한 것처럼 환경과 유전인자에 의존되는 인간의 자유의지는 환경과 유전인자로부터 완전히 자유로울 수 없지 않은가. 우리는 모든 성숙한 인간에게 "목적적으로 행동하고 합리적으로 사고하며, 그 환경을 효과적으로 처리하는 개인적인 종합적 · 전반적 능력인 지혜"의 향유를 과학적으로 인정하고 있다. 특히 이러한 지혜의 핵심 요소인 지능의 인자와 구조, 지능의 유전적 요인과 환경적 요인 그리고 지능의 발달에 대하여 현대과학은 많은 것을 과학적으로 입증하고 있다. 이에 따라서 IQ 검사를 비롯하여 인간의 지능을 과학적으로 측정하는 기술이 일상에서 이용될 정도로 축적되어 있다. 인간사회에서 목적적으로 조정할 수 있는 인간의 지혜는 사회발전과 문화창조의 원동력이 되는 현실에서 이제는 인간의 지혜가 인간의 자유의사를 대신하여 사회평화를 발전 · 유지해야 할 책무의 존재근거로 되어야 한다. 다시 말해 책임의 근거는 인간이 자유의사를 가졌다는 가설에서 출발할 것이 아니라 성숙한 인간이라면 인간다운 삶을 유지해야 할 사회적 책무를 준수할 수 있는 지혜나 능력을 지녔다는 데서 구해야 할 것이다. 그러므로 성숙한 인간이라면 제한된 범위 내이긴 하지만 사물의 인과 과정을 조종하고 지배하여 '행위'라는 작품을 형성하는 능력을 보유했고, 그 작품 활동 과정에서 야기된 위험을 예상하고 그것을 회피하는 능력까지도 겸비하고 있음을 우리는 부정할 수 없다. 인간은 이러한 능력을 바탕으로 그의 과학적 지식에 기초하여 자신의 활동을 지배하거나 조절함으로써 문화 형성에 기여할 수 있는 유일한 존재이며, 사회적으로 봐서 이득이 되는 활동뿐만 아니라 악영향을 끼치는 활동도 가능한 이중적 존재이기도 하다. 그렇기에 인간은 문화 창달에 부정적인 영향을 줄 수 있는 사회침해적 행동을 회피할 수 있는 지혜를 가지고 있을 뿐만 아니라, 그러한 침해적 행동을 회피해야 할 책무도 지게 된다. 이와 같은 지혜와 책무에 근

19) 여기서 지능이란 지식을 쌓거나 사물을 바르게 판단하는 등의 지적인 능력을 말한다. 지능의 정의에는 여러 가지가 있으나 비교적 널리 알려진 것을 유형화하면, ① 추상적 사고력을 중시한 입장, ② 학습하는 능력, ③ 새로운 환경에 대한 적응성, ④ 조작적 정의, ⑤ 포괄적으로 정의하고자 하는 입장 등 5가지로 구분될 수 있다. ⑤의 입장에서 D. 웩슬러는 "목적적으로 행동하고 합리적으로 사고하며, 그 환경을 효과적으로 처리하는 개인의 종합적·전반적인 능력"으로 이해한다. 형법상의 책임 문제와 관련된 지능 개념에는 ⑤의 개념이 가장 실용적으로 사용될 수 있을 것이다.

거하여 공동생활에 위험이 되는 행동을 피할 수 있었음에도 위험을 야기한 자에 관하여 불가피한 경우 최후의 수단인 형법적 대응을 강구하게 된다.

② 과학적으로도 우리의 마음은 육체로부터 그리 자유로운 상태일 수 없다. 인식이나 마음의 기초는 사물이나 환경에 관한 정보를 감각기관에 의하여 인식의 중추인 뇌에 전달하고, 다시금 뇌의 영역에 존재하는 해마에 의해 기억되며, 이러한 기억은 측두엽에서 도서관의 장서 배열처럼 정보를 체계적으로 저장하고, 외부의 자극이나 또 다른 정보를 통해서 야기된 문제를 해결하기 위해 판단이나 결정 등에 관해 전두엽에서 활발한 회의를 걸쳐 '운동 띠'의 앱을 통해 행동으로 나타난다. 이와 같은 일련의 정보처리 과정에서 생성된 인식이나 지각을 언어로 표현할 수 있는 인간의 능력은 포유동물에 내재한 FOXP2라는 유전자 중에서 돌연변이와 NOVA1 유전자 돌연변이의 상호작용을 통해 얻게 되었다.[20] 신경세포를 오가면서 처리되는 정보가 지각이나 인식의 형태에서 언어적으로 표현되기 위해서는 그 전제로서 언어적 개념은 신경세포를 오가는 정보처리로 생득된 인식이나 지각의 방식으로 형성된다고 보는 것이 자연스럽다. 그렇다면 의사의 내용인 마음뿐만 아니라 물질 모두 활동의 기초는 원자이다. 그렇다고 마음과 물질의 상관관계를 단순히 인과적 과정으로 이해하려는 가설은 옳다고 할 수 없다.

4. 일본의 유명한 형법학자 다키카와(瀧川)는 형벌의 제1차적 목적을 응보에서 찾고 있으며, 적지 않은 일본학자들 역시 이 견해를 추종하고 있다. 그러나 이러한 견해는 다음과 같은 비판을 면하기 어렵다.

국가는 개개인이 자기의 삶을 영위하는 데에 불가피한 생명과 신체뿐만 아니라 재물이나 재산상 이익 또는 가치 등에 대한 침해행위를 범죄로 규정하고, 이에 대한 침해행위를 용납하지 않고 예방하기 위해 인간이 참기 힘든 국가형벌권으로 처벌할 수 있도록 했다. 따라서 형벌은 복수의 악순환 연결고리를 끊고,

---

20) 이에 관해 자세한 것은 FOXP2 (naver.com).

더 이상의 복수가 가능하지 않게 하는 데 있으므로, 형벌의 일차적 목적은 형벌을 통하여 더 이상의 복수 실행을 방지하는 것이다(형법의 범죄예방목적). 형벌의 목적을 만일 일차적으로 응보에 둔다면 그것은 사적 복수와 본질적으로 달리 구별하기 어렵게 된다.

5. 일본의 형법학계에서는 사형폐지론자가 한국에 비해 상대적으로 적어 보인다. 물론 일본에서도 일찍부터 오카다(岡田)라는 분 등 적지 않은 학자들이 나름의 논리적 이유로 사형제도를 폐지해야 한다고 주장했다. 그리고 오늘날도 사형제도의 폐지를 주장한 학자들도 있으나, 이들의 목소리는 한국처럼 그렇게 크게 울리지 않고 있다. 아마도 그 이유는 다음과 같은 두 가지 관점에서 이해될 수 있다. 그 하나는 일본 헌법이 잔인한 형벌 금지를 천명하고 있을 뿐이고, 한국 헌법처럼 인간 존엄의 불가침성과 기본권의 본질적 침해금지를 명문화하지 않고 있기에 일본에서는 사람을 돌로 쳐 죽이는 형식과 같은 방식이 아닌, 교수형(絞首刑)과 같이 비교적 덜 고통스러운 형식으로 사형시키면 잔인한 형벌 금지 원칙을 회피할 수도 있기 때문이다. 다른 하나는 일본은 천황제를 존치하고 있는바, 국가의 상징으로서 천황은 국민을 위한 봉사주체로서 파악되기보다 오히려 국민이 국가의 상징인 천황을 위해 헌신해야 한다는 정서가 강하게 작용할 수밖에 없기 때문이다. 즉 상당수 일본인이 천황을 국가와 동격으로 이해하고 있는 마당에 국가는 국민 인권을 위한 수단이기보다 목적으로 간주하려는 경향이 강할 수 있다. 이러한 상황에서는 국가의 사회질서유지 목적이 강할수록 사형제도는 얼마든지 허용할 수 있기 때문이다.[21)]

21) 다만 일본의 최고재판소 판결문을 읽어보면 일본 형법학의 일반적 수준을 짐작할 수 있다. 남아공의 헌법 결정문이나 헝가리 헌법재판소의 결정문과 비교하여 볼 때 인권의식과 법적 사고력이 너무나 대조적이기 때문이다. 일본에서 사형제도의 합헌성을 인정한 대표적인 판결문은 1948(昭和 23)년 3월 12일의 것으로 다음과 같이 판시하고 있다. "생명은 존귀하다. 한 사람의 생명은 전 지구보다 무겁다. 사형은 확실히 모든 형벌 가운데에서 가장 냉엄한 형벌이며, 또 정말로 부득이한 경우에 인정되는 궁극의 형벌이다. 그것은 말할 필요도 없이 존엄한 인간 존재의 근원인 생명 그 자체를 영원히 빼앗아 가는 것이기 때문이다. 현대 국가는 일반적으로 통치권의 작용으로서 형벌권을 행사하는 것에 즈음해 형벌의 종류로서 사형을 인정할지, 어떠한 죄질에 대해서 사형을 과할지, 또 어떠한 방법 절차로서 사형을 집행할 것인지를 법정하고 있다. 그리고 형사재판에서는 구체적 사건에 대하여 피고인에게 사형을 과할까 아니면 다른 형벌을 과할지를 심판한다." 즉 이 판결문에 따르면 "사람의 생명은 전 지구보다 중하다고 하면서, 부득이한 사정 때문에 일본에서 사형은 합헌"이라는 것이다. 말도 되지 않은 논리이다. 일본 최

그러나 성실한 형법학자라면 다음과 같은 이유로 사형폐지론자가 되어야 할 것이다. 일본 학자들은 성범죄자에 대한 화학적 거세를 반인권적인 것으로 보고 있다. 왜냐면 일본헌법은 잔인한 형벌을 금지하고, 그래서 신체의 본질적 부분에 대한 절단을 용납할 수 없는 것으로 보기 때문이다. 그러므로 아무리 상습적인 절도범이라고 하더라도 절도범의 팔을 자르는 절단형(切斷刑)은 일본에서 허용되지 않는다. 그런데 신체 그 자체와 신체에 정신이 깃들어져야 비로소 신체의 자유를 가진 것이지, 정신이 없는 신체는 시체에 불과하며, 신체의 자유는 결과적으로 인간의 생명을 전제로 할 때만 가능한 것이다. 그리고 무엇보다 신체의 절단형이 그렇게 잔인하고 인간 존엄의 본질적 침해라면 생명 박탈은 그 이상이지 결코 그 이하일 수 없다.

더욱이 국가는 윤리적 존재이다. 국가는 결코 거짓말을 하거나 사기를 칠 수 없다. 만일 국가 스스로 거짓말을 하거나 사기를 친다면 국민의 준법정신은 파괴되고 사회는 혼란스러워져 국가존립을 위태롭게 하기 때문이다. 그렇기에 국가는 권위를 갖고 "절도하지 말라", "강도하지 말라", "사기를 치지 말라", "사람을 죽이지 말라"고 정언명령을 내리고, 이에 위반하면 시민이든 공무원이든 형벌을 가한다. 그리고 국가 스스로 절도나 강도, 사기 또는 횡령을 삼가야 함은 물론이다. 그럼에도 국가 자신이 사람을 죽이지 말라고 요구하면서 사람을 의도적으로 죽이는 사형제도를 허용하는 것은 그 자체가 모순이다.

혹자는 말한다. 사형이 살인범죄에 대한 억제효과가 있다고. 사형제도의 존치와 집행이 살인범죄 등 강력범죄의 예방효과를 가지려면 그 효과가 입증되어야 한다. 그런데 1988년과 2002년 UN 인권위원회의 광범위한 조사 결과 사형제도의 존치가 살인범죄의 발생 억제에 특별한 효과가 있음을 밝혀내지 못했다. 우리는 사람의 생명을 조심스럽게 다루어야 한다. 가해자의 인권이 중요한 것처럼 피해자의 인권 역시 중시되어야 한다. 그럼에도 사형제가 살인범죄와 같은

고대심원은 더 나아가서 법의식에 대한 정서 부족을 보여 주기도 한다. 일본 헌법 제36조에 의한 잔인한 형벌금지규정과 관련하여 사형은 잔인하지 않은 방식(예컨대 불필요한 정신적, 육체적 고통을 내용으로 하는 인도적으로 잔혹하다고 인정되는 형벌의 방법이 아닌 방식)으로 집행하면 위헌이 아니라고 판시하고(일본 대심원 明治 23년 6월 30일 판결문 참조) 있기 때문이다. 그러나 살인 자체가 잔인한 형벌임은 초등학생도 알고 있다.

강력범죄에 대한 예방효과가 확실하지 않다는 견해가 지배적이라면 의심스러울 때 사람을 죽이는 쪽으로 가야 할까 아니면 사람을 살리는 쪽으로 가야 할까.

6. 일본의 각종 형법총론 교과서나 『일본형법이론사의 종합적 연구』라는 단행본을 비롯한 다수의 논문을 살펴보면 일본에서는 죄형법정주의의 철저한 관철이 그리 중요하게 다루지 않음을 느낀다. 더구나 일본 형법 제8조는 법률뿐만 아니라 위임법규 혹은 행정 각부의 '명령'에 근거해서도 죄형법정주의의 예외가 허용되고 있다. 우리 형법 제8조도 일본 형법의 영향을 받아 제8조에서 다른 '법률'뿐만 아니라 다른 법'령'에 의해서도 죄형법정주의가 제한될 수 있음을 명시하고 있다. 그러나 우리 형법 제8조는 형법 제1조와 헌법 제13조 제1항 전단에서 명시한 죄형법정주의를 위반할 소지가 있다.

본디 죄형법정주의는 범죄의 성립과 형벌의 부과가 국회에서 통과된 법률에 근거해야 한다는 것을 의미한다. 법률에 근거하여 범죄의 성립과 형벌의 정도를 명시하지 않으면 죄형법정주의에 반하는 것임에도 불구하고 일본에서는 지방자치 단위의 조례에 의해서도 형벌의 부과를 허용하고 있다. 그러나 조례는 비록 지방의회에 의하여 제정되었다고 할지라도 조례일 뿐이며, 법률일 수 없다. 그럼에도 조례에 근거해 처벌을 인정하는 일본[22]은 오직 법률에 근거한 범죄의 성립과 처벌을 인정하는 철저한 죄형법정주의의 모습이라고 보기 어렵다. 우리 형법 제8조도 위임법규에 근거해 죄형법정주의의 예외를 인정하고 있는 바, 이는 죄형법정주의의 바람직스러운 모습일 수 없다.

---

22) 예컨대 일본의 최근 형법 교과서를 보면 죄형법정주의를 다음과 같이 설명하고 있다. 즉 원칙적으로 협의의 법률에 한정된다(일본헌법 제31조). 법률의 대표적인 것은 일본형법[메이지(明治) 40년 법률 제45호]이고, 일본형법은 타의 형벌법규에 대한 기본법으로서의 성격을 가진다(형법 제8조). 그리고 위임명령에 벌칙을 두는 것은 특별위임의 경우에 국한하여 허락된다. 메이지(明治)헌법 아래에서는 위임명령에 의해서 벌칙을 과하는 것이 매우 널리 인정되었으며, 특히 명령의 조항위반에 관한 벌칙의 건(明治 23년 법률 제84호)에 의해서 칙령 등에 광범위한 포괄적 위임이 인정되고 있다(또한 동년 칙08호). 또한 일본 지방자치법 제14조 제5항은 보통지방공공단체는 법령에 특별한 정함이 있는 경우를 제외하고 그 조례 중 조례를 위반한 자에 대하여 "2년 이하의 징역 또는 금고, 100만엔 이하의 벌금, 구류, 과료 및 몰수의 형을 과하는 취지의 규정을 둘 수 있다."라고 하여 매우 넓은 범위의 포괄적 위임을 인정하고 있다. 이와 관련하여 일본 형법학자들에 따르면, "조례는 민의를 반영하는 지방공공단체의 의회의 의결에 의한 성문법이기에 법률에 준하는 것으로서 실질적으로는 죄형법정주의에 반하지 않는다고 해석될 수 있다."고 설명하고 있다.

제19장

한·중 형법학술대회 20년의 회고

Ⅰ. 한국비교형사법학회의 창립에 관하여

1. 배경

필자는 독일 유학을 마치고, 1984년 9월 초순에 귀국했다. 그리고 9월 14일부터 국민대학교 법학과에서 '전임강사대우'로 학부 학생 50여 명 대상으로 형사소송법을 강의했다. 9월 28일 동아대학교 법과대학 정만희 교수를 만났고, 그의 결정적 도움으로 그해 10월 1일부터 동아대학교 법과대학의 조교수로 임용되었다. 학기 중 임용되었으므로 부득이하게 '독일형사법에 관한 특강형식의 강의'를 맡았다. 15여 명의 학생이 수강했다. 이들 가운데에는 후일 형사법 교수가 되었던 정한중 군과 하태영 군도 있었다.

다음 해인 85학년도 제1학기에는 형법총론을 맡았다. 대상 학생이 주간 130명, 야간 40명이어서 주간은 A반과 B반, 야간에는 C반으로 구성된 덕분에 매 학기 1과목의 강의로 책임시수 9시간을 채울 수 있었다. 김상호 교수와 학기마다 번갈아 가면서 형법총론, 형법각론, 형사소송법 그리고 형사정책을 4학기 동안 차례로 1과목씩 강의했다.

1986년 가을학기 당시 한국형사법학회 회장이었던 김종원 교수의 주도로 한

* 본 논문은 2022년 한국비교형사법학회 하계학술대회(경북대학교)에서 발표한 내용을 정리한 것이다.

국형사법학회의 학술행사가 경찰대학에서 개최되었다. 60여 명의 형사법 교수들이 참여했는데, 당시 전국 대학의 형사법 전임 교수가 대략 70여 명에 불과했던 점을 감안한다면 얼마나 많은 교수가 참가했는 지를 가름할 수 있다. 이듬해인 1987년 10월 중순 무렵, 김종원 회장의 주도로 동아대학교 국제회의실에서 50여 명이 참가한 형사법 학술행사가 개최되었다.1) 필자는 이 학술행사에서 발표자로서 참여했다. "독일에서 전개되고 있는 형사법 기초이론"을 발표했으면 좋겠다는 김종원 회장의 부탁을 받았다. 이 두 개의 학술행사를 통하여 다음과 같은 점을 자각했다.

형사법 교수 대부분이 참가했던 형사법 학술대회라서 그런지 실무상 실익과 관련성이 거의 없는 이론적 쟁점에 함몰되는 풍토를 지켜보았다. 예컨대 범죄의 불법성은 행위반가치에 있는지 아니면 결과반가치에 있는지, 형법상 행위개념은 구성요건적 행위개념 이전의 단계에서 논해야 하며, 이때의 행위개념은 한계기능, 상위개념 및 결합기능을 가지는 것을 전제로 삼아야 한다는 내용을 가지고 열띤 토론을 전개했다.

형법상 불법성 여부를 일방적인 행위가치 차원에서만 찾게 되면 불온한 생각만으로도 처벌하는 우를 범할 수 있으며, 그렇다고 결과발생에 관해 비로소 대응한다면 결과적 책임론에 빠질 수 있다. 또한 형법상 행위론은 그 이름에 걸맞게 어디까지나 형법상에서 실익을 가진 행위론이 되어야 함에도 형법의 이전단계인 전구성요건적 단계의 태도, 즉 인간의 모든 일상적 행위태양으로 확대함으로써 형법상 대답할 수 없거나 전혀 실익 없는 대답을 유도하는 행위론으로 전개하고 있었다.

이런 식의 주제발표와 토론이 실무상 무슨 실익이 있을 수 있을지 회의와 함께 실망에 빠졌다. 법학은 실용적 학문이어야 하므로 탁상공론에 그치는 형사법상의 이론적 문제점에 대해 독일식 입장을 특별한 근거도 없이 그대로 전달하는 모습에 반감이 들었고, 형사법의 실무자가 문제 삼고 있는 쟁점에 관해 형사법 교수가 눈여겨보지 않거나 대법원 판례를 거의 무비판적으로 추종하는 행

1) 1989년 『형사법연구』 제2호에 수록된 한국형사법학회 회원은 총 100명이며, 이 가운데에는 법관, 검찰 그리고 변호사 등도 일부 포함되었다.

태를 적지 않게 보게 되었다. 형사법 교수들의 생각은 독일이나 일본에서 당시 논의되고 있던 행위론이나 형법상 불법의 반가치문제 등에 대해서 지나치게 가치를 부여하고 집착하는 것으로 보였다.

물론 형법상 행위론이나 불법성의 내용을 탐구하는 작업이 틀린 것은 아니고 부당하지도 않다. 다만 실무상 문제를 합리적으로 해결하는 데에 기여할 수 있는 범위에서 이러한 논의가 이루어져야 마땅했다. 그렇지만 이론들이 실무와 연결고리를 맺지 않고, 책상에서 사색하는 순수 이론적 흥미에 그치는 경향이 강했다. 그래서 이를 극복하기 위해 형사법 실무자들과 함께 하는 연구회, 그리고 실무상 쟁점이 되는 바로 그런 현실적 문제들을 고민하고 해결하려는 연구회의 결성이 필요하다는 생각이 간절해졌다.

이러한 상황에서 1987년 10월경, 당시 부산지검의 성민경 제2차장검사로부터 연락이 왔다. 얘기를 들어보니 형사법 교수와 검찰이 함께 공동으로 형사법에 관하여 주기적으로 연구의 결과를 발표하는 것이었다. 좋은 아이디어라고 답하고, 가능하면 이른 시일 내에 구체적인 로드맵을 작성하여 올해(1987년)부터 실시하자고 역제안했다.

그렇게 하여 1987년 가을 부산지방검찰청 회의실(현재 동아대학교 부민 캠퍼스)에서 부산과 경남지역의 형사법 교수와 부산지방검찰청 소속 검사들이 함께 모여 제1차 형사법연구회를 가졌다. 성 차장검사는 인사말을 통해 앞으로 분기마다 학술행사를 개최하고, 그때마다 대학 측에서 1명 그리고 검찰 측에서 1명씩 법조 실무상 실익이 큰 주제를 중심으로 발표할 것을 제안했다. 교수 측의 대표로는 당시 부산대학교 법과대학에 재직 중이던 김봉태 교수가 그 제안에 동의하면서 학계와 실무계의 학술교류 중요성을 지적했다. 이어서 "구속제도의 개선방안"에 관한 내용을 검찰 측에서 발표했다.

이렇게 시작된 '영남형사법연구회'는 그 이후 1987년 12월에 한 번 더 개최되는 것으로 끝났다. 성 차장검사가 이듬해 2월, 서울북부지청장으로 전근하자 검찰과의 연결고리가 끊어졌기 때문이다. 이를 계기로 우리나라에서도 학자와 실무가의 교류의 필요성을 깨닫게 되었다. 생각이 간절할수록 주변 교수들을 포함해 법관, 검찰 그리고 변호사들에게 그런 생각을 피력했고, 함께 연구회를 결성할 것을 촉구했다. 그러나 연구회의 결성 촉구만으로는 아무것도 이뤄내지 못하고, 그 사이 7~8년이라는 세월이 빠르게 흘러갔다.

1996년 동아대학교 설립 50주년을 맞이하여 법과대학에서도 학술기념 행사를 개최했다. "형법을 통한 권위주의적 권력 행사의 극복과 법치주의의 확보"라는 주제로 학술행사는 준비되었다.[2] 이 과정에서 당시 부산지검 제2차장검사으로 재임 중이었던 김진환 씨를 만나게 되었고, 그로부터 검찰 측에서도 연구회 결성을 위한 적극적 협력이 있었다. 또한 법원 쪽에서 부산고등법원 손기식 부장판사도 지대한 관심을 표명했다. 영남지역의 형법학자인 김상호, 이경호, 이태언, 이정원, 강기정, 정행철, 장중식, 천진호, 조상제, 이재석, 김선복, 문채규, 심재무, 김성돈 교수와 구모영 박사 등이 적극적으로 협력하겠다는 의사를 밝혔다.

이에 따라 1998년 7월, 학술연구회의 발기를 위한 첫 모임이 동아대학교 대신캠퍼스의 법과대학에서 개최되었고, 그해 8월 20일, 한국비교형사법학회의 창립을 위한 총회가 동아대학교 법과대학의 제101호 강의실에서 개최되었다. 당시 이 행사를 위해 총무 역할을 실질적으로 도맡았던 제자 이진국은 독일 유학 중임에도 잠시 귀국했다.

2. 창립 취지[3]

창립 취지에는 다음과 같은 내용을 담았다.

"오늘날 한국의 상황과 여건은 법률문제에 관한 여러 가지 문제를 제기하게 됩니다. 이론적 및 실무적 충분한 고려 없이 행해지는 졸속입법, 사회의 정의감과 공평 감정에 부합하지 못하는 법집행 및 이와 결부된 '법조 부조리 현상' 등은 해방 이후 50년이라는 제2건국 시기에 즈음해서도 해소되지 않고 있습니다. 이는 형사사법의 절차적 법치주의가 우리나라의 법률 저변에 아직 정착했다고

---

2) 이에 관해서는 1996년 10월 14일~15일 개최된 국제학술행사로서 프로시딩『형법을 통한 권위주의적 권력행사의 극복과 법치주의의 확보』, 동아대학교 개교 50주년, 1쪽 이하 참조.

3) 이에 관해서는『비교형사법연구』창간호, 1999, 433~434쪽.

보기 어려운 상황에 있고, 또한 형사실체법이 헌법적 이상에 걸맞지 않게 시행되고 있음에도 이를 개선하지 않고 방치되어 있다는 데 원인을 찾을 수 있습니다. 따라서 어쩌면 형사판례와 이와 결부된 형사법적, 형사정책적 연구들이 활성화되지 못하고 있는 것은 적어도 한국적 풍토에서는 불가피한 일로 보입니다. 이러한 문제의식 속에서 잘못된 형사법적 문제들을 직시하고, 감시하며, 나아가 발전적 대안과 입법 및 해석모델을 찾아내는 데 소홀할 수 없음은 오히려 형사법을 연구하는 우리들의 사명일 것입니다.

그러나 이러한 작업이 일부 학자들만이나 실무가들만의 토론으로서는 뚜렷한 해결책을 제시하기 어려울 것입니다. 그러므로 형사법에 관심을 가진 학자와 실무자가 공동하여 정기적인 학술행사를 개최하고, 형사사법에 관한 허심탄회한 의견 개진과 각국과의 비교법적 고찰을 포함한 연구 결과의 발표를 위한 장이 필요하다고 생각됩니다. 이것을 구체화하기 위해 현재 처해있는 한국적 형사사법의 문제 연구와 토론 및 연구 결과의 출판을 도모하고 증진할 수 있는 가칭 "한국비교형사법학회"란 단체를 결성하고자 합니다."

이 연구단체를 구성, 운영함에 있어서 상세한 논의는 구성원 상호간의 토론과 양해가 있어야 하겠지만, 우선 다음과 같은 일반원칙에서 출발하고자 합니다.

1. 형사법을 전공하는 자로서 대학에서 강의하고 있거나, 형사법 박사과정에 재학 중인 자 또는 그 이상의 자격을 소지한 자와 법관과 검찰 그리고 국내외의 변호사 자격을 취득하고 형사법에 관심이 있는 자를 본회의 정회원으로 한다. 형사법 전공자로서 석사과정에 재학 중이거나 석사학위를 취득한 자는 본회의 준회원으로 한다.
2. 본회는 일본, 독일, 중국, 미국 등 외국 형사법과 관련하여 비교법적 고찰을 다룬다.
3. 본회에서 학술행사는 가능하다면 참여자 모두가 발표나 토론 혹은 사회 등의 역할을 맡도록 하는 것을 원칙으로 삼는다.
4. 본회의 학술행사는 형사 실무상 깊은 관련된 문제점들을 학계와 실무계의 진지한 공동작업을 통하여 정당한 해결책을 찾는 데 노력한다.
5. 1인의 회장과 2인의 부회장 그리고 연구, 총무, 섭외, 재정, 출판이사를 두며, 감사와 간사를 각각 1인씩 둔다.

6. 회장은 학술적 덕망을 지닌 연장자 순서로 보하는 것을 원칙으로 한다.

7. 임원의 임기는 1년을 원칙으로 한다.

8. 정기회는 매년 2차례(여름과 겨울) 이상 개최한다.

9. 일본, 중국, 독일, 미국 등과 공동으로 국제 학술행사를 이른 시일 내에 주기적으로 실시하도록 노력한다.

1998년 7월

한국비교형사법학회 창립준비위원장 허일태

Ⅱ. 한·중 형법학술연구회의 창립배경

1. 초창기 학술행사의 이모저모

'한국비교형사법학회'의 학술행사는 가능하다면 참석자 전원이 모두 발표, 토론 혹은 사회자로 관여할 수 있도록 기획되었다. 또한 발표주제는 강학상 이론에 그치지 않고 실무와 접목하는, 그래서 실무상 실익을 갖는 그런 주제를 발표나 토론하기를 희망했다. 그렇게 함으로써 형사 실무상 실익을 가진 다양한 주제에 관한 발표나 토론 혹은 사회 등에 의견 개진을 활성화할 수 있고, 또한 적극적인 참여 활동을 촉구할 수 있었기 때문이다. 뿐만 아니라 일본과 중국을 포함한 동아시아지역의 형사법 학술행사로 확대할 것을 꿈꿨다.[4)]

제1회 학술발표회는 1999년 1월 22일, 경북대학교 법과대학 세미나실에서 개최되었다. 종래 학회에서 발제자의 선정은 대부분 지도부나 대학 선후배의 추천으로 결정되었으나, 한국비교형사법학회는 발표자의 자발적 지원을 우선순위로 했다. 제1주제는 "현행 인신구속제도의 문제점과 개선방안"을 대구대 이재석 교수가 다루었고, 이에 관한 토론은 부산외국어대 이태언 교수가 맡았다. 제2주제는 "언어범의 비교법적 고찰"로 동의대 정행철 교수가 발제했고, 구모영 박사가 토론에 참여했다. 제3주제는 "도로교통법상의 통고처분의 문제점"을 경북대 김

---

4) 이를 위해 2006년 1월 17일과 18일 양일간 한국, 중국 그리고 일본의 형사법 전문가들이 모여서 "형사법의 정비방안"을 대주제로 제1회 동아시아 형사사법 국제학술행사를 개최했다. 이에 관해 자세한 것은 비교형사법연구 제8권 제1호 특집호, 2006, vii쪽 이하 참조.

성돈 교수가 발표하고, 부산대 안원하 교수가 토론자로서의 역할을 했다. 제4 주제는 경남대 하태영 교수가 "사형제도의 폐지"를 담당하고, 계명대 조상제 교수가 토론에 나섰다. 이들 4개 주제에 대한 전체 사회는 영남대 성낙현 교수가 맡았다.[5)]

1999년 8월 13일, 동의대학교에서 개최된 제2차 학술대회에서는 "미수론"을 대주제로 삼고, 제1주제는 "결과적 가중범의 미수"를 부경대 김선복 교수가 발표하고, 이에 관해 독일에서 "결과적 가중범"에 관한 박사학위 논문을 썼던 조상제 교수가 토론을 담당했으며, 사회는 창원대 강기정 교수가 수고했다. 제2주제는 영남대 성낙현 교수가 "비구성요건적 목적 달성에서의 중지미수"를 발표하고, 토론은 이상천 변호사가 그리고 사회는 경북대 김성돈 교수가 담당했다. 제3주제는 "불능미수의 위험성 판단"에 관한 것으로 경북대 천진호 교수가 발제했고, 한국해양대 이경호 교수가 토론을, 사회는 계명대 조상제 교수가 진행했다.[6)]

이상의 두 차례 학술행사에서 알 수 있듯이 첫째로 발표자와 토론자 및 사회자는 영남지역의 교수들이 중축을 이루었으며, 학회 회원의 대부분이 당시까지만 해도 영남지역의 교수들과 실무가들이었다. 둘째로 발표자와 토론자 및 사회자 등이 3~4명에 그친 형사법 관련 종래의 학술행사와는 달리 가급적 10여 명 정도로 참여 폭을 확대했다. 셋째로 실무상 실익이 큰 주제들, 예컨대 "현행 인신구속제도의 문제점과 개선방안"을 포함하여 "도로교통법상의 통고처분의 문제점"과 같은 주제들을 다루기 시작했고, 넷째로 법조 실무자가 직접 참여하여 토론하면서 실무상 드러났던 쟁점에 관해 이론가와 접점을 찾으려는 모습을 보여주었다.

그리고 해가 지나갈수록 발표주제가 다양해졌으며, 발표자의 소속 범위 역시 국내뿐만 아니라 국외로까지 확대되었다. 예컨대 2001년 진주 국립경상대학교에서 개최된 하계학술발표회는 중국 연변대학교의 박종근 교수가 "중국 형법상 형사위법과 사회위해성 개념"을 발표한 것을 비롯하여 국립경상대학교 이창호 교수는 "중형법상 무한방위권"을, 초당대학교 송희진 교수가 "민사불법과 형법에서의 위법성 판단"을 발표했다. 이때 연변대학교 박종근 교수를 처음 만났다.

---

5) 이에 관해서는 비교형사법연구 창간호, 1999, 450~451쪽.

6) 비교형사법연구 창간호, 1999, 451쪽.

그에게 다음과 같은 과제를 맡겼다. 공동체적 삶에 대해 서구인보다 상대적으로 익숙한 유교문화권에 속한 한국과 일본 그리고 중국 측 형사법학자들의 연례적인 모임을 개최하고, 형사법에 관한 공통의 관심사를 깊이 논의해 보자. 이러한 취지로 당시 중국형법의 아버지격인 카오밍휀 교수와 중국형법학회 회장인 짜오삥즈 교수에게 의견을 전달해 달라고 부탁했다. 그리고 동일한 의견을 일본형사법학회에 전달할 것을 경찰대학 이동희 교수에게도 부탁했다.[7)]

2001년 11월에는 전북대학교에서 추계국제학술대회를 개최했다. 도쿄대학교 야마구치 아츠시 교수가 "일본에서 뇌물죄의 현상과 과제"를, 호원대학교 이진권 교수는 "중국 형법에 있어서 양형절차에 관한 고찰"을 다루었고, 당시 연세대학교 강사였던 김종구 박사가 "고의있는 도구에 관한 고찰"을 발표했다.[8)]

2002년 1월 17일, 광운대학교에서 개최된 동계학술대회는 신진학자들의 발표장이 되었다. 국민대학교 한상훈 교수가 "과실의 원인에 있어서 자유로운 행위", 대구가톨릭대학교 송문호 교수는 "보안처분에 있어서 in dubio pro reo 원칙", 한국형사정책연구원 신동일 박사의 "배아보호의 형법적 구성", 동아대학교 최병각 교수의 "매춘행위와 형벌권의 한계" 그리고 한국형사정책연구원의 김혜정 박사가 "형사소송법 제247조 제1항 의미와 재고찰" 등 주로 30대가 주축이 되어 발제했다. 전체 사회는 고려대학교 배종대 교수가 담당했다.[9)] 이처럼 학술행사의 활성화를 위해 점진적으로 참여자의 폭을 넓혀갔다.

2002년 4월 13일, 춘계학술행사는 상지대학교에서 개최되었다. 경북대학교 김성룡 교수가 "다수인의 의사결정에서의 형법해석학적 문제점"을 발제하고, 아주대학교 조상제 교수가 토론에 참여했다. 그리고 국민대학교 한상훈 교수가 "불기소처분과 압수물의 환부"를 발표하고, 상지대학교 최병문 교수가 토론에 나섰다. 전체 사회는 경남대학교 이정원 교수가 맡았다.[10)]

2002년 하계학술대회는 8월 20일부터 21일까지 한국해양대교에서 개최되었고, 이때 12개 주제를 다루었기 때문에 발표자만 12명이었고, 토론자 역사 12명

7) 각주 4)를 참조.
8) 이에 관해 자세한 것은 비교형사법연구 제3권 제2호, 2002, 495~496쪽.
9) 비교형사법연구 제4권 제1호, 2002, 585쪽.
10) 비교형사법연구 제4권 제1호, 2002, 585~586쪽.

이었으며, 사회자는 3명으로 총 27명이 발제와 토론 및 사회에 참여했다. 학술행사의 대주제는 "변화하는 사회에 있어 형사법의 새로운 쟁점들"이고, 이에 대한 세부 주제는 "형법이 기초하고 있는 인간관"(정행철 교수), "생명공학과 형법의 과제"(류인모 교수), "고의에 따른 착오의 구분"(성낙현 교수), "해양교통과실"(이경호 교수), "법사회학적 관점에서 본 매춘에 관한 연구"(하태영 교수), "위법수집증거배제법칙의 사인효(私人效)"(천진호 교수)를 다루었다.[11)]

2002년 추계학술대회는 11월 2일부터 3일간 경북대학교에서 개최되었으며, 제1부는 "한국과 일본에서 원상회복제도"를, 그리고 제2부는 "새로운 범죄 현상에 관한 각국의 형사정책적 쟁점"을 다루었다. 제1부의 소주제는 "일본의 미래에 있어서 회복적 사법"(마에노 이쿠조(前野育三) 교수)와 "한국과 독일사법상의 원상회복제도"(이진국 교수)였고, 제2부의 소주제는 "스토커행위규제법의 성립과 그 배경(ストーカー行爲規制法の成立とその背景)"(소노다 히사시(園田 壽) 교수), "인간배아보호를 위한 형사정책적 고찰"(이인영 교수), "중국 형사법제의 발전과 최근 연구동향"(한상돈 교수)로 나누어 발표되었다.[12)]

이를 통해서 볼 때 한국비교형사법학회는 2002년 한 해 동안 18개의 학술주제를 다루었고, 이를 위해 발표자 18명, 토론자 14명 그리고 사회자 5명 등 37명이 학술행사에 직접적으로 간여했다.

한국비교형사법학회의 창립 목적인 참여자 다수가 발제나 토론 혹은 사회자로서 역할을 맡아 학술행사가 축제의 장이 되어야 한다는 계획은 그렇게 상당부분 실현되고 있었다.

2. 한 · 중 형법연구회의 창립 배경

1996년 어느 봄날, '한 · 중법학회'로부터 전화를 받았다. 1996년 7월 중순, 중국 북경 정법대학에서 중국 주도로 국제형사소송법 학술행사가 개최된다고 하면서, 필자에게 "한국에서 무죄추정의 원칙과 현실"이라는 주제로 발표해 달라

11) 비교형사법연구 제4권 제2호, 2002, 829~830쪽.
12) 비교형사법연구 제4권 제2호, 2002, 830~831쪽.

는 것이었다. 왜 내가 그것을 담당해야 하는지를 물었더니, 중국에서 상당 기간 체류했고(1994년 8월부터 1995년 2월까지 중국 광저우 외국어대학에서 객원교수로 지냈음), 그래서 중국에 관한 사정을 다소라도 알고 있으며, 한국과 독일의 형사법에 관한 나름의 전문지식을 갖고 있을 거라고 믿고, 특히 무죄추정에 반한 사법왜곡에 대한 형사처벌을 박사학위 주제로 다루었던 점을 들어서 추천하게 되었다는 것이다.

중국어를 제대로 구사하지 못하는 형편이라서 한상돈 교수와 동행하여 북경에서 개최된 국제형사소송법 학술대회에 참가했다. 등소평 등장 이래 개혁개방을 표방하고 있던 당시 중국 당국의 학술행사 취지는 국제적 기업들이 중국에 적극적 투자를 위한 제도적 장치를 마련하고자 선진국에서 너무도 당연한 적법절차에 따른 사법제도를 중국의 형사소송법에도 명시하고, 당시 이를 세계에 널리 알리고자 함이었다.

중국에서 한국의 '무죄추정제도'에 관한 발표를 하면서 중국의 형사법 교수들을 두루 만났다. 그중에는 진광중 북경정법대 총장, 엄단 교수, 陳位東 인민대 교수 등과 친교를 맺고 귀국했다. 그해 가을 개최된 동아대학교 50주년 기념행사를 위해 중국 측 대표로서 진광중 교수와 엄단 교수를 초빙했다. "형법을 통한 권위주의적 권력행사의 극복과 법치주의의 확보"[13]를 기치로 개최된 형사법 학술행사에서 권위주의적 색채가 여전한 중국의 사정을 들어보고 싶었기 때문이다.

특히 진광중 교수와 만남이 계기가 되어 중국의 형사소송법 교수들과 점진적으로 친교를 맺게 되었고, 이것이 인연이 되어 중국형법 교수와의 교류도 갖게 되었다. 중국형법의 아버지라고 칭하는 카오밍훤(高銘暄) 인민대학 교수, 우한대학의 마커창(马克昌) 교수와 교류를 갖게 되었다. 카오밍훤 교수는 중국형법연구회 초대 회장을 맡았으며, 그가 정년퇴직한 직후 그의 제자인 짜오삥즈(趙秉志) 교수가 그 자리를 승계했다. 중국형법학회는 카오밍훤 교수의 후예들이, 그리고 중국형사소송법학회는 진광중 교수의 후예들이 장악하다시피 했고, 이들을 통해 '한중형법연구회'와 '한중형사소송법연구회'가 탄생했다.

13) 이에 관해서는 각주 2)를 참조.

Ⅲ. 한중형법연구회의 창립과 학술활동

1. 창 립

2001년 박종근 교수로부터 우리의 제안을 전달받았던 중국형법학회 회장 짜오삥즈 교수는 2002년 가을 어느 날, 편지를 필자에게 보내왔다. 그것이 계기가 되어 중국어에 능통한 한상돈 박사의 도움을 받아 짜오삥즈 교수와 서신과 전화 그리고 전자메일 등으로 연락을 주고받았다. 이를 토대로 하여 한국비교형사법학회는 한국과 중국, 두 나라의 형법학계 교류와 협력을 강화하고자 양국에서 이루지는 형사법 학술연구를 재정비하고 형법이론을 촉진하기 위하여 2002년 12월 18일, 중국 북경 인민대학 5층 세미나실에서 중국형법학연구회와 함께 한중의 형법학 학술교류에 관한 협정을 체결했다.

한중 양국의 형법학 학술교류에 관한 협정서[14)]

대한민국 한국비교형사법학회와 중화인민공화국 중국법학회 형법학연구회는 학술교류에 관한 협정을 다음과 같이 체결한다.

제1조 이 협정은 대한민국 한국비교형사법학회와 중화인민공화국 중국법학회 형법학연구회(이하 양 학회라 한다) 상호 간 학술 연구의 협력 및 학술교류를 도모함을 목적으로 한다.

제2조 양 학회는 상호 간에 자주와 상호 평등의 정신을 존중하고 우호협력관계의 발전을 위하여 노력한다.

제3조 양 학회는 전 2조의 목적을 달성하기 위하여 다음과 같은 사항을 실시하도록 한다.

1. 학술연구에 관한 출판물 또는 자료의 교환
2. 학술 활동 및 연구의 공동 수행

14) 이에 관해서는 비교형사법연구 제4권 제2호, 2002, 833~836쪽.

3. 양 학회 회원의 상호교류 및 편의 제공

4. 국제학술회의 및 초청강연회의 공동계획

5. 기타 양 학회의 우호협력에 관한 사항

제4조 이 협정의 실시에 따른 필요한 사항은 양 학회가 따로 협의하여 결정한다.

제5조 이 협정은 양 학회의 회장이 서명한 날로부터 5년간 유효하며 유효기간이 만료되는 날의 6개월 전까지 어느 일방의 학회로부터 해제 통고가 없으면 다시 5년간 자동으로 연장된다.

제6조 이 협정은 한국어 및 중국어로 각 2통을 작성하여 양 학회가 각각 보관한다.

2002년 12월 18일

대한민국	중화인민공화국
한국비교형사법학회	중국법학회 형법학연구회
회장:	회장:

이 협정문에 근거하여 한중형법학술행사는 다음과 같은 내용으로 개최하기로 합의했다. ① 2003년부터 각국에서 매년 1회씩 한중국제형법연구회를 개최한다. ② 학술행사를 통해서 형법의 기본개념과 원칙을 확인하고 해당 국가의 형법에 대한 쟁점과 개선방안에 관해 비교법적 관점을 참작한다. ③ 개최국은 학술행사 기간 동안의 경비와 여행경비를 부담한다. ④ 개최국은 10여 명 내외의 참가자를 초청한다.

이러한 약속에 따라 2003년 여름, 짜오삥즈 회장을 비롯해 루찌안핑(盧建平) 교수 등 10명의 중국 측 형법 교수가 국제학술행사 참여를 위해 부산을 방문했다.

2. 국제형사법학술대회

한국비교형사법학회는 “위험사회와 형사법”이란 대주제를 중심으로 중국과 일본, 독일 그리고 폴란드 교수와 함께 국제형사법학술행사를 2003년 8월 20일부터 22일까지 3일간 개최했다.[15] 이 국제학술행사는 엄밀히 말해 한중형사법학술회라고 한정하여 부르기 어려운 점이 없지 않다. 중국뿐만 아니라 일본과 독일 그리고 폴란드 교수들도 참가한 엄연한 국제적 학술행사였기 때문이다. 또한 한국에서 최초로 형사법학회 관련 대규모의 국제적 학술행사를 개최했다는 점에 적지 않은 의미가 있었다.

한중 양국 간에 체결했던 협정문에 따라 중국 측에선 카오밍훤(高明暄) 교수를 비롯하여 짜오삥즈(趙秉志) 교수, 루찌안핑(盧建平) 교수, 후언팅(胡云騰) 교수, 처언밍화(陣明華) 교수, 손짜이옹(孫在擁) 교수, 롼취린(阮齊林) 교수, 치어우싱론(邱興隆) 교수 그리고 음건봉 박사 등 10여 명이 참여하여 발표했다.

인민대학 카오밍훤 명예교수는 이 국제학술행사를 위해 축사를 했다. 인민대학 짜오삥즈 교수는 “중국의 테트워크 범죄와 형사입법”, 인민대학의 루찌엔핑 교수가 “중국 형법 중의 조직범죄”, 인민대학 후언팅 교수의 경우 “중국 환경범죄의 형사사법”, 서북정법대학의 처언밍화 교수는 “중국 형법 중의 인권보호”, 정법대학의 손짜이옹 교수가 “중국형법의 개혁과 인권보장”, 정법대학의 롼취린 교수는 “재산죄 시각에서 본 금융전산화, 네트워크화에 따른 새로운 문제”를 그리고 상담대학의 치어우싱론 교수는 “중국의 사형연구 현황”을 발표했다. 여기서 중국 측의 발표내용을 살펴보면 자국에서 당시 중요 쟁점으로 문제되는 주제들이었다.

그 밖에도 독일의 릴리에(Hans Lilie) 교수와 일본의 나가노메 교수와 시이바시 교수 그리고 폴란드의 플리바제스키 교수 등이 발표자로 참가했고, 국내에서는 발표자 32명, 토론자 21명이 참여했으며, 사회를 맡은 분들도 서울대학교 신동운 교수를 포함하여 8명이나 되었고, 통역자로는 경남대학교 하태영 교수 등 7

15) 비교형사법연구 제5권 제2호 특집호, 2003, vii~xix쪽.

명이 동원되었다. 이정수 부산고등검찰청 검사장의 환영 만찬과 카오밍훤(高銘暄) 인민대학 명예교수와 부산대학교 총장의 축사도 있었다. 많은 형사법학자와 법조인들이 학술행사에 참여했던 이러한 학술행사가 가능하다면 축제형식으로 3년에 한 번씩은 지속적으로 개최되길 바랐다.

3. 제1차 한중학술행사(중국 북경)와 그 이후

① 중국 북경에서 2004년 1월 6일부터 8일까지 3일간에 걸쳐 중국법학회 형법학연구회의 주최로 한중형사법학술대회가 개최되었다.[16] 인민대학 카오밍훤 교수가 "신중국 형법의 발전 과정", 전남대학교 안동준 교수의 경우 "한국 형사정책의 기본사상", 류찌안핑 교수는 "중국 형사정책 개요", 경남대학교 이정원 교수가 "한국형법에 있어서 죄형법정주의의 원칙과 법률해석", 짜오삥즈 회장은 "중국 형법총론 주요쟁점의 문제서평", 순천대학교 김인선 교수가 "한국의 사형집행 현황과 사형제도 개선방안에 대한 재고", 전남대학교 류전철 교수는 "한국형법 각칙의 주요 문제", 인민대학 王作富 교수가 "중국형법 각칙의 일부 문제에 관한 연구", 목원대학교 정대관 교수는 "한국 특별형법의 문제점 소고", 黃京平 교수가 "중국 형법개정의 이론과 실천", 전북대학교 서거석 교수는 "한국에서 외국인 범죄의 현황과 대책", 陳明華 교수가 "중국 형법 중에서 외국인 범죄에 관한 이론과 실무", 아주대학교 조상제 교수는 "한국 국제형사사법의 주요 문제", 張智輝 교수의 경우 "국제형법 연구의 주요 문제" 그리고 필자는 "한국 형법의 연혁과 기본사상"을 다루었다.

이들 발표주제는 형법의 전반에 걸쳐있다. 아마도 첫 학술행사라서 한국과 중국은 각기 어떤 점에 관심을 가지고, 어떻게 논의하고 대응하는지를 살펴보는 좋은 기회였다. 당시 70세가 넘었던 카오밍훤 교수를 비롯해 王作富 교수 그리고 우한대학의 마커찬 교수 등 중국에서 원로에 속하는 고령의 학자들이 회의가 끝날 때까지 자리를 지키며, 발표와 토론에 깊은 관심을 보였다.

16) 2002년 12월의 합의안에 따르면 2003년 여름 중국에서 제1회 학술행사를 개최할 예정이었다. 중국 측의 부득이한 사정으로 2004년 1월 초순으로 연기되었다.

북경에 소재한 우의호텔은 학술행사를 하는 데 최적화된 곳이었다. 한국의 참석자들은 모두 행사 기간과 여행 동안에도 이 호텔에서 지냈다. 이후에도 한국비교형사법학회 교수들은 이곳에서 자주 신세를 졌다.

② 제2차 한중학술행사는 2004년 8월 17일 고려대학교에서 개최되었다.[17] 학술행사의 대주제는 "형사제재의 주요쟁점"을 대상으로 삼았고, 배종대 교수가 기조발제를 담당했다. "양형의 합리화 방안"(하태훈 교수, 劉家琛 대법관), "사형의 대안적 형벌 모색"(전지연 교수, 劉健 교수), "구류와 과료의 형벌 적격성"(김용세 교수, 蘇惠漁 교수), "단기자유형의 제문제"(김선복 교수, 單長宗 교수), "벌금형의 제문제"(정현미 교수, 李希惠 교수), "행정벌의 제문제"(박기석 교수, 賈宇 교수), "몰수의 형사제재적 성격"(이상원 판사, 向朝陽 교수), "보안처분의 제문제"(노용우 교수, 陳忠林 교수), "실체적 경합의 과형문제"(권오걸 교수, 陳澤憲 교수) 그리고 "선고유예 및 집행유예의 제문제"(윤용규 교수, 劉憲權 교수)를 세부 주제로 다루었다. 동일한 세부 주제를 중국 측에서 1명, 한국 측에서 1명이 독자적으로 발표했다. 이들 주제의 선정은 상호 협의로 결정했고, 어느 쪽이 주도적이었다고 말하기는 어렵다. 대주제의 경우 중국 쪽의 제안을 받아들였고, 세부 주제에 대해서는 우리 쪽이 정했기 때문이다. 동일한 소주제에 대해 논의를 함께 하다 보면 서로 간의 차이와 유사성을 쉽게 발견할 수 있고, 비교법적 의미를 더욱 절실히 느낄 수 있다고 보았다.

같은 듯하지만 서로 다른 형사제재 방식과 내용뿐 아니라 문제해결 방식에서도 큰 차이를 보였다. 예컨대 사형제도에 대한 폐지 근거는 우리나라에서 주장한 것과 별반 차이가 없었고, 사형제도는 폐지가 마땅하다는 것이다. 그러나 지금은 인구가 13억 명이 넘고, 다양한 소수민족이 사는 거대한 중국에서 당장은 폐지할 수 없고 앞으로 50여 년이 지나면 그때에 비로소 폐지되는 것이 마땅하다는 식이었다.

또한 중국 형법은 실질적 범죄개념을 채택한 탓인지, 형식적으로 범죄구성요건에 해당된 행위를 실행했다고 할지라도 처벌에 대한 공익이 거의 없고 불법

17) 비교형사법연구 제6권 제2호, 2004, 613~622쪽.

성이 경미하다면 아예 범죄가 존재하지 않은 것처럼 간주할 수 있다는 것이다. 이러한 방식의 형법체계는 한편으로 형법상 대응의 범위를 좁혀서 형법이 최후수단으로서 적합성을 갖지만, 다른 한편으로는 겉으로 사소한 범죄로 보일지라도 수사하지도 않고 사전에 종결해 버림으로써 어쩌면 거대한 사회 악을 놓칠 수 있는 약점을 갖고 있다.

1년 동안 양국에서 학술행사를 각각 개최하는 것은 비용 면에서 큰 부담으로 작용했다. 그래서 제2차 학술행사를 마칠 무렵, 중국 측에서 매년 돌아가면서 한 번씩 개최하길 희망했다. 우리 측도 그럴 필요성이 절실했기에 곧바로 동의했고, 그래서 그다음 해부터는 홀수년에는 중국에서, 그리고 짝수년에는 한국에서 행사를 주최하기로 변경했다.

③ 그래서 2005년도 학술행사는 중국에서만 개최하기로 약속했고, 그해 8월, 충칭시에 소재한 서남정법대학에서 제3차 한중형법국제학술행사가 개최되었다. 이때의 대주제와 소주제는 중국 측의 제안을 대부분 수용했다. 학술행사는 8월 21일부터 8월 22일까지 3일간 계속되었다.[18] 대주제는 "한·중 형법의 새로운 진전"이었으며, 이에 관한 기조발제를 중국형법연구회 회장인 짜오삥즈 교수가 "중국 형법법치 1년 동안의 새로운 진전"이라는 형식으로 발표했다. 제1소주제는 "국제형사사법공조의 문제"(허일태, 陳忠林 교수), 제2소주제는 "국제형사사법의 주요 형식"(문채규 교수, 張智輝 교수), 제3소주제는 "범죄인 인도"(천진호 교수, 賈宇 교수), 제4소주제는 "범죄소득의 추징"(원혜욱 교수, 黃風 중국 사법부 고문), 제5소주제는 "남북한/중국 지역 간 형사사법의 현황과 공조"(이동희 교수, 劉憲權 교수), 제6소주제는 "마약범죄 연구"(김진환 변호사, 梅傳强 교수), 제7소주제는 "밀입국 범죄연구"(변종필 교수, 徐岱 교수). 제8소주제는 "조직폭력 범죄연구"(강동범 교수, 李永升 교수), 제9소주제는 "'유엔 다국적 조직범죄 타도에 관한 공약 소탕 협약'의 실시를 위한 구체적 절차와 그 시책"(오경식 교수, 黃芳 교수), 제10소주제는 "한·중 양국 간 글로벌 조직범죄 타도를 위한 협력방안"(이홍락 검사, 莫洪憲 교수)이었다. 이들 주제를 통해서 파악할 수 있듯이 당시 중국에서 전개

18) 비교형사법연구 제7권 제2호, 2005, iii~v쪽.

된 미약류 범죄와 이와 연계된 조직범죄의 소탕작전을 위한 제도적 장치를 마련하고자 한국에서 그 대응방안을 살피려는 의도임을 가늠할 수 있었다.

④ 제4차는 2006년 8월 17일과 18일 양일간 전북대학교에서 개최되었다.[19] 대주제는 "경제와 형법"이었고, 기조발제를 당시 회장인 서거석 교수가 "경제환경의 변화와 형법의 대응"이란 제목으로 발표했다. 제1소주제는 "전자상거래와 저작권 범죄"(이재석 교수, 林亞剛 교수), 제2소주제는 "영업비밀침해의 형사책임"(최병문 교수, 張軍 중국 최고인민법원 부원장), 제3소주제는 "보험사기 등 금융 관련 범죄"(오경식 교수, 陽玉生 교수), 제4소주제는 "경제형법의 형벌, 특히 주식몰수와 형벌"(최관식 교수, 李潔 교수), 제5소주제는 "노동쟁의의 형법"(이호중 교수, 夏勇 교수), 제6소주제는 "경제형법의 형벌"(최관식 교수, 李浩 교수), 제7소주제는 "사회주의 국가의 경제형법 기초이론"(김재윤 교수, 肖中華 교수), 제8소주제는 한국 측에서 "보험과 형법"(최석윤 교수) 그리고 중국 측에서 "돈세탁죄 연구"(張遠煌 교수), 제9소주제는 한국 측에서 "기업에 대한 보호관찰과 사회봉사명령의 도입가능성"(김재봉 교수), 중국 측에서 "가짜상품 제조판매 범죄연구"(周加海 판사), 제10소주제는 한국 측에서 "국제경제와 형법 –국제거래상 Access Device 범죄의 형사법적 규제방안"(오병두 교수), 중국 측에서 "중한 경제형법 비교연구"(李漢軍 교수)를 다루었다.

⑤ 제5차 학술대회는 다시금 중국 북경에서 2007년 8월에 개최되었다. 대주제가 "사형제도"였고, 중국에서 이 문제까지 다루는 여유를 보였다. 이와 더불어 북경사범대학 형사법 연구실에서는 사형제도에 관하여 매월 토론회가 열리고 있음을 목격할 수 있었고, 필자 역시 그곳에서 사형제도에 관한 발표를 한 적이 있었다. "사형제도"라는 대주제 아래 "사형의 관념", "사형의 형사정책", "사형대상범죄의 축소 방안", "사형 적용 기준", "사형의 대체형", "사형의 정당한 절차", "사형집행유예제도", "사형 구제제도", "사형제도 개혁" 그리고 "국제인권조약에서 본 사형제도"로 세분했고, 이에 관해서는 한국 측에서 최석윤 교수,

---

19) 비교형사법연구 제8권 제2호, 2006, 871~873쪽.

이정원 교수, 이경렬 교수, 신양균 교수, 김영철 교수, 하태훈 교수, 김재윤 교수, 배성범 검사, 박미숙 박사와 필자가 참가했다.[20]

⑥ 제6차는 2008년 8월 19일과 20일 양일간 영남대학교에서 개최되었다. 대주제는 "소년범죄와 소년사법"으로 했다. 이 주제를 다시금 세분하여 한국 측에서 원혜욱 교수, 한인달 교수, 한상돈 교수, 박광민 교수, 오경식 교수, 천진호 교수, 심재무 교수, 최병문 교수, 조용한 검사와 최석윤 교수가 담당했다.[21]

⑦ 그리고 이와 같은 방식으로 제7차, 제8차,[22] 제9차, 제10차, 제11차,[23] 제12차,[24] 제13차,[25] 제14차,[26] 제15차,[27] 제16차, 제17차, 제18차를 비롯해 그 이후 제19차까지 계속하여 이어져 왔다. 즉 학술대회는 대주제를 두고 그 아래 10여 개의 소주제로 구성하여, 양국에서 1명씩 발표하도록 하는 방식이다. 지금까지 총 18여 개의 대주제를 다루었고, 소주제는 190여 개나 된다. 이로써 양국에서 합계 380여 편의 논문이 발표되었다. 발표자와 토론자가 중복되는 경우를 감안할 때 양측이 각각 150여 명 참여하는 성과를 올렸다.

---

20) 비교형사법연구 제9권 제2호, 2007, 875~877쪽.

21) 비교형사법연구 제10권 제2호, 2008, 791~793쪽.

22) "현대적 범죄와 형법적 대응"을 대주제로 강원대학교에서 2010년 8월 24일과 25일 양일간 학술행사가 개최되었다. 이에 관해 비교형사법연구 제12권 제2호, 2010, 663~666쪽 참조.

23) 이때의 대주제는 "재산범죄"였으며, 한국 측에서 오경식 교수, 문채규 교수, 정웅석 교수, 김혜경 교수, 이경렬 교수, 박광민 교수, 최병문 교수, 이기수 교수, 이인영 교수, 이진권 교수, 장기석 · 김범식 교수와 필자가 참가했다. 이에 관해서는 비교형사법연구 제15권 제2호, 2013, i쪽 이하 참조.

24) 제12차의 대주제는 테러 범죄를 주로 다루었다. 한국 측에서는 윤지영 박사, 이인영 교수, 이경렬 교수, 오경식 교수, 구길모 교수, 김범식 교수, 이진국 교수, 김혜정 교수, 김성천 교수와 필자가 참가했다. 비교형사법연구 제16권 제2호, 2014, i쪽 이하 참조.

25) 중국 라오닝성 심양시 라오닝대학에서 2015년 8월 25일과 26일 양일간 개최되었다. 테러범죄가 대주제로 문채규 교수, 최석윤 교수, 조병선 교수, 김성룡 교수, 박미숙 박사, 이동희 교수, 이기수 교수, 주승희 교수, 최성진 교수와 하태인 교수가 참여했다. 비교형사법연구 제17권 제4호, 2015, 629~631쪽.

26) 2016년 8월 23일과 24일 양일간 제주대학교에서 "형사책임과 죄수론의 쟁점 비교"라는 주제로 개최되었다. 한국 측에서 이인영 교수, 안성훈 박사, 김범식 교수, 전지연 교수, 하태인 교수, 조현욱 교수, 최병각 교수, 이창섭 교수, 김한균 박사와 박달현 교수가 참여했다. 비교형사법연구 제18권 제4호, 2016, 515~516쪽.

27) 2017년 8월 23일과 24일, 중국 산서성 太原 대학에서 개최되었다. 대주제는 "한중 사이버범죄의 예방과 처벌"로 한국 측에서 최병문 교수, 지유미 교수, 최병각 교수, 이기수 교수, 이경렬 교수, 최종혁 검사. 이인영 교수, 김동률 교수, 김신규 교수와 김범식 교수가 참여했다. 비교형사법연구 제19권 제4호, 2017, 678~679쪽.

Ⅳ. 비교형사법연구지에 나타난 한중학술행사내용과 보완점

1998년에 창립된 비교형사법학회가 학회지인 『비교형사법연구』를 1999년에 창간하고, 알찬 내용으로 비약적으로 발전한 이면에는 신생 학회로서의 열정과 개방성에 형사법 교수와 판사나 검사 등 전문가들이 많은 호응을 보냈기 때문이다. 더욱이 2000년대 이후에 우리 사회에 불어닥친 사법개혁 논의는 형사사법에 관한 비교법에도 관심을 돌리지 않을 수 없었고, 『비교형사법연구』는 형사법 학계에 공론의 장을 마련해주기에 충분했다.

1999년 학회지의 창간호부터 2022년 제4권 제1호에 이르기까지 게재된 논문은 총 1,072편이나 된다. 이 가운데 형법총론을 주제로 삼은 논문은 20% 내외로 210여 편이고, 형법각칙을 포함한 행정형법의 분야는 600여 편으로 전체의 60% 가량을 차지했다. 그리고 형사소송법 분야를 다룬 논문은 총 220여 편으로 이 역시 20%를 약간 상회했다.

학회지에 게재된 전체 논문 가운데 강학상 이론적 분야의 대표는 형법총칙으로 2000년대 초반까지만 해도 그 비율이 25% 이상을 차지했으나, 2000년대 중반 이후부터는 20% 이하로 상당 부분 감소하는 추세를 보인다. 이와 같은 경향은 비교형사법연구에 게재된 논문이 비교적 강학상 이론보다는 실무적 차원의 실익을 중심으로 한 논문들을 중시한 까닭이다. 왜냐면 게재된 논문들은 "실무상의 실익을 갖는 형사법의 쟁점"을 실무자와 고민하고, 이와 함께 외국에서의 형사법학에 관한 논의가 어떻게 되고 있으며, 이를 우리 형사법상 제반 문제와 결합한 "형사법학의 비교연구"라는 특성을 담은 학술지로서의 성격을 점차 갖추어왔기 때문일 것이다.

특히 한중 국제형사법 학술행사에서 발표된 논문만 해도 380여 편 남짓 된다. 한국과 중국의 형사법 전문가들이 대부분 동일한 주제에 관해 어떤 시각차를 보여주는지를 파악할 수 있었던 장이 되었다. 다만 중국 측 학자들은 중국의 권위주의적 체제로 인하여 알고 있는 것과 문자로 표현하는 것 사이에는 상당한 온도 차이가 있음을 감안해야 할 것이다.

형법상의 문제는 한편으로 인권의 보장기능을 목적으로 죄형법정주의를 비롯한 책임주의의 관철이고, 다른 한편으로는 사회적, 개인적 법익의 보호차원에서 보호기능의 효율성에 역점을 두고 있다. 그리고 이러한 기능들이 구체적 사안에서 형법의 이론상 실질적으로 어떻게 제대로 작동되고 있는지를 면밀하게 살펴보아야 한다. 이러한 노력 없이 형사정책상 탁월하다는 이유나 혹은 비교법적으로 다수의 국가가 채택하고 있는 제도라는 근거로, 아니면 이론상 흠잡을 데가 없다는 이유로 어떤 제도를 무조건 채택하거나 수용해서는 안 된다. 형법은 무엇을 가정하거나 선택의 여지가 있다고 포장해서는 안 되며, 사실의 파악을 기초로 정의로운 규범적 평가를 내리는 데 역점을 두어야 하기 때문이다.

모든 학술논문이나 학술행사가 철저한 순기능을 가지기 위해서는 형법상 행위가 무엇이며, 행위주체의 범위와 한계, 행위개념과 행위객체의 상관관계, 형법 개념의 독자성과 한계 그리고 책임의 전제로서 의사의 자유가 요구되는 것인지, 인간에게는 정말로 의사의 자유가 존재하는지에 관한 올바른 해명이 요구된다.

이러한 문제는 '비교법적 방법론'을 내세우고 있는 한국비교형사법학회라고 해서 예외가 아니다. 그런 문제들을 치밀하게 다루는 것은 모든 형법학의 출발점이기 때문이다. 다만 '비교'라는 용어에 중점을 둔다면 그런 문제들을 비교법적 관점에서 충분히 다루었어야 했다.

Ⅴ. 한중형법국제학술대회를 통해서 얻은 결과

1. 남는 것

2003년부터 여름, 한국에서 예비적으로 시작된 국제형사법학술대회는 2004년 1월 6일부터 8일까지 중국 북경 우의호텔(友誼賓館)에서 성황리에 개최되었다.[28) 당시 한국 측에서 10명이 참가했고, 중국 측에서는 100여 명이 넘어 보이는 많

28) 이에 관해 자세한 것은 비교형사법연구 제6권 제2호 특집호, 2004 참조.

은 분이 참여했다. 형사법학자와 실무자뿐만 아니라 박사과정생도 적잖게 참여하여 그 열기는 뜨거웠다. 이렇듯 출발은 우렁찼다.

매년 다루어야 할 대주제에 관해서 처음에는 양국에서 상호 제안하고 서로 합의하여 단일 대주제를 선정한 후, 그 하부 주제를 10개로 세분했다. 그러나 시간이 지남에 따라 중국의 특별한 암시를 무시하기 어려웠다. 법치국가원칙의 뿌리가 충분히 내리지 못한 상황에서 중국은 학술적으로나 실무상으로 당장 필요한 주제에 우선적 관심을 보였기 때문이다.

그러다 보니, 연구주제가 일관성 있게 점진적으로 추진되지 못했고, 그보다는 필요에 따라 그때그때 정하다 보니, 반복적인 경우가 발생했다. 이와 같은 문제점을 해결하기 위해 한국비교형사법학회 내에 연구주제의 일관성 유지와 반복적인 주제의 회피를 위해 독자적인 소위원회의 구성이 요구된다.

올해가 2022년 8월이니, 한중형법학술행사도 벌써 20년이 되었다. 10년이면 강산도 변한다고 하는데 하물며 20년이라는 세월은 그사이 많은 변화를 가져왔다. 그렇지만 변하지 않은 것이 하나 있다. 한국의 형법학이 중국에 도움을 주는데 다소나마 기여했다는 점이다. 이는 학문상으로 역사 이래 유례가 없는 것이다.

우리는 인권과 법치국가원칙에 민감한 한국의 형법이론이 중국에서 그대로 적용되기 어렵다는 것을 알고 있다. 우리도 중국 형사실체법과 형법이론을 쉽게 수용하기 어려운 점을 적잖게 느낀다. 그렇다고 한중학술행사의 활동 성과가 실익이 없었다고 할 수는 없다. 첫째로 국내의 다수 학자에게 국제적인 감각과 이론적 치밀성을 끌어 올리는데 적지 않은 역할을 했다고 자부한다. 둘째로 학술행사에서 발표된 논문 만해도 380여 편 중에서 한국 측 전문가들이 190여 편의 논문을 작성하도록 기여했다. 셋째로 모든 학문도 인간적 관계를 벗어나기 어렵다. 법학도 마찬가지이다. 필자의 개인적인 노력으로 중국 법과대학의 다수 교수와 친분을 두텁게 나눌 수 있었고, 그곳에서 강연과 연구할 기회로 이어졌기 때문이다. 넷째로 중국의 형사사법과 형사이론학이 한국의 형사법이론과 형사통계 그리고 판례와 접목되는 것을 목격하고, 이를 받아들여서 언젠가 법치국가를 제대로 구현하는 선진국가로 거듭나겠다는 의지를 읽을 수 있었다. 덩샤오핑(鄧小平) 시대와 그 후의 상당 기간은 중국도 인권이나 개인적 정보의 보호 등에도 관심을 기울였다. 그 때문인지 예컨대 중국에서도 사형제도 폐지 주장이 만만치 않았고 향후 2050년까지 점진적으로 폐지하겠다고 잠정적으로 계획되어 있다. 다만 시진평 체재가 장기화되면서 인권이나 개인적 법익의 보호가 다소간 경시된 반면, 형법의 기술적인 측면에서 사회보장 또는 사회 안전의 도모에 관해서는 한국의 선진적인 입법 기술이나 실무방식이 큰 영향을 미쳤다.

2. 보완해야 할 부분[29)]

(1) 기초이론

우리나라는 최근 선진국의 문턱에 들어섰다고 야단법석이다. GNP를 비롯하여 군사력, 문화영역 등에서도 세계에 큰 영향력을 행사하고 있다. 그러나 적지 않게 예외적인 분야가 있다. 기초과학과 법학, 특히 형법 분야에서는 수입 법학이 춤추고 있다. 행위론이며, 행위주체 문제와 정범론, 위법성조각사유, 형법해석의 허용과 한계 등의 문제에 관해 아직도 형사법 이론 분야의 선진국이라고 할 수 있는 국가들의 수입 제품이 대세를 이룬다. 물론 이것이 무조건 틀렸다고는 할 수 없지만 우리 헌법과 형법의 규정을 무시하고 외국의 것을 무조건 수용하는 잘못된 방법론은 시급히 극복해야 할 과제이다.

장도가 일본형법 교과서를 모방했던 것은 당시의 시대사정에 따라 우리 형법문화를 감안할 때 그럴 만하다고 말할 수 있다. 또한 1945년 이후 낙후된 1970년대까지는 그럴 만한 이유를 발견할 수 있다. 왜냐면 경제적 낙후성으로 인하

---

29) 사회과학 이론에 속하는 법학의 정당성을 입증하기 위해 확실한 결과를 무한 반복적으로 수렴할 것을 요구하는 전통적 방식은 선험적 전제를 기반으로 할 때(예컨대 칸트의 자유의지론이나 정언명령) 가능할 뿐이다. 그러나 법학은 자연과학과 달리 그런 무한 반복적인 수렴을 이룰 수 있는 이론적 모델을 전제할 수 없다. 게다가 인간사회는 나쁜 결과를 회피하며, 좋은 삶의 영위를 끊임없이 지향하고, 그래서 좋은 삶의 최적화 상황은 지극히 가변적일 수 있다는 점에서 항구성을 갖기 어렵다. 법학은 반증 사례에 의하여 연역적으로 이루어지는 정당화만이 가능하다고 필자는 생각한다. 이에 관해 자세한 것은 칼 포퍼(Karl Raimund Popper)/박영태 옮김,, 더 나은 세상을 찾아서, 문예출판사 1989 참조.

여 학문적 풍토가 충분히 정착될 수 없었기 때문이다.

그러나 이제는 그것이 근본적으로 극복되었을 뿐만 아니라 문화적 풍도도 세계에 영향을 주고 있을 정도에 이르지 않았는가. 그럼에도 오늘날 여전히 우리 형법학은 후진적 모습을 보인다. 예컨대 형법 제34조는 간접정범에 관한 규정을 명시함이 명확하다. 그런데도 간접정범은 무조건 정범이어야 되고, 따라서 정범으로 파악해야 한다는 입장이 있다. 정범은 본디 구성요건적 사안을 장악하고 조정할 수 있는 행위 주체로서 주된 역할을 긍정해야 한다. 아울러 정범은 미수범 등 법률에 근거한 감경을 제외하고, 원칙적으로 형의 감경 대상일 수 없다. 그렇다면 형법 제34조의 규정은 그런 식의 정범을 명시하고 있는지를 따져보아야 할 일이다. 형법 제34조의 간접정범은 한편으로 교사 또는 방조의 행위방식으로 실행함을 전제하고 있으며, 다른 한편으로는 법정형 이하의 형으로 감경될 수 있도록 명시하고 있기 때문이다. 그러나 모든 정범은 원칙적으로 구성요건적 사안을 장악하여 행위지배를 할 수 있어야 한다. 또한 정범의 법정형을 간접형식의 정범이라고 하여 근거 없이 법정형의 감경을 할 수 있다는 것은 생각하기 힘들다. 아무런 철학적 고민 없이 남의 것을 그대로 흉내 내고, 모방하여 우리 형법 조문을 외국의 그것에 빗대어 해석하려는 사대주의적 형법사상을 이제는 버려야 한다.

한국비교형사법학회도 이러한 관점에서 우리 형법 문화가 선진화될 수 있도록 이론과 법해석 그리고 입법론적 관점에서 적극적으로 노력해야 한다고 본다. 이러한 점에서 다음과 같은 생각을 정리해 둔다.

형법학은 규범학이고 가치학이므로 진실 여부만을 평가의 기초로 삼을 수 없고, 실체적 진실에 기반을 두고 나서 공정과 정의의 기준으로 판단해야 한다. 따라서 법학은 도그마인 신학일 수 없다. 왜냐면 신학에 관한 것이라면 하나님의 말씀 자체가 언제나 진리이자 정의이기에, 그 말씀을 무조건 믿어야 하지만, 법학은 진리를 기초로 한 정의의 영역에 속하므로, 신학처럼 절대자의 소리를 들을 수 없고, 그래서 무조건 믿고 따를 수 없으며, 무엇이 진실이고 정의인지를 끝까지 되물어야 하기 때문이다. 게다가 형법학은 사회의 안전과 평화의 달성을 위한 최후수단이다. 도구는 잘못 사용하면 위험하기에 이를 억제할 수 있는 제도적 장치가 요구된다. '법치국가원칙'은 제도적 장치로서 자유·민주사회에서 보편적으로 애용되고 있으며, 그러므로 '법치국가원칙'의 준수는 자유·민주사회에서 불가결하다.

법치국가원칙이란 인간 존엄의 핵심적 내용인 자유·평등과 정의를 실현하기 위해 국가 생활에서 지켜야 할 행동 지침을 법으로 마련하고, 국가권력을 이에 입각하여 형성·집행하려는 인간사회의 기본원리를 말한다. 이러한 법치국가원칙의 이념적 기초는 생활환경의 정의로운 조정과 형성을 통하여, 국가 생활에서 불가피하게 야기되는 권력남용 현상을 권력분립의 실현과 함께 합법성과 정당성에 기초한 법률로 순화시켜 인간의 존엄성을 확보하려는 데에 있다. 즉 국민의 기본권은 국가에 대한 국민의 방어권을 뜻할 뿐만 아니라, 국가가 개인의 생명권 등 보편적 가치 질서를 구현하고, 이를 보장하기 위한 국가의 적극적 형성 또는 조정 의무를 의미한다.

이러한 입장에 근거하여 형법상 기초이론에 관련된 기본원칙을 세워보려고 노력했다. 이를 요약하면 다음과 같다.

① 인간의 정신은 육체와 별개로 자유로운 것이 아니라, 오히려 육체를 통하여 차츰 성숙해 육체에 깃들어진다. 인간은 성년이 되어가면서 자신의 행위에 대한 의미를 파악하고 그런 행위를 주체적으로 행사하고, 행위 결과에 대한 의미를 온전히 이해할 때 비로소 인간은 자신의 범법행위에 대한 행위주체가 될 수 있다. 인간이 술에 취하면 육체만 취하는 것이 아니라 마음도 취하기 때문이다. 따라서 형사책임의 부과를 위해 인간의 자유의사를 무조건 전제하는 것이 정당한 것이냐를 논할 필요가 있다.

② 인간은 사회적 책무를 지닌 주체적 존재로서 책무위반에 대한 책임을 져야 하며 우리의 삶을 인간답게 누릴 수 있도록 정의로운 국가와 사회문화의 형성과 발전에 결정적으로 기여했고, 건전한 사회발전을 위해 자기 자신의 능력에

어울리는 행동을 해야 할 책무가 있는 인격체이다. 이러한 인격체로서 사회적 책무를 지니고, 위반 시에는 벌칙을 받아야 하는데 국가로부터 이에 대한 보답으로 존엄성을 보장받아야 한다. 이러한 성질을 갖는 인간의 존엄성은 양도나 포기할 수 없는 불가침적 권리이며, 인간의 생명과 육체가 안전하게 보장되는 경우에만 존재하게 된다. 그러므로 인간의 생명권과 신체에 대한 불가침권은 인간 존엄의 핵심일 수밖에 없다는 점에서 사형제도의 폐지를 깊이 검토해야 한다.

③ 기본권의 주체로서 인간은 생존의 역사성과 사회성에서 결코 유리될 수 없다. 사회 속에 사는 인간은 공동생활을 책임 있게 형성해야 할 사명을 간직한 인격체이다. 그러므로 개개인이 갖는 사회 관련성은 사회구조와 조화를 위해 기본권의 일정한 한계를 가질 수밖에 없게 한다. 그러나 인간의 기본적 인권을 본질적으로 침해한 공권력이나 폭력은 어떤 경우에도 허용될 수 없다고 해야 할 것이다.

④ 형법상 행위란 자신의 태도나 행동을 목적적으로 조종할 수 있는 인간이 사회적으로 회피했어야 할 행동을 자제하지 않고 침해하거나 야기하는 인격적 태도이다. 이를 달리 표현하자면 목적적 행위지배를 할 수 있는 행위자가 행위 시에 회피할 수 있었던 위험을 자초하거나 일으키게 한 일체의 인격적 활동을 형법상 행위로 파악할 수 있어야 한다. 형법상 행위개념을 전구성요건상에서 검토해야 한다는 논리를 무조건 추종하는 것은 바람직하지 않다. 형법상 행위개념은 형법과의 밀접한 관계에서 파악된 개념이라는 점에서 사회적 행위개념도 사회적으로 중요한 행위라는 차원임을 불가피하게 인정하고 있다. 그런데도 여기서 사회적으로 중요한지는 형법상 금지규범과 밀접한 관계를 맺고 있으므로, 행위개념을 무조건 전구성요건상에서 찾는다는 것은 논리모순이자 인지부조화이다.

⑤ 형벌의 주된 목적은 악순환되는 복수의 연결고리를 끊고, 더 이상의 복수가 가능하지 않게 하는 데 있다. 국가가 법률로 일정한 행위유형을 금지했음에도 불구하고 이를 무시하고 위반한 자에 대해서는 책임에 비례하는 실질적 고통을 그 행위자에게 적법절차를 통해 되갚아주는 것이 형벌이다. 이를 통해서 한편으로 재범의 가능성과 잠재적 범죄행위를 방지하고, 다른 한편으로는 책임주의에 걸맞은 형벌의 적정성을 찾는 데 노력해야 한다.

⑥ 국가공권력은 현재 진행되고 있는 위난의 현장에 즉시 달려가서 해당 피해자를 즉시 구조해줄 가능성이 거의 없다. 이와 같은 긴급한 상황이라면 국가는 범죄피해자에게 자력구제방식인 정당방위나 긴급피난 등을 상당성이 담보되는 한도 내에서 행사할 수 있도록 허용해 주어야 한다. 이러한 긴급행위는 국가의 시혜적 혜택으로 볼 수 없고 천부인권에 속하므로, 정당방위 등 긴급행위에 대한 윤리적 제한은 삼가야 한다.

⑦ 형법상 개념은 고유의 독자성을 인정해야 할 부분이 적지 않다. 그 이유는 다음과 같다. 형사법은 죄형법정주의 원칙에 따라 법익보호 임무와 인권보장 임무를 주된 목적으로 한다. 민사법은 소유권 보장, 사적 자치와 거래 안정 등을 통해 재산권의 효용을 극대화하고, 재산권의 공정한 배분을 일차적 목적으로 삼고 있다. 이처럼 각 영역의 법이념과 제재 수단은 서로 다르므로 이들 법률영역의 상이성과 독자성을 인정해야 할 필요성을 심각하게 고민해야 한다. 예컨대 '의심스러울 때는 피고인의 이익'이라는 형사법의 원칙은 민사법의 경우에도 마찬가지로 적용할 수 없기 때문이다.

⑧ 모든 법해석은 법문의 일상적인 의미나 법률적 언어관행을 사용하여 법문의 의미 파악부터 시작해야 한다. 그러나 형벌법규가 일반 국민에 대해 무엇이 금지되어 있는가를 항상 명확히 보여줄 수 없고, 형법은 결코 문자로 형식화된 죽어 있는 조문의 집합에 불과하다고 할 수 없다. 따라서 법률해석자는 해석 시

에 법문에만 집착하여 문언의 일상적 의미 파악에 국한되어서는 안 된다. 법률의 입법취지, 보호기능과 그 법률의 객관적 의미와 목적을 비롯해 형법의 성격에 마땅한 독자적 개념을 인정할 수 있어야 한다. 때로는 법률의 흠결 또는 법률이 불비(不備)된 경우라도 허용되는 해석으로 보완할 필요성이 없지 않다. 예컨대 입법의 불비가 입법자의 편집상 과오에 기인한 경우 이를 일정한 요건 아래에서 보정할 수 있어야 한다.

⑨ 형법 제34조 제1항의 간접정범은 '공범형 간접정범' 혹은 '공범형 정범'이라고 불러도 무방해 보인다. 왜냐면 형법 제34조 제1항의 간접정범은 법정형 이하로 형을 감경할 수 있다는 점에서 순수한 정범으로 규정되어 있지 않음은 분명하며, 공범적 성격을 적지 않게 지녔으나 '순수한 공범형식'이라고 해석하기도 쉽지 않고, 지극히 독자적인 '공범형 정범'이기 때문이다.

⑩ 형법 제33조 본문은 엄격하게 해석해야 한다. 왜냐면 형법은 보장기능 확보를 위하여 확장적 공범이론을 토대로 제정되었으며, 편집상 과오로 형법 제33조 본문은 비신분자에게 신분관계의 확장적 기능을 통하여 정범 적격의 지위를 예외적으로 인정하는 모순을 보이기 때문이다. 게다가 형법 제33조 본문은 비신분자에게 정범 적격의 지위를 인정하고 있지만, 그렇다고 신분관계의 지위를 부여하거나 창설하지 않는다. 그러므로 신분 적격을 갖지 않은 비공무원이 형법 제33조 본문에 근거하여 신분관계로 성립된 공무원의 뇌물수수죄에 가공한 행위로 형법 제30조의 공동정범을 무제한으로 인정하는 것은 삼가야 한다. 이는 형법 제33조 본문의 입법경위를 살펴본다면 더욱 그렇다. 왜냐면 1953년 국회 의결을 거쳐 마련된 형법 제33조 본문은 비신분범에 대한 정범가능성을 인정하지 않았지만, 법률로 공포될 때 편집상의 과오로 정범 가능성을 포함했기 때문이다.

(2) 입법론

① 형법 제8조에 의하면, "본법 총칙은 타 법령에 정한 죄에 적용한다. 단 그 법령에 특별한 규정이 있는 때에는 예외로 한다." 형법 제8조의 규정은 형법 제1조에 반하고, 죄형법정주의에 반하는 규정이다. 범죄의 성립과 처벌은 오직 법률에 근거해야 함에도 법률이 아닌 대통령령이나 각부의 영(令)에 의해서도 가능하다는 발상은 철저히 청소되어야 마땅하다.

② 형법 제28조: "범죄의 음모 또는 예비행위가 실행의 착수에 이르지 아니한 때에는 법률에 특별한 규정이 없는 한 벌하지 아니한다."

로마 시대부터 생각만으로 처벌할 수 없다는 원칙은 문명국가에서 대부분 지켜졌다. 그런데도 우리 형법은 범죄의 음모가 실행의 착수에 이르지 아니한 때에 법률에 특별한 규정이 있는 경우 처벌하고 있으며, 적지 않은 음모에 대한 처벌규정을 두고 있다. 이는 잘못된 것이다. 그 이유는 다음과 같다.

첫째로 모든 범죄는 범죄의 불법성이 객관적으로뿐만 아니라 주관적으로 명백할 때 비로소 처벌의 대상이 된다. 그래서 예전부터 오늘날까지 생각만으로는 원칙적으로 처벌의 대상이 될 수 없음은 상식이다. 그럼에도 우리 형법은 적지 않은 조문에서 음모만으로도 처벌하는 규정을 두고 있다. 이는 사상형법을 인정하는 셈이다.

둘째로 음모만으로는 결코 실행의 착수에 도달할 수 없다. 그런데도 형법에 의하면 범죄의 음모가 실행의 착수에 이르지 아니한 때라도 특별한 처벌 규정이 있다면 벌할 수 있음을 총칙에서 명시하고 있다. 이로써 어떤 범죄의 실행착수에 도달할 수 없는 음모조차 형법상 처벌이 가능하도록 규정하고 있다.

③ 형법 제33조: "신분이 있어야 성립되는 범죄에 신분 없는 사람이 가담한 경우에는 신분 없는 사람에게도 제30조부터 제32조까지의 규정을 적용한다. 다만 신분 때문에 형의 경중이 달라지는 경우 신분이 없는 사람은 무거운 형으로 벌하지 아니한다."

신분범은 그 본질이 법정 구성요건에서 "특별한 행위주체만이 행위자가 될 수 있는 자격을 가진 것으로 규정한 범죄"를 일컫는다. 그러므로 신분범을 범할 수 있는 행위주체는 누구든지 가능하지 않고, 오직 '특별한 행위자격을 가진 신분자'만 가능할 뿐이다. 비교법적 고찰을 통해서도 역시 신분범의 행위주체는 언제나 특별한 행위주체의 자격을 가진 신분자에 한정했다. 같은 논리로 우리 형법의 제정 시에 정부초안도 공범과 신분에 관한 규정에서 "신분관계로 인하여 성립될 범죄를 교사 또는 방조한 행위는 신분관계 없는 자에게도 전2조의 규정을 준용한다. 단 신분관계로 인하여 형의 경중이 있는 경우에는 중한 형으로 처벌하지 않는다."고 명시했다. 그런데 정작 1953년 9월 18일 법률 제293호에 의해 공포된 형법 제33조는 "신분관계로 성립될 범죄에 가공한 행위는 신분관계가 없는 자에게도 전3조의 규정을 준용한다. 단 신분관계로 인하여 형의 경중이 있는 경우에는 중한 형으로 벌하지 아니한다."고 명시되어 있다.

국회를 통과한 형법 제33조의 규정은 이처럼 교사자나 방조범의 경우에만 신분범의 영역에 속한다고 결단했음에도 국회 통과 이후 자구수정 단계(?)에서 공동정범의 영역까지 신분범의 범위를 확장한 것으로 보인다.[30] 그렇다면 자구수정은 오직 그 한도 자체에 그쳐야지 그것을 넘어서 처벌의 범위를 확대하는 것은 국회의 입법형성권 영역을 침해한 것이다. 법조실무와 형법학계의 주류는 이러한 점을 지금까지 명백히 지적하지 않았고 그래서 형법 제33조의 잘못된 입법경위에 대해 의문을 제기하지 않았으며[31], 지금까지 유효한 것으로 잘못 적용했다고 하더라도 그런 잘못된 입법은 치유된 것으로 무조건 간주할 수 있을까. 무시하기는 어렵다고 하더라도 비신분자를 정범으로 확대하는 형법 제33조의 적용은 가급적 제한 해석하는 것이 마땅한 태도로 보인다.

30) 형법제정자료집을 편찬하여 형법제정사를 밝히는 데에 업적을 남긴 신동운 교수는 형법 제33조의 연혁에 관한 설명에서 그렇게 추론된다고 보았다. 특히 정부초안 제30조 제2항의 규정인 "범죄를 목적으로 한 단체의 조직자, 가입자 및 지도의 임무에 있는 자는 전항과 같다(정범으로 처벌한다)."와 제3항인 "전항을 적용할 죄는 각 본조에 정한다."는 규정이 법제사법위원회의 수정안에 의해 국회심의 과정에서 삭제되었고, 이로 인해 공동정범의 성립영역이 축소되었다. 이를 보충하기 위해 신분범의 경우에도 정범이 될 수 있도록 보충한 것으로 보았다. 설득력 있는 의견이다. 이에 관해서는 신동운, 형법총론 제12판, 법문사, 2020, 739쪽 이하 참조.

31) 신동운 교수는 예외적으로 그 점을 지적하고, 형법 제33조를 공동정범에 적용할 경우 신중해야 된다고 보고 있다. 신동운, 앞의 책, 741쪽 참조.

그러나 해석의 방법만으로 한계를 갖기 때문에, 형법 제33조의 본문을 “신분이 있어야 성립되는 범죄에 신분 없는 사람이 가담한 경우 그 신분 없는 사람에게도 제31조부터 제32조까지의 규정을 적용한다.”로 개정해야 마땅하다.

④ 형법 제34조 제1항의 간접정범은 형법이론상 정범의 형식으로 규정하는 것이 옳다. 왜냐면 모든 범죄는 행위주체를 전제로 하고 있고, 그런 행위주체는 원칙적으로 정범이어야 하기 때문이다. 그럼에도 현행 형법규정은 ‘정범’이라고 파악하기보다 ‘공범형 간접정범’ 혹은 ‘공범형 정범’이라고 불러야 한다. 왜냐면 형법 제34조 제1항의 간접정범은 법정형 이하로 형을 감경할 수 있다는 점에서 순수한 정범으로 규정되어 있지 않음은 분명하며, 공범적 성격을 적지 않게 지녔으나 순수한 공범형식이라고 해석하기도 쉽지 않고, 지극히 독자적인 ‘공범형 정범’이기 때문이다.

⑤ 형법 제41조: “1. 사형, 2. 징역, 3. 금고, 4. 자격상실, 5. 자격정지, 6. 벌금, 7. 구류, 8. 과료, 9. 몰수.”

형벌의 본질은 인간이 참기 어려운 고통을 속성으로 하며, 민사상의 배상이나 행정벌에 의해 사회방위가 현실적으로 어려울 때 한하여 최후수단으로 사용되어야 한다는 점에서, 자격상실이나 자격정지는 형벌의 부과형에 속할 뿐이고, 구류나 과료에 해당하는 행위는 비범죄화하여야 한다. 다만 헌법은 인권의 본질적 침해금지를 천명하고 있다는 점에서 사형제도는 헌법 규범에 반하므로 폐지되어야 마땅하다.

⑥ 형법 제53조(정상참작감경)는 “범죄의 정상에 참작할 만한 사유가 있는 경우에는 그 형을 감경할 수 있다.”고 명시하고 있다. 이 법조문의 경우 한편으로 양형의 조건에 관한 형법 제51조와 동일한 내용을 중복적으로 담고 있다. 사실상 동일한 내용임에도 형법 제51조의 경우 법원은 법정형의 범위 내에서 양형한다. 그런데 형법 53조의 경우 법원은 법적 근거 없이 법정형 이하로 형을 양

정하고 있다. 이는 법원의 형벌권 남용에 해당한다고 할 것이다. 왜냐면 법원이 정상참작감경의 경우 어떤 이유에서, 어느 정도로 할 수 있는지에 관해 우리 형법은 아무런 근거를 제공하지 않고 있기 때문이다. 그럼에도 법원은 정상참작감경을 자의적으로 형법 제55조의 법률상 감경에 준하여 감경하고 있는바, 이는 죄형법정주의에 전면적으로 반한다.

[국문 요약]

필자가 1996년 중국에서 형사소송법의 원로인 진광중 교수와의 만남이 계기가 되어 중국의 형사소송법 교수들과 점진적으로 친교를 맺게 되었다. 이것이 인연이 되어 중국형법 교수와 교류도 갖게 되었다. 중국형법의 아버지라고 칭하는 카오밍훤(高銘暄) 인민대 교수와 우한대의 마커창(马克昌) 교수와 교류를 갖게 되었다. 카오밍훤 교수는 중국 형법연구회 초대 회장을 맡았으며, 그의 정년퇴직 직후 그의 제자인 짜오삥즈 교수가 승계했다. 그 결과 자연스럽게 짜오삥즈 회장과 관계가 돈독했다. 이것이 계기가 되어 한중 양국은 한중형법연구회를 결정하이고 했다. 이에 따라 한국비교형사법학회는 한중 양국의 형법학계의 교류와 협력을 강화하고 양국에서 이루어진 형사법학술연구를 재정비하고 형법이론을 촉진하기 위하여 2002년 12월 18일 중국 북경 인민대학 5층 세미나실에서 중국형법학연구회와 함께 한중 양국의 형법학 학술교류에 관한 협정을 체결했다.

2004년 1월 6일부터 8일까지 중국 북경 우의호텔(友誼賓館)에서 성황리에 개최되었다. 당시 한국 측에서 10명이 참가하여 발표했고, 중국 측에서는 100여 명도 넘어 보이는 많은 분이 참여했다. 형사학자와 형사 실무자뿐만 아니라 박사과정생도 적잖게 참여하여 깊은 열기가 감돌았다.

매년 다루어야 할 대주제에 관해서는 처음에는 양국에서 상호 제안하고 서로 합의하여 단일 대주제를 선정한 후, 그 하부 주제를 10개로 세분했다. 그러나 시간이 지남에 따라 중국의 특별한 암시를 무시하기 어려웠다. 법치국가원칙이 충분한 뿌리가 내리지 못한 상황에서 중국은 학술적으로나 실무상으로 당장 필요한 주제에 우선적 관심을 보였기 때문이다.

그러다 보니, 연구주제가 일관성을 갖고서 점진적으로 추진되지 못했고, 그보다는 필요에 따라 그때그때 정하다 보니, 반복적인 경우가 발생했다. 이와 같은 문제점을 해결하기 위해 한국비교형사법학회 내에 연구주제의 일관성 유지와 반복적인 주제의 회피를 위해 독자적인 소위원회의 구성이 요구되어 보인다.

올해가 2022년 8월이니, 한중형법학술행사도 벌써 20년이 되었다. 10년이면 강산도 변한다고 하는데 하물며 20년이라는 세월은 그사이 많은 변모를 가져왔다. 그렇지만 변하지 않은 것이 하나 있다. 한국의 형법학이 중국에 도움을 주는데 다소나마 참조자료가 되었다는 점이다. 이는 한중간의 학문상으로 역사이래 거의 유례가 없는 것으로 보인다.

우리는 인권과 법치국가원칙에 민감한 한국의 형법이론이 중국에서 그대로 곧바로 적용되긴 어렵다는 것을 알고 있다. 우리도 중국 형사실체법과 형법이론을 쉽게 수용하기 어려운 점을 적잖게 느낀다. 그렇다고 한중학술행사의 활동 성과가 실익이 없었다고 할 수 없다. 첫째로 국내의 다수 학자에게 국제적인 감각과 이론적 치밀성을 끌어 올리는데 적지 않은 역할을 했다고 자부한다. 둘째로 학술행사에서 발표된 논문 만해도 380여 편 중에서 한국 측 전문가들이 190여 편의 논문을 작성하도록 기여했다. 셋째로 모든 학문도 인간적 관계를 벗어나기 어렵다. 법학도 마찬가지이다. 저의 개인적인 친분으로 중국 법과대학의 다수 교수와 친분을 두텁게 나눌 수 있었고, 그곳에서 강연 등을 심심찮게 할 기회로 이어졌기 때문이다. 넷째로 중국의 형사사법과 형법이론학이 한국의 형법이론과 형사통계 그리고 판례와의 접목을 목격하고, 이를 받아들여서 언젠가 법치국가를 제대로 실현하는 선진 국가로 거듭나겠다는 의지를 읽을 수 있었다. 등소평(邓小平) 시대와 그 후의 상당 기간은 중국도 인권이나 개인적 정보의 보호 등에도 관심을 기울였다. 그 때문인지 예컨대 중국에서도 사형제도 폐지 주장이 만만치 않았고, 향후 2050년 무렵까지 점진적으로 폐지하겠다고 잠정적으로 계획되어 있다. 다만 시진평(習近平) 체재가 장기화하면서 인권이나 개인적 법익의 보호보다는 형법의 기술적인 측면에서 사회보장 또는 사회 안전의 도모에 관해 한국의 선진적인 입법기술이나 실무방식에 깊은 관심을 가졌다.

제20장

한국비교형사법학회의 임무와 형법의 존재이유

Ⅰ. '한국비교형사법학회'의 임무

형법의 존재이유를 밝히고, 이에 관해 형법학자로서 잘못된 태도를 시정하며, 실무계에도 형법의 여백을 강조하기 위해 우리는 '한국비교형사법학회'를 1998년 8월에 창립했다. 창립의 주역이었던 여러 교수들과 실무자들도 참가했다. 특히 김상호, 정행철, 김진환, 이정원, 장중식, 천진호, 이경호, 조상제, 강기정, 문채규, 김성돈, 성낙현, 변종필, 김선복, 심재무, 이태언, 이재석, 안원하, 민영성, 하태영, 이진국, 이정길, 이창호, 이훈동, 이종갑, 권오걸 교수, 정한중 변호사, 구모영, 이인규, 김경화 박사가 일차적으로 참가했다. 그리고 창립 직후 곧바로 합류했던 교수로는 최석윤, 최병각, 정대관, 배종대, 박광섭, 안동준, 김영옥, 김인선, 서거석, 윤용규, 하태훈, 이기호, 송광섭, 이경재, 김창군, 이인영(홍익대학교), 김신규, 김학태, 문정민, 류전철, 김종덕, 안경옥, 오경식, 이용식, 이정훈, 이경렬, 최병문, 오병두, 최병문, 최호진, 김종구, 이동희 교수와 빅미숙 박사가 뜻을 함께 했다. 법조 실무계에서도 손기식 부장판사, 김영철 부장검사, 차동언 검사, 권순범 검사, 임현 검사, 고흥 검사, 권순철 검사, 송경호 검사 등도 적극적으로 참여했다. 이들 모두는 오랫동안 형법의 존재이유와 형사실무가 나아갈 방향을 밝히는 데 노력했다. 오늘날의 영광을 가져오게 한 이들 학자나 실무가의 탁월한 역량이었다. 그때의 초심은 다음과 같이 창립의 취지에 실렸다.

> "오늘날 한국의 상황과 여건은 법률문제에 관한 여러 가지 문제를 제기하게 됩니다. 이론적 및 실무적 충분한 고려 없이 행해지는 졸속입법, 사회의 정의감과 공평 감정에 부합하지 못하는 법집행 및 이와 결부된 '법조 부조리 현상' 등은 해방 이후 50년이라는 제2 건국 시기에 즈음해서도 해소되지 않고 있습니다. 이는 형사사법의 절차적 법치주의가 우리나라의 법률 저변에 아직 정착했다고 보기 어려운 상황에 있고, 또한 형사실체법이 헌법적 이상에 걸맞지 않게 시행되고 있음에도 이를 개선하지 않고 방치되어 있다는 데 원인을 찾을 수 있습니다. 따라서 어쩌면 형사판례와 이와 결부된 형사법적, 형사정책적 연구들이 활성화되지 못하고 있는 것은 적어도 한국적 풍토에서는 불가피한 일로 보입니다. 이러한 문제의식 속에서 잘못된 형사법적 문제들을 직시하고, 감시하며, 나아가 발전적 대안과 입법 및 해석모델을 찾아내는 데 소홀할 수 없음은 오히려 형사법을 연구하는 우리들의 사명일 것입니다. 그러나 이러한 작업이 일부 학자들만이나 실무가들만의 토론으로서는 뚜렷한 해결책을 제시하기 어려울 것입니다. 그러므로 형사법에 관심을 가진 학자와 실무자가 공동하여 정기적인 학술행사를 개최하고, 형사사법에 관한 허심탄회한 의견 개진과 각국과의 비교법적 고찰을 포함한 연구 결과의 발표를 위한 장이 필요하다고 생각됩니다. 이것을 구체화하기 위해 현재 처해 있는 한국적 형사사법의 문제 연구와 토론 및 연구 결과의 출판을 도모하고 증진할 수 있는 가칭 "한국비교형사법학회"란 단체를 결성하고자 합니다."

한국비교형사법학회가 창립된 지 올해로 25주년이 되었다. 그 사이 학회는 장족의 발전을 이루었다. 형법의 존재이유를 직, 간접적으로 밝히는 논문들로 채워진 학회의 연구지는 쉼 없이 출간되었고, 이에 게재된 논문 수는 놀라울 정도로 많을 뿐 아니라 형사법 분야의 인용지수도 한국형사법학회의 연구지인 '형사법연구'를 제외하고는 최고로 높게 나타났다. 이는 학회 발전을 위해 헌신적으로 노력했던 선후배 교수들의 노고와 업적 때문에 가능했다고 본다.

다소 아쉬운 부분도 없지는 않다. 창립 초기에는 다수의 실무가들이 참여했으나 어느 시점부터 점점 줄어들었고, 학술행사에 참여한 모든 분이 발제나 토론 혹은 사회 등으로 주역이 되어야 한다는 명제도 상당 부분 시들해졌다.

동북아시아에 속하는 한국, 중국과 일본 3국 간의 학술행사를 지속적으로 도모하기 위해 2006년 1월 17일과 18일 제1회 동아시아 형사사법 국제학술대회를 개최했다. 당시의 학술대회에는 이동희 교수의 노력으로 일본 측의 대표적 형법학자인 미츠이 마코토(三井誠) 교수를 비롯하여 소네 다케히코(曾根威彦) 교수가 참가했고, 중국 측은 당시 회장이었던 짜오빙즈(趙秉志) 교수를 비롯하여 류지언핑(盧建平) 교수 등 10여 분이 참여했다. 이 행사를 계기로 동북아시아 3국의 대표적 형법학자들이 함께 연구할 수 있는 '동아시아 형사학회'를 창립하고자 노력했다. 중국 측은 매우 긍정적이던데 반해, 일본 측은 소극적이었다. 한일간의 '형사법 학술행사'를 연례적으로 개최하자고 일본 측에서 역제안했다. 그러나 이마저도 일본 측의 소극적 태도로 현실화되지 못했다. 그럼에도 중국의 형법연구회와 맺은 폭넓은 교류의 장은 현재에도 활발하게 진행 중이며, 그나마 다행이라고 생각된다.

더구나 2024년에는 영국의 저명인사들과 함께 양국 간의 형사법 연구학술행사를 매년 개최하기로 양해각서(MOU)를 체결했고, 이와 더불어 영국에서 양국간의 학술행사를 성황리에 끝냈다. 올해는 한국에서 양국 간의 학술행사가 열릴 예정이다. 회장직을 수행한 이동희 교수의 역할이 컸다. 차제에 일본을 비롯해 동남아 국가와 형사법에 관한 교류의 폭이 더욱 확대되길 바란다. 그래야만 '한국비교형사법학회'의 정체성을 더욱 깊이 다질 수 있고, 다음과 같은 형법의 존재이유에 관한 깊은 관심을 한국을 넘어서 세계로 확대할 수 있기 때문이다.

Ⅱ. 학회의 깊은 관심: '형법의 존재이유'

형법의 존재 이유는 인간적인 삶을 꽃피울 수 있는 사회질서를 확보하고, 이를 평화롭게 방위하기 위해 범죄의 예방과 범죄자의 처벌(즉 형벌)을 정당화하는 데서 찾을 수 있다. 그렇기에 형법은 범법자에 대한 형벌의 부과를 정당화할 수 있는 사회적으로 공인된 법률이며, 형벌은 사회적으로 중요한 법익 침해행위를 예방할 정도의 참기 어려운 인간적 고통을 속성으로 삼는다. 형벌의 핵심적 내용인 자유형은 수형자의 거주이전에 대한 자유 등 기본권을 제한함으로써 한편으로 그 기간에 재범의 가능성을 원천적으로 배제할 수 있게 하고, 다른 한편으로는 자신의 범법행위에 대하여 상응하는 자기책임을 감수하게 하려는 데 있다. 그러므로 형법은 범법자에게 참기 어려운 고통을 안겨주는 특수한 강제력인 '형벌'의 정당화를 공인하는 '수단의 특수성'을 가진 법률이다.

형법은 형벌권을 국가에 독점시킨 '공형벌 체계'를 제도화한 것이다. 따라서 형벌은 국가의 핵심적 공권력에 속하며, 이러한 공권력의 행사가 적법한 수준에서 그치도록 통제할 필요성이 생긴다. 이를 위해 형법은 국가의 권력 행사를 법치국가원칙, 특히 죄형법정주의와 책임원칙 및 적법절차에 걸맞게 준수되도록 철저히 제도화해야 한다. 즉 형법은 국가공권력의 남용을 방지하기 위해 제도화된 가치체계이다. 이러한 점에서 형법의 수신자는 한편으로 국민에게 일반적으로 향하고 있지만, 다른 한편으로는 국가에 구체적으로 향하고 있음은 물론이다. 그러므로 국가는 개별적인 국민보다 더욱 더 법치국가원칙, 특히 죄형법정주의와 책임원칙을 철저히 준수해야 하는 책무를 부담한다.

이러한 이유로 형법상 범죄 규정은 일반 국민에게 무엇을 금지하고 있는가를 사전에 명확히 전달하고, 국민은 그것을 알거나 알 수 있을 정도로 충분하다. 예컨대 "사람을 죽이지 말라, 그렇잖으면 처벌된다"라는 살인죄의 규정은 살인자와 관계없는 일반 국민에게 통상적으로 "사람을 죽여서는 안 된다."라는 선언적 의미를 줄 뿐이다. 이에 반해 국가의 이름으로 행사하는 범죄에 대한 수사와 재판의 경우 살인죄의 규정은 수사기관이나 법관에게 죄형법정주의의 원칙을 준수하여 행위자를 재단하고, 그 과정 또한 적법절차를 엄격하게 준수하여야 함을 요구받는 강제규범으로 다가간다.

국가의 형벌권 행사를 대상으로 삼고 있는 형법학은 형법의 적용 범위를 유추하거나 확장하는 데 도움을 주는 학문일 수 없고, 오히려 이를 '억제'하기 위해 존재하고 있다. 즉 학문으로서 형법학은 일반 국민에 대하여 '형법의 적용을 가능한 제한하려는 학문'일 수밖에 없다. 이러한 관점에서 볼 때 "형벌에 관한 형사정책은 사회정책의 최후수단으로 작동되어야 하고, 형법은 형사정책의 최후수단이다"라는 원칙은 철저히 관철되어야 마땅하다. 이를 위해 사회방위를 위해 최후수단으로만 관여하는 형법은 여백을 가질 수밖에 없다. 형벌의 내용은 헌법상 담보되는 행위자의 기본권에 대하여 실질적 침해에 해당한다는 점에서, 그 사용은 최소한이자 최후의 마지막 수단에 그쳐야 한다. 그러므로 형법의 단편성은 불가피한 것이고, 어느 행위로 인해 사회방위가 심각하게 침해되지 않은 한 그 행위에 대한 처벌의 여백을 남겨두어야 한다.

형법의 이러한 점은 모든 질병을 예방하고 치료하려는 의료분야와는 지극히 상반된 모습이다. 그런데도 일부 형법학자들은 형법의 이념을 통해 모든 범죄의 원인균을 뿌리째 뽑고자 하는 모습을 볼 수 있다. 질병을 일으키는 모든 병균의 박멸은 인간의 건강한 삶과 생명의 연장에 도움이 되며, 좋은 일임은 물론이다. 그렇다고 한정된 자원으로 이 세상을 완전히 무균 상태로 만드는 것은 한정된 자원을 가진 국가의 가성비 면에서 바람직하지 않다. 더구나 우리 신체 내부의 대장에는 유해균과 유익균이 상존해 있는데, 유해균의 완전한 박멸은 오히려 건강에 도움이 될 수 없다. 양쪽이 상존하지만 유해균보다는 유익균이 많음에 따라 건강이 유지된다는 것이 정설이다. 하물며 병균조차도 완전 박멸이 불필요한 마당에 사회적 일탈행위에 대한 처벌의 사각지대를 완벽하게 없애려는 사고방식은 형법의 성격에서 볼 때 결코 받아들이기 어렵다. 그럼에도 처벌의 사각지대를 메우려는 학자들이 적지 않다. 예컨대 형법 제30조의 공동정범 규정은 고의범을 대상으로 명시하고 있음에도 불구하고 이 조문을 근거로 과실범의 공동정범을 인정하려고 애를 쓰는 분들을 쉽게 찾아볼 수 있다. 뿐만 아니라 신의칙에 위반하여 기망행위를 한 자라면 사기행위를 인정하고 더 나아가 부진정부작위범의 경우 보증인적 지위를 갖게 된다는 사고방식이 그런 경우이다. 판례가 그렇다고 하니 그 태도를 무조건 습관적으로 따르려는 것은 형법학자의 본래 모습일 수 없다.

헌법상 무죄추정과 적법절차 그리고 죄형법정주의가 제대로 실현되는 법치국가일수록 법익 보호를 위한 형법의 기능은 충실히 작동되어야 한다. 그렇게 되기 위해 형법의 단편성과 최후수단성의 성격을 고려하면, 사법 적극적 형사판례에 대해서는 적극적으로 비판에 임해야 하고, 그런 판례에 대한 비교법적 검토도 절실히 요구된다. 왜냐면 형법이라는 사회방위망의 그물코는 온갖 잔챙이도 걸려들게 하는 아주 좁디좁은 것일 수 없어야 하기 때문이다. 그렇다고 중대한 법익을 침해하는 범법자가 빠져나갈 정도로 넓은 코의 그물이어서도 안 된다.

우리 형사법의 입법 전통에서 볼 때 입법자는 형법의 근본원칙에 걸맞지 않게 형벌을 사회방위의 최후수단으로 이용하기보다 오히려 최초의 수단으로 사용하려는 경우가 적지 않았다. 더구나 형법학자의 사법 적극적인 해석론까지 가세하여 형벌을 사회방위의 일차적 수단으로 이해하려는 태도가 있는데, 이는 극복되어야 한다.

최근 성폭력이나 음주운전 혹은 수백만 명에 관한 사생활 정보의 침해 사태를 언론을 통해 접할 때마다 이에 관한 사회적 방위와 엄벌의 필요성이 집중적으로 부각된다. 이러한 사회현실의 요청에 일부 형법학자는 곧바로 이에 편승해 그에 상응하게끔 그물코의 간격을 좁혀야 한다는 목소리를 내고 있다. 예컨대 '도로상에서 허가받지 아니한 불법 경주'는 현행 도로교통법에서 얼마든지 처벌될 수 있음에도 불법 경주의 특별한 위험성을 부각하여 이에 관한 가중처벌 규정의 필요성을 역설하는 태도가 그러한데, 이는 바람직하지 않아 보인다. 왜냐면 우리의 일상적 활동에 관한 자유의 폭을 형벌에 의해 제한하면 할수록 그만큼 인권의 상실로 이어지기 때문이다.

이처럼 처벌의 사각지대를 밝히면서 형법의 흠결에 대한 불안을 지나치게 큰 소리로 말하는 것은 형법학자의 책무일 수 없다. 왜냐면 형벌은 최후의 수단으로서 그 여백의 불가피성에 대한 진실을 말하는 것이 형법학자의 임무이기 때문이다. 형법학자의 이러한 임무는 연구실뿐만 아니라 강의실에서 그쳐서는 안 된다.

그러나 이러한 임무는 형법학자 개개인의 역량만으로 한계를 나타낸다. 뜻을 같이하는 다수의 학자가 결합하고 연대하여 함께 형법의 존재이유를 밝히고, 그것의 의의를 실천적으로 대응해 나갈 때 비로소 소정의 목표를 달성할 수 있을 것이다. 바로 이러한 이유로 우리는 한국비교형사법학회를 창립했고, 그래서 이 학회는 그런 임무를 이행할 책무를 부여받았다.

제21장

영남형사판례연구회에 관한 소회

Ⅰ. 판례연구회 창립의 배경

1986년의 가을학기, '한국형사법학회' 회장이었던 김종원 교수의 주도로 학회의 학술행사가 전국적인 규모로 경찰대학에서 개최되었다. 60여 명의 형사법 교수들이 참가했는데, 당시 형사법의 전임교수가 대략 70여 명에 불과했던 점을 감안한다면 참으로 많은 인원이 참여했음을 가늠할 수 있다.[1] 이듬해인 1987년 10월 중순 무렵에는 동아대학교 국제회의실에서 형사법학회의 학술행사가 개최되었다.[2] 필자는 이 학술행사에 발표자로 참가했다. "독일에서 전개되고 있는 형사법 기초이론"을 발표했으면 좋겠다는 김종원 회장의 부탁을 받았다. 이들 두 개의 학술행사 참여를 통하여 다음과 같은 점을 자각했다.

형사법 교수 대부분이 참가했던 이들 학술대회에서 필자는 실무상 실익과 관련성이 거의 없는 이론적 쟁점에 함몰하고 있는 학회의 학술풍토를 지켜보았다. 예컨대 범죄의 불법성은 무엇으로 구성되어 있는지, 형법상 행위개념은 구성요건적 행위개념 이전의 단계에서 논해야 하는지, 이때의 행위개념은 한계기능, 상위개념 및 결합기능을 전제로 논의해야 하는지를 가지고 열띤 토론을 했다.

1) 필자가 소장하고 있는 당시의 참가자 사진을 보노라면 이젠 고인이 되신 분도 적지 않다.
2) 1989년 『형사법연구』, 제2호에 명단이 수록된 형사법학회 회원은 총 100명이며, 이 가운데에는 법관, 검찰 그리고 변호사 등도 일부 포함되었다.

형법상 불법성 여부를 일방적인 행위반가치 차원에서만 찾게 되면 불온한 생각만으로도 처벌이 되는 우를 범할 수 있으며, 그렇다고 결과 발생에 관해 비로소 대응한다면 결과적 책임론에 빠질 수 있다. 그런데 그것은 형법상 실익이 전혀 없지는 않았다. 그러나 형법상 행위론은 그 이름에 걸맞게 어디까지나 형법상의 체계와 이론 전개에서 실익을 가진 행위론이 되어야 함에도, 행위개념을 형법의 이전 단계인 전구성요건적 단계의 태도로 파악했다. 즉 형법상 행위개념을 범죄구성요건의 이전 단계인 인간의 모든 일상적 행위태양으로 확대함으로써 형법상 유의미하게 대답할 수 없거나 아니면 실익 없는 대답을 유도하는 행위론으로 전개되고 있었다.

학술행사에서 이런 식의 주제발표와 내용 그리고 토론이 실무상 무슨 실익이 있을 수 있을지 회의감를 느끼면서 적지 않은 실망감에 빠졌다. 왜냐면 법학은 실용적 학문이어야 하는데 탁상공론에 그칠 수 있는 형사법상의 이론적 문제점에 관해 독일 학계의 입장을 그대로 전달하는 모습에 다소간 반감이 들었기 때문이다. 게다가 행사 참여 교수들은 우리의 형사법 실무자들이 문제 삼고 고민하는 쟁점이나 형법 체계론상 잘못된 입장에 대해 비판적 인식을 보이지 않았다. 특히 대법원 판례를 무비판적으로 추종하는 학자들의 모습도 종종 찾아볼 수 있었다. 비록 일부이긴 하지만 독일이나 일본에서 당시 논의되고 있는 형법상 행위론이나 불법성의 반가치 문제 등에 대해서 지나치게 가치를 부여하고, 집착하는 모습도 보았다.

물론 형법상 행위론이나 불법성의 내용을 탐구하는 작업은 틀린 것이 아니고 부당하지도 않다. 다만 이러한 논의는 실무상 문제를 합리적으로 해결하는 데에 기여할 수 있는 범위에서 이루어져야 마땅하다. 그런데도 이러한 이론들을 우리 고유의 실무적 관점과 연결고리 없이 책상에서만 사색하는 순수 이론적 관점에 치중하는 경향이 강했다. 그래서 이를 극복하기 위해 형사법 실무자들과 함께 하는 연구회, 그리고 실무상 쟁점이 되는 바로 그런 현실적 문제들을 형법 교수와 함께 고민하고 해결하려는 연구회의 결성이 필요하다는 생각이 간절해졌다.

이와 같은 상황에서 1987년 9월, 성민경 부산지검 제2차장검사로부터 만나자는 연락이 왔다. 애길 들어 보니 형사법 교수와 검찰이 공동으로 형사법에 관한 연구를 주기적으로 발표하자고. 좋은 아이디어라고 답하고, 가능하면 이른 시일에 구체적인 로드맵을 작성하여 지금(1987년)부터 당장 실시하자고 역제안했다.

그렇게 하여 1987년 10월 중순 부산지방검찰청 회의실(현재의 동아대학교 부민캠퍼스)에서 부산과 경남지역의 형사법 교수와 부산지방검찰청 소속 검사들(대부분 부장검사)이 함께 모여 제1차 형사법연구회를 가졌다. 검찰 측에서 발표했고, 발제 주제는 "구속제도의 개선방안"이었다. 성민경 차장검사가 인사말을 통해 앞으로 분기마다 학술행사를 개최하고, 그때마다 대학 측에서 1명 그리고 검찰 측에서 1명씩 법조 실무상 실익이 큰 주제를 중심으로 발표할 것을 제안했다. 교수 측의 대표로서 부산대학교 법과대학에 재직 중이었던 김봉태 교수가 그 제안에 동의하면서 학계와 실무계의 학술교류 중요성을 지적했다.

이렇게 시작된 '영남형사법연구회'는 그 이후 1987년 12월에 한 번 더 개최되는 것으로 끝났다. 성 차장검사가 이듬해 2월, 서울지검 북부지청장으로 전근 후, 검찰과의 연결고리가 끊어졌기 때문이다. 그렇지만 검찰 측과 형사법 교수의 학문적 만남을 계기로 우리나라에서도 학자와 실무가의 연결 가능성을 엿보게 되었다.

연구회의 결성이 더욱 간절해지면서 주변 교수들을 포함해 법관, 검찰 그리고 변호사들에게 연구회의 필요성을 피력하고, 연구회를 함께 할 것을 촉구했다. 그러나 연구회의 결성 촉구만으로 이뤄진 것은 아무 것도 없었고, 그 사이 7~8년의 세월이 빠르게 흘러갔다.

그간 서울에서는 정해창 전 법무부 장관의 주도로 한국형사정책연구원이 개설되었고, 이곳에서 이재상 교수를 중심으로 형사정책에 관한 독서회가 매월 개최되었다. 이 독서회에 참가했던 학자와 실무가들이 중심이 되어 1992년 2월 22일, 서울 '반도유스호스텔'에서 제1차 형사판례연구회를 개최했다. 심희기 교수가 "변호인과 구속피의자와의 접견 자세와 구제방법"을, 석동현 검사가 "부녀매매죄에서 부녀의 매매"를 발표했고, 열띤 토론으로 이어졌다.

초창기부터 형사판례연구회는 실무가들이 참석뿐 아니라 발표도 자주 했다. 필자 또한 거의 빠짐없이 참가했고, 교수들 대부분은 매년 1회 정도 발표했다. 필자는 매월 첫째 월요일이면 어김없이 서울의 판례연구회에 참가하면서 영남권에서도 유사한 판례연구회를 창립하여 연구와 발표하는 기회를 가졌으면 좋겠다는 생각이 절로 들었다. 이미 1987년에 검찰과의 합동 연구회를 2번이나 개최했던 경험은 가칭 "영남형사판례연구회"를 창립하는 데 큰 힘이 되었다.

1996년 동아대학교 설립 50주년을 맞이하여 법과대학에서도 학술기념 행사를 개최했다. 기념행사의 주제는 "형법을 통한 권위주의적 권력 행사의 극복과 법치주의의 확보"로 정했다.[3] 이 과정에서 당시 김진환 부산지검 제2차장검사를 만나 형사실무자와 형법학자의 상호협력을 의논했다. 검찰 측에서도 영남형사법연구회의 결성을 위해 적극적으로 협력하겠다고 약속했다. 또한 법원 쪽에서 손기식 부산고등법원 부장판사도 지대한 관심을 표명했다. 영남지역의 형법학자들인 김상호, 이경호, 이태언, 이정원, 강기정, 정행철, 장중식, 천진호, 조상제(이미 고인이 됨), 이재석, 김선복, 문채규, 심재무, 김성돈 교수와 구모영 박사 등이 적극적으로 협력하겠다는 의사를 밝혔다.

이러한 연구 활동의 적극적인 참여 의사를 결집하여 한편으로 1998년 7월, 이론 중심의 비교형사법연구회 발기를 위한 첫 모임을 동아대학교 법과대학에서 가졌다. 그해 8월 20일, 한국비교형사법학회의 창립을 위한 총회가 동아대학교에서 개최되었다. 다른 한편으로는 형사 판례평석을 위주로 하는 판례연구회를 창립하여 매월 연구회를 개최하는 방식으로 연구 활동의 활성화를 꾀하고자 했다. 이를 위해 1999년 2월, 서울의 형사판례연구회와 공동으로 부산에서 학술행사를 개최하기로 이재상 교수와 약속했다. 공동의 연구회를 개최한 직후 영남형사판례연구회를 출범하고 싶어졌다.

3) 이에 관해서는 1996년 10월 14일~15일 개최된 국제학술행사로서 프로시딩 『형법을 통한 권위주의적 권력행사의 극복과 법치주의의 확보』, 동아대학교 개교 50주년, 1쪽 이하 참조.

Ⅱ. 창립 취지

창립 취지는 위에서 지적한 문제점의 개선 등을 핵심으로 하는 다음과 같은 내용을 담았다.

“오늘날 한국의 상황과 여건은 법률문제에 관하여 여러 가지 문제를 제기하게 됩니다. 이론적 및 실무적으로 충분한 고려 없이 행해지는 졸속입법, 사회의 정의감과 공평 감정에 부합하지 못하는 법집행 및 이와 결부된 ‘법조 부조리 현상’ 등은 해방 이후 50년이라는 제2건국 시기에 즈음해서도 해소되지 않고 있습니다. 이는 형사사법의 절차적 법치국가원칙이 우리나라의 법률 저변에 아직 정착되었다고 보기 어려운 상황에 있고, 또한 형사실체법이 헌법적 이상에 걸맞지 않게 시행되고 있음에도 이를 개선하지 않고 방치되어 있다는 데 원인을 찾을 수 있습니다. 따라서 어쩌면 형사판례와 이에 결부된 형사법적, 형사정책적 연구들이 활성화되지 못하고 있는 것은 적어도 한국적 풍토에서는 불가피한 일로 보입니다. 이러한 문제의식 속에서 잘못된 형사법적 문제들을 직시하고, 감시하며, 나아가 발전적 대안과 입법 및 해석모델을 찾아내는 데 소홀할 수 없음은 오히려 형사법을 연구하는 우리들의 사명일 것입니다.

그러나 이러한 작업이 일부 학자들이나 실무가들만의 토론으로서는 뚜렷한 해결책을 제시하기 어려울 것입니다. 그러므로 형사법에 관심을 가진 학자와 실무자가 공동하여 정기적인 학술행사를 개최하고, 형사사법에 관하여 허심탄회한 의견개진과 각국의 비교법적 고찰을 포함한 연구 결과의 발표를 위한 장이 필요하다고 생각됩니다. 이것을 구체화하기 위해 현재 처해있는 한국적 형사사법의 문제 연구와 토론을 도모하고 증진할 수 있는 가칭 ‘영남형사판례연구회’란 단체를 결성하고자 합니다.”

이 연구단체를 구성, 운영함에서 상세한 논의는 구성원 상호 간의 토론과 양해가 있어야 하겠지만, 우선 다음과 같은 일반원칙에서 출발하고자 합니다.

1. 형사법을 전공하는 자로서 대학에서 강의하고 있거나, 형사법 박사과정에 재학 중인 자 또는 그 이상의 자격을 소지한 자를 비롯하여 법관과 검찰 그리고 국내외의 변호사 자격을 취득하고 형사법에 관심이 있는 자를 본회의 정회원으로 한다. 형사법 전공자로서 석사과정에 재학 중이거나 석사학위를 취득한 자는 본회의 준회원으로 한다.

2. 학술행사는 가능하다면 참여자 모두가 매년 발표나 토론 혹은 사회 등의 역할을 맡도록 하는 것을 원칙으로 삼는다.

3. 본회의 학술행사는 형사 실무상 제기된 문제점들을 법치국가원칙에 터 잡아 학계와 실무계의 진지한 공동연구를 통하여 정당한 해결책을 찾는 데 노력한다.

Ⅲ. 운용 과정과 참가자들

이재상 형사판례연구회 회장과의 약속에 따라 1999년 2월 6일, 부산 해운대 조선비치호텔에서 개최된 제84회 형사판례연구회에 영남지역의 형사법 학자와 법조 실무자 다수가 참여했다. 당시 발표는 오영근 교수가 “유가증권위조죄 해석상의 문제점”을, 백재명 검사가 “부동산명의신탁과 횡령죄”를 담당했다.

학술행사가 있고 나서, 1999년 3월 셋째 주 월요일인 15일 부산역 광장 옆에 소재한 ‘아리랑 호텔’ 2층에서 역사적인 제1회 영남형사판례연구회가 개최되었다. 앞서 언급한 대부분 교수가 참가했고, 검찰 측에서 승진하여 서울로 전근을 가게 된 김진환 검사장은 자신의 후임인 정진교 부산지검 제2차장 검사에게 판례연구회의 취지를 설명하고, 참여를 독려했다. 김진환 검사장은 학문적 탐구에 진심이었다. 그의 박사학위논문인 『정신장애 범죄자의 책임과 처우에 관한 연구』를 읽어보노라면 책임론의 한계에 직면한 정신장애 범죄자에 대한 처우의 문제점을 밝히고 어떠한 대책을 세워야 하는지를 탁월한 논지로 규명했다. 뿐만 아니라 그는 역사, 문학과 성악에 조예가 깊고, 특히 테너로서 뛰어난 노래 솜씨는 부러울 정도였고, 법률시평 등 다양한 분야에서 재능을 유감없이 발휘했다. 그의 뒤를 이었던 정진교 제2차장검사는 공판부의 부장검사와 검사들 다수를 이끌고 연구회에 참가했다. 그는 전형적인 신사 품격의 아우라가 넘쳤으며, 영남형사판례연구회의 활성화를 위한 초석을 다졌던 일등 공신이었다. 그는 후일 서울고등검찰청 검사장을 지냈다. 법관으로는 손기식 부산고등법원 부장판사도 자리를 빛냈다. 그는 특히 '아리랑호텔' 측이 연구회 개최를 위한 장소를 무료로 빌려주는 데 결정적 역할을 했다. 연구회가 개최되는 날이면 참가자 전원은 호텔에서 저녁을 함께 하고 저녁 7시부터 열띤 발표와 토론이 시작되었다.

제84회 형사판례연구회에 동참했던 여러 교수와 실무가들은 영남형사판례연구회의 제1회 행사 때부터 함께 했다. 학술행사를 마치면 장소를 옮겨 맥주 등을 마시면서 다시금 해당 주제에 관한 토론은 밤늦게까지 이어졌다. 이른바 끝장토론의 문화가 그렇게 만들어진 셈이다.

당시에는 회장의 직책도 없었고, 필자가 회원들에게 직접 연락했다. 검찰에서는 공판부 검사 가운데 추천받은 한 분이 검찰 측의 간사 역할을 했다. 대구와 경북지역 교수들의 참여 열기도 높았다. 당시의 연구회는 격월로 개최되었고, 매회 15여 명 내외가 참여했다. 손기식 부장판사와 정진교 제2차장검사도 매회 참석했다. 그때 마다 2명씩 주제를 발표했지만 대부분은 교수가 담당했고, 검찰은 1년에 두 차례 정도 발표하는 것에 그쳤다. 격월로 학술행사를 개최했지만 매회 2명씩 발표함으로써 참가자는 1년에 한 번 정도의 발표 기회를 누렸다. 참가자는 필연적으로 발표할 수밖에 없는 상황에 내몰리게 되자 이들의 판례평석은 양적으로 증가하게 되었고, 평석의 질적 수준 역시 상승했다. 부산지검을 포함하여 동부지청 검사들도 번갈아 가며 지속적으로 참가했다.

이 와중에 최병각 박사가 2001년 9월, 동아대학교 법과대학 교수로 부임하게 되었다. 2001년 11월, 처음으로 참가했던 최 교수는 그 이후 빠짐없이 참가하게 되는데, 2002년 1월부터 매월 판례연구회를 개최했으면 좋겠다는 의사를 필자에게 강력하게 전했다. 그의 의견에 따라 2002년 1월부터는 연구회가 매월 개최되었다. 그때부터 최 교수가 영남형사판례연구회 회원의 연락과 누구를 발표자로 할 것인지에 관해 실질적인 역할을 담당했고, 그 역할을 오랫동안 수행했다.

그 사이 정진교 제2차장검사가 검사장 승진과 함께 서울로 가는 바람에 그의 대신으로 홍석조 제2차장검사가 판례연구회에 참여했다. 그는 테니스를 즐겼고

연구에도 열심이었다. 그도 다수의 공판부 검사들과 함께 매회 참가했다. 김진환 검사장과 정진교 검사장 그리고 홍석조 차장검사 이들 셋은 대상 사건을 단순·명확화하는 데에 탁월한 능력을 발휘했던 인재였다. 손기식 부장판사가 서울고등법원으로 근무지를 옮기는 바람에 김대휘 부산고등법원 부장판사가 그 자리를 대신했다. 김 부장판사는 운동, 등산, 형법학뿐만 아니라 법철학 등 다방면에 뛰어난 실력자였다. 그는 판례연구회에 적극적으로 참여했고 직접 발제를 하기도 했다.

학술행사의 개최일은 매월 셋째주 월요일로 했다. 그 이유는 매월 첫째주 월요일은 서울의 형사판례연구회가 있었고, 그쪽과 겹치는 것을 피하고 싶었기 때문이었다. 그러다가 제155회가 개최된 2014년 5월 19일, 회원의 다수 의견이 6월부터는 둘째주 월요일에 연구회를 개최하자는 것으로 합의되었다. 그래서 제156회는 2014년 6월 9일(둘째주 월요일)에 개최되었고, 이후로 2023년 여름까지 매월 둘째주 월요일에 어김없이 연구회는 열렸다. 2023년 가을부터 여러 사정으로 인하여 다시금 매월 둘째주 목요일로 개최일을 변경하게 되었다.

서울에서 개최되는 형사판례연구회는 제84회에 부산에서 개최된 이후에도 2010년대 초까지 매년 연초 부산으로 내려와 영남형사판례연구회와 공동의 학술행사를 진행하고 연구와 친교를 다졌다.

그 사이 이정원 교수가 연구회의 2년 임기 첫 회장직을 수행하게 되었고, 뒤를 이어 천진호, 김선복, 안원하, 민영성, 권오걸, 최석윤, 최병각, 차정인, 하태영, 류석준 교수가 그 자리를 이어갔다. 그리고 현재의 회장은 이창섭 교수가 맡고 있다. 그는 울산대학교 재임 초기부터 시작해서 이제는 저 먼 제주대학교 법학전문대학원 교수로 재직하고 있으면서도 연구회 참가와 발표를 열성적으로 지속하고 있다. 현 회장뿐 아니라 전임 회장들 모두 영남형사판례연구회의 활성화를 위해 노력한 산 증인이다.

전임 회장들과 회원들의 지속적 활동으로 2024년 3월, 영남형사판례연구회는 어느덧 25주년을 맞이하게 되었다. 그리고 2024년 2월로 연구회는 무려 260회를 개최하게 되었다. 지난 25년의 세월 동안 260회의 역사를 돌아본다. 초창기에 잠시 격월로 개최되었던 점을 감안하면 불가피한 사정이 있는 경우를 제외하고는 그렇게 꾸준히 연구회의 행사가 진행되었던 것이다.

전임회장 가운데에서도 특히 최병각 교수와 최석윤 교수는 누구보다 열성적으로 참여했을 뿐 아니라 발표 역시 가장 많았다. 최병각 교수는 질문을 참 맛깔스럽게 잘했다. 핵심이 되는 쟁점 3가지를 질문하여 주제의 발표자에게 고민의 여백을 깊게 남겼다. 최석윤 교수는 학문적 분위기를 잘도 유도했고 리더의 능력을 유감없이 보였다. 이들 두 사람은 창립 초기부터 영남형사판례연구회 발전의 핵심적인 주역이었으며, 200회 이상을 참여했다.

또한 질문을 요약 정리하여 해당 발제의 쟁점에 관해 다시 한번 생각나게 했던 하태영 교수는 끝장토론의 핵심적 역할을 담당했다. 그는 공식적인 연구회 행사가 마무리된 후 토론할 만한 공간이 갖추어진 맥주집을 섭외하고 끝장토론의 진수라고 할 수 있는 공격적인 질문을 쉼 없이 쏟아냈다. 그는 이 과정에서 밤늦게까지 회원들이 마셨던 맥주값을 책임지는 경우가 다반사였다. 조현욱 교수 역시 지난 15년 동안 거의 빠짐없이 참가하고 발표했다. 그는 건국대학교에 재직하면서도 부산에서 개최되는 연구회 참석을 거의 빠지지 않았다. 영남형사판례연구회의 명칭을 '우리형사판례연구회'로 개칭해 상당 기간 사용하게 했던 안원하 교수는 회장으로 재임했을 때 연구회를 부산 외곽에서 몇 번 개최하기도 했다. 이러한 변화도 연구회 활성화에 한몫을 했다. 회장직을 수행하면서 100회 기념행사를 성대하게 개최했던 민영성 교수도 기억에 남는다. 무엇이든 정리를 참 잘한다는 느낌을 여러 번 받았다. 멀리 떨어진 대구에서 거의 매월 부산을 방문해 연구회에 참여하면서 회장직도 열심히 수행했던 권오걸 교수의 성의에 깊이 감사드린다. 또한 탁월한 설득력을 겸비한 김혜정 교수를 연구회에서 자주 만나볼 수 있었다. 하태인 교수는 연구에 끝장을 보려는 태도가 마음에 들었다. 형법학에 그치지 않고 법철학이며 헌법과 법해석학이 몸에 스며든 학자로 보였다. 최성진 교수도 열성적으로 활발하게 연구 활동을 하고 있다. 특히 그가 문제 삼았던 상당수의 주제는 필자 역시 깊은 관심을 가졌다는 점에서 동질감을 느꼈다. 강우예 교수 또한 열성적인 참석과 발표 그리고 적극적 토론에 임하는 자세가 눈에 띈다. 그는 법철학과 영미의 형사법에 조예가 깊었다. 그리고 인하대학교 법학전문대학의 최준혁 교수는 울산대학교 재임 당시부터 빠지지 않고 참석하여 연구회의 열기를 높였다. 그는 다양한 주제로 많은 수의 논문을 수준급으로 작성했다. 지금도 연구회에 매년 한 두 차례 꾸준히 참가하고 있다. 이러한 모습은 김혜경 교수에게서도 찾아볼 수 있다. 누구보다 학문에 진심인 김 교수는 수많은 학술행사에서 발표하고 토론하면서 매년 영남형사판례연구회에도 발표를 하고 있다. 이근우 교수는 경남대학교 재임 시절부터 시작하여 현재 가천대학교에 재직하고 있으면서도 참석과 발표를 하고 있다. 그는 진보적 성향이 강하며, 정의로운 형법학의 실현에 관한 정성이 참으로 대단하다.

그 밖에도 열성적인 회원으로는 김선복 교수, 심재무 교수, 박기석 교수, 이덕인 교수, 김종덕 교수, 류화진 교수, 김병수 교수, 유주성 교수, 정도희 교수와 김성룡 교수, 선종수 교수, 박성민 교수, 연구회의 간사를 맡았던 송진경 박사와 이수진 교수 등을 꼽을 수 있다. 이들은 발표나 토론에 진심이었고, 이들의 노력이 결국 영남형사판례연구회가 유지되는 생명력의 원천이 아닐까 생각한다. 요즘은 허황 교수의 연구 활동이 돋보인다. 경북대학교 재임 중일 때 자주 참가했던 성균관대학교 법학전문대학원의 김성돈 교수 또한 열성적인 학구파였다. 꾸준하게 참석하고 발표에 나섰던 배미란 교수와 강지현 박사도 언급하고 싶다. 이경호 교수는 창립 초기부터 10여 년에 걸쳐 누구보다 연구회의 발전을 위해 적극적인 모습을 보였다.

부산지검 정진교 제2차장검사의 제1회 연구회 참가 이래 홍석조 제2차장이 그 뒤를 이어가면서 다수의 검사와 함께 연구회에 적극적으로 참여하는 터전이 닦였다. 이것이 검찰 측의 연구회 참여문화로 형성되었고, 그래서 검찰의 참여가 지속될 수 있었던 원동력으로 작용했을 것으로 보인다. 주로 공판부 검사가 참가한 경우가 많았다. 다만 자주 근무지를 이동하는 바람에 서로 낯이 익을만하면 서울 등으로 떠나갔다. 이들 가운데 세월이 흘러 다시금 부산지검의 차장검사나 검사장 혹은 부장검사로 영전해 온 분들도 적지 않았다. 다만 요즈음은 왠지 참여 인원과 빈도가 예전에 비해 덜하다는 느낌이 든다.

역대 회장은 저마다 자신의 소중한 시간을 할애하여 영남형사판례연구회의 활성화와 유지에 아낌없는 도움을 주었고, 연구회 운영의 핵심인 간사는 회장보다 더 많은 역할을 담당했다. 송진경 박사, 이수진 교수, 강미영 박사가 그 중요한 역할을 아무런 보상도 없이 오랫동안 묵묵히 맡아왔다. 참 고마운 분들이다.

Ⅳ. 연구회의 업적과 출판

영남형사판례연구회는 발표된 판례평석을 출간할 재정적 여건이 마련되지 못했다. 그래서 발표된 논문의 게재 여부는 각자도생의 몫이었다. 그나마 서울의 형사판례연구회에서 매년 간행된 “형사판례연구”에 실릴 수 있도록 이재상 회장이 배려해 주었다. 그러나 교수님이 고인이 되면서 그 기회는 자연스럽게 사라져버렸다.

연구회는 창립된 지 10년이 조금 넘은 2009년 5월, 100번째를 맞이했다. 당시 회장이던 민영성 교수의 주도적 역할로 그때까지 발표된 200여 편의 논문 가운데 37편의 논문을 취합하여 『형사법의 쟁점과 판례』[4]라는 제목으로 100회를 기념하는 논문집 형식으로 출간했다. 그것은 당시 박용석 부산지검장의 적극적 후원으로 출판될 수 있었다.

100회의 연구회 달성을 기념하기 위해 박 지검장은 기념행사를 부산지방검찰청 대강당에서 성대하게 베풀어 주었다. 연구회의 발족과 유지에 크게 기여했던 분들에 대한 공로패의 전달식도 있었다. 민영성 회장을 비롯하여 최석윤 교수가 지검장의 감사패를 받았다.

기념논문집에 실릴 글들을 보내준 저자들은 권오걸 교수(준강도의 본질과 기수시기), 김병수 교수(“영상녹화물의 증거능력 인정 여부에 관하여”), 김선복 교수(판례변경시 소급효금지의 원칙 외 1편), 김영미 검사(“구속전 피의자심문조서에 대한 연

4) 영남형사판례연구회(구 우리형사판례연구회) · 부산지방검찰청(편), 법문사 2009년 7월.

구", 김혁돈 교수("강제추행죄에 있어서의 강제추행의 개념"), 김태은 검사("특정범죄가중처벌등에관한법률에서의 사기 이득액 산정방법"), 류석준 교수("기업의 비자금조성행위에 대한 형사처벌 가능성 검토" 외 1편), 민영성 교수("신빙성 있는 목격진술의 확보와 적정한 평가" 외 1편), 박기석 교수("수사기관에 대한 기망과 사법방해에 간한 죄 성립 여부"), 박병모 검사("검사의 의률재량에 관한 연구"), 송시섭 교수("변호인의 '충분한' 조력을 받을 권리"), 심재무 교수, 안동완 검사, 유진승 검사, 윤동호 교수, 이창섭 교수, 임일수 검사, 장영일 검사, 조현욱 교수, 최석윤 교수("정당방위의 상당성과 사회윤리적 제한" 외 3편), 최병각 교수("공판중심주의와 참고인진술조서"), 최준혁 교수("배임죄에서 재산상 손해"), 최호진 교수("컴퓨터프로그램보호법상의 기술적 보호조치의 무력화에 대한 형사책임")와 필자였다. 대상 판례는 최신 대법원 판례가 대부분이었고, 이는 형법학계가 현실적인 형사법적 쟁점에 관해 깊은 관심을 가지고 연구하고 있음을 보여준다.

200회 연구회는 다시 2018년 3월, 부산지검에서 개최되었다. 행사기념식에는 경향 각지의 형사법학자와 법조인들이 다수 참가했으며, 김진환 전 서울중앙지검장도 참여했다. 기념행사와 기념논문의 출판 비용은 김기동 검사장이 큰 도움을 주었다. 당시 회장이었던 차정인 교수의 노고도 적지 않았다. 그를 통해 기념논문집의 편찬과 부산지검과의 우호적인 관계를 형성할 수 있었다. 출판과 관련해서는 하태영 교수의 열정적 노력이 숨어있었다. 기념행사 날, 영남형사판례연구회 발전에 기여한 공로로 최병각 교수가 검찰총장의 공로패를 수상했고, 차정인 교수와 하태영 교수는 부산지검 검사장의 공로패를 받았다.

200회를 기념하기 위해 『형사법의 쟁점과 판례 2』라는 기념논문집을 2018년 8월 발간했다. 이 논문집에 수록된 글의 제목과 저자들의 명단은 다음과 같다.

최병각 교수("소년법의 적용과 전자장치의 부착명령"), 임석원 교수("객관적 귀속에 관한 의문점과 해석의 방향"), 이수진 교수("기능적 행위지배의 '계속적 영향력'과 범행단계와의 관계"), 류석준 교수("언론보도에 의한 통신비밀 침해의 허용요건"), 노선균 검사("해적행위에서의 공범관계 이론구성"), 강우예 교수("배임행위의 거래상대방의 공범성립 형태"), 장영롱 검사("편면적 대항범에 대한 공범규정의 적용가능성"),

최성진 교수("형사법에 있어서 허이퍼링크를 둘러싼 제 문제"), 황진아 검사("인터넷을 통한 저작물 불법유통과 온라인서비스제공자의 법적 책임"), 홍완희 검사("업무상 배임과 상호저축은행법위반의 죄수관계"), 이덕인 교수("사형폐지를 위한 입법론의 방향"), 최한나 검사("증언거부권의 불고지와 위증죄의 성부"), 김치훈 검사("형집행 종료일에 관한 제문제 및 개선방안"), 이수창 검사("참고인의 허위진술에 대한 규제방안"), 최호진 교수("특정범죄가중법의 운전자폭행죄의 보호법익과 적용범위"), 최석윤 교수("교통사고처리 특례법에서 교통사고의 의미와 운전자 범위"), 장세진 검사("산업안전보건법상 도급인의 책임"), 이수창 검사("부부강간죄 성립 여부에 대한 고찰"), 유주성 교수("강간죄 성립의 판단기준으로서 피해자의 동의와 저항"), 최형규 검사("명예훼손죄의 위법성 조각사유"), 이세원 검사("위력에 의한 공무집행방해의 처벌필요성 및 업무방해죄에서의 '업무'의 범위"), 권오걸 교수("행위의 상대방과 양해의 실체법적 · 절차법의 효력"), 김종덕 교수("위장취업의 업무방해죄 성립 여부에 관한 고찰"), 강정석 검사("직장점거와 직장폐쇄의 정당성과 퇴거불응죄"), 이창섭 교수("통신사기피해환급법 제15조의2 제1항 위반죄에 관한 고찰"), 하태인 교수("형법에서 동산양도담보의 법리"), 김혜정 교수("배임죄의 행위주체인 '타인의 사무처리자' 판단에 관한 소고"), 선종수 교수("배임죄에서 재산상 손해발생과 손해액의 의미"), 김병수 교수("성폭력 범죄의 구속기준"), 김혁돈 교수("영장없는 압수수색과 관련한 대법원의 태도에 대한 고찰"), 박성민 교수("전자정보의 압수수색에 있어 정보검색의 성격과 피압수자 참여권 보장의 의미"), 김민정 검사("의식불명 음주운전 피의자에 대한 강제채혈 관련 판례연구"), 정지혜 검사("과학기술 발전에 따른 현대형 수사방법의 필요성과 적법성"), 최준혁 교수("필요적 공범과 공소시효의 정지"), 김성룡 교수("디지털 시대, 공소장 서면주의의 새로운 이해"), 박병모 검사("피고인의 입증책임"), 조현욱 교수("형사재판에서 범죄사실을 유죄로 인정하기 위한 심증형성의 정도에 있어 합리적 의심"), 차정인 교수("진술이 담긴 기계적 기록물과 전문법칙"), 하태영 교수("형사소송법 개정안 〔증거〕").

『형사법의 쟁점과 판례 2』에는 그 밖에도 101회부터 199회까지 발표자와 발표주제에 관해 이수진 교수가 발표 순서에 따라 차례대로 일목요연하게 정리했다. 예컨대 109회의 경우 최석윤 교수("의사의 과실에 의한 태아의 사망과 임부에 대한 업무상 과실치상")과 최수경 검사("양형기준제도의 문제점"), 122회 최병각 교수("소년법 적용과 전자장치 부착명령"), 윤태중 검사("강도죄에서 재산상 이익의 취득과 강도살인죄의 성립 여부"), 199회 김병수 교수("국민을 위한 공수처 설치 방안"), 하태영 교수(형법 제307조 제1항 '사실 적시'의 의미와 제307조 제2항 '허위사실' 착오 해석방법") 등처럼. 그리고 검찰 측의 박병모 검사는 단기간에 3편의 논문을 발표했다. 그는 "검사의 의율재량에 관한 연구"(2009년 6월), "형사소송에 있어서 피고인의 입증책임"(2009년 9월)과 "보석사유에 대한 비판적 검토"(2010년 1월)를 7개월의 기간에 발표한 저력을 발휘했다. 자료를 잘 정리해준 이수진 교수께 감사드린다.

100회의 기념논문집에서는 총 37편 가운데 검사의 논문은 7편에 불과했으나, 200회의 기념논문집에서는 총 40편의 논문 가운데 15편으로 2배가 증가했다. 이는 검찰 측에서 더욱 적극적으로 연구회에 참여했고 학술 발표가 많았음을 보여준다.

2019년 3월에는 영남형사판례연구회 창립 20주년의 기념행사를 역시 부산지검에서 성대히 거행했다. 하태영 회장의 헌신과 김기동 부산지검장의 배려에 감사한다. 작년(2023년)에는 248회 영남형사판례연구회를 부산지검에서 개최했다. 이날 군형법상 추행죄에 관한 판례평석이 있었고, 이 행사개최를 위해 박종근 검사장은 물심양면으로 협조를 아끼지 않았다.

창립 제25주년을 맞이해 영남형사판례연구회와 부산지방검찰청의 공동학술대회가 정영학 부산지검장의 배려로 부산지검 대강당에서 개최된다. 검찰 측은 연구회의 창립에 깊이 관여했고, 지속적으로 참여하고 발표와 토론을 이어 왔다. 역대 지검장뿐만 아니라 차장검사들도 깊은 관심을 가졌고, 연구회의 활성화에 대해 전폭적 성원과 배려를 아끼지 않았다. 특히 역대 공판부 부장검사와 소속 검사들의 적극적 참여와 발표에 깊이 감사드린다. 형사실무가인 검사의 지속적 연구회 참여로 형사법에 관한 학제 간 연구가 활발하게 되었으며, 이 점은 학술연구회로서 영남형사판례연구회가 내세울 수 있는 자랑거리일 것이다.

한편 한국형사·법무정책연구원과 상호 학문적 교류를 활성화하도록 교류 협약을 2022년에 맺고 매년 공동의 발표행사를 진행하고 있다. 벌써 2회 공동의 발표회가 있었다. 그리고 부산지방법원 판사들이 자체적으로 운영하는 형사실무연구회와 부산대학교·동아대학교 법학전문대학원 공동으로 판례연구회를 개최하고 있다. 예컨대 2023년 9월 6일, 부산지방법원에서 김태업 부장판사가 회장으로 있는 '부산지방법원 형사법실무연구회'와 부산지역 법학전문대학원과 공동연구회를 개최했다. 학계에서는 최병각 교수가 "경합범과 일부상소"를, 강순영 판사가 "횡령죄에 관한 판례의 동향 및 과제"를 발표했다. 말이야 부산의 형사법실무연구회와 부산지역 법학전문대학원의 공동연구회이지 내용을 보면 법원의 형사실무연구회와 영남형사판례연구회 공동임이 분명해 보인다.

V. 200회 이후 발표자와 발표주제

연구회의 발표자와 발표주제에 관한 자료가 체계화되어 기록으로 명확히 남아 있는 것은 『형사판례의 쟁점과 판례 2』에 수록된 자료에서 찾아볼 수 있다. 101회부터 199회까지 발표자와 발표주제 및 발표일자별로 정리되어 있다.

200회(2018년 3월 26일) 이후를 살펴보면, 200회에서 최병각 교수가 "특신상태와 증명제도"를, 서재희 검사가 "정보화 시대의 자금세탁과 규제(비트코인 등 가상통화 규제에 관한 비교법적 연구)"를 발표했다. 최병각 교수는 그 이후에도 열성적으로 참여하면서 자주 발표했다("사후적 경합범의 양형", "휴대폰 압수와 전자정보의 탐색", "세월호 7시간, 그때는 지금은?", "디지털 증거의 압수·수색에서 관련성과 참여권").

검찰 측의 발표는 서재희 검사 외에도 다수의 검사가 참여했다. 203회 김영식 검사("실무에서 바라본 함정수사의 법리"), 206회 이주희 검사("보석제도 및 실무사례 분석"), 208회 송규영 검사("미국 기술유형 형사판례 분석을 통한 수사기관의 대응"), 211회 박경식 검사("보이스피싱 사기방조 하급심 판결 검토"), 212회 김현웅 검사("금괴 밀수사건 수사사례"), 215회 오지석 검사("미국의 독점규제법 운용 실태"), 제218회

송규영 검사("해외 디지털 증거의 확보"), 220회 김용제 검사("인공지능의 형사사법 내 활용 가능성과 예상 쟁점"), 222회 이주형 검사("차명으로 은닉된 범죄수익의 종국적 환수방안 연구"), 235회 임세진 검사("주거침입죄의 보호법익에 관한 고찰"), 242회 홍용화 검사("보이스피싱 범행「쪼개기 송금」의 위계 성부-대법원 2021도12394 판결을 중심으로-") 그리고 248회 이승호 검사("스토킹처벌법에 관한 최신판례 검토") 등이다. 특히 송규영 검사가 2번이나 발표했다.

참여와 발표를 자주 한 분으로는 하태영 교수("형사소송법 동향과 쟁점", "독일 형사재판 개관", "『위법성조각사유의 객관적 전제 사실에 대한 착오론』 비판과 성찰-형법 제16조 개정 필요성-", "나림 이병주의 법 · 문학 · 삶(1921-1992) · 밤이 깔렸다.", "2021년 대법원 형법 · 형사소송법 판례 회고-횡령죄 · 배임죄 · 압수 · 수색 · 체포 · 구속 · 증거-"), 하태인 교수("부동산 이중매매", "오상방위의 실질적 검토", "적법절차와 증거능력", "임의제출 전자정보의 압수", "공소제기 후 수사와 임의제출물 압수"), 조현욱 교수("차량 교통이 통제된 도로에서 진행된 시위에 참가한 사람에 대한 일반교통방해죄 성립 여부", "폭행죄의 상습성 유무 판단 방법과 착수", "착오 이체된 비트코인의 임의처분과 배임죄 성립 여부", "가상자산[가상화폐]의 개념과 몰수 대상성", "피해자 진술의 신빙성 판단기준으로써의 성인지 감수성", "명예훼손죄에 있어서 '공연성' 개념의 이른바 '전파가능성'으로의 대체 가능성"), 김병수 교수("양심적 병역거부", "아동복지법상 아동방임유기죄", "배심원 평의와 평결의 문제점과 개선방안", "성폭력범죄 피해자 진술 녹화물과 피고인의 반대신문권", "주거침입죄와 사회적 다양성")와 선종수 교수("가상화폐의 몰수 추징에 관한 형사법적 검토", "가상화폐의 압수수색에 관한 일고찰", "양자 간 명의신탁과 횡령죄", "가상화폐의 재산성에 관한 일고찰-최근 법원 판결을 중심으로-", "크롤링을 통한 데이터 수집과 형사책임: 대법원 2022.5.12. 선고 2021도1533 판결")를 들 수 있다. 이들은 200회 이후에도 5번씩 주제를 발표했다.

또한 강우예 교수("부작위에 의한 공동정범 성립을 위한 의사형태", "자초위난에 대한 피난행위로 인한 법익침해의 가벌성 판단", "죄와 형의 비례성과 결부된 양형기준과 양형심리에 대한 비판적 고찰", "형사법에 나타나는 법관의 법형성의 원리와 양상 비판"), 최성진 교수("대포통장 명의인의 보이스피싱 피해금 인출행위에 대한 죄책", "공모공동정범이론은 과연 필요한가?", "형법 제55조, 제56조의 법률상 감경을 둘러싼 법적 제문제", "소지범죄에 대한 형사법적 분석"), 박경규 박사("상상적 경합과 검사의 소추재량", "전자정보의 수색 압수에서 피압수자등 참여권에 대한 올바른 이해", "위계에 의한 공무집행방해죄는 결과범인가?", "재산상 이익 취득 여부와 배임죄"), 유주성 교수("업무상 위력에 의한 간음죄 해석론", "준강간죄의 불능미수 성립 여부", "정당방위에서의 침해의 현재성을 판단하는 기준", "강제추행죄 구성요건으로 '폭행 · 협박 해석론'에 관한 비판적 검토-대법원 2023. 9. 21. 선고 2018도13877 전원합의체 판결을 중심으로-"), 김혜경 교수("절도죄와 주거침입죄의 불법비례적 죄수관계 정립", "문언의 해석과 문서죄에서 전자기록 '위작'의 의미", "법률의 변경과 법률의 시적 효력", "일신전속적 법익의 귀속과 처분"), 최준혁 교수("성범죄에 관한 최근 대법원판결", "공문서와 사문서의 구별기준인 공무원/공무소와 공무원 의제규정", "주거침입을 수반한 성범죄 처벌조문에 관한 해석의 쟁점", "정당방위에서의 침해의 현재성을 판단하는 기준")와 정도희 교수("허위난민신청과 형사책임", "공무집행방해죄의 검토", "한방의료행위와 양방의료행위의 업무영역에 대한 법원의 판단", "주거침입죄의 성립 여부")도 많이 발표했다.

그 밖에도 판례연구회의 현 회장인 이창섭 교수("이른바 전파가능성 이론에 대한 비판적 고찰", "형사소송법 제253조 제2항의 '공범'의 의미와 공범에 대한 공소시효정지 기간 계산에 관한 일고", "대법원이 제시하는 주거'침입' 개념에 대한 비판적 고찰")를 비롯하여 최석윤 교수("외국에서 집행된 형의 산입", "배타적 경제수역에서 발생한 선박충돌사고의 형사재판", "부산신항 도선사고에 대한 도선사의 형사책임"), 차정인 교수("검찰과 경찰의 수사권 조정", "이른바 안종범 수첩의 증거능력"), 허황 교수("독일에서 검사에 의한 법왜곡죄", "소위 '옥시가습기살균제' 사건에서 귀속의 문제", "부작위에 의한 다중의 특수상해죄 성립 여부"), 임석원 교수("강제집행면탈죄에서의 강제집행의 개념과 보호법익 -권리행사방해죄와의 비교를 중심으로-", "무고죄의 구성요건에 관한 해석론상의 문제점과 극복방안", "결과적 가중범의 중지미수에 관한 새로운 해석론의 전개"), 김혁 교수("부정기형과 불이익변경금지의 원칙", "19세 미만 성폭력 피해자 진술의 영상녹화물과 피고인의 반대신문권", "위장수사과정에서의 불능미수에 관한 소고"), 류석준 교수("부동의 취업규칙 변경죄에 있어 사회통념상 합리성의 법적 성격", "학교법인의 실제 운영자의 운영권 등 처분대금 임의사용행위에 대한 처벌 가능성")와 최민영 박사("신경과학의 발달과 형법 제10조 책임능력의 문제", "공범 혹은 공동정범의 초과행위에 대한 형사책임 성립요건: 영국과 독일의 판례 변화를 중심으로")의 발표도 적지 않다.

안원하 교수("유기죄의 보호의무"), 이덕인 교수("사형 양형의 이유에 대한 분석과 비판"), 오영근 교수("2018년 형법 판례 회고"), 이수진 교수("유엔해양법협약 제97조 제1항과 형사재판권"), 양천수 교수("기소가 제한된 범죄에 대한 수사 가능성과 한계"), 안성훈 박사("2020년 신형사소송법상의 조사자증언제도에 대한 소고"), 도규엽 교수("친양자의 친생부모 살해에 대한 해석론 및 입법론"), 김민규 박사("미성년 성폭력 피해자 진술의 영상녹화 관련 개선방안 고찰"), 강지현 박사("군형법 제92조의6 규정의 문제점-2022.4.21. 선고 2019도3047 판결의 의미와 과제-"), 정재환 박사("다수의 반격 행위와 과잉방위"), 김준성 박사("탄핵증거의 허용범위와 대상의 확정 문제"), 안정빈 박사("과실범 공동정범 및 과실범에서의 정범과 공범의 구별"), 박찬걸 교수("군형법상 추행죄의 성립범위에 대한 비판적 고찰-대법원 2022. 4. 21. 선고 2019도3047-")도 발표에 참여했다.

Ⅵ. 25주년을 맞이한 영남형사판례연구회에 관한 소망

1998년 3월부터 시작되었던 영남형사판례연구회는 2024년 3월로 25주년이 된다. 부산지방검찰청에서 3월 14일, 제25주년 기념행사를 개최했다.

그간 본 연구회를 통해 총 520여 편에 해당하는 판례평석과 논문이 발표되었다. 이 가운데 200회 기념식 이후만 해도 120여 편이 발표되었고, 학계에서 107편, 검찰 측의 발표는 13편이다. 판례평석이나 발표 대상 사안은 형사실무와 직접적으로 연계된 주제가 대부분임을 발표 제목에서도 쉽게 찾아볼 수 있다. 발표자도 형법학자뿐만 아니라 '한국형사법무정책연구원' 소속의 연구자를 비롯하여 검사와 해양경찰의 고위 간부까지 다양해졌다. 이를 통해 "실무자가 묻고 이론가와 함께 치열한 고민을 통해 형사실무상의 쟁점을 법치국가원칙에 터 잡아 정의롭게 해결하고자 한다."라는 창립 목적은 상당한 성공을 거둔 셈이다.

끝으로 몇 가지 점들이 보완되기를 기대해 본다.

첫째, 본 연구회는 형사법학계와 검찰 측의 전유물에서 벗어나 법관과 변호사들의 적극적 참여가 더욱 절실해 보인다. 이들의 참여 확대로 균형 감각을 갖춘 판례평석이 이루어질 수 있고, 또한 판례에 대한 영향력도 배가될 수 있다고 생각된다. 왜냐면 진정한 정의는 다양한 관점에서 끊임없는 소통과 토론 속에서 제대로 발견될 수 있기 때문이다.

둘째, 연구회에서 발표된 논문을 매년 하나의 논문집으로 출간하지 못하는 현실이 못내 아쉽다. 앞으로 매년 한 권의 논문집으로 정리되어 출간되기를 기대한다.

셋째, 일부 형법학자의 경우 형법 조문보다 형법이론을 우선시하는 경우를 종종 찾아볼 수 있다. 이들은 예컨대 형법 제20조의 사회상규를 위법성의 조각 요소인 정당화의 근거로 명시하고 있음을 비판한다. 법관이나 검찰에 의하여 이 문언의 자의적 해석 가능성이 열려 있음을 지적하면서 잘못된 조문으로 본다. 형법 제20조에 비판적 견해를 취하는 이들은 구성요건 해당성과 관련한 '사회상당성이론'이나 '허용된 위험'의 법리를 거리낌 없이 수용한다. 죄형법정주의에 철저해야 한다는 주장은 법조문의 문언을 중시한다는 것인데, 법조문보다 이론을 중시한다는 사상은 죄형법정주의를 버릴 때나 겨우 가능하다. 왜냐면 죄형법정주의에 철저하다면 형법상의 법문언은 원칙적으로 법이론에 앞서야 하기 때문이다.

넷째, 형법의 해석과 형사정책에서 처벌의 여백을 전혀 두지 않으려는 사법의 적극적 사고방식을 극복해야 한다. 그 이유는 다음과 같다.

형법의 존재 이유는 인간적 삶을 꽃피울 수 있는 사회질서를 확보하고 방위하기 위해 범죄의 예방과 범죄자의 처벌(즉 형벌)을 정당화하는 데서 찾을 수 있다. 형법은 범법자에 대한 형벌의 부과를 정당화할 수 있는 공인된 법률이며, 형벌은 사회적으로 중요한 법익 침해행위에 대해 참기 어려운 인간적 고통을 느끼게 하는 수단이다. 특히 형벌의 핵심적 수단인 자유형은 거주이전의 자유

등 행위자의 기본권을 제한함으로써 한편으로 그 기간에 재범의 가능성을 원천적으로 배제하고 다른 한편으로 자신의 범법행위에 대한 상응한 자기책임을 감수하게 하려는 데 있다. 그러므로 형법은 범법자에게 참기 어려운 고통을 안겨주는 특수한 강제력인 '형벌'의 정당화를 공인한 '수단의 특수성'을 가진 법률이다.

형법은 이러한 형벌권을 국가에 독점시킨 '공형벌 체계'를 제도화한 것이다. 따라서 형벌은 국가의 공권력이며, 이러한 공권력의 행사가 적정한 수준에 그치도록 통제되어야 한다. 이를 위해 형법은 국가의 권력 행사를 법치국가원칙, 특히 죄형법정주의와 책임원칙에 철저히 담보되도록 함으로써 국가공권력의 남용을 방지하기 위한 가치체계이다. 이러한 점에서 형법의 수신자는 물론 국민이지만 더욱 중요한 수신자는 오히려 국가일 것이다. 그러므로 국가는 국민보다 더욱더 법치국가원칙, 특히 죄형법정주의와 책임원칙을 철저히 준수해야 하는 책무를 부담한다.

이러한 이유로 형법상 범죄 규정은 일반 국민에게 무엇을 금지하고 있는가를 사전에 명확히 전달하고, 국민은 그것을 알거나 알 수 있을 정도로 충분하다. 예컨대 "사람을 죽이지 말라, 그렇잖으면 처벌된다"라는 살인죄의 규정은 살인자와 관계없는 일반 국민에게 통상적으로 "사람을 죽여서는 안 된다."는 선언적 의미를 줄 뿐이다. 이에 반해 국가의 이름으로 행사하는 범죄 수사와 재판의 경우 살인죄의 규정은 수사관이나 법관에게 죄형법정주의의 원칙을 준수하여 행위자를 재단하고, 이러한 과정 또한 적법절차를 엄격하게 준수하여야 함을 요구받는 강제규범으로 다가간다.

국가의 형벌권 행사를 대상으로 삼고 있는 형법학은 형법의 적용 범위를 유추하거나 확장하는 데 도움을 주는 학문일 수 없고, 오히려 이를 '억제'하기 위해 존재한다. 즉 학문으로서 형법학은 일반 국민에 대한 '형법의 적용을 가능한 제한하려는 학문'일 수밖에 없다. 이러한 관점에서 볼 때 "형벌에 관한 형사정책은 사회정책의 최후수단으로 작동되어야 하고, 형법은 형사정책의 최후수단이다." 라는 원칙은 철저히 관철되어야 마땅하다. 사회방위를 위해 최후수단으로만 관여하는 형법은 여백을 가질 수밖에 없다. 형벌의 내용은 헌법상 담보되는 행위자의 기본권에 대한 실질적 침해에 해당한다는 점에서, 형벌의 사용은 최소한이자 최후의 마지막 수단으로 그쳐야 한다. 그러므로 형법의 단편성은 불가피한 것이고, 어느 행위로 인해 사회방위가 심각하게 침해되지 않은 선에서 그 행위에 대한 처벌의 여백을 남겨두어야 한다.

제22장

계몽주의 시대의 독일 형법학(번역)

에버하르트 슈미트(Eberhard Schmidt)

Ⅰ. 들어가는 말

§ 1. 17세기의 자연법학설은 형법의 이론적 고찰을 세속화와 함께 합리화하는 데 공여했으며, 형법이론을 체계적이고 종합적인 방향으로 발전시키는 원동력이 되게 했다. 그 밖에도 계몽주의의 시대에서는 제2차적이지만, 적잖은 자연법 사상의 영향을 불러일으켰다. 모든 법의 근본 원천은 푸펜도르프(Samuel Pufendorf)[1)]에 의하면 이성적으로 파악할 수 있을 뿐만 아니라, 개별적인 법적 문제의 해결을 위하여 연역적으로 평가되는 인간 공동체의 객관적 도덕적 가치 속에서 찾을 수 있고, 그래서 '정당한 근거를 갖는 명령(dictamina rectae rationis)'의 근원으로써 합리성은 인간의 이성 자체로 파악했다. 이성은 이러한 명령을 파악하거나 생성하고, 이성을 올바르게 적용하고 사용하게 함으로써 실정법의 모든 현상에 관한 비평적인 척도를 제공한다고 보았다. 그렇게 함으로써 자연법은 자신의 결정적 시대를 열었다. 이 시절에는 종래 전해져 내려온 모든 법은 '이성이라는 법정' 앞에 세우고, 종래의 법에 관해 '두려울 정도의 철저한 심판'을 관철해야 한다는 사상가들이 나타났다. '현행법(de lege lata)'에 관한 고찰을

1) 근대적 자연법학을 창개(創開)한 독일의 법학자. 《자연법과 국제법》(1672)을 출판, 도덕과 구별되는 합리적 자연법을 제창하고, 국제사회가 자연상태에 있다고 하면서 국제법은 곧 자연법이라 했다.

통해서 '입법론(de lege ferenda)'으로 전환될 수 있다고 본다. 이와 동시에 그들은 실정법의 핵심을 공격하고, 그렇게 해서 이성에 비추어 봐서 인정할 수 없는 내용들은 재판의 관행과 실제적인 법적용에서 배제하려고 시도했다.

Ⅱ. 크리스티안 토마지우스(Christian Thomasius)

§ 2. 독일의 경우 이러한 사상은 할레(Halle) 출신의 위대한 법학자 크리스티안 토마지우스(Christian Thomasius)에서 맨 처음 나타났다. 그는 라이프치히(Leipzig)에서 그 시대의 유행에 따라 다방면에 걸쳐서 공부했다. 그가 철학석사 학위(Magister der Philosophie)를 취득한 17세 때 라이프치히대학에서 법학연구로 전향할 무렵 푸펜도르프의 저서 『자연법과 만민법에 관하여』(De jure naturae et gentium)가 출판되었다. 그 당시 출판된 그 저서에서 토마지우스가 추구했던 정신을 엿볼 수 있다. 그러나 그는 당시 라이프치히대학에서 지배적 영향력을 꾸준히 행사했던 카프조르브스(Carpzorvs)[2]의 권위에 눌러 푸펜도르프의 지지자가 되기 어려웠다. 그가 프랑크푸르트(Frankfurt) 대학에서 법학을 공부하기 시작했을 때(1695년), 비로소 변화가 왔었다. 그곳의 법과대학에서 '현대 법전의 사용'(Usus modernus Pandectrum, 1690~1712년 출판)의 저자인 사무엘 스트리크(Samuel Stryk)이 그의 스승이었다. 란츠베르크(Landsberg)에 따르면, 스트리크 교수는 전통적인 교조주의적 스콜라철학에 대한 투쟁을 통하여 '인간적 양심과 진정성'에 근거하여 자유롭고 계몽주의적 경향의 정신을 지키려고 했을 뿐만 아니라, 마녀재판의 광기를 반대했다. 왜냐면 스트리크는 마녀가 범했다고 하는 범죄에 대한 입증가능성을 인정하지 않았고, 고문에 의해 취득한 자백의 진정성을 인정할 수 없었기 때문이었다. 1678년에 출간된 푸펜도르프의 Apologia(사과)는 토마지우스의 유동적 사상을 더 이상 유지될 수 없을 정도로 직접적인 영향을 주었다. 그 결과 토마지우스는 이때부터 모든 전통적 구속에서 해방되어 오직 자신의 이성만을 신뢰하기로 결

2) Benedikt Carpzov der Jüngere (*21. Mai 1595 in Wittenberg; †30. August 1666 in Leipzig) war deutscher Strafrechtler und Hexentheoretiker. Er gilt als einer der Begründer der deutschen Rechtswissenschaft.

심했다. 법학박사를 취득하고서 토마지우스는 라이프치히대학으로 돌아왔다. 그가 프랑크푸르트(a. O)를 떠날 때 이미 합리적 자연법학자가 되어 있는 상황에서 법학 논쟁의 장에 발을 들어놓았다. 그의 박사학위논문 '중혼의 범죄(De crimine bigamiae, 1685년)'는 "중혼의 금지가 자연법과 일치하지 않음"을 논했다. 이 논문을 통하여 그는 실정 형법과 자연법의 관계에 대해 극도의 비판적 입장을 전개했다. 이것은 곧바로 수많은 논쟁을 불러일으켰다. 그래서 일반적으로 인정된 종래의 연구 방법을 거부한 그의 비판적 입장은 라이프치히 학자들의 교조적인 전통적 입장과 충돌로 번졌다. 그는 1690년 라이프치히대학을 떠났다. 푸펜도르프가 브란덴부르크의 궁전역사가로 재임하던 베를린에서 잠시 머무른 후, 할레(Halle)에 새로 설립된 신생 대학교로 갔다. 1691년 이 대학의 교수로서 부름을 받았고, 재직기간 동안 그는 뛰어난 학자가 되었다. 이때부터 그의 비판적 노력은 큰 반향을 불러일으켰으며, 자신의 개인적인 체험이 (비판적 철학의) 원동력이 되었다. 스트리크를 교수로 채용했던 할레대학은 1693년 이래로 선고법원(Spruchdicasterium)으로 활동하고 있었다. 토마지우스는 마녀재판사건에 의견진술을 하게 되었고, 그 과정에서 그는 미약한 증거의 경우 과감한 고문의 필요성을 제안했다. 이러한 제안에 대해 그의 스승이었던 스트리크의 강렬한 반대에 봉착했다. 그는 예전의 편견으로 자신을 부끄럽게 만든 아집에 겁이 났다. 이를 계기로 그는 형사법에서 규문주의 소송절차와 고문의 남용에 대한 그의 투쟁이 시작되었다. 규문주의 소송과 고문은 비이성적 마녀재판을 낳게 하고, 정신적 과오의 주된 이유라고 주장했다. 1697년 '범죄로서 종교적 이단(An haeresis sit crimen)'이란 그의 논문에서 종교적 이단을 범죄로 파악하는 것을 비판하고, 이교 신앙의 믿음은 무죄가 된다는 점을 밝혔다. 그의 논문 '마법 범죄에 대하여(De crimine magiae, 1701년)'는 같은 방법으로 마녀들의 요술을 범죄로 파악하는 것을 비판했다. 그는 논문을 통하여 주장하길, 마녀처벌을 영주의 엄명에 의했든 아니면 법관의 견해에 따르든 기존의 법에 따르면 처벌을 아니 하는 것이 불가능할지라도 마녀재판은 멈추어야 한다고 주장했다. 1705년 출간된 그의 논문 "비기독교인에 대한 고문의 고지"[3])는 고문 문제를 다루었다. 토마지우스로부터 박사학위를 취득한 마틴 베른하르디(Martin Bernhardi)에게서 나타난 사상도 토마지우스의 사상과 같이 처음부터 끝까지 똑같았다. 그것은 베른하르디의 논문에 기술된 토마지우스의 인사말에 잘 나타나 있다. 비록 토마지우스는 고문 문제에 대해 매우 신중한 자세를 취했음에도 불구하고 베른하르디의 저작 제1편의 첫째 절에서 베른하르디는 현행법에 상응한 고문의 현실을 아주 명료하게 기술했다. "나는 이 폭력적인 힘이 부당하고, 신성모독적이며, 기만적이며, 악의를 극도로 조장하고, 어떤 형태의 신성한 증거도 전혀 없으므로 기독교 세계에서 거부당할 것이라고 두려움 없이 주장했다."[4] 이러한 설명과 동시에 고문에 대한 비판을 곳곳에서 가했다. 그의 작품 제2편에서 그는 고문 제도의 운용과 고문 제도의 전체에 관해 강렬한 통박을 전개했다. 그의 작품 제2편 제8절에서 기술하고 있는 고문 제도의 문제점에 관해서는 오늘날에도 그 정당성이 입증되고 있다. "모든 폭군에 대한 수사는 정의를 가장한 대상에 대한 분노할 기회를 제공한다."[5] 이성적인 정신세계라는 그의 동일한 정신세계에 관해서는 1717년의 토마지우스 논문 "무장에 대한 수사의 기원과 절차"[6]에서 만나볼 수 있다. 그가 규문주의 재판의 역사를 위의 논문에서 언급하면서 규문주의 재판에 관한 논의를 했다. 그에 따르면 규문주의 재판이란 곧바로 요술행위를 배척한 교회의 투쟁 속에서 여러 종류의 되돌릴 수 없는 인간적인 과오에 빠지게 되었던, 아니 빠질 수밖에 없었던 엄청난 타락에 대항하여 정열적 대항을 했다는 것은 토마지우스의 대단한 공적이다. 그렇게 함으로써 그는 엄청난 착오에 빠진 자기 자신을 점차 발견하여 인간의 명예가 회복되는 것을 도왔다. 그의 다른 문헌들을 여기서 자세히 언급할 필요는 없어 보인다. 그의 영향력을 행사했던 할레에서 그는 1728년 임종을 맞이했다. 할레대학의 역사는 토마지우스 덕분에 찬란하게 되었음은 부인할 수 없다. 토마지우스의 사상은 비록 푸펜도르프의 수준에 도

3) "De tortura ex foris Christianorum proscribenda."

4) "Hanc vim iniustam, sacrilegam, fallacem, insignem fautorem mali, et omni divini testimonii forma prorsus expertem, ac propterea a Christiano orbe reiiciendum, intrepide asserebam(Ich behauptete kühn, dass diese ungerechte, blasphemische, hinterlistige Kraft ein ausgezeichneter Unterstützer des Bösen und völlig unerfahren in jeder Form göttlichen Zeugnisses und daher von der christlichen Welt abzulehnen sei).

5) "Quaestio omnibus tyrannis praebet occasionem sub specie iustitiae in subditos saeviendi."

6) "De origine ac progressu processus inquistorii contra sagas".

달하지 못했고, 법이론적 측면에서 뵈머(Böhmer) 같은 분들은 토마지우스를 능가했다. 그러나 토마지우스는 용감한 투쟁이 요구했던, 인류의 엄청난 착오로 인한 극악한 선례를 극복함으로써 그의 시대적 사명을 다했다.

Ⅲ. 프랑스와 이탈리아에서 계몽주의 형법학

§ 3. 당시 형사법 제정이나 형사법 제도에 관해 토마지우스에 따르는 학설의 영향은 거의 없었다. 그는 단지 새로운 물결을 받아들이기 위한 토대를 구축하고, 그런 정신을 일깨우는 데 도움을 주었을 뿐이었다. 게다가 그는 종래부터 전래해온 전통에 확고히 매달리는 경향을 아직 완전히 분쇄하지도 못했다. 이 점은 그와 함께 할레대학교에서 법철학을 가르쳤던 크리스티안 볼프스(Christian Wolffs, 1679~1757)의 경우 더욱 명백했다. 크리스티안 볼프스는 다방면에서 합리적인 진보를 보여주었음에도 기존의 형사정책을 극복하지 못했다. 이 때문에 프랑크(R. Frank)가 적절하게 지적했듯이 볼프스에 있어서 합리주의는 '기존에 존속하고 있던 제도의 유지'에 기여했다. 토마지우스에서 뿌린 씨가 싹트기 위해서는 외부로부터 날카로운 자극이 필요했다. 이와 같은 자극은 처음에는 프랑스에서 그리고 나중에는 이탈리아에서 왔다.

1. 프랑스

§ 4. 여기서는 프랑스의 계몽주의 철학이 어떻게 해서 라 메트리(La Metrie, 1709~1751)[7)]와 폴 티리 돌바크(Dietriich von Holbach, 1723~1789)의 유물론(Materialismus)으로 발전했는가를 언급할 필요가 없다. 여기서 국가의 존재 양식 차원에서 볼 때, 썩어빠지고, 진부하며 그리고 편견에 사로잡힌 모든 문제점에 대한 끊임없

7) 18세기 유물론의 대표자. 그는 데카르트의 물리학과 로크의 감각론을 유물론적으로 발전시켜 물질을 단순한 연장이 아니라 감수성과 자기운동의 능동성을 갖는 실체라고 보았다. 혼이나 관념 또는 사고 등은 물질의 역학적 작용에 불과한 것으로 판단했다.

이 투쟁적으로 대항한 계몽주의 철학을 구심점으로 하는 견인차에 더 큰 관심을 가지게 된다. 이 때문에 프랑스의 경우 이들의 행태나 성격 그리고 스타일에 서로 큰 차이를 보여줌에도 불구하고 계몽주의에서 선도적인 지도자인 몽테스키외(Montesquieu)와 볼테르(Voltaire)를 다룰 필요가 있다.

a) **몽테스키외**(Montesquieu)

§ 5. 1748년 출판된 몽테스키외의 저서 "법의 정신(Esprit des Lois)"은 1721년에 출간된 "페르시아의 편지"와 함께 두 가지 측면에서 독일 형사사법제도의 발전에 큰 영향을 주었다. 권력분립론을 통하여 법과 권력의 관계는 근본적으로 법원의 심사에 두어야 한다고 보았다. 즉 "불완전한 국가에서 특징적으로 나타나는, 끊임없이 가변적인 권력의 균형은 어떤 제도에 근거했을 때 안정적인 균형으로 탈바꿈할 수 있느냐(카시러(Cassirer))?" 법과 국가 권력관계가 힘의 지배관계로 도태되는 것을 어떻게 막고, 한쪽의 결정적 힘의 일격이 다른 한쪽의 반동을 낳게 하고, 그 결과 찾고 있던 안정적 균형이 어떻게 스스로 회복될 수 있을까(Cassirer)? 권력의 분배를 통하여 사법은 법 아래서의 지위를 누리고, 행정은 법의 규정을 적용할 때 그것을 남용할 수 없으며, 정의는 국가적 목적이나 권력자의 자의에 대한 보호와 안정에서 찾을 수 있어야 한다. 이와 같은 사법의 헌법상 독립 원칙은 명백하다. 정확히 100년 전 독일에서 절대주의가 붕괴하기 이전에 몽테스키외는 이점들을 천명했다. 그러나 독일에서는 18세기에 아직도 대단한 것으로 인정된 판사 신분에 의하여 그런 계몽적 사고방식을 극복할 수 없었지만, 司法(사법)의 발전은 사법독립성으로 전개되었다.

몽테스키외의 영향은 독일에서 직접적으로 미쳤다. 형법에 관하여 '법의 정신'과 '페르산의 편지'에서 끄집어낼 수 있는 몽테스키외의 견해에서 그랬다. 여기서 그의 근본이념은 범죄와 형벌의 합당한 비례관계를 유지하는 데 있었으며, 이는 바로 그의 형벌이론의 토대가 되었다. 더욱이 계몽주의 시대에 특유한 인문주의의 경향을 위한 구심점이 되었다. 인문주의적 경향은 자연법 학설에서 이미 주장되어왔던 형법의 세속화와 합리화를 위한 결정적 요소로써 나타났다. 이와 같은 이유로 종래 중세적 특성을 가진 형벌제도는 극복되어야 한다고 보았다. 아리스토텔레스의 입장과 일치하게 그는 『법의 정신』에서 국가형태론을 발전시키고, 국가형태론의 관점에서 전제군주는 공포가 지배되는 그런 국가형태로 나타난다고 보았다. 이 때문에 오직 두려움만 야기하고 범죄자를 없애버려야 한다는 형벌의 원시적 가혹성은 도덕(민주주의)이나 혹은 명예(군주주의)에 의해서 지배되는 국가에서는 찾아볼 수 없다는 점을 명확히 했다. 그 밖에도 습관화되는 인간의 경향에 비추어 잔혹한 형벌은 시민이 그로부터 자극을 무디게 만들고, 시민의 성향을 야비하게 하는 결과를 초래한다. 그들의 정신은 타락했고, 독재주의에 익숙해졌다(Les espirts sont corromus, ils se sont accoutumés au despotisme). 그리고 형벌에 대한 두려움은 질서가 잡힌 국가라면 형벌이 합당할 때만 가능하다. 이 때문에 선택의 여지가 없는 극형의 적용, 특히 사형은 잘못이며, 받아들일 수 없다. 몽테스키외가 법의 정신에서 발전시킨 독특한 형벌의 등급에서 형벌, 특히 사형은 오직 시민의 안전에 반하는 범죄에만 허용되어야 한다고 보았다. 윤리에 반하는 범죄는 벌금이나 구류 혹은 불명예나 추방의 형식으로, 종교적 범죄는 근본적으로 형벌의 대상일 수 없다고 보았으며, 재산범죄에 대해서는 사형보다는 재산형을 부과해야 한다고 주장했다. 몽테스키외는 국가형벌을 일방적인 일원화나 통일적 방식으로 부과해야 한다고 하지 않았다. 다양한 종류의 범죄와 범죄를 범함에 있어서 명백히 볼 수 있는 인간관계의 다양성은 위와 같은 획일성을 배격한다고 생각했다. 형벌의 위하는 그러므로 일반예방과 특별예방에서 찾아야 한다고 보았다. 그는 가장 중한 범죄에 대해 사형의 부과를 비난하지 아니했던 것처럼, 무해방식의 형벌을 두려워하지 않았다. 그는 극악한 범죄의 경우 복수의 사상에 사로잡혔다.

그의 국가철학에서 범죄와의 투쟁의 경우 소극적인 형벌 강제는 가장 중시된, 합목적적 수단으로 이해하지 않았다. 입법자의 의무는 계몽의 확산, 윤리의 고양, 도덕의 확립을 확보하는 데 있다고 보았다.

b) **볼테르**(Voltaire)

§ 6. 볼테르는 고루한 전통에 얽매이고 이와 의형제 격인 전제정치 사상에 대항하여 무차별적 투쟁을 전개한 몽테스키외와 비슷한 사상을 가졌다. 그러나 그가 발표한 사상은 몽테스키외보다 훨씬 강도가 깊고 날카로웠다. 그 역시 다음의 원칙을 신봉했다. “진실한 법의 지배는 범죄를 예방한다.” 그러나 처벌해야만 할 범죄의 형벌은 범죄의 내용과 정당한 비례관계에 있어야 하고, 형벌의 불가피성은 시민의 복지를 위한다는 정당성을 가져야 한다. 지나치게 가혹한 형벌은 정당성을 담보할 수 없다. 왜냐면 그런 가혹한 형벌은 윤리를 타락하게 하고, 범죄의 증가를 불러일으키기 때문이다. 사형제도는 ‘반경제적인 것’으로 비난받아야 하며, 사형 대신에 적절한 강제노동(예컨대 화폐 위조범의 경우 국립화폐공장의 노동)으로 대체할 것을 주장했다. 자살의 경우 형벌을 부과하는 것은 죄 없는 유족에게만 영향을 미친다는 이유로 반대했다. 종교 범죄에 대한 형벌의 근거가 오직 신의 모독이라는 비이성적 원인에 기인하는 경우 형벌의 부과는 허용될 수 없다고 봤다. 자연법에 따라서 근본적으로 처벌되어야 할 중범죄와 (예컨대 중혼죄처럼) 경미한 경범죄의 구별은 형량 시에 타당한 비례관계를 형성할 수 있다. 규문주의 소송과 고문에 반대한 그의 날카로운 정신을 펼치게 된 데에는 1762년 상인(商人)인 장 칼라스(Jean Calas)[8]에 대한 권력기관의 고문에 의한 사법살인이 결정적 자극을 주었다. 이 사건을 통하여 만일 국가가 교회의 정치적 목적을 위하여 제동장치 없는 강제력을 행사할 때 개인의 권리와 자유가 얼마나 위험하게 되는가를 보여주게 되었다. 볼테르는 프랑스의 사법제도를 가차 없이 고발하고, “이 고발로 여론을 자기편으로 끌어들였다.”(리스트(v. Liszt)).

8) Jean Galas(1698 - 10 March 1762) was a merchant living France, who was tried, tortured and executed for the murder of his son, despite his protestations of innocence. Galas was a Protestant in an officially Catholic society. Doubts about his guilt were raised by opponents of the Catholic Church and he was exonerated in 1764. In France, he became a symbolic victim of religious intolerance, along with François-Jean de la Barre and Pierre-Paul Sirven.

2. 이탈리아의 베카리아(Beccaria)

§ 7. 장 칼라스(Jean Galas)의 사법 살인 사건은 밀라노에 소재한 문학계의 프랑스 백과사전 학자들이 형법의 철저한 인간화 캠페인에서 동맹을 찾는 계기가 되었다(히펠(v. Hippel)). 이를 계기로 체사레 베카리아(Cesare Beccaria, 1738-1794)의 활동을 위한 시대 상황이 도래했다. 그의 저서 『범죄와 형벌』(Delitti e delle pene, 1764)은 수많은 언어로 번역되었고, 새판이 계속 출간되었으며, 프랑스의 계몽주의에 따른 개선된 형사정책 사상을 시민사회의 정신적 공용 재산으로 만들었다. 베카리아의 형벌 사상은 사회계약론에 근거하여 국가형벌의 정당성, 무엇보다 국가형벌의 한계를 발전시켰다. 사회계약의 체결로 사회공동체에 맡긴 개별적 자유의 일부만이 국가형벌이라는 방식으로 국가의 점유에 있다고 보았다. 개인의 자유의 어느 일정한 부분의 저당으로 각 개인은 법을 통하여 벌을 받게 되는 그런 경우에만 국가형벌권에 동의한다. 저당 잡힌 자유 중에서 생명권은 결코 이에 속할 수 없으므로, 사회계약의 의미로부터 사형제도의 부당성이 발생한다. 프랑스인들(예를 들면 몽테스키외와 볼테르)의 사상적 범주에서 베카리아는 잔인한 형벌은 사람의 성향을 거칠게 하고, 그러므로 그런 종류의 형벌은 무용하다고 보았다. 법률상 규정된 형벌의 정도가 명백하게 보장되어 있을 때 형벌의 수준은 범법 행위자가 범죄에 의해서 얻게 된 이익을 능가하는 것으로 충분하다고 보았다. 그럼으로써 형벌의 상한선은 문명국가라면 넘어서는 안 되는 상한선이 있다고 주장했다. 범죄의 다양성과 그에 기인한 손해의 다양성, 그리고 범죄로 얻게 된 이익의 다양성은 형벌의 한계가 있다는 신념과 상응하여 범죄와 형벌 사이에 비례성의 원칙이 발생한다고 보았다. 베카리아에게는 이러한 비례성의 원칙이 자신의 핵심적 형벌론으로 작동했다. 형벌은 전체적으로 위하(威嚇)의 목적에서 볼 때 일반예방과 특별예방의 관점에 상응하도록 완화되어야 하며, 국가나 개인에게 실질적으로 해치는 행위만이 형벌을 부과하도록 절제되어야 한다고 보았다. 그 밖에도 국가는 형벌 이외의 다른 수단으로 범행을 예방적으로 방지하는 것을 국가적 과제로 파악했다.

베카리아는 형사소송법에서도 형사사법의 인문주의를 확대 적용했다. 그는 규문주의의 위험성, 특히 고문은 부당한 것으로 그것의 위험성을 통렬하게 비판했다. 그는 또한 불필요한 체포로부터 보호하기 위해 피의자의 고통뿐만 아니라 피의자에게 충분한 방위 가능성을 확보해 주고 여태까지의 증거이론의 불충분성 및 국민의 눈에서 사라져 버린 소송절차의 비밀성에 대한 문제점을 정확하게 파악했다. 몽테스키외처럼 베카리아도 역시 권력분립, 전단재판(Kabinetts- justiz)과 법관의 판결에 대해 법의 독점적 지배를 요구했다. 그래서 그의 입장은 인간의 존엄뿐만 아니라 형사제도의 자유화에 관해 몽테스키외와 다를 바가 없었다. 즉 국가권력의 남용과 관청의 자의성 앞에서 개인을 보호하기 위해 시대적 긴급한 요청으로 나타났고, 그렇게 하여 사회계약의 이념이 완성된다고 보았다.

Ⅳ. 독일 형법학

1. 서문

§ 8. 프로이센의 프리드리히 대왕의 시대인 독일에서 몽테스키외와 볼테르의 가르침은 프로이센의 궁전(Sansouci) 철학자들에게 일찍부터 생생한 반향을 불러일으켰다. 프리드리히 대왕은 독일의 형사사법 역사에서 특별한 자치를 남겼다. 왜냐면 그는 계몽주의적 이념에 따라 형법과 형벌의 목적을 이론화했을 뿐만 아니라, 프로이센의 입법자로서, 최고 형사재판장으로서 계몽주의적 이념을 곧바로 실용화했기 때문이다. 그가 왕위에 오른 지 며칠도 지나지 않아 당시 28세였던 그는 고문을 폐지했다. 그는 몽테스키외의 『법의 정신』이 출간하기 8년 전에 그리고 베카리아의 『범죄와 형벌』이 발표되기 24년 전에 이미 계몽주의 요구를 충족하기 위한 근본적인 개혁의 신호를 보여주었다. 만일 우리가 이 시대에 독일 형사정책의 실제적 형상을 제대로 파악하려 한다면 프리드리히 대왕의 형성한 직접적인 개혁적 법조 실무에 관해서 언급하면 될 것이다. 여기서 우리

는 독일 형법학의 발달을 살펴보자. 독일 형법학은 1760년대 이래로 계몽주의 이념에서 싹트기 시작했다. 토마지우스(Thomasius)가 뿌린 비판적 합리주의의 싹이 자라나기 시작했다. 중세적인 모습의 형법을 거부한 전선이 확고히 구축되었다. 인간 존엄의 사상이 관철되었기 때문이다.

§ 9. 베카리아의 작품이 독일에 알려지기 이전에 라이프치히에서 살던 옴멜(K. F. Hommel, 1722~1781)은 형법 분야에서 계몽주의적 이념을 발전시켰다. 22세가 된 1744년 법학박사 학위를 취득한 그는 1752년 봉건법(Lehnrecht)에 관한 정교수가 되었고, 1763년 이후 옴멜은 그의 아버지가 그에게 유리하게 추천한 덕분으로 선제후국 작센의 대법원장으로 임명되었다. 1765년 4월 1일, 그의 동료들과 작센의 선제후가 지켜보는 앞에서 그의 논문 'Principis cura leges'[9]에 관한 설득력 높은 논증으로 그의 지위는 두드러졌다. '범죄의 사회적 원인'에 관한 세심한 이해 덕분에 형법에 대한 계몽주의적 관점에서 이론적인 개입을 취했다. 그는 몽테스키외와 볼테르가 권장했던, 구식의 법률을 폐지하고, 형벌을 완화하고, 형벌과 범죄 사이의 합리적인 비례성을 요구하며, 사형제도를 근본적으로 제한하는 등 이와 같은 기본원칙에 따라 형법의 개혁을 요구했다. 1770년 옴멜은 'Alexsander von Joch'라는 익명으로 "터키형법에 따른 칭찬과 형벌"을 공표했다. 그는 이 논문에서 엄격한 결정론적 사고방식으로 (형벌이 갖는 범죄자의) 개선과 (범죄) 억제 그리고 (범죄에 대한) 방어적 통제를 목표로 삼는 형법의 가능성을 설명했다. 그리고서 그는 베카리아의 작품에 몰입하게 되었다. 왜냐면 그의 형법상 근본원칙은 베카리아와 닮았기 때문이다. 그는 1778년에 베카리아의 작품을 각주와 함께 번역했다. 그의 자세한 견해는 그의 사후 1784년에 출간된 『형사법에 관한 철학사상』(Philosophische Gedanken über das Krimialrecht)이란 단행본에서 부각했다. 그는 베카리아와 동일하게 인도주의적 근본 경향에서 서로 밀접히 일치하고, 그래서 많은 개별적인 문제해결에도 뜻을 함께했다. 그럼에도 그는 사형제도의 필요성을 인정했으며, 특히 그는 선고법원의 법관으로 활동했

9) 법률은 원칙에 관한 것이다(Das Prinzip bezieht sich auf die Gesetze).

으므로 과도기적 시대의 형사실무절차에서 피고인에게 안겨주는 엄청난 불안과 고통을 알고 있었다. 이러한 이유로 베카리아가 법관에 대한 엄격한 법의 구속을 준수해야 한다는 주장을 거절했다.

§ 10. 17 세기의 정신으로 규정된 '1768년 테르시아나 형법전'은 오스트리아의 계몽주의 전도사인 요제프 폰 소넨펠스(Joseph v. Sonnenfels, 1733~1817)의 작품이었다. 1765년 처음 출판되고 그리고서 1819년까지 계속하여 새롭게 간행되었던 『경찰, 행위 그리고 재정의 근본원칙』이라는 그의 단행본과 "고문의 폐지"라는 논문에서 몽테스키외와 베카리아의 이념을 실현하기 위해 정력적이고 현명한 투사로서 활동했다. 푸펜도르프의 심리강제설에 근거하여, 형벌의 정도를 위한 척도는 무엇이어야 하느냐고 질문했다. 이를 통해 종래의 형벌에 대한 문제점을 주도면밀하게 검토했다. 그에게는 형벌을 규정하는 데 있어서 보편적 원칙은 다음과 같다고 보았다.

"형벌은 합법적 행위를 수행하거나 부작위에 영향을 미치는 데 필요한 정도로 국한해야 한다. 형벌은 합법적 행위를 하도록 영향을 주는 정도 이상으로 부과해서는 아니 된다. 가장 강력한 통제적 동기는, 즉 이 동기가 가장 효과적인 형벌로 되려면, 범법행위로 유발케 한 동기에 적절히 대처하는 고통을 주는 그러한 형벌이어야 한다."

그의 1765년 출판된 초판에서 그는 사형제도를 반대했고, 이는 베카리아의 주장이 그에게 알려지기 전의 일이다. 그의 사형제도 반대 이유로 사형은 형벌의 최후 목적에 반하기 때문이다. 그래서 그는 사형을 선고할 권리를 최고 권력자도 갖고 있지 않다고 보았다. 그러나 그는 공동체의 안정적 보장을 실현하기 위해 다른 방위 수단이 충분하지 않을 때 국한하여 사형제도를 허용했다. 그러나 국가의 권력에 의해 통제할 수 있는 범죄자(예컨대 체포된 범죄자)는 다른 방법(예컨대 형벌)으로 무해화시킬 수 있고, 사형에 대한 위하는 (중대한) 범죄적 성향이 있는 경우에 (사형을 처한다고 하는 범죄가 계속 범해지고 있는 것처럼) 어떤 위하적 영향을 갖지 못할 때, 사형은 국가의 불가피한 방위목적으로 고려될 수 있다고 보았다. 왜냐면 범죄자에게 견디기 힘든 고통을 주는 다른 형벌도 범죄행위를 제어시킬 수 있는 효과적인 인상을 줄 수 있다는 것은 의지의 이론적인 결정 원칙에 따라 결정된다는 견지에서 확실했다. 1768년 공포된 오스트리아 테르시아나(Thersiana) 형법전이 사형제도와 고문의 적용을 가능하게 되자, 사형과 고문 제도에 대한 소넨펠스의 반대 투쟁을 최고법에 대해 저촉되고 그 자체 불쾌한 행동이라고 곡해되었다. 그러나 소넨펠스(Joseph v. Sonnenfels)의 입장이 전달되고, 수상인 블뤼메겐(Graf Blümegen)이 고문 폐지에 찬성하자, 오스트리아 왕 마리아 테레지아(Maria Theresia)는 비록 마음속으로 반대했지만, 1776년 1월 2일 황제의 칙령을 통해서 고문 제도는 폐지되기에 이르렀다. 오스트리아의 형법 발전에 소넨펠스의 영향은 1787년과 1809년의 개정 시에도 계속해서 작용했다. 왜냐면 이 법안의 개정 시 때마다 그 개정준비위원회에 소넨펠스가 참가했기 때문이다.

§ 11. 계몽주의의 이념이 얼마나 큰 확산적 경향을 불러일으켰는 지는 스위스 베른(Bern)의 경제연구소(ökonomische Gesellschaft)가 1777년에 모범적인 형사법전을 위한 완벽하고 자세한 계획을 위해 상금을 걸어놓았던 것을 봐도 알 수 있다. 유럽의 각처에서 총 44명이 계획서를 제출했다. 그중에서 마라(Marats)의 '형사법의 입법법안'도 있었다. 그런데 작센의 법률가인 에른스트 폰 글로비히(Ernst von Globig)와 요한 게오르그 후스터(Johann Georg Huster)의 '형사법전의 입법화에 관한 논문'이 그 상을 차지했다. 인쇄된 작품으로는 그 밖에 크리스티안 고틀로프 그믈린(Christian Gottlob Gmelin)이 제출한 '범죄와 형벌에 관한 입법 시의 근본원칙들'도 있었다. 많은 뉘앙스를 가지면서도 인간의 존엄을 존중했던 형사사법의 자유화란 표어 아래 계몽주의의 사상적 재산을 발전시킨 개혁적 형사법에 관한 서적이 대량으로 쏟아져 나왔다. 이 중에서 그라프 폰 소덴(Graf von Soden)의 작품, 즉 『독일형사법의 정신』(Geist der teutschen Kriminalgesetze)과 라이프치히 철학자, 에른스트 칼 비란트(Ernst Karl Wieland)의 『형법의 정신』(Geist der peinlichen Gesetze)이 각광을 받았다. 입법초안의 형식으로는 괴팅겐(Göttingen)에서 변호사로 활동한 유스투스 클라프로스

(Justus Claproth)(Ohnmaßgeblicher Entwurf eines Gesetzbuchs,[10] 1774), 로스톡커의 범죄학자, 요한 크리스티안 퀴스토르프(Johann Christian Ernst Quistorp)(형사적 문제의 입법을 위한 자세한 초안, 1782) 등이 있었다. 마지막으로 괴팅겐(Göttingen)의 합리주의자, 요한 다비드 미카엘리스(Johann David Michaelis, 1717~1791)는 모세율법의 설명을 통해서 신학으로부터 전반적 합리주의 방향으로 운동을 일으켰던 점을 낮게 평가할 수 없다. 그는 모세의 율법에 관한 논문에서 모세의 율법이 민족적 유대인적 법으로써 현재의 구속적 효력을 여전히 가질 수 있다고 보지 않았다.

§ 12. 이 정신적 운동은 뭔가 항상 새로운 것을 태어나게 했다. 모든 개화된 국가에서 식자층 사이에서 형법에 관한 문화적 견해와 그렇지만 아직도 카롤리나형법전에 근거한 실정 형법전 사이에 아주 깊은 틈새를 낳게 했다. 계몽주의적 이념에 따라 독일 전역에서 입법자가 창조적이고 지속적인 노력으로 이러한 괴리를 메꿀 수 없었다. 그럼에도 프로이센의 경우 프리드리히(Friedrich) 대왕 시절의 정부는 예외에 속했다. 당시 형사사법의 운용은 종래의 법전에 근거했으나, 이들 법전의 가혹한 형벌 제도가 곧바로 계몽주의 운동의 반동을 불러일으켰다. 여기서 형법학의 어려운 과제, 즉 법관은 낡은 종래의 실정법과 (사법적 정의를) 어떻게 조화하느냐를 고민했다. 동시에 법학자는 새로운 입법에 관심을 집중했다. 이와 같은 질문에 관한 대답은 법원(法源)의 문제(Rechtsquellenproblem)에 관한 해명이 요구되었다. 그 법률 개혁은 형벌이론에 대한 명확한 설명을 요구했다. 독일 형법학이 이들 두 문제와 어떻게 조화롭게 해결되었는지는 다음에서 설명한다.

2. 자연법과 실증주의적 법률

§ 13. 베카리아는 법관의 자의적 해석을 극복하기 위해 법관은 법률에 구속되어야 한다고 피력했다. 옴멜(Hommel)은 법관의 엄격한 법률 구속을 나름의 이유

10) 입법의 권위 있는 초안.

로 거부했다. 옴멜은 베카리아처럼 이론적 차원에서 자연법의 근본원칙에 기초하고 이러한 원칙에서 모든 세부 사항을 논리적으로 도출하는 법을 기대할 수 없었다. 그 결과, 법관은 최종적인 “올바른 법률”을 행사할 수 있다고 보았다. 즉 옴멜은 전래의 그리고 전통적으로 유효했던 카롤리나 법전과 그리고 유사한 정신에서 규율된 각 영주 국가의 법들을 명확히 파악하고, 이들 법의 가혹한 형벌에 반대하는 계몽운동을 펴나갔다. 이와 같은 법전에 반대하고 계몽주의 이념이 충만한 법관에게 법해석과 적용 시에 자유를 부여하려고 했고, 실제로 운용되고 있는 형사사법제도에 대해 학식 있는 학자라면 완전한 불신을 가져서는 안 된다고 보았다. 법관이 법률로부터 자유를 갖는 작센 선제후국 법원의 판례운용과 옴멜에 의해 깊은 영향력을 받았던 라이프치히 법대 교수진이 행한 판결 실무를 통해서 꾸준히 보여 주었던 것처럼, 법관의 법에 의한 구속으로부터 자유에 대해서는 옴멜이 1776년부터 1799년까지 출판된 다음과 같은 논문 제목에서 찾아볼 수 있다. “날마다 시장에서 발생하고 있지만 아직 법으로 정해지지 않은 질문들의 서사시”[11] 이러한 제목에 따라서 법관은 법규범에 의해서 메꿀 수 없는 간극을 확인하고, 그 간극을 법창조적인 노력으로 보완해야 함을 설명하려는 것으로 추측된다. 진실에 있어서는 고문과 마녀에게 내리는 가혹한 형벌(화형)을 회피하기 위하여 혹은 외설 범죄나 신에 대한 모독죄의 처벌을 명하고 있는 실정법에 반대하여 계몽된 여론이 요구한 처벌의 완화를 위해서 형식적으로 유효한 실정법을 법관이 어떻게 극복할 것인지의 문제이다. 실정법은 법관의 판결 시의 대전제를 위한 근원으로써 다른 법원(法源), 즉 법관의 이성에 근거하여 얻어지고, 철학적으로 인정된 자영법을 통해서 대체되어야 한다는 것이다. 이점은 옴멜이 공개적으로 선언한 많이 인용된 “observatio 439”에서 명확하게 볼 수 있다: “법률가들은 해석을 통해 어리석은 법을 올바르게 수정하고 더 나은 방향으로 발전시킨다[12]. 어떤 입법자도 이것을 금지하지 않았다. 로마인들 사이에서, 변경된 관습에 따라 오래된 법을 더 나은 방향으로 발전시킬 권

11) “Rhapsodia quaestionum in foro quotidie obvenientium neque tamen legibus decisarum.

12) Jurisconsulti recte leges insulsas interpretatione (!) emendantet in melius provehunt.

한이 집정관에게 주어졌다.13) 그러나 오늘날 우리는 그것을 보충하고, 돕고, 수정하고, 변경하고, 교정할 권한을 누구에게 주겠는가.대학과 법원 외에는 없다.14) 그러면 오늘날에도 여전히 악마와 불경한 동맹을 맺는다고 여겨지는 마녀들을 산 채로 화형에 처할까.15) 그러나 그러한 처벌을 부과하는 법이 없다면, 우리는 어디에서도 화형을 집행하지 않을 것이다.16) 따라서 법원에서 어리석은 선조들의 의견을 버릴 자유를 억제해서는 안 되며, 오히려 집정관의 기술을 활용하여 부당한 것들을 직접적으로는 아니더라도 간접적으로 수정해야 한다.17)"

옴멜의 초창기 논문인 "자연법과 국제법의 새로운 체계에 대한 제안(Propositum de novo systemate juris naturae et gentum, 1747년)"에서 그는 실증주의에 사로잡혔고, 1751년에도 엄격한 실정법에 찬사를 보냈다는 점만으로 그가 Observatio 439를 비양심적으로 썼다고 증명할 수 없다. 그는 그간 자연법학자인 슈마우스(Schmauß)의 영향 아래 자기 자신의 자연법 체계를 세웠다. 그래서 그는 철두철미 선한 양심으로 종래의 낡은 법의 강제에 반대하기 위해 법관의 자유를 부르짖었다. 이와 같은 의미에서 그멜린(Gmelin)은 1785년에 출간된 그의 "근본원칙"에서 법원의 실무는 점차 인간 존중의 순수하고 이성적인 근본원칙에 매우 잘 순응하고, 현존의 법전 대부분이 이들 근본원칙과 합치하므로 범죄와 형벌에 대한 확실히 이성적인 입법의 상당수가 기초가 잘 닦아져 있다고 보았다. 법관은 그래서 보다 이성적인 입법을 위한 선도자가 되고, 더 이상 실정법의 아래에 있지 않고 오히려 위에 있으며, 그리고 실정법을 이성이라는 비판의 법관 앞에 날마다 세워야 한다고 주장했다.

§ 14. 18세기의 형법학은 이러한 입장을 무시할 수 없었다. 실정법을 법의 정당한 근본원리로서 인정했던 뵈머(Böhmer)와 마이스터(G. Meister)와 달리 실정법

13) Unde apud Romanos praetori postestas data, jura vetusta mutatis morisbus in melius provehndi.

14) Hodie autem cuinam quaeso praetoriam illam jus supplendi, adjuvandi, corrigendi, mutandi et emendandi facultatem dabimus, nisi collegiis et dicasteriis?

15) Itane enim adhuc hodie sagas, quae nefandas cum daemone societates inire putantur, vivas concremabimus?

16) Cremandae autem sundi, nisi a legibus, quae talem poenam irrogant, neque tamen ullibi sublatis recedamus.

17) Non itaque inhibenda dicasteriis absurdas patrum opiniones deserendi licentia, sed porro praetoriis artificiis fruantur, ut iniqua, si non directe attamen per obliquum, emedent?

으로부터 자연법에 상응한 규범을 도출해 내려고 노력하지 않고, 도리어 자연법 자체에서 법의 원천을 파악하고, 이로부터 "법학은 기존의 실정법이 아닌, 그것의 밖에 있는 자연법에서 찾아야만 했다"(Loening). 그리고 기존의 법을 자연적 적합성의 견지에서 수정하려 했다. 자연적 합리성과 일치할 수 없는 것은 기피되고, 역으로 실증적 규정들은 실증적이라고 해서 인정될 수 없었던 것이 아니고, 오히려 그런 규정들이 이성적으로 보이고 이성적인 법의 근거를 갖게 됨으로써 비로소 해당 법은 타당한 것으로 인정되었다(Loening). 철학은 법의 적용에 길을 비추어 주는 시녀가 아니라, 오히려 법적용의 길을 제시해 주는 주인이다. 이에 관해 특별한 예를 들자면 프로이센 보통법상 형법 부분의 저자 에른스트 페르디난드 클라인(Ernst Ferdinand Klein, 1744~1810)과 갈루스 알로이스 카스파르 클라인슈로드(Gallus Aloys Caspar Kleinschrod, 1762~1824)에서 볼 수 있다. 전자는 그의 저서 『자연스러운 법학의 근본원칙들』과 무엇보다 『독일 보통형법의 근본원칙』(1795)에서. 후자는 "사물의 본성과 실정법 제정에 따른 형법의 근본개념과 근본원리의 체계적 발전"이란 논문에서 법의 참된 근거를 이성에 기인하는 자연법이라고 보았다. 클라인에 따르면 지금까지 독일에서 실정법의 결여는 형법교육을 위한 행운이며, (이성적인 법을 제정하기 위해서) 형법 연구가 필수 불가결하다고 보았다. 클라인슈로드는 입법자의 의지와 철학적으로 인정된 근본원칙과의 사이에서 나타난 충돌을 제거할 수단으로 철학을 꼽았다. 형법의 최후적 근거가 철학적 사고의 길에 의해 찾아야만 한다는 점에서 이들 둘은 일치하고 있다. 이러한 입장은 형법의 이론적 기초에 새롭고 보다 충분한 노력의 필요성을 의미했다. 동시에 형벌의 본질에 관한 이성적이고 철학적인 견지에서 실질적인 법 적용의 불확실성에 대한 종지부를 찍기 위해 법관에게 최후의 근본원칙을 제공할 수 있는지에 의문을 제기했어야 했다. 18세기와 19세기 20년대까지 형법학의 학문은 계몽주의 이념에 따른 합리적 낙관에 근거하여 이와 같은 대담한 일을 시도했다. 이러한 노력으로부터 (근대의) 형법학은 이해될 수 있게 되었다.

3. 형법이론의 발전

a) 특별예방이론

§ 15. 18세기 말에 즈음한 형법 이론은 계몽된 절대주의의 형사사법을 고무하는 정신의 표현이라고 특징 지울 수 있다. 이 계몽된 절대주의는 국가 철학적 기반을 형성하는 국가 조약을 가리키며, 이 계약을 통해서 지배자는 국가의 첫 번째 종복(premier serviteur de l'État)으로서 특별한 개인이 아닌, "일반적인 이성"의 주재자인 개인에 대해 의무를 지며(v. Wiese), 이 의무는 인도주의적 관점에 기초한 (인간적) 삶의 목표 달성을 가능한 것으로 이끌었다. 인도주의는 개별적인 사람들의 문화취득 노력을 이성적 방식으로 고무케 하는 모든 가치의 총합, 즉 즐거움, 복지, 사고의 연마, 취향의 습득, 지식과 관습의 연마, 덕의 증진, 의지와 성품의 강화, 즉 정신, 태도 및 문화의 형성 등을 망라한 것이다. 그리고 이것은 모든 동물적인 충동을 억제하고 정신과 이성의 고양을 통해서만이 18세기의 의미로 말한다면 지배적인 생활 요소로 인식되어 버렸다. 이러한 의미에서 개인의 복지는 국가의 복지와 동일시되었다. "국가는 개인의 집합체이며, 군주와 신하를 위한 단 하나의 선만이 존재한다(L'État est compose de particuliers, et il n'y a qu'un bien pour le prince et ses sujets)".[18] 이러한 방법으로 영주는 국가를 이끌고, 또한 개별적 개인을 유도하며, 영향을 주고, 때로는 이성에 근거하지 않고 개인적 의사에 반한 강제를 범하기도 했다. 이로부터 범죄적 행동을 통해서 명백하게 된 각 개인의 잘못 길들어진 행동을 강제적으로 개선케 하고, 범죄 활동에 대응하여 다른 사람들을 보호하고, 특히 각개의 위협적 법익침해에 대항하여 이를 보호해야 할 국가 권리가 발생한다고 보았다. 이러한 (개인에 대한) 보호권리로부터 파생된 예방권은 국가적 처벌권의 기초로 삼았다. 개별자에 대한 형벌 집행은 첫째로 특별예방적 의미를 갖게 된다. 각 개인은 그의 범죄행위를 통해서 명백하게 된 위험성이 크기로 전체의 복지를 위해 각 개인의 위하력을 제거할 필요가 있다면 형벌 집행을 통하여 위하력이 제거되어야 한다. 만일 위

18) Friedrich d. Große, Polit. Testament von 1768.

하력이 (사회적) 총체를 보호하기 위해 충분하다면 각 개인은 시민 질서에 합류할 수 있도록, 즉 시민 질서에 합류하게끔 개선되도록 강요된다. 우리는 이러한 견해가 형사실무의 실제에서 어떻게 영향을 미쳤는지를 다음에서 살펴보자. 여기서는 18세기의 말엽에 형법이론이 이와 같은 사상의 토대에서 어떻게 발전되었는지를 보고자 한다. 이러한 발전은 다른 그 어떤 것과 달리 계몽된 절대주의로 분류된 특별예방이론의 지배적인 출현으로 특징지어진다. 특별예방이론은 물론 형벌위협과 형벌 집행 역시 일반예방적 의미를 둔 데 대해 이의를 달지 않는다. 푸펜도르프 이래 알려진 심리강제의 이념은 일반인들에게 알려지기 시작했으며, 앞으로 진전하며 나아갔다. 그러나 형벌 집행과 깊이 관련된 합리적 경향의 확산으로 심리강제설은 (특별예방의 뒷전에서) 머뭇거리게 되었다. 형벌 집행에서 야기된 고유한 형법상의 문제점들이 명확하게 나타났다. 즉 형벌 집행을 통해서 국가 차원의 예방 권리가 유효하게 되었다.

§ 16. "순수한 예방이론으로 형법의 체계를 세우려는 첫 시도는 비텐베르크(Wittenberg)의 교수 스튜벨(Stübel)이었다."라는 주장으로 칼 루드비히 빌헬름 그롤만(Karl Ludwig Wilhelm v. Gromann, 1775~1829)은 "범죄특별예방이론"에 관해서 스튜벨의 정신적 선재성(先在性, Priorität)을 정했다. 스튜벨 교수에게 이 이론이 어떻게 설명되고 있는지를 우선 살펴보자.

1795년, 크리스토프 칼 스튜벨(Cristoph Carl Stübel, 1764~1827)은 두 권으로 된 작품, 즉 "일반 형법의 체계와 작센 선제후 공국에서 시행되고 있는 법전의 적용"을 펴냈다. 그에게 형법은 범죄예방의 역할이며, 범죄 예방권으로부터 도출된 국가에 부여된 자연법상 범죄 보호 권리에 근거하는 것으로 보았다. 도덕적 예방으로서 형벌은 어느 특정인의 범법행위가 장래에 그러한 행위를 다시금 재범할 것이라는 예단적인 행위로 그런 위험을 보여준 자에 대해 부과해야 한다. 같은 종류의 범죄행위를 나중에도 재범한 경우뿐만 아니라 개연성이 예견되는 그런 범죄자는 위험한 범죄적 성향을 지닌 자로서 인정될 수 있다는 것이다. 이것은 다시금 구체적으로 강제 예방을 위한 법적 근거를 갖게 되는 인정 근거로 작용한다. 그리고 강제 예방은 법원에서 선고된 형의 집행으로 이루어진다. 스튜벨(Stübel)식 이론의 주된 중심은 이에 따라 법조문에 근거한 형벌위협에 있지 않고, 형벌 집행에 있었다. 그래서 그는 법조문상 형벌위협은 형벌 집행을 통해서 얻게 된 도덕적인 예방을 정당화하는 데 필요하지, 형벌 집행을 전제할 필요가 없다고 보았다. 입법자가 법률상 처벌의 위협을 모든 사람에게 알리고, 특정한 일반예방완화 효과를 얻을 수 있다는 사실은 법적으로 표준화된 형법의 유용한 부수적 효과이다. 그러나 법조문상 형벌 위하나 일반예방효과가 중요하지 않다. 범죄를 통해서 명확히 된 범죄자의 협박에 대해 구체적으로 확립될 수 있고, 강제 예방으로써 집행해야 할 형벌은 적절한 비례를 가져야 한다. 여기서 스튜벨은 범죄의 크기(Größe des Verbrechens)라는 학설을 발전시켰다. 이 학설은 범죄시에 발생한 손해의 크기에 의해 결정되지 않는다고 보았다. 복수 개념은 (손해발생 문제와) 멀리 떨어져 있어서, -형벌은 "기존 손실을 결코 대체할 수 없으며 다시금 (손실을) 정당화할 수 없기" 때문에- 범죄의 크기는 전적으로 가해자의 심정에 달려있다. 행동의 부도덕성은 기준을 세워야 한다. 스튜벨은 엄격한 비결정론의 토대에서 부도덕성을 발전시켰다. 어떤 식으로든 행동의 가능성을 의미하는 "의지의 도덕적 자유"는 행동의 부도덕함과 동시에 책임의 전제조건이다. 행위의 순간에 이러한 자유가 존재한다면 그러한 행위의 반복성은 개연성을 갖는다. 행위자의 개별적 심리적 상황이나, 자극과 동기의 강도로부터 부도덕성의 정도와 귀책의 정도를 정하고, 그리고 이에 상응하여 귀책이 가능한 책임과 형벌에 합당한 비례를 고려하는 형벌의 등급이 생긴다. 이 접근법이 얼마나 철저하게 합리주의적인지, 그리고 그것이 가해자에 대한 부도덕과 책임에 대한 도덕적 평가와 예측을 어떻게 강요하는지 분명하다. 그러나 이러한 입장은 곧 내부적으로 의심을 낳게 한 모순을 품고 있었다. 그렇다면 형벌 집행을 통해서 이루어진 강제집행은 어떠한 의미인지를 근본적으로 이해할 수 없게 된다. 강제 예방은 형벌 집행을 통해서 위험한 행위의 반복을 극복한다는 의미에서 범인에게 주는 영향으로 이해한다면, 바로 이때 우리는 형벌 집행의 특별예방 효과의 근거로써 의사의 결정론을 전제하게 한다. 물론 이때 스튜벨이 강조한 것처럼 행위자의 도덕적 개선이 아니라, 도덕적 성향을 고려함이 없이 단지 표면적 행위에 관계되는 정책적 개선을 뜻한다고 해도 모순에 빠지게 된다.

§ 17. 이 특별예방이론은 창시자인 스튜벨 이외에 그롤만(v. Grolmann)에 의해서도 주장되었다. 물론 그롤만을 통해서 특별예방이론은 형법학 역사에 들어오게 되었다. 왜냐면 그롤만은 포이어바흐(Anselm v. Feuerbach)와 유명한 논쟁에서 이 특별예방이론을 방어했으며, 포이어바흐의 치밀한 공격에 대해 특별예방이론의 타당성을 방어하기 위해 늘 새로운 시도를 감행했다. 그의 논문 "형법학의 근본원칙"(Grundsaetzen der Criminalrechtswissenschaft, 1798)에서 그는 자기의 특별예방적 견해를 피력했으며, 스튜벨의 입장과 차이는 단지 개별적 문제에서 있었으나 근본적인 차원에서는 스튜벨의 입장과 같았다. 1799년 그롤만은 또 하나의 논문 "법률적 책임의 척도에 관한 학설 외에 형법과 형사입법의 근거에 관하여"(Über die Begründung des Strafrechts und der Strafgesetzgebung nebst einer Entwicklung der Lehre von dem Maßstabe der juristischen Imputaion)을 발표했다. 포이어바흐와 논쟁 중에 그는 자신의 논문 "철학 그리고 법과 입법의 역사를 위한 잡지(Magazin für Philosophie und Geschichte des Rechts und der Gesetzgebung, 1800)"에서 이미 단념투로 "예방을 위한 어떠한 강제권도 존재하지 않은 것일까"라는 의문을 던졌다. 그 이후에도 특별예방이론을 티트만(Tittmann)과 클라인슈로트(Kleinschrod)가 추종했으며, 프로이센의 형법제정에서도 특별예방이론을 수용했다. 그러나 1788년 칸트(Kant)가 그의 『실천이성비판』(Kritik der praktischen Vernunft)을, 1797년에 『법학의 형이상학적 기초』(Metaphysischen Anfangsgründe der Rechtslehre)를 발표하고, 한 해 뒤인 1798년 포이어바흐가 반홉스론(Antihobbes)과 내란음모죄의 연구(Studie über dem Hochverat auf den Plan)를 발표했다. 그리고서 포이어바흐는 스튜벨(Stübel)과 그롤만(v. Grolmann)의 주장이 의미하는 특별예방이론에 입각한 경찰국가에 대항하는 논문을 발표했다. 이렇게 되자 스튜벨은 자신의 체계 고수를 그만둘 수밖에 없었다. 그는 1805년에 발표한 논문 "독일에서 일반적으로 시행되고 선제후국 작센에 효력 있는 법에 따른 범죄구성요건, 범죄자, 범인으로서

확실성, 특히 살인과 관련하여 일반 독일 및 선제후국 작센의 법에 따른 가혹한 최종 판결에 관해"에서 포이어바흐의 추종자로 전환했다. 그러나 그는 국가 형법 이외에 강제권이 정말로 존재하지 않는지 때때로 의문을 품었다(Ahrendts). 여기서 일어난 일은 계몽된 절대주의의 경찰국가에 대항하는 새로운 국가관의 승리로서, 법과 도덕의 새로운 토대가 마련되었고, 그 결과 19세기의 입헌국가가 재정립되었다. 그러나 이 학설 자체는 계몽주의와 자연법 이념에서 태어났다. 이들의 발생과 내용은 계몽주의 시대에서 설명될 수 있다.

b) **칸트**(Immanuel Kant)

§ 18. 자연법적 사고는 "국가의 안전은 최고의 법(salus rei publicae lexe suprema)"이라는 원칙과 관련하여 처벌을 고려한 합리적이고 이해가능한 효용 목적을 달성할 수 있다고 보았다. 그러나 그렇게 함으로써 형벌의 문제는 국가의 효용과 존재 이유를 위험할 정도로 만들었다. 즉 무자비한 국가권력을 장악함으로써 형법은 쉽게 남용되고, 정의의 바탕이 느슨해지게 되었다. 쉴러(Schiller)는 자신의 드라마 "메리 스튜어트"에서 이에 대한 충격적인 예를 들었고, 메리는 다음과 같이 말했다: "귀족이시여, 국가의 이익이 당신에게 정의로 보이지 않는다는 사실을 믿지 마세요."는 18세기에 발전한 공리주의 형벌이론에 대한 경고 역할을 보여 주었다. 괴테(Goethe)의 드라마에서 에그몽(Egmont)의 비극적인 결말도 같은 방향을 가리키고 있다. 에그몽은 또한 국가이성의 희생자였다. 국가의 이익을 위해 형법을 이용하는 규범의 자의적인 설정은 그것을 "법(Recht)"이 아닌 단지 "조건부 의무"로 보이게 만들었기 때문이다.[19] 그러나 괴테의 천재성은 파우스트의 지하 감옥 장면에서 형벌의 문제를 모든 합리적인 효용적 사고로부터 형법의 문제를 끌어내고, 이를 실제 경험을 바탕으로 가장 깊은 곳에서 처리했다. 마가렛이 파우스트의 구조 시도를 거부하고, "나는 구조할 수 없어"라고 반박하고, 그녀가 이와 같은 "나는 도와줄 수 없어"라는 것은 오직 메피스토의 사

19) Auch Egmont war das Opfer einer Staatsräson, die sich des Strafrechts fuer staatliche Nützlichkeitszwecke bedient, aber eben auf der Grundlage von Normen, deren willkürliche Setzung sie nicht als "Recht", sondern lediglich als "bedingtes Müssen" erscheinen läßt.

악한 원칙이 나타나기 시작하는 순간, 정의 앞에서 도덕적으로 비난받을 수 있는 수단임을 깨닫게 된다. 즉 범죄자가 도덕적 의무에 따라 처벌을 인정하는 경우 이제 자신을 "구출"하는 형벌에 대해 "예"라고 말하도록 강요하는바, 이는 형벌의 가장 깊은 의미가 모든 이성적인 형벌 목적을 넘어서 어느 곳에도 존재하는 진정한 속죄라는 생각에서 찾아야 한다는 점을 모든 사람에게 보여 준다. 왜냐면 정의의 궁극적 표현으로서 범행을 통해 잃어버린 윤리적 자유를 그 행위자에게 회복시키기 때문이다.

§ 19. 그러한 생각을 자연적 효용 이론의 틀에서 완전히 벗어난 범죄이론으로 바꾼 사람은 임마누엘 칸트였다. 칸트는 인간의 본질을 자연의 법칙에 따르는 감각의 세계(감각적 세계)에서의 한 부분인 것이 아니라, 경험과 인과관계 법칙에서 벗어난 이성의 영역(지적 세계)에 있음을 본다. 자유는 사회예방이론과 마찬가지로 인간에게 어떤 식으로든 다르게 행동할 수 있는 기쁨이 아니라, 이성의 법칙에 대한 자기 구속이다. 이성은 정말로 "인간의 가장 큰 힘"이다. 이성은 그 자체로 그 자신을 구성하지만, 그것을 다른 모든 사람과 일반적으로 연결한다. 법을 따르는 것은 자유를 의미한다. 왜냐면 이성의 법칙은 모든 사람에게 동등하게 말하기 때문이다. 그러나 그것을 따르는 것은 도덕적 의무이다. 그것은 개인의 외부적 권력에 의해 부과되는 것이 아니라 그의 "개인성"에 속하는 "인간성"에 의해 부과된다. 그러므로 윤리적 의무는 외부적 강제(heteronom)가 아니라, 자율(autonom)이다. "좋다는" 가치판단은 (가언적 의무에 의한) 유용성에 대한 고려일 수 없고, 인간을 이성의 존재로 묶는 순수한 당위, 즉 정언명령에 의해서만 행동을 결정하는 인간의 의지에 전적으로 적합하다. 이러한 정언명령은 "법률에 대한 존중", 다시 말해 자율(Autonomie)에 따르는 것이 "자유"이다. 윤리적 자유 이외에 어떤 자유도 없다. 그것을 실현하는 것은 윤리적인 인격과 인간존재의 목적을 달성하기 위한 자기 계발이다. 이것은 "(결정된 바와 같이) 우리 본성의 숭고함을 명확히 보여 주는 인격에 대한 존중 이념"(실천이성비판)이다.

칸트에 따르면, 국가는 인간의 본성에 관한 이와 같은 결정과 모순되어서는 안 된다. 칸트는 국가를 "법의 지배 아래에서 군중의 연합"이라고 정의한다. 그러한 통일을 가져오는 것은 인간의 殘存이라기보다 정언명령, 즉 윤리적 의무에 기초한다. 이에 따라 인간은 "한 사람의 의지와 다른 사람의 의지가 결합할 수 있는 자유에 대한 보편적인 법칙의 성립"을 위해 노력해야 한다. 그러나 이것이 가능한 조건들은 본질적으로 법을 구성한다.

국가는 (어느 누가) 타인의 자유를 침해하는 경우, 법의 본질적인 특성인 법적 강제로 그 개인의 자의에 맞서 싸워야 한다. 따라서 자의성은 자유 개념의 한계를 넘어선 경우 법적 강제는 허용된다. 그렇다고 국가의 강압이 실행되어서는 안 된다. 무엇보다도 국가가 누군가를 미덕의 길로, 즉 윤리적으로 영향을 미치도록 강요하는 것은 결코 문제가 될 수 없다. 윤리적 선은 자율적 정언명령에서 나온 행동일 뿐이다. 국가 강압과 관련하여 설정된 행동은 정언명령을 따르지 않고, 가언명령을 따른다. 이것이 아무리 옳고 흠잡을 데가 없을지라도 오직 합법적일 수 있을 뿐 결코 윤리적일 수 없다. 합법성은 가언명령을 따르고, 특정한 목적을 지향하는 외부 행동의 정확성이다. 이것은 윤리적 인격으로서 인간에게는 무의미하다. 순수한 의무, 즉 정언명령에서 발생하는 윤리적 행동만이 윤리적 인격의 발전에 기여하고 인간의 존엄성에 상응한다. 여기서 인간은 자율적 의무를 따르고, 거기에서는 타율적 강제를 따른다.

합법성과 윤리성을 이렇게 첨예하게 구분하는 것은 매우 중요하다. 윤리성과 함께 특수 예방이론은 결정적으로 거부된다. 국가가 형의 집행을 통해서 강요하는 "시민의 개선"은 윤리적 가치가 없다. 그러나 국가가 형의 집행을 통해 타인을 억제하는 역할을 하려는 정도에 따라 인간의 자유를 침해한다. "인간은 결코 다른 사람의 의도를 위한 수단으로 취급될 수 없으며, 천부적 인격은 재산법의 보호 대상일 수 없다."

이러한 모든 점은 계몽된 절대주의의 형벌이론과 경찰국가 일반에 대한 가장 날카로운 대립이다. 이는 법적 보호를 본질적 기능으로 하는 법치국가의 입장에서 도출된 결론이다. 칸트는 그의 윤리성에 근거한 법치국가에 대한 사상을 경찰국가의 현실과 대조한다. 동시에 그는 경찰국가에 의한 처벌 방법과 처벌 목적의 근거를 박탈했다.

§ 20. 그러나 이렇게 함으로써 칸트의 범죄이론에서 원칙적으로 벗어난 점이 가장 눈에 띈다. 범죄자에 대한 형벌을 공적 또는 사적 효용의 수단으로 사용하는 것이 불가능한 경우, 그렇다면 범죄자에 대한 처벌은 다음과 같은 이유로 부과될 가능성만 남는다. "그가 (범행을) 범했다는 이유". 형벌은 순순히 형벌을 부과해야 할 당위를 위해서만 부과될 수 있다. 이러한 의미에서 형법은 그 자체 정언명령이다. 정언명령에 토대를 둔 윤리적 의무가 꼭 필요하고 변함없어야 하기에, 그래서 형벌의 당위는 절대적이다. 형법의 이 엄밀하고 영속적인 이행에서 칸트는 정의의 본질을 드러낸다. 이점에 관해서는 어떤 목적 적합함(Zweckmäßigkeitsrücksicht)도 다룰 수 없다. 그것은 모든 유용성보다 높다. 그래서 칸트는 형벌이론에서 엄격함을 특징짓는 잘 알려진 중요한 문장을 발견했다: "시민사회가 모든 동료의 만장일치로 해체하기로 했다고 하더라도(예컨대 섬나라에 사는 시민이 서로 해체를 결정하고 전세계로 흩어진다면), 교도소에 남아 있는 살인자는 처형되어야 한다. 그렇게 함으로써 모든 사람이 자기가 한 일의 가치를 알게 될 것이며, 이 벌을 받지 않은 사람들에게 피를 흘리지 않게 할 것이다. 왜냐면 그것은 이 공개적인 정의 위반의 당사자로 간주할 수 있기 때문이다." 그 밖에도 그는 주장하길 "형법은 정언명령이며, 바리새의 속담에 따르면, 행복교리에 관해 (사악한) 뱀처럼 (교묘하게) 이리저리 피하고, 어떤 것을 약속하는 이점 덕분으로 범법자에게 벌을 면제해 주거나 심지어 형벌을 어느 정도라도 완화시켜 주자는 자에게 화가 있을지어다." 그는 한 사람이 죽는 것이 온 백성을 망치는 것보다 더 낫다고 했다. "왜냐면 정의가 무너지면, 땅 위에 사는 사람은 더 이상 가치가 없기 때문이다."

그래서 칸트는 자연법론의 상대적 형벌이론에 대하여 진실하다고 여긴 절대적 형벌이론을 대비시켰다. 그의 이론은 구체적으로 어떻게 설계되는가? 그렇다, 그는 탈리온의 보복 개념에 근거하고 있음에 대해 어떠한 이의를 제기할 수 있을까? 칸트 자신의 기본사상에 근거 형법에서 정언명령으로서 정당성을 제기할 수 있는지를 여기서는 더 이상 설명할 수 없다. 칸트의 언명에 관해 우리는 포이어바흐의 형벌이론에서 세기의 전환기 지적 흐름의 전체로 이해할 수 있는 근거를 찾았다. 이제 포이어바흐의 획기적인 중요성으로 눈을 돌리자.

c) 포이어바흐(Feuerbach)

§ 21.

α) 포이어바흐(Paul Johann Anselm v. Feuerbach)

포이어바흐(Feuerbach)는 예나(Jena) 부근에서 1775년 11월 14일 태어났다. 그의 부친은 당시 예나대학의 법대생이었고, 졸업 후, 프랑크푸르트에서 변호사로 활동했다. 그곳 프랑크푸르트에서 그는 유년 시절을 보냈고, 학교에 다녔다. 부친과 심한 갈등은 1792년 격렬하고 열정적이었던 포이어바흐를 예나로 몰아넣었다. 그러나 그 당시 그곳은 마침 "예나의 찬란한 시대"(라드부르흐(Radbruch))가 무르익고 있었다. 즉 역사가인 쉴러, 칸트주의 철학자인 라인홀드(Reinhold)와 1794년 이후부터 거주한 피히테(Fichte), 그 이후로도 셸링(Schelling)과 괴테가 예나에 장기체류하면서 그들의 천재성을 발휘했다. 포이어바흐는 철학 공부에 빠졌고, 라인홀드의 지도 아래에 칸트철학의 불타는 추종자가 되었다. 그는 그러나 영적인 거인들과의 관계에서 독립성을 포기하지 않고서는 누구도 칸트를 더 깊이 숭배할 수 없다고 고백했다. "쾨니히스베르크(Königsberg)의 현자인 칸트를 나보다 더 열정적으로 가르칠 수 있는 사람은 없다. 그러나 이 철학자에 대한 존경심이 아무리 크더라도, 나는 그의 눈으로만 세상을 보며, 다른 사람의 이성에 의존하여 불안하게 이리저리 움직이고, 스승의 말에 맹세하여 자립을 포기할 수는 없었다."[20](이에 관해서는 라드부르흐 참조) 그러나 칸트의 철학을 연구하던 동안 발표된 두 개의 논문, 즉 "자연법의 존재와 효력에 반한 가능한 유일한 입증 근거"(1796)와 "자연법의 비판"(1796)은 "칸트식의 비판적 관념론으로 서술되었으며, 전문가의 특별한 학설로서 나타났다."(Gallas). 그러나 근본적인 태도에서 이들 논문은 칸트의 윤리학적 관점에서만 이해될 수 있는 포이어바흐의 법이론의 후기 발전을 위한 방향을 제시한다. 예컨대 그의 법이론 방법처럼. 철

20) "Aber so groß auch die Hochachtung gegen diesen Philosophen ist, so vermochte sie doch niemalen so viel über mich, nur mit seinen Augen zu sehen, mich an den Krücken einer fremden Vernunft ängstlich hin und her zu bewegen und durch den Schwur auf des Meisters Worte auf die Selbständigkeit Verzicht zu tun."

학박사 학위 취득 후에 곧바로 그는 사랑하는 철학에서 혐오스러운 법학으로 전환하게 되었는바, 이는 그를 그렇게 만든 외부적 사유와 참고해야 할 사항 때문이었다. 1799년 그는 “자유가 제한된 이유에 관한 해명”(De causis mitgrandi ex capite impeditae libertatis)[21]의 주제로 박사학위를 받았다. 이 논문은 간단히 말해 그의 후기 형법 이론을 담고 있으며, 동시에 사강사(私講師)의 자리를 얻게 했다. 1801년 그는 봉건법을 담당하는 무급 교수(unbesoldeter Professor)로 임명되었다. 예나(Jena)에서 있는 동안 그를 전체 독일 형법학의 선두 주자로 이끈 저술을 발간했다. 즉 1798년 그는 “반역범죄에 관한 철학적 및 법학적 연구”와 1799년/1800년에 그의 두 번째 근본적이고 동시에 획기적인 논문, 즉 “실정 형법의 근본개념과 근본개념의 개정”을 그리고 1801년 『독일에서 유효한 일반 형법 교과서』를 저술했다. 1801년 말경 키엘(Kiel)대학의 부름을 받았다. 여기서 그는 형법사와 저자로서 변곡점을 낳게 했던 다음의 논문을 저술했었다. 즉 “선제후국 팔츠-바이에른 공국을 위한 형법에 관한 클라인쉬로트 초안의 비판(1804)”이란 논문이다. 1804년에 란츠후트(Landshut)에 소재한 바이에른대학에 초빙되었다. 그러나 이 대학에서 인간적, 정치적 그리고 종교적으로 무거운 분위기로 인해 개신교도였던 포이어바흐의 두뇌는 무거운 인간적 갈등으로 힘들었다. 특히 음모를 꾸미는데 영리하고 분개할 만큼 야심찬 법률가인 괴너(Gönner)와 관계에서 그러했다. 1805년 9월 23일 박사과정생과 논쟁에서 일어난 사건으로 인해 심하게 짜증을 낸 포이어바흐는 신경쇠약으로 이어졌고, 그의 교수 생활은 조기에 끝나게 된 불명예의 장면으로 이어졌다. 포이어바흐는 그러나 바이에른 정부에 봉사했다. 그는 뮌헨의 법무부와 경찰부에서 일하게 되었고, 여기서 란츠후트 시절 이미 체결했던 바이에른 형법초안 작성을 위한 계약을 수행했다. 1813년 5월 16일 그의 초안에 바탕을 둔 ‘바이에른 형법전’이 공표되었다. 그러나 뮌헨에서 포이어바흐는 개정작업에 공동참여하면서 새로운 갈등을 겪었다. 그 개정작업에 다시금 그의 반대론자인 괴너가 기폭제로서 영향을 미치고 있었기 때문이다. 이러한 상황은 해방전쟁에 대한 포이어바흐의 정치적 입장에 큰 영향을

21) Über die Ursachen der Migration vom Kopf der behinderten Freiheit.

주었다. 그래서 포이어바흐는 1814년 항소법원의 부원장으로 밤베르크로 옮겨갔다. 1817년 그는 안스바흐(Ansbach)의 항소법원 원장으로 갔다. 이러한 실천적 활동에도 그의 쉼 없는 저술은 멈추지 아니했다. 1821년에 그는 대단한 논문, "정의로운 사법을 위한 공개주의와 구두주의에 관한 고찰"을 발표했다. 이 한 해 동안 "자연법의 아버지"인 그가 보편적 법적 규범과 개념의 총체라는 의미에서 자연법에 반대한 모든 사람을 포괄하는 보편적 법의 대규모 역사를 연구했다. 아울러 그는 이를 통해 자연상태론과 사회계약론에 반대했다. 그리고 1828년과 1829년에는 2권으로 저작된 포이어바흐의 일생 작품으로 훌륭한 문학작품의 경지에 이른, 그의 이름을 널리 알렸던 다음의 작품을 출간했다. 즉 "이상한 범죄에 대한 다큐멘터리 프레젠테이션"(라드부르흐). 그러나 1829년 이후 이 거대한 위인의 정신력은 쇠진되었고, 1833년 5월 29일 프랑크푸르트 여행 중 돌연사했다.

포이어바흐의 격동의 삶과 떼려야 뗄 수 없는 관계를 맺고 있는 영적 작업은 우리에게 고도 계몽기 시절 법사상의 발전을 보여 준다. 우리는 법과 국가에 대한 포이어바흐의 기본개념을 파악하고, 이를 배경으로 그의 범죄이론과 형법상 입장의 특수성을 인식함으로써 이를 이해하고자 한다. 바로 여기서부터 그의 동시대와 후세시대의 영향을 살펴보자.

§ 19.

β) 칸트는 우리가 알고 있는 것처럼 법과 윤리의 엄격한 구분뿐만 아니라 합법성과 도덕성을 명확히 구별했으며, 윤리의 본질을 자유와 정언명령(kategorische Imperativ)으로 설명했다. 이에 반해 법의 본질과 존재의 근거가 무엇이냐에 대해 그는 침묵했다. 바로 이 후자의 문제에 대해 포이어바흐는 답하려고 노력했다. 그렇게 함으로써 그는 칸트를 넘어섰지만, 동시에 그 시대의 지배적인 법학에서 거리를 두게 되었다. 법적 의무는 윤리적 의무와 일치하지 않고, 법규범의 효력은 윤리적 법을 기반으로 하지 않지만, 법은 다음과 같은 경우에 윤리의 간접적 영향을 받게 된다. 즉 법의 기반으로 작동하는 법과 윤리의 관계는 윤리적 의무가 다른 사람의 관점에서 볼 때 타인을 배려하고, 윤리적 의무로부터 파생

될 수 있는 의무만이 법의 영역에 속해야 하며, 윤리적 의무가 있는 사람의 부작위 금지를 요구할 수 있는 권한을 가질 때 국한된다.22) 그러므로 법은 윤리적인 것과 똑같지 않으나 윤리적인 것에서 논리적으로 의존하고 있다. 이에 반하여 포이어바흐는 자신의 법적 사고를 형성한 칸트(Kant)식 근본개념의 기초에 근거하여 법과 윤리를 무조건적으로 완전하게 구별했다. 포이어바흐에게는 법이란 이성에 기반을 둔 철저히 독자적 기능을 가진다고 보였다. 이러한 이성의 기능은 우리에게 "너는 해야만 해"라는 도덕율뿐만 아니라 "네가 실행해도 되"라는 법률적 것도 존재한다는 것이다. 여기서 우리의 이성에는 "법적" 재산(das juristische Vermögen)을 내포한다고 보았다. "법은 (자연법적으로 생각해 보면) 그 일반적 연원으로서 도덕과 관련을 갖지 않고, 도리어 이성, 특히 실제적 이성에 뿌리를 둔다. 게다가 이것들은 서로 완전히 다르다."(그륀휴트(Grünhut)). 법과 윤리 관계에 관해 칸트식 사상에 뿌리를 둔 포이어바흐는 윤리가 법보다 무조건 우선시한다고 본다. 주관적인 허용이라는 의미에서 법은 자유로운 도덕적 당위(정언명령)가 기능하기 위한 전제조건이다. 우리가 이행해야 할 윤리적 의무를 갖지 않았지만, 동시에 명령적 법적 강제로 이행을 요구한다면 그런 법적 강제는 합법적일 뿐이지, 윤리적이지 않다. 도덕적으로 행동하고 정언명령에 따라 도덕적 인격의 계발(啓發)은 칸트에게서 인간 존재 일반의 의미와 목적처럼 포이어바흐에게도 해당한다. 그러므로 법이란 윤리적 행동을 위해 불가피한 자유의 영역을 형성한다는 의미에서 주관적 권한의 총체이다. 이로부터 법의 강제장치의 성격이 나타난다. 윤리적 행동에 필요한 자유영역("자율성")에서 다른 사람을 방해하는 사람은 법적 강제로 방지되어야 한다.

§ 20. 국가에 관한 최종 결론도 이로부터 나온다. 포이어바흐는 다시금 칸트의 밀접한 영향 아래 "국가의 목적"을 "모든 시민의 상호 자유, 즉 모든 사람이

---

22) Diese hatte, sofern sie nicht die rechtlichen mit den sittlichen Pflichten zusammemfallen ließ und die Geltung der Rechtsnormen auf das Sittengesetz gründete, im Recht eine mittelbare Auswirkung des Sittlichen insofern gesehen, als die sittliche Pflicht zur Rücksichtnahme auf andere, von der Seite dieser anderen her gesehen, die Befugnis involviere, die Nichtstörung seitens des sittlich Verpflichteten zu verlangen, eine Befugnis, die, da aus dem Sittlichen nur Pflichten abzuleiten seien, dem Bezirk des Rechtlchen angehören müße.

자신의 권리를 충분히 행사할 수 있고 모욕(즉 사적영역의 침해)으로부터 안전한 국가"로 파악했다. 그러므로 국가를 "법적 보호 기관"으로 이해했다. 국가의 가능성은 타인의 자유를 존중하지 않음에 대한 법적 강제의 허용으로 설명되지 않고, 오히려 자유의 개념 자체에서 나온다. 왜냐면 자유란 결국 국가에서 공동생활을 가능하게 하는 서로의 인간성을 존중해야 하는 윤리적 의무이기 때문이다. 따라서 국가는 도덕 원칙에서 내적 의미와 유용성을 얻는다.

법과 국가의 본질에 대한 이러한 주장으로 포이어바흐는 경찰국가의 성격인 계몽된 절대주의 법사상의 길에서 멀리 벗어났다. 새로운 법률적 사고의 창시자인 포이어바흐는 사실상 입헌국가의 지적 선구자의 길을 닦았다.

§ 21. 법의 본질에 관한 물음은 동시에 자연법과 실정법의 관계에 관한 물음이었다. 앞의 § 12와 § 13에서 살펴본 바와 같이 18세기 말경 법학과 실무는 모든 실정법에 대한 자연법의 우위를 인정하는 데 동의했다. 포이어바흐는 이 점에서도 19세기 관점의 선구자이다. 물론 그의 입장은 언뜻 보기에 모순된 것으로 보인다. 우리는 그를 자연법의 아버지라고 부른다. 그러나 그의 이름은 형법에 관한 권위자로서 실정법을 정복했기 때문에 형법학의 역사에서 유명해졌다. 여기서 그의 법이론의 중요 핵심을 살펴보자.

동시대 사람들과 마찬가지로 포이어바흐도 (책임의) 귀속과 양형 문제의 관점에서 자연법과 적극적인 실정법 사이의 관계에 대한 문제를 제기했다. 그는 이 문제가 형벌 자체의 개념에 관한 개념적 의존성에 있음을 명백히 보았다. 그는 형벌의 개념, 형벌의 목적, 형법, 형법전을 "입법 자체의 지도 원칙인 실정법의 기본적이고 기초적인 개념"이라고 불렀다. 그는 이것들을 "실정법을 위한 입법의 원초적 개념"으로 설명하며, 여전히 논의해야 할 사항이라고 강조한다.

그는 어떻게 이러한 "원초적 개념"을 발전시켰을까. 이와 관련하여 그의 여러 언명은 그가 그 시대의 실정법을 틀림없이 고수했으며, 무엇이 "형벌"인지 이해하고, "형벌 목적"이 어떤 것인지에 관해 탐구했음을 암시한다. 이것은 (법률의) "개정(Revision)"에 관해서 그렇다. "… 실증적 법학에서 … 철학은 형식적인 용도로만 사용되며, 철학은 그것이 확장되는 한, 우리에게 명확하고 철저한 실증적 개념과 관련될 수밖에 없음을 허용해야 한다. (즉 원초적 개념은) 리더로서 역할을 조정하고, 조직적 통일성의 요구를 충족시키는 전체와 부분의 조화로운 연결을 가능하기 위해 실정법적 연원에서 파생되어야 한다." 우리는 그의 반역죄 연구에서 그것을 볼 수 있다. "모든 실증적 과학과 실증적 법학에서 철학의 유익한 조건이 아무리 많이 필요하더라도, 그러나 그것은 선한 행위가 악한 행위로 바뀌지 않는 한, 실증적 법학이 학문의 발전에서 절대로 넘어서서는 안 되는 날카롭게 정의된 한계를 갖고 있다. 실증적 법학을 계몽할 수 있을 뿐, 지배해서는 안 된다. 철학은 '테미스(Themis)'[23]의 여주인이 아니라 횃불로 그녀를 밝히는 하녀이기 때문이다. 나는 이러한 한계를 명확히 관찰했다(철학자들이 이것을 보고 나에 대해 웃거나 불쌍히 여길 만큼). 그리고 나는 행동으로 자유롭게 철학을 할 수 있음을 증명할 수 있다고 믿으며, 또한 실정법학의 대상인 법에 아주 근접하지 않고도 말이다."

§ 22. 그러나 포이어바흐는 이러한 "원초적 개념"을 정의할 때 엄밀히 말해 이 원칙에서 벗어난다. 실정법은 모순되는 "다양성"을 갖고, 또한 지나치게 불명확하다는 점에서(실정법은 자의적 형벌로 규정되어 있으므로) 형벌의 개념과 "형벌의 일반적 적용과 이른바 귀책이론의 내용을 형성하는 형벌의 양정에 관한 원칙"을 얻는 데 절대적으로 부적합한 자료이다. (당시의) 실정법은 아무런 도움이 되지 않는다. 우리는 여기에서 "법학의 여타 모든 부분에서 인정되지 않아야 할 철학에 대한 권리를 보장해야 하며, 형법학에서 형식적 사용뿐만 아니라 실질적 사용할 권리를 의미한다."

그래서 포이어바흐는 자신의 형벌개념을 자유롭게 만들 수 있었다. 그의 "개정판"의 제1권에서 그는 실제로 실정법적 자료를 참조하지 않고, 자신의 자유로운 철학적 관점에 따라 형벌개념을 정의했다. 그는 인간 이성의 본성과 법과 윤

---

23) 역자의 해설: 그리스 신화의 율법의 신이다. 율법 외에도 정의, 질서, 공정함, 법, 자연법, 관습 등을 상징하며, 그것들을 의인화한 신이다. 테미스라는 말 자체가 그리스어로 '신성한 법'을 의미한다.

리의 기능에 대한 결정적인 통찰력에서 얻은 형벌개념이야말로 생각할 수 있는 유일한 (형벌) 개념이라는 논리적 결론에 이르렀다. 여기에서 포이어바흐가 계몽주의의 가장 진정한 철학자, 가장 진정한 자연법의 법학자로 등장했다. 그는 진리에 대한 엄격하고 객관적인 인식이 자연적이고 인과적으로 설명가능한 세계에서 가능하다고 생각할 뿐만 아니라, 같은 방식으로 문화적 가치의 영역에서 결정적으로 객관적인 진리를 찾을 수 있다고 보았다. 이러한 과학적 절차는 계몽주의의 관점에서 가장 깊은 의미를 나타낸다: 이 과정에서 인간 이성의 자기 계발 과정이 일어난다. 이성은 "인간의 근본"으로서 "태초에 주어졌으며", "어디에서나 하나이고 동일한 것이다." 그러나 이성은 처음부터 자신의 진정한 모습을 드러나지 않는다. "이성은 관행과 습관 아래 숨어서 편견의 짐에 굴복하기 마련이다. 역사는 이성이 이러한 저항을 점진적으로 지배한 방법을 보여 준다."(Cassirer) 인간 이성이 특정한 관계 속에서 최종적으로 완성될 때 역사적 과정도 완성된다.[24] 그러나 그것은 사고(思考)에 절대적으로 필요한 개념인 최종적 진리가 밝혀질 때 일어난다. 여기에서 포이어바흐가 순수하고 군더더기 없이 형벌의 "원초적 개념"을 해결할 때 역사적 성취를 달성했다는 생각은 이해된다. 그는 이제 형벌의 개념에 대해 결정적이며, 하나의 순수하고 불변하는 형벌개념을 발견했다고 확신했다. 형벌개념은 항상 "거기"에 있고, 만일 자기 해명을 통한 이성이 이와 관련하여 이미 그렇게 믿었다면 16세기에도 정확히 같은 방식으로 보았어야 했다고 확신했다. 이제 또한 포이어바흐가 형법 체계에서 가장 일반적인 용어에 관해 이야기할 때 우리는 그것을 이해하게 되며, 그가 내세운 상위개념은 모든 연역의 출발점을 제공한다. 아니다, 일단 완전하게 인식된 "개념"은 우리에게 그 특정한 주제에 대한 인간 이성의 본질을 드러낸다. 즉 여기서 국가형벌. 반면에 실정법은 초안이 작성될 당시 기본개념이 아직 정립되지 않았다면 그 자체로 의미가 없다. 여기에서 완전한 계몽자이자 완전한 자연법학자인 포이어바흐가 근본적인 문제의 경우, 법학으로부터 철학이 필요

24) Überall da also vollendet sich der geschichtliche Prozeß, wo sich in bestimmter Beziehung die menschliche Vernunft zum letzten vollendet hat.

적으로 배제되어야 할 것인지에 관한 그의 언급은 철학적 통찰에의 집중을 방해하지 아니했던 궁극적인 이유이다.

§ 23. 그러나 실정법의 의미에 대한 자세한 언급은 또한 중요한 프로그램적 의미를 품는다. 순수하고 원초적 개념에 기초한다고 말할 수 있는 그러한 법률이 있다면 철학자는 법학을 위한 작업을 마친 것이다. 그렇게 되면 실정법이 우선하게 된다. 이와 같은 경우 실정법만이 유일하게 지배하게 된다.

그러나 이러한 생각은 정치적 민감성을 가졌던 포이어바흐를 지배했다. 칸트식의 국가이념은 포이어바흐에게 항상 살아 있었다. 포이어바흐는 개인의 주체적 역할이 국가 시민의 역할로 바뀌는 입헌적 국가를 원했다. 그러나 이러한 입헌적 국가는 국가 자체를 위해서가 아니라 개인이 윤리적 인격체인 자신의 자기 계발을 통해 자신의 존재 목적을 달성할 수 있다는 칸트적 가능성을 달성하기 위하는 데 있다. 이것이 당시의 정치적 경향이었다. 이러한 경향에 포이어바흐는 자신의 개성에 근거한 뜨거운 열정을 가지고 있었다. 이는 그의 뛰어난 문체(Diktion)에 엄청난 내적 윤리적 자극을 주었다. 이것은 그의 반대자에 의한 경찰국가의 특별예방이론에 대한 그의 승리를 가져다주었다. 이는 포이어바흐 활동 시기의 시대정신이었다. 이 시대의 정신이 마침내 이성의 빛에 도달한 불변의 인류 정신이라고 주장한 포이어바흐의 큰 실수는 자기 자신의 모습을 지적 역사(Geistgeschichte)에서 그 자체 대단한 매력으로 만들었다. 인류의 지적 역사는 큰 실수의 역사이다.

§ 24.

γ) 19세기를 지배했던 포이어바흐의 형벌이론은 심리적 강제설이라는 이름으로 알려졌다. 포이어바흐는 특수예방이론과 달리 법률상 형벌의 위협을 결정적으로 강조했다. 형의 집행(Strafvollzug)은 단지 부차적 의미를 진다. 형의 집행은 형벌의 위협을 엄중하게 느끼게 한다는 점에서 필요하다. 형벌위협의 목적은 누군가가 법률에 근거하여 처벌될 만한 범행을 범할 생각할 때 형벌의 위협으

로 인해 발생할 특정 해악의 개념을 일반 대중에게 환기시키는 데 있다. 이때 전제되는 것은 계몽주의의 합리주의에서 볼 수 있듯이, 인간은 냉철한 이성으로써 범행으로 얻게 되는 이익을 형벌로 기대되는 불이익을 비교하며, 이때 기대되는 이익 대신에 불이익을 피하려는 결과를 이성적 방식으로 얻을 수 있다는 것이다. 따라서 형벌의 위협은 범죄를 조장하는 동기에 맞서 싸우는 개인의 이성을 뒷받침하기 위한 것이다. 형벌의 목적은 일반 국가 시민에 대한 충격, 즉 일반예방에 있다. 어떻게 이 일반예방이론이 그렇게 급진적인 영향을 미칠 수 있었을까. 그 자체는 새롭지 않다. 심리적 강제설도 새롭지 않다. 푸펜도르프로부터 그런 사상을 볼 수 있기 때문이다. 그러나 새로운 것은 포이어바흐가 날카롭게 강조한 일반예방과 형법의 기능 사이의 무조건적 연결에서 찾을 수 있다. 무엇이 형벌이고, 어떻게 처벌할 것인가를 오직 형법이 결정할 뿐이다. 그렇게 됨으로써 절대주의 국가 당국의 권력-정치적 영향력과 마찬가지로 법관의 자유 재량권이 제거된다. 죄형법정주의(Nullum crimen, nulla poena sine lege!). 형법은 자의적 경향을 가졌던 당시까지의 변덕스러운 형사사법을 극복하고, 완전한 헌법적 일관성과 보안 및 예측 가능성을 가져야 한다. 이러한 주장은 포이어바흐 이론의 정치적 의미와 동시에 그 이론이 그 당시의 효과에 대한 결정적인 이유를 명백히 보여 준다. 이로써 19세기 초 독일 자유주의의 정치적 갈망이 완전하게 실현할 수 있었다. 이 시대의 최선을 다한 이 갈망은 포이어바흐와 함께 살았다. 그리고 "그 시대의 최선을 다한 사람으로서 포이어바흐는 평생을 그렇게 살았다."

§ 25. 포이어바흐는 형벌이론으로 그의 스승 칸트의 길을 따르지 않았다. 칸트의 "절대적" 이론에 반해 그는 "상대적" 이론의 편에 있기 때문이다. 칸트는 윤리에 기반을 둔 형벌이론을 펼쳤다. 칸트는 국가 공동체를 실천적 이성의 필연적 지향 목표로 만듦으로써 국가형벌을 정당화한다. 포이어바흐는 (국가형벌에서) 모든 윤리적 관점을 근본적으로 제외하고, 그렇게 함으로써 국가형벌을 실제로 정당화하려고 깨달았다. 그러한 사고의 결정적 동기는 윤리에서 존재하

지 않고, 오히려 정치에서 유래한다. 모든 자의성은 법률적 근거를 통해서 극복되어야 한다. 형법은 -칸트와 다르게- 윤리적 기능을 갖지 않고, 법적·정치적 기능을 갖는다. 형벌개념도 법적·정치적 관점에서 기초한다. 포이어바흐에 따르면, 형법은 법치국가와 자유주의 정신에 기초한 사상에 근거하여 제정되어야 하며, 형법은 판사를 구속하고 국가와 개인 사이에 명확한 장벽을 세워야 한다. 포이어바흐는 전적으로 법학자이자 실천적 입법자로서 형벌의 개념을 추구했으며, 동시에 그는 철학자로서 확신할 만한 대단한 인물이다. 그의 주된 관심사는 형벌의 철학적 정당화에 있지 않고, 새로운 시대정신으로서 형벌이 실재적으로 시행될 가능성에 두었다. 포이어바흐는 칸트의 영향을 아주 강하게 받았다. 포이어바흐의 형벌개념에는 국가가 범죄의 성격에 지배적인 영향을 미칠 수 있는 어떤 것도 포함될 수 없다고 본다. 바로 이러한 이유로 그가 시민의 비인격적인 전체성을 겨냥한 형벌의 추상적 위협에 모든 점을 집중하고, 형벌의 집행을 아주 부수적으로 취급했다고 하더라도 그의 형벌이론은 순수한 일반예방이론에 속한다. 전체적으로 조망한다면 이 모든 점은 칸트의 철학을 엄격히 따르는 포이어바흐가 윤리적 인격으로서 인간의 존엄성에 대한 경외심으로 가득 차 있다는 사실에 궁극적인 이유를 찾을 수 있다. 즉 이러한 윤리적 인격에 관해 포이어바흐는 국가가 개인을 개선하고 내적으로 변화하는 영향을 줄 수 없다고 보았다. 그렇지 않다면, 이러한 일반예방개념을 옹호하는 그의 열정은 설명될 수 없기 때문이다.

칸트의 형벌이론은 윤리적 엄격주의자의 이론이다. (이에 반해) 포이어바흐의 형벌이론은 법치국가적-자유주의적 법학자의 이론으로, 바로 이러한 이유로 순수 국가적 형벌개념이 결정된다고 보았으며, 이로써 합법성과 도덕성에 관한 칸트식의 분리에 근거하여 이와 같은 결론이 도출되었다.

§ 26. 우리는 포이어바흐의 형벌론의 내용을 알게 되었고, 그 이론의 정신 역사적-정치적 입장을 결정지었다. 우리는 그의 정신적 작업에 대한 최종적 통찰을 얻고자 했지만, 원초적 형벌개념을 그가 어떻게 발전시켰는지는 아직 (우리

에게) 알려지지 않았다. 포이어바흐는 형벌의 일반적인 개념을 찾기 위해 '형벌'이라는 단어에 관해 깊이 생각했다. 그가 (개정판 I S. 2)에서 그렇게 썼던 '단어'는 "학교나 혹은 일반적인 사용에 의한 자신의 개념을 가진다. 전자는 단어가 과학 용어를 표현하기 위해 발명된 경우이다. 이에 반해 후자는 일상생활의 언어가 특정한 단어로 특정한 개념을 나타내는 경우이다." 형벌은 "학문 이전에" 있었으므로 형벌은 삶의 개념 문제이며, 따라서 "언어 사용은 여기에서 우리의 최초이자 유일한 지침이며, 언어 분석은 마찬가지로 이러한 연구의 기본적 업무"이다.

포이어바흐에 대한 비판적 반성은 첫 번째 단계에서 이미 가치가 있다. 개정판에서 그는 다른 사람들이 그의 조사 과정에서 '어떤 거짓(π ρ ω τ ο ν ψ ε υ δ ο ς)'이 있는지 판단해도 좋다고 얘기한다. 사실상 그것은 위에 주어진 전체 조사의 출발점, 즉 계몽주의자인 포이어바흐의 소질적 원리에서 이미 발견될 수 있다. 무엇 때문에 일반인의 생활상 언어는 항상 "특정한 개념"을 "특정한 단어"로 표현해야 할까. 그리고 계속하여 묻는다. 생활언어의 이면에 있는 개념이 변하는 동안, 생활언어의 사용이 일정하지 않아도 괜찮은 이유는 무엇일까. 이러한 일은 문화 개념의 영역에서 자주 발생한다. 왜냐면 문화적 변동은 가치 중점의 행방을 통해 문화적 개념의 내용을 변경하기 때문이다. 형벌의 개념은 이것의 전형적인 예이다. 왜냐면 문화생활이 범죄자, 공동체 또는 피해자로부터 어떤 의미인지 여부에 따라, 또한 어떤 시대가 범죄에 대응할 때 과거, 즉 범죄행위에 더 많이 반응해야 하는지, 아니면 미래, 즉 가해자의 추가 발전 가능성에 더 많이 반응해야 하는 여부에 따라, 형벌의 역사는 그 의미에 관해 어떻게 변화시켰는지를 가시적으로 가르쳐주기 때문이다. 포이어바흐는 이미 언급한 계몽주의적 역사관으로 그와 같은 인식을 반대한다(위의 § 22 참조). 그러한 인식은 모든 개념이 궁극적으로 인간의 이성이 완성하는 최종적이고, 영원하며, 불변의 진리를 포함한다는 생각을 촉구한다. 이러한 관점에서 볼 때 포이어바흐의 접근은 논리적으로만 보일 뿐, 실제로 그의 이론적인 출발점을 '어떤 거짓(π ρ ω τ ο ν ψ ε υ δ ο ς)'에서 근거한다는 것은 거의 없어 보인다.

용어 사용에 관한 그의 깊은 생각은 국가가 개개인에게 해악을 가할 때 이러한 해악을 형벌로 간주하려는 데서 그의 입장을 찾아볼 수 있다. 이에 더하여 그는 일반적으로 형벌은 범한 불법행위로 인해, 그리고 실제로 범죄자들에 대해서만 가해지는 해악을 의미한다고 설명한다. 즉 '형벌의 대상'은 '범법행위'이다. "처벌의 다음 이유는 과거의 법률 위반이다." 포이어바흐는 자신의 최전선 위치를 정확히 알고 있다. 그의 법치국가적-자유주의적 작동은 형벌 행위를 수형자의 미래 행동에 어떻게든 영향을 끼쳐야 한다는 생각으로 그를 강제적으로 몰고 갔다. 이것은 형벌과 개성의 결합을 낳게 했다. 형벌은 성격 형성에 영향을 미친다. 그러나 (형벌의 인격에 미친) 영향은 국가가 외부의 법적 보호 활동을 제한하고 있는 점과 함께 법과 도덕의 엄격한 분리라는 점에서 선험적으로 불가능한 일이다. 이것은 포이어바흐가 자신을 문장에 투영한 방법이다. 미래의 범행이나 부작위에 의한 범행(의 방지)이라는 이유로 행위주체에 대해 해악(예컨대 형벌)을 가하지 않는다. 그러나 "그 행위주체는 그러한 해악에 대한 범행의 충분한 원인행위이자, 불법행위를 범했으므로 처벌받는다." '자연적인' 관점에서 과도한 포도주 섭취로 질병에 걸린 사람을 자연이 '벌'한다고 말할 때도 마찬가지이다: 아니면, 신은 이 땅에서 악행을 범한 자를 지옥의 고통으로 벌한다. 이들 두 경우 모두 우리는 자연이나 신이 처벌받는 자의 미래 행동과 관련된 목적을 가진다고 생각하지 않는다. 오히려 육체의 질병을 술을 너무 많이 마심에 대한 '형벌'로 묘사하고, 지옥의 고통을 지상의 죄악에 대한 '형벌'로 묘사하도록 생각게 하는 것은 해악과 과거 행동 사이의 인과관계뿐이다.

§ 27. 포이어바흐는 (이 외의) 다른 어떤 것도 국가적 형벌로 적용하는 것을 허용하지 않았다. "법을 어기는 것 자체가 그(행위자)를 처벌할 가치가 있게 만들기에 충분하다." (처벌에 근거하여) 행위자의 품행이 개선될 여지가 전혀 없거나, 범죄 후 (처벌로) 완전한 개선이 확실하더라도 "이는 그의 개인적 형벌에 대한 우리 상식의 판단에 조금도 영향을 미치지 않는다." 이것은 칸트의 응보 이론으로 이어진 것처럼 보인다. 그러나 형벌의 목적에 처벌 자체가 포함됨이 부정될

때 칸트와 일치할 뿐이다. 그것은 "타인의 의도에 대한 수단으로 그것을 사용하고, 그것을 재산법의 대상과 혼합"하는 것을 의미한다.[25)](포이어바흐는) 칸트의 용어를 명확히 인용하고 있다. 그러나 포이어바흐는 곧 칸트와 거리를 두었다: 포이어바흐는 범죄자에 대한 형벌에 그치지 않고 형법의 중요성을 강조하기 위해 형의 집행이 거의 무의미해질 정도로 형벌의 위협에 관한 관념적 중요성을 강조한다. 그 결과, 포이어바흐 형법 이론의 구체적인 법치국가적 내용이 가능해진다. 그러므로 형벌은 단지 과거의 불법행위 때문에 시민에게 가해진 해악이다. 이러한 의미에서 형벌은 이와 다른 해악을 가한 것과 개념적으로 다르다: 즉 '징계'와 '방어'. 징계의 목적은 장래의 적법한 행동을 취하기 위한 교육적 영향력이다. 여기서 과거의 위법행위는 징계의 필요성에 대한 '해당 원인'이자 '인식의 근거'일 뿐이며, '실질적 이유'는 그 변화의 대상이 되는 태도의 부도덕에 있다. 징계의 방식을 통해 위법행위의 실행착수나 임박한 경우를 방지할 수 있다(이른바 예방). '방어(防禦)'도 징계처럼 미래에 작동한다. 여기서도 가해자나 위협하는 자의 위법행위는 (사회적) 방어가 필요하다는 '인식의 근거'가 된다. 방어의 '고유한 근거'는 예방하고자 하는 미래의 (불법적) 행동이다. 그러나 징계나 방어를 허용하는 법은 형법이 아니며, 이들에 대한 해악은 형벌이 아니다. 특별예방론자들은 이것을 잘못 이해함으로써 형벌은 장래의 행동에 영향을 끼쳐야 한다는 생각에 젖었고, 그 결과 명확해야 할 개념에 혼란을 일으켰다. 특별예방론자도 서로 다른 단어를 동일한 의미로 사용한 결과, 이들 개념을 혼동했다!

§ 28. 그러나 포이어바흐는 여전히 자신의 형벌개념을 국가 차원의 개념으로 제시하는 데 관심을 가졌으며, 그의 언급처럼 '시민적(bürgrlich)' 형벌을 선언했다. 그러나 형벌의 본질은 시민을 위협하고, 집행하는 국가의 본질에 의해 결정되어야 한다. 여기에서 칸트로부터 계승된 국가의 개념만이 그 완전한 결실을 펼친다. 이러한 국가는 '법적 보호 기관'으로서 시민의 성향에 관심이 없다. 외

---

25) Das heiße ihn "als Mittel zu den Absichten eines anderen handhaben und unter die Gegenstände des Sachenrechts mengen".

부 행동만이 국가의 관심 대상이기 때문이다. 그러므로 국가가 갖추어야 할 권리를 무엇으로 할 것인지는 여기에서 명확해질 수밖에 없다. 그러나 국가는 "권리를 보호하는 사회이며, 국가가 소유하는 모든 권리는 오직 이 목적을 위해서만 갖는다. 국가는 시민 안전을 가능하게 하거나 증진하는 이 목적과 관련된 행위 이외에는 어떠한 행위에 대한 권리도 없다." 따라서 이제 국가형벌은 이러한 국가 목표에 근거하여 결정되고, 국가안보권에 기초한다는 것을 보여줄 수 있어야 한다. 그러나 포이어바흐는 이것을 다음과 같이 유도한다.

국가는 그 목적에 따라 "국가가 모욕(일반적으로 권리 침해로 이해됨)을 전혀 당하지 않도록"하고, "그런 모욕을 완전하게 방지할 수 있는 수단을 찾아야 한다." 예방의 방식으로는 법을 더 이상 위반하지 않도록 물리적으로 방지하기 위해 항상 개별 범죄자에게만 관심을 가지게 되므로 얻을 수 있는 것이 없다. 국가는 모든 시민에 대해 이러한 종류의 물리적 장애물을 만들 수는 없기 때문이다. 따라서 국가는 "시민에게 해악을 입히는 행위에 대해 심리적으로 불가능하게끔 필요한 수단을 활용하여 법을 위반하지 않도록 결정하게 만들어야 한다." 그러므로 시민의 '의중'에 따라 '바람직 행동'으로 이끌어야 한다. 따라서 반시민적(위법) 경향이 있는 자라면, 그러한 경향에 따라 실제로 위법행위로 나아갈 결정을 심리적으로 방지함이 중요하다. 이것으로 이제 심리적 강제에 대한 결정론적이고, 일반예방이론이 등장하게 되었다. 국가는 인간의 성향 사이의 투쟁에서 "다른 의미 있는 행동의 동기를 통하여 그 행동을 그만두게 할 수는 동기"의 수단을 찾아야 한다. 행동을 유도하는 태도에 저항하여, 해악이 이와 같은 행동과 "필연적으로" 연관되어 있다는 생각을 들도록 해야 한다. 그러나 (행동의 유도를) 억제하는 수단은 오직 보편적 법률, 즉 형법에 의해서만 만들어질 수 있다. 이는 "누구든지 이런저런 식으로 실행하는 자는 이런저런 식으로 벌을 받게 됨"이라고 설명할 수 있다.[26] 형벌은 범죄로 인한 것으로 "법률상 필연적 결과"로 규정된다. "형벌과 범죄는 상호 간에 조건이 된다. 누구도 (이들 중) 한쪽만 존재하고, 다른 한쪽이 없는 한, 처벌될 수 없다. 위법행위를 범하여도 그 위법행위

---

26) (Diese erklart: "wer das und das tut, wird so und so bestraft".)

와 관련한 해악을 가할 수 없으면, 누구도 처벌당하지 않는다." 그 결과 심리적 강제설에 근거한 일반예방 의미가 명확해진다. 포이어바흐는 심리적 강제설을 발전시킴과 동시에 형벌 집행에 관해 전형적인 계몽된 자유주의적 정당성을 부여했다. 행위자가 범죄를 원하고, 그 범죄행위와 관련하여 법률에 근거하여 처벌되는 조건을 원하는 문제는 그 개인의 의지이다. 내가 처벌 조건과 관련된 실행행위를 취하는 경우, "그렇다면 다른 사람에게" (여기서는 '국가') "나를 이 조건의 대상으로 취급함은 당연하다."[27] 이는 형법의 중요성을 다시 한번 보여준다. 이를 통해 누군가 법률의 위반으로 (실행을) 결정할 경우, 상황을 정확하게 평가할 수 있게 된다. 그것은 행위자에게 범죄의 조건에 대한 인식을 제공한다. 따라서 이러한 관찰은 전형적 법치국가원칙인 "죄형법정주의(nulla poena sine lege)"로 귀결된다.[28] 오직 법률에 근거해서만 형벌은 가능하다. "(국민에 대한) 형벌은 사전에 형법에 근거하여 해악을 가한다는 법률 위반을 자행한 권리 침해로 인해 국가가 부가하는 의미 있는 해악이다."

§ 29.

δ) 심리적 강제론과 함께 법치국가원칙에 관한 포이어바흐의 열망은 귀책(Imputation) 이론과 양형 이론에 대한 안전한 토대를 목표로 했다. 그는 특별예방이론에서 법적 및 도덕적 관점의 참을 수 없는 혼돈과 법관의 재량에 관한 허용할 수 없는 확장을 보았다. 법관에 의한 (행위자의) 귀책 범위와 양형의 재량은 형법에 구속되어야 함을 포이어바흐는 목표로 삼았다. 포이어바흐는 귀책의 경우 윤리적 책임에 대한 모든 사상을 거부하고, 형사책임의 기초로서 비결정론을 남김없이 포기했다. 국가는 외부 행위의 합법성이나 불법성에 관해 관심을 가질 수 있지만, 행위자 태도의 부도덕에 대해서는 결코 관심을 가질 수 없다는 점에서 그는 자유 개념('이런저런 것의 선택' 의미)에 대한 모든 귀결을 관심 밖에 두었다. "형법과 형벌의 본질에 근거한 형사책임의 근거만이 진실이다. 국민에 대한 형벌과 형법의 이

27) Nehme ich die an die Bedingung der Strafe geknuepfte Handlung vor, "so berechtige ich den anderen" (hier den Staat) "mich als dieser Bedingung unterworfen zu behandeln".

28) So enden auch diese Betrachtungen bei dem spezifisch rechtsstaatlichen "nulla poena sine lege".

러한 성격에 모순되는 어떤 것도 거짓이다.” 일반예방 형벌의 의미에서 볼 때, 가벌성은 (형벌에 의한) 충격의 효과가 전적으로 예견될 때만 가능하다. 따라서 오늘날 우리가 귀속가능(Zurechnungsfähigkeit)이라는 정의는 포이어바흐에겐 (범죄) ‘억지력’의 의미이다(Grünhut). 분명한 것은 포이어바흐는 결정론적 사고로 작업했다: 처벌의 위협은 의사결정에서 결정적 인과적 요인으로 여겨진다. 인간은 인과적으로 ‘자유로운’ 존재가 아니라, 인과적으로 결정가능한 존재이다. 이는 형사책임의 윤리적 정당화로부터 근본적인 분리를 가져다준다. 행위자가 형법 규정 위반을 자기 스스로 실현할 수 있을 때 비로소 그의 행위는 그에게 귀속된다. 이로부터 행위자는 형법을 인식하고, 그가 의도한 행위가 그 형법에 적용된다는 것이 자기 자신에게 명확해야 한다. 더 나아가 자신의 행위가 처벌될 수 있다는 인식이 그 행위의 실행에 영향을 미칠 수 있어야 한다. 이러한 요소가 의도적으로 실행한 행위자에게 존재하면, 그는 처벌받게 된다.

포이어바흐는 이로써 빈딩(Binding)에 이르기까지 19세기의 법치국가-자유주의 책임원칙을 위한 근거를 제공했다. 그는 자기의 교과서에서 가벌성의 전제조건으로서 ‘책임’을 얘기하지 않고 –순전히 심리적으로- ‘가벌성에 대한 주관적인 근거’에 대해서만 언급했으며, 그 결과 ‘동기(Triebfeder)’의 정도와 확실성 그리고 범위를 중요시했다. 그는 어쨌든 형법에 대한 의식적이고 고의적 위반행위에 대해서만 행위자와 행위의 형식적 심리적 관계를 중시했다. 법의식과 사회적 인격성은 완전하게 제거되었다. 여기서 법과 도덕의 분리가 강하게 실현되었다. 국가형벌의 전제조건은 개인적 (감정) 영역으로 들어올 수 없다는 것이다. 이러한 ‘책임’ 개념 때문에 포이어바흐는 과실의 책임 문제로 인해 큰 어려움을 겪었다. 그에 의하면 과실도 고의적 권리 침해로 입증해야 했고, 이뿐만 아니라 행위자가 형법에 따른 가벌성을 인지하지 못한 경우에도 어려움에 봉착했다. 후자의 관점에서 그는 “이해력을 가진 모든 사람은 일반적으로 형법에 대해 잘 알고 있다는 법적 확신(!)이라는 의심스러운 입장으로 해결하려고 했다.” 그 결과, 그는 형법에 대한 가벌성의 착오는 책임을 져야 하지만, 그러나 “법적으로 허용되고 통상적으로 (적법행위를) 기대할 수 없는 경우라면 행위의 불법성과 위험성에 관한 착오와 무지는 처벌로부터 면제된다고 보았다." 이와 같은 방식은 불가피하게 그의 관점을 지킬 수 있지만, 문제는 해결되지 않는다.

§ 30. 귀책 이론에서와 마찬가지로 양형 이론에서도 정확히 같은 경향이 나타난다. 법률이 해당 사안에 관해 특정한 형벌을 확정하지 않고 있을 때, 법관은 법정형의 범위에서 형벌을 정해야 하지만 행위자의 개성을 고려하지 않아야 한다. 그보다는 오히려 일반화된 것을 고려해야 한다.[29] 그 결과, 포이어바흐는 이러한 방식으로 (양형에 관한) 문제를 다음과 같이 공식화했다: "당해 개별 규정에 해당한 특수 범죄를 입법자가 특정한 처벌로 벌하려 했다면, 그는 어떤 형벌을 가했을까". 이와 같은 공식은 개인의 인격을 회피하는 점과 모순되어 보인다. 한편, 포이어바흐에 따르면, '특수범죄'란 "특정 유형에 해당하는 사건"(Grünhut)에 관해 입법자가 어떤 처벌로 위협할지 묻는 종류의 전형을 의미한다. 그렇다면 지금 주어진 대답에 분명히 나와 있다: (처벌의) 척도는 행위의 위험성이다. 그러나 이것이 의미하는 바는 행위자의 인격과 특성에 기인한 위험이 아니라, 서로 다투게 된 '직접 원인'의 강도에 비례해서 나타난 위험이다. 윤리적 인격은 아무런 관여도 없다. 여기에서 그가 인간 심리학에 기초한 계몽주의의 강력한 일반화 고찰방식으로 순수 결정론적인 작업 모습을 볼 수 있다. 그 결과, "향후 법을 위반할 위험이 더욱 커지고 범죄를 향한 감각적 동기가 더 강하고 지배적이며 확고해지면, 가벌성은 그만큼 더 커진다." 따라서 열악한 교육과 이에 따른 악덕과 범죄 습관의 결과로 좋은 동기가 너무 약하여, 나쁜 점이 사소한 동기로 쉽게 관철될 수 있을 때 큰 위험이 있게 되고, 특히 가혹한 처벌로 나타난다. 행위자 자신이 부적절한 양육과 그 결과에 대해 책임이 있는지 여부와 그 정도에 관한 질문에 초점을 맞추지 않는다. 여기서도 핵심은 인간의 윤리적 책임이 아니라, 내적 동기의 전형적인 인과적 작용에 있다.

---

29) Auch hier darf in den Fällen, wo der Richter die Strafe aus einem Strafrahmen zu bestimmen hat, das Gesetz also eine für den betreffenden Fall bestimmte Strafe nicht festsetzt, die individuelle Persönlichkeit des Täters nicht ins Spiel gezogem werden, vielmehr muß auch auch hier eine generalisierende Betrachtung zum Ziele führen.

제23장

형법 개정안에 관한 몇 가지 의문과 수정 필요성

2024년 11월 12일

참고사항

아래에 명시한 '개정안'은 2011년 법무부가 국회에 제출한 "형법(총칙)일부개정법률안"을 말한다. '대안 1'은 한국형사법학회가 작성한 형법개정안이며, '대안 2' 역시 한국형사법학회에서 '대안 1'을 대체한 안으로 작성된 것이다. '수정안'은 필자가 제안한 개정안이다.

1. 형사미성년자의 범위

> [현행] 형법 제9조(형사미성년자)
> 14세 되지 아니한 자의 행위는 벌하지 아니한다.

[개정안과 대안]

개정안: 개정 제21조(형사미성년자) 14세 되지 아니한 자의 행위는 벌하지 아니한다.

대안 1: 개정 제21조(형사미성년자) 13세 되지 아니한 자의 행위는 벌하지 아니한다. 다만, 14세 미만의 자의 행위는 형을 감경할 수 있다.
대안 2: 개정 제21조(형사미성년자) 13세 되지 아니한 자의 행위는 벌하지 아니한다.

■ 필자의 수정안

형사미성년자의 범위를 결정하는 문제는 경험적 사실과 형법의 대원칙에 부합해야 한다. 원칙적으로 [개정안]을 지지한다.

○ 처벌 대상의 연령대를 명확한 근거 없이 14세 되지 아니한 자에서 13세로 변경하는 것이 형사정책적으로 타당한 것인지 의문이다. 왜냐면 13세가 되는 자의 위법행위에 대해서도 소년법상 나름의 대책이 있으며, 필요하다면 소년법에서 보완하면 족하다고 본다.

○ 그럼에도 13세 되는 자를 굳이 형사 처벌할 수 있게 함이 사회안전망의 강화에 결정적 도움이 된다는 근거가 존재해야 하는데 그러한 근거를 찾기는 어렵다.

○ 감수성이 민감하고 인격 형성에 결정적 시기인 13세에 속하는 자에게 범죄의 양성소라는 비판을 받는 교도소에 보내는 것이 과연 바람직한 형사정책인지 고민된다.

2. 금지착오

[현행] 형법 제16조(법률의 착오)
자기의 행위가 법령에 의하여 죄가 되지 아니하는 것으로 오인한 행위는 그 오인에 정당한 이유가 있는 때에 한하여 벌하지 아니한다.

[개정안과 대안]

개정안: 개정 제24조 (법률의 착오) 자기의 행위가 법에 어긋남을 알지 못한

자의 행위는 그 착오에 정당한 이유가 있는 때에 한하여 벌하지 아니한다.

대안 1: 개정 제24조 (금지착오) 법을 알지 못하거나 자기의 행위가 법에 어긋남을 알지 못한 자의 행위는 그 착오에 정당한 이유가 있는 때에 한하여 벌하지 아니한다.

대안 2: 현행법 유지

■ 필자의 수정안

개정안은 다음과 같이 수정할 필요가 있다. 첫째는 표제로 '법률의 착오' 대신에 '금지착오'로 수정함이 바람직하다. 즉 "제24조(금지착오) 자기의 행위가 법에 어긋남을 알지 못한 자의 행위는 그 착오에 정당한 이유가 있는 때에 한하여 벌하지 아니한다."라고 명시할 필요가 있다. 둘째, 제2항을 두어 "제1항의 경우 그 착오에 정당한 이유가 없는 경우에는 형을 감경할 수 있다"는 규정을 둘 필요가 있다.

제24조(금지착오)

① 자기의 행위가 법에 어긋남을 알지 못한 자의 행위는 그 착오에 정당한 이유가 있는 때에 한하여 벌하지 아니한다.

② 제1항의 경우 그 착오에 정당한 이유가 없는 경우에는 형을 감경할 수 있다.

○ 왜냐면 개정안의 '법률의 착오' 개념은 법률의 부지도 포함된 것이고, 이는 금지착오와 동일한 개념이며, 개정 후 개념 사용의 혼란을 방지할 필요성이 있기 때문이다.

○ 형사처벌은 책임능력을 가진 행위주체가 자신의 구성요건적 행위에 관해 위법성을 인식하거나 인식할 수 있어야 하고, 나아가 적법행위의 실현가능성을 가졌을 때 국한되어야 한다. 따라서 정당한 이유로 법률의 부지에 빠져 위법성을 인식할 수 없을 때 구성요건적 행위를 실행한 자는 형사처벌에서 자유로워야 한다.

○ 구성요건을 고의로 실행한 자는 오상방위로 자기 행위의 위법성을 인식하

지 못했지만, 그 오인에 정당한 이유가 결여된 경우 그는 법친화적으로 행동한 것이므로 형의 감경을 인정할 필요가 있다.

3. 음모와 예비

[현행] 형법 제28조(음모, 예비)
범죄의 음모 또는 예비행위가 실행의 착수에 이르지 아니한 때에는 법률에 특별한 규정이 없는 한 벌하지 아니한다.

[개정안]

개정 제29조(음모, 예비)

① 범죄의 음모 또는 예비행위가 실행의 착수에 이르지 아니한 때에는 법률에 특별한 규정이 없는 한 벌하지 아니한다.

② 음모 또는 예비한 행위를 자의(自意)로 중지한 경우에는 형을 감경하거나 면제한다.

■ 필자의 수정안

개정안 제29조(음모, 예비)의 삭제 필요성

○ 형법총칙은 각칙 중에서 범죄에 관한 원칙적이고 공통적인 것만을 규정해야 한다. 예비 · 음모죄는 기수범의 예외에 속하는 미수범의 예외에 불과하다. 예외의 예외에 속하는 규정은 원칙이라고 할 수 없으므로 형법총칙에서 이를 명시할 근거가 희박하다.

○ 현대 형법전의 총칙에서 예비·음모죄를 규정한 국가는 우리 형법이 유일하다. 1871년 이후의 독일형법을 비롯하여 오스트리아와 스위스 형법뿐만 아니라, 1907년 일본 형법, 현행 대만형법(중화민국형법)과 1941년 일본형법가안도 총칙에 예비 · 음모죄의 처벌 조항을 두지 아니했다.

○ 음모죄를 처벌했던 역사는 공범과 정범에 관한 명확한 구별이 이론적으로 확립되지 못했던 중세시대에, 공모공범에 대한 처벌의 사각을 극복하고자 했던 데에서 유래했다. 그러나 근대에 접어들면서 정범과 공범이론이 체계적으로 확립되고, 의사지배에 의한 공동정범을 인정하게 되면서 단순한 음모행위에 대한 처벌은 거의 자취를 감추게 되었다.

○ 사상은 처벌할 수 없다는 원칙은 이미 로마시대부터 존재했고, 오늘날에 있어서 음모 자체만을 처벌하는 국가 역시 거의 없다.

○ 우리의 판례조차 음모행위 자체만은 처벌에서 제외하고 있다.

4. 공범과 신분

[현행] 형법 제33조(공범과 신분)
신분이 있어야 성립되는 범죄에 신분 없는 사람이 가담한 경우에는 그 신분 없는 사람에게도 제30조부터 제32조까지의 규정을 적용한다. 다만, 신분 때문에 형의 경중이 달라지는 경우에 신분이 없는 사람은 무거운 형으로 벌하지 아니한다.[전문개정 2020.12.8]

[개정안]

개정 제34조(공범과 신분)

① 신분이 있어야 성립되는 범죄에 신분 없는 사람이 가담한 경우에는 그 신분없는 사람에게도 개정 제31조부터 개정 제33조까지의 규정을 적용한다.

② 신분 때문에 형의 경중이 달라지는 경우에 신분이 없는 사람은 기본범죄의 형으로 처벌한다.

■ 필자의 수정안

개정안 제34조 제1항은 다음과 같이 수정되어야 마땅하다.

제34조(공범과 신분)

① 신분이 있어야 성립되는 범죄에 신분 없는 자가 가담한 경우에는 그 신분 없는 자에게도 개정 제32조부터 개정 제33조까지의 규정을 적용한다.

그 이유는 다음과 같다.

○ 형법총칙에서 '사람'을 '자'로 통일하고 있기에, 이에 따라 '사람' 대신 '자'로 수정함이 타당해 보인다.

○ 신분이 없는 자에 대한 신분범의 공동정범 확장은 신분범의 행위주체 제한성에 반한다는 점에서 이를 제한하는 것이 마땅하다.

○ 그래서 제정형법의 동 규정이 국회를 통과했을 때도 그 적용 범위는 교사범과 방조범으로 국한했다.

○ 신분범은 특정한 신분을 지녔기 때문에 그에 상응한 직무수행이나 의무이행의 책무를 근거로 처벌된다. 그러나 그런 신분을 갖지 아니한 자에 대한 처벌은 원칙이 아닌, 예외적이어야 한다.

○ 따라서 신분범의 경우 신분이 없는 자의 역할은 정범일 수 없으며, 교사범이나 방조범으로 처벌하는 것으로 만족해야 한다.

5. 경합범과 처벌례

[개정안과 대안]

개정안 개정 제37조(경합범과 처벌례) 경합범을 동시에 판결할 때에는 다음 각 호의 구분에 따라 처벌한다.

1. 가장 무거운 죄에서 정한 형이 사형, 종신형 또는 무기자유형인 경우 : 가장 무거운 죄에서 정한 형으로 처벌한다.
2. 각 죄에서 정한 형이 사형 또는 무기징역 외의 같은 종류의 형인 경우 : 가장 무거운 죄에서 정한 장기 또는 다액에 그 2분의 1까지 가중하되, 각 죄에서 정한 형의 장기 또는 다액을 합산한 형기 또는 액수를 초과할 수 없다. 이

경우 가장 무거운 죄에서 정한 형의 하한이 다른 죄보다 가벼운 경우에는 다른 죄에 정한 형의 하한을 그 형의 하한으로 한다.

3. 각 죄에서 정한 형이 무기징역 외의 다른 종류의 형인 경우 : 병과한다.

② 제1항 각 호의 경우에 몰수는 몰수 또는 다른 종류의 형과 병과할 수 있다.

대안 1: 개정 제37조(경합범과 처벌례)

대안 2: 개정 제37조(경합범과 처벌례)

■ 필자의 수정안

개정안을 비롯해 대안 1과 대안 2 역시 사형을 미래의 형벌로 전제하고 있다. 그러나 '사형'이라는 형벌은 제외해야 마땅하다. 그렇지 않게 된다면 다음과 같은 문제점을 야기한다.

○ 국민에게 사람을 살인하지 말라고 국가가 법률로 명령하면서 국가가 도리어 사형제도를 통하여 사람을 살인한다는 것은 모순의 극치이다.

○ 헌법 제110조 제4항 단서에 명시된 "사형을 선고한 경우에는 그러하지 아니하다."의 규정은 형법에서 사형제도가 존재하지 아니한다면 아무런 의미가 없게 된다. 즉 형법에서 사형제도의 정당성을 헌법에서 찾을 수 없고, 헌법의 하위법인 형법에서 존재근거를 찾을 수 있을 뿐이다. 그렇다면 하위법인 형법은 사형제도의 정당성을 헌법에서 찾을 수 없음을 의미하기에 사형제도의 정당성을 헌법에서 찾는다는 것은 논리모순이다.

○ 제2호에서 '종신형'이라는 형의 종류가 누락된 것으로 보인다.

○ 개정안 개정 제37조(경합범과 처벌례) 경합범을 동시에 판결할 때에는 다음 각호의 구분에 따라 처벌한다.

1. 가장 무거운 죄에서 정한 형이 사형, 종신형 또는 무기자유형인 경우 : 가장 무거운 죄에서 정한 형으로 처벌한다.

2. 각 죄에서 정한 형이 사형, 종신형 또는 무기징역 외의 같은 종류의 형인 경우 : 가장 무거운 죄에서 정한 장기 또는 다액에 그 2분의 1까지 가중하되, 각 죄에서 정한 형의 장기 또는 다액을 합산한 형기 또는 액수를 초과할 수 없다.

이 경우 가장 무거운 죄에서 정한 형의 하한이 다른 죄보다 가벼운 경우에는 다른 죄에 정한 형의 하한을 그 형의 하한으로 한다.

6. 간접정범

> **[현행] 형법 제34조(간접정범, 특수한 교사, 방조에 대한 형의 가중)**
> **① 어느 행위로 인하여 처벌되지 아니하는 자 또는 과실범으로 처벌되는 자를 교사 또는 방조하여 범죄행위의 결과를 발생하게 한 자는 교사 또는 방조의 예에 의하여 처벌한다.**
> **② 자기의 지휘, 감독을 받는 자를 교사 또는 방조하여 전항의 결과를 발생하게 한 자는 교사인 때에는 정범에 정한 형의 장기 또는 다액에 그 2분의 1까지 가중하고 방조인 때에는 정범의 형으로 처벌한다**

[개정안과 대안]

개정 제30조(간접정범) 정범으로 처벌되지 아니하는 자 또는 과실범으로 처벌되는 자를 이용하여 범죄행위의 결과를 발생하게 한 자는 정범으로 처벌한다.
제2항 삭제
대안: 개정 제30조(간접정범) 타인을 이용하여 범죄의 결과를 발생하게 한 자는 정범으로 처벌한다.
제2항 삭제

■ 필자의 수정안

개정안보다는 대안이 단순명쾌하다. 다만 개정안이나 대안은 다음과 같은 문제점을 안고 있다. 간접정범을 "타인을 이용하여 범죄의 결과를 발생하게 한 자는 정범으로 처벌한다."라고 명시하면 미수 형식의 간접정범을 인정할 수 없게 되는 난점이 발생한다.

제31조(정범) ① 스스로 죄를 범한 자는 정범(正犯)으로 처벌한다.

② 타인을 이용하여 범죄를 실행하게 한 자도(어느 행위로 인하여 처벌되지 아니한 자 또는 과실범으로 처벌되는 자를 이용하여 범죄행위의 결과를 발생하게 한 자는) 정범으로 처벌한다.

○ '어느 행위로 인하여 처벌되지 아니한 자 또는 과실범으로 처벌되는 자를 이용하여'의 의미는 '타인을 이용하여 범죄를 실행한 자'와 내용상으로는 차이가 없다.

○ 개정안이나 대안에서처럼 간접정범에서 피이용자에 의하여 "범죄행위의 결과를 발생하게 한"이라는 표현은 범죄의 결과가 발생하여야만 처벌할 수 있다는 의미로 새길 수 있게 되어 미수범의 경우를 부정하는 것으로 오해할 여지가 발생한다.

7. 형의 종류

[현행] 형법 제41조(형의 종류)

형의 종류는 다음과 같다.

1. 사형
2. 징역
3. 금고
4. 자격상실
5. 자격정지
6. 벌금
7. 구류
8. 과료
9. 몰수

[대안]

대안 1: 개정 제40조(형의 종류) 형의 종류는 다음과 같다.

1. 사형
2. 종신형
3. 자유형
4. 벌금
5. 구류
6. 몰수

대안 2: 개정 제40조(형의 종류) 형의 종류는 다음과 같다.

1. 종신형
2. 자유형
3. 벌금
4. 구류
5. 몰수

■ 필자의 수정안

대안 2가 타당하다. 형의 종류 중에서 '사형'을 삭제해야 한다.

○ 사형제도는 헌법 제37조 제2항 후단에서 명시한 인권의 본질적 침해금지에 해당한다. 이러한 이유로 악질적 절도범에 대하여 손을 절단하는 형벌은 절도의 재범을 방지하기 위한 최선의 형사정책일 수 있지만 이를 부과하지 않은 이유는 그 행위가 헌법상 인권의 본질적 침해에 해당하는 잔인한 형벌이자 반인도적 형벌이기 때문이다. 즉 신체 일부를 절단하는 형벌이 용납될 수 없는 형벌이라고 한다면 사람의 목을 쳐서 죽이는 형벌은 더욱 잔인함에 틀림없다. 그런데도 신체 절단은 용납될 수 없다고 하면서 사형은 용납된다는 사고방식은 비논리적이고, 비이성적이다.

○ '사형'이라는 용어를 명시하고 있는 헌법 제110조 제4항 단서는 형법 대안 제41조가 형벌의 종류로서 인정한 사형의 존재를 전제하고 있다. 즉 형법에 '사형'이라는 형벌을 두지 않는다면 해당 헌법 규정은 아무런 의미가 없게 된다. 사형제도의 정당성은 헌법에서 찾아야 하는데, 헌법은 사형제도의 존재의의를 형법에서 찾고 있다. 이는 상위법인 헌법이 하위법인 형법에서 사형의 정당성을 찾고 있는 셈이다.

○ 국가는 이성적이고 윤리적 존재이므로 거짓말을 할 수 없으며, 감정에 따라 공권력을 행사할 수 없다. 따라서 국가형벌권에 의한 형벌은 감정에 따른 복수일 수 없으며, 절도하지 말라고 국가가 법률로 명령했으면, 국가 스스로가 절도해위를 허용할 수 없는 것처럼 국가가 살인하지 말라고 법률로 명령했음에도 살인을 허용하는 것은 모순이다.

○ 우리나라에서 '인혁당재건위사건'이나 '조봉암사건'처럼 제도적 사법살인은 사형제도가 존치했기에 가능했다. 이와 같은 사법살인을 예방하기 위해서도 사형제도는 폐지되어야 마땅하다.

○ 혹자는 말한다. 사형이 살인범죄에 대한 억제 효과가 있다고. 사형제도의 존치와 집행이 살인범죄 등 강력범죄의 예방효과를 가지려면 그 효과가 입증되어야 한다. 그런데 1988년과 2002년 UN 인권위원회의 광범위한 조사결과 사형제도의 존치가 살인범죄의 발생 억제에 특별한 효과가 있음을 밝혀내지 못했다. 우리는 사람의 생명에 대해 참으로 조심스럽게 다루어야 한다. 그럼에도 "사형제가 살인범죄와 같은 강력범죄에 대한 예방효과가 확실하지 않다"라는 입장이 지배적이다. 혹은 예방효과가 의심스럽다고 한다면, 우리는 의심스러울 때 사람을 죽이는 쪽으로 가야 할까, 아니면 사람을 살리는 쪽으로 가야 할까.

○ 헌법재판소가 사형제도에 대한 합헌결정을 했다고 하여, 헌법 규정과 정신이 훼손될 수 없는 것이다. 더구나 우리 헌법재판소는 헌법 논리로 사형제도의 정당성을 허용한 것이 아니라 국민의 복수 감정과 공익적 차원이라는 추상적 내용으로 사형제의 존치를 인정하고 있다. 헌법재판소의 이러한 사고는 이미 수백년 전에 극복된 시대착오적인 입장이다. 형벌은 책임원칙에 부과되어야지

단순한 복수로서의 성격을 가질 수 없다는 보편적인 상식조차 무시한 사고방식은 국제적 조롱거리가 될 뿐이다.

8. 자유형의 기간

[현행] 형법 제41조(자유형의 기간)

징역 또는 금고는 무기 또는 유기로 하고 유기는 1개월 이상 30년 이하로 한다. 단, 유기징역 또는 유기금고에 대하여 형을 가중하는 때에는 50년까지로 한다.

[개정안] 개정 제41조(자유형의 기간)

① 자유형은 무기 또는 유기로 하고 유기는 1개월 이하로 한다. 단, 유기징역 또는 유기금고에 대하여 이상 30년 이하로 한다. 형을 가중하는 때에는 50년까지로 한다.

② 유기 자유형에 대하여 형을 가중하는 때에는 금고를 징역으로 통합하는데 따른 50년까지로 한다.

③ 6개월 이하의 단기자유형은 인격에 나타난 특별한 사정이 행위자의 교화 또는 사회방위를 위하여 불가피하게 자유형의 선고를 해야 하는 경우에만 선고할 수 있다.

■ 필자의 수정안

'형의 집행 및 수용자의 처우에 관한 법률'에 의하면 자유형은 수형자의 교정교화와 건전한 사회복귀를 도모하는 것을 핵심 목적으로 삼고 있다. 또한 형벌의 목적도 단순한 응보적 효과를 넘어서 재사회화를 전제하고 있다. 이러한 관점에서 20년 이상의 수형생활은 인격의 파탄을 가져오기에 재사회화가 불가능하게 된다는 점에서 극히 예외적이어야 한다.

제41조(징역의 기간)

① 징역은 무기 또는 유기로 하고 유기는 1개월 이상 20년 이하로 한다.

② 유기징역에 대해 형을 가중하는 경우에 그 장기는 30년으로 한다.

○ 20년 이상의 자유형을 받게 되면, 수형자의 인격은 파탄될 개연성이 높으며, 재사회화는 현실적으로 불가능하게 된다. 이는 헌법상 보장된 인권의 본질적 침해를 가져올 수 있고, 과잉금지원칙에 반할 수 있다.

○ 이 때문에 독일 헌법재판소는 가석방 제도가 없었던 무기형에 관해 위헌결정을 했고, 독일 정부는 형법을 개정하여 무기수형자라고 할지라도 15년을 복역하면 가석방이 가능하도록 했다.

○ 무기수형자에 대한 가석방은 우리나라의 실무상 20년을 약간 상회하는 기간의 형집행(행상의 양호 및 개선의 정을 포함)을 받은 자 가운데 허용되고 있으며, 이는 징역형의 상한을 원칙적으로 20년까지로 인정하고 있다는 증표이기도 하다.

○ 무기 수형에서 가석방된 경우의 재범 우려는 거의 없는 것으로 나타나며, 현행법상 무기형이 존재하고 있음에도 불구하고 징역형을 20년 이상으로 한다는 것은 형의 집행에 모순을 초래한다.

○ 이 때문에 사형이 없는 국가(예컨대 프랑스나 스페인 등)에서만 자유형을 30년까지로 하고 있으며, 사형이 폐지되고 무기형이 존치하는 국가에서도 20년 이하의 자유형을 원칙으로 하고 있다(예컨대 스위스, 오스트리아). 독일은 15년 이하의 자유형이다.

○ 사형이란 형벌을 폐지하고 종신형을 대안으로 한다면 굳이 인격의 파탄을 불러일으키는 30년까지의 자유형을 부과하는 것은 '형의 집행 및 수용자의 처우에 관한 법률'의 정신에도 위반된다.

○ 게다가 개정안의 경우 누범규정이 폐지되므로 형의 2배 가중은 불가능하다는 점에서 장기 50년까지의 징역형 규정 자체가 비논리적인 기간이 될 수 있다.

○ 따라서 징역형은 20년을 상한으로 하고, 가중된 경우 30년으로 하는 것이 타당하다고 생각된다. 형법개정위원회의 원안에서도 징역형의 상한을 20년으로 정했음을 감안할 필요가 있다.

9. 형의 선고와 공법상의 선거권

[개정안] 개정 제42조(형의 선고와 자격상실, 자격정지)

① 사형, 종신형, 무기자유형의 판결을 받은 자는 다음에 기재한 자격을 상실한다.

1. 공무원이 되는 자격
2. 공법상의 선거권과 피선거권
3. 법률로 요건을 정한 공법상의 업무에 관한 자격
4. 법인의 이사, 감사 또는 지배인 기타 법인의 업무에 관한 검사역이나 재산관리인이 되는 자격

② 유기자유형의 판결을 받은 자는 그 형의 집행이 종료하거나 면제될 때까지 전항 제1호 내지 제3호에 기재된 자격이 정지된다. 다만, 다른 법률에 특별한 규정이 있는 경우에는 그 법률에 따른다.

■ 필자의 수정안

국민의 선거권은 핵심적 기본권에 속하며, 국민주권주의의 기초이자 평등권의 핵심이다. 따라서 공법상의 선거권은 수형자라도 제한 없이 행사될 수 있어야 한다. 따라서 개정 제42조 제1항 제2호는 삭제되어야 마땅하다.

① ~~사형~~, 종신형, 무기자유형의 판결을 받은 자는 다음에 기재한 자격을 상실한다.

1. 공무원이 되는 자격
2. 공법상의 ~~선거권~~과 피선거권
3. 법률로 요건을 정한 공법상의 업무에 관한 자격
4. 법인의 이사, 감사 또는 지배인 기타 법인의 업무에 관한 검사역이나 재산관리인이 되는 자격

○ 헌법 제1조 제2항은 국민주권주의를, 제11조는 모든 국민이 법 앞에 평등

하다고 천명하고 있다.

○ 이처럼 자유민주주의 국가에서 국민의 핵심적 기본권 중의 하나는 선거권이며, 이러한 선거권은 수형자라고 해서 박탈될 수 없다. 수형자 역시 국민의 일원이기 때문이다. 이를 제한하는 것은 기본권 제한의 과잉금지원칙에 반할 수 있다.

○ 다만 선거 관련 범죄의 수형자에 대해서는 예외로 할 수 있을 것이다. 이는 공직선거법에 명시하는 것으로 족해 보인다.

10. 일수벌금제 도입 찬성

개정 제45조(총액 벌금) 총액 벌금은 10만 원 이상으로 한다. 다만, 감경하는 경우에는 10만 원 미만으로 할 수 있다. 벌금의 하한을 상향함.

개정 제43조(벌금) 벌금은 일수(日數)로 산정하여 선고한다. 다만, 다른 법률에 특별한 규정이 있는 때 또는 법인·단체에 대하여 벌금형을 과할 때에는 총액으로 산정하여 선고한다.

개정 제44조(일수 벌금) ① 벌금형의 일수는 1일 이상 3년 이하로 하고, 일수정액은 1천만 원 이하로 한다.

② 법원은 벌금형의 일수 정액을 정함에 있어서 피고인의 1일 평균 수입을 기준으로 하되 피고인의 재산 상태, 가족 부양비, 최저생계비 기타경제적·개인적 사정을 고려하여 산정한다.

③ 법원은 일수를 산정함에 있어서 피고인의 수입, 재산 기타 기초사실을 추산할 수 있다

■ 필자의 수정안

총액 벌금제를 폐지하고 부분적 일수벌금제의 도입을 시도한 개정 제43조와 제44조의 규정에 찬성한다.

11. 정상참작 감경의 구체화

[현행] 형법 제53조(정상참작 감경)
범죄의 정상(정상)에 참작할 만한 사유가 있는 경우에는 그 형을 감경할 수 있다.

[개정안]

개정 제54조(정상참작 감경)

① 범죄의 정상(情狀)에 특히 참작할 만한 사유가 있어 형의 하한이 책임정도를 초과한다고 명백히 인정되는 때에는 그 형을 감경할 수 있다.

② 제1항의 감경을 하는 때에는 판결서에 그 이유를 구체적으로 적어야 한다.

③ 제1항의 감경에는 개정 제55조 제1항을 준용한다.

■ 필자의 수정안

개정 제54조는 범죄의 정상 참작 사유를 법관에게 완전히 위임하고 있다. 이는 법관에 의한 자의적 해석을 통하여 사법왜곡을 불러올 수 있다. 그러므로 정상참작감경의 행사가 법치국가원칙에 걸맞기 위해서는 참작해야 할 범죄의 정상이 구체적으로 무엇인지에 관해 국민이 납득할 수 있도록 명시되어야 한다. 이러한 점을 무시한 개정안은 받아들이기 어렵다.

○ 2011년 정부안에서도 문제점을 인식하여

범죄의 정상에 참작할 만한 다음 각호의 어느 하나에 해당하는 사유가 있는 경우에는 그 형을 감경할 수 있다. 이 경우 다음 각호의 사유가 여러 개 있더라도 거듭 감경할 수 없다.

1. 범행의 동기에 참작할 만한 사유가 있는 경우,
2. 피해자가 처벌을 원하지 아니하는 경우,
3. 피고인의 노력에 의하여 피해의 전부 또는 상당 부분이 회복된 경우,

4. 피고인이 자백한 경우를 구체적 예시로 명시했다.

○ 필자는 그 밖에 오스트리아의 경우를 참작하여 5호부터 9호까지를 추가할 것을 제안한다.

5. 범행에 대한 진지한 반성과 적극적 후회를 보증할 만한 조치

6. 심한 압박감이나 공포심 또는 복종심 등에 의할 경우

7. 위법성조각사유나 책임조각사유에 버금가는 상황에서 범행

8. 범행으로 인해 행위자나 그의 인척이 중상해 또는 다른 중대한 불이익을 당하게 된 경우

9. 법정형에 비추어 범행이 특히 경미한 경우

① 범죄의 정상에 참작할 만한 다음 각호에 중첩적으로 해당하는 사유가 있는 경우에는 그 형을 감경할 수 있다. 이 경우 다음 각호의 사유가 여러 개 있더라도 거듭 감경할 수 없다.

1. 범행의 동기에 참작할 만한 사유가 있는 경우,

2. 피해자가 처벌을 원하지 아니하는 경우,

3. 피고인의 노력에 의하여 피해의 전부 또는 상당 부분이 회복된 경우,

4. 피고인이 자백한 경우를 구체적 예시로 명시했다.

5. 범행에 대한 진지한 반성과 적극적 후회를 보증할 만한 조치

6. 심한 압박감이나 공포심 또는 복종심 등에 의할 경우

7. 위법성조각사유나 책임조각사유에 버금가는 상황에서 범행

8. 범행으로 인해 행위자나 그의 인척이 중상해 또는 다른 중대한 불이익을 당하게 된 경우

9. 법정형에 비추어 범행이 특히 경미한 경우

② 제1항의 감경을 하는 때에는 판결서에 그 이유를 구체적으로 적어야 한다.

③ 제1항의 감경에는 개정 제55조 제1항을 준용한다.

12. 선고유예

> **형법 제59조(선고유예의 요건)**
> **① 1년 이하의 징역이나 금고, 자격정지 또는 벌금의 형을 선고할 경우에 제51조의 사항을 고려하여 뉘우치는 정상이 뚜렷할 때에는 그 형의 선고를 유예할 수 있다. 다만, 자격정지 이상의 형을 받은 전과가 있는 사람에 대해서는 예외로 한다.**
> **② 형을 병과할 경우에도 형의 전부 또는 일부에 대하여 선고를 유예할 수 있다.**

[개정안]

개정 제58조(선고유예의 요건)

① 1년 이하의 자유형 또는 벌금형을 선고할 경우에 개정 제52조와 제54조의 사항을 고려하여 그 정상에 참작할 만한 특히 중대한 사유가 있는 때에는 유죄판결(그 형)의 선고를 유예할 수 있다. 다만, 종신형 또는 자유형을 선고한 판결이 확정된 때부터 그 집행을 종료하거나 면제된 후 10년까지의 기간에 고의로 범한 죄에 대하여 형을 선고하는 경우에는 그러하지 아니하다.

② 형을 병과할 경우에도 유죄판결(형)의 전부 또는 일부에 대하여 선고를 유예할 수 있다.

■ 필자의 수정안

개정 제58조(선고유예의 요건)

① 1년 이하의 자유형 또는 벌금형을 선고할 경우에 개정 제52조와 제54조의 사항을 고려하여 그 정상에 참작할 만한 특히 중대한 사유가 있는 때에는 유죄판결(그 형)의 선고를 유예할 수 있다. 다만, 종신형 또는 자유형을 선고한 판결이 확정된 때부터 그 집행을 종료하거나 면제된 후 10년까지의 기간에 고의로

범한 죄에 대하여 유죄판결(형)을 선고하는 경우에는 그러하지 아니하다.

② 형을 병과할 경우에도 유죄판결(형)의 전부 또는 일부에 대하여 선고를 유예할 수 있다.

○ 우리 형법상의 선고유예 제도는 원래 영국에서 유래한 제도를 참조한 것이다. 이 제도는 1941년 일본형법가안을 거쳐 제정형법에 도입되었다. 일본형법가안은 '형의 선고유예' 제도 대신 '유죄판결의 선고유예' 제도를 두었다. 형법의 입안자 가운데 한 사람이었던 엄상섭 선생은 '형의 선고유예' 제도는 '형의 집행유예'와 본질적 차이가 없다는 점을 직시하고 '형의 선고유예' 대신으로 '유죄판결의 선고유예'를 주장했다. 그러나 관철되지 못하고 '형의 선고유예'를 두게 된 것이다.

○ 현행법상 선고유예 제도는 사실상 집행유예제도와 본질적 차이가 없다. 둘 다 유죄가 되지만, 감금되지 않아서 자유롭게 사회생활을 누릴 수 있다.

○ 다만 공무원 임용 자격의 결격사유로 작용하고, "전과자는 형의 선고를 받아 형이 확정된 자에 국한된다."라는 점에 차이가 있다.

○ 그러나 일반 국민의 입장에서 볼 때 양자의 차이를 실감하기 어렵다. 왜냐면 둘 다 유죄로 인정되기 때문이다.

○ 그리고 피고인의 입장에서도 '형의 선고유예'로 유죄의 낙인이 찍히기보다는 그렇지 않은 '유죄판결의 선고유예'를 받는 것이 훨씬 이익이 된다.

○ '형의 선고유예' 중에 행위자가 범법행위로 선고유예가 취소된 경우, 현행법상 이론상으로 종래에 선고하지 않았던 그 형벌을 선고하면 될 수 있지만, 현실적으로는 불가능하다. 왜냐면 독일이나 미국은 해당 법관이 통상적으로 그 직을 그곳에서 평생 유지하는 반면에, 우리나라에서는 정기인사나 승진 등으로 그 자리에서 계속해서 직무수행을 할 수 없기 때문이다. 따라서 '형의 선고유예' 취소 대상자에 대하여 종래 정했던 '형'을 다시금 산정해야 할 불가피한 사정이 생기기 마련이다.

○ 형사정책상으로 '형의 선고유예'나 '유죄판결의 선고유예'를 받은 피고인이 차후 범법행위에 대한 예방적 효과에 결정적 차이가 없다는 점을 감안할 때 의심

스러우면 피고인의 이익으로라는 원칙에서 '유죄판결의 선고유예' 제도가 유익해 보인다.

○ 미국 메릴랜드(Maryland)주에서도 형의 선고유예(Stay of Sentence) 대신에 유죄판결의 선고유예(Stay of Judgment) 제도를 두고 있다.

13. 사형의 집행

형법 제66조(사형) **사형은 교정시설 안에서 교수(絞首)하여 집행한다.**

[개정안]

개정 제67조(사형)

사형은 교정시설 안에서 교수(絞首)하여 집행한다.

■ 필자의 수정안

개정안 제67조는 삭제되어야 한다. 형의 종류로서 사형의 존치는 위헌이기 때문이다.

제 2 편

중화민국(대만) 형법총칙

중화민국(대만) 형법총칙

(2024. 7. 31. 개정)

제1편 총칙

제1장 법례

제1조 행위의 처벌은 행위 시의 법률에 명문 규정이 있는 경우에 한한다. 신체의 자유를 구속하는 보안처분도 동일하다.

제2조 ① 행위 후 법률이 변경된 경우, 행위 시의 법률을 적용한다. 그러나 행위 후의 법률이 행위자에게 유리한 경우, 가장 유리한 법률을 적용한다.

② 몰수, 신체의 자유를 구속하지 않는 보안처분은 재판 시의 법률을 적용한다.

③ 처벌 또는 보안처분의 재판이 확정된 후, 미집행 또는 집행이 완료되지 않았고 법률이 변경되어 그 행위를 처벌하지 않거나 보안처분을 하지 않는 경우, 형벌 또는 보안처분의 집행을 면제한다.

제3조 본법은 중화민국 영토 내에서 범죄를 저지른 자에게 적용된다. 중화민국 영토 외의 중화민국 선박 또는 항공기 내에서 범죄를 저지른 자는 중화민국 영토 내에서 범죄를 저지른 것으로 간주한다.

제4조 범죄의 행위 또는 결과가 중화민국 영토 내에 있는 경우, 중화민국 영토 내에서 범죄를 저지른 것으로 간주한다.

제5조 본법은 중화민국 영역 외에서 다음 각 죄를 범한 자에게 적용된다:

1. 내란죄.
2. 외환죄.

3. 제135조, 제136조 및 제138조의 공무집행방해죄.

4. 제185조의1 및 제185조의2의 공공위험죄.

5. 위조화폐죄.

6. 제201조부터 제202조까지의 유가증권위조죄.

7. 제211조, 제214조, 제218조 및 제216조의 제211조, 제213조, 제214조 문서를 행사한 문서위조죄.

8. 마약죄. 단, 마약 사용 및 소지, 종자, 마약 사용 기구죄는 제외한다.

9. 제296조 및 제296조의1의 자유방해죄.

10. 제333조 및 제334조의 해적죄.

11. 제339조의4의 가중사기죄.

제6조 본법은 중화민국 공무원이 중화민국 영역 외에서 다음 각 죄를 범한 경우에 적용된다:

1. 제121조부터 제123조, 제125조, 제126조, 제129조, 제131조, 제132조 및 제134조의 직무유기죄.

2. 제163조의 도주죄.

3. 제213조의 문서위조죄.

4. 제336조 제1항의 점유죄.

제7조 본법은 중화민국 국민이 중화민국 영역 외에서 전 2조 이외의 죄를 범한 경우, 그 최저 본형이 3년 이상의 유기징역인 경우에 적용된다. 단, 범죄지의 법률에 따라 처벌되지 않는 경우는 제외한다.

제8조 전조의 규정은 중화민국 영역 외에서 중화민국 국민에 대해 범죄를 저지른 외국인에게 준용된다.

제9조 동일한 행위가 외국에서 확정판결을 받았더라도 본 법에 따라 처벌할 수 있다. 단, 외국에서 형의 전부 또는 일부를 집행한 경우, 형의 전부 또는 일부의 집행을 면제할 수 있다.

제10조 ① "이상", "이하", "이내"는 모두 해당 숫자나 형량을 포함하여 계산한다.

② "공무원"이란 다음의 사람을 말한다:

1. 법령에 따라 국가 또는 지방 자치 단체 소속 기관에서 법정 직무 권한을 가지고 근무하는 자 및 기타 법령에 따라 공공 업무를 수행하며 법정 직무 권한을 가진 자.
2. 국가 또는 지방 자치 단체 소속 기관에 의해 법적으로 위임받아 위임 기관의 권한과 관련된 공공 업무를 수행하는 자.

③ “공문서”란 공무원이 직무상 작성한 문서를 말한다.

④ “중상”이란 다음의 상해를 말한다:

1. 한쪽 눈 또는 양쪽 눈의 시력을 파괴하거나 심각하게 손상시키는 것.
2. 한쪽 귀 또는 양쪽 귀의 청력을 파괴하거나 심각하게 손상시키는 것.
3. 언어 능력, 미각 또는 후각을 파괴하거나 심각하게 손상시키는 것.
4. 한쪽 팔다리 이상의 기능을 파괴하거나 심각하게 손상시키는 것.
5. 생식 기능을 파괴하거나 심각하게 손상시키는 것.
6. 기타 신체나 건강에 중대한 불치 또는 난치의 상해를 입히는 것. "성교"란 정당한 목적 없이 다음의 성적 침입 행위를 말한다:
7. 성기를 다른 사람의 성기, 항문 또는 구강에 삽입하거나 결합시키는 행위.
8. 성기 이외의 신체 부위나 물건을 다른 사람의 성기, 항문에 삽입하거나 결합시키는 행위.

⑤ “성교”란 정당한 목적 없이 행해지는 다음의 성적 침입 행위를 말한다:

1. 성기를 다른 사람의 성기, 항문 또는 구강에 삽입하거나 결합시키는 행위.
2. 성기 이외의 신체 부위나 물건을 다른 사람의 성기, 항문에 삽입하거나 결합시키는 행위.

⑥ “전자기록”이란 전자, 자기, 광학 또는 기타 유사한 방식으로 만들어져 컴퓨터 처리에 사용되는 기록을 말한다.

⑦ “학대”란 폭력, 협박 또는 기타 비인도적인 방법으로 다른 사람에게 가하는 모욕적이고 잔인한 행위를 말한다.

⑧ “성적 이미지”란 다음 각 항목 중 하나를 포함하는 이미지 또는 전자 기록을 말한다:

1. 앞서 언급된 성적 침입 행위.

2. 성기 또는 객관적으로 성욕이나 수치심을 유발할 수 있는 신체의 은밀한 부위.
3. 신체나 물건이 앞서 언급된 부위에 접촉하여 객관적으로 성욕이나 수치심을 유발할 수 있는 행위.
4. 기타 성과 관련되어 객관적으로 성욕이나 수치심을 유발할 수 있는 행위.

제11조 본법의 총칙은 다른 법률에 형벌, 보안처분 또는 몰수의 규정이 있는 경우에도 적용된다. 그러나 다른 법률에 특별한 규정이 있는 경우는 제외한다.

제2장 형사책임

제12조 행위가 고의 또는 과실에 의한 것이 아닌 경우, 처벌하지 않는다. 과실행위의 처벌은 특별한 규정이 있는 경우에 한한다.

제13조 행위자가 범죄를 구성하는 사실을 알고 있으며, 이를 발생시키려는 의도가 있는 경우, 이를 고의로 본다. 행위자가 범죄를 구성하는 사실을 예견하고 그 발생이 본인의 의도에 반하지 않는 경우, 이를 고의로 본다.

제14조 행위자가 고의는 아니지만, 상황에 따라 주의해야 할 의무가 있고, 주의할 수 있었음에도 불구하고 주의하지 않은 경우, 이를 과실로 본다. 행위자가 범죄를 구성하는 사실을 예견했으나 그 발생을 확신하지 않은 경우, 이를 과실로 본다.

제15조 범죄 결과의 발생을 방지할 법적 의무가 있는 자가 이를 방지할 수 있었음에도 불구하고 방지하지 않은 경우, 적극적인 행위로 결과를 발생시킨 자와 동일하게 본다. 자신의 행위로 인해 범죄 결과가 발생할 위험이 있는 자는 그 발생을 방지할 의무가 있다.

제16조 정당한 이유로 인해 불가피한 경우를 제외하고, 법을 알지 못한다는 이유로 형사 책임을 면할 수 없다. 그러나 상황에 따라 형을 감경할 수 있다.

제17조 범죄로 인해 일정한 결과가 발생하여 형을 가중하는 규정이 있는 경우, 행위자가 그 발생을 예견할 수 없었던 때에는 적용하지 않는다.

제18조 만 14세 미만인 사람의 행위는 처벌하지 않는다. 만 14세 이상 만 18

세 미만인 사람의 행위는 형을 감경할 수 있다. 만 80세 이상의 사람의 행위는 형을 감경할 수 있다.

제19조 ① 행위 시 정신장애 또는 기타 심신 결함으로 인해 자신의 행위가 위법임을 인식하지 못하거나, 그 인식에 따라 행동할 능력이 없는 경우, 처벌하지 않는다.

② 행위 시 전항의 이유로 인해 자신의 행위가 위법임을 인식하거나, 그 인식에 따라 행동할 능력이 현저히 감소한 경우, 형을 감경할 수 있다.

③ 전 2항의 규정은 고의 또는 과실로 인해 스스로 초래한 경우에는 적용하지 않는다.

제20조 언어 장애인의 행위는 형을 감경할 수 있다.

제21조 법령에 따른 행위는 처벌하지 않는다. 상급 공무원의 명령에 따른 직무상 행위는 처벌하지 않는다. 그러나 명령이 위법임을 알고 있는 경우는 제외한다.

제22조 업무상 정당한 행위는 처벌하지 않는다.

제23조 현재의 불법적인 침해에 대해 자신 또는 타인의 권리를 방어하기 위한 행위는 처벌하지 않는다. 그러나 방어 행위가 과도한 경우, 형을 감경하거나 면제할 수 있다.

제24조 ① 자신 또는 타인의 생명, 신체, 자유, 재산의 긴급한 위험을 피하기 위한 불가피한 행위는 처벌하지 않는다. 그러나 피난 행위가 과도한 경우, 형을 감경하거나 면제할 수 있다.

① 전항의 규정은 공무상 또는 업무상 특별한 의무가 있는 자에게는 적용되지 않는다.

제3장 미수범

제25조 ① 범죄 행위를 실행했으나 성공하지 못한 경우, 이를 미수범으로 본다.

② 미수범의 처벌은 특별한 규정이 있는 경우에 한하며, 기수범의 형을 감경할 수 있다.

제26조 행위가 범죄 결과를 발생시킬 수 없고, 위험도 없는 경우, 처벌하지 않는다.

제27조 ① 범죄 행위를 실행했으나 자신의 의지로 중지하거나 결과의 발생을 방지한 경우, 형을 감경하거나 면제할 수 있다. 결과가 방지 행위로 인해 발생하지 않은 경우에도 행위자가 방지 행위를 최선을 다해 수행한 경우, 동일하게 적용된다.

② 전항의 규정은 정범 또는 공범 중 한 명 또는 여러 명이 자신의 의지로 범죄 결과의 발생을 방지하거나 결과가 방지 행위로 인해 발생하지 않은 경우에도 행위자가 방지 행위를 최선을 다해 수행한 경우, 동일하게 적용된다.

제4장 정범과 공범

제28조 두 명 이상이 공동으로 범죄 행위를 실행한 경우, 모두 정범으로 본다.

제29조 다른 사람을 교사하여 범죄 행위를 실행하게 한 자는 교사범으로 본다. 교사범의 처벌은 교사한 죄에 따라 처벌한다.

제30조 다른 사람의 범죄행위를 돕는 자는 방조범으로 본다. 다른 사람이 방조의 사실을 알지 못한 경우에도 동일하다. 방조범의 처벌은 정범의 형을 감경할 수 있다.

제31조 신분 또는 기타 특정 관계로 인해 성립된 죄의 공동 실행, 교사 또는 방조자는 특정 관계가 없더라도 정범 또는 공범으로 본다. 그러나 형을 감경할 수 있다. 신분 또는 기타 특정 관계로 인해 형이 가중되거나 면제되는 경우, 특정 관계가 없는 자에게는 일반적인 형을 부과한다.

제5장 형벌

제32조 형벌은 주형과 부형으로 나눈다.

제33조 주형의 종류는 다음과 같다:

1. 사형.

2. 무기징역.

3. 유기징역: 2개월 이상 15년 이하. 그러나 가감이 있을 경우, 2개월 미만으로 감경하거나 20년까지 가중할 수 있다.

4. 구류: 1일 이상 60일 미만. 그러나 가중이 있을 경우, 120일까지 가중할 수 있다.

5. 벌금: 신대만달러 1,000원 이상, 100원 단위로 계산한다.

제34조(삭제)

제35조 ① 주형의 경중은 제33조 규정의 순서에 따른다.

② 동일 종류의 형벌은 최고도가 길거나 많은 것을 중하게 본다. 최고가 동일한 경우, 최저가 길거나 많은 것을 중하게 본다.

③ 형벌의 경중은 가장 중한 주형을 기준으로 하며, 전 2항의 기준에 따른다. 가장 중한 주형이 동일한 경우, 다음 각 항의 기준을 참작하여 경중을 정한다:

1. 선택형 주형이 있는 경우와 없는 경우, 선택형 주형이 없는 것을 중하게 본다.

2. 병과형 주형이 있는 경우와 없는 경우, 병과형 주형이 있는 것을 중하게 본다.

3. 차중 주형이 동일하게 선택형 주형이거나 병과형 주형인 경우, 차중 주형을 기준으로 하며, 전 2항의 기준에 따른다.

제36조 부형은 공권박탈이다. 공권박탈이란 다음의 자격을 박탈하는 것을 말한다:

1. 공무원 자격.

2. 공직 후보자 자격.

제37조 ① 사형 또는 무기징역을 선고받은 자는 공권을 종신 박탈한다.

② 1년 이상의 유기징역을 선고받은 경우, 범죄의 성질에 따라 공권박탈이 필요하다고 인정되는 경우, 1년 이상 10년 이하의 공권박탈을 선고한다.

③ 공권박탈은 판결 시 함께 선고한다.

④ 공권박탈의 선고는 판결이 확정될 때 효력이 발생한다.

⑤ 제2항에 따라 공권박탈을 선고받은 자의 기간은 주형의 집행이 완료되거

나 사면된 날부터 계산한다. 그러나 동시에 집행유예를 선고받은 경우, 그 기간은 판결이 확정된 때부터 계산한다.

제37-1조 ① 형기는 판결이 확정된 날부터 계산한다.

② 판결이 확정되었더라도 아직 구금되지 않은 날수는 형기에 포함되지 않는다.

제37-2조 ① 판결 확정 전 구금된 날수는 1일을 유기징역 또는 구류 1일, 또는 제42조 제6항에 따른 벌금액으로 계산한다.

② 구금된 날수가 전항의 형벌에 해당하지 않는 경우, 신체의 자유를 구속하는 보안처분이 선고된 경우에는 1일을 보안처분 1일로 계산할 수 있다.

제5장-1 몰수

제38조 ① 금지된 물건은 범죄 행위자에게 속하는지 여부를 불문하고 몰수한다.

② 범죄에 사용된 물건, 범죄 준비물 또는 범죄로 인해 생긴 물건이 범죄 행위자에게 속하는 경우, 이를 몰수할 수 있다. 그러나 특별한 규정이 있는 경우에는 그 규정에 따른다.

③ 전항의 물건이 범죄 행위자 외의 자연인, 법인 또는 비법인 단체에 속하고 정당한 이유 없이 제공되거나 취득된 경우, 이를 몰수할 수 있다. 그러나 특별한 규정이 있는 경우에는 그 규정에 따른다.

④ 전 2항의 몰수는 전부 또는 일부를 몰수할 수 없거나 몰수 집행이 적절하지 않은 경우, 그 가액을 추징한다.

제38-1조 ① 범죄 수익이 범죄 행위자에게 속하는 경우, 이를 몰수한다. 그러나 특별한 규정이 있는 경우에는 그 규정에 따른다.

② 범죄 행위자 외의 자연인, 법인 또는 비법인 단체가 다음의 경우 중 하나에 해당하여 범죄 수익을 취득한 경우에도 동일하게 적용된다:

1. 타인의 불법행위를 알고 취득한 경우.
2. 타인의 불법행위로 인해 무상으로 또는 현저히 불공정한 대가로 취득한 경우.
3. 범죄 행위자가 타인을 위해 불법 행위를 실행하여 타인이 그로 인해 취

득한 경우.

③ 전 2항의 몰수는 전부 또는 일부를 몰수할 수 없거나 몰수 집행이 적절하지 않은 경우, 그 가액을 추징한다. 제1항 및 제2항의 범죄수익에는 불법 행위로 얻은 수익, 그 변형된 물건 또는 재산상의 이익 및 그 수익이 포함된다. 범죄수익이 이미 피해자에게 합법적으로 반환된 경우, 몰수나 추징을 선고하지 않는다.

제38-2조 ① 전조의 범죄수익 및 추징 범위와 가액의 인정이 명백히 어려운 경우, 추정하여 인정할 수 있다. 제38조의 추징도 동일하다.

② 전 2조의 몰수나 추징을 선고할 때, 과도한 부담이 되거나 형법상 중요성이 부족하거나 범죄 수익의 가치가 미미한 경우, 또는 선고받은 자의 생활 조건을 유지하기 위해 필요한 경우, 선고하지 않거나 감경할 수 있다.

제38-3조 ① 제38조의 물건 및 제38조-1의 범죄수익의 소유권 또는 기타 권리는 몰수 판결이 확정될 때 국가 소유로 이전된다.

② 전항의 경우, 제3자가 몰수 대상에 대한 권리나 범죄로 인해 행사할 수 있는 채권은 영향을 받지 않는다.

③ 제1항의 몰수 판결은 확정되기 전까지 처분을 금지하는 효력을 가진다.

제39조(삭제)

제40조 ① 몰수는 특별한 규정이 없는 한, 판결 시 함께 선고한다.

② 금지된 물건이나 전문 몰수 대상 물건은 단독으로 몰수 선고할 수 있다.

③ 제38조 제2항, 제3항의 물건, 제38조-1 제1항, 제2항의 범죄수익은 사실상 또는 법률상 이유로 범죄 행위자를 기소할 수 없거나 유죄판결을 받을 수 없는 경우, 단독으로 몰수 선고할 수 있다.

제40-1조(삭제)

제40-2조 ① 다수의 몰수를 선고한 경우, 이를 병합하여 집행한다.

② 몰수는 금지된 물건 및 특별한 규정이 없는 한, 제80조에 규정된 시효 기간을 초과하여 집행할 수 없다.

③ 몰수 대상이 중화민국 영역 외에 있는 경우, 전항의 시효가 완료된 후 5년

을 초과한 경우에도 동일하다.
④ 몰수 선고는 판결이 확정된 날부터 10년이 지나도록 집행을 시작하지 않거나 계속하지 않은 경우, 집행할 수 없다.

제5장-2 형벌 변경

제41조 ① 최고 형량이 5년 이하의 유기징역인 죄를 범하고 6개월 이하의 유기징역 또는 구류를 선고받은 자는 신대만달러 1,000원, 2,000원 또는 3,000원을 하루로 환산하여 벌금으로 변경할 수 있다. 그러나 벌금으로 변경하는 것이 교정 효과를 얻기 어렵거나 법질서를 유지하기 어려운 경우는 제외한다.
② 전항의 규정에 따라 벌금으로 변경할 수 있는 자가 벌금으로 변경을 신청하지 않은 경우, 사회 노동 6시간을 하루로 환산하여 사회 노동으로 변경할 수 있다.
③ 6개월 이하의 유기징역 또는 구류를 선고받은 자가 제1항의 벌금 변경 규정을 충족하지 않는 경우, 전항의 환산 규정에 따라 사회 노동으로 변경할 수 있다.
④ 전 2항의 규정은 신체적 또는 정신적 건강상의 이유로 집행이 현저히 어려운 경우나 사회 노동으로 변경하는 것이 교정 효과를 얻기 어렵거나 법질서를 유지하기 어려운 경우에는 적용되지 않는다.
⑤ 제2항 및 제3항의 사회 노동 이행 기간은 1년을 초과할 수 없다.
⑥ 정당한 이유 없이 사회 노동을 이행하지 않거나, 이행 기간이 만료되었음에도 불구하고 이행을 완료하지 않은 경우, 제2항의 경우에는 원래 선고된 형이나 벌금을 집행하고, 제3항의 경우에는 원래 선고된 형을 집행한다.
⑦ 이미 납부한 벌금이나 이미 이행한 사회 노동 시간은 정해진 기준에 따라 하루로 환산하며, 하루 미만인 경우 하루로 간주한다.
⑧ 제1항부터 제4항 및 제7항의 규정은 여러 죄를 병합하여 처벌하는 경우에도 벌금으로 변경하거나 사회 노동으로 변경할 수 있으며, 집행해야 할 형이 6개월을 초과하는 경우에도 적용된다.

⑨ 여러 죄를 병합하여 처벌하는 경우 사회 노동으로 변경할 때, 이행 기간은 3년을 초과할 수 없다. 그러나 집행해야 할 형이 6개월을 초과하지 않는 경우, 이행 기간은 1년을 초과할 수 없다.

⑩ 여러 죄를 병합하여 처벌하는 경우 제6항의 상황이 발생하면 정해진 집행형을 집행하며, 여러 죄를 벌금으로 변경할 수 있는 경우, 추가로 벌금으로 변경할 수 있다.

제42조 ① 벌금은 판결이 확정된 후 2개월 이내에 완납해야 한다. 기한이 지나도 완납하지 않으면 강제 집행한다.

② 완납할 능력이 없는 경우, 노동으로 대체할 수 있다. 그러나 경제적 또는 신용 상태에 따라 2개월 이내에 완납할 수 없는 경우, 기한 후 1년 이내에 분할 납부를 허용할 수 있다.

③ 한 기라도 연체하거나 미납한 경우, 나머지 미납 벌금은 강제 집행하거나 노동으로 대체한다. 전항의 규정에 따라 강제 집행해야 하는 경우, 재산이 없음을 확인한 경우에는 바로 노동으로 대체할 수 있다.

④ 노동으로 대체할 때는 신대만달러 1,000원, 2,000원 또는 3,000원을 하루로 환산한다. 그러나 노동 기간은 1년을 초과할 수 없다. 제51조 제7항에 따른 금액의 노동 대체 환산 기준이 다른 경우, 노동 기간이 더 긴 것을 따른다.

⑤ 벌금 총액이 1년을 초과하는 경우, 벌금 총액과 1년의 일수 비율로 환산한다.

⑥ 전항에 따른 기간도 동일하다.

⑦ 벌금 판결은 전 3항의 규정에 따라 하루로 환산한 금액을 명시해야 한다. 노동으로 대체할 때 하루 미만의 잔수는 계산하지 않는다.

⑧ 노동 기간 중 벌금을 납부한 경우, 납부한 금액을 판결에 따른 기준으로 환산하여 노동 일수를 공제한다.

제42-1조 ① 벌금을 노동으로 대체하는 경우, 다음의 상황을 제외하고는 사회 노동 6시간을 하루로 환산하여 사회 노동으로 대체할 수 있다:

1. 노동 대체 기간이 1년을 초과하는 경우.
2. 6개월을 초과하는 유기징역과 병과 또는 병행 집행되는 벌금.

3. 신체적 또는 정신적 건강상의 이유로 사회 노동 집행이 현저히 어려운 경우.

② 전항의 사회 노동 이행 기간은 2년을 초과할 수 없다.

③ 정당한 이유 없이 사회 노동을 이행하지 않거나, 이행 기간이 만료되었음에도 불구하고 이행을 완료하지 않은 경우, 노동을 집행한다.

④ 사회 노동을 이행한 시간은 노동 일수로 환산하며, 하루 미만인 경우 하루로 간주한다.

⑤ 사회 노동 이행 기간 중 벌금을 납부한 경우, 납부한 금액을 판결에 따른 벌금 노동 대체 기준으로 환산하여 사회 노동 일수를 공제한다.

⑥ 제3항에 따라 노동을 집행하는 경우, 노동 기간 중 벌금을 납부한 경우, 납부한 금액을 판결에 따른 벌금 노동 대체 기준으로 환산하여 사회 노동 및 노동 일수를 공제한다.

제43조 구류나 벌금을 선고받은 경우, 범죄 동기가 공익이나 도덕적으로 용서할 수 있는 경우, 훈계로 대체할 수 있다.

제44조 벌금 대체, 사회 노동 대체, 노동 대체 또는 훈계 집행이 완료된 경우, 선고된 형은 이미 집행된 것으로 간주한다.

제45조(삭제)

제46조(삭제)

제6장 누범

제47조 ① 형의 집행이 완료되거나 일부 집행 후 사면된 후 5년 이내에 고의로 다시 유기징역 이상의 죄를 범한 자는 누범으로, 본형을 최대 2분의 1까지 가중한다.

② 제98조 제2항에 따른 강제노동으로 형의 집행이 면제된 자가 강제노동 처분의 집행이 완료되거나 일부 집행 후 면제된 후 5년 이내에 고의로 다시 유기징역 이상의 죄를 범한 경우, 누범으로 간주한다.

제48조 판결이 확정된 후 누범으로 밝혀진 경우, 전조의 규정에 따라 형을 변경

한다. 그러나 형의 집행이 완료되거나 사면된 후에 밝혀진 경우는 제외한다.

제49조 누범의 규정은 이전에 범한 죄가 외국 법원에서 판결된 경우에는 적용되지 않는다.

제7장 수죄 병합

제50조 ① 판결이 확정되기 전에 여러 죄를 범한 경우, 병합하여 처벌한다. 그러나 다음의 경우는 제외한다:

1. 벌금형으로 대체할 수 있는 죄와 벌금형으로 대체할 수 없는 죄.
2. 벌금형으로 대체할 수 있는 죄와 사회봉사로 대체할 수 없는 죄.
3. 사회봉사로 대체할 수 있는 죄와 벌금형으로 대체할 수 없는 죄.
4. 사회봉사로 대체할 수 있는 죄와 사회봉사로 대체할 수 없는 죄.

② 전항의 예외 상황에서, 수형인이 검사에게 형의 집행을 청구할 경우, 제51조의 규정에 따라 결정한다.

제51조 수죄 병합은 각각의 죄에 대해 형을 선고하고, 다음 각 항에 따라 집행할 형을 결정한다:

1. 여러 개의 사형을 선고한 경우, 그중 하나를 집행한다.
2. 가장 중한 형이 사형인 경우, 다른 형은 집행하지 않는다. 그러나 벌금 및 부수 형은 제외한다.
3. 여러 개의 무기징역을 선고한 경우, 그중 하나를 집행한다.
4. 가장 중한 형이 무기징역인 경우, 다른 형은 집행하지 않는다. 그러나 벌금 및 부수 형은 제외한다.
5. 여러 개의 유기징역을 선고한 경우, 각 형의 최장기 이상, 각 형을 합한 기간 이하로 형기를 결정한다. 그러나 30년을 초과할 수 없다.
6. 여러 개의 구류를 선고한 경우, 앞 호를 준용하여 형기를 결정한다. 그러나 120일을 초과할 수 없다.
7. 여러 개의 벌금을 선고한 경우, 각 형의 최고액 이상, 각 형을 합한 금액 이하로 금액을 결정한다.

8. 여러 개의 공권박탈을 선고한 경우, 그중 가장 긴 기간만 집행한다.
9. 제5항부터 앞 호까지의 규정에 따라 결정된 형을 병합하여 집행한다. 그러나 집행할 형이 3년 이상의 유기징역과 구류인 경우, 구류는 집행하지 않는다.

제52조 수죄 병합은 판결이 확정된 후, 판결되지 않은 여죄가 발견된 경우, 여죄를 처단한다.

제53조 수죄 병합에 대해 두 개 이상의 판결이 있는 경우, 제51조의 규정에 따라 집행할 형을 결정한다.

제54조 수죄 병합이 이미 처단된 경우, 각 죄 중 사면된 죄가 있는 경우, 여죄는 여전히 제51조의 규정에 따라 집행할 형을 결정한다. 단, 여죄가 하나만 남은 경우, 선고된 형을 집행한다.

제55조 한 행위로 여러 죄명을 범한 경우, 가장 중한 형으로 처단한다. 그러나 가장 가벼운 죄명에 정해진 최저 본형 이하의 형을 과할 수 없다.

제56조(삭제)

제8장 형의 양형 및 가감

제57조 형을 정할 때는 행위자의 책임을 기초로 하며, 모든 상황을 참작하여 특히 다음 사항을 고려하여 형의 경중을 결정한다:

1. 범죄의 동기, 목적.
2. 범죄시 받은 자극.
3. 범죄의 수단.
4. 범죄 행위자의 생활 상황.
5. 범죄 행위자의 품행.
6. 범죄 행위자의 지식 정도.
7. 범죄 행위자와 피해자의 관계.
8. 범죄 행위자의 의무 위반 정도.
9. 범죄로 인한 위험 또는 손해.

10. 범죄 후의 태도.

제58조 벌금을 정할 때는 전조의 규정 외에도 범죄 행위자의 자력 및 범죄로 얻은 이익을 참작한다. 만약 얻은 이익이 벌금의 최고액을 초과할 경우, 그 이익의 범위 내에서 가중할 수 있다.

제59조 범죄의 상황이 현저히 가엾고, 최저형을 과하는 것이 여전히 과중하다고 인정되는 경우, 형을 감경할 수 있다.

제60조 법률에 따라 가중 또는 감경하는 경우에도 전조의 규정에 따라 형을 감경할 수 있다.

제61조 다음 각 죄 중 하나를 범한 경우, 상황이 경미하고 현저히 가엾다고 인정되어 제59조에 따라 형을 감경하더라도 여전히 과중하다고 판단되는 경우, 형을 면제할 수 있다:

1. 가장 중한 본형이 3년 이하의 유기징역, 구류 또는 전과 벌금인 죄. 그러나 제132조 제1항, 제143조, 제145조, 제186조 및 직계 존속에 대한 제271조 제3항의 죄는 제외한다.
2. 제320조, 제321조의 절도죄.
3. 제335조, 제336조 제2항의 점유이탈물횡령죄.
4. 제339조, 제341조의 사기죄.
5. 제342조의 배임죄.
6. 제346조의 협박죄.
7. 제349조 제2항의 장물죄.

제62조 발각되지 않은 죄를 자수하여 판결을 받은 경우, 형을 감경할 수 있다. 그러나 특별 규정이 있는 경우, 그 규정에 따른다.

제63조 18세 미만 또는 80세 이상의 사람이 범죄를 저지른 경우, 사형 또는 무기징역을 선고할 수 없다. 본형이 사형 또는 무기징역인 경우, 형을 감경한다.

제64조 ① 사형은 가중할 수 없다.

② 사형을 감경하는 경우, 무기징역으로 한다.

제65조 무기징역은 가중할 수 없다. 무기징역을 감경하는 경우, 20년 이하 15년 이상의 유기징역으로 한다.

제66조 유기징역, 구류, 벌금을 감경하는 경우, 형을 절반으로 감경한다. 그러나 형을 면제하는 규정이 동시에 있는 경우, 감경은 3분의 2까지 할 수 있다.

제67조 유기징역 또는 벌금을 가중하거나 감경하는 경우, 최고와 최저를 동일하게 가중하거나 감경한다.

제68조 구류를 가중하거나 감경하는 경우, 최고도만 가중하거나 감경한다.

제69조 두 가지 이상의 주형이 있는 경우, 가중하거나 감경할 때 함께 가중하거나 감경한다.

제70조 두 가지 이상의 형을 가중하거나 감경하는 경우, 순차적으로 가중하거나 감경한다.

제71조 형에 가중과 감경이 있는 경우, 먼저 가중하고 나서 감경한다. 두 가지 이상의 감경이 있는 경우, 먼저 적은 수로 감경한다.

제72조 형의 가중 또는 감경으로 인해 하루 미만의 시간이나 1원 미만의 금액이 발생하는 경우, 이를 계산하지 않는다.

제73조 형을 참작하여 감경하는 경우, 감경 규정을 준용한다.

제9장 집행유예

제74조 ① 2년 이하의 유기징역, 구류 또는 벌금형을 선고받고 다음 각 호의 하나에 해당하여 집행을 유예하는 것이 적당하다고 인정되는 경우, 2년 이상 5년 이하의 집행유예를 선고할 수 있다. 그 기간은 판결이 확정된 날부터 기산한다:

1. 고의 범죄로 유기징역 이상의 형을 선고받은 적이 없는 자.
2. 이전에 고의 범죄로 유기징역 이상의 형을 선고받고 집행이 완료되거나 사면된 후 5년 이내에 고의 범죄로 유기징역 이상의 형을 선고받지 않은 자.

② 집행유예를 선고할 때, 상황에 따라 범죄 행위자에게 다음 각 호의 사항을 명할 수 있다:

1. 피해자에게 사과할 것.
2. 반성문을 작성할 것.

3. 피해자에게 상당한 금액의 재산 또는 비재산적 손해배상을 할 것.
4. 공공기금에 일정 금액을 납부할 것.
5. 지정된 정부 기관, 행정 법인, 지역사회 또는 기타 공익 목적의 기관이나 단체에 40시간 이상 240시간 이하의 의무 노동을 제공할 것.
6. 중독 치료, 정신 치료, 심리 상담 또는 기타 적절한 처우를 완료할 것.
7. 피해자의 안전을 보호하기 위한 필요한 명령.
8. 재범을 예방하기 위한 필요한 명령.

③ 이러한 사항은 판결문에 기재해야 한다. 제2항 제3호 및 제4호는 민사 강제 집행의 명목이 될 수 있다. 집행유예의 효력은 부수 형, 보안 처분 및 몰수의 선고에는 미치지 않는다.

제75조 ① 집행유예를 선고받은 자가 다음 각호의 하나에 해당하는 경우, 그 선고를 취소한다:

1. 집행유예 기간 내에 고의로 다른 죄를 범하여 집행유예 기간 내에 6개월을 초과하는 유기징역을 선고받은 경우.
2. 집행유예 전에 고의로 다른 죄를 범하여 집행유예 기간 내에 6개월을 초과하는 유기징역을 선고받은 경우.

② 전항의 취소 청구는 판결이 확정된 후 6개월 이내에 해야 한다.

제75-1조 ① 집행유예를 선고받은 자가 다음 각 호의 하나에 해당하여 원래의 집행유예 선고가 예상된 효과를 거두기 어렵고 형벌의 집행이 필요하다고 인정되는 경우, 그 선고를 취소할 수 있다:

1. 집행유예 전에 고의로 다른 죄를 범하여 집행유예 기간 내에 6개월 이하의 유기징역, 구류 또는 벌금을 선고받은 경우.
2. 집행유예 기간 내에 고의로 다른 죄를 범하여 집행유예 기간 내에 6개월 이하의 유기징역, 구류 또는 벌금을 선고받은 경우.
3. 집행유예 기간 내에 과실로 다른 죄를 범하여 집행유예 기간 내에 유기징역을 선고받은 경우.
4. 제74조 제2항 제1호부터 제8호까지의 규정된 부담을 중대하게 위반한 경우.

② 전조 제2항의 규정은 전항 제1호부터 제3호까지의 경우에도 적용된다.

제76조 집행유예 기간이 만료되고 집행유예 선고가 취소되지 않은 경우, 그 형의 선고는 효력을 상실한다. 그러나 제75조 제2항 및 제75-1조 제2항에 따라 집행유예 선고가 취소된 경우는 제외한다.

제10장 가석방

제77조 ① 유기징역의 집행을 받고 뉘우침이 확실한 자로서, 무기징역은 25년을 초과하고, 유기징역은 절반을 초과하며, 누범은 3분의 2를 초과한 경우, 교도소에서 법무부에 보고하여 가석방을 허가할 수 있다.

② 전항의 유기징역 가석방 규정은 다음의 경우에 적용되지 않는다:

1. 유기징역 집행이 6개월 미만인 자.
2. 가장 가벼운 본형이 5년 이상의 유기징역인 죄의 누범으로, 가석방 기간 중 유기징역의 집행이 완료되거나 일부 집행 후 사면된 후 5년 이내에 고의로 다시 가장 가벼운 본형이 5년 이상의 유기징역인 죄를 범한 자.
3. 제조의1에 열거된 죄를 범한 자로서, 유기징역 집행 기간 중 상담 또는 치료를 받은 후, 재범 위험이 현저히 감소하지 않은 것으로 평가된 자.

③ 그 징역 판결이 확정되기 전 1년을 초과한 구금 일수는 제1항의 이미 집행된 기간에 포함된다.

제78조 ① 가석방 중 고의로 다시 범죄를 저질러 6개월을 초과하는 유기징역을 선고받은 경우, 가석방을 취소한다.

② 가석방 중 고의로 다시 범죄를 저질러 집행유예 또는 6개월 이하의 유기징역을 선고받고, 다시 교도소에 수감될 필요가 있는 경우, 가석방을 취소할 수 있다.

③ 전항의 취소는 판결이 확정된 후 6개월 이내에 해야 한다. 그러나 가석방 기간이 만료된 지 3년을 초과한 경우는 제외한다. 가석방이 취소된 후, 출소 일수는 형기에 포함되지 않는다.

제79조 ① 무기징역 가석방 후 20년이 경과하거나 유기징역의 남은 형기 내에

가석방이 취소되지 않은 경우, 집행되지 않은 형은 이미 집행된 것으로 간주한다. 그러나 제78조 제3항에 따라 가석방이 취소된 경우는 제외한다.

② 가석방 중 다른 형의 집행, 구금 또는 기타 법에 따라 신체의 자유가 구속된 기간은 가석방 기간에 포함되지 않는다. 그러나 기소유예 처분 또는 무죄 판결이 확정되기 전의 구금 또는 기타 법에 따라 신체의 자유가 구속된 기간은 제외한다.

제79-1조 ① 두 개 이상의 유기징역을 병합하여 집행하는 경우, 제77조에 규정된 최소 집행 기간을 합산하여 계산한다.

② 전항의 경우, 무기징역을 병합하여 집행하는 경우, 무기징역 가석방 규정을 적용한다.

③ 두 개 이상의 유기징역을 병합하여 형기가 40년을 초과하고, 연속하여 20년을 초과하여 집행한 경우에도 가석방을 허가할 수 있다. 그러나 제77조 제2항 제2호의 경우는 제외한다. 제1항의 규정에 따라 합산하여 계산한 집행 기간으로 가석방을 허가하는 경우, 전조 제1항의 규정된 기간도 합산하여 계산한다.

④ 전항의 합산 계산 후 기간이 20년을 초과하는 경우, 전조 제1항 무기징역 가석방 규정을 준용한다.

⑤ 가석방이 취소되어 잔여 형기를 집행하는 경우, 무기징역은 25년을 초과하여 집행하고, 유기징역은 전부 집행 완료 후 다른 형을 연속하여 집행하며, 제1항의 합산 계산 집행 기간 규정은 적용되지 않는다.

제11장 시효

제80조 ① 공소권은 다음 기간 내에 기소되지 않으면 소멸한다:

1. 가장 중한 본형이 사형, 무기징역 또는 10년 이상의 유기징역인 죄의 경우, 30년. 그러나 사망 결과가 발생한 경우는 제외한다.
2. 가장 중한 본형이 3년 이상 10년 미만의 유기징역인 죄의 경우, 20년.
3. 가장 중한 본형이 1년 이상 3년 미만의 유기징역인 죄의 경우, 10년.

4. 가장 중한 본형이 1년 미만의 유기징역, 구류 또는 벌금인 죄의 경우, 5년.

② 전항의 기간은 범죄가 성립된 날부터 기산한다. 그러나 범죄 행위가 계속되는 상태인 경우, 행위가 종료된 날부터 기산한다.

제81조(삭제)

제82조 본형이 가중 또는 감경되는 경우, 공소권의 시효 기간은 여전히 본형에 따라 계산한다.

제83조 ① 공소권의 시효는 기소로 인해 중단된다. 법에 따라 수사를 중단하거나 범죄 행위자가 도주하여 수배된 경우도 동일하다.

② 전항의 시효 중단 사유가 다음 각호의 하나에 해당하는 경우, 중단 사유는 소멸된 것으로 본다:

1. 공소 기각 판결이 확정되거나 절차상의 이유로 자소가 종결된 경우.
2. 법에 따라 또는 피고인의 도주로 인해 재판 절차를 시작하거나 계속할 수 없고, 그 기간이 제80조 제1항 각 호에 규정된 기간의 3분의 1에 도달한 경우.
3. 제1항 후단의 규정에 따라 수사를 중단하거나 수배된 경우, 그 기간이 제80조 제1항 각 호에 규정된 기간의 3분의 1에 도달한 경우.

③ 전항의 시효는 중단 사유가 소멸된 날부터 중단 전의 경과 기간과 함께 계산한다.

제84조 ① 형 집행권은 다음 기간 내에 집행되지 않으면 소멸한다:

사형, 무기징역 또는 10년 이상의 유기징역을 선고받은 경우, 40년.

3년 이상 10년 미만의 유기징역을 선고받은 경우, 30년.

1년 이상 3년 미만의 유기징역을 선고받은 경우, 15년.

1년 미만의 유기징역, 구류 또는 벌금을 선고받은 경우, 7년.

② 전항의 기간은 판결이 확정된 날부터 기산한다. 그러나 보안처분이 형벌 집행에 우선하는 경우, 보안처분이 완료된 날부터 기산한다.

제85조 ① 형 집행권의 시효는 형의 집행으로 인해 중단된다. 다음 각호의 하나에 해당하여 집행을 시작하거나 계속할 수 없는 경우도 동일하다:

법에 따라 집행을 중단해야 하는 경우.
수형자가 도주하여 수배되거나 집행 기간 중 탈주하여 계속 집행할 수 없는 경우.
수형자가 법에 따라 다른 구속 상태에 있는 경우.
② 중단 사유가 계속 존재하는 기간이 제84조 제1항 각 호에 규정된 기간의 3분의 1에 도달한 경우, 중단 사유는 소멸된 것으로 본다.
전항의 시효는 중단 사유가 소멸된 날부터 중단 전의 경과 기간과 함께 계산한다.

제12장 보안처분

제86조 ① 14세 미만으로 처벌받지 않는 자는 교화 교육 시설에 입소하여 교화 교육을 받을 수 있다.
② 18세 미만으로 형이 감경된 자는 형의 집행이 완료되거나 사면된 후 교화 교육 시설에 입소하여 교화 교육을 받을 수 있다. 그러나 3년 이하의 유기징역, 구류 또는 벌금형을 선고받은 자는 집행 전에 이를 할 수 있다.
③ 교화 교육의 기간은 3년 이하로 한다. 그러나 6개월을 초과하여 집행된 경우, 계속 집행할 필요가 없다고 인정되면 법원은 그 처분의 집행을 면제할 수 있다.
제87조 ① 제19조 제1항의 이유로 처벌받지 않는 자가 재범하거나 공공 안전을 해칠 우려가 있는 경우, 적절한 시설에 입소시키거나 적절한 방식으로 보호할 수 있다.
② 제19조 제2항 및 제20조의 이유로 처벌받지 않는 자가 재범하거나 공공 안전을 해칠 우려가 있는 경우, 형의 집행이 완료되거나 사면된 후 적절한 시설에 입소시키거나 적절한 방식으로 보호할 수 있다. 그러나 필요할 경우 형의 집행 전에 이를 할 수 있다.
③ 전항의 기간은 5년 이하로 한다. 집행 기간이 만료되기 전에 검사가 연장이 필요하다고 인정하면, 법원에 연장을 신청할 수 있으며, 첫 번째 연장 기간

은 3년 이하, 두 번째 이후의 연장 기간은 매번 1년 이하로 한다. 그러나 집행 중 계속 집행할 필요가 없다고 인정되면 법원은 그 처분의 집행을 면제할 수 있다.

④ 전항의 집행 또는 연장 기간 내에는 매년 계속 집행할 필요가 있는지 평가해야 한다.

제88조 ① 마약 중독자는 형의 집행 전에 적절한 시설에 입소하여 금단 치료를 받을 수 있다.

② 전항의 금단 치료 기간은 1년 이하로 한다. 그러나 집행 중 계속 집행할 필요가 없다고 인정되면 법원은 그 처분의 집행을 면제할 수 있다.

제89조 ① 음주로 인해 범죄를 저지른 자가 음주 중독으로 재범할 우려가 있는 경우, 형의 집행 전에 적절한 시설에 입소하여 금주 치료를 받을 수 있다.

② 전항의 금주 치료 기간은 1년 이하로 한다. 그러나 집행 중 계속 집행할 필요가 없다고 인정되면 법원은 그 처분의 집행을 면제할 수 있다.

제90조 ① 범죄 습관이 있거나 방랑 또는 게으름으로 인해 범죄를 저지른 자는 형의 집행 전에 노동 장소에 입소하여 강제 노동을 받을 수 있다.

② 전항의 처분 기간은 3년으로 한다. 그러나 1년 6개월을 초과하여 집행된 경우, 계속 집행할 필요가 없다고 인정되면 법원은 그 처분의 집행을 면제할 수 있다.

③ 집행 기간이 만료되기 전에 연장이 필요하다고 인정되면, 법원은 연장을 허가할 수 있으며, 연장 기간은 1년 6개월을 초과할 수 없고, 한 번만 연장할 수 있다.

제91조(삭제)

제91-1조 ① 제221조부터 제227조, 제228조, 제229조, 제230조, 제234조, 제332조 제2항 제2호, 제334조 제2항 제2호, 제348조 제2항 제1호 및 그 특별법의 죄를 범한 자로서 다음 각호의 하나에 해당하는 경우, 적절한 시설에 입소하여 강제 치료를 받을 수 있다:

1. 징역형 집행 만료 전, 상담 또는 치료를 받은 후, 감정 및 평가 결과 재

범 위험이 있는 자

2. 다른 법률 규정에 따라 신체적, 정신적 치료, 상담 또는 교육을 받은 후, 감정 및 평가 결과 재범 위험이 있는 자

② 전항의 처분 기간은 5년 이하로 한다. 집행 기간이 만료되기 전에 검사가 연장이 필요하다고 인정하면, 법원에 연장을 신청할 수 있으며, 첫 번째 연장 기간은 3년 이하, 두 번째 이후의 연장 기간은 매번 1년 이하로 한다. 그러나 집행 중 계속 집행할 필요가 없다고 인정되면 법원은 치료 집행을 중지할 수 있다.

③ 치료 집행이 중지된 후 제1항의 상황이 발생한 경우, 법원은 적절한 시설에 입소하여 강제 치료를 계속할 수 있다.

④ 전항의 강제 치료 기간은 중지된 치료 전의 집행 기간과 합산하여 계산한다.

⑤ 전 3항의 집행 또는 연장 기간 내에는 매년 계속 치료할 필요가 있는지 감정 및 평가해야 한다.

제92조 제86조부터 제90조까지의 처분은 상황에 따라 보호 관찰로 대체할 수 있다. 전항의 보호 관찰 기간은 3년 이하로 한다. 효과가 없는 경우, 언제든지 이를 철회하고 원래의 처분을 집행할 수 있다.

제93조 ① 집행유예를 선고받은 자는 다음 각호의 하나에 해당하지 않는 한, 집행유예기간 동안 보호 관찰을 받아야 한다:

1. 제91-1조에 열거된 죄를 범한 자
2. 제74조 제2항 제5호부터 제8호까지의 사항을 집행하는 자

② 가석방된 자는 가석방 기간 동안 보호 관찰을 받는다.

제94조(삭제)

제95조 외국인이 유기징역 이상의 형을 선고받은 경우, 형의 집행이 완료되거나 사면된 후 추방할 수 있다.

제96조 보안처분은 판결 시 함께 선고한다. 그러나 본 법 또는 다른 법률에 별도의 규정이 있는 경우는 제외한다.

제97조(삭제)

제98조 ① 제86조 제2항, 제87조 제2항, 제3항의 규정에 따라 선고된 보안처분의 경우, 먼저 징역형을 집행한 자가 형의 집행이 완료되거나 사면된 후 집행할 필요가 없다고 인정되면, 법원은 그 처분의 집행을 면제할 수 있다.

② 먼저 보안처분을 집행한 자가 처분의 집행이 완료되거나 일부 집행 후 면제된 후 집행할 필요가 없다고 인정되면, 법원은 그 형의 전부 또는 일부 집행을 면제할 수 있다.

③ 제88조 제1항, 제89조 제1항의 규정에 따라 선고된 보안처분의 경우, 처분의 집행이 완료되거나 일부 집행 후 면제된 후 집행할 필요가 없다고 인정되면, 법원은 그 형의 전부 또는 일부 집행을 면제할 수 있다.

④ 형사소송법 제121조의1 제1항 또는 제3항 전단에 따라 선고된 임시 조치의 집행 후 집행할 필요가 없다고 인정되면, 법원은 그 형의 전부 또는 일부 집행을 면제할 수 있다.

⑤ 전 3항의 형 집행 면제는 유기징역 또는 구류에 한한다.

제99조 ① 보안처분이 집행되어야 할 날로부터 3년이 지나도록 집행을 시작하거나 계속하지 않은 경우, 법원이 원래 선고된 보안처분의 이유가 여전히 존재한다고 인정하지 않는 한, 집행을 허가할 수 없다.

① 7년이 지나도록 집행을 시작하거나 계속하지 않은 경우, 집행할 수 없다.

제 3 편

경력과 학문 세계

Ⅰ. 개요

필자는 1978년 부산대학교에서 석사과정, 1984년 독일 뷔르츠부르크(Würzburg) 대학교에서 박사과정을 이수하고 학위를 취득했다. 형법, 형사소송법, 형사정책 및 법철학에 깊은 관심과 연구를 집중적으로 수행했다. 동아대학교 법과대학 및 법학전문대학원 교수로 31년간 재직했으며, 2016년 8월 말 정년으로 퇴직했다. 1998년 한국비교형사법학회와 1999년 영남형사판례연구회를 형사법 학자와 형사 실무가와 함께 창립했다. 학술상을 수여할 수 있도록 한국비교형사법학회에 상금 기금을 쾌척했으며, 이 기금으로 해마다 1명씩 학술상을 수여하고 있다. 2002년 중국형법연구회(회장: 趙秉志 인민대 교수)와 공동으로 한중형법연구회를, 2006년에 중국형사소송법연구회 대표자(특히 陳位東 인민대 교수)와 한중형사소송법연구회를 발족했다. 중국과의 학술행사는 양국 대표 10명이 한국과 중국을 오가면서 형사법의 핵심 문제에 관해 주제발표를 매년 개최하도록 했고, 그렇게 실행되는데 기여했다. 2003년 한국형사정책학회, 2004년 한국형사법학회 그리고 2005년 한국비교형사법학회 회장을 역임했다. 2010년부터 2019년까지 "한국사형폐지협의회" 의장으로서 한국에서 사형제도 폐지를 위해 쉼 없이 노력했고, 사형의 대체형벌로 절대적 종신형을 1998년 국내에서 처음으로 제시한 바 있다.

Ⅱ. 형법사상의 요약

형법학은 규범학이자 가치학이므로 공정을 문제 삼는다. 그래서 실체적 진실 여부를 따지는 것에서 끝나지 않고, 실체적 진실의 기반을 전제로 공정과 정의의 기준으로 평가한다. 법학은 신학일 수 없다. 왜냐면 신학에 관한 것이라면 하나님의 말씀 자체가 언제나 진리이자 정의이기에, 그 말씀을 무조건 믿어야 하지만, 법학은 진리를 기초로 한 정의의 영역에 속하므로, 무조건 믿을 수 없으며, 무엇이 진실이고 정의인지 끝까지 물어봐야 하기 때문이다. 게다가 형법학은 사회의 안전과 평화의 달성을 위한 최후수단이다. 도구는 잘못 사용하면 위험하므로 이를 억제할 수 있는 제도적 장치로써 자유·민주사회에서 보편적으로 애용하고 있는 '법치국가원칙'의 준수가 불가결하다.

법치국가원칙이란 인간 존엄의 핵심적 내용인 자유·평등과 정의를 실현시키기 위해 국가 생활에서 지켜야 할 행동 지침을 법으로 마련하고, 국가권력을 이에 입각하여 형성·집행하려는 인간사회의 기본원리를 말한다. 이러한 법치국가원칙의 이념적 기초는 생활환경의 정의로운 조정과 형성을 통하여, 국가 생활에서 불가피하게 야기되는 권력현상을 권력분립과 함께 합법성과 정당성에 기초한 법률로 순화시켜 인간의 존엄성을 확보하려는 데에 있다. 즉 국민의 기본권은 국가에 대한 국민의 방어권을 뜻할 뿐만 아니라, 국가가 개인의 생명권 등 보편적 가치 질서를 구현하고, 이를 보장하기 위한 국가의 적극적 형성 내지 조정의무를 의미한다.

이러한 견해를 갖고서 형사법상 주요쟁점을 해명해 보려고 노력했다. 이를 요약하면 다음과 같다.

① 인간의 정신은 육체를 통하여 차츰 성숙하여 가는 것이지, 육체에 갑자기 스며들지 않는다. 성년으로 성장하면서 자기의 행동을 주체적으로 행사하고, 행위결과에 대한 의미를 온전히 이해할 때 비로소 인간은 자신의 범법행위에 대한 행위주체가 될 수 있다.

② 성숙한 인간이라면 사회적 책무를 감당하는 주체적 능력자다. 즉 인간은 자기의 능력을 사회적으로 꽃피울 수 있도록 실현하기 위해 노력하는 존재이며, 그런 환경조성을 위해 인간은 자기의 능력에 어울리게 행동해야 할 책무를 부담한 인격체이다.

③ 이러한 인격체로서 인간은 건전한 사회발전을 위한 사회적 책무를 지니고, 위반 시에는 벌칙을 받아야 한다. 이러한 책무의 부담에 대한 보답으로 인간은 국가로부터 기본적 인권을 보장받는다.

④ 인간에게 주어진 기본적 인권의 본질적 내용은 양도나 포기할 수 없는 불가침적 권리이며, 인간의 생명과 육체의 본질적 내용이 충분히 보장될 수 없을 때 인권은 존재 의미가 없다. 그러므로 인간의 생명권과 신체에 대한 불가침권은 인간 존엄의 핵심일 수밖에 없고, 사형제도는 폐지되어야 마땅하다. 더구나 반인륜적 범법자이자 극단적 위험인물에 대해서는 절대적 종신형을 사형제도의 대안으로 삼을 수 있지 않은가.

⑤ 기본권의 주체로서 인간은 생존의 역사성과 사회성에서 결코 유리될 수 없다. 사회 속에 살아가는 인간은 공동생활을 책임 있게 형성해야 할 사명을 간직한 인격체이다. 그러므로 개개인이 갖는 사회 관련성은 사회구조와 조화를 위해 기본권의 일정한 한계를 가질 수밖에 없게 한다.

⑥ 형법상 행위란 자신의 태도나 행동을 목적적으로 조종할 수 있는 인간이 사회적으로 회피했어야 할 위험을 침해하거나 야기하는 인격적 태도이다. 이를 다른 말로 표현하자면 목적적 행위지배를 할 수 있는 행위자가 행위 시에 회피할 수 있었던 위험을 자초하거나 야기케 한 일체의 인격적 활동을 형법상 행위로 파악한다. 게다가 형법상 행위란 행위주체와 괴리된 개념일 수 없으며, 행위주체의 개념을 제한하는 의미로 사용되어야 한다. 따라서 범죄구성요건과 전혀 관계가 없는 전 구성요건적 단계에서 형법상 행위론을 논해야 한다는 사고방식은 극복되어야 한다.

⑦ 형벌의 주된 목적은 복수에 의한 악순환의 연결고리를 끊고, 더 이상의 복수가 가능하지 않게 하는 데 있다. 국가가 법률로 일정한 행위유형을 금지했음에도 불구하고 이를 무시하고 위반한 자에 대해서는 복수에 비례하는 실질적 고통을 그 행위자에게 책임주의 원칙과 적법절차를 통해 되갚아 주는 것이 형벌이다.

⑧ 국가공권력은 현재 진행되고 있는 위난의 현장에 즉시 달려가서 해당 피해자를 곧바로 구조해줄 가능성이 거의 없다. 이와 같은 긴급한 상황이라면 국가는 범죄피해자에게 자력구제 방식인 정당방위나 긴급피난 등을 상당성이 담보되는 한도 내에서 행사할 수 있도록 허용해 주어야 한다. 이러한 긴급행위는 국

가의 시혜적 혜택으로 볼 수 없고 천부인권에 속하므로, 정당방위 등 긴급행위에 대한 윤리적 제한은 삼가야 한다.

⑨ 복수의 대안으로 형벌권을 장악한 국가는 중대한 범죄피해자에게 대한 중범죄를 예방하지 못했다는 점에서 그 피해자에 대한 정당한 국가보상을 해야 한다.

⑩ 형사법은 죄형법정주의 원칙에 따라 법익보호 임무와 인권보장 임무를 주된 목적으로 한다. 민사법은 소유권 보장, 사적 자치와 거래 안정 등을 통해 재산권의 효용을 극대화하고, 재산권의 공정한 배분을 일차적 목적으로 삼고 있다. 이처럼 두 영역의 법이념과 제재 수단은 서로 다르므로 이들 법률영역의 상이성과 독자성을 인정해야 한다. 예컨대 '의심스러울 때는 피고인의 이익'이라는 형사법의 원칙을 민사법의 경우에도 동일하게 적용될 수 없기 때문이다.

⑪ 모든 법해석은 법문의 일상적인 의미나 법률적 언어 관행을 사용하여 법문의 의미 파악부터 시작해야 한다. 그러나 형벌 법규가 일반 국민에 대해 무엇이 금지되어 있는가를 항상 명확히 보여줄 수 없고, 형법은 문자로 형식화된 죽어있는 조문의 집합에 불과한 것으로만 볼 수 없다. 법률해석자는 법률해석 시에 법문에만 집착하여 문언의 일상적 의미 파악에 국한되어서는 아니 된다. 법률의 입법 취지, 보호기능과 그 법률의 객관적 의미와 목적을 비롯해 형법의 성격에 마땅한 독자적 개념을 인정할 수 있어야 한다. 때로는 법률의 흠결이나 법률이 불비된 경우라도 허용되는 해석에 의해 보완될 필요성도 없지 않다. 예컨대 입법의 불비가 입법자의 편집상 과오에 기인한 경우 이를 일정한 요건 아래에서 보정할 수 있어야 한다.

⑫ 사법적극주의는 성문법이 발달하지 않은 영미 국가에서 법해석과 판결에 있어서 법문언에만 그치지 않고 정치적 목표나 사회정의 실현 등을 염두에 둔 적극적 법형성을 강조하는 태도를 말한다. 성문법주의와 죄형법정주의를 헌법상 원칙으로 삼고 있는 우리나라에서 이러한 주장은 반헌법적이다. 국민의 인권보장을 담보하기 위해서는 죄형법정주의의 원칙이 철저히 준수되어야 하는 마당에 사법적극주의를 표방한 것은 사법권이 입법부의 입법형성권까지 침해한다는 점에서 결코 용납될 수 없다.

Ⅲ. 학력과 경력 등

[학력]

1968년 5월, 고등학교 졸업 자격시험 합격

1974년 2월, 국민대학 법학과 졸업(법학사)

1978년 2월, 부산대학교 대학원 졸업(법학석사)

1984년 7월, 독일 뷔르츠부르크(Würzburg) 대학교 졸업(법학박사)

중학교 2학년 때 집안의 사업 실패로 생계의 어려움을 겪었다. 1968년 6월 고등학교 졸업자격 검정고시에 합격한 후, 국민대학 법학과에서 법학학사, 부산대학교 대학원에서 법학석사를 취득했다. 1984년 7월 독일에서 “Die Verfolgung Unschuldiger § 344 StGB”라는 논문 주제로 법학박사 학위를 받았다.

[경력]

교내

1984년 10월 ~ 2008년 2월, 동아대학교 법과대학 교수

1996년 3월 ~ 1998년 2월, 동아대학교 법학연구소 소장

2005년 3월 ~ 2005년 10월, 동아대학교 법과대학 학장 및 경찰법무대학원 원장

2008년 3월 ~ 2016년 8월, 동아대학교 법학전문대학원 교수

2008년 9월 ~ 2010년 9월, 동아대학교 법학연구소 소장

2009년 3월 ~ 2013년 2월, 동아법학회 회장

교외

1984년 9월 ~ 1985년 2월, 국민대학교 법과대학 전임대우강사

1998년 8월, 한국비교형사법학회 창립준비위원장

1999년 2월, 영남형사판례연구회 창립준비위원장

1999년 2월 ~ 2003년, 영남형사판례연구회 회장

1999년 8월~2003년 12월, 『비교형사법연구』 편집위원장
2000년 5월~2000년 7월, 1999년도 학문분야평가 법학분야 평가위원
2001년 2월, 제43회 사법시험 및 군법무관임용시험 제1차시험위원
2002년 10월~2004년 9월, 인권순회교육단 강사
2002년 12월 18일, 중국 인민대학에서 한중형사법연구회를 결성함
2003년 1월~2012년, 한중형사법연구회 회장
2003년 1월~2003년 12월, 한국형사정책학회 회장
2004년 1월~현재, 한국형사정책학회 고문
2004년 1월~2004년 12월, 한국형사법학회 회장
2004년 1월~2007년 5월, 법무부 형사법개정특별분과위원회 위원
2004년 1월~2008년 1월, 중국인민대학 형사법률과학연구소 객좌교수
2004년 1월~ 현재, 중국 서북정법학원 객좌교수
2004년 1월, 사법시험 제1차 출제위원
2004년 9월~2005년 5월, 법무부 정책위원회 위원
2004년 6월~2016년, 부산고등검찰청 항고심사위원
2005년 1월~현재, 한국형사법학회 고문
2005년 1월~2005년 12월, 한국비교형사법학회 회장
2005년 1월~2006년 12월, 한국법철학회 부회장
2005년 6월~2007년 9월, 대검찰청 부설 검찰정책자문위원회 위원
2005년 9월~2009년 9월, 부산광역시 소청심사위원
2006년 1월~현재, 한국비교형사법학회 고문
2006년 4월~2007년 4월, 부산교도소 교정행정자문위원회 위원
2006년 6월~2009년 6월, 중국 우한(武漢) 대학 객좌교수
2007년 6월~2017년, 법무부 형법개정위원회 위원
2007년 6월~2017년, 법무부 형법개정위원회 산하 법정형 소위원회 위원장
2008년 3월~2018년 2월, 대법원 형사실무연구회 부회장
2008년 4월~2009년 12월, 재단법인 석파학원 임시이사

2010년 1월 ~ 2015년 12월, 한국법학교수회 감사
2010년 1월 ~ 2012년 12월, 국제앰네스티 한국지부 법률가위원회 위원장
2010년 1월 ~ 2019년 12월, 한국사형폐지운동협의회 의장
2010년 3월 ~ 2016년 12월, 부산지방변호사회 법관평가위원회 부위원장
2010년 7월 ~ 2017년, 법무부 형법개정위원회 법정형정비 소위원회 위원장
2010년 7월 ~ 2010년 9월, 일본 규슈대학교 한국학연구소 객원교수
2010년 10월 ~ 현재, 북경사범대학 형사법률과학연구원 객좌교수
2011년 1월 ~ 2014년 12월, (사)한국법학교수회 감사
2011년 3월 ~ 2017년, 국민대학교 총동창회 부회장
2013년 6월 ~ 2021년 7월, 형사판례연구 편집위원장
2015년 4월 ~ 2017년 4월, 부산법원 시민사법참여단 자문교수
2016년 2월 ~ 2019년 1월, 부산고등검찰청 검찰시민심사위원회 위원
2017년 12월 ~ 2024년 12월, 부산고등검찰청 국가송무상소심의위원회 위원장
2019년 1월 ~ 2020년, 부산고등검찰청 검찰시민심사위원회 위원
2019년 3월 ~ 2024년, 부산지방검찰청 인권자문위원회 위원장

[수상]
2000년 11월: 제17회 동아학술상 수상
2003년 동아대학교 교수업적평가 최우수 교수
2004년 동아대학교 교수업적평가 최우수 교수
2005년 동아대학교 교수업적평가 최우수 교수
2006년 동아대학교 교수업적평가 최우수 교수
2007년 동아대학교 교수업적평가 최우수 교수
2008년 동아대학교 교수업적평가 최우수 교수
2009년 동아대학교 교수업적평가 최우수 교수
2010년 동아대학교 교수업적평가 최우수 교수
2011년 동아대학교 교수업적평가 최우수 교수

2005년 6월 23일: 법무부장관(김승규) 감사패

2005년 12월 17일: 한국형사법학회 회장(박상기) 공로패

2006년 5월 26일: 한국비교형사법학회 회장(서거석) 공로패

2009년 9월 27일: 부산광역시장(허남식) 감사패

2010년 11월 25일: 제3회 한국범죄방지재단(이사장 정해창) 학술상

2011년 3월 28일: 부산지방변호사회(회장 장준동) 공로패

2012년 3월 19일: 검찰총장(한상대) 공로패

2013년 5월 15일: 부산광역시교원단체총연합회(회장 강영길) 교육공로상

2015년 5월 15일: 한국교원단체총연합회(회장 안양옥) 교육공로상

2016년 9월 27일: (재)유기천교수기념사업출판재단 유기천법률문화상

Ⅳ. 연구업적 등

[저서, 역서 그리고 편저]

1. 『Die Verfolgung Unschuldiger, §344 StGB』, Würzburg 대학, 1984.
2. 『독일형법총론』(번역), Johannes Wessels 저, 법문사, 1991.
3. 『형사정책』(허일태, 김영환, 박상기 공역), Heinz Zipf 저, 형사정책연구원, 1993.
4. 『안락사에 관한 연구』, 형사정책연구원, 1994.
5. 『법학입문』, 세종출판사, 1996.
6. 『법철학입문』(번역), Artur Kaufmann 저, 세종출판사, 1996.
7. 『형법연구Ⅰ』, 세종출판사, 1997.
8. 『인간적인 법을 찾아서』, 세종출판사, 1997.
9. 『법철학의 기본문제』(번역), Günter Ellscheid 외 저, 세종출판사, 1998.
10. 『독일형법총론』(개정판), 세종출판사, 1998.
11. 『법학방법론』(번역), Karl Larenz 저, 세종출판사, 2000.
12. 『법학방법론입문』(번역), Karl Larenz 외 저, 세종출판사, 2001.

13. 『형벌과 인간의 존엄』, 동아대학교 출판부, 2001.
14. 『권력과 자유』(엄상섭 저, 허일태 · 신동운 편저), 동아대학교 출판부, 2002.
15. 『효당 엄상섭 형법논집』(신동운 · 허일태 편저), 서울대학교 출판부, 2003.
16. 『법철학입문』(개정판), 동아대학교 출판부, 2003.
17. 『형법연구Ⅱ』, 동아대학교 출판부, 2004.
18. 『형법연구Ⅲ』, 진원사, 2007.
19. 『인간의 존엄과 권력』, 동아대학교 출판부, 2007.
20. 『일본형법이론사의 종합적 연구』(허일태 책임번역, 배문범, 이동희, 김환전, 이덕인), 미쓰이 마코토 외 편저, 동아대학교 출판부, 2009.
21. 『형법연구Ⅳ』, 동아대학교 출판부, 2009.
22. 『형법연구Ⅴ』, 동아대학교 출판부, 2010.
23. 『형법개정안과 인권』(허일태 외 5인 공저), 경인문화사, 2011.
24. 『독일의 법과 행정』(허일태 외 6인 공저), 우공출판사, 2011.
25. 『주석 형법』(허일태 외), 한국사법행정학회, 2011.
26. 『형법연구Ⅵ』, 동아대학교 출판부, 2012.
27. 『Lebensschutz im Strafrecht(Die Verfassungswidrigkeit der Todesstrafe in Korea)』, Herausgegeben von Il-Su Kim/Bernd Schünemann), KIC, 2013.
28. 『한국의 법철학자』(허일태 외), 세창출판사, 2013.
29. 『형법연구Ⅶ』, 동아대학교출판부, 2016.
30. 『형법연구Ⅷ』, 피앤씨미디어, 2019.
31. 『인간적인 삶을 찾아서』, 단장, 2020.
32. 『정의의 굴렁쇠』, 단장, 2020.
33. 『형법연구IX』, 피앤씨미디어, 2022.
34. 『삶의 굴레』, 피앤씨미디어, 2023.
35. 『인간적인 법을 찾아서』(개정판), 피앤씨미디어, 2024.

[논문, 연구보고서 등]

1. 「형사관계공무원 범죄의 본질과 입법정책」, 『동아법학』 제2호, 1986.
2. 「서독형법총론의 검토」, 『동아법학』 제3호, 1987.
3. 「컴퓨터범죄」, 『부산법조』 제6호, 1987.
4. 「방법의 착오」, 『한국 판례형성의 제문제』, 한국법학교수회, 1989.
5. 「결과적 가중범과 책임주의」, 『김종원 교수 화갑기념논문집』, 1991.
6. 「자유형제도의 문제와 개선방안에 관한 연구」, 『형사정책』 제6호, 1991.
7. 「경찰수사권의 독자성」, 『수사연구』, 1992.
8. 「외국인 재소자의 처우」, 『형사정책』, 제3권 제3호, 1992.
9. 「한국 형법개정시안의 특징과 우리의 헌법정신」, 『법정신문』, 1992.
10. 「법률의 부지의 효력」, 『형사판례연구』 제1호, 1993.
11. 「1849년 독일제국 헌법상 소유권개념에 대한 해석」, 『동아법학』 제16호, 1993.
12. 「연속범의 죄수」, 『동아법학』 제15호, 1993.
13. 「금지착오」, 『고시계』, 1993년 3월호.
14. 「형법개정안의 범죄론에 대한 비판적 검토」, 『성시탁 교수 회갑기념논문집』, 1993.
15. 「안락사에 대한 연구」, 『형사정책』 제4권 제4호, 1993.
16. 「형법개정안의 형벌론에 대한 비판적 검토」, 『손해목 교수 회갑기념논문집』, 1993.
17. 「과실범의 공동정범이 가능한가?」, 『고시계』, 1994년 3월호.
18. 「형법상 행위개념의 재구성」, 『차용석 박사 회갑기념논문집』, 1994.
19. 「생명의 종기」, 『고정명 교수 화갑기념논문집』, 1995.
20. 「형법상의 장기적출」, 『김선수 교수 화갑기념논문집』, 1996.
21. 「형사절차에 있어서 방어권의 체계」, 『동아법학』 제21호; 1996.
22. 「환경범죄에 관한 대처현황」, 『동아법학』 제21호, 1996.
23. 「연속범의 죄수」, 『판례월보』, 1996년 6월호.
24. 「신용카드사기」, 『저스티스』, 1996년 9월호.
25. 「법관의 법왜곡행위에 대한 대책」, 『박양빈 교수 화갑기념논문집』, 1996.
26. 「교통사고처리특례법 제3조 제2항」, 『이명구 교수 화갑기념논문집』, 1996.
27. 「무죄추정의 원칙」, 『정성근 교수 화갑기념논문집』, 1997.

28. 「법과 의사」, 『동아법학』 제22호, 1997.
29. 「범죄행위의 불법성」, 『동아법학』 제22호, 1997.
30. 「강도살인」, 『판례월보』, 1997년 8월호.
31. 「연속범의 죄수」, 『형사판례연구』 제5호, 1997.
32. 「종래의 행위론에 대한 비판적 검토」, 『고시연구』, 1997년 9월호.
33. 「사형제도의 폐지 필요성」, 『이형국 교수 화갑기념논문집』, 1997.
34. 「형법체계의 윤곽」, 『동아법학』 제23호, 1997.
35. 「한국의 사형제도의 위헌성」, 『저스티스』 1998년 6월호.
36. 「검찰의 법왜곡행위와 이에 대한 대책」, 『형사법연구』 제11호, 1999.
37. 「과실범의 공동정범에 대한 대법원 판례의 변천」, 『동아법학』 제25호, 1999.
38. 「간통죄 폐지를 위한 변론」, 『동아법학』 제26호, 1997.
39. 「과실범의 공동정범에 대한 판례연구(성수대교사건)」, 『인권과 정의』 제275호, 1999.
40. 「이른바 의사(醫師) 살인죄」, 『형사판례연구』 제7호, 1999.
41. 「응급환자의 치료 중지와 의사의 법적 책임」, 『비교형사법연구』 창간호, 1999.
42. 「간접정범의 실행착수」, 『고시계』, 1999년 10월호.
43. 「비디오 촬영의 허용과 촬영된 비디오테이프의 증거능력」, 『형사법연구』 제12호, 1999.
44. 「불능미수범에서 위험성의 의미」, 『형사법연구』 제13호, 2000.
45. 「불능미수범에서 위험성 개념에 대한 판례평석」, 『형사판례연구』 제8호, 2000.
46. 「사형제도 폐지를 위한 우리의 임무」, 『비교형사법연구』 제2호, 2000.
47. 「사이버범죄의 현황과 대책」, 『동아법학』 제27호, 2000.
48. 「법률의 부지와 대법원 판례에 대한 비판」, 『형사재판의 제문제』 제3권, 2000.
49. 「사형의 대체형벌로서 절대적 종신형」, 『형사정책』 제12권 제2호, 2000.
50. 「진정부작위범의 고의와 착오」, 『형사법연구』 제14호, 2000.
51. 「형사절차에서 적법절차의 원리」, 『동아법학』 제28호, 2000.
52. 「객관적 귀속이론에서 허용된 위험의 법리」, 『오선주 교수 화갑기념논문집』, 2001.
53. 「한국 법철학교육의 현실과 전망」, 『법철학연구』 제4권 제1호, 2001.
54. 「부동산 이중매매와 배임죄」, 『형사법연구』 제15호, 2001.

55.「피고인에게 불리한 판례의 변경과 소급효 금지원칙」,『형사판례연구』 제9호, 2001.
56.「형법의 시간적 적용범위」,『동아법학』 제29호, 2001.
57.「검찰의 중립화 방안」,『동아법학』 제30호, 2002.
58.「부산광역시 폭력범죄 피해 조사연구」,『형사정책』 제13권 제1호, 2001.
59.「부산지역 청소년폭력범죄 피해 조사연구」,『비교형사법연구』 제3권 제1호, 2001.
60.「위험사회의 출현과 법의 기능변화」,『비교형사법연구』 제3권 제2호, 2001.
61.「사형제도 폐지를 위한 변론」,『형사법연구』 제16호 특집, 2001.
62.「구 건축법상 불법용도변경죄와 형법의 적용범위」,『Jurist』, 2002년 1월호.
63.「권리행사의 빙자와 공갈죄의 성립 여부」,『형사법연구』 제17호, 2002.
64.「기소편의주의와 기소재량에 대한 통제」,『형사정책』 제14권 제1호, 2002.
65.「형법 제20조의 '사회상규에 위배되지 아니하는 행위'의 재조명」,『비교형사법연구』 제4권 제1호, 2002.
66.「형법체계의 소고」,『박재윤 교수 화갑기념논문집』, 2002.
67.「권위주의 시대의 반인륜적 범죄행위와 소급효 금지원칙」,『동아법학』 제31호, 2002.
68.「형법전 시행의 반세기 회고: 형법상의 행위개념에 관한 고찰」,『형사법연구』 제18호, 2002.
69.「의학적 충고에 반한 퇴원조치와 의사의 형사책임」,『비교형사법연구』 제4권 제2호, 2002.
70.「엄상섭 선생의 형법사상과 형법이론」,『형사법연구』 제19호, 2003.
71.「자백거부와 선고유예」,『형사판례연구』 제11호, 2003.
72.「위탁금전과 형법상 소유권개념」,『비교형사법연구』 제5권 제1호, 2003.
73.「제정형법의 기본사상과 기초이론」,『형사법연구』 제20호, 2003.
74.「국가보안법의 폐지 당위성」,『형사정책』 제16권 제1호, 2004.
75.「독일과 프랑스의 수사권 배분에 관한 비교법적 고찰」,『비교형사법연구』 제6권 제1호, 2004.
76.「위대한 법조인 효당 엄상섭의 형법사상」,『동아법학』 제34호, 2004.
77.「중환자에 대한 의사의 퇴원조치 및 산소호흡기 장치 제거가 살인죄 등에 해당되는지의 여부」,『판례실무연구』 제4권, 2004.

78. 「배임죄에서의 행위주체와 손해의 개념」, 『비교형사법연구』 제6권 제2호, 2004.
79. 「형사소송법개정안에 대한 비판적 고찰」, 『동아법학 제35호, 2004.
80. 「국제형사사법의 공조의 국내법과 국제법상 근거와 현황」, 『비교형사법연구』 제6권 제2호 특집호, 2005.
81. 「한국 형법의 아버지, 효당 엄상섭」, 『검찰동우』, 2005.
82. 「韓國刑事訴訟法修正案考察」, 『刑事法前沿』 第2卷, 2005.
83. 「남고소 해소를 위한 대책」, 『형사정책』 제17권 제1호, 2005.
84. 「가장납입과 형사책임」, 『형사법연구』 제23호, 2005.
85. 「關干以終身監禁代替死刑的檢討」, 『刑事法前沿』 第2卷, 2005.
86. 「형법해석의 한계」, 『형사판례연구』 제13호, 2005.
87. 「남고소에 대한 형사실체법의 대응방안」, 『동아법학』 제36호, 2005.
88. 「배임죄의 성립에 관련된 몇 가지 문제점」, 『형사재판의 제문제』 제5권, 2005.
89. 「死刑の代替刑罰､絕対的終身刑」, 『札幌法学』, 2005.
90. 「韓國の死刑制度の違憲性」, 『札幌法学』, 제20권 제2호, 2005.
91. 「자유형의 합리적 재정립에 관한 제언」, 『동아법학』 제37호, 2005.
92. 「韓國刑法的沿革與基本思想」, 『中韓刑法』 第1輯, 2005.
93. 「헌법에 비추어 본 형사실체법의 문제점과 개선방안」, 『형사법연구』 제25호, 2006.
94. 「형사실체법 정비를 위한 근본적 고찰」, 『형사정책』 제18권 제1호, 2006.
95. 「사형의 대안으로서 절대적 종신형의 도입방안」, 『형사정책연구』 제17권 제2호, 2006.
96. 「형사특별법의 문제와 개선방안」, 『범죄방지포럼』 제19호, 한국범죄방지재단, 2006.
97. 「민사사건의 형사화에 대한 억제방안」, 『비교형사법연구』 제8권 제1호 특집호, 2006.
98. 한국에서 법학교육의 정비 -특히 법학전문대학원의 도입과 추진현황-, 동아시아 법철학세미나 자료집, 2006년 3월 26~27일, 주최: 대만대학교 법률학원
99. 「國際刑事司法共助與國內的根據現況」, 『中韓刑法研究』 第4輯, 2006.
100. 「오상과잉방위와 형법 제21조 제3항」, 『형사법연구』 제26호 특집호, 2007.
101. 「이항녕 선생의 법사상과 문학에 관한 단상」, 『이청조 교수 정년기념논문집』, 2007.
102. 「한국 형법의 개혁과 발전」, 『동아법학』 제39호, 2007.

103. 「법왜곡행위와 사법살인의 방지를 위한 입법정책」, 『형사정책연구』 제18권 제2호, 2007.
104. 「인혁당재건위사건과 사법살인」, 『동아법학』 제40호, 2007.
105. 「형사법적 관점에서 본 인간의 존엄과 형사책임의 근거」, 『고려법학』 제49호, 2007.
106. 「바오로 김홍섭 선생의 생애와 법사상」, 『법학연구』(전북대) 제25집, 2007.
107. 「사형의 관념에 관하여」, 『비교형사법연구』 제9권 제2호, 2007.
108. 「한국에서 사형제도 존치의 제요인과 사형제도 폐지를 위한 전략」, 『김인선 교수 화갑기념논문집, 2007.
109. 「刑事政策的觀點上人的尊嚴和刑罰限界」, 『中國刑事政策報告』, 2008.
110. 「韓國對濫用指控現象的解除對策」, 『刑事法前沿』 第4輯, 2008.
111. 「협박죄의 성질과 기소 시기」, 『동아법학』 제41호, 2008.
112. 「2007년 형사판례 동향」, 『인권과 정의』 제377호, 2008.
113. 「韓國死刑的過去, 現在和未來」, 『Criminal Law』 Vol. 13, 2008.
114. 「장도(張燾)의 형법이론과 형법사상」, 『인권과 정의』 제380호, 2008.
115. 「代干死刑的觀念」, 『中韓刑法比較研究』 第5輯, 2008.
116. 「刑事政策的觀點上人的尊嚴和刑罰限度」, 『中國刑事政策報告』, 2008.
117. 「간통죄의 위헌성」, 『저스티스』 제104호, 2008.
118. 「형법대전의 내용상 특징—적용범위와 죄형법정주의를 중심으로」, 『형사법연구』 제20권 제2호, 2008.
119. 「인위적 분만개시와 사람의 시기」, 『한국형사법의 신전개: 이재상 교수 정년기념논문집』, 2008.
120. 「살인죄에 대한 정비방안」, 『한국형법학의 오늘: 이영란 교수 정년기념논문집』, 2008.
121. 「수사절차에서 가혹행위의 예방과 억제」, 『동아법학』 제43호, 2009.
122. 「2008년 형사판례」, 『인권과 정의』 제391호, 2009.
123. 「영산홍사건(대법원 2008. 10. 23. 선고 2008도6080 판결)」, 『형사법연구』 제21권 제2호, 2009.
124. 「살인범죄 피해자의 인권 현실과 그 보장방안」, 『형사정책』 제21권 제1호, 2009.
125. 「한국에서 증인보호방안에 관한 소고」, 『동아법학』 제44호, 2009.

126. 「사형제도의 세계적 추세와 위헌성」, 『동아법학』 제45호, 2009.
127. 「독일 변호사회의 성격과 활동」, 『부산법조』 제27호, 2010.
128. 「남아프리카 공화국 헌법재판소 결정문」, 『형법연구 V』, 205～382, 2010년.
129. 「유병진 판사와 그의 법사상」, 『동아법학』 제46호, 2010.
130. 「사형제도에 관한 헝가리 헌법재판소 결정 제23/1990 AB」, 『형법연구 V』, 383～417, 2010.
131. 「재산범죄와 형법상 재물의 개념」, 『법학논총』(전남대) 제30권 제1호, 2010.
132. 「지적도상의 경계와 경계침범죄의 성립 여부」, 『동아법학』 제47호, 2010.
133. 「현행 형법상 작량감경제도의 문제와 개선방안」, 『형사법연구』 제22권 제2호, 2010.
134. 「죄형법정주의의 연혁과 그 사상적 배경」, 『법학논고』(경북대) 제35호, 2011.
135. 「韓国の刑法における日本お刑法と刑法思想の及ぼした影響と限界」, 『The Annual Report (Research Center for Korean Studies)』, Vol. 11, 2011.
136. 「형법개정에서 '구류형의 존폐에 관한 연구'—경찰청의 입장을 중심으로」, 『고려법학』 제61호, 2011.
137. 「보험계약상 고지의무와 보험금 사기의 고의」, 『동아법학』 제52호, 2011.
138. 「조건부 기소유예제도에 관한 연구」, 『법학연구』(전북대) 제33집, 2011.
139. 「정신장애 범죄자에 대한 강제적 의료조치와 보안처분」, 『법학논총』(한양대) 제28집 제4호, 2011.
140. 「한국 형법 개정의 올바른 방향—형법총칙을 중심으로」, 『비교형사법연구』 제14권 제2호, 2012.
141. 「한국에서 수사와 내사 범위와 한계」, 『동북아법연구』(전북대) 제6권 제3호, 2013.
142. 「Regelungen zur Cybercrime im materiellen Strafrecht in Korea」, Osnabruck 형법연구소, 2013년 9월 3일
143. 「무수혈과 관련된 의료과실치사죄」, 『형사판례연구』 제21호, 2013.
144. 「근대 한국 법률용어에 관한 고찰—일본어와 관련된 법률용어를 중심으로」, 『형법연구 Ⅷ』, 2019.
145. 「재산범죄에서 이득액에 관한 연구」, 『비교형사법연구』 제15권 제2호, 2013.

146. 「한국에서의 '검찰상'과 검사의 객관의무」, 『형사소송이론과 실무』 제5권 제2호, 2013.
147. 「대표이사의 대표권한남용행위와 배임죄와의 관계」, 『형사재판의 제문제: 차한성 대법관 퇴임기념논문집』, 2014.
148. 「보험계약상 고지의무와 보험금사기」, 『형사재판의 제문제: 차한성 대법관 퇴임기념논문집』, 2014.
149. 「Criminal Punishment for Inchoate and Thought Crimes: A Critical Analysis of South Korean Criminal Law」, 『Yonsei Law Journal』, Vol. 5 No. 1, 2014.
150. 「한국에서 환경범죄에 대한 형법적 대응방안 -형법에 의한 형벌과 환경행정법에 의한 행정벌의 분업화를 중심으로-」, 『비교형사법연구』 제16권 제2호, 2014.
151. 「배임죄 해석의 나아갈 방향」, 『형사법연구』 제27권 제1호, 2015.
152. 「한국에서 형사절차상 자백의 지위」, 『형사소송 이론과 실무』 제6권 제2호, 2014.
153. 「한국에서 수사권의 규제와 통제」, 『형사소송 이론과 실무』 제7권 제2호, 2015.
154. 「형벌권의 내용과 한계」, 『검찰동우』 통권 40호, 2015.
155. 「형법학에서 위법과 불법」, 『법학논총』 제35집 제2호, 전남대학교 법학연구소, 2015.
156. 「한국에서의 부패방지에 관한 대책」, 『형사정책연구』 제26권 제3호, 2015.
157. 「감청의 문제와 개선방안」, 『부산법조』 제33호, 2016.
158. 「부동산명의신탁과 횡령죄의 성립 여부」, 『대법원 형사실무연구회 학술발표자료』, 2015년 12월 22일.
159. 「한국 형법상 법률용어의 순화와 체계 정합성을 위한 제언」, 『국제한국어응용언어학회 제7회 국제학술대회 발표자료』, 2016년 7월 8일.
160. 「법인대표자의 권한남용과 배임죄의 성부」, '대법원 형사실무연구회' 2016년 9월 26일 발표논문.
161. 「대법원 전원합의체 판결에 의해 변경이 불가피한 대법원의 형사판례」, 『형법연구 Ⅷ』, 2019.
162. 「법률의 부지」, 『형법판례 150선』, 박영사, 2016.
163. 「불능미수」, 『형법판례 150선』, 박영사, 2016.
164. 「생활위험의 정당한 분배」, 『학술발표자료』, 한양대학교 법학연구소, 2013년 6월.

165.「동아시아의 사형제도 현실과 미래」, 한국법학원, 2016년 10월 21일 발표논문.
166.「개혁의 시대, 한중형사법학자들의 임무」,『제10차 한중형사소송법학술대회 학술발표자료』, 2017년 9월 6일.
167.「부동산 이중처분과 배임죄의 성부」,『법률신문』, 2018년 2월 23일자.
168.「신분범의 행위주체 자격」,『형법연구 Ⅷ』, 2019.
169.「한국 형법의 기초개념」,『형법연구 Ⅷ』, 2019.
170.「형법상 범죄론」,『형법연구 Ⅷ』, 2019.
171.「원로와의 대담: 허일태 교수(전 동아대 교수, 형법학)」,『형사정책연구 소식』, 2019 Autum Vol. 151.
172.「김신의 법사상과 형법해석」,『정의의 굴렁쇠』, 2020.
173.「형법의 독자적 원리와 고유개념」,『정의의 굴렁쇠』, 2020.
174.「시행령의 위임입법 한계」,『정의의 굴렁쇠』, 2020.
175.「살인의 고의와 수난구호법 제18조 제1항 단서 적용범위」,『정의의 굴렁쇠』, 2020.
176.「내란음모사건」,『정의의 굴렁쇠』, 2020.
177.「외국에서 집행된 미결구금에 대한 형법 제7조의 적용 가부」,『정의의 굴렁쇠』, 2020.
178.「치과의사 안면 보톡스 시술」,『정의의 굴렁쇠』, 2020.
179.「베트남 여성의 자녀 약취사건」,『정의의 굴렁쇠』, 2020.
180.「부동산 이중매매의 배임죄 성립 여부」,『정의의 굴렁쇠』, 2020.
181.「배임죄의 기수범 성립시기와 손해의 개념」,『정의의 굴렁쇠』, 2020.
182.「대물변제예약 사안에서 배임죄」,『정의의 굴렁쇠』, 2020.
183.「명의수탁자의 부동산 처분과 횡령죄의 성립 여부」,『정의의 굴렁쇠』, 2020.
184.「대포통장 명의인의 '보이스피싱' 피해금 무단인출」,『정의의 굴렁쇠』, 2020.
185.「지입차량의 경우 횡령죄의 행위주체」,『정의의 굴렁쇠』, 2020.
186.「사기죄에서 처분의사의 내용」,『정의의 굴렁쇠』, 2020, pp. 451~490.
187.「항공보안법 제42조에서 '항로'의 의미」,『정의의 굴렁쇠』, 2020.
188.「위증에 대한 국정조사 특별위원회의 고발사건」,『정의의 굴렁쇠』, 2020.
189.「항소심의 양형부당 파기」,『정의의 굴렁쇠』, 2020.
190.「재판권에 관한 쟁의로 인한 재정신청」,『정의의 굴렁쇠』, 2020.

191. 「형법에서 의사의 자유와 책임」, 『법학연구』 통권 제64집, 전북대학교 법학연구소 2020.
192. 「간접정범의 규정과 그 본질」, 『형사법연구』 제33권 제3호, 한국형사법학회 2021.
193. 「법치국가원칙의 실현과 검사의 역할」, 『신임검사를 위한 인권교육자료』, 법무연수원 용인분원, 2021년 9월 28일.
194. 「인간존엄과 법치국가원칙」, 『인권연구』 제4권 제2호, 인권법학회 · 한국인권학회, 2021년 12월.
195. 「형사정책의 관점에서 형사실체법의 입법론과 해석론」, 『형사정책』 제33권 제4호, 2022년 1월.
196. 「형법기초이론과 죄형법정주의」, 『형사법연구』 제34권 제2호, 2022년 6월.
197. 「현대적 형벌의 탄생과 원칙」, 『형법연구 IX』, 2022년 8월.
198. 「장애미수, 불능미수와 불능범의 성립과 구별」, 『형법연구 IX』, 2022년 8월.
199. 「정상참작감경의 법률효과에 관한 비판적 검토」, 『형법연구 IX』, 2022년 8월
200. 「배임죄에서 경영상 판단원칙에 관한 체계적 지위」, 『형법연구 IX』, 2022년 8월
201. 「독일의 사기죄」, 『형법연구 IX』, 2022년 8월.
202. 「비신분자와 뇌물수수죄 공동정범의 성립 여부」, 『형법연구 IX』, 2022년 8월.
203. 「명예훼손죄의 성립과 전파가능성」, 『형법연구 IX』, 2022년 8월.
204. 「검사의 역할과 객관의무」, 『형법연구 IX』, 2022년 8월.
205. 「한국에서 사법경찰의 의미와 연원」, 『형법연구 IX』, 2022년 8월.
206. 「형법개정위원회의 형법개정작업 단면 -제81차와 제82차 전체회의의 상념-」, 『형법연구 IX』, 2022년 8월.
207. 「독일 형법전 형성에 관한 산책」, 『형법연구 IX』, 2022년 8월.
208. 「전봉준의 개혁 사상과 재판기록문」, 『형법연구 IX』, 2022년 8월.
209. 「1895년 재판소 구성법과 그 내용」, 『형법연구 IX』, 2022년 8월.
210. 「개정 검찰청법 · 형사소송법의 문제점」, 『형법연구 IX』, 2022년 8월.
211. 「한중형법학술대회 20년 회고」, 『비교형사법연구』, 제24권 제3호(2022년 10월).
212. 「나의 삶과 학문 세계 -한국형사법학회 인터뷰-」, 한상훈 교수의 질문과 허일태와 대담

213. 「제정형법의 장단점과 있어야 할 형법의 모습」, 『형사법연구』 제35권 제4호 (2023 겨울 · 통권 제97호),

214. 「부진정부작위범에서 작위의무의 발생근거와 한계 문제」, 『죄형법정원칙과 법원』, 2023년 11월.

215. 「형법의 존재 이유와 '비교형사법학회'의 임무」, 한국비교형사법학회 · 경찰대학 공동학술대회의 기조강연, 2023년 12월 22일

216. 「형법상 행위개념에 관한 착상」, 『형법학의 주요문제』(문채규 교수 정년 기념논문집), 2024년 2월.

217. 「횡령죄의 주체와 부동산명의수탁자의 지위」, 『법학연구』, 부산대학교 법학연구소, 2024년 2월.

218. 「영남형사판례연구회 제25주년 회고」, 『형사법의 쟁점과 판례 3』, 영남형사판례연구회 2024년 5월.

219. 「형법총칙과 형법각칙의 관계」, 『형사법의 쟁점과 판례 3』, 영남형사판례연구회 2024년 5월.

220. 「재판권 쟁의에 대한 재정신청」, 『형사소송 이론과 실무』 제16권 제4호, 한국형사소송법학회, 2024년 12월.

221. 「친족상도례 개정방안에 관한 연구」, 『형사정책』 제36권 제4호, 한국형사정책학회, 2025년 1월.

222. 「위법성조각사유의 전제사실에 관한 착오」, 『형사법연구』 제37권 제1호, 2025년 3월.

223. 「생명, 마음 그리고 해석학적 방법론」, 『형사법연구』 제37권 제2호, 2025년 6월.

[법률시평, 여행기, 인물평, 학술행사 참관기와 서평 등]

『인간적인 법을 찾아서』(초판: 1997년, **개정판**: 2024년)

1. 한국인의 자화상
2. 의식의 바다와 편견
3. 개인주의적 현대사회에 대한 반성
4. 내 마음의 '게스트하우스'

5. 땅에 떨어진 법, 썩어가는 사회
6. 최소한의 도덕
7. 법의 필요성
8. 간통죄 폐지를 위한 변론
9. 졸업생 여러분
10. 고개 숙인 아버지
11. 정의사회를 이룩하려면
12. '정의'와 '정답'에 대한 태도
13. 정의사회의 조건
14. 수구꼴통과 사이비 진보를 넘어서
15. 질서는 편안하다.
16. 제헌절을 맞이하여
17. 법관의 법왜곡
18. 불쌍한 검찰
19. 검찰의 법왜곡과 무고한 라드부르흐(Radbruch)
20. 경찰수사권 독립을 위한 변론
21. 무죄추정과 영장실질심사제
22. 환경범죄에서 법인의 형사책임
23. 1992년 형법개정안의 특징과 우리의 헌법정신
24. 병역특례제도와 국가보안법
25. 안기부법의 개정문제
26. 문민정부를 구성하게 될 김영삼 대통령 당선자에게
27. 전봉준과 동학운동
28. 인간이 존엄한 이유
29. 사형제도의 폐지 필요성
30. 사형의 대안으로서 절대적 종신형
31. 자유형의 목적과 현실
32. 자유형의 기본원리

33. 외국인 재소자의 처우
34. 의사와 법
35. 뇌사의 문제점과 생명의 종기 기준
36. 안락사의 허용이 가능한가?
37. 장기이식
38. 위대한 법조인 엄상섭 선생
39. 이항녕 법사상과 문학
40. 문형섭 변호사의 편지
41. 김신 전 대법관에 관한 단상
42. 다재다능한 김진환 변호사

『인간의 존엄과 권력』, 2006년

1. 인간의 존엄과 사형제도
2. 사형제도, 그것은 천부인권의 박탈
3. 사형제도 폐지를 위한 우리의 임무
4. 사형의 대안으로서 절대적 종신형
5. 안락사, 어떻게 할 것인가?
6. 책임과 의사자유 그리고 지능
7. 체면문화와 법의식의 왜곡
8. 의식의 바다와 편견
9. 법보다 무서운 도덕성?
10. 진실게임과 언론보도의 이중성
11. 대중매체의 폭력성과 학습효과
12. 대구지하철 방화 참사와 우리의 의식구조
13. 법인의 형사책임
14. 사법개혁을 제대로 추진하려면
15. 사법부개혁의 필요성과 그 현실적 대처방안
16. 예외의 남용 시대

17. 형사소송법개정시안의 의미
18. 형사실체법의 정비 필요성
19. 사법개혁과 법왜곡죄의 도입 필요성
20. 합리적 수사권 조정을 위한 변론
21. 사법의 지방분권화를 위한 제언
22. 유죄추정주의에 기초한 유죄 판결문과 법원의 신뢰 회복
23. '돈'판사
24. 대북송금에 대한 특검과 일부 법조인의 법률 말기
25. 김동재 변호사의 반론을 읽고서
26. 특별검사제의 상설화에 대한 반대 이유
27. 검찰의 "피의자 고문치사사건"과 인권국가
28. 어느 변호사님의 편지
29. 건강한 검찰을 위해서
30. 탄핵소추결정사건(박근혜 대통령 사건)을 통해서 본 법치주의
31. 대통령 취임 선서와 헌법상 책무
32. 제정형법의 기본사상
33. 제정형법의 기본이론
34. 개인주의적 현대사회에 대한 반성
35. 위험사회와 형법
36. 위탁 금전과 형법상 소유권개념
37. 헌법 제12조 신체의 자유 보장을 위한 단기적, 중장기적 형사법개정 방향
38. 법무부의 형법 수정안 제151조의 문제점과 개선방안
39. 성매매방지법안에 관하여
40. 청소년 성매수자 신상 공개의 위헌 여부
41. 독일의 형사소송구조
42. 임웅 교수의 『비범죄화의 이론』을 읽고서
43. 오영근 교수의 형법총론에 대한 서평
44. 손동권 교수의 형법총론에 대한 서평

45. 임웅 교수의 형법각론에 대한 서평
46. 김병주 박사의 "한국의 가정폭력"에 대한 서평
47. 단도 시게미츠(團藤重光) 교수의 저서 "사형폐지론"을 읽고서
48. 제주 인권선언 학술회의 2000을 보면서
49. 한국형사정책학회 2000년도 하계 학술회를 참관하고서
50. 형사사법의 통제와 시민참여에 관한 국제학술행사의 참관기

『인간적인 삶을 찾아서』, 2020년

1. 학창 시절
2. 독일 유학 목적
3. 나의 형법 철학
4. 1986년도 동아대학교 법과대학 B반과의 인연
5. 내가 누구인지를 일깨워준 책들
6. 나의 삶의 기반과 신조
7. 대구 지하철 화재 사건으로 본 '한국인의 자화상'
8. 경험적 현상과 본질의 차이
9. 기하학적으로 본 수치(數値)의 한계
10. 한국에서 법학교육의 정비
11. 사형제를 폐지해야 하는 이유
12. 특별형법의 일반 형법화 정비 필요성
13. 박근혜 전 대통령과 그 부역자들
14. 법조인의 법률말기적 사고와 대북송금에 대한 특검
15. 『트윈 투게더』의 창간 1주년을 기념하며
16. 중국 형사소송법학자와의 인연을 생각하며
17. 재단법인 한국범죄방지재단의 제3회 학술상 수상 소감
18. 유기천 법사상과 (재)유기천법률문화의 제4회 학술상 수상 소감
19. 「원로와의 대담」
20. 내 생애에서 가장 생각나는 학술대회

21. 영남형사판례연구회의 창립 20주년 기념을 회고하며
22. 형사사법의 통제와 시민참여에 관한 국제학술행사 참관기
23. 내가 지금 해야 할 일들
24. 2003년 5월 31일 하루 일과
25. 2011년 6월 4일의 생활상
26. 사형의 실질적 폐지 제15주년 기념행사
27. 사형제 폐지 입장에 관한 BBS인터뷰
28. 다시 불거지는 '사형제' 존폐 논란
29. 『형법연구 Ⅷ』 서문
30. 『형벌과 인간의 존엄』 서문
31. 엄상섭 저서 『권력과 자유』 편자 서문
32. 『일본형법이론사의 종합적 연구』 역자 서문
33. 1999년 『비교형사법연구』 창간호 편집후기
34. 권위주의적 권력의 청산을 위한 국제학술대회에 즈음하여
35. '동아법학회 창립' 개회사
36. 2003년 한국형사정책학회 춘계학술대회 개회사
37. 한국형사법학회 회장으로서 새해 인사
38. 제8회 한중 형사소송법 국제학술대회 축사
39. 2003년 한국형사법학회 동계학술대회와 학회 임원진 구성
40. 독일 변호사회의 성격과 활동
41. 현석 김병규 선생의 생전을 회고하며
42. 위대한 법조인 효당 엄상섭의 법사상
43. 김대중 전 대통령 서거를 보면서 느낀 사념
44. 유병진 판사의 고민
45. 이항녕 선생의 법사상과 문학에 관한 단상
46. 좋은 선생님이신 송명자 교수님
47. 정암 정성진 한국형사법학회 고문의 고희기념논문집 증정에 즈음하여

『삶의 굴레』 2023년

1. 나의 삶과 언저리
2. 해운대의 아침과 우리네 어머님 모습
3. 삶의 굴레
4. 중학교 담임선생님, 이강년 은사님
5. 정만희 교수님
6. 나의 독일 친구 ‘Konrad Döpfner’ 판사
7. 문재인 대통령의 정치철학에 관한 사념
8. 나의 큰 형님
9. 구모영 박사를 회상하며

9-1. 은사님을 통한 배움의 길에서

10. 하태영 교수와의 만남

10-1. 유병진 판사와 허일태 교수

11. 이진국 교수에 관한 기억

11-1. 기억 속의 선생님

12. 류삼영 총경과의 인연

13-1. 류삼영입니다

14. 이덕인 박사에 대한 추천서
15. 송진경 박사에 대한 추천서
16. 독일 여행과 독일형법의 유래에 관한 산책
17. 런던, 파리 그리고 융프라우의 추억
18. 어느 여행길에서의 하루
19. 나로도 여행의 소소한 즐거움
20. ‘두리회’ 제자들과 함께한 나로도 여행
21. 형법의 기초이론에 관한 상념
22. 형사실체법 해석의 기본원칙
23. 인간은 자유의사를 갖고 있는가?
24. 공정과 정의의 DNA

25. 인간의 존엄과 법치국가원칙
26. 범죄행위의 불법성
27. 중국 화동정법대에서 강연: 형벌의 목적과 그 한계
28. 형사정책의 관점에서 형사실체법의 입법론과 해석론에 관한 대담
    ① 하태인 경남대학교 법학과 교수
    ② 윤지영 박사 한국형사정책연구원 선임연구원
    ③ 최준혁 인하대학교 법학전문대학 교수
29. 사물의 본성에 어울리는 정당한 해석방법
30. 형사판례연구회 167회의 참관기: 사법의 적극주의에 대한 비판적 회상
31. 수형자의 인권에 관한 일부 법조인의 태도
32. 검 · 경수사권 조정에 관한 견해 –수사종결권의 귀속 주체 자격-
33. 인간의 특유한 문화 형성과 의식구조
34. 한국비교형사법학회 창립 배경과 취지
35. 한중형법연구회 창립과 활동에 관한 회고

[저자 약력]

허 일 태

저자는 독일 뷔르츠부르크대학교에서 형법학으로 1984년 7월 박사학위를 취득하였다. 1984년 동아대학교 법과대학 교수로 임용되었으며, 현재는 동아대학교 법학전문대학원 명예교수이다. 한국형사법학회 회장, 한국형사정책학회 회장, 한국비교형사법학회의 창립과 회장, 영남형사판례연구회의 창립과 회장, 법무부 정책위원회 위원, 대검찰청 부설 검찰정책자문위원회 위원, 법무부의 법무자문위원회 형사법개정 특별분과위원회 위원과 동 위원회 산하의 법정형조정소위원회 위원장, 국제엠네스티 법률가위원회 한국지부 회장, 한국사형폐지협의회 의장, 동아법학회 회장, 부산고등검찰청 상소심위원회 위원장, 부산지방검찰청 인권위원회 위원장과 대법원 형사실무연구회 부회장 등의 직을 역임하였다. 저서로는 형법연구Ⅰ, 형법연구Ⅱ, 형법연구Ⅲ, 형법연구Ⅳ, 형법연구Ⅴ, 형법연구Ⅵ, 형법연구Ⅶ, 형법연구Ⅷ, 형법연구Ⅸ, 형벌과 인간의 존엄, 정의의 굴렁쇠, 안락사에 관한 연구, 법학의 이해, 인간적인 법을 찾아서, 인간의 존엄과 권력, 인간적인 삶을 찾아서를 집필하였으며, 독일형법총론, 법학방법론, 법철학입문, 법학방법론 입문, 일본형법이론사의 종합적 연구, 법철학의 기본문제, 형사정책 등 해외의 학술연구 성과물을 번역하였다. 편저로는 권력과 자유(엄상섭 저/허일태·신동운)과 효당 엄상섭 형법논집(신동운·허일태)이 있다. "형법상 행위개념의 재구성", "한국의 사형제도 위헌성", "법률의 부지의 효력", "형법 제20조의 '사회상규에 위배되지 아니하는 행위'의 재조명", "법관의 법왜곡에 대한 대책", "위험사회의 출현과 법의 기능변화", "배임죄의 나아갈 방향" 등 223여 편의 연구논문을 형사법 관련 학회지 등에서 발표하였다.

형법연구 X

초판발행 2025년 7월 10일

지은이 허일태
펴낸이 박노일

총괄기획 최준규
편 집 이상민

펴낸곳 피앤씨미디어 (pnc publishing and culture)

경기도 고양시 일산동구 강송로 153 310-1501
등록 제396-2012-000203호

전 화 070)7550-3758 팩 스 02)6280-3758
홈페이지 www.pncmedia.co.kr 이메일 pnc@pncmedia.co.kr
ISBN 979-11-7401-010-0 94360
979-11-5730-842-2 (세트)

정 가 48,000원